Michael Amundsen

Dominando o Visual InterDev 6

Tradução
Maria José Dias P. Silva
Eveline Vieira Machado

EDITORA
CIÊNCIA MODERNA

Do original
Pratical Visual InterDev 6
©Editora Ciência Moderna Ltda. 2000

Todos os direitos para a língua portuguesa reservados pela EDITORA CIÊNCIA MODERNA LTDA.

Nenhuma parte deste livro poderá ser reproduzida, transmitida e gravada, por qualquer meio eletrônico, mecânico, por fotocópia e outros, sem a prévia autorização, por escrito, da Editora.

Tradução autorizada da edição em língua inglesa, cujo título é *Practical Visual InterDev 6*, publicada pela Que, copyright © 1999.

Todos os direitos reservados. Nenhuma parte deste livro pode ser reproduzida ou veiculada através de mídia alguma, seja ela eletrônica ou mecânica, inclusive fotocópia ou registro em qualquer tipo de sistema de processamento/recuperação para armazenamento de informações sem a permissão expressa do Editor.

Editor: Paulo André P. Marques
Produção Editorial: Carlos Augusto L. Almeida
Capa e Layout: Renato Martins
Diagramação: Marcia Lips
Tradução: Maria José Dias P. Silva e Eveline Vieira Machado
Revisão: Tereza Queiroz
Assistente Editorial: Érika Loroza

Várias **Marcas Registradas** aparecem no decorrer deste livro. Mais do que simplesmente listar esses nomes e informar quem possui seus direitos de exploração, ou ainda imprimir os logotipos das mesmas, o editor declara estar utilizando tais nomes apenas para fins editoriais, em benefício exclusivo do dono da Marca Registrada, sem intenção de infringir as regras de sua utilização.

FICHA CATALOGRÁFICA

Amundsen, Michael
Dominando o Visual InterDev 6
Rio de Janeiro: Editora Ciência Moderna Ltda., 2000.

Programação, desenvolvimento de soluções de conteúdo online
I — Título

ISBN: 85-7393-078-0   CDD 001642

Editora Ciência Moderna Ltda.
Rua Alice Figueiredo, 46
CEP: 20950-150, Riachuelo – Rio de Janeiro – Brasil
Tel: (021) 201-6662/201-6492/201-6511/201-6998
Fax: (021) 201-6896/281-5778
E-mail: lcm@novanet.com.br

Sumário

Introdução 1

PARTE I – Fundamentos do Visual InterDev

Capítulo 1 – Como criar projetos da web com o designer de site 7
Como definir um novo projeto da web com o Visual InterDev 6 8
    Como identificar a localização do código-fonte 8
    Como selecionar um servidor da web para hospedar seu projeto 11
    Como configurar o nome publicado da web 12
    Como criar seu primeiro projeto em Visual InterDev 6 13
    Como ajustar as propriedades do projeto da web 15
Como utilizar um diagrama de site para estruturar seu projeto da web 17
    Como criar um novo diagrama de site 18
    Como adicionar novos documentos ao diagrama de site 20
    Como adicionar documentos já existentes da web ao seu diagrama de site 22
    Como mover documentos da web no diagrama de site 23
    Como remover documentos do diagrama de site 24
Como aplicar temas e layouts ao seu projeto da web 26
    Como usar temas 27
    Como utilizar layouts de páginas 28
    Como personalizar os layouts de página 31

Capítulo 2 – Como usar o editor do Visual InterDev 6 35
Um passeio rápido pelo Ambiente de Desenvolvimento Integrado (IDE) 36
    O editor principal do Windows 37
    Como usar os modos de editor 39
    Como usar a janela de redução do Visual InterDev 6 42

Como empilhar suas janelas de redução 46
Como navegar nos menus do Visual InterDev 6 47
Como usar as barras de ferramentas do Visual InterDev 6 49
Como criar sua própria barra de ferramentas personalizada 51
Tudo sobre as visualizações de IDE 53
Como usar as visualizações existentes 53
Como criar suas próprias visualizações personalizadas 55
Como modificar as definições de IDE 56
Opções de ambiente 57
Opções de editor de texto 58
Opções de ferramentas de dados 58
Opções de projetos 59
Outras páginas de opções 60

Capítulo 3 – Como construir páginas da web com as ferramentas de designer de página 61

Como criar um documento de gabarito 62
Como controlar o layout de página com o elemento HTML TABLE 63
Como adicionar uma imagem ao gabarito 67
Como adicionar um texto de exemplo ao gabarito 71
Como usar o controle de tempo de design do PageNavBar 72
Como adicionar um exemplo de diagrama de site 73
Como adicionar um banner ao documento de gabarito 74
Como adicionar um menu de vínculo ao documento de gabarito 76
Como adicionar vínculos globais ao modelo 79
Como construir um exemplo de site da web com o documento de gabarito 80
Como criar as páginas com o documento de gabarito 81
Como criar o diagrama de site 82
Como usar o controle de tempo de design PageTransitions 86
Como adicionar os controles PageTransitions aos seus documentos 87

Capítulo 4 – Como usar o Visual InterDev 6 para gerenciar seus projetos da web 89

Como suportar o desenvolvimento em equipe com o Visual InterDev 6 90
Como criar um projeto Visual InterDev 6 compartilhado 90
Utilização do modelo de projeto do Visual InterDev 92
Modo Master 92
Modo Local 93

Sumário v

    Modo Offline 94
    Como estabelecer o modo de trabalho para o projeto 94
    Como usar os modos de trabalho para um desenvolvimento de equipe eficiente 95
    Comparação com o modo Master 97
    Como trabalhar em isolamento 98
  Como verificar vínculos com a visualização Links do Visual InterDev 6 99
    Como usar os recursos da visualização Link para gerenciar seu site da web 99
    Como filtrar sua visualização Link 100
    Trabalho com objetos 103
    Como abrir um objeto a partir da visualização Link 103
    Como checar vínculos externos 105
  Como reparar os vínculos 106
  Como distribuir aplicações completas da web 107
    Como copiar um site da web 108

PARTE II – Técnicas de design de página da web

Capítulo 5 – Como projetar formulários de entrada de qualidade para a web 113
  Como lidar com o espaço de amostragem HTML 114
    HTML é auto-formatado 114
    Os formulários HTML não têm governo 115
    Muitos formulários HTML são documentos de modo único 116
  Como criar formulários POST de modo único 117
    Os detalhes de envio de dados 117
    Construção do documento POSTFORM.HTM 118
    Como adicionar o documento POSTVALUES.ASP 122
  Como criar formulários GET de modo único 124
    Por que usar GET para enviar dados? 124
    Como construir o documento GETFORM.HTM 126
    Como adicionar o documento GETVALORES.ASP 127
  Como controlar o layout com o elemento TABLE 129
    Como construir um documento TABELAFORM.HTM 130

Capítulo 6 – Como construir formulários básicos da web com controles HTML intrínsecos 133
  O que são os controles HTML intrínsecos? 134
    As vantagens e desvantagens dos controles HTML intrínsecos 134

Como codificar com o tag <INPUT> 135
Como construir o projeto INPUTS1 da web 135
Como usar o controle de entrada de caixa de texto 136
Como usar o controle de entrada de senha 141
Como usar o controle de entrada da caixa de verificação 143
Como usar o controle de entrada do tipo rádio 147

Capítulo 7 – Como construir formulários avançados da web com controles HTML intrínsecos 155

Os outros controles de entrada 156
Como criar o projeto da web INPUTS2 156
Como usar o controle HTML SELECT para criar elementos suspensos e caixa de lista 157
Como criar caixas suspensas com o controle HTML SELECT 158
Como criar controles de caixa de lista com SELECT 161
Como aceitar linhas de texto múltiplas com o controle TEXTAREA HTML 166
Como coletar nomes de arquivos dos clientes com o controle HTML INPUT do tipo FILE 169
Como adicionar botões gráficos usando o controle INPUT do tipo IMAGE 172

Capítulo 8 – Como usar folhas de estilo com suas páginas da web 177

O que é uma folha de estilo? 178
O formato de arquivo de folha de estilo 180
Como vincular folhas de estilo a documentos 181
Como aplicar estilos em documentos 182
Como usar o editor de folhas de estilo do Visual InterDev 6 183
Como iniciar o editor de folhas de estilo 185
Como adicionar o arquivo FIRST.CSS ao documento FIRST.HTM 188
Definição de estilos de fonte 189
Como definir estilos de fundo 191
Como definir bordas, margens e estilos de preenchimento 196
Como definir estilos de layout 198
Como definir estilos de lista 201
Como definir classes de estilo 204
Como definir estilos de ID únicos 207

Sumário

Capítulo 9 – Como adicionar multimídia às aplicações da web 211
Os prós e os contras da multimídia para suas aplicações da web 212
Como adicionar som e vídeo 213
    Como adicionar som aos seus documentos da web 213
    Como usar o controle ActiveMovie para adicionar vídeo 219
Uso de controles de Animação DirectX para adicionar gráficos avançados 224
    Como localizar os controles DirectAnimation no Visual InterDev 6 225
    Uso do controle Sprite 227
    Como mover gráficos com o controle dPath 229
    Como desenhar formas complexas com o controle de gráficos estruturados 233

Capítulo 10 – Como criar e usar mapas de imagem 243
O que são mapas de imagem do lado cliente? 244
    Vantagens dos mapas de imagem do lado cliente 244
    Desvantagens do mapa de imagem do lado cliente 245
Como criar um mapa de imagem do lado cliente 245
    Como importar um arquivo de imagem para o seu projeto da web 246
    Como colocar a imagem no seu documento da web 247
Como adicionar coordenadas de mapa aos arquivos de imagem 249
    Compreensão dos tags HTML <MAP> e <AREA> 249
    Como definir seu próprio mapa de imagem 251
    Como adicionar os documentos HTML alvo 254
    Como testar o documento de mapa de imagem 254

PARTE III – Como usar o Visual Basic Script

Capítulo 11 – Como programar com a linguagem Visual Basic Script 257
Início rápido do Visual Basic Script 258
    Como criar uma aplicação VBScript simples 259
Como usar as variáveis de script 263
    Como declarar as variáveis 263
    Tipos de variáveis no VBScript 264
    Como definir o escopo das variáveis VBScript 265
Como usar as estruturas de controle do programa 270
    Como usar a estrutura de loop For...Next 271
    Como usar a estrutura Do...Loop 273
    Como usar a estrutura If...Then...Else 277
    Como usar a estrutura Select...Case...End Select 279

Capítulo 12 – Como expandir seus scripts com métodos embutidos 283
Como usar métodos embutidos 284
Como usar os métodos matemáticos do VBScript 286
Como usar os métodos de string do VBScript 290
Como usar os métodos Date/Time do VBScript 297
Como usar os métodos de conversão de dados do VBScript 303
Outros métodos VBScript 307
    Como usar os métodos de formatação da saída 307
    Como usar os métodos de entrada/saída do usuário 310

Capítulo 13 – Como adicionar o gerenciamento de eventos a seus scripts Visual Basic 315
Como ligar seu VBScript às mensagens de evento 317
    Como usar a declaração de eventos intrínseca 317
    Como usar a declaração de eventos de atributo 318
    Como usar a declaração de eventos explícita 319
Sobre a bolha de eventos 319
Como configurar o projeto da web de eventos do VBScript 320
Como usar os eventos Window 321
Como usar os eventos Document 327
Como usar os eventos Form 332
Como usar os eventos Element 340
Como adicionar o código de eventos para ligar os elementos 347

Capítulo 14 – Script no lado cliente com o modelo de objetos MSIE 349
O que é o script no lado cliente? 350
    Por que usar os scripts no lado cliente? 351
Como adicionar blocos de script no lado cliente 352
    Como usar o tag <SCRIPT> 353
    Como adicionar blocos de script de tratamento de eventos 354
    Como adicionar scripts através dos atributos HTML 355
    Como usar o FOR...EVENT para adicionar scripts 357
    Sobre diversos blocos de script e blocos de script compartilhados 358
Como usar o modelo de objetos Microsoft Internet Explorer 360
    A hierarquia de objetos do Microsoft Internet Explorer 361
    Como preparar o projeto DOCOBJ 363
    Como usar os objetos Window e Frame 363
    Como usar os objetos History, Navigator e Location 374

Como explorar o objeto Document 380
   Como usar o objeto Link 389
   Como usar os objetos Form *e* Element 391

Capítulo 15 – Como usar o script no lado servidor com objetos ASP predefinidos 395

O que é script no lado servidor? 397
   Como compreender como funcionam os scripts no lado servidor 398
   Como criar um script no lado servidor simples com o VBScript 401
Como acessar o servidor host com o objeto Server 406
Como compartilhar dados com todos os usuários com o objeto Application 408
   Como codificar o exemplo do objeto Application 410
Como controlar os valores do usuário com o objeto Session 414
   Como adicionar a página de exemplo da sessão 416
Como enviar a saída para os clientes com o objeto Response 419
   Como adicionar a página de amostra do objeto Response 421
Como aceitar os dados do cliente com o objeto Request 425
   Como criar o layout da página REQUEST.ASP 427
   Como exibir a coleção Cookies 428
   Como exibir a coleção QueryString 429
   Como exibir a coleção Form 430

PARTE IV – Bancos de dados e web

Capítulo 16 – Como acessar os bancos de dados da web 433

Tarefas gerais para acessar os bancos de dados da web 434
   OLE DB e ADO 435
   Como usar os bancos de dados SQL Server e Oracle 436
   Como usar os bancos de dados Microsoft Access 436
Como usar o Data Environment Designer 437
   Como criar o projeto WEBDB 438
   As conexões de dados Internet e a ODBC 438
   Como criar conexões de dados 444
   Como criar comandos de dados 447
Como editar os dados do banco de dados com a Query Designer Tool 451
   Como usar a grade de dados QDT para editar as tabelas 452
   Como editar os registros existentes com as consultas de atualização 453
   Como adicionar novos registros com as consultas Insert Values 455
   Como apagar o registro existente com as consultas Delete 456

Capítulo 17 – Como criar formulários web com vínculo de dados 459
    Como construir bons formulários da web com vínculo de dados 460
        Como usar os controles de construção com vínculos de dados 461
        Script DTC no lado cliente versus no lado servidor 463
        Como usar o modelo de objetos de script 465
    Como criar o projeto DBFORM e adicionar a conexão de dados e os
    objetos de comando de dados 467
        Como criar o projeto DBFORM 467
        Como adicionar a conexão de dados 468
        Como adicionar o comando de dados 470
    Como construir formulários de entrada com vínculo de dados com DTCs 473
        Como criar uma grade com vínculo de dados simples 474
        Como criar um formulário de entrada de dados completo 483

Capítulo 18 – Como criar bancos de dados para a web 501
    Como usar o Visual InterDev 6 para criar itens do banco de dados 502
        O que é e não é possível com as Data Tools do Visual InterDev 6 503
        Como usar a ISQL para criar um novo dispositivo e banco de dados 504
        Como criar um novo projeto do banco de dados com o Visual InterDev 6 506
    Como adicionar novas tabelas a um banco de dados existente 508
        Como usar o Database Diagram para adicionar a tabela Customers 509
        Como adicionar um inicializador à tabela Customers5 512
        Como usar o Query Designer para adicionar a tabela Sales 514
        Como usar o Table Script para adicionar a tabela Product 516
        Como definir as relações das tabelas com o Database Diagram 518
    Como usar as Data Tools do Visual InterDev 6 para adicionar
    registros ao banco de dados 520
        Como fornecer registros usando a grade Query Designer 520
        Como criar um script SQL de inserção com o modelo de scripts 521
        Como criar uma consulta de inserção com o Query Designer 524
    Como adicionar novas exibições a um banco de dados existente 525
        Como usar o Query Designer para adicionar uma exibição TotalSales 526
        Como usar o View Script para adicionar a exibição ProductSales 527
    Como adicionar um procedimento armazenado a um banco de dados SQL Server 529
        Como executar um procedimento armazenado com as
        Data Tools do Visual InterDev 6 530

Capítulo 19 – Como usar os objetos do banco de dados ActiveX (ADO) 533

O básico dos objetos de dados ActiveX (ADO) 534
    O modelo de objetos de dados ActiveX 534
Propriedades ADO especiais 536
Como configurar o projeto da web ADODB 542
    Como construir o projeto ADODB 543
    Como usar o arquivo de inclusão ADOVBS.INC 543
    Como criar objetos de programação ADO no arquivo ADOSTUFF.INC 546
    Como adicionar os métodos de suporte ao arquivo ADOSTUFF.INC 547
Como conectar um banco de dados com o objeto Connection 549
    Como usar o ADO no lado servidor para abrir uma conexão de dados 552
Como recuperar registros com o objeto Recordset 553
    Como usar os conjuntos de registros de texto 554
    Como usar um tipo de comando de tabela 556
Como definir as regras de execução com o objeto Command 559
    Como criar consultas UPDATE com o objeto Command 559
    Como criar consultas INSERT e DELETE com o objeto Command 561
Como executar consultas com parâmetros com o objeto Parameter 563
    Como executar uma instrução de consulta com parâmetros de texto 565
    Como executar um QueryDef com parâmetro do Microsoft Access 567
    Como executar um procedimento armazenado com parâmetro do Microsoft SQL Server 569

PARTE V – Como usar as tecnologias ActiveX

Capítulo 20 – Como aplicar filtros visuais e transições com a DHTML 575

Como aplicar filtros no texto e gráficos 576
    O básico dos filtros DHTML 577
    Como criar seu próprio elemento SPAN na janela da caixa de ferramentas 578
    Como criar o layout do documento FILTERS.HTM 579
    Como adicionar o Visual Basic Script para aplicar filtros visuais 582
    Como colocar em cadeia os filtros visuais 584
Como usar transições para combinar imagens 585
    Como implementar o método blendTrans 586
    Como criar o documento SIMPLEBLEND.HTM 587
Como adicionar transições avançadas com o método revealTrans 590
    Como construir o documento REVEAL.HTM 594

Capítulo 21 – Como adicionar relatórios e gráficos às suas aplicações web 601

As vantagens dos formatos do relatório 602
    Como usar relatórios em colunas 602
    Como usar relatórios tabulares 604
    Como usar relatórios gráficos 605
Como preparar os exemplos do relatório 606
Como usar as tabelas HTML para produzir relatórios em colunas formatados 607
    Como adicionar uma conexão de dados 607
    Como usar o VBScript e a ASP para acessar os dados SQL Server 609
    Como criar o cabeçalho do relatório e o loop de impressão 612
    Como exibir os detalhes dos dados com as tabelas HTML 613
Como construir relatórios tabulares com o documento REPORT.ASP 615
    Um tour rápido do REPORT.ASP 617
    Como construir seu arquivo de informações do relatório 619
Como usar o ASPChart para exibir os conjuntos de registros do banco de dados 623
    Como instalar o ASPChart 623
    Como criar o documento CHARTING.ASP 624

Capítulo 22 – O conteúdo para sua aplicação web 629

Como utilizar a capacidade do conteúdo ativo 630
    Como planejar para aproveitar o conteúdo ativo 630
    Como usar a estrutura de solução com conteúdo ativo 631
Como preparar o projeto com conteúdo ativo 632
Como construir uma revista on-line com objetos Content Linker 633
    Como criar o layout da página com conteúdo VID News Central 634
    Como ativar a página com conteúdo com o código ASP 637
    Como adicionar o arquivo de texto para controlar o conteúdo on-line 639
Como criar anúncios de banner com rotação com o componente Ad Rotator 642
    O arquivo de texto que executa o Ad Rotator 643
    Como criar a página de exibição do banner de anúncio 643
    Como adicionar uma página de verificação de batidas para controlar
    o uso do anúncio 644
    Como construir o arquivo de controle Ad Rotator 646

Sumário

Capítulo 23 – Como criar scriptlets para o Microsoft Internet Explorer 4.0 651
Como aprender a teoria sob os scriptlets 652
    As vantagens dos scriptlets 652
    Como compreender os limites dos scriptlets 653
    Como adicionar a reutilização do código com scriptlets 654
A anatomia de um scriptlet 656
    Como criar os métodos do scriptlet 657
    Como criar as propriedades do scriptlet 658
    Como lidar com os eventos padrão nos scriptlets 660
    Como criar eventos personalizados em seus scriptlets 662
    Como adicionar menus contextuais aos seus scriptlets 664
Como reunir tudo — Como usar os scriptlets em suas aplicações da web 667
    Como criar o scriptlet scrInput 667
    Como registrar o scriptlet scrInput 674
    Como usar o scriptlet scrInput em um documento da web 675

PARTE VI – Mais programação do servidor Active

Capítulo 24 – Como ver a ASP internamente 681
Como configurar internamente a aplicação da web 682
Como usar o GLOBAL.ASA em suas aplicações da web 683
    A vida do GLOBAL.ASA 684
    Como compartilhar dados e objetos COM com o GLOBAL.ASA 685
    A diferença entre os ponteiros de armazenamento nas coleções Contents 686
    Como usar os eventos GLOBAL.ASA 687
    Como adicionar os tags <OBJECT> 690
    Como referir-se às bibliotecas de tipos 692
Como aproveitar os arquivos de inclusão no lado servidor 695
    Como os arquivos de inclusão no lado servidor funcionam 695
    Como criar SSIs para suas aplicações da web 696
    Como usar SSIs em suas aplicações da web 699
Como aprender sobre as variáveis do servidor 701

Capítulo 25 – Como gerenciar arquivos com a ASP 705
Como preparar a aplicação da web FileSystemObject 707
Como examinar o armazenamento de disco com o objeto de arquivo do sistema 709
    Como criar pastas e arquivos com o FileSystemObject 710

Como ler os drives do servidor 715
Como exibir pastas no servidor 719
Como exibir arquivos na pasta no servidor 723
Como ler e salvar arquivos de texto com o objeto TextStream 727
Como construir o documento de exemplo de dicas da web 729

Capítulo 26 – Como adicionar segurança às suas aplicações da web 737
Como definir as exigências de segurança 738
Como compreender o acesso de autoridade 738
Como compreender a segurança do Acesso dos membros 739
Como usar a segurança do sistema operacional 740
As vantagens da segurança do sistema operacional 742
A desvantagem da segurança do sistema operacional 743
Como tornar segura uma pasta da aplicação 744
Como remover as permissões existentes para sua aplicação da web 751

Capítulo 27 – Como usar a segurança baseada em programas 753
As vantagens da segurança baseada em programas 754
A desvantagem da segurança baseada em programas 755
Como construir um sistema de segurança baseada em programas 757
Como verificar os usuários válidos 760
Como reunir os dados de conexão do usuário 761
Como validar o usuário conectado 764
Um projeto para criar sua própria segurança baseada em programas .. 768

Capítulo 28 – Como adicionar o tratamento de erros
à sua aplicação da web 769
Como compreender o tratamento de erros com o Visual InterDev 770
Como limpar os erros de sintaxe 770
Como lidar com os erros relacionados à web 772
Como lidar com os erros de execução relacionados ao código 774
A melhor defesa é uma boa construção 775
Como o Visual InterDev informa erros 777
Como acessar o objeto Err predefinido 778
Ative o tratamento de erros com Resume Next 779
Como adicionar o tratamento de erros às Active Server Pages 780
Como criar um arquivo de inclusão de interceptação de erros 782
Como construir o arquivo SSI para lidar com os erros ASP 783
Como usar o arquivo ERRORTRAP.INC em seus documentos ASP 789

Sumário

Capítulo 29 – Como usar a DHTML para alterar dinamicamente o conteúdo e o posicionamento HTML 793

O que é HTML Dinâmica? 794
Como atender os eventos 795
A capacidade do atributo STYLE 799
Como usar os elementos HTML DIV e SPAN 801
Como criar o projeto da web DHTML 802
Como alterar o conteúdo HTML durante a execução 802
Como usar o evento ONMOUSEOVER e a propriedade innerHTML 804
Como criar as interfaces visuais do tipo arrastar-e-soltar 807
Como criar o layout do documento REPOSITION.HTM 807
Como usar o objeto event para ativar o recurso arrastar-e-soltar dos documentos da web 813

PARTE VII – APÊNDICES

Apêndice A – Como usar o Microsoft FrontPage e as FrontPage Server Extensions 819

As vantagens de misturar o Microsoft FrontPage e o Visual InterDev 6 820
As etapas recomendadas da instalação 821
Como compartilhar projetos entre o Microsoft FrontPage e o Visual InterDev 6 824
Como solucionar os problemas do FrontPage e do Visual InterDev 6 832

Apêndice B – Recursos on-line 837

Sites da web relacionados 838
Newsgroups relacionados 839
Listas de correspondência relacionadas 839
Sobre outros recursos on-line 840

Apêndice C – Glossário 841

Índice 859

O autor

Mike Amundsen trabalha como consultor de serviços de informação e é especialista em treinamento para a Design-Synergy Corporation, uma firma de consultoria e gerenciamento de projetos especializada em serviços de tecnologia de informação. Ele viaja pelos Estados Unidos e Europa ministrando aulas e prestando consultoria sobre desenvolvimento em Windows.

Outros projetos de livros de Mike incluem a autoria de duas edições anteriores de *Sams Teach Yourself Database Programming with Visual Basic*; *MAPI, SAPI and TAPI Developer's Guide*, publicados pela editora Sams, além da contribuição em diversos livros sobre Visual Basic, Visual InterDev e outros assuntos. Mike também colaborou com vários jornais e periódicos, incluindo *Cobb Journals*, *Visual Basic Programmers Journal* e revista *VB Tech*.

Quando não está ocupado escrevendo ou viajando para sites de clientes, Mike passa seu tempo com a família em sua casa em Kentucky. Você pode encontrá-lo em *tysdbvb@amundsen.com* ou visitar seu site da web *www.amundsen.com*.

Autores colaboradores

Steve Banick é administrador de rede e designer gráfico, atualmente o desenvolvedor de software de clientes para os serviços de Internet da TELUS PLAnet, em Alberta, Canadá. Seus trabalhos publicados como autor colaborador e principal incluem: *Special Edition Using Microsoft Commercial Internet System*, *Special Edition Using Visual InterDev*, *Web Management with Microsoft Visual SourceSafe 5.0*, *Special Edition Using Microsoft Internet Information Server 4.0*, *Platinum Edition Using Windows NT Server 4.0*, *Platinum Edition Using HTML 4, Java 1.1 e JavaScript 1.2*, *Using FrontPage 98*, *FrontPage Unleashed 98* e *Special Edition Using Photoshop 5.0*.

L. Michael Van Hoozer é diretor da BSI Consulting e tem dez anos de experiência em desenvolvimento de sistemas. Mike tem fortes ligações com a Microsoft, pois tem estado muito envolvido com os testes alpha e beta de produtos incluindo Visual Basic, Visual InterDev e o restante da suíte de ferramentas de Visual Studio. Mike é o autor de *Sams Teach Yourself Microsoft Visual InterDev in 21 Days* (Editora Sams.net, Abril, 1997) e contribuiu em vários capítulos de *Visual InterDev Unleashed* (Editora Sams.net, Agosto, 1997).

Prefácio

Para onde a web leva você?

Se você é um desenvolvedor empresarial, provavelmente não foi a parte "worldwide" da web que o motivou a escolher este livro, mas sim a própria web – sua intranet ou a extranet. Os últimos anos têm descoberto uma forte economia em aplicações corporativas criadas em "modo web", onde pequenos clientes realmente *são* melhores do que os grandes servidores padrão – especialmente se você se preocupa com o custo.

Por outro lado, se você desenvolve sites da web para o público, provavelmente o alarme de incêndio do comércio eletrônico o trouxe a este livro. E não estou falando apenas de coisas pequenas, mas de todo o círculo de interações dinâmicas e personalizadas que o seu site deve oferecer para trazer os visitantes de volta novamente. Você precisa ficar íntimo de seus visitantes, apresentando-lhes o conteúdo que sabe que eles querem.

Seja qual for o caso, o desafio técnico fundamental é o mesmo: colocar dados na web de forma que façam sentido para você e seus usuários. Você veio ao local certo. Visual InterDev 6.0 é a mais poderosa ferramenta disponível hoje em dia para criar sites da web que sejam guiados por dados. Com ela, pouco importa onde os dados estão – funciona com quase todos os bancos de dados disponíveis comercialmente. Em outras palavras, com os *seus* dados.

Este livro é uma excelente introdução detalhada ao Visual InterDev 6.0, tanto para desenvolvedores empresariais como públicos. Você irá aprender o básico na criação de um site da web com o Visual InterDev e, o mais importante, como utilizar dados para fazer seu site trabalhar para você.

Susan Warren
Gerente de produção do Visual InterDev
Microsoft Corporation
Outubro de 1998

Dedicatória

Este livro é dedicado a Claire. Você esteve ao meu lado todo o tempo. Obrigado.

Agradecimentos

Embora muitas pessoas tenham ajudado a formar o conteúdo deste livro, muitas merecem um reconhecimento especial por terem ajudado a completá-lo.

Em primeiro lugar, meu agradecimento vai para Steve Banick (*Special Edition Using Visual InterDev 6.0*, da Que Corporation) e Michael Van Hoozer (*Sams Teach Yourself Microsoft Visual InterDev 6 in 21 Days*, da Editora Sams). Sem suas contribuições, este livro nunca teria acontecido.

A seguir, devo agradecer ao pessoal da Microsoft pela ajuda em formar este livro. A equipe do Visual InterDev 6.0 foi muito tolerante durante o processo, incluindo David Lazar e Susan Warren (gerentes de produtos do Visual InterDev 6.0). Também devo mencionar três membros do grupo de Suporte a Desenvolvedor da Divisão de Suporte Técnico da Microsoft: Tony Pacheco, Andrea Fox e Rob Reno. Todos me ajudaram a aprender uma grande parte do Visual InterDev 6.0 e forneceram apoio de alta qualidade e encorajamento durante o ciclo beta do Visual InterDev 6.0.

Também devo agradecer a todos os que me ajudaram na revisão do texto. Vários voluntários ofereceram comentários de ajuda. No entanto, gostaria de agradecer especialmente a Kelly Householder por suas sugestões e apoio.

Finalmente, devo tirar meu chapéu para o pessoal da Editora Macmillan, que me amparou e fez um bom trabalho organizando este livro e colocando-o na praça. Brad Jones, Kelly Marshall e Matt Purcell assumiram a parte mais difícil. Nancy Albright e Tonya Simpson foram muito pacientes (e persistentes) ajudando-me a revisar o texto e oferecendo elementos próprios ao livro. Também devo agradecer a Andrew Fritzinger pela sua edição técnica descomplicada. "Tech Edit", como é conhecida no comércio, é uma tarefa difícil e sempre não agradecida. Andrew ofereceu-me excelente feedback e sugestões de como melhorar a organização deste livro.

Uma coisa é desenvolver o conteúdo para um livro técnico. Outra é organizar tudo de forma que fique consistente, útil e agradável de ler. Se este livro tiver sucesso em tudo isto, será em virtude de um excelente trabalho do pessoal da Macmillan.

Como pode ser esperado de um livro deste tipo, muitas outras pessoas ofereceram exemplos de organização, comentários sobre a revisão e ainda mais apoio durante todo o processo. A todos estes que eu não mencionei, obrigado pela ajuda. Esta foi uma ótima experiência.

Mike Amundsen

Erlanger, Kentucky

Setembro, 1998

Introdução

Bem-vindo ao Dominando o Visual InterDev 6

Seja bem-vindo ao *Dominando o Visual InterDev 6*. Este livro foi projetado para ajudar você a aprender como usar o Visual InterDev 6 para construir poderosas aplicações da web. Para tanto, foi dividido em várias sessões de capítulos relacionados.

A Parte I, "Os fundamentos do Visual InterDev", vai ajudá-lo a se acostumar com o ambiente do Visual InterDev 6 e com as habilidades básicas da criação de aplicações da web, adição e edição de documentos e seu gerenciamento após terem sido criados.

A Parte II, "Técnicas de projeto das páginas da web", se preocupa com as técnicas para a construção de documentos efetivos da web, formulários de entrada, uso de papéis de estilo, imagens e outros meios para estabelecer uma aparência completa para suas aplicações.

A Parte III, "Como usar o Visual Basic Script", revê a linguagem deste recurso da Microsoft. Esta sessão dará aos iniciantes no Visual Basic Scripting uma boa base na linguagem e aos experientes uma referência fácil para uso futuro. Ambos os lados de scripting – cliente e servidor – estão cobertos aqui.

A Parte IV, "Banco de dados e a web", introduz novos recursos de banco de dados do Visual InterDev 6. Você irá aprender a usar o ambiente de dados, os novos controles de projeto-hora (DTCs), as ferramentas de dados visuais para construir tabelas de bancos de dados, procedimentos armazenados e consultas. Também aprenderá a usar a biblioteca de objetos de dados ActiveX para criar soluções personalizadas de páginas de servidor ativo.

A Parte V, "Como usar as tecnologias ActiveX", oferece exemplos de como adicionar relatórios e gráficos, conteúdo ativo e outro material básico de componentes em suas aplicações da web.

A Parte VI, "Mais programas de servidor ativo", mostra como gerenciar arquivos de textos básicos de servidor, como adicionar segurança e variáveis de erro às suas aplicações da web, como tirar vantagem dos recursos DHTML, tais como scriptlets, filtros visuais e outras tecnologias interessantes do Microsoft Internet Explorer.

Capítulos de bonificação

Os capítulos de bonificação da web estão localizados no site da web *http://www.interdevsource.com/pui6*. "Como criar scriptlets para o Microsoft Internet Explorer 4.0" cobre tudo o que você precisa saber sobre incorporação de scriptlets às aplicações da web. "Como aplicar filtros visuais e transições com DHTML" cobre como criar suas próprias entradas na janela de caixa de ferramentas, como usar filtros visuais para alterar textos e gráficos, como trabalhar com o método blendTrans e como criar sofisticadas transições de vídeo entre imagens.

Como usar este livro

Existem três maneiras diferentes de usar este livro, dependendo do seu nível de capacidade e necessidades atuais. O material é agrupado em assuntos relacionados e em ordem de complexidade. O material mais fácil aparece nos primeiros capítulos, e os exemplos mais avançados aparecem próximo ao fim do livro.

Se você é iniciante no Visual InterDev 6 e na construção de aplicações da web em geral, pode começar lendo o Capítulo 1 e seguir seqüencialmente todo o livro. Isto irá ajudá-lo a se familiarizar com o ambiente do Visual InterDev 6 primeiramente e seguir progressivamente pelos exemplos simples de HTML, scripting de cliente e servidor, código de banco de dados, exemplos de bases de componentes e, finalmente, exemplos de códigos de clientes e servidores avançados.

Se você já se sente confortável com o Visual InterDev 6 e tem experiência na construção de aplicações da web, deve concentrar-se nas seções que mais lhe interessarem. Em virtude do material ser dividido em áreas de assunto, você pode facilmente pular para a seção de banco de dados, depois voltar à seção de scripting e então avançar para a seção ActiveX. Você deve perceber que alguns capítulos presumem que você conhece os exemplos anteriores; contudo, nenhum deles requer que você tenha criado outro material. Também, perceberá que todos os capítulos têm referências extensivas a outras seções deste livro. Isto o ajudará quando estiver saltando alguns capítulos e precisar dar uma olhada rápida em alguns itens apresentados anteriormente.

Finalmente, após terminada sua viagem pelo texto, você poderá usar este livro como uma referência. Muito trabalho foi desenvolvido para lhe oferecer um índice de qualidade que você possa usar para encontrar rapidamente o que está procurando. Os novos itens "Veja também", presentes em cada capítulo, oferecem sugestões adicionais sobre o material relacionado que aparece em qualquer lugar do texto.

O que é preciso para usar este livro

Você precisará de uma cópia do Visual InterDev 6 (é claro), que rode tanto no Windows 95/98 quanto no Windows NT (estação de trabalho ou servidor). As especificações sugerem 32MB de RAM, mas eu sugiro fortemente 64MB ou mais, especialmente se você o rodar em máquinas NT com servidor SQL. Como regra, quanto mais RAM, melhor.

Quase todos os exemplos deste livro estarão trabalhando com a edição profissional do Visual InterDev 6. No entanto, alguns capítulos de banco de dados usam recursos encontrados apenas na edição empresarial ou corporativa. Mesmo assim, você ainda poderá lidar bem com estes capítulos se estiver usando a edição profissional.

Introdução

Apenas para registro, este livro foi composto em um laptop P200 com 64MB de RAM e 4GB de armazenamento em disco rígido. A máquina estava rodando uma estação de trabalho NT4 do Windows com Service Pack 3. O restante do software veio diretamente de CDs de Visual Studio 6.0 incluindo o Personal Web Server, Visual InterDev 6.0 e todos os outros programas de suporte.

O que não está abordado neste livro

Para manter tudo relativamente simples, apenas a linguagem Visual Basic Scripting é coberta neste livro. Você não encontrará exemplo algum de JScript aqui. Isto ocorre não porque o Visual Basic Scripting seja melhor – fazer um livro sem abordar muitas coisas é mais fácil. Se preferir o JScript, poderá encontrar muitas informações fora do livro. Converter os exemplos do lado cliente para o JScript não será muito difícil.

Embora haja muitos capítulos sobre banco de dados, este livro não oferece um acompanhamento completo desta tecnologia. O importante aqui é como utilizar bancos de dados com suas aplicações da web. Se quiser mergulhar mais fundo nestas técnicas, incluindo como projetar tabelas e consultas, será preciso vasculhar o grande mercado de outros livros que têm como objetivo os bancos de dados. Todos os exemplos aqui usam o formato de banco de dados SQL Server ou Microsoft Access. No entanto, não há nada aqui que não funcione com outros formatos, incluindo dBase, FoxPro, Oracle e outros.

Este livro não oferece muitos conselhos sobre a instalação do IIS4 e todas as outras partes dos servidor da web. Se você for responsável pela instalação e suporte de um servidor destes, precisará encontrar outros textos que cubram esta área.

Sobre o código de exemplo e atualizações

Você notará que não há CD-ROM acompanhando este livro. Contudo, pode-se obter cópias eletrônicas dos exemplos de código visitando o site de suporte da web em http://www.interdevsource.com/pui6 . Você também irá encontrar quaisquer atualizações do texto neste site da web.

O site também terá ligações com outros sites relacionados ao Visual InterDev 6 e a algumas ofertas especiais para leitores. Mesmo que você não precise baixar os códigos de exemplo, pode querer visitar o site apenas para manter-se atualizado quanto a quaisquer mudanças tanto no livro quanto no próprio Visual InterDev 6.

Algumas opiniões finais

A liberação do Visual InterDev 6.0 marca um grande upgrade na ferramenta de desenvolvimento de aplicações da web. Se você já usou o VI 1.0, vai notar muitas mudanças. Eu adorei o Visual InterDev 6.0 e adorei organizar este livro. Espero que você também aprecie a leitura.

Eu estou sempre interessado em comentários e sugestões vindas dos leitores. Por favor, esteja à vontade para me contatar enviando seu e-mail para uvi6@amundsen.com ou visitando o site http://www.interdevsource.com/pui6.

PARTE I

FUNDAMENTOS DO VISUAL INTERDEV

Como criar projetos da web com o designer de site   7

Como usar o editor do Visual InterDev 6   35

Como construir páginas da web com a ferramenta de designer de página   61

Como usar o Visual InterDev 6 para gerenciar seus projetos da web   89

Capítulo 1

Como criar projetos da web com o designer de site

- Como criar novos projetos da web com o Visual InterDev 6
- Como usar diagramas de site para estruturar seus projetos da web
- Como aplicar temas e layouts aos projetos da web

Como definir um novo projeto da web com o Visual InterDev 6

A primeira coisa que você deve fazer quando estiver usando o Visual InterDev 6 para criar soluções da web é definir e criar seus projetos da web para este programa. Estes projetos contêm todos os documentos HTML, arquivos de gráficos, componentes do lado servidor e arquivos de controle necessários pelo Visual InterDev 6 para completar uma aplicação da web.

A maioria dos itens em seu projeto em Visual InterDev 6 será mostrada como parte pública da solução da web no servidor da Web. Contudo, alguns destes projetos existem apenas para ajudar o programa a acompanhar os detalhes para suporte de desenvolvimento de interface e para comunicação com o servidor da web. Neste momento, entender os significados e usos de todo item em um projeto da web não é importante. No entanto, importa saber que você tem vários itens para acompanhar e gerenciar quando cria um projeto novo na web.

Criar projetos novos da web envolve tomar uma série de decisões importantes:
- Onde colocar na rede os arquivos de controle do projeto e o código-fonte?
- Qual servidor da web escolher para receber o projeto?
- Qual nome usar para publicar o projeto completo no servidor da web?

Nas próximas seções, você aprenderá alguns dos detalhes que estão por trás destas três informações. Após uma revisão sobre os três pontos mais importantes, você usará o Visual InterDev 6 para realmente criar seu primeiro projeto da web.

Projetos e o Visual InterDev

Você pode pensar em um projeto como um grupo autocontido de arquivos e pastas que formam um site da web. A Microsoft se refere a todos os sites da web ou suas aplicações dentro do Visual InterDev como projetos.

Extensões do Microsoft FrontPage requeridas para o host da web

O Visual InterDev 6 usa o Microsoft FrontPage Server Extensions para falar diretamente com o servidor da web que hospeda o projeto em Visual InterDev 6 Mesmo que você esteja usando um servidor que não seja da Microsoft para seus projetos na web, esta máquina precisará ter instalado o Microsoft FrontPage Extensions para que o Visual InterDev 6 possa "falar" com o host da Web quando estiver criando novos projetos.

Como identificar a localização do código-fonte

A primeira tarefa na criação de um novo projeto da web com o Visual InterDev 6 é decidir onde o código-fonte e os arquivos de controle do mesmo estarão localizados. Este local não é a web de fato que será publicada para usuários visitarem com seus browsers. É onde você terá todos os itens requeridos pelo programa para gerenciar e controlar seu projeto.

Capítulo 1 Como criar projetos da web com o designer de site

Quando você tiver decidido sobre a localização do código-fonte de um projeto da web, poderá usar qualquer espaço em disco disponível onde tenha direito de criar novos arquivos e pastas. Tipicamente, este será um local em sua própria estação de trabalho ou em um drive de disco mapeado em algum lugar da rede.

Use apenas drives de rede mapeados para projetos em Visual InterDev 6

É importante usar apenas drives de disco mapeados quando estiver localizando seus projetos em Visual InterDev 6. Embora o editor do programa permita que você use um compartilhamento de nome UNC (por exemplo, \\myserver\myshare\mywebcode) como local para seu projeto, alguns itens no projeto da web com o Visual InterDev 6 não podem usar compartilhamento de nome. Para evitar problemas com seus projetos, use apenas letras de drive mapeado (L:\mywebcode) como local para seus projetos da web.

Após determinar o drive e o caminho para o seu projeto em Visual InterDev 6, você deve criar um novo nome de pasta para o mesmo. Tipicamente, este é um nome descritivo, como MinhaWeb ou Contas. Contudo, você pode usar nomes mais estruturados, como Projeto01 ou ProjConWeb. As únicas restrições que existem em criar uma pasta de projeto em nível avançado são as mesmas que existem na criação de novos nomes de pastas de sistemas operacionais do Windows. Normalmente, este nome de pasta em nível avançado é também usado como o nome publicado da web no seu servidor que "hospeda" o projeto. No entanto, isto não é uma exigência.

Uma pasta de projeto em Visual InterDev 6 possui várias subpastas default e arquivos em disco. Estas pastas e arquivos serão adicionados à localização do código-fonte pelo Visual InterDev 6 quando você criar seu projeto. As pastas e arquivos default para uma pasta de projeto chamada MyWeb (MinhaWeb) estão resumidos e descritas na Tabela 1.1.

Evite espaços ao nomear pastas

Embora nomes de pastas com espaços (por exemplo, \Meu Projeto Web\ ) sejam legais, não são recomendados. Às vezes são difíceis de digitar e, em alguns casos, ferramentas de terceiros, como pacotes de controle de origem ou outro software, podem não ser capazes de processar nomes de pastas com espaços.

Tabela 1.1 Subpastas e arquivos default para um projeto da web em Visual InterDev 6

Pasta	Arquivo	Descrição
MyWeb	MyWeb.sln	O arquivo de solução de texto. Este arquivo contém os detalhes para a localização de todos os projetos associados para uma solução completa.
	MyWeb.sou	O arquivo de solução binária. Este arquivo contém detalhes adicionais de leitura da máquina para projetos associados para uma solução completa.

continua...

Tabela 1.1 Continuação

Pasta	Arquivo	Descrição
	MyWeb.vip	O arquivo de projeto de texto. Contém os detalhes para a definição do projeto da web.
MyWeb.vic	O arquivo de projeto cache	Este arquivo binário contém informações adicionais sobre a definição do projeto.
MyWeb\ MyWeb-Local		Contém uma cópia local de todos os itens do projeto.
MyWeb\ MyWeb_Local	Global.asa	É usado durante o tempo de execução para gerenciar informações sobre a aplicação e a sessão para o projeto na web.
MyWeb\ MyWeb_Local\ _private		Contém arquivos de controle usados pelo Visual InterDev 6 para o código do projeto.
MyWeb\ MyWeb-Local\ _Layouts		Contém uma série de arquivos e subpastas que estabelecem as definições de página de navegação opcionais usadas no projeto.
MyWeb\ MyWeb_Local\ _Themes		Contém uma série de arquivos e subpastas que definem as folhas de estilo e gráficos de segundo plano opcionais usados no projeto.
MyWeb\ MyWeb_Local\ _ScriptLibrary		Contém uma série de documentos da Web somente para leitura usados como suporte em tempo de execução para o projeto.
MyWeb\MyWeb_Local_vti_cnf MyWeb\MyWeb_Local_vti_log MyWeb\MyWeb_Local_vti_pvt		Pastas somente para leitura. Contém informações usadas para gerenciar o projeto em tempo de execução.
MyWeb\MyWeb_Local\images		Contém qualquer imagem personalizada usada no seu projeto da web.

Soluções Visual Studio

Studio Visual (incluindo o Visual InterDev) usa o termo *solução* para representar os projetos que abrangem a sua estação de trabalho ativa. Em versões mais antigas do Visual Studio, soluções eram conhecidas como *espaços de trabalho*.

Capítulo 1 Como criar projetos da web com o designer de site   11

Não edite conteúdo da pasta _ScriptLibrary

A pasta _ScriptLibrary contém vários documentos de HTML e de ASP (Active Server Page), usados pelo Visual InterDev 6 em tempo de execução. É importante não editar estes documentos de forma alguma. Fazer isto pode quebrar permanentemente seu projeto da web e deixá-lo inútil.

_ScriptLibrary e ASP

Para usar _ScriptLibrary e obter a força total do Visual InterDev, você tem que estar usando o Microsoft Internet Information Server (IIS) 4.0 ou mais. IIS 4.0 introduziu uma versão consideravelmente mais poderosa do processador Active Server Pages da Microsoft assim como recursos de depuração do lado servidor com o Visual InterDev.

A maioria dos arquivos e pastas vistos na Tabela 1.1 nunca será editada ou mesmo visualizada no Visual InterDev 6 durante a vida do projeto. Contudo, ainda são arquivos muito importantes. Estão listados aqui para que você saiba que existem e entenda como são usados no projeto.

Veja também

➤ *Para mais informações sobre arquivos de projetos de Visual InterDev 6, veja o Capítulo 24.*

Como selecionar um servidor da web para hospedar seu projeto

Após estabelecer um local para o código-fonte do projeto da web e arquivos de controle, você deve selecionar um servidor da web que hospede seu projeto concluído. Esta é a máquina que possui o Microsoft Personal Web Server (PWS) ou o Internet Information Server (IIS) instalado e rodando. Esta máquina também deve ter instalado o FrontPage Server Extensions.

O servidor host da web não precisa ser a mesma máquina que guarda o código-fonte do projeto. De fato, em áreas de produção o servidor host está normalmente em uma máquina diferente. No entanto, é muito comum armazenar o código-fonte em outra pasta no servidor host da web, especialmente para testar projetos e protótipos.

O ponto mais importante a ter em mente é que, até onde o servidor da web sabe, a máquina que irá hospedar seu projeto em Visual InterDev 6 é independente daquela que guardará seu código-fonte. Em outras palavras, após ter completado o código-fonte de seu projeto e tê-lo entregue ao servidor host da web, excluir um dos dois itens não afetará o outro. Remover a web do servidor host da web não irá excluir o código-fonte, e apagar os arquivos de código-fonte não irá apagar arquivos do servidor host da web.

Cada projeto possui apenas um servidor host da web
Você pode transmitir a aplicação concluída da web para quaisquer servidores, mas todo projeto tem apenas um projeto host principal. Após selecionar um servidor para hospedar seu projeto, movê-lo para outro servidor é difícil. Por esta razão, é importante escolher com cuidado seu servidor host da web.

Como configurar o nome publicado da web

Após estabelecer o local de um código-fonte e selecionar um servidor host da web para o projeto, você deve decidir sobre o nome a usar para a web que irá aparecer no servidor host. Este nome é geralmente o mesmo da pasta que você selecionou para o local do código-fonte. Contudo, isto não é uma exigência.

Por exemplo, se você utilizasse o nome MinhaWeb para o local do código-fonte e selecionasse MeuServidor como o servidor host da web para o projeto, o nome default da web no servidor seria MinhaWeb. Isto significa que você poderia usar o seguinte URL (Universal Resource Locator) para se conectar à web completa no servidor:

   http://myserver/myweb/

Use o nome default da web sempre que possível
Embora você tenha a opção de usar nomes diferentes para a pasta de código-fonte e nomes da web, isto não é recomendado na prática. Usar dois nomes diferentes pode se tornar confuso tanto para os programadores da web como para os administradores de servidor e pode levar a erros no momento da atualização ou exclusão projetos selecionados.

Conforme mencionado anteriormente, você não tem que usar o nome da pasta do código-fonte como o nome publicado da web. Você pode usar qualquer outro nome de pasta legal como o nome publicado da web. Por exemplo, pode querer publicar os documentos no local do código-fonte de MinhaWeb como FormuláriodeTesteWeb no servidor chamado MeuServidor. Você deve fazer isto para tornar o nome publicado mais significativo para usuários ou para seguir uma convenção preestabelecida de nomes para o servidor da web. Também pode usar esta opção quando já tiver uma publicação da web no servidor host com o mesmo nome da sua pasta de código-fonte.

Veja também

➤ *Para mais informações sobre como hospedar uma web com Microsoft FrontPage Extensions, veja o Apêndice A.*

Capítulo 1 Como criar projetos da web com o designer de site 13

Como criar seu primeiro projeto em Visual InterDev 6

Agora que você já tem um bom conhecimento sobre as três partes-chave da definição de um projeto em Visual InterDev 6, está pronto para criar seu primeiro projeto.

Como criar um projeto em Visual InterDev 6

1. Se você ainda não o fez, inicialize o Visual InterDev 6.
2. Quando o Visual InterDev 6 iniciar, uma caixa de diálogo New Project (Novo Projeto) deve aparecer. Caso isto não aconteça, selecione **File** (**Arquivo**) **New Project** (**Novo Projeto**) a partir do menu principal.
3. Com o diálogo do New Project na tela, entre um drive de disco e nome de caminho no campo **Location** (**Local**) – por exemplo, c:\UVI\Source\ .
4. Depois, entre com um novo nome de pasta no campo **Name** (Nome) – por exemplo, MyFirstWeb.
5. Clique no ícone **New Web Project** na seção à direita da caixa de diálogo.
6. Finalmente, Pressione **Open (Abrir)** para criar o local do código-fonte (veja a Figura 1.1).

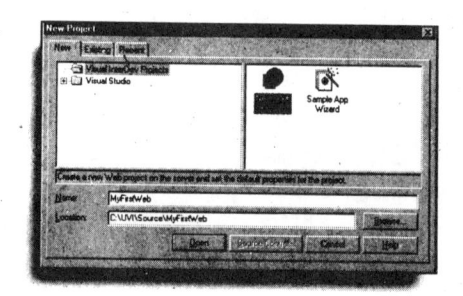

Figura 1.1 Como preencher o diálogo New Project.

Após estabelecer o local do código-fonte, você deve usar o Web Project Wizard (Assistente de Projeto da Web) para selecionar um servidor disponível para hospedar o projeto em Visual InterDev 6. Este assistente aparece automaticamente quando você abre um novo projeto da web.

Como selecionar um servidor da web para hospedar um projeto em Visual InterDev 6

1. Na primeira tela do Web ProjectWeb, defina o nome de um servidor PWS ou IIS válido no campo **What Server name do you want to use?** (**Qual nome de servidor você quer usar?**) – por exemplo, MyServer. Não digite \\MyServer ou http://MyServer .
2. Caso o servidor que você estiver usando solicite uma conexão SSL, marque a caixa de verificação **C**onnect using Secure Sockets Layer (**Conectar usando Secure Sockets Layer**).

3. Selecione o **M**aster Mode (**Modo-chave**) como o modo com o qual você quer trabalhar (veja a Figura 1.2).
4. Pressione o botão **N**ext (**Próximo**) para continuar criando o novo projeto da web.

Após selecionar um servidor da web para receber seu projeto em Visual InterDev 6, você deve decidir sobre um nome público da web para o projeto. Este nome será usado para conectar navegadores aos documentos públicos.

Autoria da web e SSL

Se você estiver trabalhando em um site que requeira segurança e confiabilidade, deve sempre usar o SSL. Seu servidor da web deve estar configurado para SSL para que este tipo de conexão funcione.

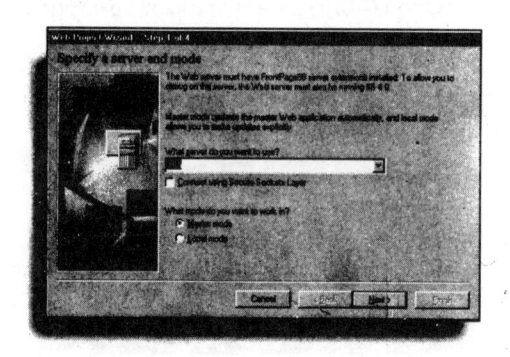

Figura 1.2 Como selecionar o servidor host da web.

Como definir o nome do projeto da web

1. No Passo 2 de 4 do Assistente de Projetos da Web, selecione **C**reate a new web project (**Criar um novo projeto da web**) ou **Connect to an existing web project** (**Conectar a um projeto existente da web**). Para este exemplo, clique o botão radial **C**reate a new web project (**Criar um novo projeto da web**).
2. Se você selecionou **C**reate a new web project, digite um valor no campo **N**ame. Para este exemplo, aceite o nome de pasta de origem default (MyFirstWeb).
3. Se você selecionou **Connect to an existing web project,** use a lista suspensa para selecionar um projeto já existente em Visual InterDev 6.
4. Pressione o botão **N**ext (**Próximo**) para continuar o Assistente de Projeto da Web (veja a Figura 1.3).
5. No Passo 3 de 4 do Assistente de Projetos da Web, pressione **F**inish (**Finalizar**) para completar a criação do novo projeto.

Capítulo 1 Como criar projetos da web com o designer de site 15

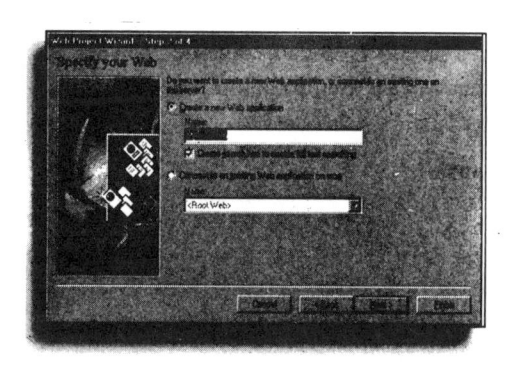

Figura 1.3 Como configurar o nome publicado na web.

Neste exemplo, você saltou os passos Apply a layout (Aplicar um layout) e Apply a theme (Aplicar um tema) no Assistente de Projetos da Web. Você irá aprender mais sobre como aplicar temas e layouts na última seção deste capítulo.

Como se vincular a uma web existente

Não é necessário criar uma nova web no servidor para cada projeto em Visual InterDev 6 que você crie. Em alguns casos, você vai querer criar um novo projeto local em Visual InterDev 6 e conectá-lo a uma web existente no seu servidor da web de forma que possa realizar atualizações ou modificações para uma aplicação da web existente em Visual InterDev 6.

Veja também

➤ *Para aprender mais sobre como usar o editor do Visual InterDev 6, veja o Capítulo 2.*

Como ajustar as propriedades do projeto da web

Agora que você já estabeleceu um novo projeto da web, pode inspecionar e ajustar suas propriedades. Estes são valores que podem afetar como o projeto é transmitido ao servidor, a página inicial default para o projeto e outros valores importantes.

Você pode visualizar as propriedades do projeto de duas maneiras. Primeiro, pode usar a janela Properties (Propriedades) para ver a lista de propriedades do projeto (veja a Figura 1.4).

Você também pode visualizar as propriedades do projeto chamando a caixa de diálogo Project

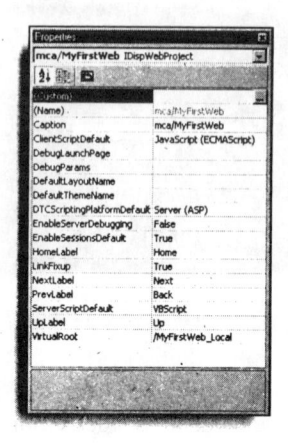

Figura 1.4 Como visualizar as propriedades do projeto com a janela Proprerties.

Properties (Propriedades do Projeto). Você pode fazê-lo clicando com o botão direito do mouse no nome do projeto na janela Project Explorer e selecionando **Properties** a partir do menu contexto, pressionando o botão de navegador **Browse** (Personalizado) na janela Properties, ou pressionando o ícone Property Pages (Páginas de Propriedades) no topo da janela Properties (o ícone mais à direita da lista). A Figura 1.5 mostra um exemplo de diálogo de Project Properties.

Propriedades de projeto

Conforme você trabalhar mais com os projetos da web, irá descobrir que manipular as propriedades do projeto para satisfazer as suas necessidades é uma exigência, não apenas um recurso útil.

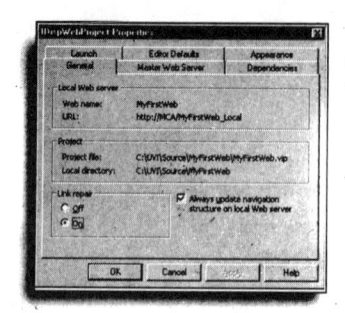

Figura 1.5 Como visualizar o diálogo de Propriedades de Projeto.

Existem seis guias no diálogo de propriedades de projeto:

- **General (Geral)** – Contém informações gerais sobre o projeto, incluindo o nome do servidor da web local e a localização do projeto de código-fonte.
- **Master Web Server (Servidor Master da Web)** – Contém informações sobre o servidor host do projeto.
- **Dependencies (Dependências)** – Contém uma lista de todos os componentes associados personalizados e subprojetos dependentes.
- **Launch (Iniciar)** – Contém informações sobre a página default utilizada quando da inicialização do projeto no modo de depuração e as áreas de depuração.
- **Editor Defaults (Defaults do Editor)** – Contém informações sobre plataformas de scripting default tanto para scripting do lado servidor e como do lado cliente.
- **Appearance (Aparência)** – Contém detalhes sobre o tema aplicado e documentos de layout, além dos rótulos da barra de navegação default.

Você geralmente não precisa ajustar as propriedades de projetos da web a este nível. A maioria das definições de propriedade pode ser deixada em seu default. Conforme você for lendo o livro, ocasionalmente voltará a estes diálogos para ajustar as definições de propriedades. Por enquanto, pode deixá-los nos seus valores default.

Como utilizar um diagrama de site para estruturar seu projeto da web

Agora que você criou um projeto válido da web e estabeleceu uma web no servidor host, está pronto para começar o layout do site. Para isto, use o diagrama de site do Visual InterDev 6.

O diagrama de site é um documento que lhe permite projetar um site literalmente arrastando e soltando páginas em um espaço aberto que se parece com um quadro branco. Este espaço de desenho pode ser ocupado por documentos HTML, Active Server Pages, folhas de estilo, arquivos de texto, vínculos a outras webs e muito mais. O diagrama de site lhe permite construir visualmente o design básico de seu site e então testar rapidamente este design no seu navegador.

Quando estiver satisfeito com a aparência do site, você poderá começar a editar o conteúdo de várias páginas no seu diagrama. Mais à frente neste capítulo, será visto como é possível aplicar barras de navegação predefinidas e configurar estilos de fonte e cor default para o site inteiro ou apenas para algumas páginas selecionadas do mesmo.

Veja também

➤ *Para saber mais sobre como gerenciar seus projetos da web, veja o Capítulo 4.*

Diagramas de site não são enviados ao host da web

O Visual InterDev 6 usa o arquivo de diagrama de site para gerenciar as informações de navegação dentro de um único projeto do programa. Estas informações são usadas para modificar documentos em HTML ou ASP no projeto. O atual arquivo de diagrama de site não é necessário pelo servidor host da web e não é copiado para o mesmo.

Como criar um novo diagrama de site

O primeiro passo no processo é criar um novo diagrama de site para sua web. Este diagrama irá atuar como uma "planta" para seu site. Para este exemplo, use o mesmo projeto do programa que você criou anteriormente neste capítulo.

Como adicionar um novo diagrama de site do Visual InterDev 6

1. Com um projeto em Visual InterDev 6 válido carregado, selecione **P**roject (Projeto), Add Web Item (Adicionar Item da Web) e Site Diagra**m** (Diagrama de Site).
2. Quando a caixa Add Item (Adicionar Item) aparecer, entre com MySiteDiagram no campo **N**ame (Name).
3. Certifique-se de que o ícone Site Diagram esteja destacado e pressione **O**pen (Abrir) para adicionar o documento novo ao seu projeto (veja a Figura 1.6).

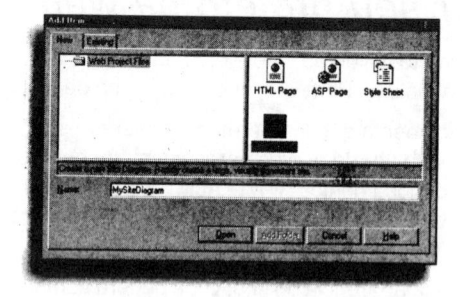

Figura 1.6 Como adicionar um novo diagrama de site ao projeto.

Como editar o nome e título dos documentos de inicialização

Quando o documento estiver carregado no editor do Visual InterDev 6, um pequeno quadrado aparecerá com um ícone de casa no canto inferior esquerdo. Isto representa a página inicial default do projeto da Web. Este novo documento será salvo como DEFAULT.HTML para a sua web. A palavra **Home** aparece dentro da caixa. Isto representa o título do documento.

Você pode editar estes valores a qualquer momento clicando com o botão direito do mouse sobre a caixa e selecionando **Property Pages** (Páginas de Propriedade) a partir do menu suspenso. Isto irá trazer a caixa de diálogo Property Pages (veja a Figura 1.7).

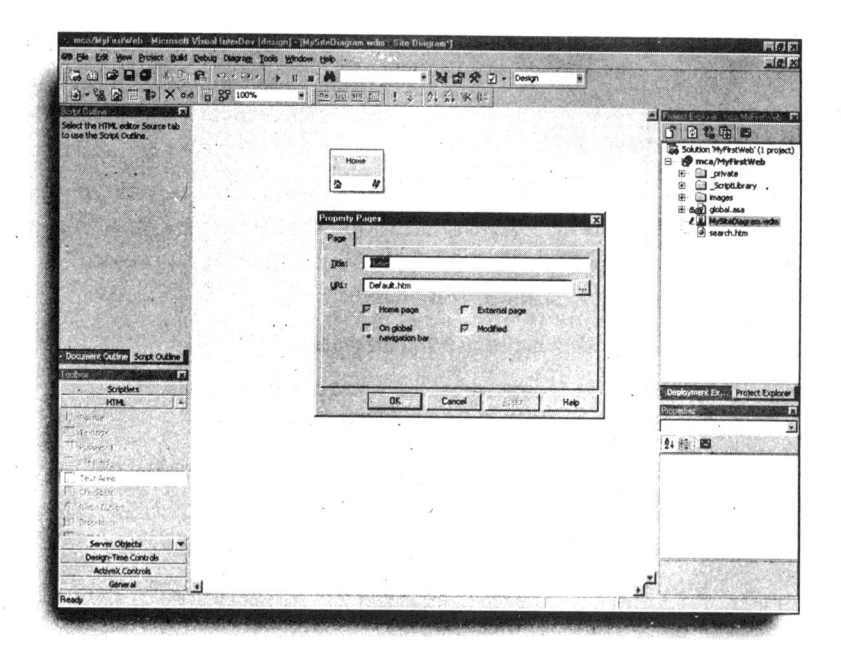

Capítulo 1 Como criar projetos da web com o designer de site

Figura 1.7 Como visualizar o diagrama de site Páginas de Propriedade.

Para este exemplo, mude a propriedade T̲itle (**Título**) para **My First Web (Minha Primeira Web)** e pressione **OK** para salvar a mudança e dispensar a caixa de diálogo.

Até então, você terá configurado as propriedades do novo documento, mas não terá realmente salvo aquelas mudanças para o arquivo de diagrama de site. Para fazer isto, pressione Ctrl+S para salvar o diagrama aberto.

Agora que você já sabe como atualizar o diagrama, está pronto para adicionar novos documentos ao projeto da web.

Veja também

➤ *Para mais informações sobre configuração de propriedades de documentos, veja o Capítulo 3.*

Sempre salve as mudanças no diagrama de site

A cada vez que modificar o diagrama de site, deve verificar se salvou o projeto. Quando o fizer, o Visual InterDev 6 irá atualizar os documentos HTML e ASP atuais afetados pela mudança. Caso você não salve o arquivo de diagrama, nenhuma das modificações será feita no documento HTML e ASP associado.

Como adicionar novos documentos ao diagrama de site

Você pode usar o diagrama de site para criar documentos novos para a web. Quando fizer isto, estará realmente adicionando caixas a um diagrama que representa documentos da web para seu projeto. Ao adicionar estas caixas ao seu diagrama, você estará também estabelecendo o nome e título de cada documento que será eventualmente adicionado ao projeto atual da web.

Como adicionar novos documentos ao diagrama de site

1. Com o diagrama de site carregado no editor do Visual InterDev 6, clique com o botão direito do mouse sobre qualquer espaço em branco no diagrama.
2. Selecione **New HTML Page** (**Nova página de HTML**) a partir do menu contexto.
3. Quando a nova caixa de documento aparecer no diagrama, use o mouse para arrastar a caixa fechada do documento para uma já existente no diagrama (em nosso exemplo, a caixa de página **Home**).
4. Quando a linha de conexão pontilhada aparecer, solte o botão do mouse para liberar o documento. Uma linha sólida aparecerá mostrando que os dois documentos estão vinculados juntos (veja a Figura 1.8).

Para praticar, continue adicionando documentos desta forma até que seu diagrama de site se pareça com o da Figura 1.9.

Certifique-se de salvar o diagrama antes de passar para a próxima seção neste capítulo.

Use o diagrama de site como uma ferramenta de design

Você pode usar o diagrama de site como uma forma de ilustrar rapidamente o design planejado de um site inteiro da web. Pode até imprimir o diagrama e incluí-lo em pacotes de documentação.

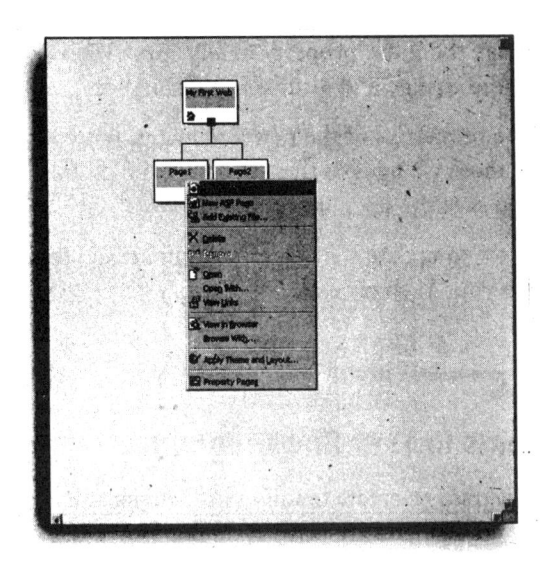

Capítulo 1 Como criar projetos da web com o designer de site 21

Figura 1.8 Como adicionar um novo documento ao diagrama de site.

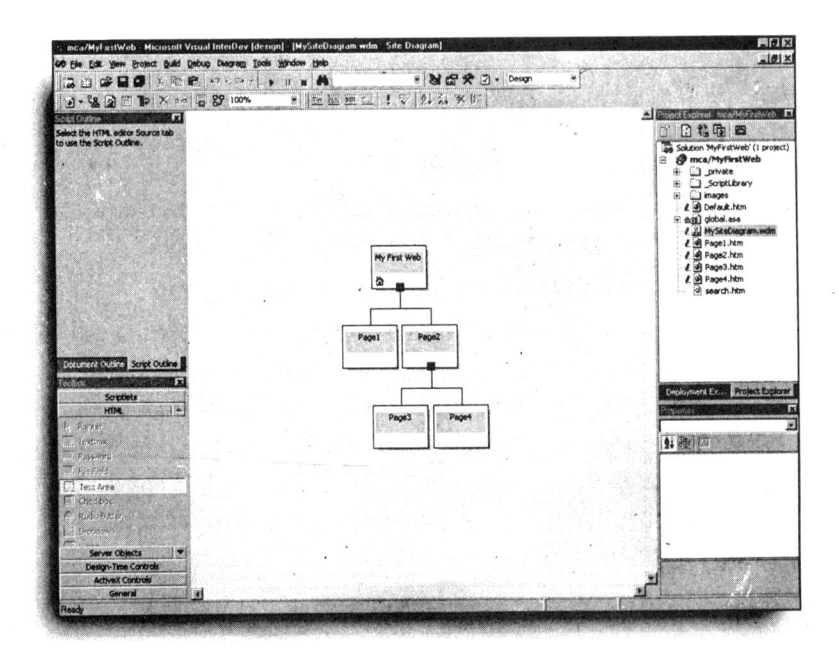

Figura 1.9 Como construir o diagrama de site MyFirstWeb.

Como adicionar documentos já existentes da web ao seu diagrama de site

Continuando com a criação de novos documentos na web para o diagrama de site, é possível adicionar documentos já existentes ao diagrama. Arraste o documento do Explorer Project para o diagrama que estiver carregado no editor e solte-o no local que desejar.

Como adicionar um documento existente ao diagrama de site

1. Primeiro, certifique-se de que o diagrama de site esteja carregado para o editor do Visual InterDev 6.
2. Depois, localize o documento na janela do Explorer Project que você quer adicionar ao diagrama de site. Para este exemplo, localize o documento SEARCH.HTM.
3. Agora arraste o documento desejado do Explorer Project para o diagrama de site.
4. Quando tiver movido o mouse para o local correto, libere o documento soltando o botão do mouse. O documento existente aparecerá agora no diagrama de site (veja a Figura 1.10).

Como usar os diagramas de site para assinalar problemas potenciais

Conforme você aumentar seu site da web adicionando documentos existentes e criando novas páginas, poderá usar diagramas de site para assinalar problemas potenciais com a estrutura e layout do site. Não se perturbe – deixe seu site crescer sem causar dores de cabeça durante a manutenção.

Como adicionar documentos existentes a qualquer momento

Você pode usar o Visual InterDev para construir documentos na web como de costume e depois adicioná-los ao diagrama de site arrastando-os a partir do Explorer Project. Você não precisa tornar seu diagrama completo antes de começar a editar documentos.

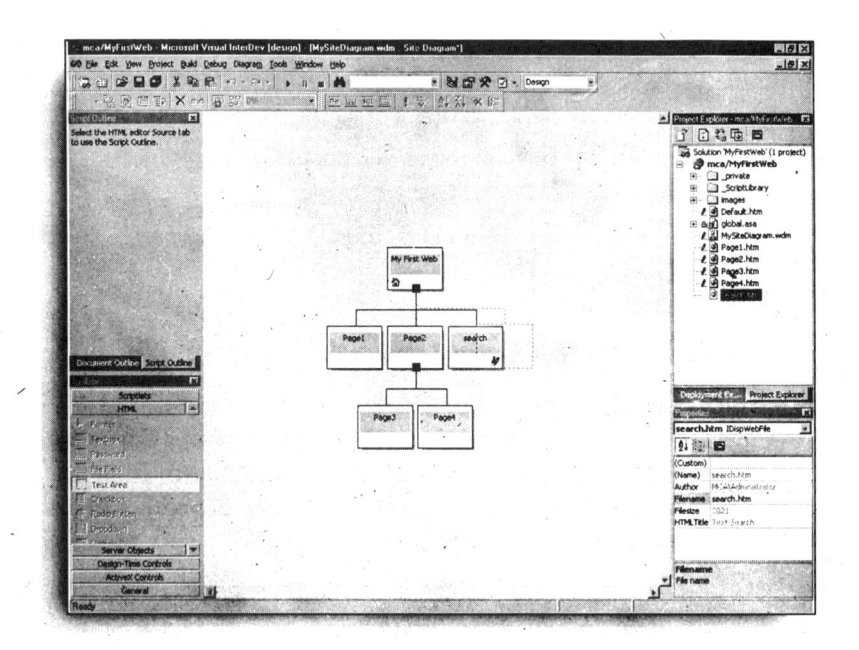

Capítulo 1 Como criar projetos da web com o designer de site   23

Figura 1.10 Como adicionar um documento existente ao diagrama de site.

Como mover documentos da web no diagrama de site

Você também pode mover documentos dentro do diagrama de site. Isto lhe permite mudar a estrutura de navegação do projeto rápida e facilmente. É possível mover não apenas uma única página de um local para outro no diagrama, mas também mover vários grupos de páginas.

Como mover um grupo de documentos em um diagrama de site

1. Primeiro, certifique-se de que o diagrama de site esteja carregado para o espaço de editor do Visual InterDev 6.

2. Depois, use o mouse para arrastar um retângulo em torno do grupo de documentos que você quer reposicionar no diagrama. Para este exemplo, arraste um retângulo pelas páginas 3 e 4.

3. Quando soltar o mouse, você verá que os documentos selecionados estarão agora realçados no diagrama.

4. Então, mova o grupo inteiro de documentos arrastando uma das caixas para o local desejado. Você verá que todas as caixas realçadas moverão junto com aquela que você selecionou. Para este exemplo, mova as páginas 3 e 4 até que estejam em baixo da página 1.

5. Quando arrastar o grupo para próximo de outro documento no diagrama, a linha de conexão pontilhada aparecerá mostrando-lhe onde a linha de navegação será desenhada. Solte o grupo quando vir aparecer a linha de conexão no local apropriado.

6. Após mover os documentos, pressione Ctrl+S para salvar o diagrama atualizado.

Conexão de páginas

Lembre-se de que quando você conecta páginas no diagrama de site, está trabalhando com vínculos por trás da navegação de site global. No entanto, isto não implica adicionar um hyperlink a uma página.

Como remover documentos do diagrama de site

Assim como há duas formas de adicionar documentos a um diagrama de site, há duas formas de removê-los. Você pode remover um documento apenas do diagrama ou pode excluí-lo completamente do projeto. Obviamente, você pode fazer isto com um documento único ou com um grupo realçado, também.

A remoção de um documento de um diagrama não apaga o arquivo físico do seu projeto. Isto apenas o retira do diagrama e remove qualquer referência a ele nos vínculos HREF ou barras de navegação.

A exclusão de um documento de um projeto da web realmente apaga o arquivo físico do projeto e também remove qualquer referência a ele no seu site da Web.

Para este exemplo, você deve primeiro adicionar documentos novos ao diagrama atual. Não importa quais sejam os nomes e locais das páginas, contanto que sejam ambos excluídos da mesma ramificação. Use a Figura 1.11 como guia na adição de duas novas páginas ao diagrama. Certifique-se de salvar o diagrama antes de seguir para o próximo passo.

As exclusões são permanentes

Caso decida excluir fisicamente um arquivo do projeto da web, não conseguirá recolocá-lo muito facilmente. Se imagina que pode usá-lo no futuro, remova-o das barras de navegação e mova o arquivo para uma subpasta para posterior recuperação.

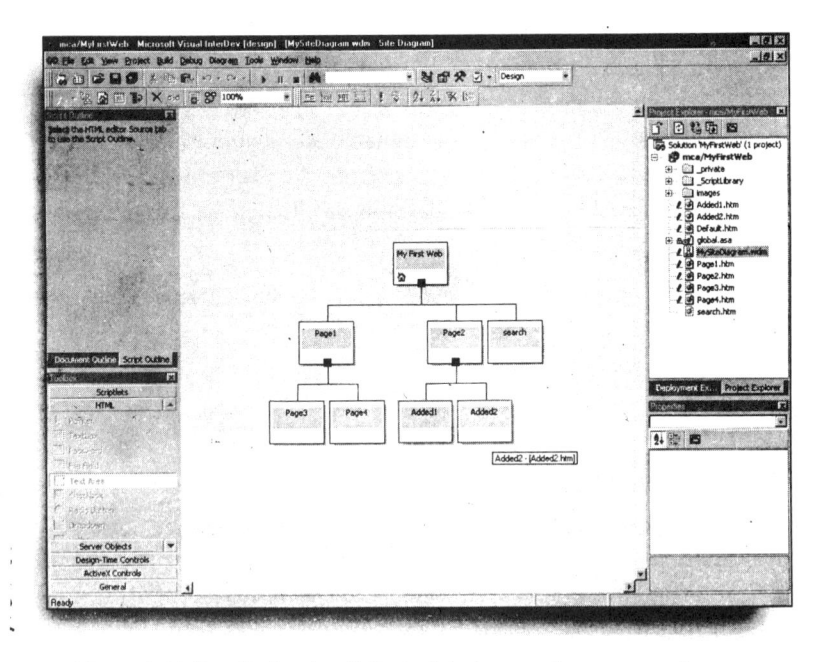

Capítulo 1 Como criar projetos da web com o designer de site

Figura 1.11 Resultados da adição de dois documentos novos ao diagrama.

Agora que você já tem duas novas páginas no diagrama, está pronto para experimentar as opções de exclusão para diagramas de site.

Como excluir documentos de um diagrama de site

1. Com o diagrama de site carregado, clique com o botão direito do mouse sobre o documento que você quer excluir (para este exemplo, selecione **Added1.htm**).
2. Escolha **Delete** (**Excluir**) no menu contexto.
3. Quando o diálogo Delete Pages (Páginas Excluídas) aparecer, selecione **Remove these pages from all navigation bars** (**Remover estas páginas de todas as barras de navegação**).
4. Pressione **OK** para completar a ação.
5. Você verá o documento desaparecer do diagrama mas permanecer na listagem do Project Explorer.
6. Agora selecione outro documento a excluir (por exemplo, **Added2.htm**).
7. Clique com o botão direito do mouse sobre o documento e selecione **Delete** no menu contexto.
8. Desta vez, selecione **Delete these pages form the web project** (**Excluir estas páginas do projeto da web**) e pressione **OK**.

9. Pressione Ctrl+S para salvar o diagrama de site atualizado. Agora, você verá o documento desaparecer do diagrama e do Project Explorer. Você excluiu fisicamente este documento.

Veja também

➤ *Para mais informações sobre como usar o editor do Visual InterDev 6 para gerenciar documentos de projetos, veja o Capítulo 2.*

Como aplicar temas e layouts ao seu projeto da web

Agora que você criou o projeto e construiu o diagrama de site, pode começar a adicionar detalhes às páginas usando os temas e layouts do Visual InterDev 6. Você usa os temas para oferecer uma aparência mais consistente a suas páginas.

Os layouts oferecem um conjunto consistente de controles de navegação e cabeçalhos ou rodapé a todas as páginas. Combinando um tema e um layout e aplicando-os ao projeto, você pode construir facilmente uma estrutura de boa aparência para seu site da web em poucos minutos.

O tema do Visual InterDev 6 contém várias partes, incluindo botões de navegação default, cabeçalhos e rodapés e um conjunto de tipos de fonte, tamanhos e cores. O Visual InterDev 6 é distribuído com aproximadamente 60 temas diferentes que você pode utilizar nos seus projetos da web.

Embora os temas ofereçam uma aparência consistente a seus documentos, os layouts oferecem barras de navegação comuns e um layout de página consistente. Aproximadamente 20 layouts diferentes estão instalados com o programa. Cada um possui seu próprio conjunto de botões, cabeçalhos e rodapés.

Nos casos mais típicos, você irá aplicar um único tema e layout ao projeto inteiro. Contudo, o Visual InterDev 6 permite selecionar um subconjunto de páginas e aplicar um tema ou layout diferentes a este subconjunto. Desta forma, é possível criar subseções de aparência única de projetos grandes. Você também pode personalizar layouts de páginas adicionando alguns controles de navegação a uma página individual.

Nas próximas três seções, você aprenderá como aplicar temas e layouts a projetos em Visual InterDev 6 e como personalizar layouts de páginas de forma que satisfaçam as suas necessidades específicas.

Crie seus próprios temas

A Microsoft oferece um kit do desenvolvedor especial para a criação de seus próprios temas compatíveis com o Visual InterDev 6. Você pode obter mais informações sobre como criar seus próprios temas visitando http://www.microsoft.com/frontpage.

A combinação de temas e layouts
Embora seja possível usar apenas um tema ou layout, normalmente você desejará combinar os dois recursos para criar uma aparência mais rica e consistente para seu site da web.

Veja também

➤ *Para aprender mais sobre temas, veja o Capítulo 3.*

Como usar temas

Você pode aplicar um tema a um projeto de diversas maneiras. O método que utilizar dependerá exclusivamente de você:

- Diálogo Project Properties – Você pode acessar o diálogo de propriedades do projeto e configurar a propriedade de tema para o projeto.
- Menu contexto do Project Explorer – Você pode clicar com o botão direito do mouse o nome do projeto no Project Explorer e selecionar o item **Apply Theme and Layout** (Aplicar Tema e Layout) do menu.
- Páginas realçadas no diagrama de site – Você pode usar o mouse para selecionar uma ou mais páginas em um diagrama de site e depois utilizar o menu contexto com o botão direito do mouse para selecionar a opção **Apply Theme and Layout**.

Para este exemplo, use uma segunda opção para aplicar um tema ao projeto.

Como aplicar um tema ao seu projeto da web

1. Localize o nome do projeto na janela do Projeto Explorer e clique nele com o botão direito do mouse.
2. Selecione **Apply Theme and Layout** no menu contexto.
3. Pressione o botão radial **Apply Theme** para ativar uma lista de temas disponíveis.
4. Clique em um tema para ver um exemplo na janela de visualização (por exemplo, clique uma vez no tema **Redside**).
5. Quando tiver decidido qual tema aplicar, pressione **OK** para adicioná-lo ao seu projeto. Isto copiará os componentes do tema para uma subpasta no seu projeto e modificará todos os documentos HTML e ASP existentes para que concordem com o tema selecionado.

Você pode testar a aparência do novo tema carregando qualquer documento HTML ou ASP para o editor. A partir do diagrama de site, tudo o que você precisa fazer é clicar duas vezes em qualquer documento no diagrama para visualizar a página no editor. A Figura 1.12 mostra a página SEARCH.HTM com sua aparência no editor com o tema Redside aplicado ao projeto.

Aplicar um tema a um conjunto de páginas na web torna certo que tenham todas uma aparência consistente. No entanto, aplicar um tema não adiciona botões de navegação ou cabeçalhos e rodapés default a suas páginas. Para isto, você deve aplicar um layout ao projeto.

> **Verifique o quadro de visualização do tema**
>
> Quando estiver pesquisando por um tema apropriado para seu site, pode usar o quadro de visualização no lado direito da caixa de diálogo para ver como o esquema de cores e fontes parecerá em um navegador típico. Embora isto seja apenas uma pequena amostra do tema, pode ajudá-lo a fazer escolhas.

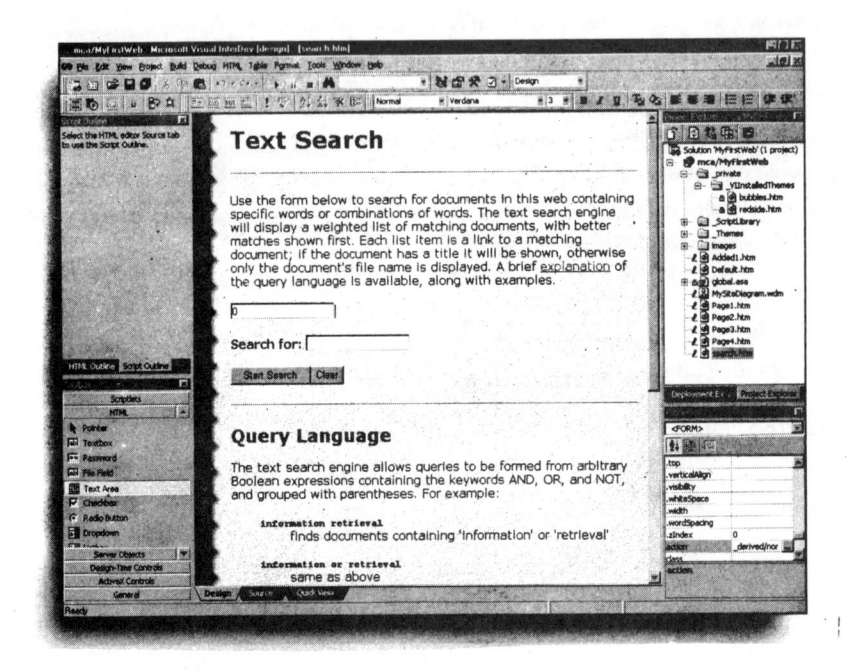

Figura 1.12 Como visualizar o tema Redside aplicado à página SEARCH.HTM.

Como utilizar layouts de páginas

Você pode usar layouts de páginas para adicionar um conjunto constante de barras de navegação, cabeçalhos e rodapés ao seu projeto. Assim como a aplicação de temas, a adição de layouts pode ser feita de diversas formas diferentes:

- Diálogo Project Properties – Você pode acessar o diálogo de propriedades do projeto e definir a propriedade do tema para o projeto.
- Menu contexto do Project Explorer – Você pode clicar com o botão direito do mouse sobre o nome do projeto no Project Explorer e selecionar o item **Apply Theme and Layout** (**Aplicar Tema e Layout**) do menu.
- Páginas realçadas no diagrama de site – Você pode usar o mouse para selecionar uma ou mais páginas no diagrama de site e depois clicar com o botão direito do mouse no menu contexto para selecionar a opção **Apply Theme e Layout**.

Capítulo 1 Como criar projetos da web com o designer de site   29

Para este exemplo, use uma segunda opção de aplicar o layout ao projeto.

Como aplicar um layout de página ao seu projeto da web

1. Clique com o botão direito do mouse sobre o nome do projeto na janela do Project Explorer.
2. Selecione **Apply Theme and Layout** no menu contexto.
3. Pressione a guia Layout para expor a lista de layouts disponíveis.
4. Selecione o botão **Apply layout and theme** para ativar esta lista de layouts.
5. Selecione o layout desejado da lista. Use a janela Preview (Visualização) à direita para ver como o layout aparecerá nos documentos. Para este exemplo, selecione o layout **Top and Left 7**.
6. Pressione **OK** para aplicar o layout ao projeto. Isto copiará os componentes do layout para uma subpasta em seu projeto e atualizará todos os documentos HTML e ASP no mesmo para que contenham os elementos do layout.

Quando você aplica um layout a uma ou mais páginas, está realmente adicionando vários DTCs (Design-Time Controls) às mesmas. Estes DTCs lêem informações de controle nas pastas do projeto e mostram botões e cabeçalhos gráficos em cada página automaticamente.

Para ver como estes DTCs se parecem em modo design, você pode clicar duas vezes em qualquer documento no projeto para trazê-lo ao editor. A Figura 1.13 mostra a home page **My First Web** carregada no modo design.

Alguns DTCs servem apenas para dar aparência

Alguns dos DTCs adicionados pelos layouts do Visual InterDev 6 estão ali apenas para dar aos designers da web dicas visuais. Por exemplo, **LayoutDTC** mostra apenas a mensagem **Add Your Content Above Here** (**Adicione seu conteúdo acima**) ou **Add Your Content Below Here** (**Adicione seu conteúdo abaixo**). Ele não possui propriedades ou métodos e não oferece funcionalidade em tempo de execução.

Repare que vários DTCs aparecem na página. Você não verá estes controles quando o documento for realmente carregado para o seu navegador. Em vez disto, verá um grande banner de título e vários botões clicáveis que lhe permitem navegar pelo site da web.

Para testar isto, clique com o botão direito do mouse sobre a página de HTML no modo Design (Projeto) e selecione **View in Browser** (**Visualizar o navegador**) no menu contexto. Isto carrega a página atual no seu navegador default da web e mostra como a mesma parecerá para visitantes da web (veja a Figura 1.14).

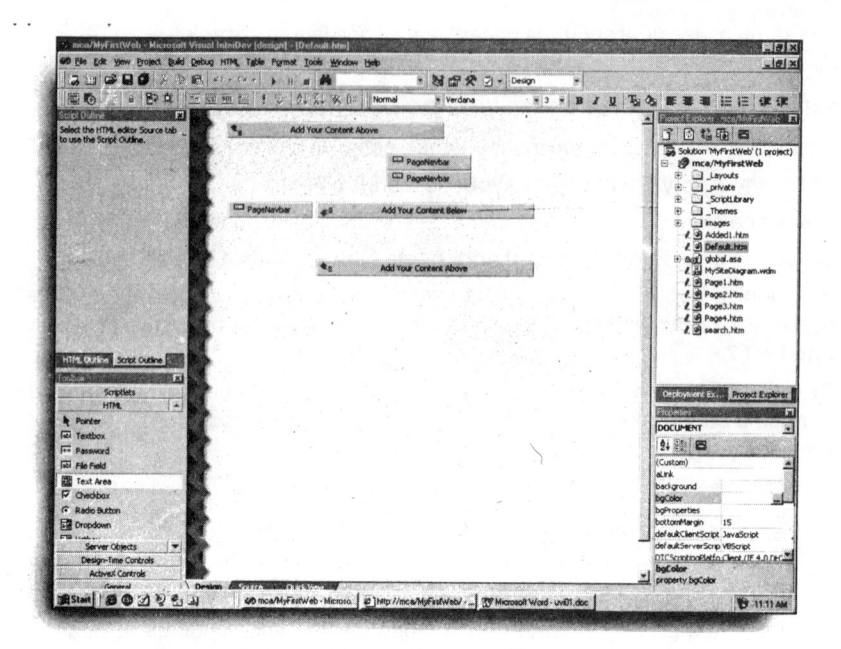

Figura 1.13 Visualização do layout de uma página no modo design.

Figura 1.14 Visualização do layout da nova página na janela do navegador.

Quando você trabalha com páginas que contenham layout de DTCs, deve ter cuidado em colocar o conteúdo apenas acima ou abaixo dos DTCs, como indicado. Isto assegura que o conteúdo não irá se sobrepor a partes críticas do esquema de navegação e que não será excluído ou ocultado quando clientes carregarem a página para seus navegadores.

Veja também
➤ *Para aprender mais sobre como usar layouts, veja o Capítulo 3.*

Como personalizar os layouts de página

Você pode personalizar os controles de layout de página, se quiser. Isto lhe permite configurar botões de navegação únicos em certas páginas ou remover botões. Por exemplo, você pode decidir adicionar o botão **Home** a todas as páginas na web para ajudar usuários a retornar rapidamente à tela de abertura.

Você também pode adicionar ou remover os seguintes itens de layout da página:
- Botões de navegação global
- Páginas de alto nível
- Páginas "pais"
- Páginas "irmãs"
- Páginas "filhas"
- Páginas anteriores e posteriores
- Banners
- Home page

É muito improvável que você adicione todos estes itens em um controle de layout de página único. Uma página típica que usa os controles de layout terá vários controles: um para gerenciar o banner, um para as páginas "filhas" e muito mais. Quando você seleciona um layout de uma lista de diálogo, de fato diz ao Visual InterDev 6 para adicionar um conjunto específico de controles de layout de página aos seus documentos.

Para o nosso exemplo, altere os controles e o layout de página na Home page e as três páginas de alto nível (Page1, Page2 e Search).

Crie uma barra de navegação global

Você pode criar uma barra de navegação global que apareça em uma página marcando um conjunto de páginas com a opção **Add to Global Navigation Bar** (**Adicionar à Barra de Navegação Global**). Estas páginas sempre aparecerão em um conjunto de navegação no topo das páginas.

Como personalizar um layout de página editando as propriedades da barra de navegação da página (PageNavbar)

1. Com o diagrama de site carregado no editor, clique duas vezes a Home page para carregá-la no editor do Visual InterDev 6.
2. Clique com o botão direito do mouse no controle de PageNavbar que desejar e selecione **Properties** (**Propriedades**) no menu contexto. Para este exemplo, selecione o segundo controle de navbar na página.
3. Faça os ajustes necessários para as propriedades gerais. Para este exemplo, mude o botão radial **First level pages** (**Páginas de primeiro nível**) para **Global navigation bar** (**Barra de navegação global**).
4. Se quiser, clique as caixas de verificação **Home** (**Casa**) ou **Parent** (**Pai**) para ativá-las ou desativá-las. Para este exemplo, certifique-se de que ambos os itens estejam marcados.
5. Pressione **OK** para salvar as alterações e dispensar a caixa de diálogo. (veja a Figura 1.15).
6. Faça o mesmo para as páginas Page1, Page2 e Search.

O controle PageNavBar

Este controle é sua ferramenta para controlar a barra de navegação (navbar) do site. O controle PageNavBar é substituído pelas informações de navegação global que você especifica em um diagrama de site. Conveniente, não acha?

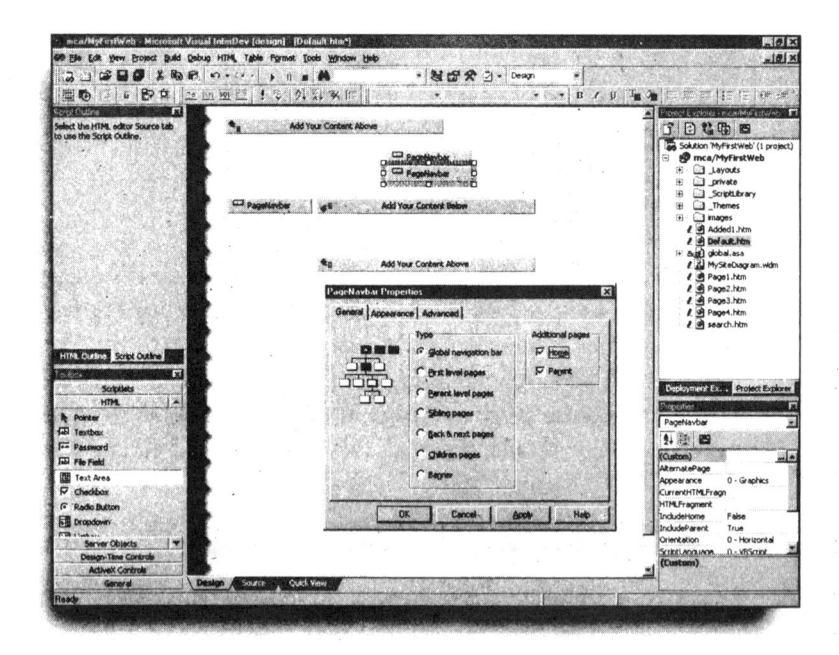

Capítulo 1 Como criar projetos da web com o designer de site 33

Figura 1.15 Como modificar as propriedades de controle de layout de página.

O controle PageNavBar pode ser exibido como botões, texto simples ou código HTML personalizado. Você pode usar a guia **Appearance** (Aparência) da caixa de diálogo do controle para fazer isto. A Figura 1.16 mostra a home page da web de exemplo do capítulo com o controle de navegação à esquerda configurado para exibir um texto HTML usando um comando JScript em linha, que oferece coloração DHTML ativada por mouse para navegadores Microsoft Internet Explorer.

Figura 1.16 Visualização de uma barra de navegação modificada.

Você também pode colocar controles PageNavBar adicionais no documento e usá-los para exibir qualquer das várias opções de navegação. De fato, você pode construir seu próprio esquema de navegação personalizado usando os controles DTC PageNavBar. No entanto, em virtude de toda nova página no projeto dever exibir o mesmo tema de navegação, fazer tudo isto manualmente pode ser entediante.

Capítulo 2

Como usar o editor do Visual InterDev 6

- Aprenda como tirar vantagem do ambiente do Visual InterDev 6
- Adicione suas próprias barras de ferramentas personalizadas
- Crie e arquive suas próprias visualizações de ambiente
- Modifique suas configurações de editor, incluindo tamanho e cores de fonte

Um passeio rápido pelo Ambiente de Desenvolvimento Integrado (IDE)

O IDE – Integrated Development Environment – do Visual InterDev 6 é um poderoso conjunto de ferramentas. Foi desenvolvido para proporcionar a você acesso a tudo o que precisar quando estiver projetando, codificando, testando e transmitindo uma aplicação da web. A boa notícia é que existem muitos recursos e opções no IDE do Visual InterDev 6. A má notícia é que há vários recursos e opções também!

Existem três modos principais de navegação no IDE do Visual InterDev 6:

- As janelas de redução
- Os menus
- As barras de ferramentas

O Visual InterDev 6 possui várias janelas que permitem acesso à maioria das operações principais, incluindo edição de documentos, arquivos de projeto, manuseio de banco de dados, depuração e muitos outros. Estas janelas podem ser *reduzidas* (ao mesmo tempo que adequadas ao espaço) ao longo das bordas do quadro principal. Apenas arrastando a janela até próximo da margem do quadro de trabalho (ou próximo a outras janelas reduzidas), elas irão se "afixar" em um determinado local. Você aprenderá mais sobre redução de janelas na próxima seção.

O Visual InterDev 6 possui várias opções de menu. A chave para se sentir confortável com os menus é lembrar-se de que você pode ter um conjunto rápido de opções de menu apenas clicando com o botão direito do mouse sobre o item desejado (arquivo, elemento de controle e outros). Isto chama um menu contexto que realça as possíveis ações para este item.

Finalmente, existem 16 barras de ferramentas pré-construídas que você pode usar com o programa. Estas barras de ferramentas irão normalmente aparecer automaticamente sempre que você precisar delas. No entanto, em alguns casos, você deve puxá-las manualmente para a página. Você também pode criar suas próprias barras de ferramentas personalizadas para realizar tarefas que não aparecem regularmente nas barras pré-construídas.

Uma interface familiar

A interface do Visual Studio tem se desenvolvido desde o Visual InterDev 1.0 e outras versões anteriores de outros produtos da Visual Studio. Contudo, por mais que tenha se desenvolvido, ainda é muito familiar a usuários que tenham gasto muito tempo em versões anteriores. Considere isto um "upgrade evolutivo".

Capítulo 2 Como usar o editor do Visual InterDev 6   37

O editor principal do Windows

O centro de IDE do Visual InterDev 6 é dominado pela janela do editor principal. É onde todos os documentos e grades de entrada aparecem. Normalmente, a janela do editor principal possui documentos HTML ou ASP. Neste momento, a janela possui três guias na parte inferior esquerda:

- Modo **Design** (**Projeto**) – Oferece uma visualização do tipo WYSIWYG (what-you-see-is-what-you-get – o que você vê é o que você tem) de um documento. Você pode prontamente editar a página como se fosse um documento formatado (veja a Figura 2.1).

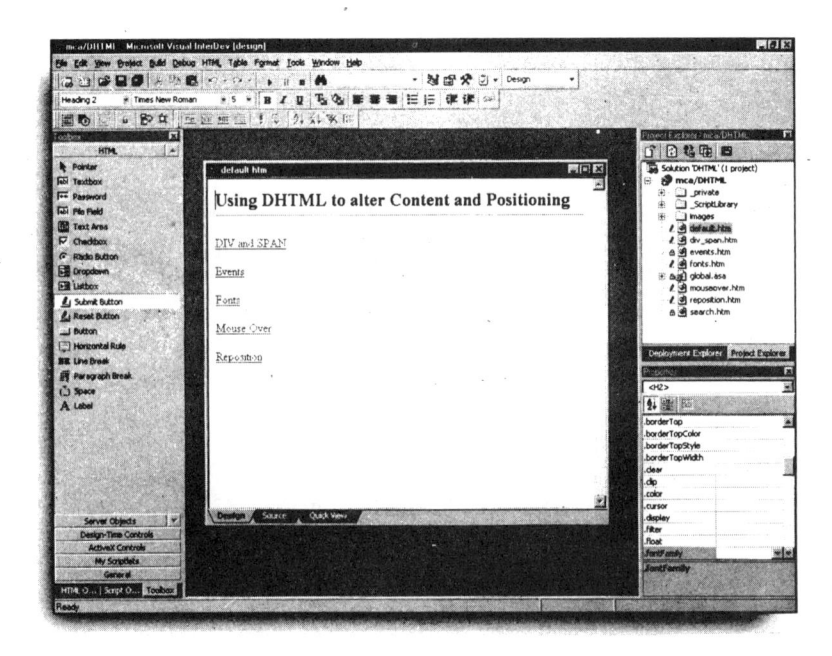

Figura 2.1 Visualização da janela do editor principal com um documento HTML no modo Design.

- Modo **Source** (**Origem**) – Mostra o documento em formato de código-fonte. Você pode ver o realce dos vários elementos de controle, assim como comentários e outros textos não vistos normalmente no modo Design (veja a Figura 2.2).

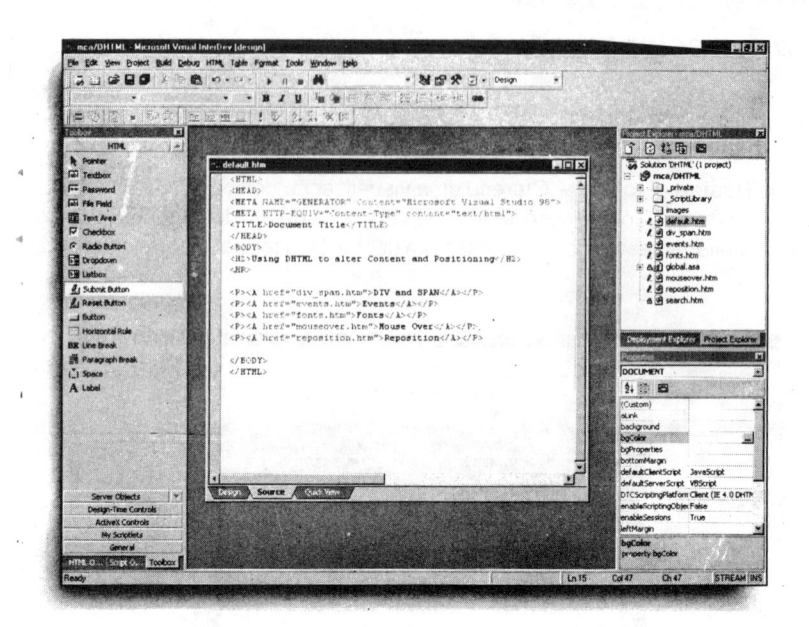

Figura 2.2 Visualização da janela do editor principal com um documento HTML no modo Source..

- Modo **Quick View (Visualização Rápida)** – Mostra o documento como apareceria no navegador de um cliente HTML. Todos os elementos de script do lado cliente estão ativos, incluindo os vínculos de navegação. Contudo, o script do lado servidor não é interpretado e qualquer elemento do servidor estará faltando nesta visualização (veja a Figura 2.3).

Capítulo 2 Como usar o editor do Visual InterDev 6   **39**

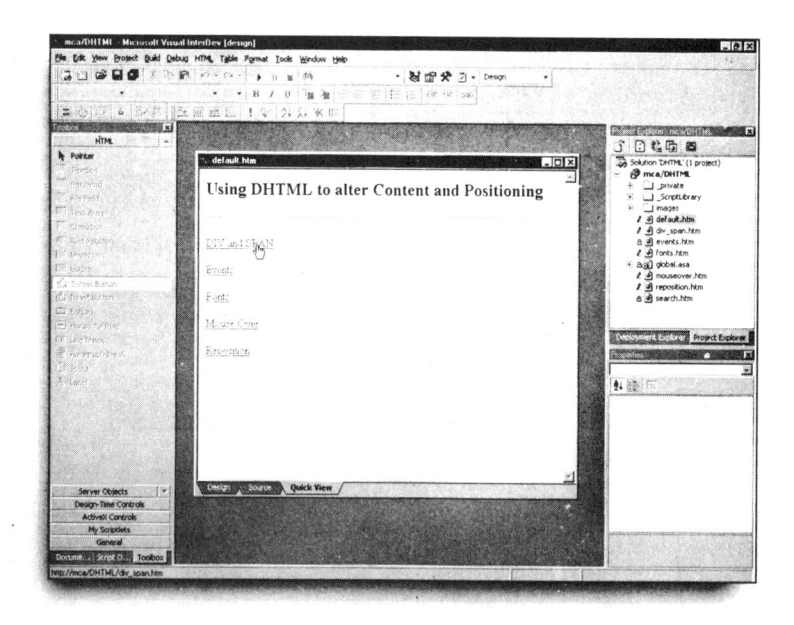

Figura 2.3 Visualização da janela do editor principal com um documento HTML no modo Quick View.

Perceba que, contanto que você esteja trabalhando com documentos puramente HTML, a única diferença entre os modos Design e Quick View será que o segundo modo é um exemplo de um navegador e o modo Design é apenas um editor que se parece com um navegador.

Modos e editores

Embora cada guia reflita um modo diferente dentro do mesmo editor, você pode seguramente considerar cada um destes modos como seus próprios editores. Por exemplo, o modo Source é o editor Source e assim por diante. Esta abordagem é usada por todo este livro.

Como usar os modos de editor

Como exemplo de como estes três modos de editor trabalham juntos, você pode criar um novo projeto e adicionar-lhe um documento HTML.

Criação de um novo projeto em Visual InterDev 6

1. Inicie o Visual InterDev 6.
2. Você deve ver a caixa de diálogo New Project (Novo Projeto). Caso não veja, selecione **File** (Arquivo), **New Project** (Novo Projeto) no menu principal.
3. Entre o nome do projeto na caixa de entrada **Name** (**Nome**). Para este exemplo, digite Editor.

4. Clique em **O**pen (**Abrir**) para abrir o novo projeto.
5. No próximo diálogo, entre um servidor válido da web na caixa de entrada e clique em **N**ext (**Próximo**) para continuar.
6. No próximo diálogo, aceite o nome default da web (**editor**) e clique no botão **F**inish (**Finalizar**) para criar o novo projeto.
7. O Visual InterDev 6 vai criar várias pastas no seu computador e no servidor da web.

Quando o Visual InterDev 6 tiver terminado de construir seu projeto vazio, você verá as três janelas principais (Project Explorer, Properties e Toolbox) juntamente com um espaço em branco onde a edição do documento acontecerá. Você está agora pronto para adicionar um novo documento HTML ao novo projeto.

A tela pode ser diferente
Caso você já tenha começado a personalizar seu Developer Studio, a tela pode ficar um pouco diferente.

Como adicionar um novo documento HTML ao projeto

1. Clique com o botão direito do mouse sobre o nome do projeto na janela Project Explorer.
2. Selecione **A**dd Item (**Adicionar item**) do menu contexto.
3. Selecione **H**TML Page (**Página HTML**) do submenu.
4. Entre o nome do novo documento na caixa de entrada **N**ame: (para este exemplo, entre default.htm).
5. Clique **O**pen (**Abrir**) para adicionar o novo documento ao seu projeto. O Visual InterDev 6 irá carregar o novo documento em branco para o editor.

Agora que você possui um novo documento no seu editor do Visual InterDev 6, pode testar os três modos diferentes de edição. Primeiro, vá para o modo Design e digite o seguinte no topo do documento:

```
Testing the Design Mode (Testando o modo Design)
```

Agora, localize o menu suspenso de estilo na barra de ferramentas HTML e selecione **Heading 1** na lista. Isto irá configurar o texto para o estilo HTML H1 (veja a Figura 2.4).

Capítulo 2 Como usar o editor do Visual InterDev 6   **41**

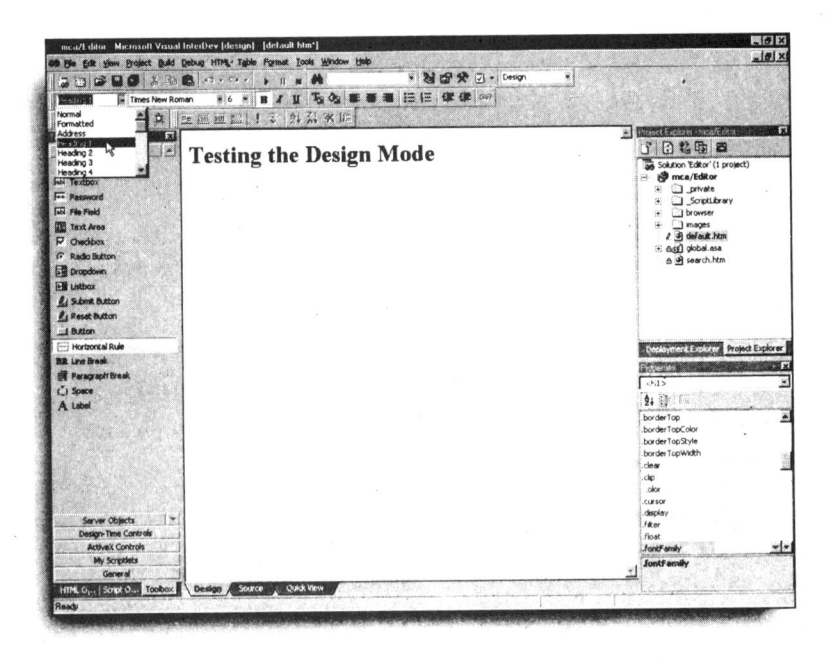

Figura 2.4 Como configurar o texto para o estilo **Heading 1**.

Depois, vá até o modo Source pressionando a guia **Source** na parte inferior da janela do editor. Você verá o código HTML usado para criar o documento DEFAULT.HTM. Você pode editar o documento em modo Source a qualquer momento que quiser. Pode também arrastar itens da janela da caixa de ferramentas e colocá-los na página em modo Source.

Como utilizar a técnica "arrastar-e-soltar" no modo Source

1. Com o documento HTML carregado no editor, certifique-se de que o modo Source esteja ativado clicando a guia **Source** na parte inferior da página do editor.
2. Localize a janela Toolbox (Caixa de Ferramentas) e clique na barra **HTML** para mostrar os controles HTML embutidos.
3. Arraste o controle selecionado da caixa de ferramentas e solte-o no documento HTML no local desejado. Para este exemplo, arraste a **Régua Horizontal** (**Horizontal Rule**) da caixa de ferramentas e solte-a abaixo do texto **Testing the Design Mode**. Isto irá adicionar o tag <HR> ao documento (veja a Figura 2.5).

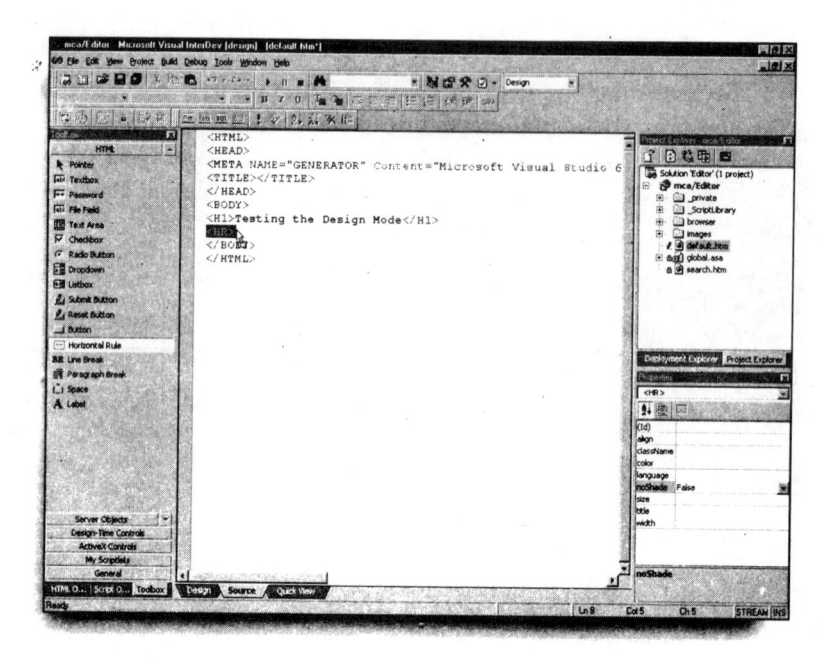

Figura 2.5 Adição da régua horizontal em modo Source.

Os editores

Embora o Design Editor no Visual InterDev 6 seja um grande passo para a edição WYSIWYG, ainda perde muitos recursos para ser realmente considerado WYSIWYG. A chave por trás deste modo é tornar seu trabalho mais fácil, no entanto isto não irá substituir o trabalho em modo de código-fonte. Uma outra observação é que o modo Design produz código HTML muito obscuro e casual quando você volta para o modo Source.

Como mencionado anteriormente, o modo Quick View (Visualização Rápida) simplesmente apresenta o documento atual na janela ativa de um navegador.

Como usar a janela de redução do Visual InterDev 6

O Visual InterDev 6 oferece 18 janelas onde cada uma contém dados específicos. Repare que nem todas estes janelas estão ativas ou são aplicáveis ao mesmo tempo.

As três janelas principais que podem ser sempre acessadas são mostradas na Tabela 2.1 juntamente com suas teclas de atalho e uma breve descrição.

Tabela 2.1 As três janelas principais do Visual InterDev 6

Nome da Janela	Tecla de Atalho	Descrição
Project Explorer	Ctrl+Alt+J	Contém informações sobre todos os projetos do Visual InterDev 6
Properties Window (Janela de Propriedades)	F4	Permite editar as várias configurações de propriedades para o objeto atual (projeto, documento, controle e muito mais).
Toolbox (Caixa de ferramentas)	Ctrl+Alt+X	Guarda os vários elementos de controle que podem ser usados com o projeto do programa.

A lista de tarefas

A lista de tarefas pode ser uma ferramenta valiosa durante o desenvolvimento. Além de você poder usá-la para controlar seu próprio progresso e o de sua equipe, o Visual InterDev também a usa para controlar informações de depuração e problemas com sua aplicação.

A tentação da personalização

Quando você começar a personalizar o Visual InterDev 6, sua tentação deve ser abrir toda caixa de ferramentas que imaginar que um dia precisará e começar a trabalhar. O que você provavelmente aprenderá trabalhando mais com a ferramenta é que mais não significa melhor. Você aprenderá a personalizar a ferramenta de acordo com seus próprios hábitos de trabalho, ao contrário das provisões de "fora da caixa".

Em virtude destas janelas serem usadas com tanta freqüência, elas normalmente aparecem automaticamente em toda visualização predefinida do Visual InterDev 6. No entanto, você pode fechá-las a qualquer momento para ganhar mais espaço na tela. Para chamá-las de volta, você pode usar as teclas de atalho mostradas na Tabela 2.1 ou usar o menu **View** (veja a Figura 2.6).

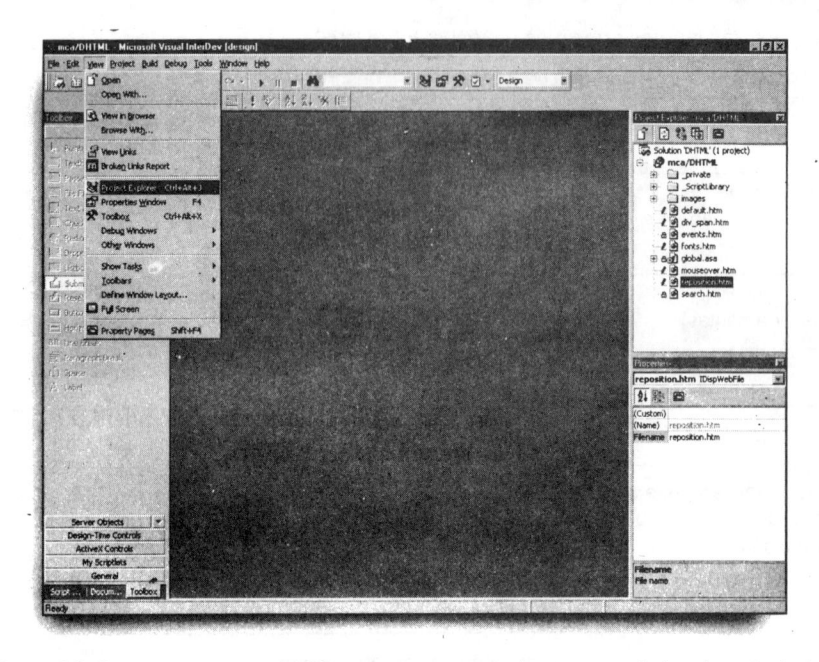

Figura 2.6 Como acessar o menu V̲iew para ver as entradas para as três janelas principais.

Além das três janelas principais, existem várias outras janelas normalmente usadas. Tais janelas estão listadas na Tabela 2.2 juntamente com a tecla de atalho e uma breve descrição para cada entrada.

Tabela 2.2 Outras janelas do Visual InterDev 6

Nome da Janela	Tecla de Atalho	Descrição
Task List (Lista de Tarefas)	Ctrl+Alt+K	Permite que os usuários construam uma lista a ser compartilhada com outros membros do projeto
Visual Componente Manger (Gerente de Componente Visual)	Nenhum	Permite acessar um bancos de dados de componentes completos que possam ser adicionados dos ao projeto em Visual InterDev 6
Deployment Manger (Gerente de Transmissão)	Nenhum	Contém detalhes de cópia de um ou mais projetos para servidores da web distantes.
Object Browser (Navegador de Objeto)	Ctrl+Alt+B	Fornece acesso a todos os objetos do projeto e suas propriedades e métodos.
HTML Outline	Ctrl+Alt+T	Mostra uma visualização outline dos elementos HTML importantes no documento atual

continua...

Capítulo 2 Como usar o editor do Visual InterDev 6   45

Tabela 2.2 Continuação

Nome da Janela	Tecla de Atalho	Descrição
Output (Saída)	Ctrl+Alt+O	Mostra mensagens de status enviadas por várias operações, tais como distribuição, acesso a dados etc.
Dat View (Visualização de Dados)	Nenhum	Mostra uma lista de todos os bancos de dados no projeto, juntamente com seus diagramas, tabelas, visualições e rotinas de armazenamento.
Script Outline	Ctrl+Alt+S	Mostra um outline de todos os elementos de script de lado cliente e servidor no documento atual.

As janelas comumente mais usadas mostradas na Tabela 2.2 são Script Outline e HTML Outline (veja a Figura 2.7).

A janela HTML Outline está ativa quando você tem um documento carregado no editor e este se encontra no modo Design ou no modo Source. A janela Script Outline está ativa somente quando o editor tem um documento carregado e está no modo Source.

Existem também seis janelas diferentes para lidar com operações de depuração. Estas e outras janelas estão disponíveis por várias vezes durante a vida do projeto. Você aprenderá mais sobre estas outras janelas posteriormente neste livro.

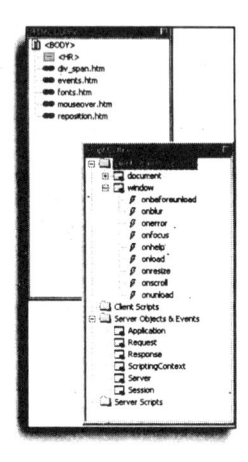

Figura 2.7 Visualização das janelas HTML Outline e Script Outline.

Veja também

➤ Noções de Script e Script Outline serão fornecidas nos Capítulos 11 e 13.
➤ Você aprenderá sobre componentes integrados e controles no Capítulo 20.
➤ O ambiente de dados do Visual InterDev 6 é explorado no Capítulo 16.

Como empilhar suas janelas de redução

Outro recurso prático do IDE Visual InterDev 6 é que você pode empilhar janelas de redução da forma que quiser. Isto lhe dá a habilidade de ter várias janelas disponíveis no seu IDE sem ocupar muito espaço na tela. A Figura 2.8 mostra as janelas Script Outline, HTML Outline e Toolbox todas arrumadas em uma única pilha.

Como maximizar espaço em tela

Reduções criativas podem ser úteis na maximização do estado real da tela. Eu normalmente reduzo e combino as janelas Project Explorer, Properties e Data View em uma janela vertical no lado direito do Visual InterDev. No lado esquerdo eu mantenho a redução padrão do HTML Outline, Toolbox e Script Outline.

Preste atenção nas três guias na parte inferior da pilha. Você pode clicar cada uma para trazer a respectiva janela para o topo da pilha.

O ato de empilhar janelas é um pouco complicado. Você deve primeiro selecionar a janela para funcionar como *host* da pilha. Depois deve encontrar outra que será colocada na pilha. Após selecioná-la, deve mover cuidadosamente a janela por sobre a pilha host até ver a nova guia aparecer na parte inferior da mesma.(veja a Figura 2.9).

Figura 2.8 Visualização de janelas de redução empilhadas.

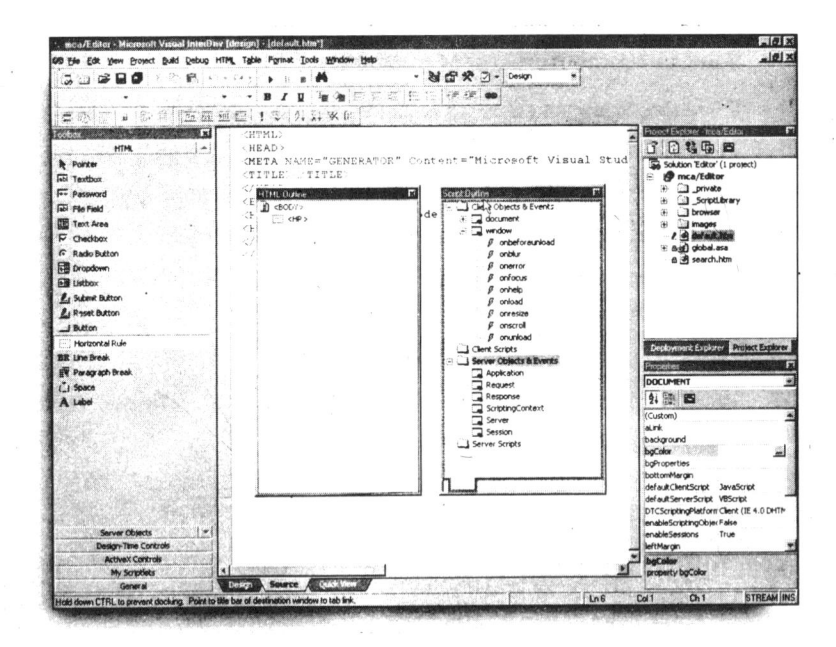

Figura 2.9 Adição de uma janela à pilha.

Como navegar nos menus do Visual InterDev 6

É fácil trabalhar com os menus do Visual InterDev 6. Eles contêm todos os comandos necessários para gerenciar projetos. Embora a maioria dos menus faça sentido, alguns merecem uma menção aqui.

Primeiro, o menu **Build** (**Construir**) não vale para projetos em Visual InterDev 6. Esta opção de menu é usada para projetos em Visual J++ e não em Visual InterDev 6.

Depois, a opção **New File** (**Novo Arquivo**) do menu **File** (**Arquivo**) deve ser usada apenas para adições à seção **Miscellaneous Files** (**Arquivos Diversos**) no Project Explorer. Estes são arquivos usados para documentar o projeto. Quaisquer arquivos adicionados à seção **Miscellaneous Files** não podem ser acessados de dentro de sua web.

Então, existe um conjunto de opções de edição práticas no submenu **Advanced** (**Avançado**) do menu **Edit** (**Editar**). Este menu oferece vários recursos úteis de editor. Por exemplo, você pode ativar a visualização de espaço em branco para ver onde colocou espaços em seu documento HTML. Também pode converter espaços em guias e trazê-los de volta novamente.

O uso de arquivos diversos

Por que adicionar arquivos em **Arquivos Diversos**? Você pode usar esta seção para manter documentos e arquivos importantes que não são parte direta da sua aplicação da web. Você pode querer estes arquivos fechados na sua solução de Visual InterDev, mas não na própria web. Estes poderiam ser arquivos de desenvolvimento, tais como um plano de desenvolvimento de software.

Visualização de espaço em branco

Você pode usar esta opção para assinalar problemas potenciais no código.

Como usar o submenu avançado para modificar a visualização de espaço em branco

1. Carregue um documento HTML no editor (para este exemplo, clique duas vezes no documento DEFAULT.HTM).
2. Selecione a guia **Source** para visualizar o código HTML.
3. Coloque seu cursor em uma linha vazia no corpo do documento.
4. Selecione T**a**ble (Tabela), **I**nsert Table (Inserir Tabela).
5. Quando o diálogo Table aparecer, clique **OK** para adicionar uma nova tabela à página.
6. Selecione **E**dit (Editar), Ad**v**anced do menu principal do Visual InterDev 6.
7. Finalmente, selecione View **W**hite Space (**Visualizar Espaço em Em branco**) para ter certeza de que está verificado. Você deverá ver pontos azuis e, em alguns casos, setas para mostrar o espaço em em branco no seu documento HTML (veja a Figura 2.10).

Pontos azuis e setas

Pontos azuis representam espaços, enquanto setas azuis representam tabulações.

Capítulo 2 Como usar o editor do Visual InterDev 6   **49**

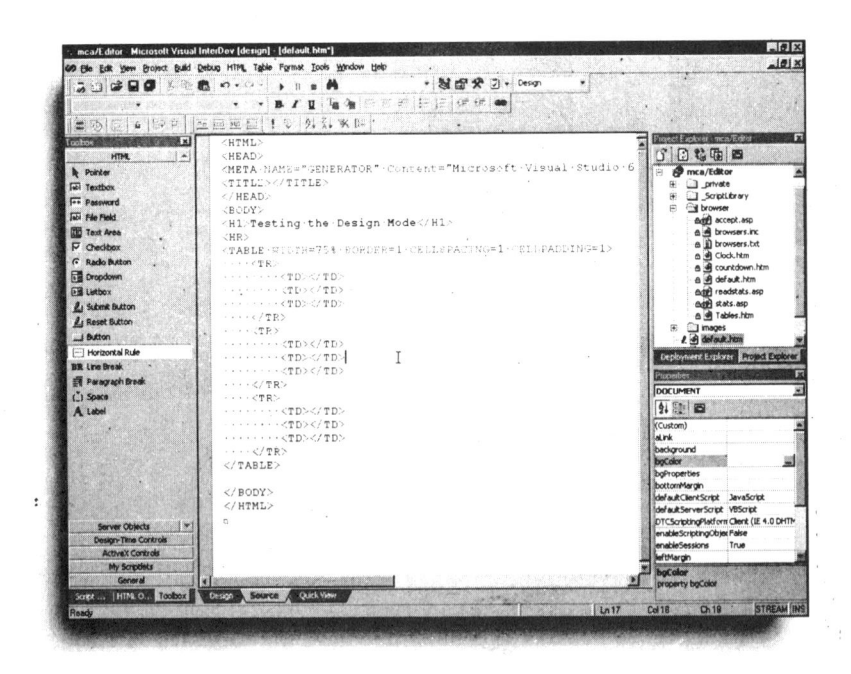

Figura 2.10 Visualização de espaço em em branco no editor.

Você pode agora usar as opções de menu **Tabify Selection** (**Tabular seleção**) e **Unta**b**ify Selection** (**Desfazer tabulação de seleção**) no menu **Ad**v**anced** para juntar espaço em branco entre as tabulações e espaços simples. Você verá que as tabulações aparecem como setas e espaços simples como pontos. Você pode usar estes recursos para confirmar o tipo de espaço em branco que você possui nos seus documentos HTML. Este mesmo submenu oferece opções **Make** **U**ppercase (**Letra Maiúscula**) e **Make** **L**owercase (**Letra Minúscula**).

Você só pode tabular código-fonte.

As opções do menu Ad**v**anced (**Tabify Selection**, **Untabify Selection**) estão disponíveis somente quando você estiver no modo Source do editor. Você não pode aplicar tabulações ao código enquanto estiver nos modos Design ou Quick View.

Como usar as barras de ferramentas do Visual InterDev 6

Além de uma coleção extensiva de menu, o Visual InterDev 6 possui 14 barras de ferramentas predefinidas. Como opções de menu e janelas de redução, estas barras de ferramentas normalmente aparecem e desaparecem dependendo do tipo de documento que é carregado e do tipo de operação que está sendo realizada. No entanto, você pode sempre adicionar manualmente barras de ferramentas selecionando a opção **Toolbars** do menu **View** (veja a Figura 2.11).

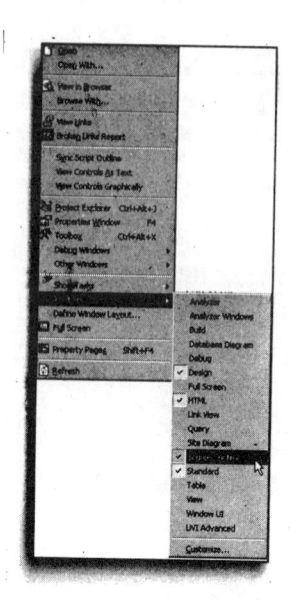

Figura 2.11 Como acessar as opções de menu **View, Toolbars**.

As barras de ferramentas podem estar reduzidas ou flutuando sobre a página. É fácil adicionar uma das barras de ferramentas pré-construídas e depois reduzi-la em um grupo existente no topo da página.

Como adicionar uma barra de ferramentas existente ao IDE do Visual InterDev 6

1. Com o editor do programa aberto e um documento visual na página, selecione o menu **View**.
2. Selecione a opção **Toolbars** no menu suspenso.
3. Na lista de menus disponíveis, selecione um que queira adicionar ao IDE. Para este exemplo, selecione barra de ferramentas **Debug** (**Depurar**).
4. Quando você selecionar o item, este aparecerá no IDE tanto como uma barra de ferramentas flutuante ou já reduzida no topo.
5. Caso a barra de ferramentas já esteja reduzida, retire-a de cima da janela do editor pressionando o mouse sobre as duas barras na margem esquerda da barra de ferramentas e tirando a barra de ferramentas do topo da janela (veja a Figura 2.12). Você tem agora uma nova barra flutuante.

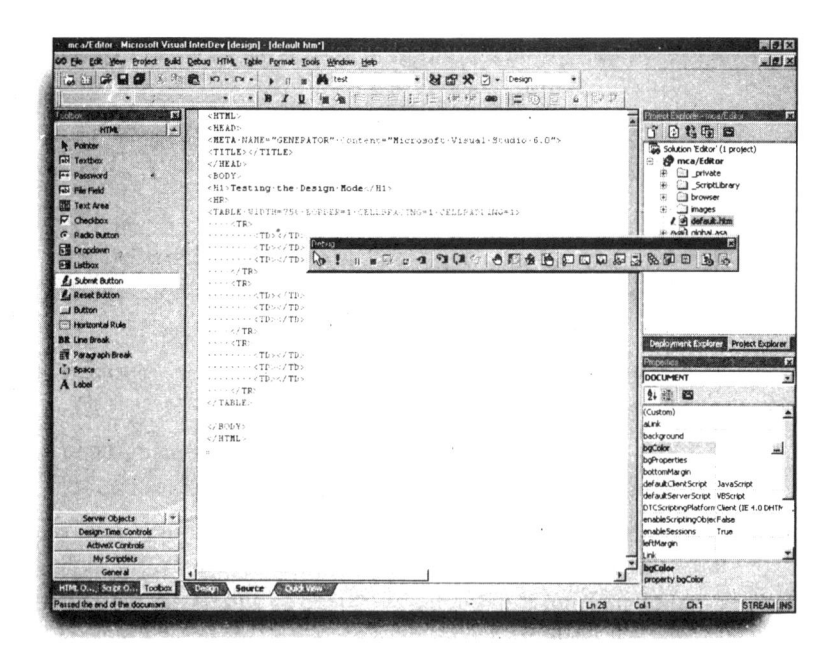

Figura 2.12 Como retirar uma barra de ferramentas do topo de um IDE do Visual InterDev 6.

Perfeição em visualizações

A infelicidade sobre cada uma das visualizações embutidas é que nenhuma delas é perfeita. Você provavelmente desejará usá-las como um ponto de partida para criar seu próprio ambiente de trabalho.

Como criar sua própria barra de ferramentas personalizada

Você também pode criar sua própria barra de ferramentas personalizada para guardar todos os seus recursos favoritos do Visual InterDev 6. Tudo o que precisa fazer é adicionar uma nova barra de ferramentas vazia e depois preenchê-la com opções de menu usando operações do tipo "arrastar-e-soltar" da caixa de diálogo Customize (Personalizar). Após você ter criado sua nova barra de ferramentas, o programa irá lembrar-se dela e a mostrá-la em seções futuras.

Como um exemplo, você pode construir uma barra de ferramentas que contenha as opções de código-fonte avançadas descritas na seção "Como navegar nos menus do Visual InterDev 6", anteriormente neste capítulo. Isto significa que você irá construir uma barra de ferramentas com **View White Space**, **Tabify Selection** e **Untabify Selection** como opções de menu.

Barras de ferramentas personalizadas

Caso você trabalhe sempre com uma barra de ferramentas individual, é melhor criar uma barra de ferramentas personalizada que combine os recursos mais utilizados por você.

Como criar uma barra de ferramentas personalizada no Visual InterDev 6

1. Caso você ainda não tenha feito, abra um projeto da web existente no Visual InterDev 6. Para este exemplo, você pode usar o projeto Editor, criado anteriormente neste capítulo.
2. Selecione a opção **View** no menu principal.
3. Selecione a opção **Toolbars** para expor a lista do submenu de barras de ferramentas disponíveis.
4. Selecione a opção **Customize** (**Personalizar**) na parte inferior da lista para exibir o diálogo Personalizar.
5. Clique na guia **Toolbars**.
6. Clique em **New** para adicionar uma nova barra de ferramentas e entre com o nome da mesma na caixa de entrada **Toolbar name:** (**Nome de Barra de Ferramenta:**). Para este exemplo, entre UVI Chap2 Example (veja a Figura 2.13).
7. Clique **OK** para criar uma barra de ferramentas vazia. Você a verá aparecer próxima à caixa de diálogo.
8. Clique a guia **Commands** (**Comandos**) e clique uma vez em um item do menu principal à esquerda da caixa de listas de **Categories** (**Categorias**). Para este exemplo, clique a entrada **Edit** (**Editar**).
9. Percorra a caixa de listas **Commands:** na direita até encontrar o comando desejado para adicioná-lo à barra de ferramentas. Para este exemplo, localize o item **Selection Tabify** (**Seleção de Tabulação**) na lista.
10. Arraste o comando desejado da lista e solte-o na barra de ferramentas vazia. Isto irá adicionar a entrada à barra.
11. Você pode continuar a adicionar itens a partir de qualquer lista de comando à nova barra de ferramentas. Para este exemplo, adicione **SelectionUntabify** e **Show White Space** à nova barra.

Figura 2.13 Como adicionar uma nova barra de ferramentas ao Visual InterDev 6.

Capítulo 2 Como usar o editor do Visual InterDev 6   53

Você agora pode reduzir esta barra ao topo do Visual InterDev 6 e usá-la quando quiser.

Tudo sobre as visualizações de IDE

Uma das formas em que o Visual InterDev 6 o ajuda a gerenciar o ambiente de desenvolvimento integrado é oferecendo uma série de visualizações pré-construídas. Estas visualizações consistem em um conjunto específico de barras de ferramentas e janelas de redução arranjadas em um padrão familiar.

O Visual InterDev 6 comuta automaticamente para uma das visualizações pré-construídas, dependendo das operações que você estiver executando. Você pode modificar as visualizações pré-construídas para que se adequem às suas preferências. Também pode criar suas próprias visualizações se quiser.

Você pode acessar as visualizações selecionando View na barra de menu.

Como usar as visualizações existentes

Seis visualizações pré-construídas navegam com o Visual InterDev 6. Elas são mostrads na Tabela 2.3 juntamente com um curto comentário sobre sua utilização.

Tabela 2.3 Visualizações pré-construídas de IDE do Visual InterDev 6

Nome da Visualização	Comentários
Design	A visualização default quando do início um novo projeto e edição de documentos com o Visual InterDev 6.
Edit HTML	A visualização apresentada quando você está editando um documento HTML. A versão pré-construída desta visualização é idêntica à visualização Design.
DevStudio	Uma visualização de edição que se parece com a interface Developer Studio 97 usada com o Visual InterDev 1. Aqueles familiarizados com o Developer Studio 97 ou Visual InterDev1 podem usar esta visualização.
Visual Basic	Esta visualização imita o layout de janela do Microsoft Visual Basic. Aqueles familiarizados com o Visual Basic podem usar esta visualização.
Full screen (Tela Cheia)	Esta visualização remove todas as barras de ferramentas e apresenta apenas o conteúdo do editor. É uma boa visualização se você quer ver a quantidade máxima de documentos que está editando.
Debug	A visualização que é apresentada quando você comuta para o modo Debug enquanto está no Visual InterDev 6.

As Figuras 2.14 e 2.15 mostram as visualizações Design e DevStudio. Estas são provavelmente as duas visualizações pré-construídas mais usadas normalmente no Visual InterDev 6.

Parte I Fundamentos do Visual InterDev

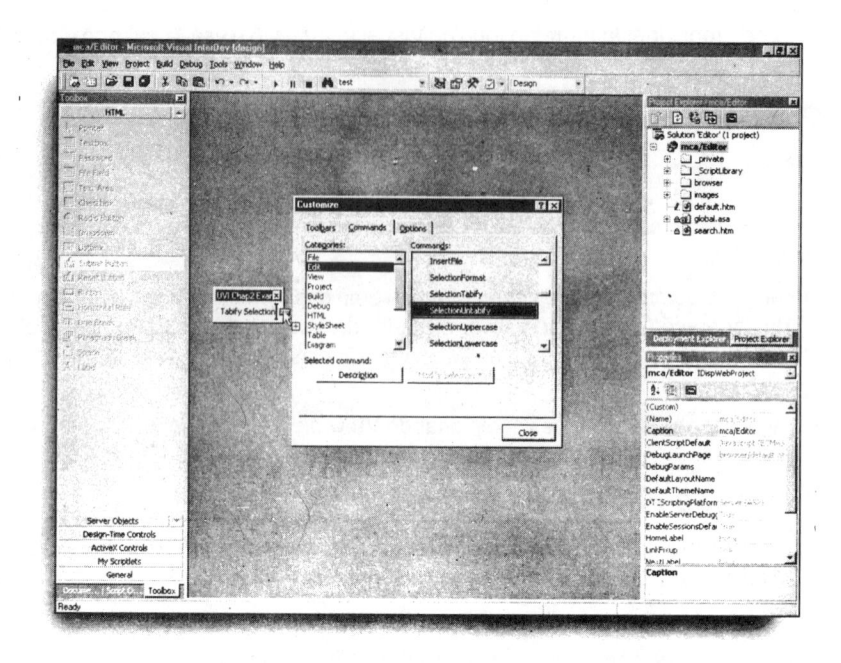

Figura 2.14 A visualização Design.

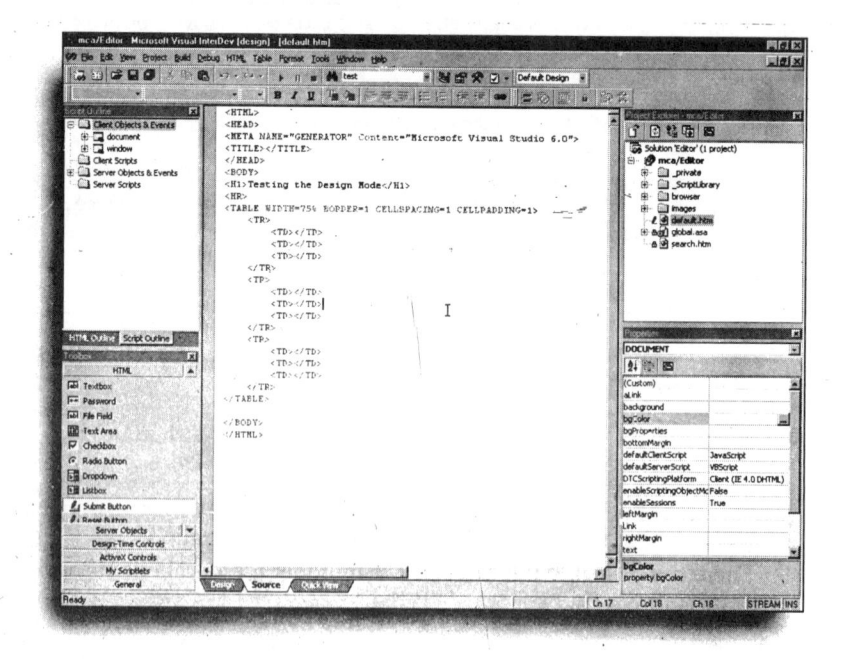

Figura 2.15 A visualização DevStudio.

Capítulo 2 Como usar o editor do Visual InterDev 6

Você pode mudar facilmente visualizações selecionando a janela **Load/Save Window UI** (**UI de Soltar/Salvar**) da lista suspensa da barra de ferramentas da janela UI ou da barra de ferramentas Padrão (veja a Figura 2.16).

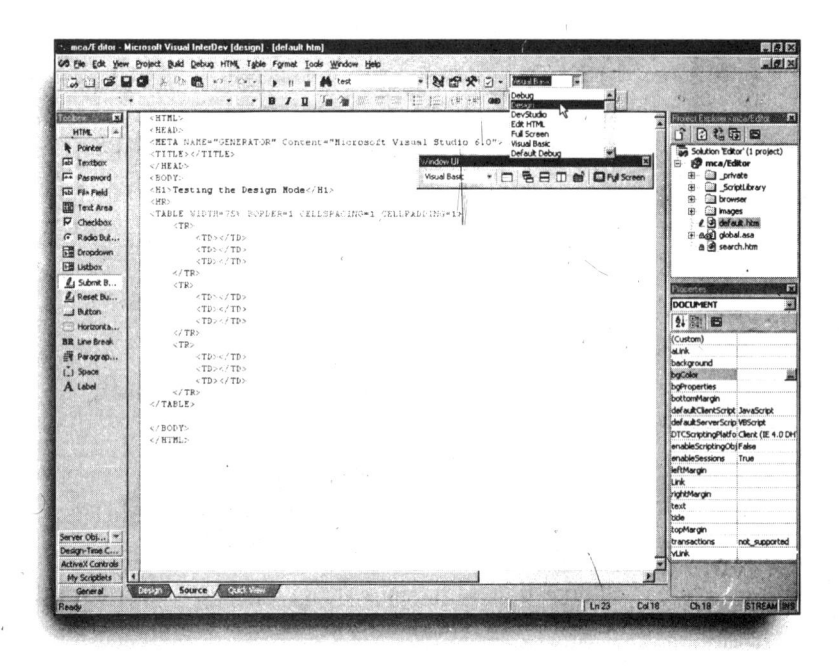

Figura 2.16 Como selecionar uma nova visualização IDE.

Como criar suas próprias visualizações personalizadas

Você também pode adicionar suas próprias visualizações personalizadas ao Visual InterDev 6. Estas visualizações serão armazenadas e podem ser reutilizadas quando necessário. Desta forma, você pode gastar tempo arrumando as janelas da forma que desejar e então salvar a configuração para sessões posteriores.

Como criar uma visualização personalizada

1. Carregue um projeto existente no Visual InterDev 6. Para este exemplo, você pode usar o projeto Editor criado em "Como usar os modos de Editor", anteriormente neste capítulo.
2. Carregue um documento no editor. Para este exemplo, carregue DEFAULT.HTM.
3. Selecione <u>V</u>iew do menu principal.
4. Selecione **Define Window La<u>y</u>out** (**Definir Layout de Janela**).
5. Quando a caixa de diálogo Define Window Layout aparecer, digite UVI CH02 View na caixa de entrada **View Name:** (**Nome da Visualização:**)

6. Clique o botão **Add** para adicionar uma nova visualização à coleção.
7. Selecione **UVI CH2** na lista **Views:**.
8. Clique no botão **Apply** (**Aplicar**) para armazenar o layout da janela atual para esta visualização.
9. Clique **Close** (**Fechar**) para dispensar a caixa de diálogo Define Window Layout.

Como personalizar visualizações já personalizadas

Lembre-se que você pode voltar e modificar sua visualização personalizada a qualquer momento. Você não está nunca preso a uma escolha feita.

Agora que você já criou uma nova visualização na coleção do Visual InterDev 6, pode rearrumar as janelas, redimensioná-las e até adicionar e excluir barras de ferramentas. Após ter a visualização de acordo com o que você queria, pode atualizar o Visual InterDev 6 para ter certeza de que ele se lembrará da sua visualização para a próxima seção.

Como atualizar uma visualização existente

1. Selecione **View** do menu principal.
2. Selecione **Define Window Layout** do menu **View**.
3. Localize, na lista, o nome da visualização que deseja atualizar e clique uma vez sobre ele. Para este exemplo, selecione **UVI CH02 View**.
4. Clique o botão **Update** (**Atualizar**) para salvar o layout de janela atual abaixo do nome selecionado.
5. Clique **Close** para dispensar a caixa de diálogo.

Agora você pode comutar entre qualquer das visualizações pré-construídas e sua nova visualização personalizada a qualquer momento.

Como modificar as definições de IDE

Várias definições preestabelecidas determinam como o IDE do Visual InterDev 6 se comporta. Isto inclui tamanho e cores de fontes, recuos, comportamento de inicialização default e vários outros. Todas estas definições são controladas por uma única caixa de diálogo chamada Options (Opções). Você pode chegar até ela selecionando **Tools**, **Options**.

A caixa de diálogo Options é realmente uma série de diálogos, todos acessados por uma lista de árvore à esquerda do diálogo de entrada. Existem nove seções principais na lista de diálogos Options. Muitas destas seções possuem mais de uma tela para gerenciamento das várias definições opcionais em Visual InterDev 6. As outras várias seções oferecem resumos rápidos de cada uma destas seções principais.

Capítulo 2 Como usar o editor do Visual InterDev 6   57

Experimente com cautela
Certifique-se de que você sabe o que está mudando quando modificar as definições de IDE. Uma boa prática é experimentar a ferramenta por um tempo e depois decidir como gostaria que fosse o seu cenário. Não corra e mude várias definições sem entender o que elas realmente fazem.

Opções de ambiente

A seção **Environment** (**Ambiente**) possui sete páginas (veja a Figura 2.17):

- **General** (**Geral**) – Configura valores globais, tais como um comportamento de início.
- **Help System** (**Sistema de Ajuda**) – Permite selecionar o conteúdo de ajuda e a linguagem default para arquivos de ajuda.
- **International Settings** (**Definições Internacionais**) – Usada para definir a linguagem e fontes default para os menus e caixas de diálogo do Visual InterDev 6.
- **Keyboard** (**Teclado**) – Usada isto para criar e modificar suas próprias macros de teclado para uso dentro do Visual InterDev 6.
- **Save** (**Salvar**) – Usada para estabelecer quando arquivos devem ser salvos.
- **Source Control** (**Controle de Origem**) – Usada para definir defaults para interação de Visual InterDev 6 e Visual SourceSafe, incluindo o nome de usuário VSS para usar quando estiver registrando em VSS de um Visual InterDev 6.
- **Task List** (**Lista de Tarefas**) – Usada para modificar as várias palavras-chave de tarefas usadas pelos documentos.

Controle de origem
Atualmente, o Visual InterDev suporta qualquer sistema de controle de revisão que suporte a especificação Microsoft SCC- Source Code Control. No entanto, o Visual InterDev está idealizado para o Visual InterDev.

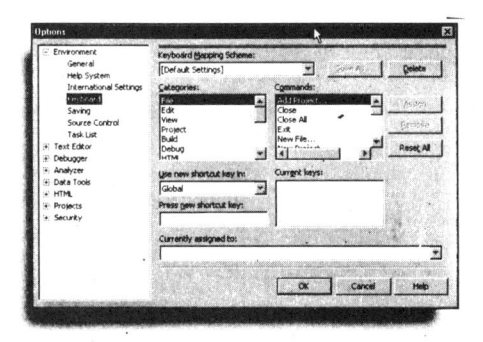

Figura 2.17 Como visualizar a página **Keyboard** do diálogo de opções **Environment**.

Opções de editor de texto

A seção de **Text Editor** (**Editor de Texto**) possui as seguintes páginas, que permitem estabelecer várias fontes e cores usadas pelo Visual InterDev 6 assim como definições específicas de linguagem para tabulações e outros comportamentos (veja a Figura 2.18):

- **General** (**Geral**) – Usada para ajustar o comportamento de cortar-e-colar e ativar margens.
- **Font And Colors** (**Fonte e Cores**) – Usada para configurar cores, fontes e tamanhos de todos os quadros de edição em Visual InterDev 6.
- **Per Language** (**PorLlinguagem**) – É um conjunto de páginas que lhe permitem controlar o comportamento do editor pela linguagem para **HTML**, **PL/SQL**, **Plain Text**, **SQL**, **T-SQL** e **T-SQL7**.
- **Tabs** (**Tabulações**) – Este é outro conjunto de páginas que lhe permitem controlar como o editor gerencia tabulações pelas mesmas linguagens referidas na explicação de **Per Language**.

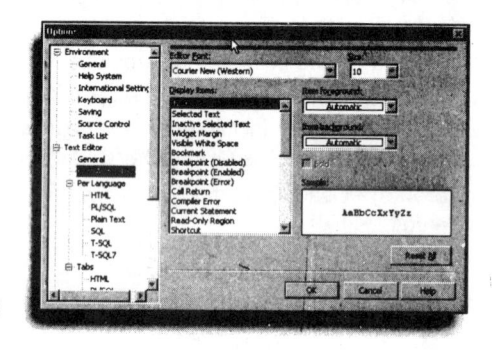

Figura 2.18 Como visualizar a página de **Font And Colors** do diálogo de opções de **Text Editor**.

"Tachas de bronze"

Aqui é onde você chega aos detalhes: decide como deseja que seus editores se pareçam e se comportem. Você pode copiar os comportamentos de outros editores com os quais possa ter trabalhado para criar seu editor ideal.

Opções de ferramentas de dados

A seção **Data Tools** (**Ferramentas de Dados**) apresenta três páginas de definições (veja a Figura 2.19):

- **Data Environment** (**Ambiente de Dados**) - Use este diálogo para controlar como as conexões de dados e comandos de dados são tratados dentro do editor do Visual InterDev 6.
- **Data View** (**Visualização de Dados**) – Permite que os usuários controlem opções de tempo de consulta e como apresentar objetos de sistema na janela de visualização de dados.

Capítulo 2 Como usar o editor do Visual InterDev 6   **59**

- **Database Projects** (**Projetos de Banco de Dados**) – Use esta página para controlar como projetos de banco de dados do Visual InterDev 6 se comportam, incluindo quais scripts são criados automaticamente e como são salvos.

Veja também

➤ *Para um melhor entendimento do ambiente do Visual InterDev 6, veja o Capítulo 16.*

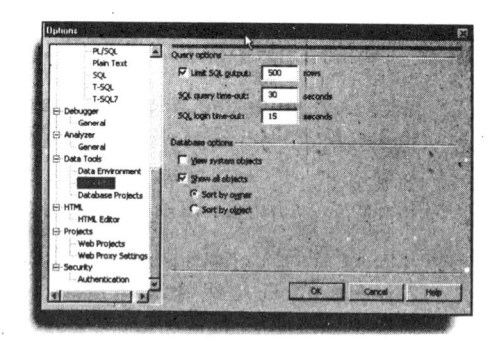

Figura 2.19 As opções de ferramentas de dados são usadas para personalizar o comportamento do ambiente de dados.

Opções de projetos

A seção de opções **Projects** (**De projetos**) tem duas páginas, que controlam como projetos são criados para o servidor da web e como o Visual InterDev 6 contata o servidor da web por um servidor proxy (veja a Figura 2.20):

- **Web Projects** (*Projetos da web*) – Use esta página para controlar se projetos são criados com o arquivo GLOBAL.ASA, como arquivos são abertos e quais tipos de documentos não são incluídos quando se transfere um projeto para um servidor remoto.
- **Web Proxy Settings** (*Definições de Proxy da Web*) – Use esta página para estabelecer um servidor proxy personalizado para uso em contato de servidores-alvo da web, como a criação de uma lista de hosts que não usam proxies.

Proxies

Lembre-se que você se comunica com seu servidor da web via HTTP. Certifique-se de que seus proxies tenham sido configurados para permitir que você faça isto se estiver por trás de uma parede protetora.

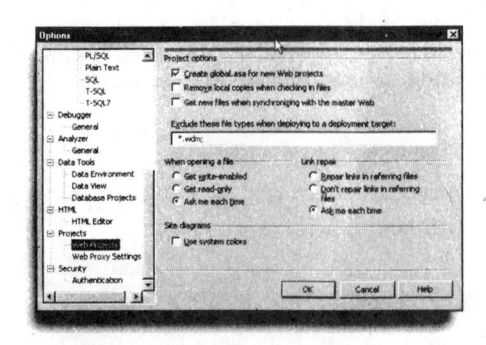

Figura 2.20 Visualização da página Project Settings do diálogo de opções **Web Projects**.

Outras páginas de opções

Os itens de opção **Debbuger** (**Depurador**) e **Analyzer** (**Analisador**) possuem somente uma página: **General**. Esta página contém opções para controlar como são gerenciadas a depuração do Visual InterDev 6 e a análise do servidor da web. Normalmente, não é necessário modificar estes valores.

A página de opções **HTML** também possui apenas uma página **General**. Você pode usá-la para controlar como o editor do Visual InterDev 6 irá apresentar DTCs e como irá carregar e exibir documentos ASP e HTML.

A página de opções **Security** (**Segurança**) pode ser usada para gerenciar as definições do seu certificado para o editor do Visual InterDev 6. Você também pode usar um certificado de teste default se ainda não tiver o certificado instalado.

Veja também

➤ *Para maiores detalhes sobre segurança e sua aplicação da web veja o Capítulo 26.*

Capítulo 3

Como construir páginas da web com as ferramentas de designer de página

- Projete e use seu próprio gabarito de página
- Aprenda como usar o controle PageNavBar
- Adicione o controle de transição de página às suas páginas

Agora que você sabe como usar o designer de site do Visual InterDev 6 para projetar sites da web e como usar o editor do programa para criar páginas da web, está pronto para ir mais fundo em detalhes da construção de páginas. Neste capítulo, você aprenderá algumas técnicas que irão ajudá-lo a projetar e criar rapidamente documentos da web que possuam aparência e sentido consistentes.

Você aprenderá a criar um documento de gabarito que atue como modelo para suas páginas da web. Também aprenderá a usar os controles em tempo de design PageNavBar e PageTransition para ajudá-lo a adicionar facilmente banners de página, menus de navegação e gráficos de transição de página a página. Mais importante, aprenderá como estes controles podem ser usados para atualizar automaticamente os menus de navegação de todo o seu site da web sem ter que rescrever quaisquer documentos no design.

Como em tudo, exercite a discrição

Os DTCs PageNavBar e PageTransition (Transição de Página) oferecem muitas tentações aos designers. Tenha certeza de que os está usando para aprimorar e desenvolver seu site e não para torná-los confusos para os usuários.

Como criar um documento de gabarito

Um dos aspectos mais importantes na criação de páginas da web é ser capaz de gerar documentos que possuam uma "aparência e sentido" comuns no site. Isto normalmente significa que você tem um layout similar para as páginas e que usa as mesmas cores de fundo e estilos de fonte de página em página. Embora haja momentos em que uma página em particular venha requerer um layout personalizado, começar por uma página de gabarito ou modelo irá tornar mais fácil a adição de novas páginas ao site e permitirá que você se concentre mais no conteúdo em vez de no próprio layout.

Existem várias técnicas para a geração de páginas da web que tenham uma aparência e sentido comuns. Neste capítulo, você aprenderá como usar o elemento HTML TABLE (tabela de HTML) para projetar um layout de página padrão. O elemento TABLE é comumente usado para controlar o posicionamento de texto em um documento da web.

Que tal usar FRAMESET?

Se você quiser, pode usar o elemento HTML FRAMESET para gerar um layout comum para seu site da web. No entanto, alguns navegadores de baixo nível não suportam o uso deste elemento e podem não estar preparados para renderizar documentos. Além disso, FRAMESETs podem diminuir a velocidade de "carregamento" e o tempo de renderização do site. Você deve usar o FRAMESET seletivamente.

Capítulo 3 Como construir páginas da web com as ferramentas de designer de página   63

Como controlar o layout de página com o elemento HTML TABLE

Um típico layout de página da web é mostrado na Figura 3.1.

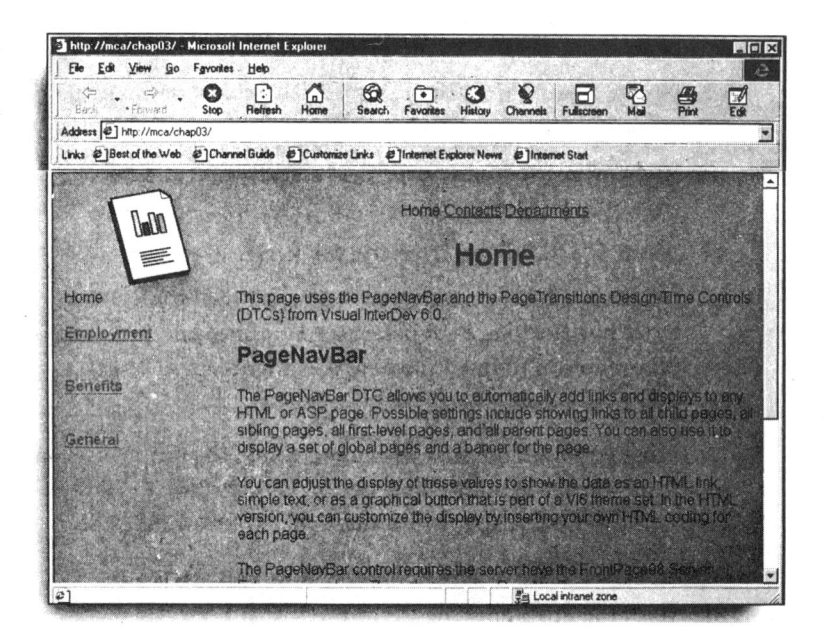

Figura 3.1 Um típico layout de página.

Nota que existem cinco elementos básicos para o layout de página:
- Uma imagem gráfica no canto esquerdo superior
- Um menu de navegação imediato na margem esquerda
- Um menu de navegação global no topo à direita
- Um banner de título no topo à direita
- O conteúdo da página atual na parte inferior direita

Este layout foi criado usando o elemento HTML TABLE. Uma página em branco foi criada com uma tabela única contendo duas linhas e duas colunas. Neste exemplo, a largura da primeira coluna é definida como 25 por cento. Depois o conteúdo real de cada célula da tabela (imagem, menu, banner, conteúdo) foi adicionado. Quando você possui o gabarito básico, pode personalizar cada página conforme necessário.

> **Navegação de site**
>
> A maioria dos sites da web oferece uma variação deste tema, quando não uma duplicação do mesmo. Surpreendentemente, nos últimos anos, muita pouca evolução no design e navegação de sites tem ocorrido.

Existem três tarefas para a criação de um documento de gabarito para seu projeto. Primeiro, você deve criar o novo documento HTML e adicioná-lo ao projeto. Depois, deve adicionar uma tabela vazia ao documento para guardar o conteúdo da página. Finalmente, deve ajustar as definições de coluna da tabela, tais como largura e alinhamento, para refletirem o layout desejado.

Como criar um gabarito de layout de documento HTML

1. Crie um projeto novo em Visual InterDev 6 ou abra um já existente.
2. Clique com o botão direito do mouse sobre o nome o projeto e selecione **Add** (**Adicionar**) no menu contexto.
3. Selecione **HTML Page** (**Página HTML**) do submenu.
4. No diálogo Add Item (Adicionar Item), entre um novo nome na caixa de entrada **Name:** (**Nome:**) (para este exemplo, entre TEMPLATE) e pressione o botão **Open** (**Abrir**) para abrir o novo documento no editor do programa.

Agora que você tem o novo documento adicionado ao seu projeto e carregado no editor do Visual InterDev 6, está pronto para adicionar a tabela HTML vazia que irá controlar o layout da página.

> **Teste em outros navegadores**
>
> Se você estiver projetando para a Internet ou uma intranet que não possua um navegador padrão da web, teste seu layout em vários navegadores diferentes. Isto lhe permitirá ver em primeira mão como seu layout vai aparecer em vários navegadores e determinar se precisa de ajustes.

Como adicionar uma tabela HTML vazia ao documento

1. Com o documento carregado no editor do Visual InterDev 6, selecione **Table** (**Tabela**) no menu principal.
2. Selecione **Insert Table** (**Inserir Tabela**) na lista de menu para trazer o diálogo Insert Table.
3. Quando o diálogo Insert Table aparecer, defina os valores de **Rows:** (**Linhas:**) e **Columns** (**Colunas:**) como desejado. Neste exemplo, configure ambos os valores para **2**.
4. Defina o valor **Width:** (**Largura:**) como necessário. Para este exemplo, defina a largura para **100** e o tipo de medida para percent (**porcentagem**).

Capítulo 3 Como construir páginas da web com as ferramentas de designer de página   **65**

5. Defina a propriedade **Border size** (**Tamanho da borda**) conforme necessário. Neste exemplo, defina-o como **0**.
6. Pressione **OK** para criar a nova tabela HTML no seu documento (veja a Figura 3.2).

Em virtude de você ter criado esta tabela de exemplo com bordas desativadas (**tamanho de borda 0**), não conseguirá vê-la enquanto visualiza o documento no modo Design. No entanto, você pode forçar o modo Design a mostrar as bordas da tabela pressionando Ctrl+Q ou selecionando **Visible Borders** (**Bordas Visíveis**) no menu **View** (**Visualizar**). Você também pode pressionar o botão Visible Borders na barra de ferramentas **Design** (veja a Figura 3.3).

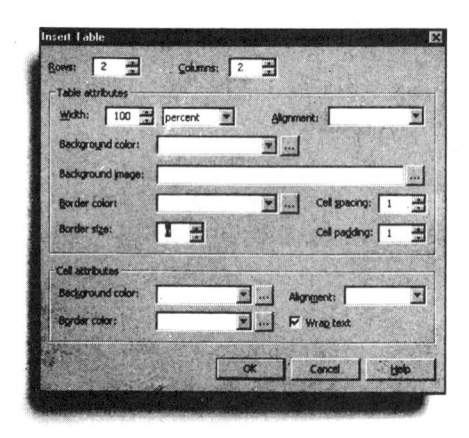

Figura 3.2 Como usar o diálogo Insert Table para adicionar uma nova tabela ao documento.

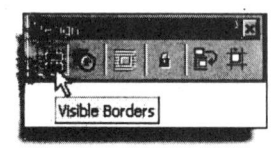

Figura 3.3 Como forçar o Visual InterDev 6 a mostrar as bordas da tabela.

Agora que você possui a tabela vazia no seu documento de gabarito, deve ajustar as definições de célula da tabela, incluindo largura e alinhamento da coluna, para refletir o layout desejado. Para este exemplo, você irá configurar a coluna esquerda para cobrir apenas 25 por cento da página. Isto oferecerá a margem esquerda fina que irá conter a imagem gráfica e o menu de navegação imediato.

Você também irá configurar o alinhamento da tabela conforme o seguinte:
- Célula superior esquerda — Alinhe o conteúdo no meio exato da célula.
- Célula inferior esquerda — Alinhe o conteúdo no topo da célula.
- Célula superior direita — Alinhe o conteúdo no centro da célula.
- Célula inferior direita — Alinhe o conteúdo no topo esquerdo da célula.

Lembre-se de desativar as bordas

Certifique-se de desativar as bordas da tabela quando terminar o design, a menos que queira especificamente que fiquem visíveis.

Lembre-se das diferenças de navegadores

Tenha em mente que diferentes navegadores (tais como Internet Explorer e Netscape Comunicator) renderizam tabelas e alinhamento de forma um pouco diferente. Tenha certeza de que testou o layout nos diferentes navegadores para certificar-se de que irão funcionar.

Como configurar as propriedades de coluna de uma tabela HTML

1. Certifique-se de que o documento que contém a tabela HTML esteja carregado no editor do Visual InterDev 6.
2. Coloque o cursor dentro da célula da tabela que você quer ajustar. Para este exemplo, coloque-o na célula superior esquerda da tabela.
3. Clique com o botão direito do mouse para trazer o menu contexto e selecione **P**roperties no menu para trazer o diálogo Properties.
4. Configure as propriedades de célula da tabela como desejado. Para este exemplo, configure o alinhamento **Horizontal:** para **center** (centro) e o alinhamento **V**ertical: para **middle** (meio). Também configure **W**idth: (**Largura:**) para **25** e a unidade de medida para **percent**..
5. Após ter definido todas as propriedades que quiser, pressione **A**pply (**Aplicar**) para salvar os valores do documento (veja a Figura 3.4).
6. Com o diálogo ainda visualizado, clique outra célula na tabela. Para este exemplo, clique a célula inferior esquerda.
7. Configure as propriedades desejadas para a célula selecionada. Para este exemplo, configure o alinhamento **Horizontal:** para **left** (**esquerda**) e o alinhamento **V**ertical: para **top** (**topo**). Pressione **A**pply para salvar as definições do documento.
8. Clique a célula à direita na tabela e configure o alinhamento **Horizontal:** para **center** e o alinhamento **V**ertical: para **middle**. Pressione **A**pply para salvar as definições.
9. Clique a célula inferior direita na tabela e configure o alinhamento **Horizontal:** para **left** e o alinhamento **V**ertical: para **top**. Pressione **A**pply para salvar as definições.
10. Pressione **OK** para dispensar o diálogo e retorne ao editor do Visual InterDev 6.

Capítulo 3 Como construir páginas da web com as ferramentas de designer de página   67

Caso você tenha um layout melhor

Se você tiver uma idéia melhor para um layout, esteja à vontade para substituir as instruções oferecidas aqui por suas próprias idéias.

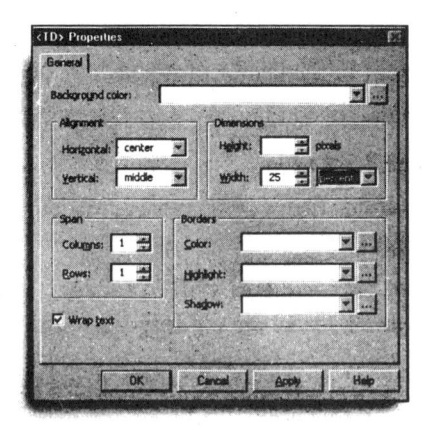

Figura 3.4 Como configurar propriedades de células da tabela.

Você terminou o layout do gabarito de página para este projeto. Certifique-se de ter salvo o documento pressionando Ctrl+S ou selecionando **S**ave template.htm (Salvar template.htm) no menu **F**ile (Arquivo).

Agora você está pronto para adicionar a imagem gráfica default e o texto de exemplo ao gabarito.

Veja também

➤ *Você pode ler mais sobre a utilização dos editores Design e Source no Capítulo2.*

Como adicionar uma imagem ao gabarito

Agora que você já completou a definição de tabela HTML, está pronto para adicionar uma imagem gráfica default à célula superior esquerda. Ao adicionar a imagem ao gabarito, esta irá agir como a imagem default para todas as páginas que você adicionar no seu projeto. Mais tarde, você poderá remover a imagem ou substituí-la por outra mais apropriada para a página específica que estiver construindo.

Para este exemplo, adicione a imagem REPORT.GIF ao gabarito. No projeto de exemplo deste livro, esta imagem já foi adicionada à pasta de imagens do projeto. Se estiver trabalhando com um projeto novo do Visual InterDev 6, você não deve ter uma imagem na pasta de imagens. Então, antes de adicionar a imagem à página, você aprenderá como adicionar um arquivo de imagem ao projeto.

Para este exemplo, adicione um único arquivo em formato GIF (arquivo de informações gráficas) ao projeto. Não importa que imagem você adiciona, contanto que esteja em um formato compatível para exibição em páginas da web. Você pode seguramente usar arquivos de imagem formatada em GIF ou JPG nos seus documentos da web. Os passos a seguir lhe mostram como navegar para qualquer pasta no computador local ou compartilhamentos de rede local disponíveis para localizar e adicionar um arquivo de imagem. Caso você não tenha nenhuma imagem GIF ou JPG disponível, pode baixar os arquivos de projetos de exemplo do site da web *Practical Visual InterDev6*.

Onde estão os arquivos de imagem?

Todos os arquivos de imagem usados neste livro podem ser encontrados no site da web *Practical Visual InterDev 6*. Verifique o Apêndice B na parte final deste livro para localização exata do site.

Como adicionar um arquivo de imagem gráfica ao seu projeto

1. Certifique-se de que você possui um projeto em Visual InterDev 6 carregado.
2. Selecione a pasta de imagens (Images) na janela do Project Explorer.
3. Clique com o botão direito do mouse sobre a pasta de imagens e selecione **A**dd no menu contexto.
4. Selecione **Add** **I**tem (**Adicionar Item**) no submenu.
5. Quando o diálogo Add Item aparecer, selecione a guia **Existing** (**Existente**).
6. Configure a caixa suspensa **Files of** **t**ype: (**Arquivos de tipo:**) na parte inferior da caixa de diálogo para **Image Files** (**Arquivos de Imagem**). Você verá uma lista longa de tipos de arquivo que são formatos de imagem válidos.
7. Use a caixa suspensa **Look** **i**n: (**Verificar em**:) no topo da caixa de diálogo para localizar uma pasta que contenha imagens válidas (veja a Figura 3.5).
8. Quando localizar uma pasta com a imagem desejada (neste exemplo, REPORT.GIF), clique uma vez no arquivo da mesma para selecioná-lo.
9. Pressione o botão **O**pen para adicionar este arquivo de imagem ao projeto.

Formato de imagens

Tenha em mente que você pode usar qualquer formato de imagem que seu navegador da web suportar, tais como GIF, JPG, PNG e até Macromedia Flash (.SWF) se seu navegador estiver configurado apropriadamente.

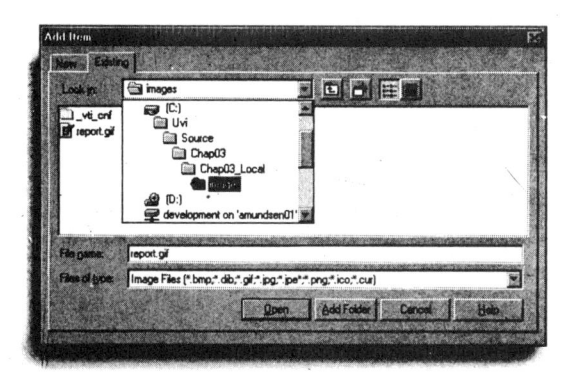

Capítulo 3 Como construir páginas da web com as ferramentas de designer de página   **69**

Figura 3.5 Como selecionar um arquivo de imagem para adicionar ao projeto.

Agora que você possui um arquivo de imagem no projeto, está pronto para adicioná-lo ao documento TEMPLATE.HTM.

Como adicionar uma imagem gráfica a um documento HTML

1. Primeiro, certifique-se de que o documento desejado esteja carregado no editor do Visual InterDev 6. Para este exemplo, carregue o documento TEMPLATE.HTM.
2. Com o editor no modo Design, coloque o cursor no local exato onde quer que a imagem apareça. Para este exemplo, coloque-o na célula superior esquerda da tabela.
3. Selecione **HTML** no menu principal.
4. Selecione **Image** (**Imagem**) no menu **HTML** para mostrar o diálogo Insert Image (Inserir Imagem).
5. Pressione o botão **Browse** (**Navegar**) para trazer o diálogo Create URL (Criar URL).
6. Clique a pasta de imagens na visualização em árvore **Projects:** (**Projetos:**) à esquerda para revelar a lista de arquivos de imagem carregados na pasta do projeto.
7. Selecione a imagem desejada da lista **Contents of 'images'** (**Conteúdo de 'imagens'**) à direita. No exemplo do livro, o arquivo REPORT.GIF está selecionado (veja a Figura 3.6).
8. Pressione **OK** para retornar à caixa de diálogo de Insert Image.
9. Entre algum texto descritivo na entrada **Alternate text:** (**Texto alternativo:**). Para este exemplo, entre Report Image (Imagem de Relatório).
10. Pressione **OK** para adicionar a imagem ao documento. Sua página final deverá se parecer com a da Figura 3.7.

Gráficos de navegação

Tipicamente, quando você adiciona imagens à estrutura navegacional do site, quer usar gráficos de tamanho relativamente pequeno. Isto garante um tempo de carregamento rápido e espaço suficiente para qualquer outro gráfico ao qual a sua página possa se referir.

Um atalho para adicionar uma imagem

Você também pode adicionar uma imagem à página arrastando-a do Project Explorer e soltando-a na página.

Como providenciar um texto alternativo

Algo que muitos designers estão esquecendo com os sites da web de hoje em dia é que nem todos que visitam o site estão usando um navegador gráfico. Navegadores de texto, como Lynx, ou usuários que tenham imagens não habilitadas nos seus navegadores padrão irão se perder na estrutura de navegação caso você não providencie um texto alternativo. Além disso, o texto alternativo geralmente aparece na tela antes da imagem ser carregada. Isto permite que seus visitantes reconheçam rapidamente botões antes da imagem aparecer. Isto, por sua vez, torna suas experiências menos entediantes.

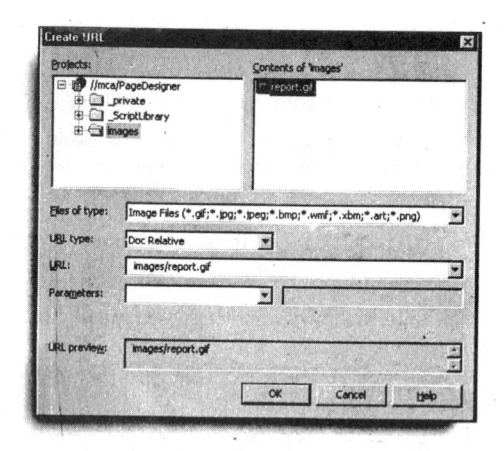

Figura 3.6 Como usar o diálogo Create URL para selecionar um arquivo de imagem.

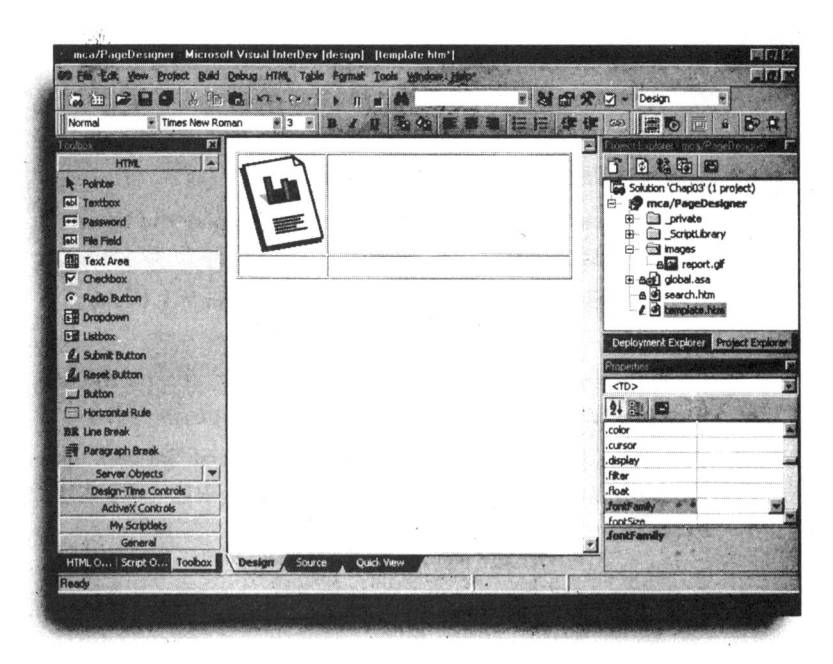

Capítulo 3 Como construir páginas da web com as ferramentas de designer de página   **71**

Figura 3.7 Como visualizar a imagem adicionada no documento HTML.

Como adicionar um texto de exemplo ao gabarito

Após ter o layout do documento de gabarito completo e ter adicionado a imagem gráfica default, você deve adicionar algum texto de exemplo à página para lembrar-se do conteúdo que deve aparecer em cada célula do layout. Para este exemplo, você irá usar o seguinte texto no documento:

- Célula superior direita – global navigation (navegação global) em uma linha e banner title (título de banner) abaixo
- Célula inferior esquerda – immediate navigation menu (menu de navegação imediata)
- Célula inferior direita – page content (conteúdo de página)

Você pode adicionar este texto no modo Design simplesmente colocando o cursor na célula da tabela e digitando o texto. Quando tiver terminado, seu documento deverá se parecer com aquele na Figura 3.8.

Agora que você já terminou o documento de gabarito básico, está pronto para realçá-lo com alguns controles de tempo de design do Visual InterDev 6 Page Designer.

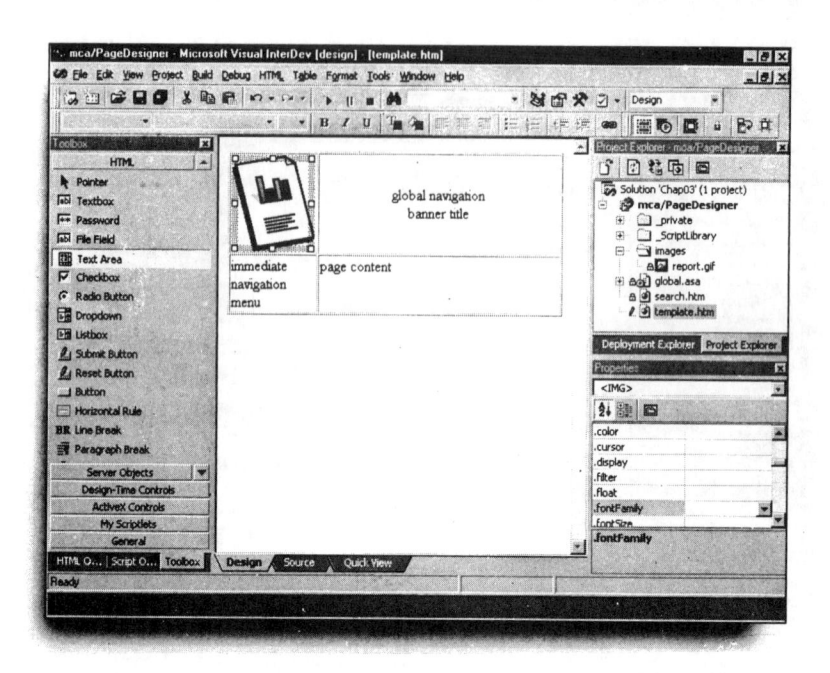

Figura 3.8 Como adicionar texto exemplo ao documento de gabarito.

Veja também

➤ Os temas e layouts do Visual InterDev lhe permitem criar uma estrutura de navegação padronizada parecida com estas instruções. Para informações sobre a utilização de temas e layouts, veja o Capítulo 1.

Como usar o controle de tempo de design do PageNavBar

O Visual InterDev 6 vem com vários controles de tempo de design (DTCs) que oferecem um grupo especial de recursos para projetos no programa. Os DTCS oferecem um grupo de diálogos familiares que permitem a você configurar propriedades de tempo de design. No entanto, quando o projeto está realmente rodando, estes controles produzem linguagem HTML e scripting padrão que podem ser lidas por muitos navegadores. Tudo isto acontece sem que você tenha que escrever seu próprio script ou HTML. Desta forma, os DTCs permitem que você adicione funcionalidade de alto nível às suas páginas sem passar por todo o sofrimento de codificá-las por si mesmo.

Dois dos DTCs são especificamente usados para ajudar no design de páginas da web. São eles:
- O DTC PageNavBar, que é usado para adicionar recursos de navegação à página da web.
- O DTC PageTransitions, que é usado para adicionar entrada e transições existentes ou "gracinhas" à página da web.

Nesta seção do capítulo, você aprenderá como usar o DTC PageNavBar para adicionar automaticamente títulos de banner, menus de vínculo e vínculos de navegação global ao documento de gabarito. Após você ter adicionado estes DTCs aos seus documentos, eles irão oferecer automaticamente vínculos e banners para todas as suas páginas.

Veja também
➤ *Controles de tempo de design são vistos com mais detalhes no Capítulo 20.*

Como adicionar um exemplo de diagrama de site

O DTC PageNavBar trabalha em conjunto com o diagrama de site do projeto. Você não verá os efeitos da adição dos DTCs PageNavBar ao seu documento até que adicione um diagrama de site também. Para este exemplo, você construirá um diagrama de site simples que possa usar para ver como o PageNavBar e o diagrama de site trabalham juntos.

Barras de navegação do FrontPage

O DTC PageNavBar do Visual InterDev 6 é muito parecido com o controle PageNavBar no Microsoft FrontPage 98. Caso você tenha usado essas barras de navegação, deve querer pular esta seção.

Como adicionar um diagrama de site a um projeto existente da web

1. Clique com o botão direito do mouse sobre o nome do projeto na janela Project Explorer.
2. Selecione **Add** no menu contexto.
3. Selecione **Site Diagram** (**Diagrama de Site**) no submenu.
4. Entre um nome para o novo diagrama na caixa de entrada **Name:**. Para este exemplo, use template como nome.
5. Pressione **Open** para adicionar o diagrama de site ao projeto e abri-lo no editor do Visual InterDev 6.
6. Quando o diagrama de site aparecer, a primeira página, chamada Home, aparecerá no documento. Esta é a página DEFAULT.HTM para o diagrama de site.
7. Arraste a página TEMPLATE.HTM do Projecto Explorer e solte-a no diagrama de site próximo do documento Home, onde ela ficará anexada como uma página-filha do documento Home (veja a Figura 3.9).

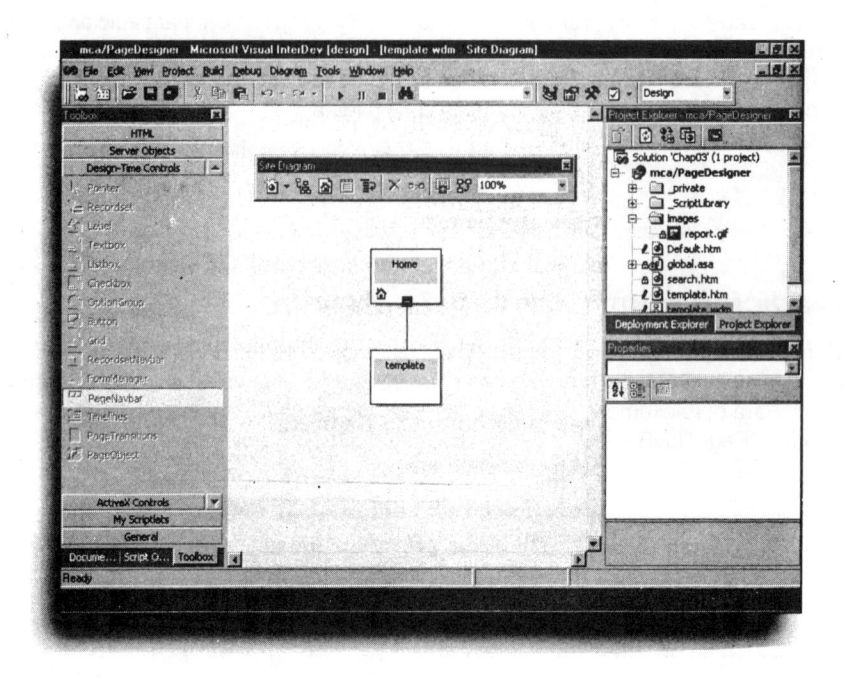

Figura 3.9 Criação do exemplo de diagrama de site.

8. Pressione Ctrl+S para salvar o diagrama. Isto irá adicionar o documento DEFAULT.HTM ao projeto.

Veja também

➤ *Veja como usar o designer de site no Capítulo1.*

Como adicionar um banner ao documento de gabarito

O DTC PageNavBar oferece uma longa lista de possíveis visualizações para a página da web. A mais simples destas opções é Banner, que lhe permite usar o DTC PageNavBar para mostrar como um banner o nome estabelecido para o documento. Você pode ajustar a forma como o banner é mostrado mudando as definições default do controle PageNavBar.

Como adicionar o controle PageNavBar Banner a um documento

1. Primeiro, tenha certeza de que o documento desejado está carregado no editor do Visual InterDev 6 e que o editor está no modo Design.
2. Selecione a guia **Design-Time Controls** (**Controles de Tempo de design**) da janela da caixa de ferramentas para ver uma lista de DTCs disponíveis.

Capítulo 3 Como construir páginas da web com as ferramentas de designer de página 75

3. Localize o DTC PageNavBar na lista e arraste-o da caixa de ferramentas para a página no editor. Solte o controle exatamente onde você quer que a saída apareça. Neste exemplo, solte o controle na célula superior direita da tabela HTML após o texto de exemplo.
4. Clique com o botão direito do mouse sobre o controle PageNavBar e selecione **Properties** no menu contexto.
5. Quando o diálogo PageNavBar Properties (Propriedades de PageNavBar) aparecer, selecione a guia **General**.
6. Configure o botão radial **Type** (Tipo) para Banner.
7. Selecione a guia **Appearance** (Aparência).
8. Configure o botão radial **Appearance** para **HTML** para expor o código HTML de gabarito para o controle.
9. Na entrada **Current page template:** (Gabarito de página atual:), edite a entrada de **#LABEL#** para **<H1>#LABEL#</H1>**. Isto irá forçar o controle a exibir o banner da página no estilo Heading1 (Cabeçalho1) (veja a Figura 3.10).
10. Pressione **OK** para salvar as definições para o documento.

Escolhas de DTC

A guia **Design-Time Controls** lista vários DTCs que você pode usar. Por enquanto, fique com o PageNavBar. Conforme prosseguir pelos capítulos do livro, você começará a usar outros controles.

Agora salve o documento atual (pressione Ctrl+S) e então visualize-o no seu navegador default. Para fazer isto, clique com o botão direito do mouse sobre o documento e selecione **View in Browser** (**V**isualizar **N**avegador) no menu contexto. Seu documento deve parecer com o da Figura 3.11.

Quando você adicionar o DTC PageNavBar a um documento e configurá-lo para exibição do tipo Banner, ele irá automaticamente mostrar o nome definido no diagrama de site. Este é um ponto importante. O PageNavBar não usa o valor de título HTML do documento ou o nome de arquivo do disco do documento. Você deve usar o diagrama de site do Visual InterDev 6 para alterar a string mostrada no Banner PageNavBar.

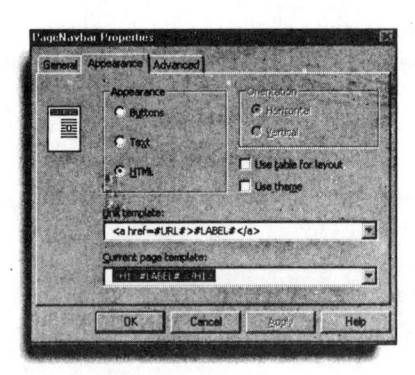

Figura 3.10 Como adicionar o controle de Banner PageNavbar ao documento.

Figura 3.11 Como visualizar o documento TEMPLATE.HTM com o DTC Banner PageNavBar.

Como adicionar um menu de vínculo ao documento de gabarito

Você também pode usar o DTC PageNavBar para mostrar os vínculos para o documento atual que foram estabelecidos com o Visual InterDev 6 Site Designer. Existem seis tipos de vínculos diferentes que podem ser mostrados com o DTC PageNavBar:

- **First Level Pages** (**Páginas de Primeiro Nível**) – Use esta definição para mostrar vínculos ao grupo de páginas de alto nível em um diagrama de site.
- **Parent Level Pages** (**Páginas de Nível de Pais**) – Use esta definição para mostrar vínculos a páginas diretamente acima da página atual no diagrama de site.

Capítulo 3 Como construir páginas da web com as ferramentas de designer de página   77

- **Sibling Pages (Páginas Irmãs)** – Use esta definição para mostrar vínculos a todas as páginas que estiverem no mesmo nível da página atual no diagrama de site.
- **Children Pages (Páginas Filhas)** – Use esta definição para mostrar vínculos a todas as páginas diretamente abaixo da página atual no diagrama de site.
- **Back & Next Pages (Páginas Anterior e Próxima)** – Use esta definição para mostrar vínculos à próxima página e à página anterior no diagrama de site.
- **Global Navigation Pages (Páginas de Navegação Global)** – Use esta definição para mostrar vínculos para um grupo especial de páginas marcadas como de navegação global.

Você também pode usar o DTC PageNavBar para mostrar o pai direto e a home page do diagrama de site, não importando qual definição você tenha selecionado. Para este exemplo, adicione um DTC PageNavBar que irá mostrar as páginas-filhas assim como as páginas pais e home no diagrama de site.

Relacionamentos de página

A melhor maneira de pensar em seu site da web é como uma família de páginas. O relacionamento entre suas páginas (irmãos, pais, primos por parte de mãe) é representado no diagrama de site. Você pode usar o diagrama para rearrumar o relacionamento conforme necessário. Agora é a sua chance de ver seus primos pouco conhecidos casarem-se e serem promovidos na barra de navegação!

Como adicionar um DTC PageNavBar de vínculo-filho ao seu documento

1. Primeiro, tenha certeza de que o documento desejado esteja carregado no editor do Visual InterDev 6 e que o editor esteja no modo Design. Para este exemplo, carregue o documento TEMPLATE.HTM no editor do Visual InterDev 6.
2. Selecione a guia **Design-Time Controls** da janela de caixa de ferramentas e localize o DTC PageNavBar na lista.
3. Arraste o DTC PageNavBar da janela de caixa de ferramentas e solte-o exatamente onde quer que o grupo de vínculos-filhos apareça no documento. Para este exemplo, arraste o DTC na célula inferior esquerda da tabela HTML onde as palavras **immediate navigation menu** aparecerem.
4. Clique com o botão direito do mouse o DTC PageNavBar e selecione **P_roperties** no menu contexto.
5. Selecione a guia **General** da caixa de diálogo PageNavbar Properties e configure o botão radial **Type** para **C_hildren pages**.
6. Configure as caixas de verificação **Additional pages** (Páginas adicionais) como desejado. Para este exemplo, verifique as caixas **Ho_me** e **Pa_rent**.
7. Pressione a guia **Appearance** e defina o botão radial **Appearance** para **H_TML**.
8. Modifique **L_ink template:** de `<a href=#URL#>#LABEL#</a>` para `<H3><a href=#URL#>#LABEL#</a></H3>` (veja a Figura 3.12).

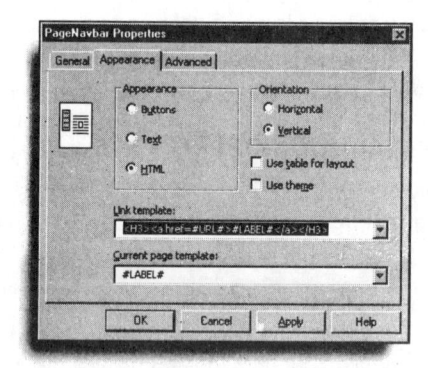

Figura 3.12 Definição do valor **L̲ink Template** do DTC PageNavBar.

9. Configure o botão **Orientation (Orientação)** para **V̲ertical**.
10. Pressione **OK** para salvar as definições para o documento.

Agora salve o documento atualizado e visualize-o em seu navegador default. Você deve ver que o vínculo **Home** aparece no lado esquerdo da página (veja Figura 3.13).

Figura 3.13 Visualização do documento completo com o vínculo-filho de DTC.

Em virtude do documento TEMPLATE,HTM não ter páginas-filhas definidas, você não verá quaisquer outros filhos aparecerem na lista de vínculo. Em virtude de o único pai para o documento TEMPLATE.HTM ser a Home page, você também não verá os vínculos **Home** e **Parent** aparecerem. O DTC PageNavBar é esperto o suficiente para mostrar somente o vínculo **Home**.

Capítulo 3 Como construir páginas da web com as ferramentas de designer de página   79

DTCs e IIS 4.0

Lembre-se de que seu servidor da web deve estar rodando o Internet Information Server 4.0 (ou superior) para que este controle de tempo de design (e outros) funcione.

Como adicionar vínculos globais ao modelo

Você deve adicionar mais um controle PageNavBar ao documento de TEMPLATE.HTM. Este DTC será usado para mostrar um conjunto de vínculos no topo do documento que apontam para o mesmo grupo de páginas toda vez. Este será a barra de navegação global. Tipicamente, este grupo de vínculos aponta para as páginas mais usadas no projeto da web. Para este exemplo, você adicionará o controle agora e criará as páginas globais posteriormente no capítulo.

O que fazer se não houver páginas globais?

Se não houver páginas na web marcadas como globais, você não verá texto algum aparecer nos documentos finais. O DTC PageNavBar de navegação global é esperto o suficiente para simplesmente ficar escondido se você não tiver adicionado quaisquer páginas globais à web.

Como adicionar um DTC PageNavBar de navegação global ao seu documento

1. Primeiro, certifique-se de que o documento esteja carregado no editor do Visual InterDev 6 e que o editor esteja no modo Design. Para este exemplo, carregue o documento TEMPLATE.HTM no editor do Visual InterDev 6.
2. Selecione a guia **Desgin-Time Controls** da janela de caixa de ferramentas e localize o DTC PageNavBar na lista.
3. Arraste o DTC PageNavBar da janela da caixa de ferramentas e solte-o exatamente onde quiser que o grupo de vínculos-filhos apareça no seu documento. Para este exemplo, arraste o DTC na célula superior direita da tabela HTML onde as palavras **global navigation** aparecerem.
4. Clique com o botão direito do mouse o DTC PageNavBar e selecione **Properties** no menu contexto.
5. Selecione a guia **General** da caixa de diálogo PageNavBar Properties e defina o botão radial **Type** como <u>G</u>lobal navigation bar.
6. Configure as caixas de verificação **Additional Page** como desejado. Para este exemplo, marque a caixa **Ho<u>m</u>e**.
7. Pressione a guia **Appearance** e defina o botão radial com o mesmo nome como **HTML**.
8. Depois, selecione o último item na lista de **<u>L</u>ink template:** (veja a Figura 3.14).
   `<a href=#URL#><span style="color:black;"onmouseover="this.style.color='red'" Onmouseout="this.style.color='black'">#LABEL#</span></a>`.
9. Finalmente, pressione **OK** para salvar as definições do documento.

> **Teste as personalizações da aparência**
>
> Através da possibilidade de personalizar a aparência de itens, o Visual InterDev está lhe proporcionando um grande poder sobre a navegação no site. Certifique-se, contudo, de testar as personalizações da aparência para ter certeza de que funcionam como você espera.

Agora, salve o documento TEMPLATE.HTM. Você agora tem uma página de gabarito completa que pode ser usada para gerar rapidamente novos documentos para seu site da web. Na próxima seção deste capítulo, você aprenderá como criar novas páginas com o documento de gabarito e como usar o designer de site para arrumar estas páginas em um site da web completo.

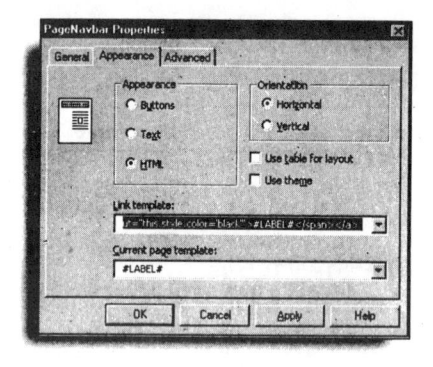

Figura 3.14 Como adicionar um DTC PageNavBar de navegação global ao seu documento.

Como construir um exemplo de site da web com o documento de gabarito

Agora que você tem um documento de gabarito completo, está pronto para usá-lo para adicionar páginas ao projeto da web. Para fazer isto, você deve primeiro carregar o documento de gabarito no editor e, então, salvá-lo usando o nome novo (final) do documento final. Desta forma, você estará realmente copiando o gabarito para os novos documentos no seu projeto.

Após ter adicionado todas as páginas novas que precisar para o site, você pode usar o Visual InterDev 6 Site Designer para vincular páginas juntas de forma que os DTCs PageNavBar consigam mostrar apropriadamente os vínculos, banners e barra de navegação global.

> **Como construir um pool de gabarito**
>
> Usar o Visual InterDev para criar uma seleção de gabaritos para sua aplicação provavelmente irá economizar-lhe muito tempo no futuro. Você pode criar, depurar e testar uma idéia e depois usá-la no seu site como precisar.

Capítulo 3 Como construir páginas da web com as ferramentas de designer de página   81

Como criar as páginas com o documento de gabarito

O primeiro passo é salvar cópias do documento de gabarito com nomes novos. Isto cria um grupo de páginas que irá abranger os documentos na web. Para este exemplo, você deve adicionar vários documentos ao projeto. A Tabela 3.1 mostra os nomes dos documentos, nomes de arquivos e o grupo ao qual eles fazem parte (navegação global ou página-filha).

Tabela 3.1 Documentos a acrescentar no projeto da web

Grupo	Nome	Nome de arquivo
Home page	Home	DEFAULT.HTM
Child Page	Customers	CUSTOMERS.HTM
Child Page	Vendors	VENDORS.HTM
Global Page	Contacts	CONTACTS.HTM
Global Page	Departaments	DEPARTAMENTS.HTM

Você pode usar a lista de documentos na Tabela 3.1 conforme for seguindo os passos seguintes.

Como criar páginas novas da web a partir de um documento de gabarito

1. Primeiro, carregue o documento de gabarito desejado no editor do Visual InterDev 6 e certifique-se de que o editor esteja no modo Design. Para este exemplo, carregue o documento TEMPLATE.HTM no editor.
2. Selecione a opção de menu **File** no menu principal.
3. Selecione **Save template.htm As** (**Salvar template.htm Como**) no menu **File**.
4. Quando o diálogo Save File As (Salvar Arquivo Como) aparecer, entre o nome do novo documento no campo de entrada **File name:** (**Nome do Arquivo:**). Para este exemplo, entre default.htm para o nome do documento.
5. Pressione **Save** para salvar o documento com um novo nome.
6. Se o documento já existir, você verá uma caixa de diálogo perguntando se quer substituí-lo. Para este exemplo, pressione o botão **Yes** (**Sim**) (veja a Figura 3.15).

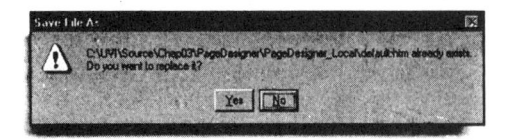

Figura 3.15 O Visual InterDev avisa quando você está para substituir um arquivo pelo mesmo nome.

7. Se o documento já existir, você verá um segundo diálogo pedindo-lhe para confirmar a substituição. Selecione **Yes** para continuar a substituição.
8. Com o novo documento em seu editor, faça quaisquer alterações necessárias ao conteúdo da página. Para este exemplo, mude o texto **page content** (**conteúdo da página**) para o nome do documento: **default.htm**. Isto o ajudará a identificar os documentos enquanto estiver testando o diagrama da web.
9. Após terminar de editar o documento, feche-o selecionando **C**lose (**Fechar**) no menu **F**ile.

Como usar suas próprias páginas

Obviamente, se você possui seu próprio site com o qual prefere trabalhar, esteja à vontade. Você pode substituir referências às páginas nesta tabela por suas próprias páginas para que satisfaçam às suas necessidades.

Certifique-se de Salvar Como

Você não quer salvar sobre seu gabarito, então certifique-se de usar a opção Save File As. Apenas para estar seguro, no entanto, faça duas cópias do mesmo para evitar desastres potenciais.

Repita estes passos para cada uma das páginas listadas na Tabela 3.1. Quando tiver terminado, conseguirá ver todos os cinco documentos na janela do Project Explorer. Você deve conseguir carregar cada documento no editor do Visual InterDev 6 e ver que todos possuem o mesmo layout e o mesmo grupo de controles DTC. A única diferença será o texto de conteúdo na célula de tabela inferior direita.

Certifique-se de salvar todos estes documentos antes de continuar.

Como criar o diagrama de site

Agora que você criou todas as páginas de exemplo usando o documento de gabarito, está pronto para usar o Visual InterDev 6 Site Designer para criar o documento da web. Para fazê-lo, você deve criar um novo arquivo de diagrama de site e arrastar as várias páginas da janela do Project Explorer para o diagrama de site.

Antes de adicionar o novo diagrama de site, certifique-se de apagar o TEMPLATE.WDM existente do projeto. Este foi um diagrama de modelo que você adicionou anteriormente ao projeto apenas para teste. Não é mais necessário.

Capítulo 3 Como construir páginas da web com as ferramentas de designer de página

---

Como reutilizar um diagrama existente

Se quiser, você pode reutilizar um diagrama de site que construiu anteriormente neste capítulo. Embora não haja problema em ter mais de um diagrama de site em um projeto, isto pode se tornar um pouco confuso se você tiver mais de um diagrama para o mesmo projeto.

Como adicionar um diagrama de site a um projeto da web já existente

1. Clique com o botão direito do mouse sobre o nome do projeto na janela do Project Explorer.
2. Selecione **Add** no menu contexto.
3. Selecione **Site Diagram** no submenu.
4. Entre um nome para o novo diagrama na caixa de entrada **Name:**. Para este exemplo, use master como nome.
5. Pressione **Open** para adicionar o diagrama de site ao projeto e abri-lo no editor do Visual InterDev 6.
6. Quando o diagrama de site aparecer, você deve ver a primeira página, chamada **Home**, no documento. Esta é a página DEFAULT.HTM para o diagrama de site. Caso não a veja, pode arrastar o documento DEFAULT.HTM existente da janela do Project Explorer e soltá-la no diagrama de site.
7. Arraste as páginas CUSTOMERS.HTM e VENDORS.HTM do Project Explorer e libere-as no diagrama de site perto do documento **Home** onde elas irão se juntar como as páginas-filhas do documento **Home** (veja a Figura 3.16).
8. Finalmente, pressione Ctrl+S para salvar o diagrama. Isto irá adicionar o documento DEFAULT.HTM ao seu projeto.

A maneira mais efetiva de organizar conteúdo

Muitos programadores e designers argumentariam que organizar seu conteúdo por tópico é a forma mais eficiente. Considere o tipo de material que está organizando para navegação em seu site e como as pessoas o percebem. Uma pessoa iria a uma seção de notícias para ler sobre a história de uma empresa? Não. Certifique-se de que sua navegação siga um senso comum que os usuários serão capazes de entender.

Cada página é uma ilha

Tenha em mente que você não precisa ter cada página no seu site vinculada à sua barra de navegação. Podem existir páginas que sejam de "menor" importância e apenas precisem ser vinculadas a partir de uma única página. Não tente encher sua barra de navegação com toda página possível.

Depois, você deve adicionar as duas páginas de navegação global ao diagrama. Ao fazê-lo, adicione-as independentes de outras páginas e então marque-as como parte da coleção de navegação global.

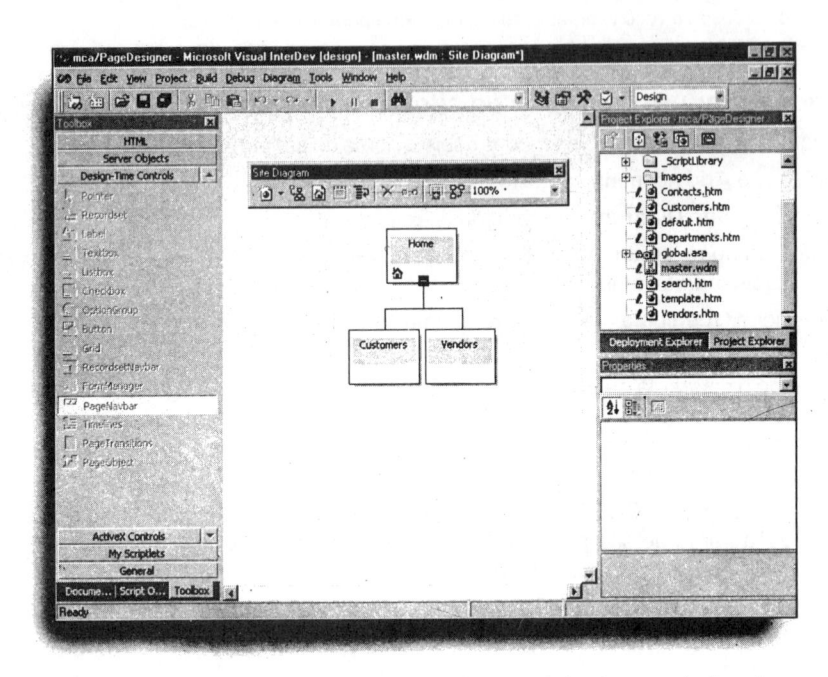

Figura 3.16 Como criar o diagrama de site para o site de exemplo da web.

Como adicionar páginas de navegação global ao diagrama de site

1. Primeiro, certifique-se de carregar o diagrama de site apropriado no editor do Visual InterDev 6. Neste exemplo, você deve carregar o documento MASTER.WDM no editor.
2. Arraste uma página da janela do Project Explorer para o diagrama de site. Tenha cuidado para não permitir que esta página se conecte a qualquer outra no diagrama. Ela deve permanecer sozinha no diagrama. Para este exemplo, arraste o documento CONTACTS.HTM para o diagrama de site o coloque-o na parte inferior da página.
3. Clique uma vez na página adicionada (CONTACTS.HTM) para selecioná-la.
4. Use a barra de ferramentas **Site Diagram** (**Diagrama de site**) para marcar a página selecionada como parte da coleção de navegação global pressionando o botão **Add to Global Navigation Bar** (**Adicionar à Barra de Navegação Global**) na barra de ferramentas Site Diagram (veja a Figura 3.17).

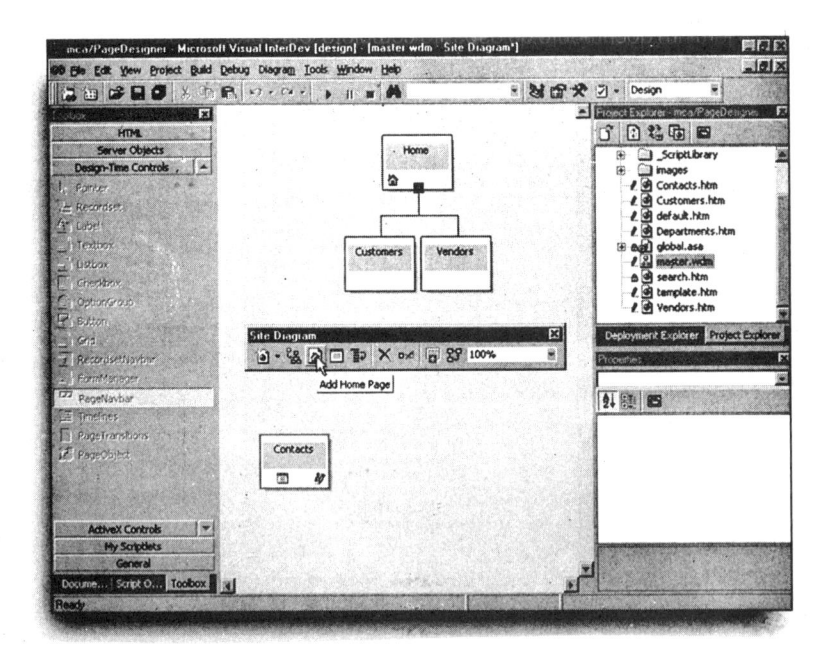

Figura 3.17 Como marcar as páginas de navegação global.

5. Repita o Passo 2 para cada documento que quiser adicionar à navegação global. Para este exemplo, adicione a página DEPARTAMENTS.HTM ao diagrama de site e marque-a como um membro da coleção de navegação global.
6. Após adicionar todas as páginas que quiser, salve o diagrama pressionando Ctrl+S.

Agora você adicionou todas as páginas ao seu diagrama de site. Pode, então, testar as páginas clicando com o botão direito do mouse sobre o documento DEFAULT.HTM e selecionando **View in Browser** (**Visualizar no Navegador**) no menu contexto. Você deve ver uma página que se parece com a mostrada na Figura 3.18.

Você deve notar que os vínculos no topo da coleção de navegação global usam algum JScript do lado cliente para oferecer mudanças de cor quando você passa o mouse sobre o texto. Perceba também que conforme você clica nas várias páginas, a lista de vínculos à esquerda muda, mas os vínculos globais não. O título do banner para cada página também muda. Tudo isto ocorre mesmo que você não tenha escrito um única letra em HTML ou script! Este é o trabalho dos DTCs PageNavBar.

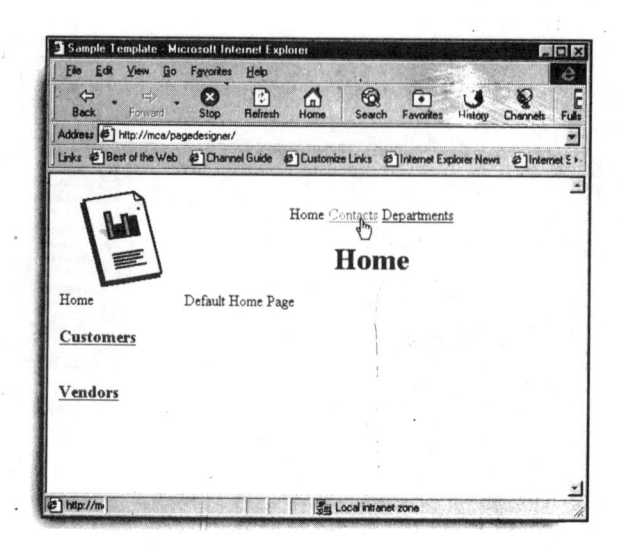

Figura 3.18 Resultado da utilização do diagrama de site e DTCs PageNavBar.

Veja também

➤ Outro método de navegação de página é usar o componente ASP de vínculo de conteúdo do lado servidor. Para aprender sobre isto, veja o Capítulo 22.

Como usar o controle de tempo de design PageTransitions

Outro controle de tempo de design criado para ajudar a projetar documentos da web é o DTC PageTransitions. Este DTC fornece transições de entrada e saída entre páginas. O controle oferece 23 opções de transição diferentes, incluindo incluir/retirar caixa, esmaecer/realçar e outros. Adicionando o DTC PageTransitions à sua página, os usuários verão uma transição suave quando mudarem de uma página para a próxima na sua aplicação web.

A conexão Power Point

Caso você tenha usado o Microsoft PowerPoint ou assistido a uma apresentação criada utilizando este programa, você já experimentou transições de página. As transições de página do Visual InterDev são idênticas àquelas oferecidas pelo PowerPoint.

O DTC PageTransitions usa o método revealTrans, que é específico aos navegadores do Microsoft Internet Explorer. Isto significa que você conseguirá ver as transições somente quando visualizar os documentos navegadores clientes compatíveis com o Internet Explorer. No entanto, em virtude do código atual que realiza transição ser cercado de comentários HTML, adicionar o DTC de PageTransition não irá causar erros em navegadores que não sejam Microsoft Internet Explorer, como o Netscape Navigator.

Veja também

➤ *Transições de páginas e o DTC PageTransitions também são vistos no Capítulo 20.*

Como adicionar os controles PageTransitions aos seus documentos

É fácil adicionar o DTC PageTransitions a um documento. Nesta seção, você verá como pode adicioná-lo a qualquer documento na sua web e ajustar suas propriedades para controlar o tipo de transição que os usuários verão.

Como adicionar um DTC PageTransitions ao seu documento

1. Primeiro, certifique-se de que o documento-alvo (HTM ou ASP) esteja carregado no seu editor do Visual InterDev 6 e que o editor esteja no modo Design. Para este exemplo, carregue o documento DEFAULT.HTM no editor.
2. Clique a guia **Design-Time Controls** da janela de caixa de ferramentas para mostrar a lista de controles disponíveis.
3. Localize e arraste o DTC **PageTransitions** da caixa de ferramentas e libere-o no topo do documento (veja a Figura 3.19).
4. Clique com o botão direito do mouse sobre o DTC **PageTransitions** e selecione a opção **P**roperties no menu contexto.
5. Quando o diálogo PageTransitions Properties aparecer, selecione a guia **PageTransition**.
6. Defina a propriedade **Page Enter Transition** (**Transição de Entrada de Página**) como **Random** (**Aleatória**) e a propriedade **Page Exit Transition** (**Transição de Saída de Página**) também como **Random** (veja a Figura 3.19).
7. Pressione **OK** para salvar as definições do documento.

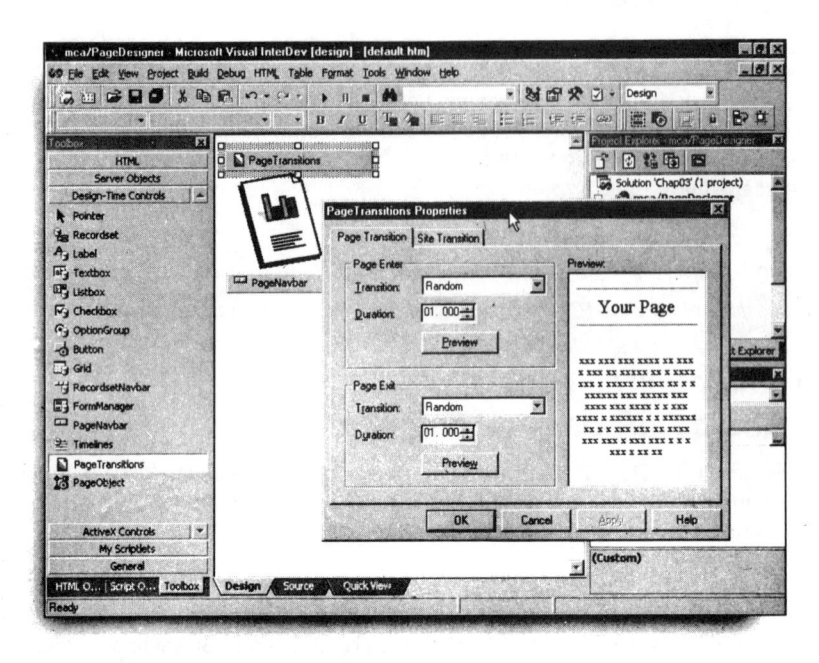

Figura 3.19 Uso do DTC PageTransitions em um documento.

Após adicionar o DTC PageTransition ao documento DEFAULT.HTM, salve-o (pressionando Ctrl+S) e visualize o documento em um navegador Microsoft Internet Explorer. Conforme você se mover do documento DEFAULT.HTM para outro e voltar a ele, verá várias transições de página usadas quando entrar e sair do documento. Se quiser, pode adicionar o DTC PageTransition a todos os documentos no seu projeto da web.

Use as transições de página com cuidado

Se você usar o DTC PageTransitions em cada página do seu site, provavelmente deixará seus usuários "loucos". Alguns podem argumentar que as transições de páginas são tão ruins quanto o não famoso tag **<BLINK>** do Netscape .Use as transições de página de maneira inteligente e com discrição para realçar seu site, não para comprometê-lo.

Capítulo 4

Como usar o Visual InterDev 6 para gerenciar seus projetos da web

- Aprenda como suportar o desenvolvimento em equipe com o Visual InterDev 6
- Entenda as diferenças nos modos de edição Master e Local
- Veja como pode checar vínculos internos e externos em um projeto
- Use as opções Copy web e Deploy web para instalar aplicações completas

Como suportar o desenvolvimento em equipe com o Visual InterDev 6

Um dos recursos mais poderosos novos no Visual InterDev 6 é a capacidade de suportar equipes de desenvolvedores da web, todos trabalhando no mesmo projeto. O programa agora permite que usuários se conectem facilmente a uma web existente no servidor master e vinculem um novo projeto a esta web.

Depois do novo projeto estar vinculado a uma web existente, os desenvolvedores podem trabalhar em um modo Local novo onde quaisquer alterações ao site podem ser salvas e testadas no computador do desenvolvedor. Desta forma, o desenvolvedor pode isolar seu trabalho do restante da equipe. Depois das páginas já estarem completas e testadas, o desenvolvedor pode carregar as alterações para o host master da web para que outros membros da equipe as vejam.

Outro recurso novo para o Visual InterDev 6 é a janela de diálogo Merge Differences (Mesclar Diferenças). Este recurso apareceu primeiro na ferramenta de controle de versão do Visual SourceSafe da Microsoft. Agora, quando dois desenvolvedores fazem alterações em um mesmo documento, o Visual InterDev 6 é capaz de mesclar automaticamente os dois documentos em uma única página. Se as mudanças conflitarem umas com as outras, o desenvolvedor salvando o documento receberá um diálogo mostrando as áreas de conflito e será orientado a entrar a maneira de proceder. Após todos os conflitos terem sido mesclados, o documento é colocado no servidor para que outros o vejam.

Como criar um projeto Visual InterDev 6 compartilhado

O primeiro passo no suporte de desenvolvimento em equipe com o Visual InterDev 6 é criar um projeto compartilhado para a equipe. Isto é muito fácil. São necessários apenas um pouco de planejamento e tempo.

Primeiro, um projeto padrão da web deve ser criado. O projeto irá agir como o projeto "inicial" para todos os membros da equipe. Após a construção do projeto, outros membros da equipe podem criar seus próprios projetos pessoais no Visual InterDev 6 e vinculá-los ao inicial. Desta forma, todos os membros da equipe conseguirão trabalhar com suas próprias cópias do projeto inicial.

O Visual InterDev 6 permite que os membros da equipe sincronizem suas cópias pessoais do projeto e façam facilmente suas alterações e baixem as alterações feitas por outros na equipe.

Então, existem apenas duas tarefas para a criação de projetos compartilhados para o Visual InterDev 6. A primeira é criar o projeto inicial. A segunda é criar um projeto pessoal e vinculá-lo ao projeto inicial.

Como criar um projeto inicial compartilhado para uso da equipe

1. Carregue o Visual InterDev 6. Se o diálogo New Project não aparecer, selecione **New Project** no menu **File**.
2. Quando o diálogo New Project aparecer, use o botão **Browse** para localizar e selecionar o local para o novo projeto.
3. Entre um nome de projeto na caixa de entrada **Name:**. Para este exemplo, entre Manage.
4. Clique em **Open** para criar o projeto inicial compartilhado.

5. Quando o diálogo Web Project Wizard (Assistente de Projeto da web) aparecer, selecione um servidor host que possa ser visto por todos os membros da equipe do projeto. Aceite o modo de trabalho default de modo Master. Depois, clique no botão **Next** (**Próximo**) para continuar o assistente.
6. Na segunda página do Assistente do Projeto da web, aceite a escolha default para criar uma nova aplicação. Também, aceite o nome default para o projeto. Para este exemplo, deve ser Manage.
7. Clique no botão **Finish** (**Finalizar**) para permitir que o Assistente do Projeto adicione todas as pastas e arquivos necessários.

Você agora completou a primeira tarefa na criação de um projeto dividido para os grupos de programadores. Nesta estágio, realizou duas tarefas. Primeiro, criou uma aplicação no seu servidor da web que oferece a estrutura URL ao seu site. Depois, criou um projeto de Visual InterDev que lhe permite desenvolver e projetar seu site.

Nesta fase, outros programadores podem criar seus projetos próprios para a aplicação da web para desenvolver suas porções da aplicação. Este projeto pessoal deve ser vinculado ao inicial que já existe no servidor.

Como criar um projeto pessoal do Visual InterDev 6 e vinculá-lo ao já existente

1. Vá para outra máquina no LAN ou inicie um novo exemplo de Visual InterDev 6 na sua estação de trabalho. Também é possível realizar esta tarefa na sua própria máquina, mas os recursos são mostrados de melhor forma em uma rede ou ambiente de grupo.
2. Quando o diálogo de Novo Projeto aparecer, use o botão de Navegador para localizar e selecionar o local para o novo projeto.
3. Depois, entre o nome do projeto na caixa de entrada Name:. Para este exemplo, entre Dev 1 como o nome do projeto.
4. Clique em Open para criar um projeto inicial dividido.
5. Quando o diálogo Web Project Wizard aparecer, selecione um servidor host que possa ser visto por todos os membros do grupo do projeto. Novamente, aceite o modo default, Master. Depois, clique no botão Next para continuar o assistente.
6. Na segunda página do Assistente do Projeto, ao invés de criar uma nova web no host da web, clique **Connect to an existing web application on** *web_server_name* (Conectar a uma aplicação da web existente no nome-servidor-web).
7. Selecione o nome existente ao qual queira conectar este projeto a partir da lista de webs mostrada na lista suspensa. Para este exemplo, localize e selecione o projeto **Manage Web**.
8. Clique o botão **Finish** para permitir ao Assistente de Projeto adicionar todas as pastas e arquivos necessários ao seu projeto.

Perceba que o Visual InterDev 6 vai baixar quaisquer páginas do site existente para a máquina que tenha o projeto pessoal. Algumas páginas podem ser vistas em cinza. Isto significa que estão disponíveis no servidor, mas que você não tem uma cópia para leitura/gravação do projeto documento.

Utilização do modelo de projeto do Visual InterDev

Até aqui, você aprendeu como criar uma aplicação inicial e um projeto. Também aprendeu como se conectar a uma aplicação da web e criar um projeto para a web. Nesta seção, aprenderá como isolar o trabalho de um programador individual do restante da equipe. O Visual InterDev 6 permite o isolamento de programadores através de seu poderoso modelo de projeto e modos de trabalho. Existem três modos de trabalho básicos no programa:

- Modo Master
- Modo Local
- Modo Offline

Modo Master

O Modo Master é o modo de trabalho default para o Visual InterDev. Você aceitou este modo default nos capítulos anteriores. Ele dita que todas as mudanças serão salvas automaticamente para o servidor master da web. A Figura 4.1 demonstra o processo de desenvolvimento do modo Master.

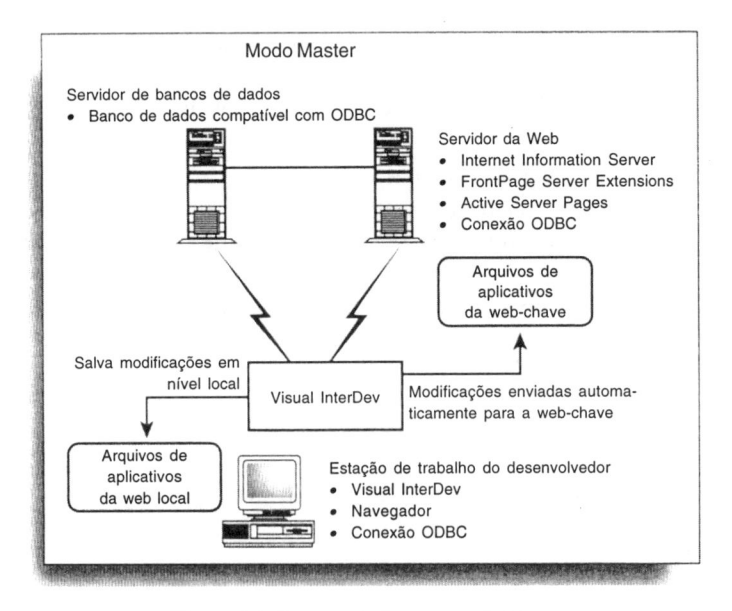

Figura 4.1 Como trabalhar no modo Master.

Capítulo 4 Como usar o Visual InterDev 6 para gerenciar seus projetos da web   93

Toda vez que você cria um projeto, o Visual InterDev cria dois grupos de arquivos: o grupo master, que reside no seu servidor da web, e um grupo local de arquivos de reside na sua máquina de programação.

No exemplo da Figura 4.1, você vê uma máquina, um servidor da web e um servidor da banco de dados. Quando se cria uma aplicação da web, o Visual InterDev 6 constrói um grupo local de arquivos de aplicação no computador assim como um grupo master de arquivos no servidor da web. Em virtude do projeto estar trabalhando sob o modo Master, todas as mudanças são salvas simultaneamente para a versão local assim como a versão master.

Duplicação de arquivo local

Caso você esteja trabalhando em um computador autônomo, os dois grupos de arquivos irão residir fisicamente no mesmo computador em diretórios diferentes.

Modo Local

O modo Local permite a um programador isolar seu trabalho do restante do grupo. Quaisquer mudanças são salvas automaticamente na versão local, que reside em uma estrutura de diretório chamada nome-do-projeto-Local. O programador pode desenvolver e testar sua parte da aplicação e depois atualizar o servidor master da web quando tiver terminado. A Figura 4.2 demonstra este processo.

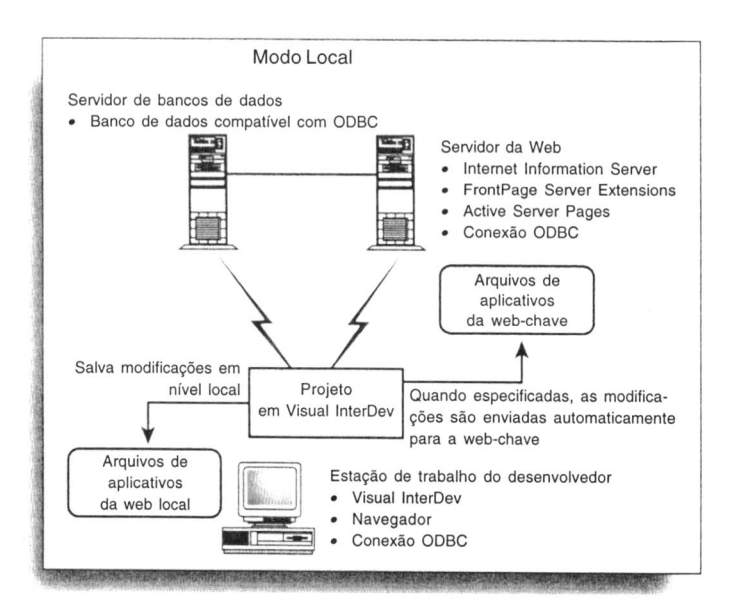

Figura 4.2 Trabalho no modo Local.

Dois grupos de arquivos serão mantidos
Novamente, se você estiver trabalhando em um computador autônomo, dois grupos de arquivos serão mantidos no mesmo computador em diferentes estruturas de diretórios.

Modo Offline

O terceiro modo de trabalho que o Visual InterDev suporta é o Offline. Este modo permite continuar trabalhando nos arquivos dentro do projeto sem uma conexão ao servidor da web. Você estará de alguma forma limitado porque pode executar apenas funções que não dependem da interação do servidor. A lista seguinte oferece funções que você pode executar enquanto estiver no modo Offline:

- Abrir um projeto.
- Editar cópias de arquivos de trabalho locais.
- Visualizar alterações para os arquivos HTML usando Quick View.
- Salvar alterações para as cópias de arquivos de trabalho locais.

Em virtude de você não possuir conexão ao servidor da web enquanto estiver no modo Offline, existem algumas funções que não podem acontecer:

- Atualizar a versão master de arquivos no servidor da web.
- Recuperar as últimas versões de arquivos do servidor master da web.
- Liberar cópias de trabalho de volta ao servidor master da web.
- Mover arquivos no projeto.

Como estabelecer o modo de trabalho para o projeto

Você possui basicamente dois métodos de configuração do modo de trabalho para o projeto. Primeiro, pode estabelecer um modo de trabalho no momento em que criar um projeto. Conforme mencionado anteriormente, o Assistente de Projeto da web lhe permite selecionar tanto o modo Master como o modo Local durante o passo 1 do processo. Você pode também mudar o modo de trabalho do projeto a partir do Visual InterDev IDE após ter aberto ou criado o projeto. Para realizar esta tarefa, selecione a raiz do projeto e clique o botão direito do mouse para revelar o menu de atalho. A partir da lista de itens do menu, escolha **Working Mode (Modo Trabalho)**. Isto irá revelar os três modos de trabalho, permitindo-lhe selecionar um a partir da lista. O ícone referente ao modo selecionado para o projeto irá aparecer pressionado ou realçado, como na Figura 4.3.

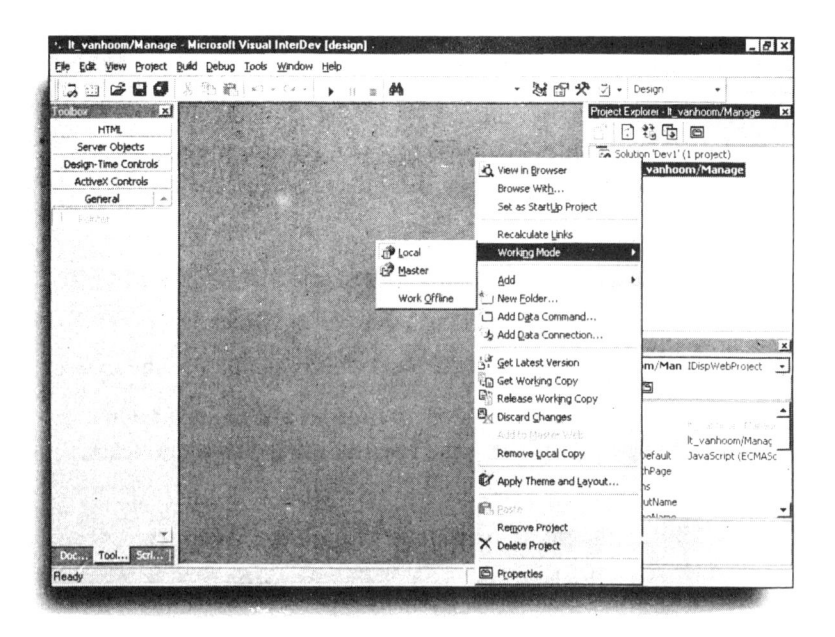

Capítulo 4 Como usar o Visual InterDev 6 para gerenciar seus projetos da web 95

Figura 4.3 Visualização do modo de trabalho para o projeto.

Você também pode mudar o modo de trabalho para o projeto selecionando o menu **Project** (Projeto). Depois escolha **Web Project** (Projeto da web), **Working Mode** (Modo de Trabalho), que revela a mesma lista de itens de menu mostrada na Figura 4.3.

Veja também

➤ *Você pode configurar o modo de trabalho quando cria pela primeira vez um projeto. Você aprendeu como criar projetos no Capítulo 1.*

Como usar os modos de trabalho para um desenvolvimento de equipe eficiente

Agora que você já está familiarizado com os modos de trabalho básicos que o Visual InterDev suporta, terá uma chance de verificar os benefícios destes modos de trabalho e de como o Visual InterDev 6 pode melhorar a eficiência de sua equipe.

Como trabalhar no modo Local

1. Se necessário, abra o projeto Dev1 que você criou anteriormente.
2. No Project Explorer, clique com o botão direito do mouse na raiz de projeto **Manage**.
3. Selecione **Working Mode**, **Local** para configurar o modo de trabalho do projeto para local.

4. Crie uma nova página da web HTML clicando com o botão direito do mouse na raiz do projeto e selecionando **Add, HTML Page** (Adicionar Página HTML). Entre Page1.htm para o nome e clique **Open** na janela de diálogo **Add Item**.

5. Com o editor de design, adicione o texto My Local Page na primeira linha da página. Use ícones na barra de ferramentas para centralizar o texto e deixá-lo em letras maiúsculas. A Figura 4.4 mostra o resultado dessas mudanças como visto na visualização Design.

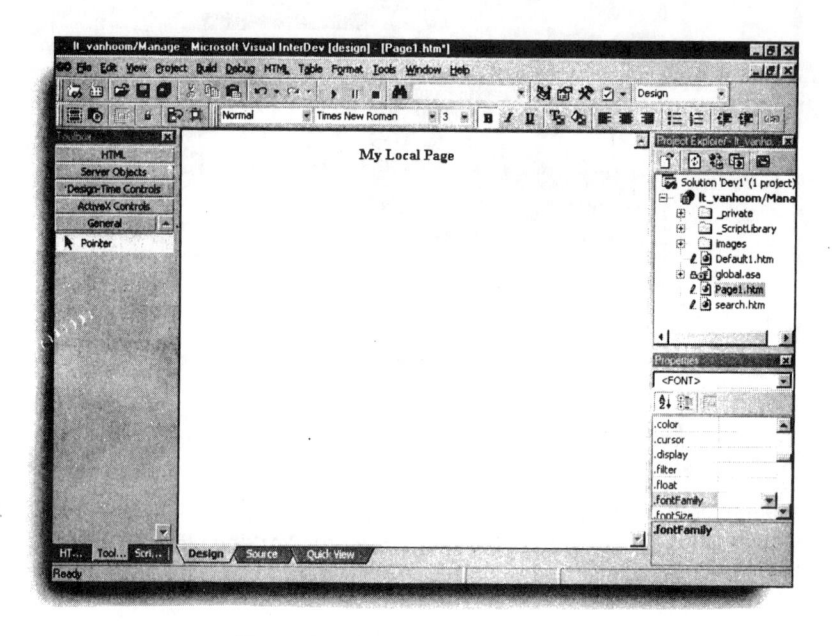

Figura 4.4 Mudanças na versão local

6. Salve suas mudanças para o arquivo.

7. Selecione o arquivo e escolha **View in Browser** (Visualizar no Navegador) no menu de atalhos. A página será liberada a partir da versão local e mostrada no navegador, como na Figura 4.5.

Falta de sorte no desenvolvimento local

Caso você não tenha um servidor da web no seu computador local, o arquivo será liberado com um arquivo URL e o script do servidor não irá funcionar.

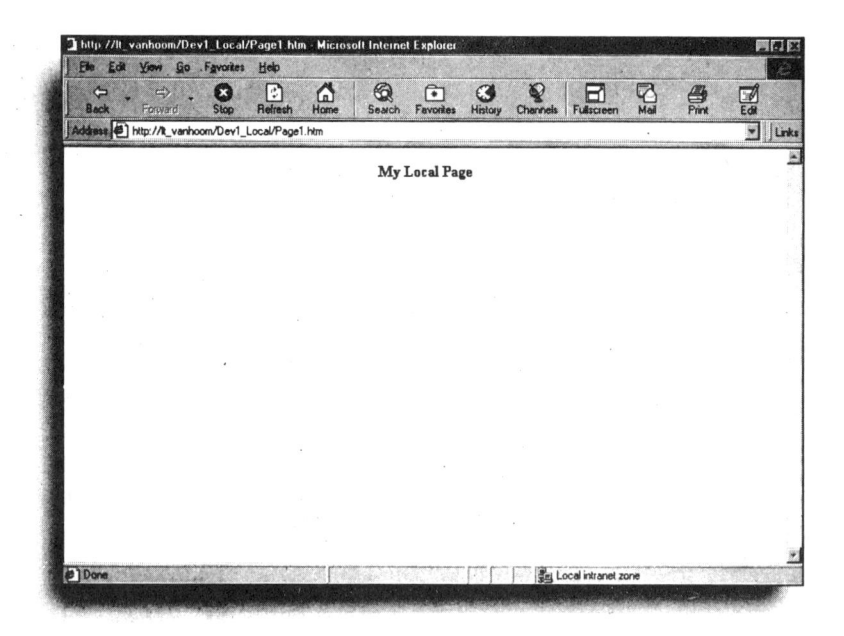

Capítulo 4 Como usar o Visual InterDev 6 para gerenciar seus projetos da web 97

Figura 4.5 Visualização da versão local através do navegador.

Comparação com o modo Master

Agora que você já criou uma nova página HTML da web na sua versão local da aplicação, pode adicionar este arquivo ao servidor master da web para o restante da equipe.

Atualização do servidor master da web e comparação das diferenças:

1. Clique com o botão direito do mouse o arquivo PAGE 1.HTM no Project Explorer e selecione **Add to Master Web** (**Adicionar ao Master web**) do menu de atalho. Esta ação adiciona o arquivo novo criado ao servidor master.
2. Usando o editor de Design, abra uma cópia de trabalho de PAGE1.HTM e mude o tamanho da fonte do título para 6. Também, mude o texto de **My Local Page** para My Local Home. Lembre-se de que você ainda está trabalhando no modo Local para a versão local do arquivo.
3. Salve suas mudanças.
4. Do Visual InterDev, clique com o botão direito do mouse o arquivo PAGE1.HTM no Project Explorer e selecione **Compare to Master Web** (**Comparar com o Master da web**) do menu de atalho. Isto mostrará a janela de diálogo de Differences (Diferenças), permitindo-lhe comparar as diferenças entre a versão local e a versão master. Note os diferentes tamanhos de fonte e título de texto.
5. Feche a janela de diálogo Differences.

6. Para atualizar o servidor master da web com suas mudanças, selecione o arquivo e escolha **Release Work̲ing Copy** (**Liberar cópia de trabalho**) do menu atalho. Isto irá atualizar a versão master da aplicação da web com quaisquer mudanças que você tenha feito nos seus arquivos.

7. Clique com o botão direito do mouse a página novamente e escolha **Compare to Master Web**. Você receberá uma janela de diálogo com os arquivos locais e master idênticos.

Como trabalhar em isolamento

Para a maioria dos projetos nos quais você tiver uma equipe de programadores, o modo Local deve ser o modo de trabalho de escolha. Conforme você aprendeu, este modo permite isolar parte da aplicação do trabalho dos outros programadores. Você pode desenvolver, depurar e testar suas páginas enquanto estiver sendo isolado das mudanças que outros programadores estiverem fazendo às suas partes da aplicação. Eles também estarão isolados das suas mudanças. O benefício é que o modo Local permite que cada indivíduo desenvolva em paz e promova a sua idéia de testar plenamente seu trabalho antes de checá-lo na versão do servidor master da web. Desta forma, você pode reduzir as chances do código ser sobrescrito assim como a chance de que a versão master contenha falhas de código.

Para atualizar o servidor master da web, você pode selecionar um ou mais arquivos no Project Explorer do Visual InterDev e escolher o comando **Release Working Copy** para atualizar arquivos no servidor master da web. Você também pode atualizar arquivos múltiplos selecionando-os no Project Explorer do Visual InterDev e escolhendo **P̲roject**, **W̲eb Files**, **Release Work̲ing Copy**. Para atualizar o servidor master da web com todo seu grupo de arquivos locais, mude seu modo de trabalho de Local para Master. Isto irá sincronizar sua versão local com a versão master da aplicação.

Você também pode obter novos arquivos que outros membros da equipe tenham criado e salvá-los no master da web sem atualizar o master da web com suas mudanças. Esta sincronia de forma única a partir do servidor master permite recuperar páginas que você possa precisar para testar localmente com parte da sua aplicação, mesmo sem ter que localizar suas páginas não testadas no master da web.

Como recuperar o trabalho de outros membros da equipe enquanto estiver trabalhando em isolamento

1. Volte à primeira máquina em rede a partir da qual você terminou o primeiro exercício. No Project Explorer, clique com o botão direito do mouse na raiz do projeto **Manage**.

2. Selecione **Work̲ing Mode**, **M̲aster** para configurar o modo de trabalho do projeto para master.

3. Crie uma nova página HTML da web clicando com o botão direito do mouse na raiz do projeto e selecionando **A̲dd**, **H̲TML Page**. Entre Default.htm para o nome e clique **O̲pen** a partir da janela de diálogo Add Item.

4. Usando o editor de Design, adicione o texto Master Home Page na primeira linha da página. Use os ícones na barra de ferramentas para centralizar o texto e colocá-lo em letras maiúsculas. Mude o tamanho da fonte para 6. Salve as mudanças.

5. Retorne à máquina do projeto Dev1 e escolha **P**roject, Web **P**roject, **S**ynchronize File. Isto irá recuperar todas as últimas atualizações do servidor master, incluindo a recém-criada DEFAULT.HTM.

Como verificar vínculos com a visualização Links do Visual InterDev 6

Gerenciar os arquivos na sua aplicação da web é uma tarefa vital e algumas vezes trabalhosa. O Visual InterDev 6 oferece uma ferramenta gráfica chamada visualização Link (de vínculo) que lhe permite examinar visualmente os arquivos no seu site da web e suas relações. Você pode expandir ou contrair a visualização para explorar diferentes aspectos do site. Por exemplo, pode querer focalizar em uma certa seção ou grupo de páginas ou objetos. A visualização Link oferece uma ferramenta gráfica rica para ajudá-lo a conceitualizar o design e estrutura do seu site.

Veja também

➤ *Embora os dois possam parecer similares e estejam sempre confundindo-se, a visualização Link é um recurso diferente do Site Designer. Você aprendeu como usar o Designer de Site no Capítulo 1.*

Como usar os recursos da visualização Link para gerenciar seu site da web

Você pode usar a visualização Link para ver uma série de arquivos, incluindo páginas HTML, imagens e arquivos de som, controles ActiveX e applets Java. Você pode basicamente examinar qualquer arquivo que seja parte do seu site usando a visualização Link. O diagrama desta visualização também revela características sobre a página. Por exemplo, o digrama irá mostrar arquivos de folhas de estilo em cascata se eles estiverem aplicados à página. Esta visualização lhe permite filtrar o que é mostrado no diagrama assim como abrir-fechar objetos editados usando o editor padrão de objetos.

Como usar a visualização Link para visualizar a estrutura de sua aplicação da web

1. Abra a aplicação Island Hopper A no Visual InterDev. Esta aplicação está incluída nos CDs MSDN inclusos no Visual Studio. Se você ainda não instalou esta aplicação, faça uma pesquisa com a ajuda de MSDN e siga as instruções para instalação. Após estar instalada, você deve criar um projeto para a mesma.
2. Clique com o botão direito do mouse no arquivo HEADLINES.HTM no Project Explorer e escolha **View Links** (**Visualizar Vínculos**) no menu atalho. A Figura 4.6 mostra o diagrama desta visualização para o site.

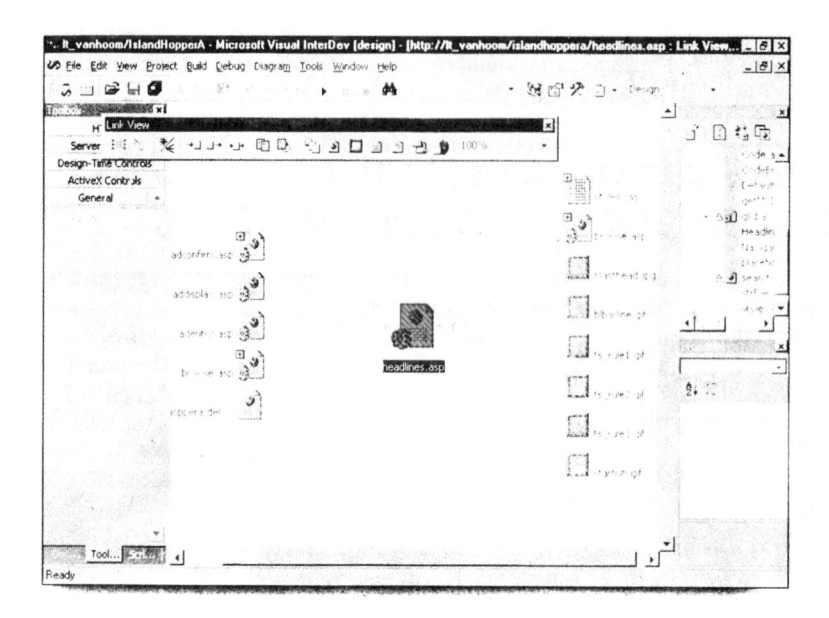

Figura 4.6 View Links para as páginas de cabeçalho.

Esta ilustração mostra um ótimo diagrama de site com ícones gráficos representando o tipo de arquivo para cada item na visualização, além de linhas e setas indicando a relação entre os arquivos. As setas e círculos localizados nos finais das linhas servem como indicadores visuais que descrevem a natureza da relação. Um círculo próximo a um objeto indica que é o pai e a seta próxima ao objeto significa que é um filho.

A partir da Figura 4.6, você pode determinar que a página do servidor ativo no meio do diagrama é o pai de todos os arquivos ao redor. Você pode descrever a relação de outra forma estabelecendo que o arquivo ADCONFIRM.ASP é o filho da página HEADLINES.ASP.

O objeto no meio da Figura 4.6 aparece com um grande ícone e todos os itens ao redor mostrados com ícones menores. O ícone maior significa que o programador abriu uma visualização de vínculo para este objeto. Um sinal de adição (+) na canto esquerdo superior de um ícone indica que o item contém vínculos com outros itens. Você pode expandir os vínculos para um destes itens clicando o +.

As próximas seções o conduzirão pelo processo de interação com um diagrama para obter uma visualização mais granular do site.

Como filtrar sua visualização Link

A visualização Link lhe permite filtrar a quantidade e o tipo de informação mostrada no diagrama de forma que você possa decifrar mais facilmente e entender a estrutura do site. Você pode escolher o menu **Diagra**m (**Diagrama**) para mostrar uma lista de menu de opções de filtros disponíveis, como na Figura 4.7.

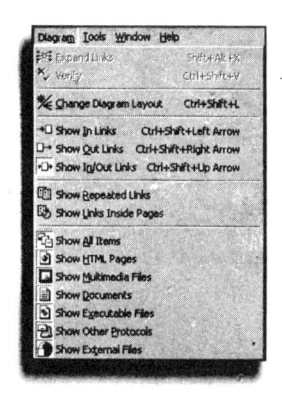

Capítulo 4 Como usar o Visual InterDev 6 para gerenciar seus projetos da web

Figura 4.7 Seleção de um filtro para a visualização Link.

Como você pode ver, o Visual InterDev 6 oferece muitas escolhas para filtrar os objetos que são mostrados com o seu diagrama de visualização Link. A Tabela 4.1 oferece uma explicação para cada opção de filtro disponível.

Tabela 4.1 Categorias de filtro

Categoria	Descrição
Show In Links	Mostra os vínculos que chegam – em outras palavras, as páginas que se referem a esta página
Show Out Links	Mostra os vínculos que saem – em outras palavras, os itens e páginas aos quais a página se refere
Show In/Out Links	Mostra ambos os vínculos para a página
Show Repeated Links	Mostra quaisquer vínculos repetidos para a página
Show Links Inside Pages	Mostra vínculos dentro de páginas individuais no diagrama
Show All Items	Mostra todos os objetos
Show HTML Pages	Mostra páginas HTML da web
Show Multimedia Pages	Mostra imagens e arquivos de multimídia
Show Documents	Mostra arquivos de documentos (MS Word, Power Point e mais)
Show Executable Files	Mostra arquivos de programas, tais como EXEs e DLLs
Show Other Protocols	Mostra vínculos para objetos não-HTTP, tais como Servidores de notícias, Mail e Telnet
Show External Files	Mostra objetos externos ao projeto

Parte I Fundamentos do Visual InterDev

Como acessar os comandos da visualização Link

Todas as opções mostradas na Figura 4.7 também estão disponíveis na barra de ferramentas Link View.

Você pode usar qualquer um destes filtros para limitar os tipos de arquivos que são mostrados no seu diagrama de visualização Link. Inicialmente, todos os itens disponíveis serão habilitados. Selecionar uma opção de filtro da lista alterna a escolha. Para escolher apenas imagens e arquivos de multimídia no seu diagrama, você deve desligar todas as outras escolhas de filtro selecionando-as.

Por exemplo, o comportamento default do diagrama de visualização Link escolhe mostrar todos os itens.

Como filtrar diagramas de site para mostrar apenas arquivos de multimídia

1. Usando o diagrama de visualização Link para a página de cabeçalhos, clique o ícone Show All Items na barra de ferramentas Link View. Isto deve desmarcar a opção e esconder todos os itens relacionados para a página.
2. Clique o ícone Show Multimedia FIles na barra de ferramentas. Isto mostrará apenas imagens e arquivos multimídia relacionados à página, conforme mostrado na Figura 4.8.

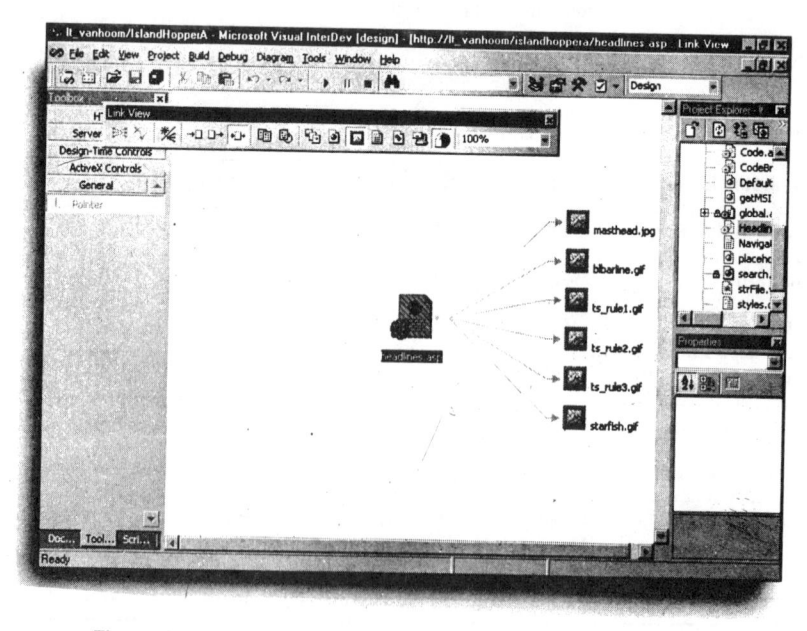

Figura 4.8 Visualização de imagens para a página de cabeçalhos.

Capítulo 4 Como usar o Visual InterDev 6 para gerenciar seus projetos da web   **103**

Trabalho com objetos

O propósito de abrir uma visualização Link para objetos é examinar e entender a estrutura e relações existentes no site da web. Com uma revisão do seu site, você deve querer interagir com os objetos contidos no diagrama. A visualização Link lhe permite acesso direto ao objeto e ativa o editor default para um ou mais objetos. Quando o objeto é selecionado, você clica com o botão direito do mouse para mostrar o menu de atalho. Por exemplo, a Figura 4.9 mostra o menu atalho para um Active Server Page.

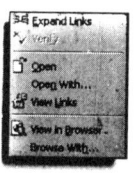

Figura 4.9 Como abrir o objeto a partir da visualização Link.

A Figura 4.9 mostra as opções de menu que estão disponíveis para todos os objetos da visualização. A Tabela 4.2 lista e descreve cada uma destas opções.

Tabela 4.2 Opções de menu de atalho de objeto

Item do menu	Descrição
Expand Links	Expande o diagrama para incluir os vínculos do objeto selecionado
Verify	Verifica um vínculo quebrado
Open	Abre o objeto usando o editor default
Open With	Permite escolher um editor para abrir o arquivo selecionado
View Links	Cria um novo diagrama de visualização Link para o objeto
View in Browser	Permite visualizar a página da web usando o navegador default
Browser With	Permite escolher um navegador para percorrer a página selecionada

Como abrir um objeto a partir da visualização Link

Conforme mencionado anteriormente, você pode abrir objetos tirados do diagrama de visualização Link. Por exemplo, para abrir o arquivo ADCONFIRM.ASP, clique com o botão direito do mouse o arquivo e escolha **Open** no menu atalho. A Figura 4.10 demonstra o resultado da abertura do arquivo Ad Confirm ASP do menu atalho na visualização Link.

Como você pode ver pela ilustração, o arquivo .asp selecionado é aberto usando a visualização Source (Origem), permitindo fazer mudanças na página.

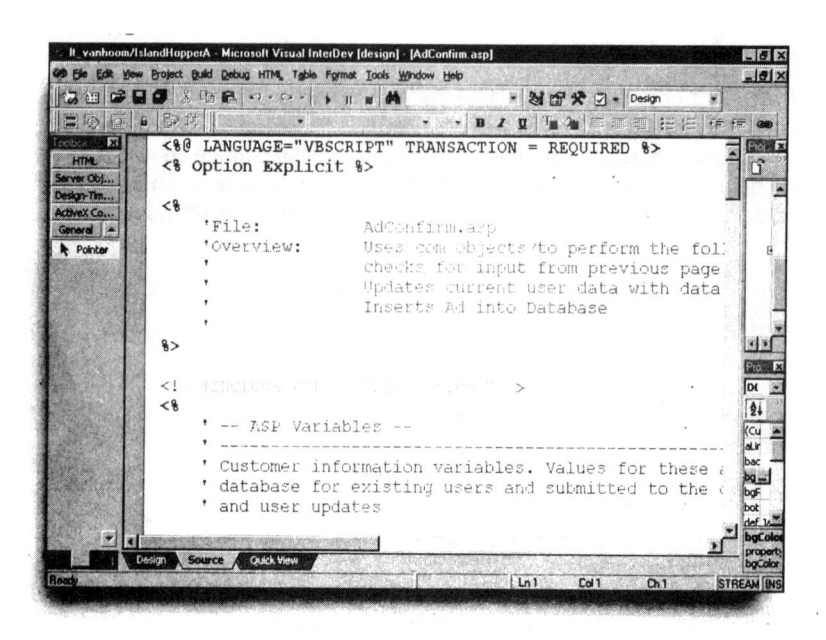

Figura 4.10 Edição de uma página ASP.

Você também pode selecionar múltiplos objetos no diagrama de visualização Link pressionando a tecla Ctrl e clicando o botão esquerdo do mouse em cada objeto que quiser selecionar. Após ter feito as seleções, pode clicar o botão direito do mouse para escolher uma ação. Por exemplo, você pode querer abrir e trabalhar com uma imagem e uma página da web ao mesmo tempo. Pode selecionar tanto a imagem quanto o arquivo de página HTML da web a partir da visualização Link e escolher **Open**. Ambos os objetos serão abertos com seus respectivos editores default, permitindo-lhe fazer qualquer mudança necessária.

Outro exemplo envolve expansão de vínculos para seus objetos. Você pode querer expandir os vínculos para uma porção ou todo o seu site para ganhar um olhar compreensivo na estrutura. Neste caso, pode selecionar individualmente os objetos usando o método descrito previamente ou escolher **Select All** (**SelecionarTudo**) do menu **Edit** para selecionar todos os itens no diagrama. Depois, pode selecionar **Expand Links** (**Expandir Vínculos**) do menu atalho para expandir os vínculos para todos os objetos selecionados.

A habilidade de interagir instantaneamente com seus objetos a partir da visualização Link proporciona uma economia de tempo significante no esforço de desenvolvimento. Se você quiser visualizar o design de uma página da web ou modificar diretamente um arquivo de imagem, o Visual InterDev promove a idéia de um ambiente de desenvolvimento integrado através da implementação deste recurso.

Capítulo 4 Como usar o Visual InterDev 6 para gerenciar seus projetos da web   **105**

Seleção de múltiplos arquivos no diagrama

Você também pode selecionar múltiplos arquivos arrastando o cursor sobre os objetos que quiser selecionar no diagrama. Para efetuar esta tarefa, clique o mouse no diagrama e arraste-o pelos objetos que quiser selecionar. Um retângulo será mostrado conforme você arrastar o mouse, conduzindo-o pela seleção. Quando o retângulo estiver abrangendo todos os objetos, solte o botão do mouse. Todos os objetos contidos no mesmo serão selecionados.

Como checar vínculos externos

Até aqui, você aprendeu como usar a visualização Link para ver vínculos em uma aplicação interna da web. Você também pode ver os vínculos para qualquer endereço URL escolhendo o menu **Tools** (**Ferramentas**) e selecionando **View Links on WWW** (**Visualizar Vínculos na WWW**). Você estará pronto para entrar um endereço URL para a página da web que quiser ver. Você pode usar este recurso para seus endereços intranet internos próprios assim como para endereços de Internet URL externos. A Figura 4.11 mostra um diagrama de visualização Link para o site da web da Editora Macmillan.

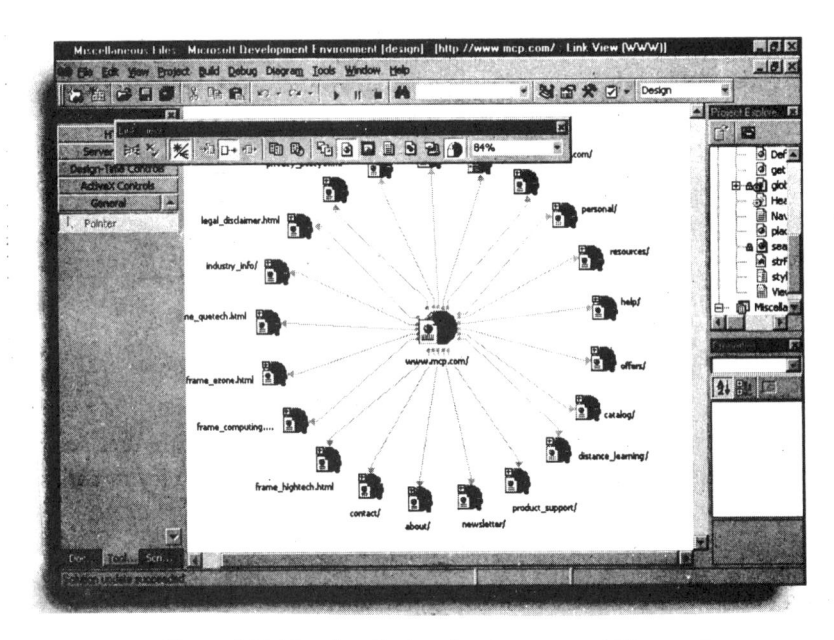

Figura 4.11 Visualização dos vínculos para um URL na web.

Como reparar os vínculos

O Visual InterDev 6 oferece um recurso automático para assegurar que os arquivos permaneçam consistentemente vinculados. A opção **Link repair** (**Reparar Vínculo**) automática é habilitada por default. Para configurar esta propriedade, clique com o botão direito do mouse na raiz do projeto a partir do Project Explorer e escolha P**r**operties (**Propriedades**). A guia **General** (**Geral**) exibirá o que é mostrado na Figura 4.12.

Figura 4.12 Como habilitar o reparo de vínculo automático.

Esta opção é habilitada por default. Quando você tiver configurado esta opção, o Visual InterDev irá controlar os arquivos e fazer com que você fique ciente do impacto quando mudar, excluir ou mover um arquivo. Por exemplo, quando você renomeia um arquivo no projeto, recebe uma mensagem de aviso similar àquela mostrada na Figura 4.13.

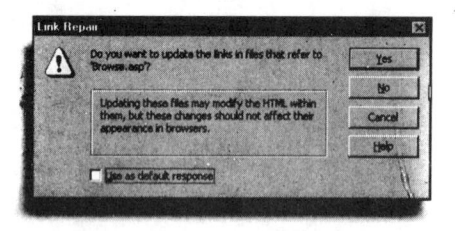

Figura 4.13 Como resolver um conflito: o caminho proativo.

Esta caixa de diálogo lhe permite atualizar os vínculos nos arquivos que se referem a este objeto, de forma que não haja conflito quando você tentar executar a aplicação.

Para aquelas ocasiões em que você tiver um vínculo quebrado, é possível colocar o cursor sobre o objeto e usar a ajuda ToolTips para identificar o conflito. Por exemplo, a Figura 4.14 mostra uma mensagem ToolTip para uma aplicação que contém um vínculo quebrado.

Capítulo 4 Como usar o Visual InterDev 6 para gerenciar seus projetos da web **107**

Neste exemplo, a informação de localização do arquivo é mostrada juntamente com uma mensagem de erro para este objeto, que descreve o conflito na relação do vínculo. O arquivo da imagem foi movido e não pode ser encontrado. Baseado nesta informação, você pode reparar o dano copiando o arquivo de imagem de volta para a pasta de imagens.

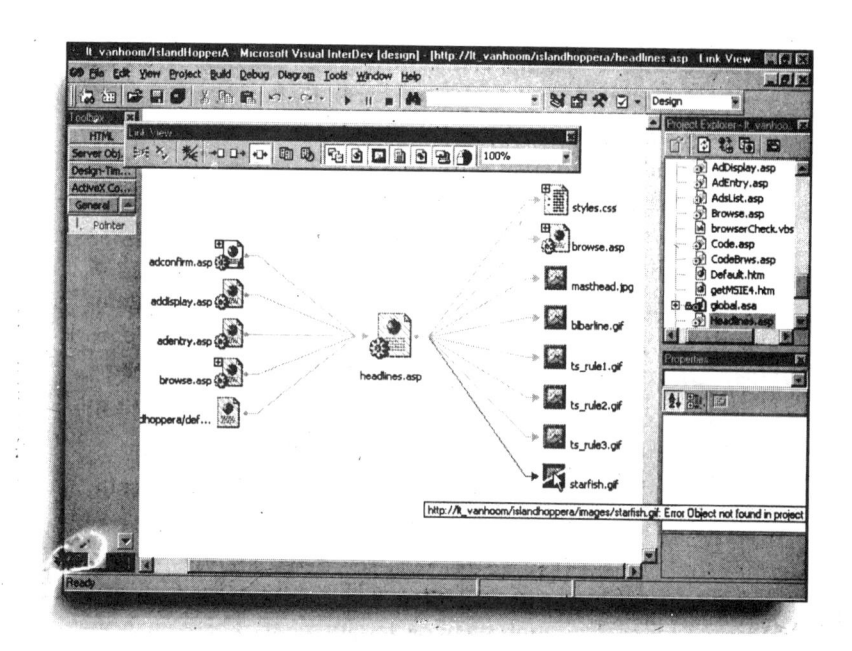

Figura 4.14 Uso de ToolTips para identificar o problema.

Você também pode criar um relatório de vínculos quebrados escolhendo **View, Broken Links Report** (**Relatório de Vínculos Quebrados**). Isto irá criar uma lista de tarefas que lhe permitirão visualizar quaisquer vínculos quebrados contidos na estrutura do site.

Como distribuir aplicações completas da web

O Visual InterDev 6 possui um recurso poderoso que lhe permite copiar um site inteiro da web para outro local. Com qualquer projeto, você geralmente tem um ambiente de desenvolvimento, um de teste e um de produção. Estes três ambientes podem ser usados para conter os diferentes estágios da aplicação. Estes conceitos se aplicam se seu grupo de desenvolvimento consistir em três pessoas ou em 50.

Primeiro, você deve criar um ambiente de desenvolvimento que suporte o design inicial e desenvolvimento da aplicação básica. Depois, deve criar uma área de teste que reflita módulos testados individualmente. Este ambiente de testes suporta a testagem de todos os componentes da aplicação.

A área de teste é o ponto de verificação final antes da aplicação ser liberada aos usuários. Tendo um ambiente de teste separado, você pode separar módulos que ainda estejam sendo trabalhados e aqueles que já foram adequadamente testados. Desta forma, pode assegurar que programadores individuais não atrapalharão o trabalho de seus colegas. O ambiente de produção representa o terceiro estágio. Este ambiente suporta o uso do site pelos seus constituintes. Ele contém a aplicação totalmente testada e separa o trabalho dos programadores e dos usuários. Os módulos que ainda estão sendo desenvolvidos não irão causar a quebra da versão dos usuários da aplicação, pois operam em mundos separados.

O Visual InterDev 6 suporta o uso destes ambientes, permitindo-lhe copiar o site inteiro pelos diferentes ambientes. Em virtude de você ter estabelecido uma única estrutura de diretório para cada site, pode usar o programa para promover o site entre cada estágio do desenvolvimento. Estes ambientes são lógicos em natureza e podem residir tanto em um diretório diferente de um mesmo computador como em diferentes computadores. Desta forma, você pode assegurar que todos os componentes no site sejam migrados apropriadamente sem ter que identificar e copiar os arquivos individuais contidos no site.

Como copiar um site da web

O recurso de Copy Web (Cópia da web) lhe permite copiar um site inteiro para outro servidor ou para o mesmo servidor com um novo nome. Uma das novas capacidades do Visual InterDev 6 envolve a cópia de componentes. No Visual InterDev 1, a função de cópia da web pertencia apenas ao conteúdo do site, como páginas HTML e ASP, assim como imagens etc. O Visual InterDev 6 permite a cópia de componentes. Este recurso inclui não apenas a cópia física de objetos de trabalho e componentes para outro computador ou área em um servidor, mas também o próprio registro destes componentes na máquina.

Para copiar um site da web, selecione **Project**, Web **P**roject e **Copy Web Application** (**Copiar Aplicação da web**) para mostrar a caixa de diálogo Copy Project (Copiar Projeto). A Figura 4 15 ilustra as opções disponíveis nesta janela.

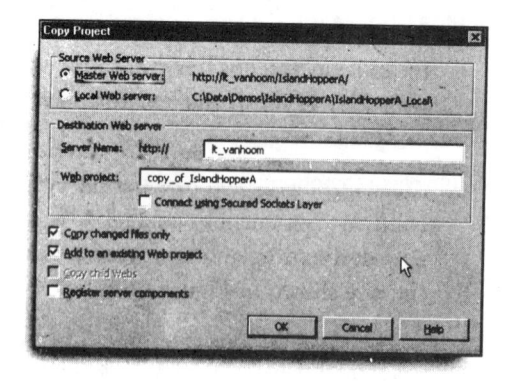

Figura 4.15 Cópia de um site da web.

Capítulo 4 Como usar o Visual InterDev 6 para gerenciar seus projetos da web   **109**

Como ter a segurança adequada para copiar sua web

Você deve ter privilégios de administrador no servidor de destino para executar o comando de cópia da web. Esta restrição de segurança é uma função do sistema operacional do servidor, não do Visual InterDev. O programa atende ao comando no servidor de destino usando sua identificação de usuário e senha. Se você tiver os privilégios corretos de administrador, o site será copiado.

As duas primeiras opções nesta caixa de diálogo lhe permitem escolher o projeto que está copiando. Você pode tanto copiar de **L̲ocal Web server** (**servidor da web Local**) ou de **M̲aster Web server** (**servidor Master da web**). A próxima seção da caixa de diálogo lhe permite especificar o servidor de destino. Você pode entrar ou mudar o nome do computador do servidor de destino. Também pode entrar um novo nome para o projeto de destino. Você pode habilitar uma conexão Secure Sockets Layer (SSL) clicando a caixa de verificação próxima a esta opção.

As opções na parte inferior desta caixa de diálogo lhe permitem personalizar o que está sendo copiado. Primeiro, pode escolher **C̲opy changed files only** (Copiar apenas arquivos modificados). Esta opção é útil quando você tiver iniciado um site copiado para um destino e estiver copiando uma versão atualizada para o destino. Esta opção pode ser aplicada aos três estágios da aplicação, quando você estiver constantemente migrando versões atualizadas da sua aplicação do desenvolvimento para o teste e do teste para a produção. Você pode economizar muito tempo durante o processo de promoção da aplicação selecionando esta opção porque somente os arquivos que tiverem mudado são copiados para o local de destino.

A opção **A̲dd to an existing Web project** (**Adicionar a um projeto existente da web**) é similar àquela que você usou para criar novos projetos. Você pode escolher adicionar esta web a um site existente ou criar uma nova web para este site.

A opção **C̲opy child Webs** (**Copiar webs filhas**) é permitida somente se você estiver copiando a web raiz. Neste caso, pode verificar esta opção para copiar todas as webs filhas que existirem na web raiz.

A opção **R̲egister server components** (**Registrar componentes do servidor**) é nova no Visual InterDev 6 e lhe permite registrar quaisquer componentes em seu projeto no servidor de destino.

Para fazer uma cópia desta web, aceite os defaults para o servidor de destino e nome do projeto de destino. Após você confirmar suas entradas e clicar OK, a web é copiada para o novo destino e você recebe uma nota de confirmação, tal como a mostrada na Figura 4.16.

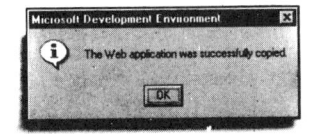

Figura 4.16 Uma cópia bem-sucedida.

Após o site ter sido copiado, você precisa criar um projeto do Visual InterDev 6 para acessar e interagir com o site copiado.

Configurações de segurança para a web no servidor de destino

O site da web recém-copiado assume as configurações de segurança da web raiz no servidor de destino.

PARTE II

TÉCNICAS DE DESIGN DE PÁGINA DA WEB

Como projetar formulários de entrada de qualidade para a web	113
Como construir formulários básicos da web com controles HTML intrínsecos	133
Como construir formulários avançados da web com controles HTML intrínsecos	155
Como usar folhas de estilo nas suas páginas da web	177
Como adicionar multimídia às suas aplicações da web	211
Como criar e usar mapas de imagem	243

Capítulo 5

Como projetar formulários de entrada de qualidade para a web

- Aprenda como o HTML mostra os comportamentos do espaços
- Crie formulários que usem POST para enviar dados
- Crie formulários que usem GET para enviar dados
- Use tabelas para controlar o layout do formulário

Como lidar com o espaço de amostragem HTML

Uma das tarefas mais comuns de um programador da web é o desenvolvimento de formulários de entrada de qualidade. A criação de páginas de amostragem estáticas é uma verdadeira arte, mas a construção de formulários de entrada que trabalhem bem na web também pode ser um desafio.

Uma das razões pelas quais o projeto de formulário para aplicações da web pode ser difícil é que o espaço de amostragem do HTML (o espaço onde você coloca os controles e o texto) é bem diferente do tão conhecido espaço de amostragem do Windows. Ele automaticamente reformata o texto para atender ao cliente, permite que mensagens eventuais passem entre elementos de documentos e dá aos programadores melhor acesso a todos os aspectos do documento – incluindo a capacidade de manipular facilmente seu conteúdo durante o tempo de execução.

Ainda mais importante, o espaço de amostragem do HTML faz a maior parte desta mágica sem qualquer solicitação por parte dos usuários ou programadores. Em alguns casos, este aspecto auto-ajustável do HTML pode ser uma fonte de frustração ou confusão. No entanto, quando você entender algumas das bases do espaço de trabalho em HTML, conseguirá tirar vantagem deste poder.

Veja também

➤ *Para maiores detalhes sobre a construção de formulários de entrada para a web, veja o Capítulo 6.*

HTML é autoformatado

A maior diferença entre o espaço de amostragem do HTML e o do Windows é que o HTML é capaz de *autoformatar* o vídeo. Por exemplo, se o usuário redimensionar a janela de navegação, o espaço de vídeo do HTML irá reformatar automaticamente o texto para assegurar-se de que a mudança de linha de texto irá se encaixar no vídeo atual. Isto pode incluir a localização de elementos complexos, tais como imagens, coleções de tabelas e até bordas de multiquadros com a exibição. Embora seja possível para formulários padrão do Windows alcançar o mesmo nível de flexibilidade, isto pode ser feito somente com bom uso de códigos e depuração. O espaço de vídeo HTML faz tudo isto automaticamente.

O espaço de vídeo do HTML é esperto o suficiente para permitir que usuários ajustem o tamanho do texto mostrado na janela do cliente. Simplesmente mediante a seleção da opção no navegador do cliente, o espaço de vídeo HTML ajusta *todo* o texto que receber. Além disso, irá ajustar todas as fontes do texto relativas! Isto significa que se o programador configurar os tamanhos de texto para 24 pontos para títulos e 12 para texto padrão, quando os usuários ajustarem seus navegadores para aumentar o texto, os títulos deverão ser aumentados para 48 pontos e o texto padrão para 24. Novamente, nada disto precisa ser feito pelo programador. O espaço de vídeo do HTML tem esta capacidade já embutida.

É claro que pode haver uma diminuição deste tipo de poder. Os clientes agora possuem a capacidade de ajustar muito mais o comportamento das aplicações de vídeo da web. Se você for um programador que gostou de ter um grande controle sobre o layout de seus formulários, irá considerar o espaço de vídeo do HTML muito frustrante. Há ocasiões em que, não importa o que você faça, não pode garantir que um ícone em particular ou linha de texto apareça em um local específico da janela HTML toda vez para todo usuário. As variações dos navegadores dos clientes, tamanhos de imagem de vídeo e preferências de usuários tornam difícil controlar os aspectos mínimos do vídeo HTML.

Veja também

➤ *Para maiores informações sobre como interagir com o espaço de navegação do cliente do Internet Explorer, veja o Capítulo 14.*

Aprenda a amar a autoformatação do HTML.

Se você tem construído caixas de diálogo do Windows, pode se desesperar tentando controlar o layout de um documento HTML – não se desespere. Os navegadores HTML (e seus usuários) irão tomar suas próprias decisões sobre tamanho de fonte e janela e não há muito o que fazer a respeito.

Os formulários HTML não têm governo

Outro aspecto importante do HTML é que o ambiente não tem governo. Isto significa que a informação não é mantida na memória conforme você muda de um documento HTML para outro. Cada página na aplicação da web existe como um "mundo" próprio. Também é importante ter em mente que cada vez que você pede um documento do servidor da web, seu navegador inicia uma conversa com o servidor, pega o documento e depois fecha a conversa. Cada documento requer o mesmo padrão (iniciar, pedir e fechar). Isto significa que o servidor não se lembra de nenhum pedido anterior feito pelo cliente e não mantém controle dos dados nos formulários anteriores ou documentos que o cliente tenha pedido.

Esta natureza não governada da WWW não significa que você não possa passar dados de um formulário para outro, apenas que isto deve ser feito com cuidado e consistência. Se você está acostumado a criar programas para o sistema operacional do Windows, sabe que a maioria das linguagens lhe permite definir o espaço de memória (variáveis) que seja global no escopo. As variáveis podem ser vistas por todo formulário ou seção de código na sua aplicação. As aplicações da web têm dificuldade em acompanhar esta tarefa. Você deve enviar dados dos seus formulários de volta ao servidor em uma coleção especial e ter documentos no servidor preparados para aceitar os dados e armazená-los para uso posterior. Você aprenderá dois métodos diferentes de passagem de dados dos formulários para o servidor mais adiante neste capítulo.

O mais importante a ter em mente é que os dados coletados de formulários de entrada não podem ser simplesmente colocados em variáveis de armazenamento para uso por outros documentos na sua aplicação da web. Você deve enviá-los de volta ao servidor para processamento.

Veja também

➤ *Para aprender mais sobre o método POST de passagem de dados veja o próximo tópico.*
➤ *Para aprender mais sobre o método GET de passagem de dados, veja mais à frente neste capítulo.*

> **A falta de governo é algo bom**
>
> Uma das grandes vantagens de um modelo de programa sem governo é que pode processar os pedidos do cliente mais rapidamente. Em virtude de seu servidor não precisar manter grandes blocos de memória para cada usuário conectado, ele pode responder a pedidos de vários usuários sem mostrar muito estresse.

Muitos formulários HTML são documentos de modo único

O último aspecto de design de formulários HTML que será visto aqui é o *modo operacional*. Provavelmente você não pensará muito nisto, mas cada formulário de entrada de dados que você usa (não importando qual o sistema operacional ou linguagem) possui um ou mais modos de operação. Alguns formulários são construídos apenas para o *modo visualização*. Estes formulários permitem aos usuários visualizar dados, mas eles não podem editar, adicionar ou excluir informações. Outros formulários permitem aos usuários visualizar e editar dados. Outros, permitem apenas adicionar novos registros ao banco de dados, mas não excluir registros ou editar os já existentes. Estes tipos de formulários são algumas vezes chamados de *formulários de modo único*. Eles permitem que os usuários façam apenas um tipo de operação.

Outros formulários permitem que os usuários mostrem e editem dados na mesma página. Formulários que permitem aos usuários realizarem múltiplas operações são chamados de *formulários de modo múltiplo*. Isto é típico de muitos formulários construídos para Windows ou outro sistema operacional de interface gráfica de usuário (GUI). De fato, muitos usuários têm se acostumado ao comportamento dos formulários de modo múltiplo. A capacidade de visualizar registros existentes, editá-los, excluí-los ou adicionar novos a uma mesma página tem se tornado muito comum para aplicações do Windows.

> **Não confunda formulários de modo único com caixas de diálogo modal**
>
> Você já deve ter ouvido a expressão *diálogo modal* para descrever caixas de diálogo nas aplicações do Windows. Isto não é o mesmo que formulário de modo único. Diálogos modais são usados para parar a execução de um programa até que a caixa de diálogo seja dispensada. Caixas de diálogo de modo único são usadas para permitir que usuários realizem uma única tarefa.

Embora formulários de modo múltiplo sejam comuns para aplicações de rede, eles não são muito comuns para aplicações da web. O fato de que formulários da web devem operar em ambientes sem governo e que constantemente enviam e pedem dados de servidores distantes torna a criação de formulários de modo múltiplo um processo complexo. Por esta razão, muitos formulários da web são projetados como de modo único. Eles permitem que usuários entrem dados que são enviados ao servidor; um novo formulário é retornado ao usuário mostrando os resultados da entrada anterior.

Capítulo 5 Como projetar formulários de entrada de qualidade para a web

Na realidade, este conceito de formulários de modo único é tão comum para aplicações da web que o espaço de vídeo HTML possui um elemento embutido para lidar com esta entrada e enviar o comportamento: o elemento<FORM>. Você aprenderá mais sobre este elemento no restante deste capítulo. O mais importante a lembrar é que a forma mais comum de coletar dados em documentos da web é definindo um grupo de elementos de entrada como parte do <formulário> HTML e enviando os conteúdos destes elementos de entrada de volta ao servidor para processamento. Esta é a essência dos formulários de modo único.

Formulários de modo múltiplo

É possível criar formulários de modo múltiplo com o Visual InterDev usando o controle de tempo de projeto (DTC) de gerenciamento de formulários. Este é um controle especial que permite que os programadores definam cada modo para o formulário e estabeleçam comportamentos para cada elemento no formulário durante cada modo definido. O gerenciador de formulários DTC não é visto neste livro. Você pode checar a documentação VI6 para um exemplo de como usá-lo.

Veja também

➤ Para maiores informações sobre como criar formulários de entrada de modo múltiplo para a web veja o Capítulo 20.

Como criar formulários POST de modo único

O design mais comum para formulários de entrada da web é o POST de modo único. Este formulário contém elementos HTML <INPUT> para coletar dados do usuário e o elemento <FORM> para definir o início e o fim dos itens de entrada. O formulário também inclui botões **Submit** e **Reset** para permitir aos usuários enviar dados ao servidor ou limpar o formulário e tentar de novo.

Nesta seção você aprenderá a teoria básica de envio de dados de um cliente da web para o servidor da web e como criar o documento de cliente HTML para entrada de usuário e um documento de servidor ASP para aceitar os dados.

Os detalhes de envio de dados

Existem duas formas de enviar dados de um navegador de cliente para um servidor da web: POST e GET. O método POST engloba os atributos NAME (nome) e VALUE (valor) dos elementos de INPUT (entrada) de um formulário da web e os envia ao servidor da web em uma porção separada de conversação entre cliente e servidor. O método GET envia os atributos NAME e VALUE como parte adicional do URL. Quando você usa o método GET, o cliente pode ver os vários valores no vídeo URL do navegador.

O método POST também é capaz de passar mais dados do que o método GET. O método POST esconde os atributos NAME e VALUE na transmissão entre cliente e servidor. Em virtude do método GET mostrar os atributos para todos os usuários, ele não é muito atrativo.

O mais importante a compreender é que o documento receptor deve saber com antecedência qual o método usado para enviar dados do cliente para o servidor. Embora POST seja o método preferencial, alguns URLs de destino (como ISAPI DLLs ou scripts CGI) podem requerer o uso do método GET.

Use POST se puder

Em virtude do método POST permitir que uma grande quantidade de dados seja passada e em virtude dos dados serem passados escondendo o corpo da conversa, não na linha URL onde os usuários podem ver, você deve usar POST para enviar dados para o servidor a menos que esteja especificamente impedido de fazê-lo pelo componente do lado servidor ou alguma restrição de outro programa.

Veja também

➤ Para maiores informações sobre como NAME, ID e VALUE se aplicam aos controles de entrada HTML veja o Capítulo 6.

Construção do documento POSTFORM.HTM

Agora que você já conhece a teoria por trás dos formulários POST, é hora de construir um. Para este exemplo, você construirá um formulário simples com dois campos de entrada (Nome e Telefone) com os botões **Submit** e **Reset**. Na próxima seção, adicionará um documento ASP para aceitar o dado do formulário POST da web.

Criar um formulário POST com o Visual InterDev é fácil. Caso você ainda não o tenha feito, inicie o Visual InterDev e crie um novo projeto da web chamado Forms (veja o Capítulo 1). Agora é hora de adicionar um novo documento HTM ao projeto e formatá-lo como um formulário da web.

Como adicionar um novo documento HTM ao seu projeto:

1. Clique com o botão direito do mouse no nome do projeto na janela do projeto.
2. Selecione **A**dd no menu.
3. Selecione **Add** **H**TML Page no próximo menu.
4. Entre o nome do novo documento (POSTFORM) e pressione **O**pen.
5. O documento irá aparecer na janela do projeto.

Após adicionar o documento, você estará pronto para criar um formulário de entrada. Para este exemplo, você quer adicionar um elemento <FORM>, duas linhas de texto, dois controles de entrada e os botões **Submit** e **Reset**. Também deve adicionar uma linha de cabeçalho e uma barra horizontal. A Figura 5.1 mostra como o formulário se parecerá quando você tiver terminado de criá-lo.

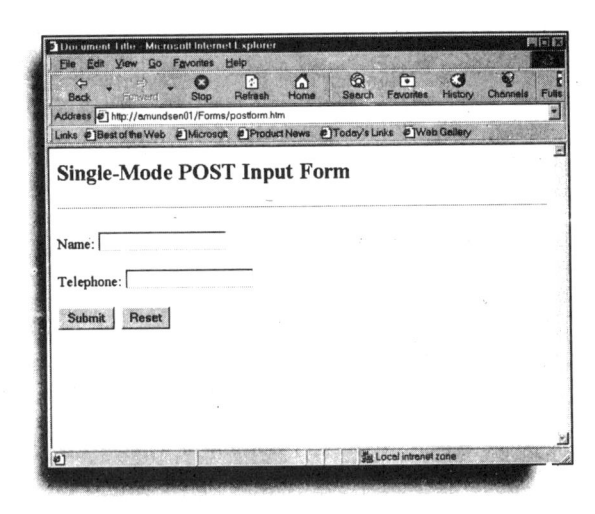

Capítulo 5 Como projetar formulários de entrada de qualidade para a web   119

Figura 5.1 Layout do documento POSTFORM.HTM

A primeira tarefa é carregar o documento no editor e adicionar um cabeçalho e uma barra horizontal no topo do formulário.

Como adicionar um cabeçalho e uma barra horizontal a um documento HTML

1. Abra o documento HTM para edição clicando duas vezes sobre o mesmo na janela do projeto (selecione **POSTFORM.HTM**).
2. Selecione a guia **Design** no editor do Visual InterDev e digite um cabeçalho para o formulário (para este exemplo, digite Single-Mode POST Input Form – formulário de entrada POST de modo único).
3. Com o cursor ainda na mesma linha do cabeçalho, configure o estilo de texto para **Heading 1** selecionando-o da lista de estilos na barra de ferramentas.
4. Clique na guia **HTML** da janela de caixa de ferramentas e localize o elemento (**HR**) da barra horizontal.
5. Enquanto o editor ainda estiver no modo Design, arraste o elemento **HR** da caixa de ferramentas para a página e coloque-o no final da linha do cabeçalho. Isto irá colocar a barra horizontal diretamente abaixo da última linha do texto.
6. Pressione Enter uma vez para marcar o final do parágrafo. Isto lhe permitirá configurar o estilo do texto novo para a porção restante do formulário.

A próxima tarefa é adicionar os dois controles de entrada e seus textos ao documento.

Como adicionar controles de entradas e prompts

1. Na guia **Design** do editor do Visual InterDev, mova o cursor para uma nova linha do documento e digite o rótulo do primeiro controle de entrada no documento (para este exemplo, digite Name:). Assegure-se de adicionar dois espaços após o texto para colocar algum espaço entre o rótulo e o controle de entrada.
2. Agora adicione o elemento INPUT de caixa de texto arrastando o controle Caixa de Texto da guia **HTML** da janela de caixa de ferramentas para a página. Coloque-o no final do texto do rótulo na mesma linha.
3. Com o elemento INPUT focalizado (com uma borda sombreada ao seu redor), localize o atributo ID da janela de propriedade e configure-o com um nome significante (neste caso, use txtName). Também configure o atribute NAME com o mesmo valor (txtName).
4. Pressione Enter para marcar o final do parágrafo.
5. Repita os passos 1-4 para cada elemento de entrada no seu formulário. Neste exemplo, adicione uma segunda linha de texto, Telephone:, e adicione outro elemento INPUT de caixa de texto com seus atributos NAME e ID configurados para **txtFone**.

Após adicionar todos os elementos de entrada e seus prompts, você estará pronto para adicionar os botões **Submit** e **Reset** ao formulário.

Como adicionar os botões Submit e Reset ao documento HTML

1. Com o editor do Visual InterDev no modo Design, localize o botão **Submit** na guia **HTML** da janela da caixa de ferramentas e arraste-o até o documento; coloque-o em uma nova linha abaixo do último elemento de entrada.
2. Configure os atributos NAME e ID do botão **Submit** para btnSubmit.
3. Agora localize o botão **Reset** na guia **HTML** da janela da caixa de ferramentas e arraste-o para o documento; coloque-o na mesma linha do botão **Submit**.
4. Configure os atributos NAME e ID do botão **Reset** para btnReset.

NAME versus ID

O atributo ID é usado por linguagens de script para identificar itens únicos no documento HTML. O atributo NAME é usado para oferecer uma descrição amigável de um elemento. Embora não seja pedido, é bom que os dois valores sejam iguais. É possível ter elementos HTML com o mesmo nome. No entanto, todo elemento ID deve ser único em um documento.

O último passo para completar o formulário POST é adicionar o elemento FORM ao documento. Isto pode ser um pouco intrigante porque o elemento FORM do Visual InterDev não é tão esperto quando você espera. Este elemento tem o seguinte formato:

```
<form method= POST action="postvalues.asp">
<!-colocar elementos de entrada e botões aqui -->
</form>
```

Capítulo 5 Como projetar formulários de entrada de qualidade para a web

Como você pode ver, há dois tags para o elemento FORM. O tag <FORM> marca o início da área do formulário. O tag <form> tem dois atributos. O atributo METHOD (método) define o método de transferência de dados. No exemplo anterior, o método POST é usado. O atributo ACTION (ação) define o URL que é o destino da transferência de dados. Isto geralmente contém um documento ASP ou um objeto COM DLL. Também pode conter o nome de um script CGI ou arquivo ISAPI.DLL localizado no servidor.

O final da área de formulário é marcada pelo tag </FORM>. Qualquer elemento de entrada que seja colocado entre <form> e </form> será incluído na transmissão de dados de volta ao servidor. Para funcionarem apropriadamente, os botões Submit e Reset devem também ser colocados entre os tags <form> e </form>.

Agora que você já sabe para quê os tags <form> são utilizados, está pronto para adicioná-los ao seu documento POSTFORM.HTM.

Como marcar um documento com os tags <form> e </form>

1. Com o documento HTM já no editor, selecione a guia **Source** para visualizar o código-fonte.
2. Localize a linha no código HTML que define o primeiro elemento de entrada para o formulário (neste caso, localize txtNome).
3. Assegure-se de que haja uma linha em branco bem acima do primeiro elemento de entrada. Caso não haja, pressione a tecla Enter para adicionar uma ao documento.
4. Digite <FORM METHOD=POST ACTION="postvalues.asp"> para marcar o início do formulário HTML e indicar o método de transferência de dados como POST e o URL do documento para receber os dados.
5. Localize a primeira linha em branco depois do final das entradas e botões do formulário. Se não houver uma linha em branco, pressione Enter para criá-la.
6. Coloque o cursor na linha em branco após o final dos botões e entradas do formulário e digite </FORM> no documento. Isto marca o final do formulário de entrada HTML.

Quando já tiver completado todos estes passos, você terá um formulário de entrada HTML que usa o método POST para enviar dados de volta ao servidor. Seu código completo HTML para o documento POSTFORM.HTM deverá parecer com o código da listagem 5.1.

Listagem 5.1 O código HTML para o documento POSTFORM.HTM

```
1  <H1>Single-Mode POST Input Form</H1>
2  <HR>
3  <form method=POST action="postvalues.asp">----------------------(1)
4  <P>Name: <INPUT id=txtName name=txtName></P>
5  <P>Telephone: <INPUT id=txtPhone name=txtPhone></P>
6  <P>INPUT od=btnSunmit type=submit value=Submit
   ↪name=btnSubmit> 
```

continua...

Listagem 5.1 Continuação
```
7   <INPUT id=btnReset type=reset value=Reset name=btnReset></P>
8   </form>                              -------------------------------- (2)
```

Listagem 5.1.
(1) Esta linha marca o início do formulário da web.
(2) Esta linha marca o final do formulário da web.

O código mostrado na Listagem 5.1 é todo o código que irá aparecer no corpo do documento HTML. Perceba que você conseguiu completar quase todo este formulário usando o editor WYSIWYG e as técnicas de arrastar-e-soltar. Salve este documento e visualize-o na guia **Quick View** do editor do Visual InterDev. Ele deve parecer com a Figura 5.1.

Agora que o formulário está completo, você deve construir um documento ASP que irá aceitar os dados e, para este exemplo, mostrá-lo ao cliente.

Veja também

➤ *Para maiores informações sobre o uso do Visual InterDev 6 para construir formulários da web, veja o Capítulo 3.*

Como adicionar o documento POSTVALUES.ASP

É muito fácil criar documentos ASP que possam aceitar dados de formulários de entrada de clientes. Neste exemplo, você constrói um documento chamado POSTVALUES.ASP que irá aceitar dados do documento POSTFORM.HTM e depois o mostra ao usuário.

O primeiro passo é adicionar um novo documento ASP ao projeto.

Como adicionar um novo documento ASP ao seu projeto:

1. Clique com o botão direito do mouse sobre o nome do projeto na janela de projeto.
2. Selecione **Add** no menu.
3. Selecione **Active server page** no submenu.
4. Entre o nome de um novo documento ASP (POSTVALUES) e clique **Open**.
5. O documento irá aparecer na sua janela de projeto.

Agora, tudo o que você deve fazer é adicionar alguma linhas ao Visual Basic Script para o documento ASP. Primeiro, clique duas vezes no documento POSTVALUES.ASP na janela de projeto para carregá-lo no editor do Visual InterDev. Depois, adicione o texto mostrado na Listagem 5.2 à porção <body> do documento.

Capítulo 5 Como projetar formulários de entrada de qualidade para a web   **123**

Listagem 5.2 Como adicionar o Visual Basic Script ao documento POSTVALUES.ASP

```
1   <
2   '
3   ' retrieve Vlues from a POST form
4   '
5   Dim strName
6   Dim strPhone
7
8   strName = Request.Form ("txtName") --------------------------------(1)
9   strPhone = Request.Form ("txtPhone")
10
11  Response.Write "You entered the following responses: <HR>"
12  Response.Write "Name: "& strName & "<BR>" ----------------------(2)
13  Response.Write "Phone: & strPhone & "<BR>"
14  %>
```

Listagem 5.2
(1) Note que o nome do membro txtNome combina com os atributos NAME e ID usado no formulário do cliente
(2) O elemento   envia uma quebra de linha.

Assegure-se de entrar <% no início da seção de código e %> no final. Isto marca o início e o fim do bloco de script do servidor.

Note o uso do método Request.Form nas linhas 8 e 9 da Listagem 5.2. Estas são as duas linhas que aceitam os dados de POSTFORM.HTM e armazenam na memória variáveis no servidor. As linhas 11-13 usam o método Response.Write para enviar o código HTML de volta ao cliente para mostrar os valores.

Assegure-se de salvar o documento ASP no seu projeto da web. Depois, marque o documento POSTFORM.HTM como a página inicial (clique com o botão direito do mouse em POSTFORM.HTM e selecione **Set as Start Page** – Definir como Página Inicial). Depois pressione F5 para rodar o projeto no navegador default. Você deve conseguir entrar dados no formulário; então pressione o botão Submit e veja a página de script do lado servidor resultante (veja a Figura 5.2).

Uso de Request("MyValue") em vez de Request.Form("MyValue")
Você pode simplificar o código de passagem de parâmetro liberando a palavra de objeto .Form do código ASP Request.Form("MyVlaue"). Se o dado foi passado usando o método POST, a linha Request("MyValue") ainda irá retornar a mesma informação para o documento ASP.

Veja também

➤ *Para mais informações sobre como usar o objeto ASP Request, veja o Capítulo 15.*

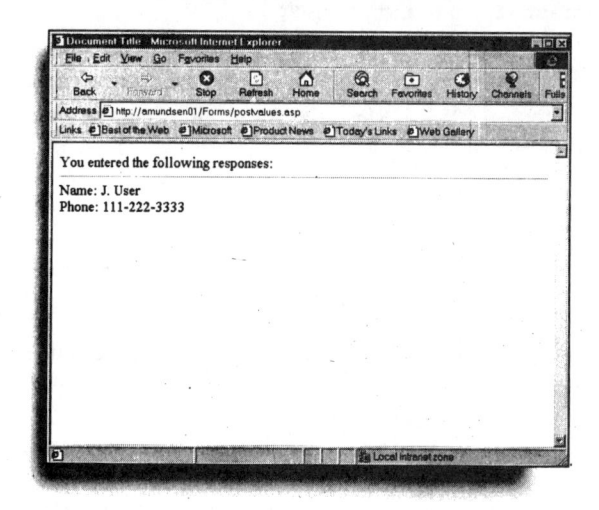

Figura 5.2 Visualização dos resultados de POSTVALUES.ASP.

Como criar formulários GET de modo único

Conforme mencionado anteriormente neste capítulo, existem dois métodos para envio de dados de um cliente para o servidor. Na primeira seção, você construiu um formulário que usa o método POST para enviar dados. Nesta seção, construirá um formulário que parece igual mas usa o método GET para enviar dados. Também criará um novo documento ASP capaz de aceitar dados enviados usando o método GET.

Por que usar GET para enviar dados?

Embora o método POST para envio de dados seja a forma preferida de mover dados de um cliente de volta ao servidor, existem ocasiões em que você pode precisar usar o método GET. Embora tenha seus limites, este método ainda é usado muito freqüentemente, especialmente em servidores da web que usam estilos antigos de scripts DLLs e CGI que não seguem as regras de interface COM.

Capítulo 5 Como projetar formulários de entrada de qualidade para a web

A primeira coisa que você deve se lembrar é que enviar dados através do método GET significa, na verdade, enviar dados com o URL que é mencionado no tag <form>. Isto significa que você está limitado em relação à quantidade total de dados que pode enviar. Em geral, somente pequenas quantidades de dados devem ser enviadas via método GET. Este método funciona bem passando parâmetros de inicialização para formulários, enviando parâmetros de requerimentos simples para o servidor usar quando construir consulta de dados para o usuário ou em casos onde o dado que você deseja enviar é muito pequeno. Em qualquer outro caso, o método POST é melhor.

Finalmente, quando usar o método GET, você deve ter em mente que todo o fluxo de dados (incluindo os nomes de controles de entrada e o dado atual) será mostrado ao usuário na caixa de entrada do navegador (veja a Figura 5.3).

Use o GET para depurar seus formulários

Você também pode usar o método GET para depurar formulários que pareçam estar passando os valores de parâmetros errados. Em virtude do método GET colocar todos os valores de parâmetros na linha URL, é fácil usar o navegador para inspecionar os valores para se assegurar de que seu formulário esteja funcionando apropriadamente.

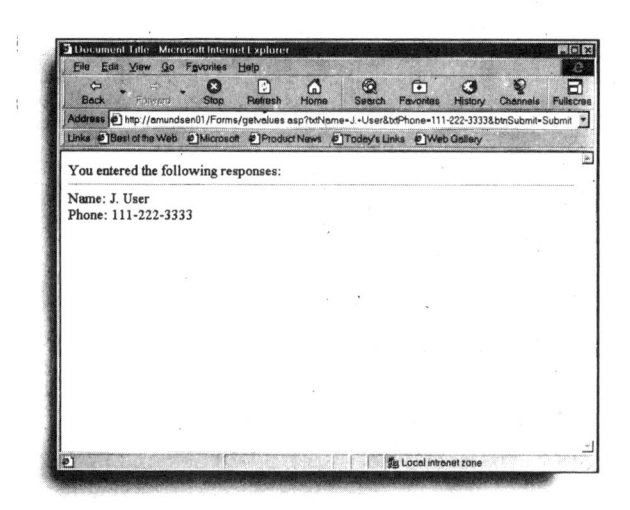

Figura 5.3 Visualização dos dados passados na linha do navegador URL.

Como você pode ver na Figura 5.3, o usuário pode ver todos os valores entrados no formulário (juntamente com o nome do botão Submit) no campo URL do navegador. Normalmente, a habilidade de ver dados passados não é muito importante. No entanto, se você estiver passando senhas ou outras informações vitais para o servidor, não deve querer deixar o usuário ver estes dados.

Veja também

➤ *Para aprender como construir formulários que usem o método POST em vez de GET, volte ao início deste capítulo.*

Como construir o documento GETFORM.HTM

O primeiro passo é adicionar um formulário novo ao seu projeto da web chamado GETFORM.HTM. Depois você pode delinear um formulário de entrada como o que construiu para o documento POSTFORM.HTM. De fato, a única diferença entre os dois documentos são os detalhes da guia <form>. Em vez de usar o método POST, use o método GET e use um URL diferente no atributo ACTION, também.

Primeiro, você deve adicionar um novo documento ao projeto. Para fazer isto, apenas clique com o botão direito do mouse no nome do projeto na janela do projeto, selecione **Add**, **HTML Page** a partir dos menus, entre GETFORM como o nome e pressione **Open**. Isto adiciona o novo formulário ao seu projeto.

Agora, para economizar tempo e evitar erros de digitação, você pode simplesmente copiar o código HTML do documento POSTFORM.HTM e colocá-lo dentro do <body> do documento GETFORM.HTM.

Como copiar o código HTML de um arquivo para outro

1. Carregue o documento no editor que tenha o código que você quer copiar clicando duas vezes nele na janela do projeto (em nosso exemplo, clique em **postform.htm**).

2. Selecione a guia **Source** no editor do Visual InterDev e, usando o mouse, selecione todo o texto que quiser copiar. Neste exemplo, coloque o cursor na linha que estiver imediatamente depois de linha com o tag <body> e pressione o botão esquerdo do mouse. Agora, mantendo pressionado o botão, arraste o mouse para a linha que está imediatamente antes daquela que tem o tag body e solte-o. Todo este texto será selecionado.

3. Após soltar o botão do mouse, mova-o sobre o texto selecionado e pressione o botão direito. Selecione **Copy** do menu contexto. Isto coloca uma cópia do texto selecionado no Clipboard do Windows.

4. Agora carregue o documento no editor que você quer que tenha a cópia do código HTML que acabou de selecionar. Para fazer isto, clique duas vezes no documento desejado na janela do projeto (para este exemplo, clique em **GETFORM.HTM**).

5. Selecione a guia **Source** para o documento carregado e posicione o cursor no local onde quiser colar o código HTML copiado. Neste exemplo, coloque o cursor na linha imediatamente depois do tag <body>.

6. Quando o cursor estiver posicionado exatamente onde você quer, clique com o botão direito do mouse e selecione **Paste** do menu contexto. Isto irá colar todo o código do Clipboard no documento atual.

7. Se o código HTML não estiver localizado onde você o quer, pode pressionar Ctrl+Z para refazer a operação de colagem e depois reposicionar o cursor para tentar novamente.

Após ter colado todo o código do documento POSTFORM.HTM em GETFORM.HTM, você precisará apenas mudar os dois atributos do tag <form>. Localize o tag <form> na janela de código e mude o atributo METHOD de POST para GET e o atributo ACTION de POSTVALUES.ASP para GETVALORES.ASP. Quando tiver terminado, o código HTML deverá parecer-se com o da Listagem 5.3.

Listagem 5.3 O código HTML completo para GETFORM.HTM

```
1   <H1>Single-Mode GET Input Form</H1>
2   <HR>
3   <form method=GET action="getvalues.asp"> ----------------------- (1)
4   <P>Name: <INPUT id=txtName name=txtName></P>
5   <P>Telephone: <INPUT id=txtPhone name=txtPhone></P>
6   <P><INPUT id=btnSubmit type=submit value=Submit name=btnSubmit> 
7   <INPUT id=btnReset type=reset value=Reset name=btnReset></P>
8   </form>
```

Listagem 5.3

(1) Note o uso do método GET em vez de POST.

Novamente, a única diferença neste código em relação àquele da Listagem 5.1 está nos valores dos atributos METHOD e ACTION do tag <form>.

Salve este documento para seu projeto da web antes de adicionar o documento GETVALORES.ASP mencionado na próxima seção.

Veja também

➤ Para saber mais sobre como usar Request.QueryString, veja o Capítulo 15.

Como adicionar o documento GETVALORES.ASP

Agora que o formulário de entrada GETFORM.HTM está completo, você deve construir um documento ASP para aceitar os valores de dados passados do cliente. Este documento será muito parecido com POSTVALUES.ASP. A única diferença é que você vai editar as linhas que aceitarem dados dos clientes.

Em virtude de apenas algumas linhas mudarem, você pode criar um novo documento ASP e depois copiar o código de POSTVALUES.ASP para GETVALOTES.ASP e fazer as mudanças menores necessárias.

Primeiro, adicione o novo documento ASP clicando com o botão direito do mouse no nome do projeto na janela do projeto, selecionando **Add**, **Acti_v_e Server Page** no menu de árvore, entrando GETVALORES.ASP como o nome do documento e clicando **Open**. O novo documento irá aparecer na janela do projeto.

Agora, usando os passos mostrados na seção anterior, copie o corpo do código ASP de POSTVALUES.ASP para GETVALORES.ASP. Quando tiver acabado, o código em GETVALORES.ASP deverá se parecer com o da Listagem 5.2. A única mudança necessária é a substituição das declarações de Request.Form pelas declarações de Request.QueryString. Sempre que você usar o método GET para enviar dados para documentos ASP, deve usar a declaração Request.QueryString para coletar dados no servidor. A Listagem 5.4 mostra como o documento GETVALORES.ASP se parece após terem sido realizadas as mudanças para as linhas 8 e 9 do código de listagem.

Listagem 5.4 O código ASP completo para o documento GETVALORES.ASP

```
1  <%
2  '
3  'retrieve values from a GET form
4  '
5  Dim strName
6  Dim strPhone
7
8  strName = Request.QueryString ("txtName") ------------------------(1)
9  strPhone = Request.QueryString ("txtPhone")
10
11 Response.Write "You entered the following responses: <HR>"
12 Response.Write "Name: "& strName & "<BR>"
13 Response.Write "Phone: "& strPhone & "<BR>"
14 %>
```

Listagem 5.4

---

(1) Quando você usar GET para enviar dados para o servidor, deve usar QueryString para recuperar o objeto, não o formulário.

Novamente, perceba que as linhas 8 e 9 estão agora usando o método Request.QueryString para recuperar dados do cliente do formulário GET. Esta é a única mudança que você deve fazer no documento.

Capítulo 5 Como projetar formulários de entrada de qualidade para a web   **129**

Após ter completado as mudanças, salve o documento. Você pode testar o projeto marcando o documento GETFORM.HTM como a página inicial (clique com o botão direito do mouse sobre o documento e selecione **Set as Start Page** no menu) e pressione F5 para rodar o documento no seu navegador default. Após preencher o formulário e pressionar o botão **Submit**, você deve ver os mesmos resultados mostrados na Figura 5.3.

Você pode testar o botão **Reset**, também. Este botão limpa automaticamente qualquer controle de entrada no formulário e lhe permite reiniciar. Para testá-lo, entre os dados nas duas caixas de entrada no formulário e clique no botão **Reset** para limpar os campos.

Faça seus scripts ASP aceitarem os valores POST e GET

Você pode criar seus documentos ASP para aceitarem os valores POST e GET simplesmente usando a linha request (<*input name*>) em vez de request.Form() ou request.QueryString().

Como controlar o layout com o elemento TABLE

Você deve ter percebido que é difícil alinhar uma série de prompts e elementos de entrada em uma linha reta no espaço de vídeo HTML. Isto ocorre porque muitos navegadores não suportam o que é chamado de *posicionamento absoluto* de elementos de controle. Embora o editor do Visual InterDev suporte o uso deste posicionamento, você vai achar que muitas pessoas que estão visualizando sua aplicação da web não conseguirão tirar vantagem do recurso. Elas ainda irão ver os controles desalinhados.

Existe, no entanto, outra forma de produzir facilmente formulários que mostrem elementos alinhados: através do uso do elemento HTML <TABLE>. Você pode definir um grupo de colunas e linhas para receberem prompts e elementos de entrada. Depois, quando o navegador do cliente mostrar os elementos, eles aparecerão em uma tabela fixa em vez de em uma linha cortada (veja a Figura 5.4).

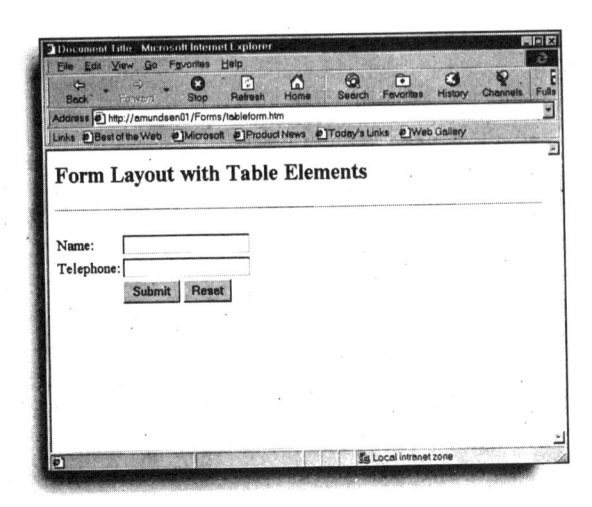

Figura 5.4 Os resultados da utilização de elementos TABLE para alinhar controles

O processo de utilização de elementos TABLE para produzir formulários alinhados pode ser um pouco confuso. A camada adicionada de tags TABLE desordena um pouco o código HTML. Também, você deve fazer algum planejamento para construir as tabelas apropriadamente antes de adicionar os prompts e as entradas. No entanto, os resultados são equivalentes ao esforço.

Na próxima seção, você irá construir um novo formulário que funciona como o documento POSTFORM.HTM criado anteriormente. No entanto, este irá usar os elementos TABLE para criar um formulário todo alinhado.

Uso de posicionamento absoluto em vez de tabelas

Se você estiver usando apenas o Internet Explorer 4.x e superior, deve conseguir usar o posicionamento absoluto para gerenciar o tamanho do local dos controles HTML em seu formulário. A desvantagem de usar o posicionamento absoluto é que alguns clientes podem não honrar as configurações e a página resultante pode ficar difícil de ler.

Como construir um documento TABELAFORM.HTM

A primeira coisa a fazer é adicionar um novo documento HTML ao seu projeto da web. Para isto, clique com o botão direito do mouse no nome do projeto na janela do projeto, seleciona **Add**, **HTML Document** nos menus, entre TABLEFORM como nome e pressione **Open** para adicionar o novo formulário ao projeto. Como opção, você pode adicionar um cabeçalho ao formulário (Form Layout with Table Elements) e uma barra horizontal.

Agora você está pronto para liberar o formulário no editor do Visual InterDev e criar códigos HTML necessários para mostrar um formulário de entrada alinhado. Este processo envolve primeiro a adição da tabela e depois a colocação dos controles dentro das células da tabela. O último passo é envolver toda a tabela em um conjunto de tags <FORM>...</FORM>.

Aqui está como você adiciona uma tabela ao seu documento HTML para guardar os controles de formulário de entrada.

Como adicionar uma tabela ao seu documento HTML

1. Com o documento carregado no editor Visual InterDev, selecione a guia **Design** para configurar o editor no modo WYSIWYG.
2. Coloque o cursor em uma linha em branco onde você quiser que a tabela apareça.
3. Agora, selecione **Table**, **Insert Table** no menu principal para trazer a caixa de diálogo Insert Table (veja a Figura 5.5).
4. Entre o número de linhas (**Rows**) para a tabela (neste exemplo, entre 3).
5. Entre o número de colunas (**Columns**) para a tabela (neste exemplo, entre 2).
6. Configure o atributo **Width** para 1 e selecione **pixels** como a unidade de valor. Isto irá forçar a tabela a ter apenas a largura necessária para abrigar os prompts e controles de entrada.
7. Configure o tamanho da borda (**Border size**) para 0 para tornar a tabela invisível no formulário.
8. Clique **OK** para adicionar a tabela definida ao seu documento.

Capítulo 5 Como projetar formulários de entrada de qualidade para a web   **131**

Agora adicione os prompts ao formulário. Coloque o cursor na primeira célula na primeira linha da tabela e digite Name:. Agora coloque o cursor na primeira célula da segunda linha da tabela e digite Telephone:. Note que as células da tabela se redimensionam para comportar o texto.

Depois, adicione os elementos de caixa de texto INPUT. Arraste um controle de caixa de texto da guia HTML da janela de caixa de ferramentas e solte-a na segunda célula na primeira linha da tabela. Você deve ter certeza de que irá soltá-la exatamente dentro da célula. Caso libere acidentalmente o controle em algum outro lugar, pressione Ctrl+Z para refazer a ação e tentar de novo. Também, depois de soltar a caixa de texto na tabela para o nome, tenha certeza de definir os atributos de NAME e ID como txtNome. Depois, pode liberar a caixa de texto na tabela para entrada de telefone. Defina seus atributos de NAME e ID como txtFone.

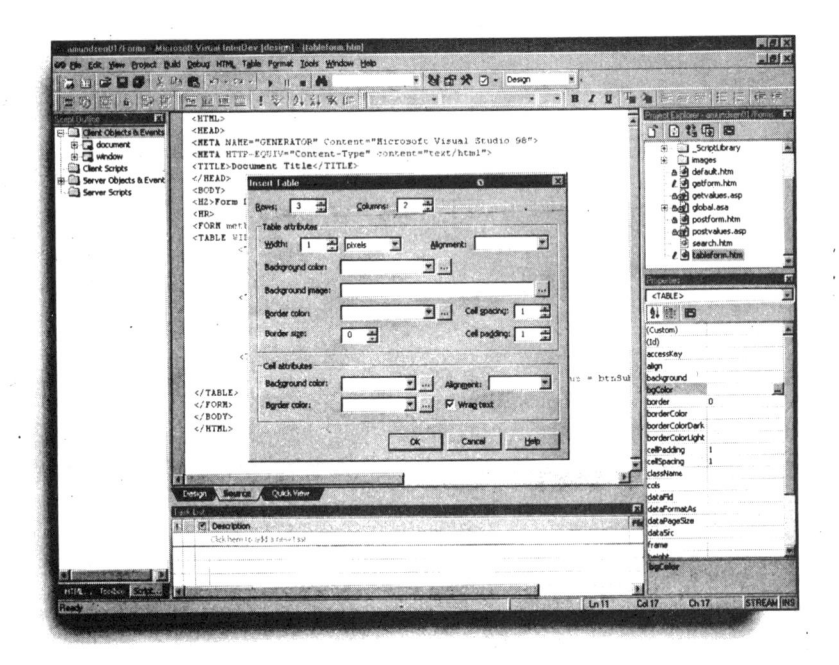

Figura 5.5 A caixa de diálogo Insert Table.

Agora arraste e solte os botões **Submit** e **Reset** da seção **HTML** da caixa de ferramentas na segunda célula na terceira linha da tabela. Coloque-os próximos um do outro na mesma célula. Certifique-se de definir seus atributos NAME e ID como btnSubmit e btnReset, respectivamente.

O próximo passo é colocar os tags FORM no documento. Para fazê-lo, escolha a visualização **Source** no editor do Visual InterDev e arraste o elemento FORM da caixa de ferramentas para uma linha em branco acima do elemento <TABLE>. Então, pode cortar e colar o tag </FORM> na primeira linha em branco depois do elemento</TABLE>.

Finalmente, você deve definir o atributo ACTION do tag <FORM> como POSTVALUES.ASP. Isto envia os resultados da entrada de dados ao documento POSTVALUES.ASP que você construiu anteriormente neste capítulo.

Quando tiver terminado de construir o formulário, o código HTML irá parecer-se com o da Listagem 5.5.

Listagem 5.5 O código HTML completo para o formulário *TABLE*

```
1   <BODY>
2   <H2>Form Layout with Table Elements</H2>
3   <HR>
4   <FORM method=post action=postvalues.asp>
5       <TABLE WIDTH=1 BORDER=0 CELLSPACING=1 CELLPADDING=1>----------(1)
6           <TR>
7               <TD>Name:</TD>
8               <TD><INPUT id=txtPhone name=txtName></TD>
9           <TR>
10              <TD>Telephone:</TD>
11              <TD><INPUT id=txtPhone name=txtPhone></TD>
12          <TR>
13              <TD></TD>
14              <TD><INPUT id=btnSubmit type=submit value=
                  ↪ÂSubmit status = btnSubmit>
15                  <INPUT id=btnReset type=reset value=Reset
                        name=ÂbtnReset>
16              </TD>
17          </TR>
18      </TABLE>---------------------------------------------------(2)
19  </FORM>
20  </BODY>
```

Listagem 5.5
(1) Esta linha marca o início da tabela HTML
(2) Esta linha marca o fim da tabela HTML

Após completar o documento TABLEFORM.HTM, certifique-se de salvá-lo para o seu projeto. Você pode testar o formulário marcando-o como a página inicial (clicando com o botão direito do mouse no documento na janela do projeto e selecionando **Set as Start Page** no menu contexto) e pressionando F5 para iniciar o documento no navegador default. Você deverá ver um formulário de entrada que possui seus controles apropriadamente alinhados como na Figura 5.4.

Veja também

➤ *Para saber mais sobre os controles intrínsecos do HTML para criar formulários da web, veja o Capítulo 7.*

Capítulo 6

Como construir formulários básicos da web com controles HTML intrínsecos

- Aprenda sobre os controles HTML intrínsecos
- Trabalhe com o tag *<INPUT>*
- Entenda e use os vários tipos de controles de elementos *<INPUT>*

O que são os controles HTML intrínsecos?

Este Capítulo e o seguinte mostram como usar os elementos de controle de entrada HTML mais básicos. Estes controles podem ser usados para construir formulários que permitem aos usuários entrar dados de texto, fazer escolhas lógicas nas caixas de verificação e selecionar a partir de um conjunto fixo de itens uma coleção de botões.

Os elementos de controle vistos neste Capítulo são parte de uma configuração HTML intrínseca. Eles são chamados de controles intrínsecos porque são construídos em qualquer navegador de cliente. Estes controles de entrada não são transferidos de um servidor da web para a estação do cliente e não precisam de código de cliente adicional para criá-los. Eles são intrínsecos aos navegadores.

Veja também

➤ Para aprender mais sobre controles de tempo de projeto (DTCs) de limite de dados avançados, veja o Capítulo 17.

As vantagens e desvantagens dos controles HTML intrínsecos

Controles intrínsecos têm várias vantagens em relação a qualquer controle de entrada personalizado ou de terceiros. Primeiro porque, em virtude de eles já estarem construídos no navegador, você pode estar certo de que os formulários que usam estes controles irão trabalhar com quase todo navegador de cliente. Segundo, a criação e operação de controles intrínsecos é quase sempre mais rápida do que a construção pessoal de um controle de entrada. Finalmente, o comportamento e a aparência de controles intrínsecos são bem familiares aos usuários. Se você adicionar controles pessoalmente construídos aos seus formulários da web, deve perceber que eles confundem os usuários ou que os usuários não usam os novos controles apropriadamente.

Existem também algumas desvantagens dos controles intrínsecos. Primeiro porque, em virtude dos controles serem designados para rodar em todos os navegadores, indiferentes às plataformas de operação, eles são – por projeto – muito simples. É difícil criar controles de entrada ricos em recursos que possam rodar no Windows, Apple, UNIX ou outros sistemas de operação. Segundo porque, em virtude dos controles *realmente* rodarem em outros sistemas de operação, casualmente se comportam de forma diferente de um sistema para outro. Embora os controles não falhem, podem não exibir todos os recursos ou comportamentos que você espera. Por esta razão, é bom testar seus controles em todos os navegadores que devem rodar suas aplicações.

Finalmente, em virtude dos controles intrínsecos terem sido projetados por códigos HTML, nem sempre cooperam facilmente com scripts para configurar ou ter seus valores ou outros atributos. O método exato para manipular HTML intrínsecos pode variar entre controles, navegadores e sistemas de operação. Novamente, teste cuidadosamente seus formulários da web tantos com navegadores como com plataformas de operação o máximo possível.

Capítulo 6 Como construir formulários básicos da web com controles HTML intrínsecos **135**

Use controles HTML intrínsecos para browsers genéricos

Se sua aplicação Web precisar oferecer suporte a browsers genéricos (e não apenas ao Microsoft Internet Explorer 4 ou posterior), você deve insistir em usar os controles HTML intrínsecos.

Como codificar com o tag <INPUT>

O restante deste Capítulo cobre os quatro controles HTML intrínsecos mais usados. Estes controles todos usam o tag <INPUT> como parte de suas definições. Junto com o tag <INPUT>, eles possuem um atributo TYPE, que define como o controle irá aparecer no navegador do cliente. Neste Capítulo, você aprenderá a usar quatro dos tipos mais comuns de controles de entrada:

- Caixa de texto — Usada para obter uma linha única de texto por parte do usuário.
- Senha — Similar à caixa de texto, mas retorna * ao usuário.
- Caixa de verificação — Mostra uma pequena caixa onde o usuário pode adicionar ou remover uma marca de verificação para indicar ligado ou desligado, sim ou não.
- Rádio — Mostra um conjunto de entradas ligar/desligar em um grupo. Apenas um dos itens em cada grupo pode ser ligado a cada vez.

Veja também

➤ Para mais informações sobre formulários da web de design geral, veja o Capítulo 5.

➤ Para aprender mais sobre os controles de entrada HTML, veja o Capítulo 7.

Como construir o projeto INPUTS1 da web

Todos os documentos HTML neste Capítulo podem ser colecionados em um único projeto da web. Caso você ainda não o tenha feito, agora é hora de criar um projeto novo da web para guardar os documentos HTML para este Capítulo. Para fazê-lo, você deve iniciar o Visual InterDev e criar um novo projeto.

Como criar um novo projeto da web

1. Selecione **File** e depois **New Project** no menu principal do Visual InterDev.
2. Quando o diálogo New Project aparecer, clique no ícone New Project da web à direita.
3. Pressione o botão **Browse** para navegar para a pasta do disco onde o novo projeto deve residir.
4. Clique **OK** quando tiver selecionado a pasta home para o projeto.
5. Agora entre um nome (**Name**) para o projeto (neste caso, entre INPUTS1) e clique no botão **Open**.
6. Se a caixa de entrada **What server do you want to use?** (Qual servidor deseja usar?) estiver vazia, entre o nome do servidor que irá hospedar seu projeto.

7. Certifique-se de selecionar o modo **Master** como o modo de operação para o projeto e pressione **N**ext.
8. Aceite o nome de projeto default (neste caso, **inputs1**) e clique **N**ext.
9. Clique **F**inish para saltar as caixas de diálogo Theme e Layout.
10. O Visual InterDev irá criar sua pasta de projeto, ocupá-la com subpastas e documentos e retornar você para o Visual InterDev IDE pronto para trabalhar.

Agora que você criou um projeto da web, está pronto para começar a experimentar os controles de entrada HTML intrínsecos.

Veja também

➤ Para mais informações sobre a criação de um novo projeto com o Visual InterDev 6, veja o Capítulo 1.

Como usar o controle de entrada de caixa de texto

O controle de entrada mais usado é o de caixa de texto. Este controle aceita uma linha única de texto como entrada. O formato HTML para este tipo de controle e atributos é mostrado na Listagem 6.1.

Listagem 6.1 Os códigos HTML básicos para controle de entrada de caixa de texto

```
1   <INPUT
2      ID=txtField1
3      NAME=txtField1
4      SIZE=30
5      MAXLENGTH=20
6      VALUE="Starting Value"
7      ACCESSKEY="c"
8      READONLY=0
9      TABINDEX=1
10     DISABLED
11  >
```

Os atributos ID e NAME (linhas 2 e 3) são muito similares. As linguagens HTML e de script usam um ou ambos os campos. É uma boa idéia usar ambos quando estiver definindo seus controles de entrada.

O atributo SIZE (linha 4) configura o tamanho do vídeo (em caracteres) para o controle da página. O atributo MAXLENGTH (linha 5) configura o número máximo de caracteres que você irá permitir que sejam entrados no controle.

Capítulo 6 Como construir formulários básicos da web com controles HTML intrínsecos **137**

O atributo VALUE (linha 6) contém os dados entrados pelo usuário. Você pode "semear" o controle de entrada com os dados default configurando o atributo VALUE quando construir o formulário.

Os atributos nas linhas 7-10 são suportados pelo editor do Visual InterDev 6, mas não são comumente usados. Se você usar estes atributos, deve testar suas aplicações da web para certificar-se de que seu navegador os honra.

Onde está o atributo TYPE=TEXT?

Você deve notar que o Visual InterDev 6 não usa o atributo TYPE=TEXT para o elemento de texto INPUT. Isto porque o tipo default para um elemento INPUT é TEXT.

Usar o controle de entrada de caixa de texto nos seus documentos da web é fácil. Primeiro, adicione um novo documento ao seu projeto da web chamado TEXTBOX.HTM.

Como adicionar um novo documento HTML ao seu projeto da web

1. Clique com o botão direito do mouse sobre o nome do projeto no Project Explorer.
2. Selecione **Add** no menu contexto.
3. Selecione **HTML Page** no submenu que aparecer.
4. Entre o nome (**Name**) do documento (para este exemplo use TEXTBOX).
5. Pressione **Open** para carregar o documento no editor do Visual InterDev 6.

O Microsoft Internet Explorer suporta os atributos do tipo Windows

Se você estiver construindo sua solução da web para navegadores compatíveis com o Microsoft Internet Explorer, pode dar aos seus usuários um pouco mais de experiência do Windows tirando vantagem dos atributos opcionais do controle INPUT suportado pelos navegadores do Microsoft Internet Explorer.

Agora você deve colocar um controle de caixa de texto da caixa de ferramentas para o seu documento da web.

Como adicionar um controle da caixa de texto para o seu documento HTML

1. Configure o editor do Visual InterDev 6 no modo Source selecionando a guia **Source** na parte inferior da janela de edição.
2. Depois, clique na guia **HTML** da janela da caixa de ferramentas e localize o controle **Textbox** na lista.
3. Arraste o controle da caixa de ferramentas no documento carregado no editor e solte-o na seção <BODY> do documento, liberando o botão do mouse.

Note que o editor do Visual InterDev cria uma definição de caixa de texto muito simples. Ela contém apenas o tag <INPUT> e os atributos ID e NAME. Você tem que adicionar qualquer outro atributo manualmente ou em código de script quando o documento estiver carregado.

Para este exemplo, configure os atributos NAME e ID para txtInput. Também, adicione o atributo SIZE de 30 e o comprimento máximo de 20. Quando tiver terminado, o código HTML deve se parecer com o da Listagem 6.2.

Listagem 6.2 Definição da caixa de texto txtInput

```
1   <INPUT
2       ID=txtInput
3       NAME=txtInput
4       SIZE=30
5       MAXLENGTH=20
6   >
```

Use os atributos SIZE e MAXLENGTH para os controles de entrada

É uma boa idéia usar os atributos SIZE e MAXLENGTH para seus controles de entrada. Eles ajudam a adicionar um pouco da validação de entrada do lado cliente para seus formulários e dão aos usuários uma idéia melhor de como elementos de entrada devem ser usados.

Agora você pode testar o controle de entrada de caixa de texto selecionando a guia **Quick View** no editor. Isto irá mostrar o documento HTML como deve aparecer no navegador do cliente. Entre o texto neste controle e perceba o evento; embora mostre um espaço de 30 caracteres de largura (baseado no atributo SIZE), você pode entrar apenas 20 caracteres (baseado no atributo MAXLENGTH).

Então, volte para a guia **Source** e adicione um pequeno script de cliente à página. Primeiro, certifique-se de que o documento tenha a propriedade DefaultClientScript definida como VBScript. Para fazer isto, selecione **DOCUMENT** da lista suspensa da janela de propriedade. Depois, defina a propriedade DefaultClientScript como VBScript (veja a Figura 6.1).

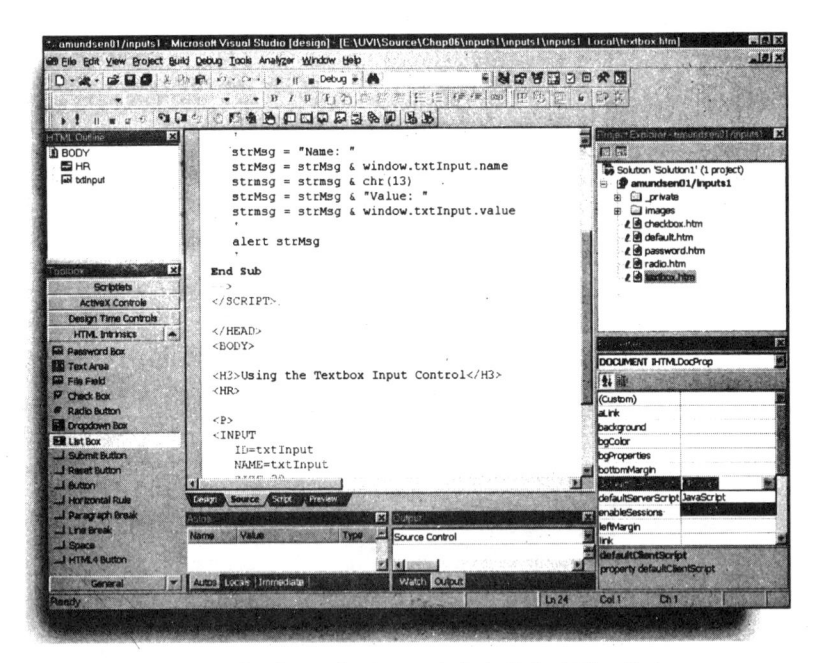

Capítulo 6 Como construir formulários básicos da web com controles HTML intrínsecos **139**

Figura 6.1 Configuração da propriedade DefaultClientScript.

Agora você deve adicionar um bloco de código de evento de script do cliente ao seu documento usando a janela Visual InterDev Script Outline (veja a Figura 6.2).

Como adicionar algum Visual Basic Script ao documento HTML

1. Com o editor ainda no modo Source, selecione o item **Client Objects and Events** (Objetos do Cliente e Eventos) da árvore de script.
2. Clique no nó do documento para expor a lista de eventos para o objeto do documento.
3. Clique duas vezes no evento onclick para adicionar o bloco de código de script do cliente ao seu documento.

**O Microsoft Internet Explorer é necessário para
rodar o Visual Basic Script do lado cliente**

Os exemplos neste livro usam o Visual Basic Script como a linguagem de script do lado cliente. Você precisará usar o Microsoft Internet Explorer como navegador do cliente para executá-lo.

Agora você está pronto para adicionar algum código ao bloco de script. Neste exemplo, você escreve algum Visual Basic Script que irá mostrar o nome do controle de entrada e o valor entrado pelo usuário. A Listagem 6.3 contém o Visual Basic Script que você deve entrar no evento document_onclick.

Parte II Técnicas de design de página da web

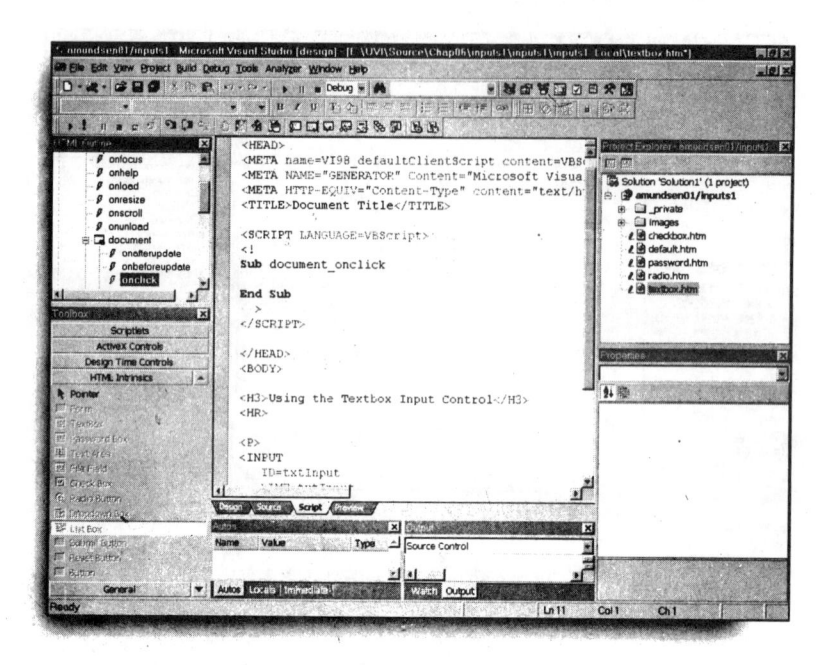

Figura 6.2 Adição de um bloco de código usando a janela Script Outline.

Listagem 6.3 Codificação do evento document_onclick para a caixa de texto

```
1  <SCRIPT LANGUAGE=VBScript>
2  <!--
3  Sub document-onclick
4    Dim strMsg
5    '
6    strMsg = "Name:"
7    strMsg = strMsg & window.txtInput.name ------------------------(1)
8    strmsg = strmsg & chr (13)
9    strMsg = strMsg & "Value:"
10   strMsg = strMsg & window.txtIn[ut.value ------------------------(2)
11   '
12   alert strMsg
13   '
14 End Sub
15 -->
16 </SCRIPT>
```

Capítulo 6 Como construir formulários básicos da web com controles HTML intrínsecos **141**

Listagem 6.3

---

(1) Esta linha mostra o atributo NAME do controle de entrada HTML que você configurou quando construiu o documento da web.

(2) Esta linha mostra o atributo VALUE do controle de entrada HTML que foi configurado quando o usuário digitou o texto.

Na Listagem 6.3, a variável local strMsg é preenchida pelo atributo NAME na linha 7 e o valor atual da caixa de texto na linha 10. Esta linha é mostrada na caixa de alerta (linha 12).

Você pode testar este código indo até a guia **Quick View** do editor, digitando algum texto e clicando com o mouse em qualquer lugar no espaço do documento.

Você pode acessar muitos outros atributos do controle da caixa de entrada usando esta mesma técnica. Por enquanto, é importante lembrar que as propriedades VALUE e NAME são as mais utilizadas.

Veja também

➤ *Para mais informações sobre o Visual Basic Script, veja o Capítulo 11.*

➤ *Para informações sobre o modelo de Script do Microsoft Internet Explorer, veja o Capítulo 14.*

Como usar o controle de entrada de senha

Outro controle de entrada muito usado é o do tipo senha. Este controle funciona como o de caixa de texto. A única diferença é que quando usuários digitam dados no controle, somente asteriscos (*) aparecem na tela. Desta forma, as pessoas que estiverem olhando por sobre os ombros não podem ver as verdadeiras letras digitadas em uma caixa de entrada de senha.

O formato HTML para o controle de entrada de senha é quase idêntico ao do controle de caixa de texto. A Listagem 6.4 mostra como o controle de senha se parece.

Listagem 6.4 Formato de código HTML para controle de entrada de senha

```
1   <INPUT
2     TYPE=password
3     ID=txtPassword
4     NAME=txtPassword ---------------------------------------- (1)
5     SIZE=10
6     MAXLENGTH=10
7   >
```

Listagem 6.4

(1) A adição desta linha ao controle de entrada default o transforma em um controle de senha.

O atributo VALUE do controle de senha não é criptografado

Embora o controle HTML de senha esconda a entrada de usuário na janela do navegador, o conteúdo digitado no controle não é criptografado. O envio de um atributo VALUE de um controle de senha a outra página resulta no envio de uma versão de texto simples da senha.

A diferença importante aparece na linha 2. O atributo TYPE identifica que não se trata de um controle de entrada de caixa de texto padrão, mas como um controle de entrada do tipo senha.

Para este exemplo, crie um novo documento para seu projeto da web chamado PASSWORD.HTM. Carregue este documento no editor do Visual InterDev e arraste o controle da senha da seção HTML da janela da caixa de ferramentas no documento HTML. Configure seus atributos para combinarem com os da Listagem 6.4.

Defina a propriedade DefaultClientScript do documento como VBScript usando a janela propriedade. Agora use a janela de script para criar o bloco de Visual Basic Script document_onclick e entre o Visual Basic Script para mostrar o valor do controle txtPassword. A Listagem 6.5 mostra como ele deve aparecer no seu documento.

Listagem 6.5 Exibição do atributo VALUE no controle txtPassword.

```
1  SCRIPT LANGUAGE=VBScript>
2  <!--
3  Sub document-onclick
4      alert "Your password is: " & window.txtPassword.value
5  End Sub
6  -->
7  </SCRIPT>
```

Salve o documento e depois vá para a guia **Quick View** no editor para mostrar os resultados. Quando visualizar o documento na guia **Quick View**, pode entrar dados no campo de entrada mas poderá ver apenas uma linha de ****** no navegador. Quando clicar no documento, uma caixa de alerta aparecerá anunciando (para todos os que estiverem olhando por sobre os seus ombros) a senha que você entrou (veja a Figura 6.3).

Veja também

➤ *Para mais informações sobre senhas e segurança do usuário, veja o Capítulo 27.*

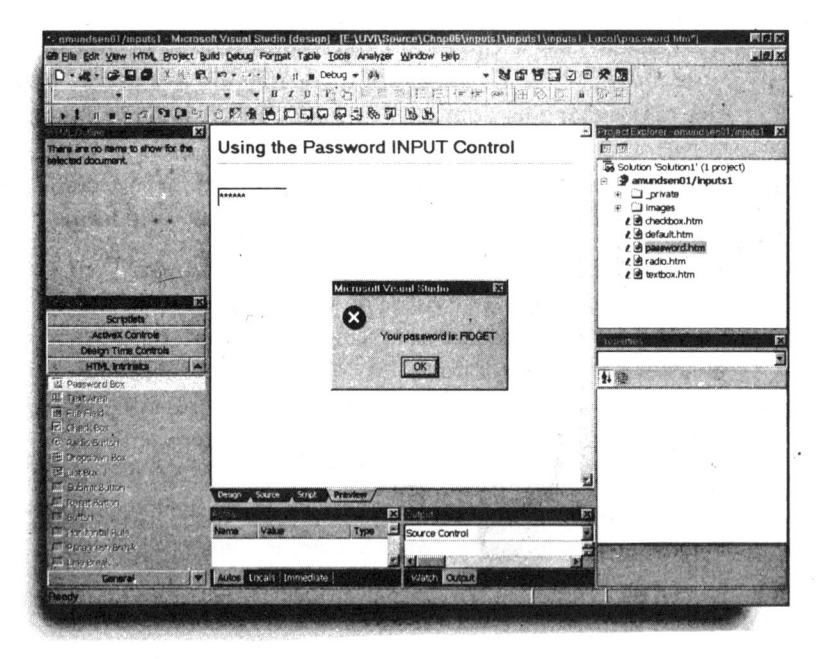

Capítulo 6 Como construir formulários básicos da web com controles HTML intrínsecos **143**

Figura 6.3 Exibição do atributo VALUE do controle de senha.

Como usar o controle de entrada da caixa de verificação

O controle de entrada do tipo caixa de verificação é um pouco diferente dos controles de entrada que você usou até agora neste capítulo. Ele não permite que os usuários entrem quaisquer dados de caracteres. No entanto, podem clicar em uma pequena caixa para fazer a marca de verificação aparecer ou desaparecer. A caixa de verificação é o melhor controle de entrada para colecionar respostas sim/não ou verdadeiras/falsas dos usuários.

O formato de código HTML do controle de entrada tipo caixa de verificação é mostrado na Listagem 6.6.

Listagem 6.6 O formato de código HTML para o controle de entrada de caixa de verificação.

```
1  <INPUT
2     TYPE=checkbox
3     ID=chkPlanes
4     NAME=chkPlanes
5     CHECKED ------------------------------------------------(1)
6  >
```

Listagem 6.6

(1) Adicionar o atributo CHECKED significa que no momento em que o documento estiver liberado no navegador, esta opção será selecionada.

Isto se parece muito com os controles de entrada dos tipos caixa de texto e senha. Note o uso da palavra-chave TYPE para identificar uma caixa de verificação. Note também que um novo atributo opcional aparece na linha 5. Se o atributo CHECKED estiver presente na definição, a caixa de verificação estará verificada quando o documento for carregado. Desta forma, você pode configurar valores default para caixas de verificação nos seus formulários da web.

Para este exemplo, adicione um novo documento HTML ao seu projeto da web chamado CHECKBOX.HTM e carregue-o no editor do Visual InterDev. Depois, defina a propriedade DefaultClientScript como VBScript. Agora entre três linhas de texto no documento: Planes, Trains e Automobiles (Aviões, Trens e Automóveis). Certifique-se de que cada palavra esteja em uma linha diferente do documento. Agora arraste os três controles de caixa de verificação da guia HTML da janela de caixa de ferramentas para o documento, cada uma próxima a uma palavra. Quando tiver terminado, seu documento deverá parecer-se com o da Figura 6.4.

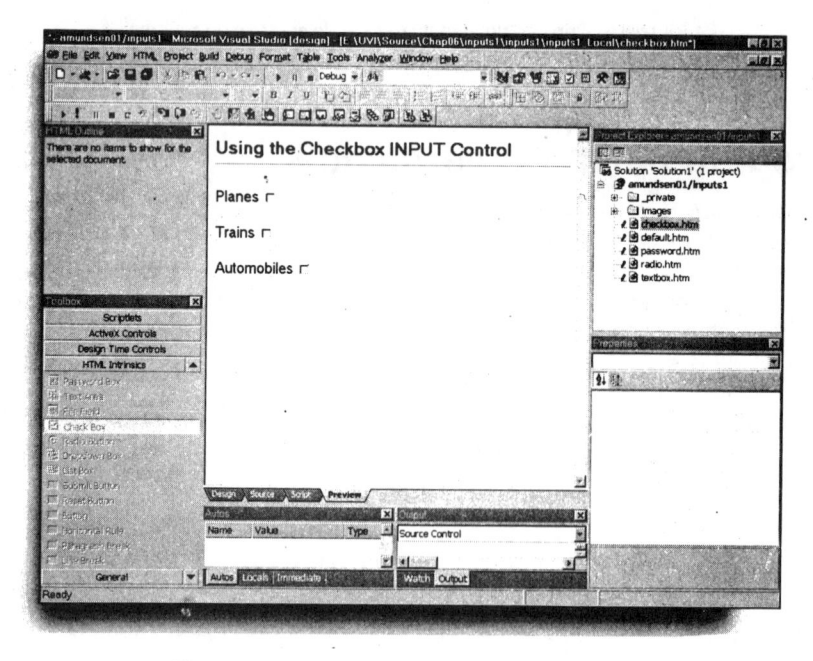

Figura 6.4 Layout do documento CHECKBOX.HTM.

Capítulo 6 Como construir formulários básicos da web com controles HTML intrínsecos **145**

Configure os atributos NAME e ID de cada um dos controles para chkPlanes, chkTrains e chkAutos, respectivamente. Também, adicione o atributo CHECKED ao primeiro controle de caixa de verificação do documento. Seu código HTML completo deverá se parecer com o da Listagem 6.7.

Listagem 6.7 Visualização do código HTML completo para o documento CHECKBOX.HTM.

```
1   <P>
2   Planes
3   <INPUT
4     TYPE=checkbox
5     ID=chkPlanes
6     Name=chkPlanes
7     CHECKED
8   >
9   </P>
10
11  <P>
12  Trains
13  <INPUT
14    TYPE=checkbox
15    ID=chkTrains
16    NAME=chkTrains
17  >
18  </P>
19
20  <P>
21  Automobiles
22  <INPUT
23    TYPE=checkbox
24    ID=chkAutos
25    Name=chkAutos
26  >
27  </P>
```

Agora você está pronto para adicionar algum Visual Basic Script que irá mostrar a lista de itens que o usuário clicou. Este código irá rever a propriedade CHECKED de cada um dos três controles e apresentar em uma caixa de mensagem de alerta.

A ordem dos atributos em um elemento não importa

A ordem exata dos atributos em elementos <INPUT> não importa. Atributos podem ser colocados em uma única linha ou espalhados por várias linhas no documento. A maior parte dos exemplos neste livro foi reformatada para torná-los mais fáceis de ler.

Primeiro, crie o bloco de código de evento de document_onclick usando a janela de Script. Depois, entre o código na Listagem 6.8 para o evento document_onclick.

Listagem 6.8 Codificação do evento document_onclick para o documento CHECKBOX.HTM.

```
1  <SCRIPT LANGUAGE=VBScript>
2  <!--
3  Sub document-onclick
4    dim strMsg
5    '
6    If chkPlanes.checked=True then---------------------------------(1)
7      strMsg = "Planes" & chr(13)
8    End If
9    '
10   If chkTrains.checked=True then
11     strMsg = strMsg & "Trains" & chr(13)
12   End If
13   '
14   If chkAutos.checked=True then
15     strMsg = strMsg 7 "Autos" & chr(13)
16   End If
17   '
18   alert strMsg
19   '
20 End Sub
21 -->
22 </SCRIPT>
```

Listagem 6.8

(1) Você determina se a caixa de verificação foi selecionada inspecionando a propriedade CHECKED com o Visual Basic Script.

Capítulo 6 Como construir formulários básicos da web com controles HTML intrínsecos **147**

Note que o código na Listagem 6.8 inspeciona a propriedade CHECKED em cada um dos três controles (linhas 6,10 e 14). Se a propriedade CHECKED retornar True, a variável strMsg está atualizada com algum texto. Finalmente, esta linha é mostrada usando o método de alerta na linha 18.

Salve este documento e rode-o no modo Preview. Você deve ver que a primeira caixa de verificação aparece já verificada quando o documento é carregado (veja a Figura 6.5).

Note também que você poderia verificar quantas caixas quisesse. Mais de uma caixa de verificação pode ser verificada. É importante lembrar disto na criação de seu documento com o controle de entrada do tipo rádio na próxima seção.

Veja também

➤ *Para aprender mais sobre o uso dos controles HTML, veja o Capítulo 7.*

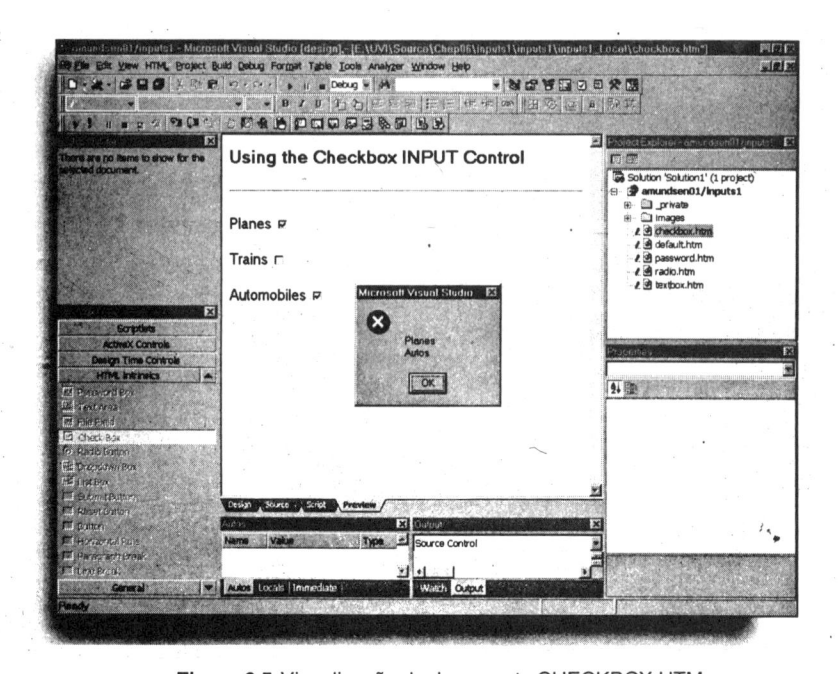

Figura 6.5 Visualização do documento CHECKBOX.HTM.

Como usar o controle de entrada do tipo rádio

O último controle de entrada visto neste capítulo é o do tipo rádio, que é similar ao tipo caixa de verificação. No entanto, seus atributos e tempo de projeto são muito diferentes.

A diferença entre os dois controles é que os controles de rádio são definidos em grupos e não individualmente. Definindo-os em grupo, você descreve um conjunto de opções exclusivas mútuas para o usuário. Embora usuários possam selecionar quantas opções de caixa de verificação quiserem de uma única vez, podem selecionar apenas uma das opções de rádio de uma única vez.

Esta natureza exclusivamente mútua dos controles de rádio significa que você deve também tratar os controles diferentemente quando estiver escrevendo scripts. Você deve apresentar os controles de rádio como um grupo para descobrir quais deles foram selecionados pelo usuário. Isto será visto mais tarde nesta seção.

O formato de código HTML básico é mostrado na Listagem 6.9.

Listagem 6.9 Formato de código HTML para controle de entrada tipo rádio

```
1    <INPUT
2       TYPE=radio
3       ID=optTravel
4       NAME=optTravel
5       VALUE="Planes" ---------------------------------------------(1)
6       CHECKED
7    >
8    <INPUT
9       TYPE=radio
10      ID=optTravel --------------------------------------------- (10)
11      NAME=optTravel
12      VALUE="Trains"
13   >
```

Listagem 6.9

(1) Controles de entrada do tipo rádio têm um atributo VALUE. Controles de entrada do tipo caixa de entrada não.

(2) Note que os atributos NAME e ID destes dois botões de rádio são iguais. Isto os torna parte de um grupo.

Em virtude dos controles de entrada do tipo rádio serem inúteis até que se tenha no mínimo dois a partir dos quais o usuário possa escolher, a Listagem 6.9 mostra duas definições de controle de rádio. A primeira observação que você deve fazer é que os atributos ID e NAME dos dois controles são iguais. Isto é uma exigência.

A Listagem 6.9 mostra que os controles de entrada do tipo rádio exigem um atributo VALUE. Este atributo é retornado quando você usa o botão **Submit** em um formulário. Se você falhar em incluir este atributo, seus formulários não irão funcionar corretamente.

Note também que você pode adicionar o atributo CHECKED a um (e apenas um) dos controles de entrada de rádio em um grupo. Isto faz com que o botão rádio selecionado mostre seu estado quando o formulário for carregado.

Capítulo 6 Como construir formulários básicos da web com controles HTML intrínsecos **149**

Para este exemplo, crie um documento HTML a mais chamado RADIO.HTM e adicione-o ao seu projeto da web. Após carregar o novo documento no editor do Visual InterDev, defina sua propriedade DefaultClientScript como VBScript.

Depois, entre três linhas de texto no documento: Planes, Trains e Automobiles, cada uma em uma linha separada. Depois arraste três controles de entrada do tipo rádio da guia **HTML** da janela da caixa de ferramentas para cada linha do documento HTML. Quando você tiver terminado, o documento deverá parecer-se com a Figura 6.6.

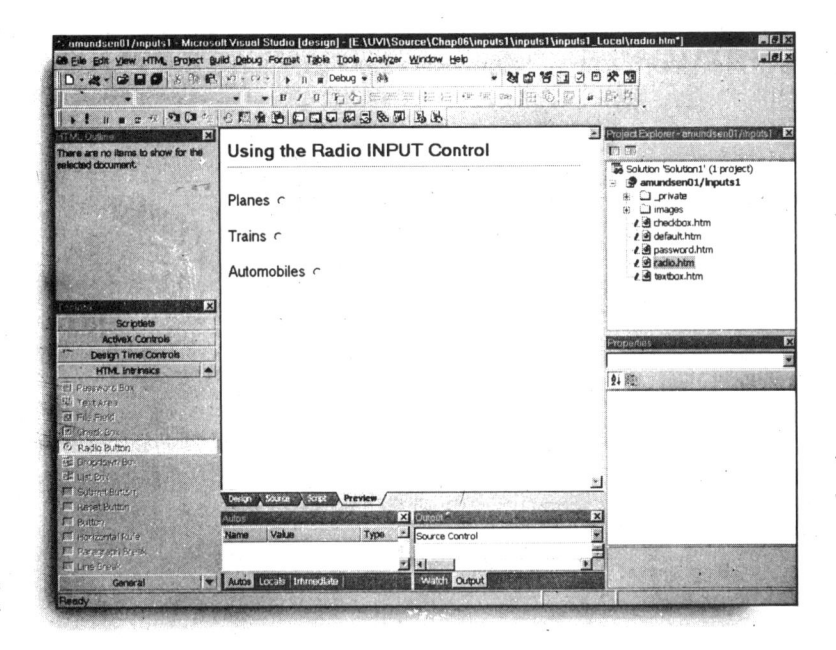

Figura 6.6 Construção do documento RADIO.HTM.

Os botões de rádio retornam On (Ligado) se seu atributo VALUE não estiver configurado

Se você esquecer de estabelecer atributos VALUES únicos para cada botão rádio em um grupo, o único valor retornado que terá será On. Não importa qual botão esteja selecionado, o valor retornado será sempre On.

Sempre defina um dos controles de rádio como CHECKED

Você deve sempre definir um dos controles de rádio como o default adicionando a propriedade CHECKED. Isto irá reduzir erros quando usuários clicarem no botão Submit antes de selecionar o botão rádio.

Após adicionar todos os três controles de entrada tipo rádio ao formulário, vá para a guia **Source** e defina os atributos ID e NAME de todos os três controles rádio como optTravel. Definindo os atributos NAME e ID da mesma forma, você cria um "grupo" rádio que permite que apenas um dos botões seja selecionado de uma vez.

No entanto, você deve definir os atributos VALUE de cada controle diferentemente. Este atributo é enviado quando um formulário da web é submetido ao servidor. Você também pode checar o atributo VALUE usando o código script. Para este exemplo, defina os atributos VALUE dos três controles como Planes, Trains e Automobiles, respectivamente.

Finalmente, adicione o atributo CHECKED ao primeiro dos três botões rádio. Quando tiver terminado, seu código HTML deverá parecer-se com o da Listagem 6.10.

Listagem 6.10 Código HTML completo para o documento RADIO.HTM

```
1   <P>
2   Planes
3   <INPUT
4     TYPE=radio
5     ID=optTravel
6     NAME=optTravel
7     VALUE="Planes"
8     CHECKED ----------------------------------------------------(1)
9   >
10  </P>
11
12  <P>
13  Trains
14  <INPUT
15    TYPE=radio
16    ID=optTravel
17    NAME=oprTravel
18    VALUE=" Trains"
19  >
20  </P>
21
22  <P>
23  Automobiles
24  <INPUT
25    TYPE=radio
26    ID=optTravel
27    NAME=oprTravel
```

continua...

Listagem 6.10 Continuação

```
28    >
29    >/P
30
```

Listagem 6.10

(1) Esta é a escolha default neste exemplo.

Agora você está pronto para adicionar algum script de cliente ao documento que irá reportar o controle de entrada do tipo rádio que foi selecionado pelo usuário. Para fazer isto, use a janela Script para expor o evento onclick do objeto do documento. Clique duas vezes no evento para adicionar o script de cliente ao seu projeto.

A elaboração do script em Visual Basic para descobrir o controle de entrada do tipo rádio selecionado é feita de maneira bem diferente dos exemplos anteriores neste capítulo. Em virtude de haver três controles no documento, todos com os mesmos atributos NAME e ID, você não pode usar o código seguinte para mostrar o valor do controle de entrada do tipo rádio selecionado:

```
alert window.optTravel.value
```

Em vez disso, deve dizer ao navegador qual botão na coleção você quer mostrar, como no seguinte:

```
alert window.optTravel(0).value
```

Esta linha mostra o valor do primeiro controle de entrada do tipo rádio na coleção. Note que a numeração da coleção começa com 0 em vez de 1.

Obviamente, o problema com tudo isto é que você não sabe qual controle de entrada do tipo rádio foi verificado na lista. Você pode fazer isto com o seguinte código:

```
if window.optTravel(0).checked = true then
  alert window.optTravel(0).value
end if
```

Este código irá funcionar para o primeiro item na coleção, mas o que fazer se não for o item selecionado? De fato, para descobrir qual controle de entrada em uma coleção foi verificado, você deve inspecionar a propriedade CHECKED de todos os controles de entrada do tipo rádio na coleção. Isto pode ser feito em um loop For...Next.

A Listagem 6.11 mostra o código de Visual Basic Script completo que você pode adicionar ao evento document_onclick para inspecionar todos os controles de entrada do tipo rádio e mostra o atributo VALUE do controle que foi selecionado pelo usuário.

Listagem 6.11 Código em Visual Basic Script para mostrar o VALOR do controle de entrada do tipo rádio selecionado

```
1   <SCRIPT LANGUAGE=VBSCRIPT>
2   <!--
3   Sub document-onclick
4       '
5       for i = 0 to window.optTravel.length - 1 ------------------------(1)
6           if window.oprTravel(i).checked = true then ----------------(2)
7               alert window.optTravel(i).value
8           end if
9       next
10      '
11  End Sub
12  -->
13  </SCRIPT>
```

Listagem 6.11

(1) Use a propriedade length para determinar o número total de controles de rádio em um grupo.

(2) Mesmo que você tenha usado o atributo VALUE do controle de entrada rádio, ainda pode usar a propriedade CHECKED no Visual Basic Script.

Embora você já tenha visto a maior parte do código na Listagem 6.11, algo interessante do Visual Basic Script não foi mencionado. A linha 5 da Listagem 6.11 usa a propriedade LENGTH da coleção optTravel para retornar o número total de controles de entrada do tipo rádio na coleção. Também, em virtude da numeração da coleção começar com 0, a largura deve ser ajustada por -1.

Salve este documento para o seu projeto da web e mostre-o na guia **Quick View** do editor do Visual InterDev. Você conseguirá selecionar um (e apenas um) dos três botões de opção. Clicar em qualquer lugar no documento fará surgir o diálogo de alerta mostrando o atributo VALUE do controle de entrada do tipo rádio selecionado pelo usuário (veja a Figura 6.7).

Capítulo 6 Como construir formulários básicos da web com controles HTML intrínsecos **153**

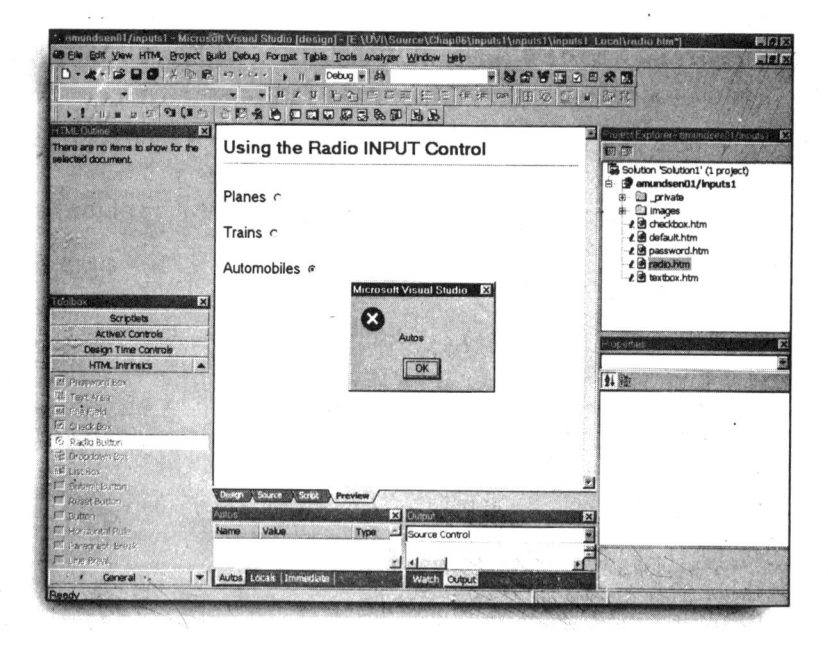

Figura 6.7 Visualização do documento RADIO.HTM.

Veja também

➤ *Para mais informações sobre o acesso a controles e grupos de controle com o Visual Basic Script, veja o Capítulo14.*

Capítulo 7

Como construir formulários avançados da web com controles HTML intrínsecos

- Aprenda como usar o HTML *SELECT* para construir controles de entrada suspensos e de caixa de lista

- Colete nomes de arquivos de máquinas locais com o controle de entrada de tipo HTML *FILE*

- Use o controle *TEXTAREA* para conseguir entrada de múltiplas linhas dos clientes

- Use o controle de entrada de tipo HTML *IMAGE* para submeter dados de formulário aos servidores

Os outros controles de entrada

Os controles de entrada HTML vistos neste capítulo vão além dos controles básicos vistos no capítulo anterior. Estes controles usam tanto o tag ENTRADA padrão de uma forma diferente como um tag HTML totalmente diferente para coletar entrada de usuário. Cinco controles de entrada HTML são vistos aqui:

- Controles suspensos
- Controles de caixa de lista
- Caixas de texto de múltiplas linhas
- Caixa de entrada de nome de arquivo
- Botões de submissão gráficos

Caixas suspensas e de lista são duas variações do uso dos tags HTML SELECT e OPTION. Você aprenderá como construir estes controles de entrada, preenchê-los com dados e recuperar os itens selecionados do navegador do cliente para empacotar e entregar ao servidor da web.

A caixa de texto de múltiplas linhas permite que os usuários entrem comentários extensos nos formulários do navegador do cliente, e a caixa de entrada de nome do arquivo lhes permite navegar sua própria estrutura de arquivo da estação de trabalho e selecionar um nome de arquivo para entrega ao servidor da web.

Tecnicamente, um botão de submissão gráfico não é um controle de entrada, mas usa o tag HTML INPUT, então foi incluído aqui. Você pode usar este formato tag INPUT para oferecer um botão de submissão mais interessante aos seus formulários.

Veja também

➤ *Para mais informações sobre os controles de entrada HTML básicos, veja o Capítulo 6.*

Como criar o projeto da web INPUTS2

Ao longo deste capítulo, você irá construir páginas da web que hospedam cada um dos controles. Você também adicionará algum Visual Basic Script às propriedades de controle de inspeção e as mostrará ao cliente. Cada uma das páginas pode ser parte do projeto da web do Visual InterDev. Antes de começar a rever os exemplos aqui, você pode criar o projeto host que irá manter todos os documentos.

Para fazer isto, você deve primeiro iniciar o Visual InterDev e depois criar um novo projeto da web. Selecione **File**, depois **New Project** do menu principal e, após navegar para a pasta própria que será a caixa do código de origem para o projeto, entre inputs2 como o nome e clique em **Open**. Aceite o nome de servidor da web default ou, se não aparecer nenhum, entre um nome válido e clique **Next**. Agora você pode clicar em **Finish** para saltar as caixas de diálogo Theme e Layout. O Visual InterDev irá se mexer construindo seu projeto e finalmente mostrando o Visual InterDev IDE pronto para o trabalho.

Capítulo 7 Como construir formulários avançados da web...

Como combinar projetos host da web para exemplos

Ao longo deste livro, você estará construindo projetos host da web para testar vários documentos e técnicas. Se quiser, pode criar um único projeto em Visual InterDev 6 para guardar todos os exemplos. Isto irá reduzir o número de webs que você gera no seu servidor.

Veja também

➤ *Para detalhes sobre como criar novos projetos em Visual InterDev 6, veja o Capítulo 1.*

Como usar o controle HTML SELECT para criar elementos suspensos e caixa de lista

Dois dos controles HTML avançados mais comuns são suspenso e caixa de lista. Estes controles permitem aos usuários selecionar um ou mais itens de uma lista de itens no formulário do navegador. Se você está acostumado a programar para aplicações do Windows, o controle suspenso HTML funciona como a caixa de combinação e o controle caixa de lista funciona como o controle de caixa de lista que você vê nos formulários do Windows.

Na realidade, os controles suspenso e caixa de lista são apenas variações do controle HTML SELECT. O controle SELECT é projetado para dar aos usuários uma lista de opções e retornar o item (ou itens) selecionado. A única diferença entre os dois é que a versão Caixa de Lista mostra mais de uma linha de dados no navegador do cliente. Quando uma linha é apresentada, um botão aparece permitindo que os usuários saibam que podem pressionar o botão para ter a lista completa. Quando múltiplas linhas são apresentadas, nenhum botão aparece, mas uma barra de rolagem irá aparecer se a lista for além do espaço na página do navegador.

Com ambas as versões, o conjunto de opções selecionáveis é criado usando-se o tag HTML OPTION. Este tag está, na verdade, aninhado dentro do par de tags <SELECT>...</SELECT>.

Isto é um controle ou um elemento?

Programadores do HTML se referem a cada item em um documento como um elemento (como no elemento RADIO). Programadores do Windows tipicamente se referem aos itens em um formulário como controles (como no controle BUTTON). Você verá ambos os termos usados neste livro.

Nas duas próximas seções, você aprenderá como definir e usar as duas versões do controle HTML SELECT.

Como criar caixas suspensas com o controle HTML SELECT

Criar caixas suspensas com SELECT é muito simples. O formato básico para a versão Suspensa de SELECT é mostrado na Listagem 7.1.

Listagem 7.1 Código HTML básico do controle *SELECT* HTML suspenso.

```
1    <SELECT
2      NAME=ddlTest
3      ID=ddlTest
4      <OPTION value=ItemA>Item A</OPTION>
5      <OPTION value=itemB SELECTED>Item B</OPTION>
6      <OPTION value=ItemC>Item C</OPTION>
7      <OPTION value=ItemD>Item D</OPTION>
8    </SELECT>
```

Note que os únicos atributos significativos da versão suspensa são NAME e ID. No entanto, os tags OPTION aninhados dentro do controle SELECT são aqueles que determinam a lista de valores disponíveis para o navegador do cliente.

O atributo VALUE define o valor que será retornado ao servidor da web ou mostrado em uma rotina de script do cliente. O texto fora do tag OPTION é o que será mostrado na caixa de lista. Note que você pode usar o atributo SELECTED do tag OPTION para criar um item de seleção default para o controle Suspenso.

Usar a versão suspensa do controle SELECT é muito fácil. Primeiro, adicione uma página nova ao seu projeto da web chamada DROPDOWN.HTM. Para fazê-lo, apenas clique com o botão direito do mouse sobre o nome do projeto, selecione **Add**, depois **HTML Page** a partir dos menus, entre dropdown como nome e pressione **Open** para criar a nova página e carregá-la no seu navegador.

Agora selecione a guia **HTML** na janela da caixa de ferramentas e localize o item **Listbox** na caixa de ferramentas. Com o editor no modo Design, arraste o controle HTML para a nova página e libere-o no topo da mesma. Você irá notar que ele irá aparecer como um controle pequeno e vazio. Agora você estará pronto para adicionar itens ao controle Suspenso.

Sempre forneça um valor SELECT default

Você pode evitar alguma entrada de erros de dados nos seus formulários se sempre marcar um dos itens OPTION na lista SELECT como SELECTED. Isto irá marcá-lo como o valor default mesmo se usuários não selecionarem realmente um item de lista.

Capítulo 7 Como construir formulários avançados da web... **159**

Como adicionar itens a um controle Suspenso SELECT

1. Destaque o controle Suspenso (uma borda cinza irá aparecer).
2. Enquanto o mouse estiver sobre a borda cinza, clique com o botão direito do mesmo e selecione **Properties** do menu contexto.
3. Quando a Página de Propriedades aparecer, digite um nome para o controle (para este exemplo, entre dd1Test, como na Figura 7.1).

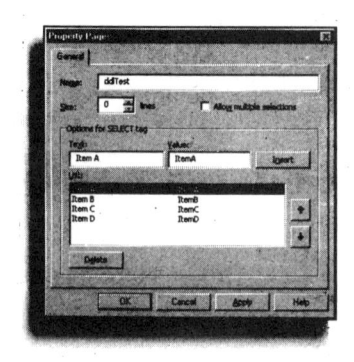

Figura 7.1 Uso da caixa de diálogo de propriedades do controle Suspenso.

4. Entre as opções que você quiser mostrar na caixa de diálogo pressionando o botão **Insert** e digitando dados nos campos **Text** e **Value** do diálogo. Lembre-se de que o campo **Value** será retornado nas rotinas de script e submissão. Para este exemplo, digite Item A para TEXT e ItemA para os atributos VALUE.
5. Continue a adicionar itens à lista de opções até que tenha adicionado todas as entradas necessárias. Para este exemplo, adicione quatro itens (Item A até Item D).
6. Se quiser, pode remover um item de uma lista pressionando o botão Delete no lado esquerdo inferior do diálogo.
7. Você pode rearrumar a ordem dos itens na lista pressionando as setas para cima e para baixo próximas à lista de opções.
8. Depois de estar satisfeito com o conteúdo e ordem da lista de opções, pressione **OK** para salvar a definição e sair do diálogo.

Isto é uma propriedade ou um atributo?

Se você tiver experiência com a programação do Windows, provavelmente está familiarizado com a palavra propriedade para descrever configurações únicas para controles de usuários. Se faz muita programação em HTML, usa a palavra atributo para descrever as configurações dos controles HTML. Estes nomes são diferentes para uma mesma coisa. Você pode ver ambas as palavras usadas indiscriminadamente neste livro.

Agora você está pronto para adicionar um controle HTML BUTTON à página. Você irá usar este botão para aceitar um evento clicado por parte do usuário e rodar algum Visual Basic Script para mostrar algumas das propriedades de tempo de execução do controle Suspenso.

Apenas arraste um controle BUTTON da guia **HTML** da janela de caixa de ferramentas para o documento HTML e libere-o abaixo do controle suspenso. Com o controle BUTTON ainda focalizado (circundado por uma borda cinza), use a janela de propriedades para definir as propriedades **NAME** e **ID** como btnShow e definir a propriedade **Value** como Showr.

Quando tiver terminado o processo de adição dos controles HTML Suspensos e BUTTON, pode pressionar a guia **Source** no editor do Visual InterDev para visualizar os resultados. Seu código HTML deve se parecer com o da Listagem 7.2.

Listagem 7.2 Código-fonte HTML para o controle Suspenso

```
1   <P>
2   <SELECT
3       NAME=ddlTest
4       ID=ddlTest>
5       <OPTION value=ItemA>Item A
6       <OPTION VALUE=ItemB SELECTED>Item B
7       <OPTION value=ItemC>Item C
8       <OPTION value=ItemD>Item D
9   </SELECT>
10  </P>
11
12  <P>
13  <INPUT
14      TYPE=button
15      ID=btnShow
16      NAME=btnShow
17      VALUE=Show
18  >
19  </P>
```

Uma nota sobre a formatação HTML

Você pode achar que a formatação atual do código HTML nos seus documentos não é a mesma dos exemplos mostrados neste livro. Os exemplos aqui foram alterados para tornar mais fácil ver os vários elementos HTML e atributos e suas configurações. O formato exato do HTML não afeta a forma como ele roda. No entanto, reformatar o código HTML o torna mais fácil de ler.

Capítulo 7 Como construir formulários avançados da web... 161

Agora, com a guia **Source** ativada, vamos adicionar algum Visual Basic Script para reagir quando usuários pressionarem o botão **Show**. Primeiro, selecione **DOCUMENT** a partir da janela de propriedade e certifique-se de que a propriedade DefaultClientScript esteja definida como VBScript. Depois, use a janela Script Outline para localizar o objeto btnShow e clique duas vezes no evento onclick para adicioná-lo ao seu documento HTML.

Agora você está pronto para adicionar o Visual Basic Script que irá mostrar o atributo NAME do controle e o atributo VALUE. Quando um usuário selecionar um item da lista, o atributo VALUE será configurado para ser igual ao atributo VALUE do tag OPTION selecionado pelo usuário. A Listagem 7.3 mostra o Visual Basic Script que irá fazer o que você precisa.

Listagem 7.3 Como adicionar o script do lado cliente para mostrar o valor selecionado do controle Suspenso

```
1   <SCRIPT LANGUAGE=VBSCRIPT>
2   <!--
3   Sub btnShow-onclick
4     Dim strMsg
5     '
6     strMsg = strMsg & "NAME:" & chr(9)
7     strMsg = strMsg & window.ddlTest.name & chr
8     strMsg = strMsg & "VALUE:" & chr(9)
9     strMsg = strMsg & window.ddlTest.value & chr(13)
10    '
11    alert strMsg
12    '
13  End Sub
14  -->
15  </SCRIPT>
```

Após ter adicionado o Visual Basic Script, salve o documento e teste-o rodando-o no modo **Quick View** do editor selecionando o quadro **Quickview**. Você pode puxar a caixa de lista, selecionar um item e pressionar o botão **Show**. Quando o fizer, verá uma caixa de diálogo de mensagem aparecer informando o nome do controle e a configuração do valor (veja a Figura 7.2).

Veja também

➤ Para saber mais sobre a utilização de script em Visual Basic, veja o Capítulo 11.

Como criar controles de caixa de lista com SELECT

Criar controles de caixa de lista HTML é quase idêntico a criar controles Suspensos. A única diferença entre os dois é a adição do atributo SIZE ao tag HTML SELECT.

Isto controla quantas linhas da lista são mostradas. No entanto, com a caixa de lista você também tem a opção de permitir que os usuários selecionem mais de um item da lista. Você pode fazer isto adicionando o atributo MULTIPLE à definição de SELECT.

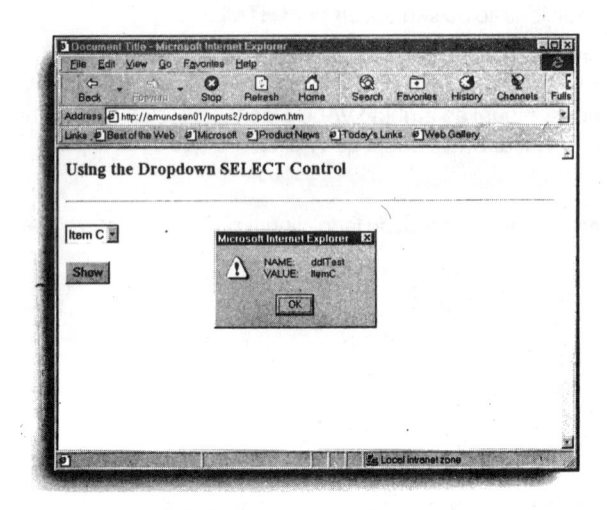

Figura 7.2 Teste do documento DROPDOWN.HTM.

Para este exemplo, adicione um novo documento HTML ao projeto da web chamado LIST.HTM e defina sua propriedade DefaultClientScript como VBScript. Após carregá-lo no editor do Visual InterDev, arraste o controle da caixa de lista da guia HTML da janela de caixa de ferramentas e solte-o na página.

Com o controle ainda focalizado (uma borda cinza o circunda), clique com o botão direito do mouse sobre o controle e selecione **Properties** para trazer a página de propriedade de caixa de lista. Defina a propriedade NAME do controle como 1stTeste e adicione quatro itens à lista de opções (Item A até Item D). Finalmente, configure o valor **Size** para **5** e verifique a opção **Allow Multiple Selections** (Permitir Múltiplas Seleções) no diálogo. Quando tiver terminado, clique **OK** no diálogo para salvar a definição (veja a Figura 7.3).

Depois, arraste um controle de botão da guia HTML da janela de caixa de ferramentas para a página e libere-o abaixo do controle de caixa de lista. Use a janela de propriedades para definir os atributos NAME e ID como btnShow e o atributo VALUE como Show.

Uso do controle Suspenso no formulário HTML

Se você usar o controle Suspenso em um conjunto de tags HTML <FORM>...</FORM>, o navegador irá enviar a propriedade ID do controle Suspenso com o valor selecionado pelo usuário. Você pode usar o script do cliente para chamar de volta este valor pedindo o controle ID Suspenso.

Capítulo 7 Como construir formulários avançados da web...   **163**

Uso do atributo MULTIPLE com SELECT

Normalmente, você pode usar o atributo MULTIPLE com ambas as versões caixa de lista e suspensa do controle HTML SELECT. No entanto, o comportamento da seleção múltipla em uma caixa de lista é um pouco confuso de visualizar e usar. Por esta razão, é recomendado o uso do atributo MULTIPLE apenas com a versão de caixa de lista do controle HTML SELECT.

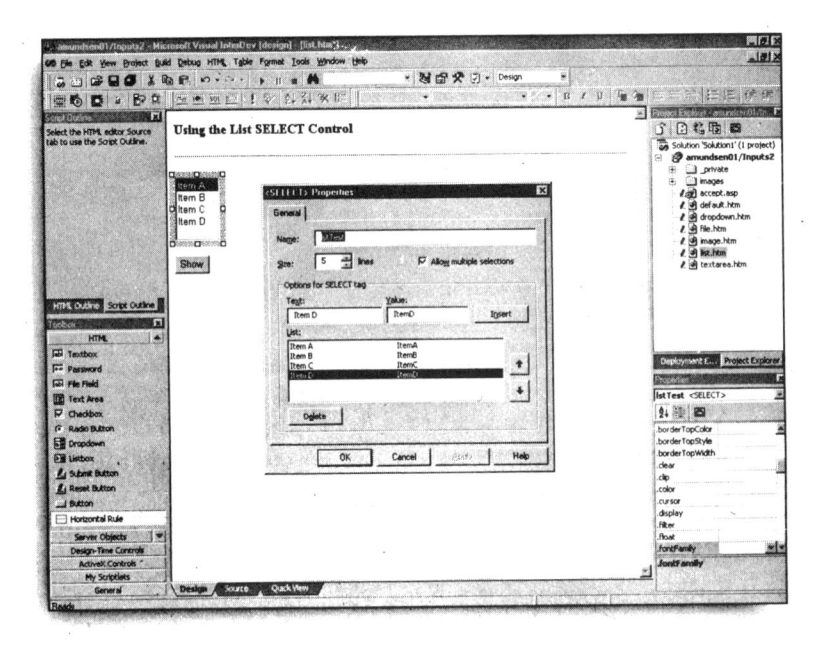

Figura 7.3 A página de propriedade da caixa de lista completa.

Depois, vá até a guia **Source** e localize a definição HTML **SELECT** para o controle de caixa de lista. Certifique-se de adicionar o atributo SELECTED para ItemB na lista de opção.

Quando tiver terminado, seu código HTML deverá se parecer com o da Listagem 7.4.

Listagem 7.4 Código HTML completo para a caixa de lista

```
1   <P>
2   SELECT
3     NAME=1stTest
4     Id=1stTest
5     SIZE=5
6     MULTIPLE
```

continua...

Listagem 7.4 Continuação

```
7    <OPTION value=ItemA >Item A </OPTION>
8    <OPTION VALUE=ItemB SELECTED>Item B </OPTION>
9    <OPTION value=ItemC>Item C </OPTION>
10   <OPTION value=ItemD>Item D </OPTION>
11   </SELECT>
12   </P>
13
14   <P>
15   <INPUT
16   TYPE=button
17   ID=btnShow
18   NAME=btnShow
19   VALUE=Show
20   >
21   </P>
```

Agora você está pronto para adicionar o código Visual Basic Script para mostrar os atributos NAME e VALUE do controle da caixa de lista. Para fazê-lo, certifique-se de que a guia **Source** esteja ativada e use a janela de script para localizar o objeto btnShow. Clique duas vezes no evento onclick para adicioná-lo ao seu documento HTML. Agora você pode adicionar o Visual Basic Script ao evento que irá rodar quando o usuário clicar no botão.

Em virtude de você ter permitido ao usuário selecionar itens múltiplos na lista, deve escrever seu Visual Basic Script de forma que esteja pronto para aceitar mais de um item. Para fazer isto, use o loop FOR...NEXT para passar por todos os itens na lista para ver se foram selecionados. Se o item tiver sido selecionado, será adicionado à saída final para a mensagem.

Uso do controle da caixa de lista com formulários HTML

Quando você envia um formulário HTML que contém um controle de caixa de lista, seu servidor recebe o ID do controle com uma lista delimitada por vírgulas de valores selecionados (como em Listbox="MIKE, MARY,"JOHN"). Se apenas um valor for selecionado, você verá somente o ID e a seleção única.

A Listagem 7.5 mostra o código Visual Basic Script que irá inspecionar os itens da lista, determinar quais foram selecionados e adicioná-los à saída para o vídeo.

Listagem 7.5 Como adicionar o Visual Basic Script para visualizar itens da caixa de lista selecionados

```
1   <SCRIPT LANGUAGE=VBSCRIPT>
2   <!--
3   Sub btnShow-onclick
4       '
5       Dim i
6       Dim strMsg
7       '
8       strMsg = strMsg & "NAME:" & chr(9)
9       strMsg = strMsg & window.1stTest.name & chr(13)
10      strMsg = strMsg & "VALUE:'
11      '
12      for i=0 to window.1stTest.length-1
13          if window.1stTest(i).selected=true then
14              strMsg=strMsg & chr(9)
15              strMsg=strMsg & window.1stTest(i).value
16              strMsg=strmsg & chr(13)
17          end if
18      next
19      '
20      alert strMsg
21      '
22  End Sub
23  -->
24  </SCRIPT>
```

Note que o código na Listagem 7.5 usa a propriedade length do controle da caixa de lista (linha 12) para determinar quantos itens estão na lista. Em virtude da numeração dos itens começar com 0, a propriedade length é ajustada para ter certeza de que o loop não tente ler além do fim da lista. Na linha 13, a propriedade selected do item da lista é inspecionada. Se o usuário tivesse selecionado o item, a propriedade selected seria definida como TRUE. As linhas 14-16 simplesmente formatam uma parte da saída do texto para conter o atributo VALUE do item selecionado. Finalmente, após a lista ter sido completamente inspecionada, os resultados são mostrados ao navegador do cliente em uma caixa de mensagem (linha 20).

Salve esta página e teste-a pressionando a guia **Quick View**. Você verá uma caixa de lista e deverá conseguir selecionar múltiplos itens na lista. Quando pressionar o botão **Show**, um diálogo irá aparecer mostrando o nome do controle e a lista de itens selecionados (veja a Figura 7.4).

Veja também

➤ *Para saber mais sobre script do lado cliente, veja o Capítulo 14.*

Como selecionar múltiplos itens em uma lista

Para selecionar mais de um item em uma lista, mantenha pressione a tecla Ctrl e clique em cada item que quiser selecionar. Você também pode clicar no primeiro item da lista e, enquanto estiver pressionado a tecla Shift, selecionar o último item. Isto irá selecionar todos os itens da lista.

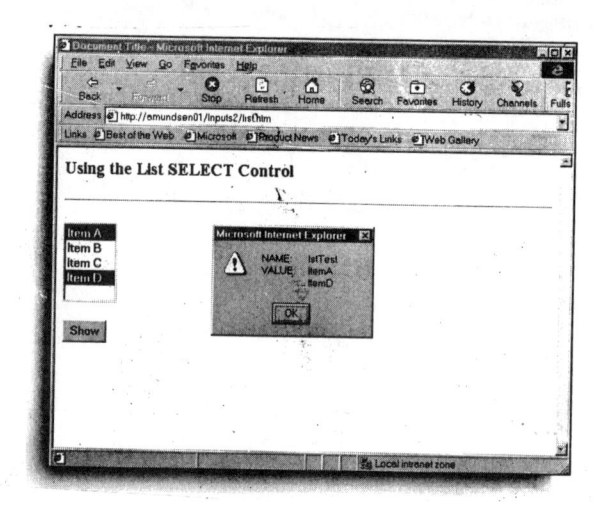

Figura 7.4 Visualização do resultado do controle da caixa de lista.

Como aceitar linhas de texto múltiplas com o controle TEXTAREA HTML

Outro controle de entrada que é comum aos formulários de aplicação da web é o controle TEXTAREA. Este é uma versão HTML de um campo "memo". Os usuários podem adicionar múltiplas linhas de texto, mesmo quebras de linha e marcadores de parágrafos. A sintaxe HTML básica para o controle TEXTAREA é mostrada na Listagem 7.6.

Listagem 7.6 Sintaxe HTML para o controle TEXTAREA

```
1    <TEXTAREA
2        ID=txaTest
3        NAME=txaTest
4        WRAP=Virtual
```

continua...

```
5      ROWS=5
6      COLS=40>
7      This is default text for the TEXTAREA Control.
8      </TEXTAREA>
```

Os atributos ID e NAME funcionam como você espera. Os atributos ROWS e COLS podem ser usados para configurar a altura e a largura do controle TEXTAREA no documento.

O atributo WRAP permite controlar como o envolvimento de palavras será gerenciado dentro da página da web. Existem três configurações possíveis para este atributo:

- OFF — Não empacota o texto com o controle TEXTAREA na página.
- SOFT — Realiza o empacotamento da palavra no documento, mas retorna apelas uma longa string de texto.
- HARD — Realiza o empacotamento da palavra no documento e retorna uma string que é formatada exatamente como está no documento.

Se você não incluir este atributo, SOFT será usado como o comportamento default.

Você também pode ver a partir da Listagem 7.6 que pode usar texto default para o controle. Este é um texto que irá aparecer dentro do controle quando a página for carregada primeiramente no navegador. A questão está em não usar VALUE= sintaxe para configurar o texto default do controle TEXTAREA. Você também deve notar que o texto default está fora do > de fechamento do tag HTML <TEXTAREA>, mas antes do tag </TEXTAREA>.

Para este exemplo, adicione um documento HTML novo ao seu projeto da web chamado TEXTAREA.HTM e defina sua propriedade DefaultClientScript como VBScript. Depois arraste o controle da guia **HTML** da janela de caixa de ferramentas e solte-o na página. Use a janela de propriedade para definir as propriedades NAME e ID como txaTest, ROWS como 5 e COLS como 40 e WRAP como SOFT.

Depois, pode adicionar um controle HTML BUTTON abaixo do controle de TEXTAREA e definir as propriedades NAME e ID como btnShow e a propriedade VALUE como Show. Após ter adicionado o código HTML, adicione uma linha única do texto dentro dos tags <TEXTAREA>...</TEXTAREA>. Qualquer texto o fará. Agora, seu documento deve parecer com a Listagem 7.7.

SOFT e HARD verus VIRTUAL e PHYSICAL

Alguns navegadores não reconhecem as configurações SOFT e HARD para o atributo WRAP. Em vez disto, usam as senhas VIRTUAL e PHSYSICAL, respectivamente. Certifique-se de testar seu código com vários navegadores para ter certeza de que esteja funcionando como você espera.

Listagem 7.7 Código HTML completo para o documento TEXTAREA.HTM.
```
1   <P>
2   <TEXTAREA
3     ID=txaTest
4     NAME=txaTest
5     WRAP=Soft
6     ROWS=5
7     COLS=40>
8   This is some text for the TEXTAREA Control
9   </TEXTAREA>
10  </P>
11
12  <P>
13  <INPUT
14    TYPE=button
15    ID=btnShow
16    NAME=btnShow
17    VALUE=Show
18  >
19  </P>
```

Agora você está pronto para adicionar um pouco do Visual Basic Script para mostrar o conteúdo do controle **TEXTAREA**. Use a janela de script para localizar o objeto btnShow e clique duas vezes no evento onclick. Isto irá criar um bloco de script do lado cliente. Agora adicione uma linha única do Visual Basic Script na Listagem 7.8.

Listagem 7.8 Adição do Visual Basic Script para mostrar o valor do controle **TEXTAREA**
```
1   <SCRIPT LANGUAGE=VBScript>
2   <!--
3   Sub btnShow-onclick
4     alert window.txaTest.value
5   End Sub
6   -->
7   </SCRIPT>
```

Capítulo 7 Como construir formulários avançados da web...   169

Uso de TEXTAREA com os formulários HTML

Quando você usar controles TEXTAREA com tags de formulário HTML, o navegador irá enviar o conteúdo do controle com o atributo ID. Se usar WRAP=HARD, a carga retornará e a linha inserida pelo usuário também será enviada.

Após adicionar esta linha do Visual Basic Script, salve o documento e clique na guia **Quick View** para ver a página em ação.

Adicione algum texto ao controle TEXTAREA. Certifique-se de incluir pelo menos um retorno de carro. Quanto tiver terminado de adicionar texto, pressione o botão **Show** para ver a caixa de diálogo que mostra o atributo VALUE do controle (veja a Figura 7.5).

Figura 7.5 Visualização do atributo VALUE do controle TEXTAREA.

Veja também

➤ *Para saber mais sobre o uso de controle de entrada de texto simples, veja o Capítulo 6.*

Como coletar nomes de arquivos dos clientes com o controle HTML INPUT do tipo FILE

Um dos novos controles HTML incluídos no Visual InterDev 6 é o controle INPUT de tipo FILE. Ele apresenta uma caixa de texto única e um botão associado. Usuários podem pressionar o botão e ver um diálogo de seleção de arquivo que lhes permite localizar qualquer arquivo ou pasta disponível para a estação de trabalho local. Além da seleção do arquivo, a propriedade VALUE do controle contém o drive exato, caminho e nome do arquivo do selecionado. Este é o equivalente em HTML ao controle de Diálogo Comum do Windows.

A sintaxe básica de HTML para este controle é mostrada na Listagem 7.9.

Listagem 7.9 Código HTML típico para controle INPUT de tipo FILE

```
1   <INPUT
2     TYPE=File
3     ID=filTest
4     NAME=filTest
5     SIZE=20
6
```

Como você pode ver, não há muito no código do controle. Sua responsabilidade básica é mostrar um diálogo de seleção de arquivo que permita aos usuários indicar um nome de arquivo completo e passá-lo de volta ao servidor da web.

Para este exemplo, adicione um novo documento HTML ao seu projeto da web chamado FILE.HTM e defina sua propriedade DefaultClientScript como VBScript. Depois, arraste o controle **File Field** da guia HTML para a janela de caixa de ferramentas e solte-o na página. Use a janela de propriedade para definir as propriedades ID e NAME como filTeste e configure a propriedade SIZE para 20.

Depois, adicione um botão HTML à página (abaixo do controle **File Field**) e defina suas propriedades ID e NAME como btnShow e sua propriedade VALUE como Show. Seu código HTML completo deve parecer com o da Listagem 7.10.

Listagem 7.10 Código HTML completo para o documento FILE.HTM.

```
1   <P>
2   <INPUT
3     TYPE=File
4     ID=filTest
5     NAME=filTest
6     SIZE=20
7   >
8   </P>
9
10  <P>
11  <INPUT
12      TYPE=button
13      NAME=btnShow
14      ID=btnShow
15      VALUE=Show
16  >
17  </P>
```

Capítulo 7 Como construir formulários avançados da web...

Carregar um arquivo requer um componente do lado servidor

Embora o controle INPUT do tipo FILE permita que os usuários selecionem um arquivo de cliente, você precisa de um componente do lado servidor especial para aceitar de fato o arquivo e colocá-lo no servidor. Você pode encontrar uma cópia de demonstração de um componente do lado servidor para carregar arquivos no site deste livro (veja o Apêndice B, "Recursos de Online").

Agora você está pronto para adicionar o código Visual Basic Script de cliente que irá mostrar o nome do controle e o arquivo selecionado pelo usuário. Para fazê-lo, use a janela do Script Outline para localizar o objeto btnShow e clique duas vezes no evento onclick Isto irá adicionar o bloco de código do evento ao seu documento.

Agora você deve adicionar o Visual Basic Script que irá mostrar as propriedades VALUE e NAME do controle INPUT do tipo FILE. A Listagem 7.11 mostra o código Visual Basic Script que irá fazer isto.

Listagem 7.11 Adição do Visual Basic Script para mostrar as propriedades NAME e VALUE do controle INPUT do tipo FILE

```
1   <SCRIPT LANGUAGE=VBSCRIPT>
2   <!--
3   Sub btnShow-onclick
4     Dim strMsg
5     '
6     strMsg = strMsg & "NAME:" & chr(9)
7     strMsg = strMsg & window.filTest.name & chr(13)
8     strMsg = strMsg & "VALUE:" & chr(9)
9     strMsg = strMsg & window.filTest.value & chr(13)
10    '
11    alert strMsg
12    '
13  End Sub
14  -->
15  </SCRIPT>
```

Agora salve o documento e vá para a guia **Quick View** para testar a página. Pressione o botão **Browse** para trazer o diálogo de localização de arquivo (veja a Figura 7.6).

Quando selecionar um arquivo e retornar à página da web, poderá pressionar o botão **Show** para ver um diálogo que mostre as propriedades NAME e VALUE do controle.

Figura 7.6 Teste do controle INPUT do tipo FILE.

Veja também

➤ *Para mais informações sobre o acesso a arquivos em disco, veja o Capítulo 25.*

Como adicionar botões gráficos usando o controle INPUT do tipo IMAGE

O último controle de entrada visto neste capítulo é o do tipo IMAGE. Este não é realmente um controle INPUT, mas um substituto para o botão **Submit** em um formulário. Se você quiser adicionar um pouco de criatividade aos seus formulários da web, pode substituir o controle padrão <INPUT TYPE= Submit...> por um <INPUT TYPE=Image...>.

O código HTML básico do controle INPUT do tipo IMAGE é mostrado na Listagem 7.12.

Como abrir arquivos na estação de trabalho do cliente

O controle INPUT tipo FILE meramente retorna nome completo de um arquivo na estação de trabalho do cliente. Se você quiser ler, mostrar ou copiar o conteúdo do arquivo selecionado, deve usar os comandos de script. O Visual Basic Script oferece uma série de objetos, métodos e propriedades para lidar com arquivos em disco, que são vistos no Capítulo 25 deste livro.

Capítulo 7 Como construir formulários avançados da web...

Listagem 7.12 Código HTML básico do controle INPUT do tipo IMAGE

```
1  <input
2     TYPE=image
3     ID=imgTest
4     NAME=imgTest
5     SRC=images\easel.gif
6     WIDTH=200
7     HEIGHT=172
8  >
```

Você pode ver na Listagem 7.12 que o atributo SRC na linha 5 contém uma referência a um arquivo GIF no projeto da web. Esta será a imagem atual mostrada no formulário.

Os últimos dois atributos (WIDTH e LENGTH) são opcionais. No entanto, você pode usar estes valores para alterar o tamanho do botão no formulário. No caso mostrado na Listagem 7.12, a imagem será mostrada com o dobro de seu tamanho original. O navegador do cliente gerencia os detalhes de escala da imagem gráfica.

Agora adicione mais um documento à web chamado IMAGE.HTM e defina sua propriedade DefaultClientScript como VBScript. Agora você está pronto para adicionar o controle INPUT do tipo IMAGE à página. Mas há um problema: não existe controle INPUT do tipo IMAGE na guia **HTML** da janela da caixa de ferramentas. O Visual InterDev não navega com o controle definido na caixa de ferramentas. Isto significa que você deve construir seu próprio em código.

Para fazer isto, abre a visualização **Source** do editor do Visual InterDev e entre o código HTML exatamente como mostrado na Listagem 7.12 na seção <BODY> do documento. Você deve ter sua própria referência de imagem. Aquela usada na Listagem 7.12 foi incluída com o FrontPage 98.

Após adicionar o código HTML, você deve adicionar algum código do Visual Basic que irá mostrar o controle NAME e a propriedade SRC quando o usuário clicar o controle INPUT do tipo IMAGE. Localize o objeto imgTest na janela do Script Outline e clique duas vezes no evento onclick para adicionar o bloco de script de cliente ao seu documento.

Agora adicione o código da Listagem 7.13 ao bloco de script.

Listagem 7.13 Adição do Visual Basic Script ao documento IMAGE.HTM

```
1  <script LANGUAGE="VBScript">
2  <!--
3  Sub imgTest-onclick
4     Dim strMsg
5     `
6     strMsg = "NAME:" & chr(9)
7     strMsg = strMsg & window.imgTest.name
8     strMsg = strMsg & chr(13)
```

continua...

Listagem 7.13 Continuação

```
9      strMsg = strMsg & "SRC:" & chr(9)
10     strMsg = strMsg & window.imgTest.src
11     '
12     alert strMsg
13     '
14  End Sub
15  -->
16  </script>
```

Não confunda o controle IMG e o controle INPUT TYPE =IMAGE

É fácil confundir estes dois controles. Embora seja possível adicionar os controles IMG a um formulário da web, o controle INPUT TYPE =IMAGE funciona de forma mais eficiente em um formulário HTML e pode ser mais fácil de trabalhar quando você escrever seus scripts de cliente.

No código na Listagem 7.13, tudo o que você está fazendo é acessar as propriedades NAME e SRC e mostrá-las ao usuário. Se você adicionasse este controle a um formulário de entrada real, pressioná-lo geraria a ação POST ou GET que iria transmitir o conteúdo de todos os controles INPUT de volta ao servidor.

Uso de múltiplos controles INPUT TYPE =IMAGE em um formulário

Se você quiser ter múltiplas imagens em um formulário HTML, deve definir os atributos ID e NAME de cada botão como um valor único. Este valor será passado ao servidor no formulário <name>.x e <name>.y. Esta é uma convenção antiga que era usada para enviar informações para mapas de imagem do lado servidor de cliente para servidor.

Agora salve a página e pressione a guia **Quick View** no editor do Visual InterDev para testar a página. Quando você clicar na imagem, verá um diálogo aparecer informando as propriedades NAME e SRC da imagem (veja a Figura 7.7).

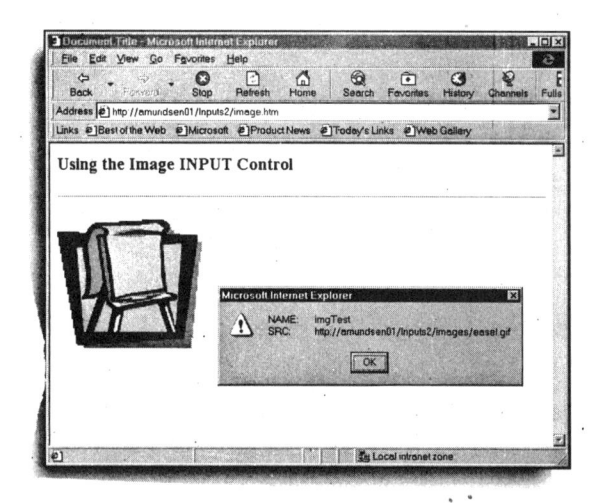

Capítulo 7 Como construir formulários avançados da web... 175

Figura 7.7 Teste do controle INPUT do tipo IMAGE.

Veja também

➤ *Para mais informações sobre envio de dados de cliente aos servidores da web, veja o Capítulo 5.*

Capítulo 8

Como usar folhas de estilo com suas páginas da web

- Uso do editor de folhas de estilo do Visual InterDev 6
- Adição de folhas de estilo em linha, embutidas, externas e importadas
- Criação de páginas efetivas da web com folhas de estilo

O que é uma folha de estilo?

O formato HTML foi originalmente projetado como uma "linguagem marcada" para navegação na Internet. De fato, HTML significa Hypertex Markup Language. No entanto, as primeiras versões do HTML permitiam apenas os mínimos recursos de marcação. Com o HTML 3.2, existiam muito poucos métodos padrão para criação visual de páginas agradáveis. E quanto mais as pessoas começaram a usar a web, mais viram a necessidade de uma forma verdadeiramente flexível – e extensiva – de adicionar estilos aos documentos HTML.

Para solucionar este necessidade de uma linguagem de marcação extensiva, a especificação de Folha de Estilo em Cascata (CSS – Cascading Style Sheet) foi desenvolvida. CSS é uma forma de definir todas as partes principais de estilos de vídeo, incluindo

- Fontes
- Segundo plano
- Margens e bordas
- Espaçamento, posicionamento e alinhamento

Com o código de marcação CSS no seu documento, você pode transformar uma página de aparência apenas planejada (veja a Figura 8.1) em outra mais atrativa aos olhos (veja a Figura 8.2).

Folhas de estilo e tipografia

Se você já trabalhou com tipografia tradicional e layout de página, deve achar as folhas em estilo Cascata muito familiares. Folhas de estilo tendem a duplicar a flexibilidade de impressão e têm adotado muitas semelhanças com o fundo impresso.

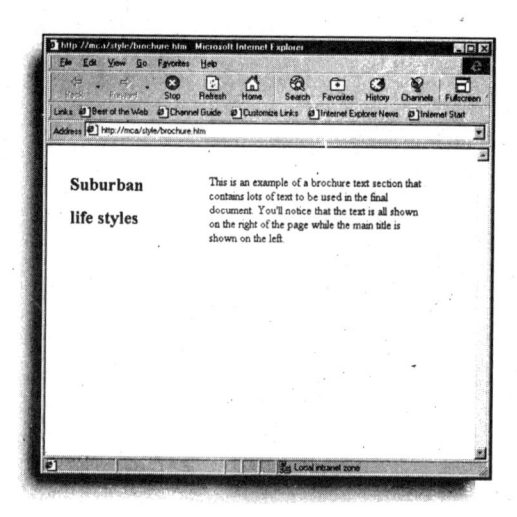

Figura 8.1 Um típico documento HTML antes do código CSS.

Capítulo 8 Como usar folhas de estilo com suas páginas da web   179

Figura 8.2 O mesmo documento HTML após a aplicação do código CSS.

A especificação CSS também é projetada para "degradar graciosamente". Se o documento requerer uma fonte particular ou fundo que não esteja disponível para o navegador atual, fontes ou estilos secundários podem ser substituídos. O método CSS para definição de estilos também é feito de forma que não irá causar problemas para os navegadores de clientes que não tolerarem o CSS. Em outras palavras, navegadores não-CSS podem simplesmente ignorar as marcações CSS e continuar a mostrar os documentos como se nenhum código CSS fosse incluído.

Degradação graciosa com folhas de estilo

Tenha em mente que quando um usuário visita sua página sem um navegador que suporte o CSS, ele ou ela irá ver o texto formatado bruto. Quando você usar o CSS ao invés do tradicional arquivo de imagem para criar um efeito, considere o impacto para o usuário final. Você pode querer continuar usando as velhas técnicas até conhecer todo o suporte de CSS de seus visitantes.

Existem apenas alguns passos básicos para adicionar folhas de estilo aos seus documentos da web. Você deve primeiro definir os estilos. A forma mais comum de fazer isto é com o editor de folhas de estilo do Visual InterDev 6. Ele coloca todos os estilos em um único documento chamado *arquivo de folhas de estilo*.

Após construído este arquivo, você deve vincular documentos HTML à folha de estilo existente. Isto é feito com um elemento <LINK> na seção <HEAD> do documento HTML.

Finalmente, quando a folha de estilo é vinculada ao seu documento, você pode adicionar atributos adicionais aos elementos de nível de texto e nível de bloco para aplicar os estilos no arquivo de folha de estilo ao seu texto.

> **Esteja preparado para surpresas quando aplicar estilos em vários navegadores.**
>
> Em virtude da especificação CSS ser projetada para permitir que navegadores ignorem as partes que não entendem, você deve estar preparado para ver resultados inesperados aparecerem quando alguns navegadores liberarem seu documento usando guias CSS. Se você planeja implementar seu documento HTML na Internet, teste cuidadosamente suas guias CSS em vários navegadores para ter certeza de que os usuários irão ver o que você quer que vejam.

As próximas três sessões deste capítulo explicam estas tarefas com grandes detalhes.

Veja também

➤ *Para saber mais sobre criação de documentos com o Visual InterDev 6, veja o Capítulo 3.*

O formato de arquivo de folha de estilo

Conforme mencionado anteriormente, após definir uma série de estilos, você pode colocá-los em um único documento chamado arquivo de folha de estilo. Este arquivo tem um formato especial compreendido por navegadores HTML. A Listagem 8.1 mostra um exemplo típico de um documento de folha de estilo.

Listagem 8.1 Um típico documento de folha de estilo

```
1   BODY
2   {
3     BACKGROUND-COLOR: aqua;
4     COLOR: maroon;
5     FONT-FAMILY:Arial, sans-serif
6   }
7   #MyCSSID
8   {
9     COLOR: blue
10    FONT-SIZE: large
11  }
12  ADDRESS.MyCSSCLASS
13  {
14    FONT-STYLE : italic;
15    FONT-VARIANT: normal
16  }
17  .MyNewClass
18  {
```

continua...

Listagem 8.1 Continuação

```
19    BACKGROUND-COLOR : blue;
20    FONT-FAMILY: "Arial Rounded MT Bold", sans serif
21    }
```

Arquivos de folha de estilo

Como você pode ver na Listagem 8.1, não há muito em um arquivo de folha de estilo. Se estiver à vontade para fazê-lo, pode seguramente editar estes arquivos em um editor de texto, ou no editor de Origem do Visual InterDev se preferir não usar o editor de folha de estilo.

Note que existem vários tipos de estilo diferentes neste documento. O primeiro tipo redefine o estilo default para a seção <BODY> do documento (inhas 1-6). As linhas 7-11 definem um único ID que pode ser aplicado em qualquer lugar do documento. As linhas 12-16 definem uma classe especial do elemento ADDRESS chamada MyCSSClass. Este é um estilo que pode ser aplicado apenas ao elemento ADDRESS na página. Finalmente, um estilo de classe "livre" é definido nas linhas 17-21.

Tudo isto é texto comum

A informação da folha de estilo em cascata é toda armazenada como um texto comum em um documento. Isto significa que você também pode usar um editor de texto simples para editar estes documentos. Embora isto não seja recomendado, é bom saber que é possível se você estiver em um site de cliente e precisar aplicar uma fixação rápida a um documento CSS.

Em virtude da classe não ser precedida de um nome de elemento, esta classe pode ser aplicada a um elemento existente no documento (ou seja, <H1>,<SPAN>, <DIV>,<P> e muito mais).

Veja também

➤ *Para mais informações sobre o uso de <DIV> e <SPAN> em seus documentos HTML, veja o Capítulo 29.*

Como vincular folhas de estilo a documentos

A sintaxe para vincular um documento HTML a um arquivo CSS existente é adicionar a linha seguinte à seção <HEAD> de um documento HTML:

```
<LINK rel="stylesheet" href="css/brochure.css">
```

Neste exemplo, o arquivo BROCHURE.CSS é armazenado na subpasta chamada css. A afirmação LINK indica que existe uma relação (rel) de folha de estilo entre o documento atual e o arquivo BROCHURE.CSS.

Localizações de arquivo CSS

Sempre lembre de se referir ao seu arquivo CSS pelo diretório de localização, assim como qualquer outro URL. Por exemplo, se o arquivo CSS estiver localizado em um diretório acima do seu documento, use o prefixo com um diretório up..\.

A real vantagem de usar um arquivo CSS é que você pode facilmente gerenciar arquivos por entre um projeto da web inteiro modificando apenas um documento. Isto pode ser feito porque a informação de estilo atual não é armazenada no documento HTML. Apenas um vínculo à folha de estilo existe em cada documento HTML. Também, ao mudar um valor de estilo no arquivo de folha de estilo, todos os documentos vinculados irão refletir a mudança na próxima vez em que forem carregados.

O elemento <LINK> pertence ao elemento <HEAD>

Se você quiser usar o elemento <LINK> para vincular documentos ao seu documento HTML, deve colocar este elemento entre os elementos <HEAD> e </ HEAD >.

Veja também

➤ *Para mais informações sobre criação de subpastas nos seus projetos do Visual InterDev 6, veja o Capítulo 2.*

Como aplicar estilos em documentos

Basicamente, a especificação CSS lhe permite adicionar várias fontes e atributos de estilo a todas as seções existentes e elementos de marcação em nível de texto. Por exemplo, você pode definir um estilo que altere o elemento <H1> de forma que todo o texto <H1> apareça na cor reversa. Ainda, pode criar uma definição CSS que use a fonte Arial de 12 pontos para todo o texto com o <BODY> do documento.

A especificação CSS lhe permite criar seus próprios códigos de marcação, também. Por exemplo, você pode criar "classes" que são aplicadas a um ou mais elementos existentes. Estas classes podem ser aplicadas aos elementos existentes usando o atributo class=:

```
<H2 Class="MyClass">
```

Capítulo 8 Como usar folhas de estilo com suas páginas da web   **183**

Você também pode criar seus códigos ID únicos para estilos. Pode, então, aplicar os estilos simplesmente referindo-se ao código ID:

```
<P ID="MyCSSID">
```

Este é o texto com o estilo MyCSSID aplicado:

```
</P>
```

Você aprenderá mais sobre a criação de classes e IDs únicos na próxima seção deste capítulo.

Como usar o editor de folhas de estilo do Visual InterDev 6

Agora que você já entende as bases das folhas de estilo e como elas funcionam, está pronto para começar a criar seus próprios documentos de folha de estilo. O Visual InterDev 6 possui um editor de folha de estilo muito útil que você pode usar para criar suas folhas folhas de estilo. Este editor lhe permite criar visualmente os vários estilos e ver como eles irão ficar em um documento de teste. Quando estiver satisfeito com a aparência do estilo, você pode salvar o grupo inteiro de estilos como um arquivo.CSS. Quando tiver um arquivo.CSS disponível, pode simplesmente aplicá-lo a qualquer documento da web existente.

Classes de estilo versus IDs

A diferença entre classes e IDs é sutil. Embora eles possam sempre ser usados indiscriminadamente, a regra geral diz para usar classes para aplicar apenas a um elemento específico (como H1) e IDs para aplicar a qualquer elemento (como H1 ou P).

Para todos os exemplos nesta seção deste capítulo, você aplicará estilos a um documento único. O texto do documento inteiro é mostrado na Listagem 8.2.

Construa primeiro o documento comum

Por ser possível que alguns usuários visualizem seu documento da web com um navegador que não tolere as folhas de estilo, é uma boa idéia construir seu documento sem marcas CSS e visualizá-lo primeiramente. Depois você pode aplicar guias CSS para melhorar a aparência visual do documento.

Listagem 8.2 FIRST.HTM para teste de estilos

```
1   <H1>This is H1 Text</H1>
2
3   <P>
4   This is normal Text
5   <P>
6
7   <P>
8   This is also normal text in a second paragraph
9   you will be able to see the difference between these two
10  paragraphs when you create a special "style class" and
11  apply that style class to this paragraph.
12  </P>
13
14  <P>
15  This paragraph shows more clearly how top and
16  bottom margins are applied to HTML tags including
17  P element.</P>
18
19  <UL>
20  <STRONG>List Items</STRONG>
21  <LI>Item One
22  <LI>Item Two
23  <UL>
24  <LI> Sub Item Two A
25  <LI> Sub Item Two B
26  </UL>
27  <LI>Item Three
28  </UL>
29
30  <ADDRESS>
31  www.amundsen.com
32  </ADDRESS>
```

A Listagem 8.2 mostra todo o texto no BODY do documento HTML. Adicione um novo documento ao seu projeto STYLES chamado FIRST.HTM e entre o texto da Listagem 8.2 no documento enquanto estiver no modo Origem. Você irá usar este documento para testar os vários estilos que criar no restante do Capítulo.

Capítulo 8 Como usar folhas de estilo com suas páginas da web   **185**

O documento completo deve parecer-se com o mostrado na Figura 8.3.

Veja também

➤ *Para saber mais sobre adição de documentos a um projeto da web existente, veja o Capítulo 2.*

Figura 8.3 Visualização do documento HTML comum antes da aplicação de estilos.

Como iniciar o editor de folhas de estilo

É fácil criar uma nova folha de estilo com o editor de folha de estilo. Primeiro, inicie o Visual InterDev 6 e crie um novo projeto chamado Style no seu servidor da web atual. Não se preocupe em aplicar um tema ou layout para o novo projeto. Após selecionar o servidor host e o nome do projeto, apenas pressione o botão F̲inish (**Finalizar**) para construir um projeto da web simples.

Dica de ajuda: Mantenha as folhas de estilo

Não há nada que diga que você não pode usar uma folha de estilo que cria em um projeto, tal como a criada neste capítulo, em outro projeto. Mantenha um arquivo de folhas de estilo que você goste de usar para inBODYração nos outros sites.

Quando o Visual InterDev tiver terminado de criar seu projeto padrão, você estará pronto para adicionar sua primeira folha de estilo.

Como adicionar uma nova folha de estilo a um projeto da web existente

1. Clique com o botão direito do mouse sobre o nome do projeto na janela do Project Explorer.
2. Selecione **A**dd Item (**A**dicionar Item) no menu contexto.
3. Selecione **S**tyle Sheet (**F**olha de Estilo) no submenu.
4. Quando o diálogo Add Item aparecer, entre um nome para a folha de estilo (neste exemplo, use first) e pressione o botão **O**pen. Você verá o editor da folha de estilho do Visual InterDev 6 aparecer, pronto para seu trabalho (veja a Figura 8.4).

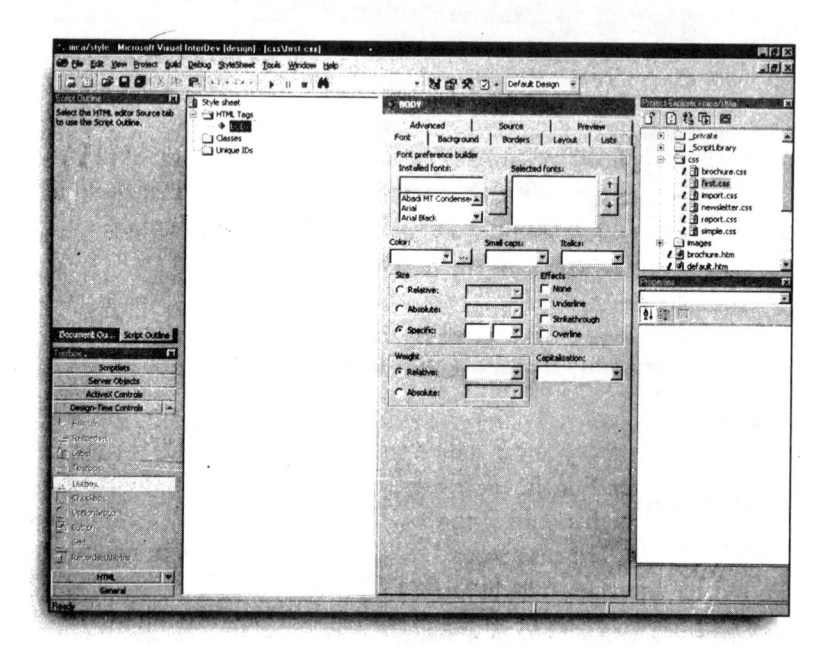

Figura 8.4 O editor de folha de estilo do Visual InterDev 6 pronto para uso.

Quando o editor estiver visualizado, você verá uma árvore à esquerda e uma caixa de diálogo com múltiplas guias à direita. A visualização em árvore mostra as definições de estilo atuais no arquivo. Existem apenas três tipos de estilos principais com que você deve lidar:

- *Tags HTML*. Isto lhe permite configurar estilos para qualquer tag HTML existente.
- *Classes*. Isto lhe permite criar um tipo especial de definições de estilo chamada como *classe*. Você pode aplicar estas classes a guias HTML existentes para adicionar um estilo personalizado ao seu documento.
- *IDs únicos*. Isto lhe permite criar outro tipo especial de definição de estilo chamado *ID*. Você pode aplicar estes IDs a qualquer porção do seu documento HTML.

Capítulo 8 Como usar folhas de estilo com suas páginas da web 187

O editor de folha de estilo do Visual InterDev 6 é um editor CSS padrão

Se você clicar duas vezes um documento CSS no seu projeto, o Visual InterDev 6 irá automaticamente iniciar o editor de folha de estilo para você com o documento carregado. Se não quiser usar o editor CSS que navega com o Visual InterDev 6, pode clicar com o botão direito do mouse sobre o documento CSS e selecionar Open With (**Abrir Com**) para associar um novo editor CSS para o Visual InterDev 6.

A diferença entre uma classe e um ID é sutil, mas importante. Classes são usadas para organizar estilos ao redor de tags HTML existentes. Por exemplo, você pode criar um grupo de classes que se expande no tag HTML H1. Este poderia ser H1.Big, H1.reverse e H1.warning. A seguir está um exemplo:

```
<H1 class="big">Big Heading</H1>
<H1 class="reverse">Reverse Colors</H1>
<H1 class="warning">Don't Press Delete!</H1>
```

IDs de estilo, no entanto, são projetados para agir independentemente de tags HTML. Por exemplo, você pode definir um ID #Warning que poderia ser aplicado a mais de um tag HTML. Aqui temos um exemplo:

```
<H1 ID=#Warning>About the Delete Button</H1>
<P ID=#Warning>

It's not a good idea to press the Delete button unless you are quite sure
you do not need to save the data at all.

</P>
```

Você verá como pode definir e aplicar classes e IDs mais adiante neste capítulo. Para a maior parte, você irá se concentrar na construção de folhas de estilo que modifiquem a forma como tags HTML são exibidos em textos no seu documento. As próximas sessões mostram como usar o editor de folha de estilo do Visual InterDev 6 para criar um arquivo de folha de estilo que possua exemplos de todos os tipos principais de definição de estilo que você irá usar nos seus documentos da web.

Como usar classes e IDs para seu benefício

Você pode criar quantos IDs e classes quiser. Se tiver que criar um distinção sutil entre um bloco de texto <P> e outro, crie uma classe personalizada. Se preferir criar seus IDs únicos pessoais para formatação, siga em frente. Tenha em mente que as classes e IDs que você criou e não usa são ignorados pelo navegador da web. Existe um mínimo de informações de suporte sobre criação de novos estilos, então você deve querer planejar antecipadamente.

Como adicionar o arquivo FIRST.CSS ao documento FIRST.HTM

Por agora, embora você não tenha adicionado nenhuma definição de estilo especial ao seu arquivo de folha de estilo, feche o arquivo de forma que possa vinculá-lo ao seu documento HTML. Para fazer isto, selecione **File**, **Close** no menu principal. Você verá um diálogo perguntando se quer salvar o arquivo de folha de estilo. Clique **Yes**.

Agora que você armazenou um arquivo de folha de estilo, pode vinculá-lo ao documento HTML.

Como vincular uma arquivo de folha de estilo a um documento HTML no Visual InterDev 6

1. Clique duas vezes no documento **FIRST.HTM** na janela do Project Explorer para o projeto STYLES. O documento irá aparecer no editor do Visual InterDev.

2. Com o documento HTML carregado no seu editor, vá para o modo Origem clicando a guia **Source** na parte inferior da janela de editor.

3. Para criar espaço para a folha de estilo, vincule a seção <BODY> do documento. Mova o cursor para a linha com o tag </HEAD> e pressione Enter para adicionar uma nova linha em branco à página. O vínculo da folha de estilo irá ocorrer nesta linha em branco.

4. Mova o cursor para a janela do Project Explorer e localize o documento FIRST.CSS na lista. Arraste-o do Project Explorer sobre o documento HTML no editor e libere o item na linha em branco na seção <HEAD>. Você verá o código completo <LINK...> aparecer no seu documento HTML.

Após ter liberado o arquivo de folha de estilo dentro do seu documento HTML, a seção <HEAD> deve parecer-se com a mostrada na Listagem 8.3.

Listagem 8.3 Resultados da liberação do arquivo de folha de estilo em um documento HTML

```
1    <HEAD>
2    <META NAME= "GENERATOR" Content= "Microsoft Visual Studio 6.0">
3    <LINK rel="stylesheet" href= "css/first.css">
4    </HEAD>
```

Agora você está pronto para começar a adicionar definições de estilo ao arquivo de folha de estilo e visualizar os resultados do documento FIRST.HTM.

Estilos em linha

Embora as folhas de estilo suportem estilos em linha, onde você pode definir atributos de estilo no documento HTML, eu recomendo que use os arquivos externos como neste capítulo. Isto torna a atualização mais fácil e também torna seus estilos disponíveis para outras páginas.

Capítulo 8 Como usar folhas de estilo com suas páginas da web

Veja também

➤ *Para saber mais sobre o editor do Visual InterDev 6, incluindo operações do tipo arrastar-e-soltar, veja o Capítulo 2.*

Definição de estilos de fonte

Com o editor do Visual InterDev 6 funcionando, você pode selecionar a guia **Font** para entrar informações para definir um estilo de fonte. Por exemplo, pode realçar o tag HTML BODY e configurar um estilo de fonte para a seção BODY inteira do documento para Tahoma 12 pontos.

Use arquivos CSS múltiplos para um documento único

É possível aplicar mais de um arquivo CSS ao mesmo documento HTML. Por exemplo, você poderia ter um documento CSS que define os estilos de parágrafo e outro que define as margens e layouts. Apenas adicione ambos ao novo documento para a seção <HEAD> da página HTML e estará tudo configurado.

Como configurar o estilo de fonte BODY

1. Com o editor de folha de estilo do Visual InterDev 6 funcionando, clique a guia **Font** no diálogo à esquerda.

2. Na visualização em árvore à esquerda, certifique-se de realçar a palavra **BODY** na seção **HTML Tags**.

3. No diálogo da guia **Font**, use barras de rolagem na lista de fonte (abaixo da caixa de entrada de **Installed Fonts** – Fontes Instaladas) para rolar pela seleção de fontes. Localize e clique duas vezes a fonte Tahoma para adicioná-la à lista de **Seleted Fonts** – Fontes Selecionadas.

4. Finalmente, entre sans serif na caixa de entrada **Installed Fonts** e clique uma vez no botão da seta à direita para adicioná-la à lista **Selected Fonts**. Você terá definido seu primeiro estilo de fonte! (veja a Figura 8.5).

Fontes instaladas: os fatos

Lembre-se que fontes instaladas são exatamente isso: as fontes instaladas no seu computador. Não há garantia de que os usuários do seu site terão as mesmas fontes que você. Este exemplo assume que todos tenham a fonte Tahoma. No entanto, quais são as chances de alguém usando um Macintosh? Isto é algo a ser considerado.

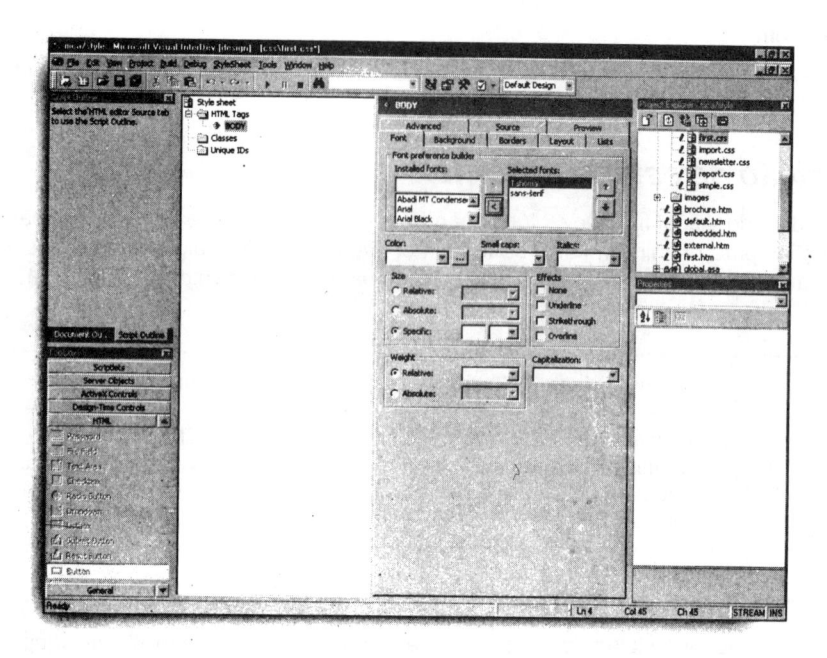

Figura 8.5 Como definir um estilo de fonte para o BODY.

Quando tiver construído sua lista de fonte selecionada, você pode adicionar quantas fontes quiser. O navegador do cliente tentará usar o primeiro item da lista. Se o navegador não puder localizar uma fonte com o nome que você pediu, lerá a próxima fonte na lista de preferência e tentará localizar e usar aquela fonte. Isto irá continuar até o navegador encontrar uma fonte que possa satisfaça o pedido ou até acabarem as fontes.

Falhas no pedido de fontes

Até que todos estejam usando um navegador que possa transferir fontes rapidamente, estas continuarão sendo uma dor de cabeça entre o programadores da web. Considere cuidadosamente o impacto que uma fonte errada pode causar na consistência visual e layout do seu site. Planeje seu site com o mais baixo denominador comum nos seus visitantes.

No exemplo anterior, você adicionou sans serif à lista de fontes. Isto não é realmente uma fonte — é o nome de uma família de fonte. Quase todos os navegadores de cliente terão no mínimo uma fonte nas suas coleções que pertença à família sans-serif. Contudo, é sempre uma boa idéia finalizar toda lista de seleção de fonte com o nome de uma família de fonte.

Os nomes de famílias de fontes válidos são
- Serif (por exemplo, Times)
- Sans serif (por exemplo, Arial ou Helvetica)
- Cursive (por exemplo, Zapf-Chancery)
- Fantasy (por exemplo, Western)
- Monospace (por exemplo, Courier)

Você também pode usar o editor de folha de estilo do Visual InterDev 6 para visualizar a folha de estilo atual que será salva para seu projeto web. Para fazer isto, selecione a guia **Source** na caixa de diálogo. Você deve ver uma exibição que se parece com aquela na Listagem 8.4.

Listagem 8.4 Visualização da Origem da Folha de Estilo resultante

```
1   BODY
2   {
3   FONT-FAMILY : Tahoma, sans-serif
4   }
```

Sempre adicione famílias de fontes para estilos de fonte

Algumas vezes o navegador do cliente não satisfaz seus pedidos de fonte. Neste caso, o navegador irá reverter para a fonte original para a guia HTML (geralmente Times Roman, serif). Para evitar amostragens indesejáveis, você deve sempre adicionar uma família de fonte ao final de toda lista de seleção de fonte em um estilo.

Agora, quando visualizar o documento FIRST.HTM, você verá os resultados da configuração de nova fonte para o corpo do documento. Esta atualização de estilo aparece mesmo que você não tenha editado o documento HTML. Este é o poder das folhas de estilo vinculadas (veja a Figura 8.6).

Como definir estilos de fundo

Você também pode usar a guia **Background** (**Segundo Plano**) editor de folha de estilo para criar definições de estilos para fundos. Pode criar estilos de fundo para o corpo de um documento inteiro ou para qualquer guia HTML existente.

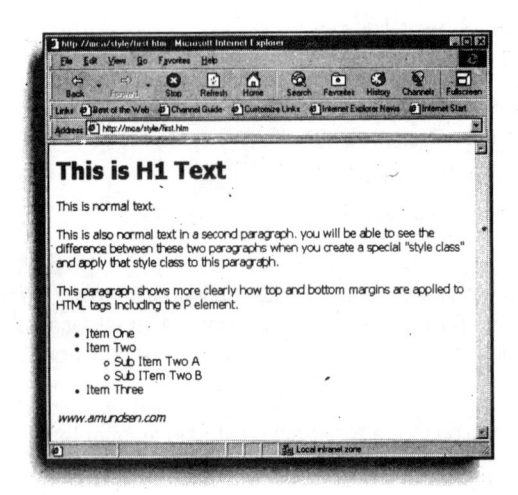

Figura 8.6 Visualização de FIRST.HTM com o novo estilo de fonte BODY.

Como configurar o estilo de segundo plano para a guia BODY HTML

1. Com o editor de folha de estilo do Visual InterDev 6 carregado, selecione a guia **Background** caixa de diálogo.
2. Localize a seção **Background colors** (**Cores de segundo plano**) e pressione o botão navegador (...) para chamar a caixa de diálogoColor Picker.
3. Selecione uma cor a partir dos vários blocos no diálogo; neste exemplo, selecione **Plum** (**Roxo escuro**).
4. Verifique a caixa **Use color names** (**Usar nomes de cores**) na parte inferior esquerda da caixa de diálogo. Isto irá salvar a cor como um nome legível em vez de um valor numérico.
5. Pressione **OK** na caixa de diálogo Color Picker para salvar a seleção de cor (veja a Figura 8.7).

Agora, quando você selecionar a guia **Source** para visualizar o arquivo de folha de estilo, verá algo parecido com o texto na Listagem 8.5.

É melhor usar nomes de cores

Quando salvar valores de cores com o Visual InterDev 6, é uma boa idéia usar nomes de cores em vez de valores numéricos. Isto irá tornar os documentos resultantes mais fáceis de entender. No entanto, não garante o ajuste de cor entre sistemas de computadores e plataformas.

Capítulo 8 Como usar folhas de estilo com suas páginas da web   193

Listagem 8.5 Visualização da Origem de Folha de Estilo após configurar a cor de segundo plano

```
1  BODY
2  {
3      BACKGROUND-COLOR : plum;
4      FONT-FAMILY: Tahoma, sans-serif
5  }
```

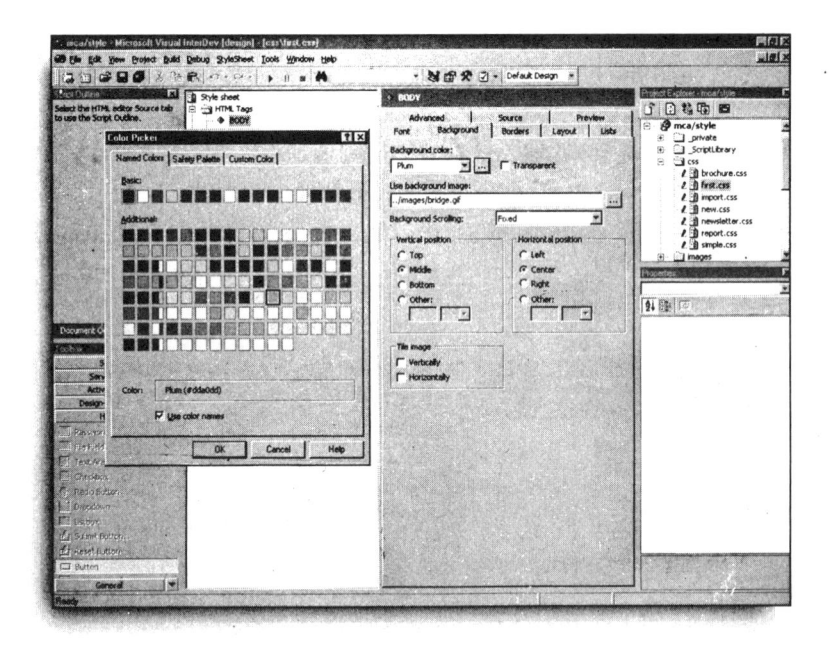

Figura 8.7 Configuração do estilo de cor de segundo plano para BODY.

Você deve notar, a partir da caixa de diálogo, que pode também selecionar um arquivo de imagem gráfica para atuar como segundo plano e depois controlar o posicionamento desta imagem na página. Você já deve ter uma imagem importada no seu documento da web antes de poder aplicá-la como segundo plano da página. Quando tiver a imagem disponível, pode adicioná-la ao arquivo de folha de estilo.

Como adicionar uma imagem de segundo plano à sua folha de estilo

1. Com o editor de folha de estilo do Visual InterDev 6 ligado e em execução, selecione a guia **Background**.
2. Clique o botão de navegador (...) próximo à caixa de entrada **Use background imagem** (**Usar imagem de segundo plano**).

3. Use a caixa de diálogo Select Background color (Selecionar imagem de segundo plano) para localizar uma imagem no seu projeto da web e clique nesta imagem na caixa de diálogo (veja a Figura 8.8).
4. Note que o URL para localização da imagem está localizado no campo URL na caixa de diálogo.
5. Se necessário, pode-se ajustar a caixa **URL tipo** (tipo URL) para usar endereço Doc Relative, Root Relative ou Absolute URL. Para este exemplo, use o endereço Doc Relative.
6. Quando tiver selecionado o gráfico que precisa, pressione **OK** para adicionar o URL à folha de estilo.
7. Quando retornar à caixa de diálogo Background de folha de estilo, configure os valores de posição **Vertical** e **Horizontal**. Para este exemplo, use Middle e Center, respectivamente.
8. Finalmente, você pode ajustar a propriedade de revestimento da imagem de segundo plano, também. Para este exemplo, verifique as caixas de revestimento **Vertical** e **Horizontal**.

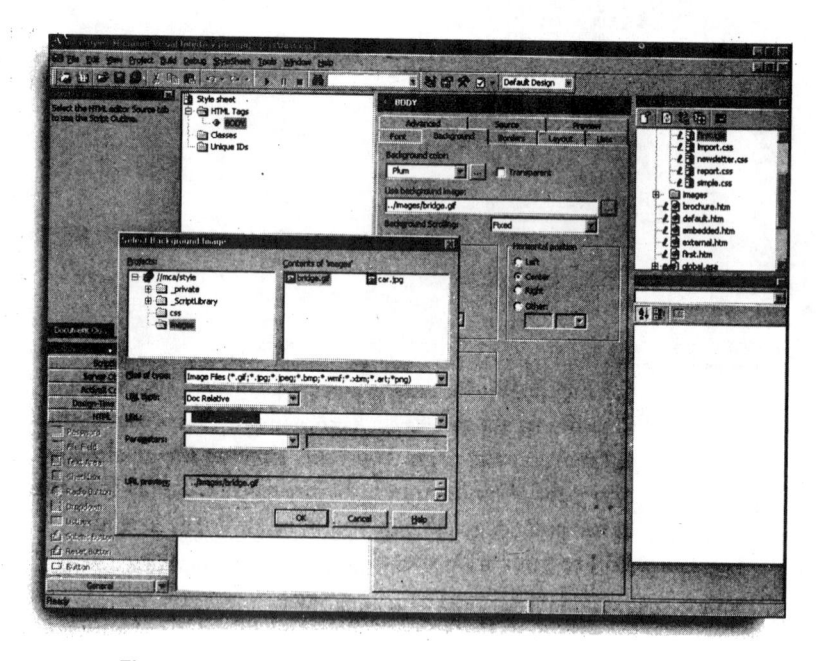

Figura 8.8 Adição de imagem de segundo plano à folha de estilo.

Capítulo 8 Como usar folhas de estilo com suas páginas da web

Segundo plano: Estilos versus <BODY>.

Basicamente, todo navegador da web suporta o atributo <BODY background=" "> para configurar um gráfico de segundo plano de documento. Lembre-se que apenas navegadores que suportem CSS irão ver os fundos criados usando o atributo de segundo plano CSS.

Tipos URL

Se você não estiver muito certo sobre que tipo de URL usar, lembre-se disto: um URL absoluto irá sempre mapear seu recurso pelo endereço completo (isto é, http://www.banick.com/images/banick.gif). Isto complica tudo, quando você volta ao site de manutenção. Se você mudar sua estrutura diretória, deve voltar e consertar aquelas referências absolutas. Referências do tipo Doc Relative, no entanto, são movidas com o diretório. Contanto que o local da imagem em relação ao seu documento não mude, Doc Relative será geralmente o melhor.

Sua origem de estilo deve agora se parecer com o texto da Listagem 8.6.

Listagem 8.6 Origem de folha de estilo após adição de imagem de segundo plano

```
1   BODY
2   {
3     BACKGROUND-COLOR: plum;
4     BACKGROUND-IMAGE: url(../images/bridge.gif);
5     BACKGROUND-REPEAT: no-repeat;
6     FONT-FAMILY: Tahoma, san-serif
7   }
```

Agora, quando você visualiza o documento FIRST.HTM no seu navegador, vê ambas as novas cores de segundo plano e o gráfico de segundo plano fixo (veja a Figura 8.9).

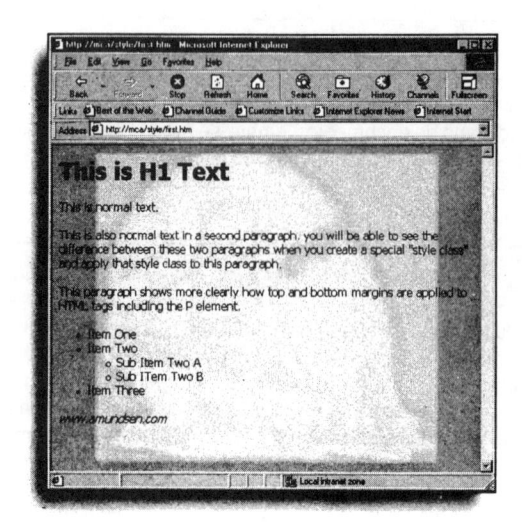

Figura 8.9 Resultados de configuração de estilos de segundo plano.

Veja também

➤ Para saber mais sobre adição de imagens aos seus documentos da web, veja o Capítulo 9.

Como definir bordas, margens e estilos de preenchimento

Você também pode definir estilos de bordas, margens e enchimento no seu arquivo de folha de estilo. Isto irá ajudá-lo a controlar como blocos de texto aparecem em um documento. Por exemplo, você poderia adicionar estilos de margem ao elemento <P> para se certificar de que cada parágrafo tem as margens que você quer. O exemplo seguinte é um passo a passo da configuração de margens para o elemento <P>.

Como configurar o estilo de margem para um elemento da guia HTML

1. Selecione a guia **Borders** (**Bordas**) na caixa de diálogo do editor de folha de estilo do Visual InterDev 6.
2. Localize as entradas **Margins** (**Margens**) e o valor **Top** (**Superior**), entre .25 e selecione *in* no menu suspenso próximo à entrada. Depois, entre 0.5 e *in* para **Button** (**Inferior**), 1.0 e *in* para **Left** (**Esquerda**) e 0.5 e *in* para a margem **Right** (**Direita**) (veja a Figura 8.10).
3. Quando você salvar a folha de estilo, as novas margens serão ativadas no documento.

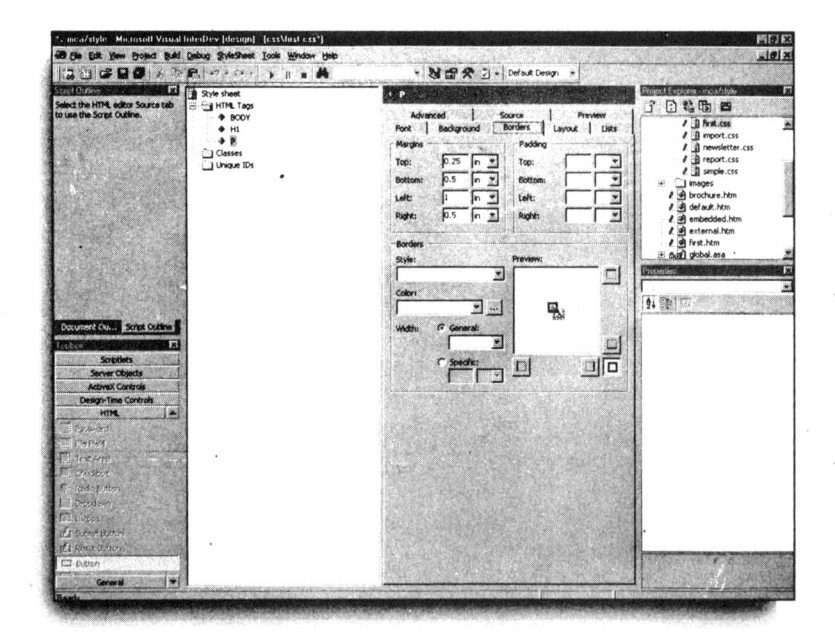

Capítulo 8 Como usar folhas de estilo com suas páginas da web

Figura 8.10 Adição de definições de estilo de margem.

Margens em CSS

Margens e preenchimento em folhas de estilo podem ser referidas com várias unidades diferentes: polegadas, pixels, pontos e unidades relativas. Tenha em mente que os tamanhos de ponto e polegadas estão sujeitos ao tamanho da tela para posicionamento. Pixels são sempre os melhores para layouts precisos.

Sua origem de folha de estilo deve agora parecer-se com o código da Listagem 8.7.

Listagem 8.7 Origem de folha de estilo após adição de margens para o elemento <P>

```
1   BODY
2   {
3       BACKGROUND-COLOR : plum;
4       BACKGROUND-IMAGE: url(../images/bridges.gif);
5       BACKGROUND-REPEAT: no-repeat;
6       FONT-FAMILY: Tahoma, sans-serif
7   }
8   P
```

continua...

Listagem 8.7 Continuação

```
 9  {
10     MARGIN: 0.25in 0.5in 0.5in 1in
11  }
```

Note que você também pode adicionar bordas a qualquer tag HTML e controlar o preenchimento do espaço entre os elementos.

Agora verifique o progresso do seu documento HTML visualizando a página FIRST.HTM no seu navegador (veja a Figura 8.11).

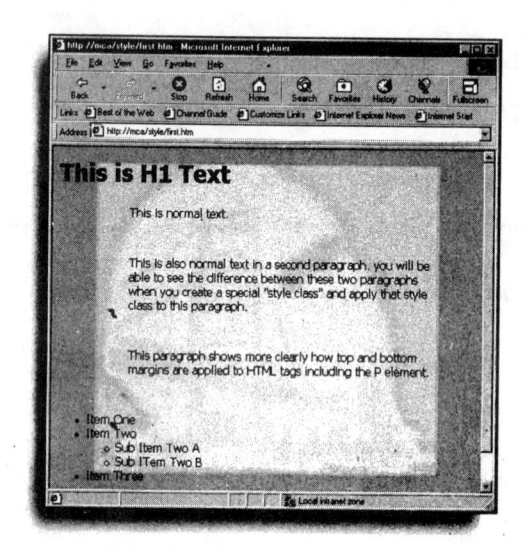

Figura 8.11 Resultados de configuração de estilos de borda.

Como definir estilos de layout

Você também pode definir mais estilos de layout gerais para seus documentos. Isto inclui espaçamento de linha e letra, justificação de texto e mesmo qual cursor aparecer quando você move o mouse sobre um texto designado.

Neste exemplo, você adiciona algumas definições de estilo para o tag <H1>.

Como adicionar estilos de layout para um elemento do tag HTML

1. Realce a pasta **HTML Tags** na visualização de árvore à esquerda do editor de folha de estilo do Visual InterDev 6.
2. Clique com o botão direito do mouse sobre o item **HTML Tags** e selecione a guia **Insert HTML Tag** (**Inserir Tag HTML**) do menu contexto.
3. Entre H1 na caixa de diálogo e pressione OK para adicionar a guia H1 à sua lista.

Capítulo 8 Como usar folhas de estilo com suas páginas da web

4. Realce a guia H1 na árvore e depois selecione a guia **Layout** na caixa de diálogo à direita.
5. Na seção de **Text Layout** (**Layout de Texto**), selecione **Right** para **Alignment**.
6. Na seção **Spacing between** (**Espaçamento entre**), selecione **Specific** (**Específico**) para letras e entre 2 e pt nas entradas próximas à caixa **Letters** (**Letras**).
7. No menu suspenso **Cursor style** (**Estilo de cursor**), selecione **Help** da lista (veja a Figura 8.12).
8. Feche a caixa de diálogo selecionando **File**, **Close** do menu principal.

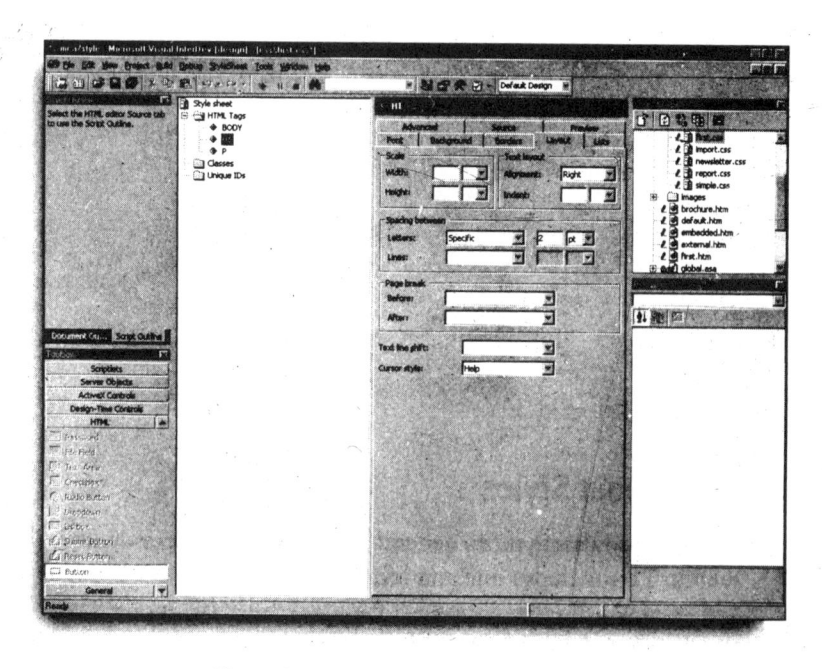

Figura 8.12 Adição de estilos de layout.

Estilos de cursor

A mudança de estilos de cursor em relação a um elemento na página é um grande passo para melhores interfaces. Usando este atributo, você pode fazer com que as páginas se comportem mais como aplicações convencionais do Windows (ou aplicações MacOS, para esta questão).

A origem de sua folha de estilo deve agora parecer-se com o código da Listagem 8.8.

Listagem 8.8 Origem da folha de estilo após adição de estilos de layout

```
1   BODY
2   {
3       BACKGROUND-COLOR: plum;
4       BACKGROUND-IMAGE: url(../images/bridges.gif);
5       BACKGROUND-REPEAT: no-repeat;
6       FONT-FAMILY: Tahoma, sans-serif
7   }
8   P
9   {
10      MARGIN: 0.25in 0.5in 0.5in 1in
11  }
12  H1
13  {
14      CURSOR: help ------------------------------------------------- (1)
15      LETTER-SPACING: 2pt;
16      TEXT-ALIGN: right -------------------------------------------- (2)
17  }
```

Listagem 8.8

(1) CURSOR: help irá mudar o cursor quando estiver sobre o tag <H1>.

(2) O texto será sempre alinhado à direita do documento.

O documento HTML resultante é mostrado na Figura 8.13.

Capítulo 8 Como usar folhas de estilo com suas páginas da web   **201**

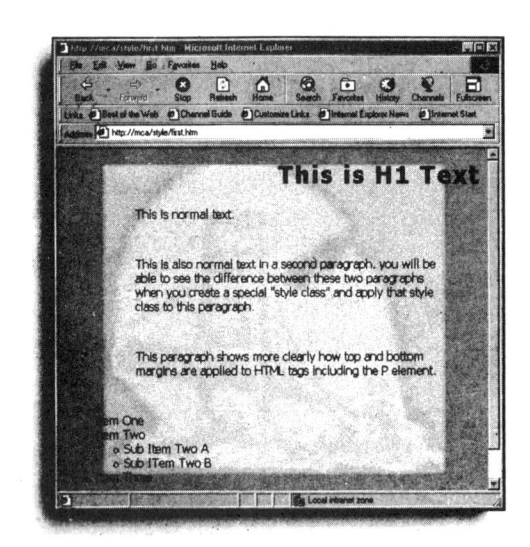

Figura 8.13 O resultado da adição de estilos de layout.

Como definir estilos de lista

Folhas de estilo também pode sem usadas para definir marcadores personalizados para uma lista desordenada de tag HTML(<UL>). Isto lhe permite aplicar um marcador padrão fixo ou usar uma imagem de gráfico personalizada para seus marcadores. Neste exemplo, você adiciona um novo marcador gráfico ao tag HTML <BODY>.

Imagens para marcadores

O uso de imagem para um marcador de lista é uma ótima maneira de melhorar a aparência da página. Tenha em mente, contudo, o impacto de outro gráfico em sua página para a diminuição de velocidade. Os marcadores já construídos são muito rápidos de renderizar; pese os prós e os contras de adicionar outro gráfico para enriquecer sua página.

Como adicionar um marcador gráfico personalizado ao estilo BODY

1. Realce a entrada BODY na lista de **HTML Tags** do editor de folhas de estilo do Visual InterDev 6.
2. Selecione a guia **Lists** no diálogo à direita.
3. Clique o botão **Bulleted List** (**Lista de Marcadores**).
4. Pressione o botão navegador (...) para fazer surgir a caixa de diálogo de Select Bullet Image (Selecionar Imagem de Marcador).
5. Nesta caixa, localize um gráfico no seu projeto da web atual. O exemplo mostrado na Figura 8.14 seleciona BUTTON.GIF da pasta Images.

6. Após selecionar o gráfico, selecione o tipo URL desejado. Doc Relative é usado neste exemplo.
7. Pressione OK para adicionar a imagem selecionada à sua definição de estilo.

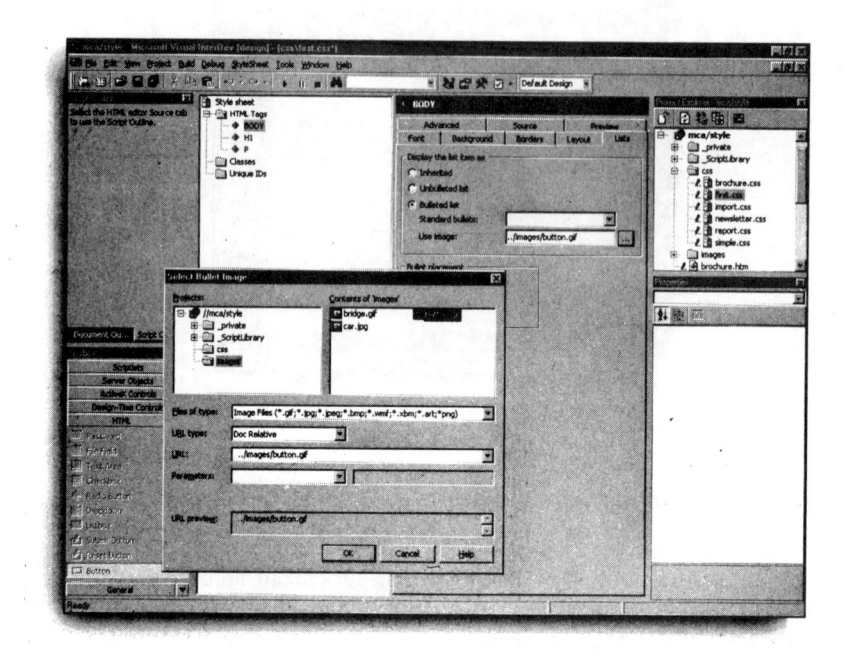

Figura 8.14 Adição de um marcador de gráfico personalizado à folha de estilo.

Sua folha de estilo irá agora refletir a definição de Lista adicionada (veja a linha 5 na Listagem 8.9).

Listagem 8.9 Origem de folha de estilo após adição de definição de lista

```
1   BODY
2   {
3       BACKGROUND-COLOR: plum;
4       BACKGROUND-IMAGE: url(../images/bridge.gif);
5       BACKGROUND-REPEAT: no-repeat;
6       FONT-FAMILY : Tahoma, sans-serif
7       LIST-STYLE: url(../images/button.gif); ----------------------(1)
8   }
9   P
10  {
11      LIST-STYLE: inside;
```

continua...

Capítulo 8 Como usar folhas de estilo com suas páginas da web 203

Listagem 8.9 Continuação

```
12     MARGIN: 0.25in 0.5in 0.5in 1in
13   }
14   H1
15   {
16     CURSOR: help;
17     LETTER-SPACING: 2pt;
18     TEXT-ALIGN: right
19   }
```

Listagem 8.9

(1) Este é o local da imagem de botão.

Botões de imagem precisam de atenção extra

Se você decidir usar imagens personalizadas para seus botões, tenha certeza de sempre incluir as imagens ao seu projeto da web. Se você falhar em copiar as imagens para o projeto, os usuários irão ver apenas os botões padrão não-gráficos.

Após adicionar os novos estilos de lista à sua folha de estilo, seu documento HTML deve se parecer-se com o da Figura 8.15.

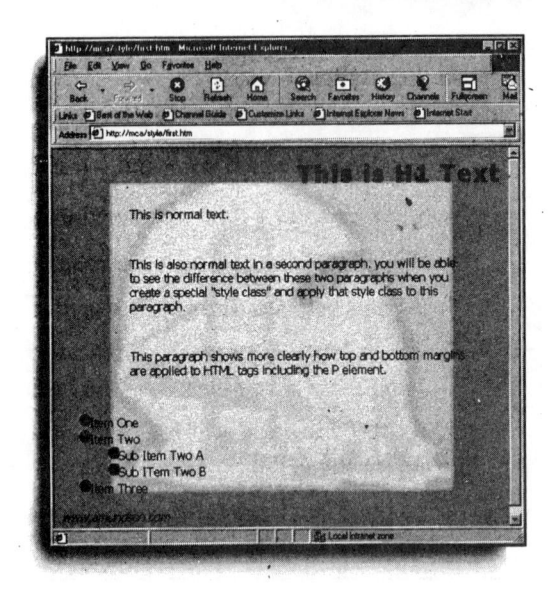

Figura 8.15 Os resultados da adição de estilos de lista.

Veja também

➤ *Para mais informações sobre adição de listas suspensas aos seus documentos da web, veja o Capítulo 7.*

Como definir classes de estilo

Um dos belos recursos da especificação CSS é que você pode criar suas próprias classes de estilo especializadas. Estas classes podem ser aplicadas a um ou mais tags HTML existentes para oferecer flexibilidade adicional à sua apresentação. Por exemplo, você poderia definir duas classes de estilo de parágrafo: Emphatic (Enfático) e Justified (Justificado). Cada um destes estilos poderia ser aplicado aos parágrafos já existentes.

Como criar uma classe de estilo de classe de parágrafo

1. Clique com o botão direito do mouse sobre a seção **Classes** na visualização em árvore.
2. Selecione **Insert Class** do menu contexto.
3. Entre Emphatic como **Name**.
4. Verifique a caixa **Apply only to the following tag (Aplicar apenas ao seguinte tag)** e entre P como o nome do tag. Pressione **OK** para adicionar o nome da classe à folha de estilo.
5. Com **P.Emphatic** realçado na visualização em árvore, selecione a guia **Font** no diálogo à direita.
6. Defina **Italics** como Yes.
7. Defina **Size** como Relative e selecione **Smaller (Menor)** a partir da lista.
8. Defina **Weight** como Relative e selecione **Border** a partir da lista.

Capítulo 8 Como usar folhas de estilo com suas páginas da web

---

Exemplos de classes de estilo

Considere o nome de um jornal online. O jornal poderia usar várias classes de estilo diferentes para o tag <P> para representar o tipo de estória. Histórias de interesse Humano devem ter um segundo plano colorido diferente de notícias de impacto. Os entretenimentos devem ter uma borda mais forte para separá-los do tempo. Você pode usar estas classes de estilo para criar distinções visuais nas suas páginas.

Agora você pode adicionar um estilo de classe para o tipo de parágrafo Justified.

Como criar um estilo de classe de parágrafo justificado

1. Clique com o botão direito do mouse sobre a seção **Classes** e selecione **Insert Class**.
2. Digite Justified como o nome, verifique a caixa **Apply only** e entre P como o elemento do tag. Pressione OK para salvar o nome do tag.
3. Com **P.Justified** selecionado na visualização em árvore, selecione a guia **Layout** no diálogo.
4. Na seção **Text Layout (Layout de Texto)**, selecione Justify para o valor **Alignment**.

Com as duas novas classes adicionadas à sua definição de folha de estilo, a origem de folha de estilo deve agora se parecer com o texto da Listagem 8.10.

Justificação e alinhamento

Lembre-se de que os efeitos de justificação e alinhamento diminuem a velocidade para suas páginas. Particularmente notável é Justificar para alinhamento: Isto requer o navegador da web para computar todo o texto, colocá-lo em posição e depois fazer as mudanças de alinhamento antes que o usuário possa vê-las.

Listagem 8.10 Origem de folha de estilo após adição de classes de novo parágrafo

```
1    BODY
2    {
3        BACKGROUND-COLOR: plum;
4        BACKGROUND-IMAGE:url(../images/bridge.gif);
5        BACKGROUND-REPEAT: no-repeat;
6        FONT-FAMILY: Tahoma, sans-serif
7        LIST-STYLE: url(../images/button.gif);
8    }
9    P
```

continua...

Listagem 8.10 Continuação

```
10   {
11       LIST-STYLE: inside;
12       MARGIN: 0.25in 0.5in 0.5in 1in
13   }
14   H1
15   {
16       CURSOR: help;
17       LETTER-SPACING: 2pt
18       TEXT-ALIGN: right
19   }
20   P.Justified ---------------------------------------------------- (1)
21   {
22       TEXT-ALIGN: justify
23   }
24   P.Emphatic ----------------------------------------------------- (2)
25   {
26       FONT-SIZE: smaller;
27       FONT-STYLE: italic;
28       FONT-WEIGHT: bolder
29   }
```

Listagem 8.10

(1) Aqui está a nova classe de parágrafo chamada Justified.

(2) Aqui está a nova classe de parágrafo chamada Empathic.

Também deve ser observado que você pode definir uma classe de estilo que não é aplicada a apenas um tag HTML. Esta "classe livre" pode depois ser aplicada a qualquer guia HTML existente.

Após adicionar as duas novas classes de estilo, você pode aplicá-las aos parágrafos no documento FIRST.HTM. Para fazê-lo, você deve abrir o documento na guia **Source** do editor do Visual InterDev 6 e alterar duas linhas.

Primeiro, localize o marcador <P> no início do segundo parágrafo do texto. Substitua <P> pela seguinte linha:

```
<P class="Justified">
```

Capítulo 8 Como usar folhas de estilo com suas páginas da web **207**

Depois, substitua o elemento <P> que inicia o terceiro parágrafo pelo seguinte:

<P class="Emphatic">

Como você pode ver, tudo o que precisa fazer é adicionar o atributo class=<classname> ao elemento <P> existente para conseguir o efeito desejado. A Figura 8.16 mostra o resultado da aplicação de estilos de classe personalizados.

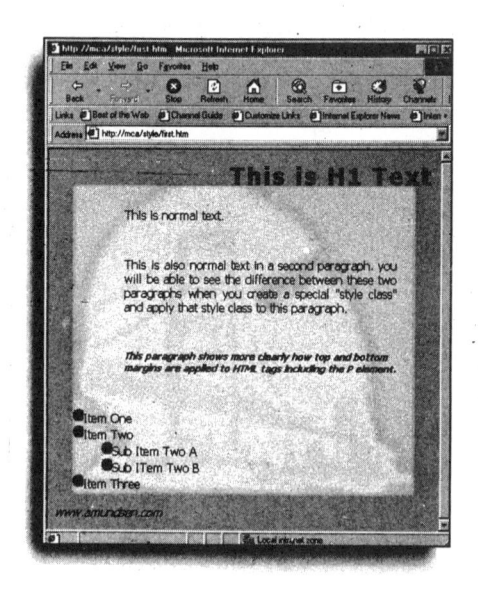

Figura 8.16 O resultado da aplicação de estilos de classe personalizados.

Uma vez P.Justified, sempre P.Justified

Quando você define uma classe de estilo como pertencente a um elemento em particular (como em <P>), pode aplicar apenas esta classe ao elemento <P>. Por exemplo, a classe P>Justified não poderia ser aplicada a um elemento de cabeçalho como H1.Justified.

Como definir estilos de ID únicos

Outra forma de definir classes é dando-lhes um único ID com o arquivo de folha de estilo. Este único ID pode ser aplicado a qualquer elemento do tag HTML. A vantagem de IDs únicos é que você pode aplicá-los livremente a uma grande quantidade de elementos de nível de texto e de bloco. Neste exemplo, você cria um novo estilo ID único para aplicar ao tag HTML <ADDRESS>.

Como criar um estilo de ID único

1. Clique com o botão direito do mouse sobre a seção **Unique ID (ID Único)** da visualização em árvore **Style** e selecione **Insert Unique ID (Inserir ID Único)** a partir do menu.
2. Digite SmallCaps como o **ID Name** e pressione **OK** para salvar o ID para a folha de estilo.
3. Após ter adicionado o ID você pode criar qualquer tipo de definição de estilo que quiser.
4. Para este exemplo, selecione a guia **Font** e defina **Color** como Navy (Marinho), **Small Caps** como Yes e **Weight** como Absolute e Bold(700).

Agora sua origem de folha de estilo deve parecer-se com a Listagem 8.11.

Listagem 8.11 Origem de folha de estilo após adição de ID único

```
1   BODY
2   {
3     BACKGROUND-COLOR: plum;
4     BACKGROUND-IMAGE: url(../images/bridge.gif);
5     BACKGROUND-REPEAT: no-repeat;
6     FONT-FAMILY: Tahoma, san-serif
7     LIST-STYLE: url(../images/button.gif)
8   }
9   P
10  {
11    LIST-STYLE: inside;
12    MARGIN: 0.25in 0.5in 0.5in 1in
13  }
14  H1
15  {
16    CURSOR: help;
17    LETTER-SPACING: 2pt;
18    TEXT-ALIGN: right
19  }
20  P.Justified
21  {
22    TEXT-ALIGN: justify
23  }
24  P.Emphatic
25  {
26    FONT-SIZE: smaller;
27    FONT-STYLE: italic;
```

continua...

Capítulo 8 Como usar folhas de estilo com suas páginas da web

Listagem 8.11 Continuação

```
28    FONT-WEIGHT: bolder
29  }
30  #SmallCaps---------------------------------------------------- (1)
31  {
32    COLOR: navy;
33    FONT-VARIANT: small-caps;
34    FONT-WEIGHT: bold
35  }
```

Listagem 8.11

(1) Este é um estilo ID único para esta folha de estilo.

Note que a definição SmallCaps (começando na linha 28) inicia com o símbolo cerquilha (#). Isto é inserido pelo editor de folha de estilo do Visual InterDev 6. Este símbolo marca este item como um ID único.

Agora você pode aplicar o #SmallCaps ID a um elemento HTML no documento FIRST.HTM. Para fazê-lo, substitua o tag <ADDRESS> por <ADDRESS ID= "SmallCaps">. A Figura 8.17 mostra o resultado da aplicação do tag #SmallCaps ID ao tag <ADDRESS> no documento FIRST.HTM.

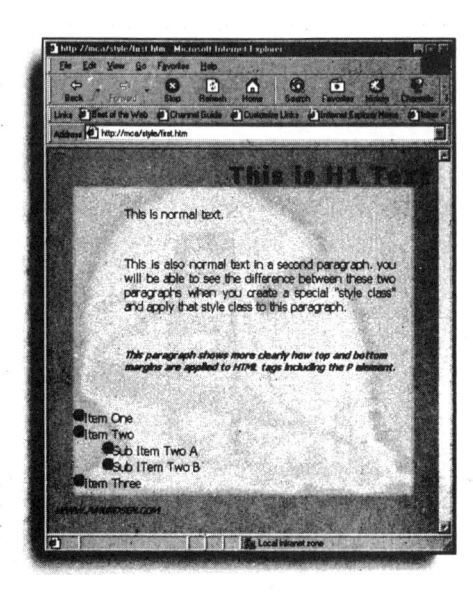

Figura 8.17 O resultado da aplicação do ID único ao documento.

IDs únicos podem ser aplicados a qualquer elemento

Diferente de classes de estilo que são presas a um elemento específico (como em P>Justified), IDs de estilo único são "livres" para serem aplicados a qualquer elemento HTML. Por exemplo, tanto <H1 ID=#SmallCaps> como <P ID=#SmallCaps> são usos válidos de um estilo ID único.

Estas são as bases da utilização do editor de folha de estilo do Visual InterDev 6 para adicionar estilos aos seus documentos HTML. Há muito mais que se pode fazer para criar uma boa aparência para documentos HTML.

Por exemplo, você pode criar arquivos CSS padrão que você possa aplicar regularmente aos documentos. Você pode criar um REPORT.CSS que contenha estilos típicos para criar relatórios que cubram apresentações online. Também pode criar um código fácil de ler, tais como sessões de código de cores diferentes e fontes monoespaçadas especiais para código-fonte.

Finalmente, pode usar arquivos CSS para construir layouts criativos para materiais online, tais como brochuras e cartas de jornais. Isto pode incluir formas de criar letras maiúsculas no inicio de parágrafos que englobem o parágrafo inteiro, margens especiais e mesmo título impressos ao reverso.

As possibilidades são infinitas!

Organize suas folhas de estilo em grupos

Em virtude de você poder aplicar mais de uma folha de estilo a qualquer documento, pode construir grupos de folha de estilo para gerenciar diferentes valores. Por exemplo, MARGINS.CSS, HEADINGS.CSS, LISTAS.CSS, FONTSCSS etc. Isto lhe permite modificar facilmente elementos com uma folha de estilo sem afetar outros estilos.

Veja também

➤ Para mais informações sobre animação de documentos HTML com HTML dinâmico, veja o Capítulo 29.

Capítulo 9

Como adicionar multimídia às aplicações da web

- Aprenda como adicionar som e vídeo às suas aplicações
- Aprenda como usar controles de Animação Direta para desenhar imagens gráficas complexas

Os prós e os contras da multimídia para suas aplicações da web

O Visual InterDev 6 possui algumas excelentes ferramentas para suporte de som, vídeo e gráficos complexos para suas aplicações da web. Neste Capítulo, você aprenderá como adicionar estes recursos às suas aplicações com o mínimo de complicação.

Adicionar um pouco de som, videoclipe ou algum desenho personalizado ou animação pode aumentar em muito o valor da sua aplicação para os usuários. Geralmente, um pouco de multimídia pode fazer a diferença entre uma página da web do tipo 'ho-hum' e outra que realmente chame a atenção do usuário.

Outra vantagem de usar multimídia para aplicações é que você pode ampliar o alcance da aplicação. Há muitas situações em que você pode atingir o objetivo de forma muito melhor através de um áudio ou videoclipe em vez de com muitos textos na página.

O emprego de gráficos detalhados e desenhos de linha também pode melhorar grandemente a funcionalidade de uma aplicação. Isto é especialmente verdadeiro para aplicações que são alvo de usuários visualmente orientados (artistas gráficos, designers, engenheiros e mais). Geralmente, os documentos mais importantes na aplicação serão arquivos de multimídia (videoclipes, artistas oferecendo novos produtos e mais).

No entanto, a adição de multimídia tem suas desvantagens. Primeiro, a maioria dos recursos que você aprenderá aqui requer um suporte ActiveX. Isto significa que você precisa do Microsoft Internet Explorer para tirar vantagem destes recursos para suas aplicações.

Segundo, o uso exagerado de multimídia pode rapidamente degradar a performance da aplicação – mesmo para o servidor da web. Você deve ter certeza de não ir além quando estiver adicionando recursos de multimídia aos seus documentos. Algumas animações bem escolhidas ou um ou dois videoclipes são tudo o que geralmente se faz necessário para chamar a atenção do usuário e passar informações importantes.

Finalmente, alguns usuários acham multimídias extensas um pouco chatas. Se a sua aplicação não precisar de multimídia para passar a mensagem principal, não a use ou ofereça páginas alternativas para usuários que não querem transferir grandes arquivos de áudio e vídeo para suas estações de trabalho.

Mire em um navegador específico

É sempre difícil decidir se você deve ou não usar um navegador específico. Quando você se concentra em usuários do Internet Explorer no seu site e abandona o comunicador da Netscape, pode estar se colocando em situação difícil. Cuidadosamente, considere como isto poderia causar impacto no seu site e nos visitantes. Se tiver que fazê-lo, considere uma aproximação que irá graciosamente degradar para usuários que não possuam o Internet Explorer.

Com as preliminares já vistas, é hora de aprender como você pode adicionar som, vídeo e gráficos complexos às suas páginas da web!

Capítulo 9 Como adicionar multimídia às aplicações da web   213

Veja também
➤ *Se quiser experimentar com outros tipos de multimídia, olhe o Capítulo 29.*

Páginas lentas

Qualquer pessoa que já navegou na web experimentou a página tortuosa que leva dois minutos para transferir e faz seu computador rastejar depois que aparece. Tenha em mente que quanto mais arquivos de multimídia você adicionar à sua página, maior será a agonia dos usuários – especialmente se considerar que a maioria dos usuários não possui os últimos processadores e cartões gráficos.

Como adicionar som e vídeo

Os recursos mais fáceis de multimídia a serem adicionados às suas aplicações são clipes de som e vídeo. Clipes de som podem ser tão simples como os tons de conectar-se e desconectar-se do Windows ou tão involventes como uma palestra famosa ou uma performance musical. Arquivos de vídeo podem ser qualquer coisa desde pequenos clipes de notícias até longas apresentações gravadas para ampla distribuição.

Nas duas próximas sessões, você verá como é fácil adicionar som e vídeo às suas páginas da web.

As legalidades da multimídia

Sempre tenha em mente a legalidade dos arquivos de multimídia que você vê no seu site. A maioria do material ali está sob restrições de cópia e não pode ser reproduzido livremente no seu site. Se você ou sua empresa não criarem o conteúdo que estarão usando, sempre assegure-se de pedir a permissão apropriada. A última coisa que você quer fazer é tornar-se ilegal e ter seu site mostrado com um anúncio "fechado por infringir os direitos de cópia".

Como adicionar som aos seus documentos da web

O Internet Explorer suporta um elemento HTML que você pode usar para adicionar som de segundo plano a um documento. Isto lhe permite identificar um som que será tocado imediatamente após a página ser transferida para o navegador do cliente. Você também pode controlar o número de vezes que o item é repetido – de 0 até o infinito.

Aqui está uma sintaxe básica para o elemento HTML BGSOUND:

```
<BGSOUND SRC="sounds/telephone.wav" LOOP=INFINITE>
```

Note que há apenas dois atributos para o elemento BGSOUND:

- SRC é um atributo requerido que contém o URL do arquivo de som para tocar.
- LOOP é um atributo opcional que determina o número de vezes que o arquivo de som será tocado. Se estiver faltando (ou definido como 1), o arquivo de som irá tocar apenas uma vez. A definição do atributo LOOP como INFINITE fará com que o arquivo de som continue a tocar até que a página esteja carregada no navegador.

Com o elemento HTML BGSOUND, você também pode tocar arquivos de som do navegador Internet Explorer adicionando um simples vínculo URL ao arquivo de som. Por exemplo:

```
<a href="http://mca/Multimedia/sounds/GLASS.WAV">
<img src="imagens/wav.gif" WIDTH= "32" HEIGHT= "32" ></a>
```

Neste exemplo, o usuário verá um pequeno ícone aparecer no documento HTML. Clicando no ícone, o arquivo GLASS.WAV será transferido para a estação do cliente. Isto irá forçar o diálogo File Download a aparecer na estação do cliente (veja a Figura 9.1).

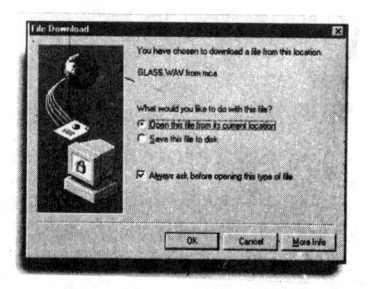

Figura 9.1 Visualização do diálogo File Donwload.

Loops infinitos devem usar infinitos espaços em disco

Em alguns casos, o uso do valor de INFINITE pode consumir todo o espaço em disco da estação de trabalho disponível. Isto acontece quando o navegador transfere uma cópia de arquivo de som para cada repetição. Você deve ver a conFiguração de INFINITE com grande cuidado.

Capítulo 9 Como adicionar multimídia às aplicações da web   215

Associações de arquivo e ações padrão

Se um usuário escolher, por default, que quer um arquivo de áudio para ser aberto por um programa específico, o navegador da web irá automaticamente abrir o arquivo. O usuário recebe o promtp somente quando não tem uma ação default ou programa específico.

A seleção da opção **Open** irá causar a liberação automática do programa associado e a execução do arquivo de som (veja a Figura 9.2).

Figura 9.2 Execução do arquivo de som com o programa associado.

Se a estação cliente não tiver um programa associado que possa segurar o arquivo de som ou se a estação de trabalho não tiver serviços de som instalados, os usuários verão uma mensagem similar àquela mostrada na Figura 9.3.

Figura 9.3 Mensagem de erro durante a tentativa de execução de um arquivo de som.

Você também pode executar um arquivo de som a partir de um script de cliente. A Listagem 9.1 mostra como pode fazer isto com o Visual Basic Script. Neste caso, uma seção de texto é definida no documento usando aos tags <DIV>...</DIV>. Quando um usuário clicar na seção, o Visual Basic Script da Listagem 9.1 será executado.

Listagem 9.1 Exemplo de Visual Basic Script para executar um arquivo de som

```
1  Sub SoundByte-onclick
2    ' cue up MIDI file
3    window.open "sounds/canyon.mid", "Sounds"
4    '
5  End Sub
```

> **O horror das mensagens de erro.**
>
> Muitos usuários novos irão ficar confusos ao ver mensagens de erro como a mostrada na Figura 9.3. Muitos usuários experientes irão ficar chateados. Planeje de acordo com a capacidade de seu público.

Você também deve ter percebido que este último exemplo não usa um arquivo de formato WAV. Em vez disso, um formato MID (ou MIDI) é usado. Vários formatos de sons estão disponíveis. A dificuldade está em saber qual formato é entendido pelas estações de trabalho do seu usuário. O formato WAV da Microsoft é o mais comum entre usuários do Windows. Todo computador que possua o sistema Windows operando possui um formato WAV disponível. Você deve conseguir usar os formatos MID e RMI também nas máquinas do Windows.

Os formatos RA, AU, RAM e AIFF também são muito comuns entre usuários da Internet. No entanto, executar estes formatos de som requer um executor de áudio que pode não estar disponível na estação de trabalho.

> **Considere o formato áudio**
>
> O formato ideal para um arquivo de áudio depende inteiramente de qual tipo de áudio você está executando. Arquivos WAV são tipicamente exemplos gravados de outra origem. Arquivos MIDI são de música instrumental. Arquivos de áudio real RA e RAM são pretendidos como áudio comprimido. Planeje seu formato de arquivo multimídia com relação ao tipo de conteúdo que você está enviando.

Agora que você sabe como adicionar sons às suas páginas de web, inicie o Visual InterDev 6 e adicione uma nova página HTML chamada SOUND.HTM ao projeto atual. Neste documento, você irá adicionar um som de segundo plano, alguns vínculos diretos HTML e um exemplo que use o Visual Basic Script para tocar um arquivo de som.

A primeira coisa que você deve fazer é adicionar um ou mais arquivos de som ao seu projeto da web. Você pode fazer isto usando o Explorer do Visual InterDev 6.

Como adicionar arquivos de som ao seu projeto da web?

1. Clique com o botão direito do mouse no nome do projeto na janela do Project Explorer e selecione **New Folder** (**Nova Pasta**) no menu contexto.
2. Digite o nome da nova pasta (sounds) e pressione **OK** para criá-la.
3. Clique com o botão direito do mouse sobre a nova pasta adicionada (**sounds**) e selecione **Add** no menu contexto.
4. Selecione **Add Item** no submenu.
5. Pressione a guia **Existent** da caixa de diálogo Add Items e navegue até a pasta que possui os arquivos de som que você quer adicionar.

Capítulo 9 Como adicionar multimídia às aplicações da web   **217**

6. A partir do menu suspenso **Files of Type**, escolha **Audio Files** (*.wav,*.ra,*.ram,*.au,*.aiff) para mostrar os arquivos de som.
7. Note que você pode selecionar arquivos múltiplos na mesma pasta. Apenas realce os itens com o mouse ou mantenha pressionada a tecla Ctrl quando clicar em cada arquivo para adicioná-lo ao seu projeto.
8. Após ter selecionado todos os arquivos na pasta, pressiona o botão **Open** para adicioná-los ao seu projeto.
9. Repita os passos 3 a 8 até que tenha adicionado todos os arquivos que precisar.

Onde estão os arquivos de som?

Os arquivos de som usados neste exemplo podem ser transferidos de uma home page do *Practical Visual InterDev 6* (veja Apêndice B). Você também pode usar qualquer arquivo de som que estiver disponível.

Agora você está pronto para adicionar sons ao seu documento HTML. Com o documento-alvo HTML carregado no editor do Visual InterDev 6 (SOUNDS.HTM), mova a janela do Project Explorer e realce um dos arquivos de som. Agora, arraste o arquivo sobre o documento HTML e libere-o em uma linha em branco. Isto irá criar um novo vínculo HREF no documento. Faça isso para cada arquivo de som que quiser executar no documento. A Listagem 9.2 mostra como a seção BODY do documento se parece após a adição de vínculos a quatro arquivos de som. A porção de texto dos vínculos foi editada visando à clareza.

Listagem 9.2 Resultado da liberação de vínculos de som em uma página HTML

```
1   <a href=http://mca/Multimedia/sounds/GLASS.WAV>
    ↪Breaking Glass</a>
2   <a href=http://mca/Multimedia/sounds/tada.wav>
    ↪Windows LogOff Sound</a>
3   <a href=http://mca/Multimedia/sounds/CANYON.MID>
    ↪Sample MIDI File</a>
4   <a href=http://mca/Multimedia/sounds/Beethoven's
    ↪%20Fur%20Elise.rmi">Fur Elise</a>
```

Agora, adicione um som de segundo plano ao documento adicionando a seguinte linha HTML na seção <HEAD>...</HEAD> da página:

```
<bgsound SRC= "sounds/tada.wav">
```

Certifique-se de usar um nome de arquivo de som para todos os exemplos mostrados aqui.

Finalmente, adicione um simples botão HTML à página e configure seus valores **NAME** e **ID** para btnSound e adicione o Visual Basic Script a partir da Listagem 9.3.

Listagem 9.3 Adição de Visual Basic Script para iniciar um arquivo de som

```
1   <script ID="clientEventHandlerVBS" LANGUAGE="vbscript">
2   <!--
3   Sub btnSound-onclick
4       ' cue up MIDI file
5       window.name = "Sounds" ' name this window
6       window.open "sounds/canyon.mid", "Sounds" 'open in same window
7       '
8   End Sub
9   -->
10  </script>
```

Estratégias de som

Muitos sites da web oferecem controles remotos para arquivos de áudio. Estes controles remotos permitem aos visitantes ligar e desligar arquivos de som, em vez de serem forçados a ouvir o áudio que não lhes agrada.

Quando tiver terminado, seu documento deve se parecer com o mostrado na Figura 9.4.

Capítulo 9 Como adicionar multimídia às aplicações da web 219

Figura 9.4 Visualização do documento SOUND.HTM completo.

Elabore seus arquivos de som

Arquivos de som, como todos os arquivos de multimídia, devem ser claramente elaborados para os visitantes. Se um visitante não souber que está para carregar um extenso arquivo de som que não deseja, pode se frustrar e não visitar mais o seu site. Algum tipo de indicação visual (um texto ou imagem) que permita que os visitantes saibam que um arquivo de multimídia será aberto de acordo com suas ações irá deixá-los cientes das conseqüências.

Salve o documento, marque-o como a folha de início e pressione F5 para iniciá-lo no seu navegador. Se tiver serviços de som instalados na sua estação de trabalho, você deve agora conseguir escutar um clipe de som quando carregar pela primeira vez a página e tocar cada um dos clipes de som atrás dos vínculos e do botão de comando.

Como usar o controle ActiveMovie para adicionar vídeo

Você também pode adicionar arquivos de vídeo às suas páginas da web usando o controle ActiveMovie. Este controle ActiveX navega com as versões atuais do sistema operacional Windows e também está disponível com a instalação do Internet Explorer do Windows.

O controle ActiveMovie pode ser colocado em qualquer documento HTML padrão. Você pode editar as configurações de objeto para apresentar o arquivo de vídeo em uma janela encaixada no documento. A Figura 9.5 mostra o controle ActiveMovie como ele aparece em um documento da web.

Note os botões de controle e vídeos que aparecem na parte inferior da imagem de vídeo. Você pode controlar apenas o que aparecer (e o que for permitido) usando propriedades do controle ActiveMovie.

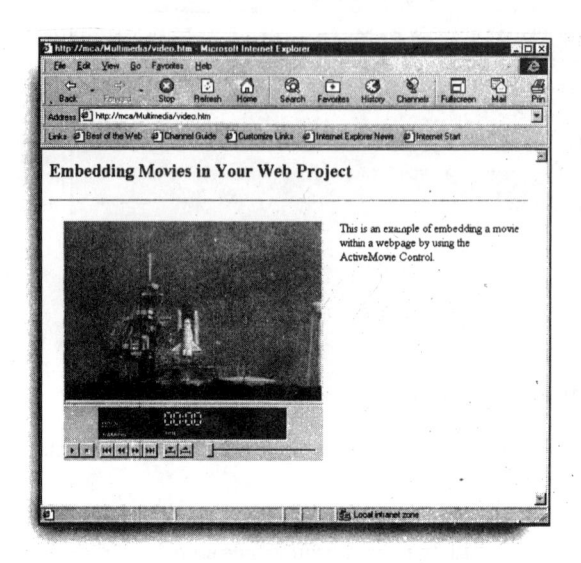

Figura 9.5 Uso do controle ActiveMovie para visualizar um arquivo de vídeo.

ActiveMovie e o Media Player do Windows

ActiveMovie tem dado espaço para o Media Player do Windows nas versões 95, 98 e NT. A idéia e controles são os mesmos, mas Media Player suporta mais formatos.

O tag OBJECT do controle ActiveMovie pode ser um pouco intimidativa. Primeiro, você não precisa digitar esta informação no seu navegador. Ela aparece automaticamente quando você libera o controle na página. No entanto, você precisa editar os valores PARAM. Felizmente, você precisa saber apenas um pouco das configurações PARAM essenciais. A Listagem 9.4 mostra o tag OBJECT para o controle ActiveMovie.

A presença de controles

Embora a remoção de controles de playback seja mais visualmente estética, isto pode ser irritante ou confuso para os visitantes. ActiveMovie suporta controles de arquivos de mídia clicando com o botão direito do mouse na imagem de vídeo, mas muitos usuários (especialmente novatos) não percebem isto. Considere o impacto de remoção de controles sobre os usuários que devem querer usá-los.

Capítulo 9 Como adicionar multimídia às aplicações da web   **221**

Listagem 9.4 Um tag OBJECT típico para o controle ActiveMovie

```
1   <OBJECT align=left
2       classid=CLSID:05589FA1-C356-11CE-BF01-00AA0055595A height=322
3       hspace=20
4       id=ActiveMovie1
5       width=357 VIEWASTEXT>
6       <PARAM NAME= "-ExtentX" VALUE="9446">
7       <PARAM NAME= "=ExtentY" VALUE= "8520">
8       <PARAM NAME = "-EnableContextMenu"VALUE= "-1 ">
9       <PARAM NAME= "ShowDisplay" VALUE= "-1">
10      <PARAM NAME= "ShowControls"VALUE = "-1">
11      <PARAM NAME= "ShowPositionControls" VALUE= "-1">
12      <PARAM NAME= "ShowSelectionControls"VALUE= "-1">
13      <PARAM NAME= "EnablePositionControls" VALUE= "-1">
14      <PARAM NAME= "EnableSelectionControls" VALUE= "-1">
15      <PARAM NAME= "ShowTracker" VALUE= "-1">
16      <PARAM NAME= "EnableTracker" VALUE= "-1">
17      <PARAM NAME= "AllowHideDisplay" VALUE= "-1">
18      < PARAM NAME= "AllowHideControls" VALUE= "-1">
19      <PARAM NAME=MovieWindowSize" VALUE "0">
20      <PARAM NAME= "FullScreenMode" VALUE= "0">
21      <PARAM NAME= "MovieWindowWidth" VALUE= "-1">
22      <PARAM NAME= "MovieWindowHeight" VALUE= "-1">
23      <PARAM NAME= "AutoStart" VALUE= "-1">
24      <PARAM NAME= "AutoRewind" VALUE= "-1">
25      < PARAM NAME= "PlayCount" VALUE = "1 ">
26      < PARAM NAME = "SelectionStart" VALUE= "0">
27      < PARAM NAME = "SelectionEnd" VALUE= "-1">
28      <PARAM NAME = "Appearance"VALUE= "1">
29      < PARAM NAME= "BorderStyle" VALUE= "1">
30      <PARAM NAME+ "FileName" VALUE=http://mca/Multimedia/video/movie.avi>
31      < PARAM NAME = "DisplayMode" VALUE= "0".
32      < PARAM NAME= "AllowChangeDisplayMode" VALUE = "-1">
32      <PARAM NAME = "DisplayForeColor" VALUE= "16777215">
34      < PARAM NAME= " DisplayBackColor" VALUE="0">
35      <PARAM NAME= "Enabled"VALUE ="-1">
36      <PARAM NAME= "Rate" VALUE= "1">
37  </OBJECT>
```

O valor de PARAM mais importante é FileName na linha 30. Este é o arquivo de vídeo a ser exibido dentro da janela. Você também pode ajustar os parâmetros que controlam a aparência e a funcionalidade dos botões e dos vídeos (linhas 10-18). Definindo o parâmetro FullScreen como -1 (verdadeiro) você pode forçar o controle ActiveMovie a expandir-se para preencher toda a estação de trabalho. É também uma boa idéia definir os parâmetros AutoStart e AutoRewind (linhas 23 e 24) como -1 (verdadeiro).

Listas longas

A adição de controles ActiveX, particularmente ActiveMovie, cria listas de código incrivelmente longas. Quando você está tentando manter seu código limpo e bem-feito, é uma tentação remover os avanços de linhas e manter o código de controle como um bloco. Não faça isso! Mantenha cada linha visivelmente limpa de forma que você possa modificar os atributos facilmente. O espaço em branco (linhas em branco, espaços, tabelas) em um documento da web adiciona um atraso insignificante ao carregamento da página.

Agora que você tem a idéia básica de como o controle ActiveMovie pode ser usado, é hora de criar uma página de web que mostre um vídeo no seu navegador do Internet Explorer.

Este controle pode não ter sido instalado quando você instalou sua cópia de Visual InterDev 6. Se não o foi, a primeira coisa que deve fazer é adicionar o controle à sua caixa de ferramentas. Para fazê-lo, edite a janela de caixa de ferramentas para incluir o novo controle.

Como adicionar o controle ActiveMovie à sua caixa de ferramentas

1. Clique a guia **ActiveX Controls** na janela da caixa de ferramentas para abrir a lista de controles ActiveX carregados.
2. Clique com o botão direito do mouse sobre qualquer item na lista e selecione **Customize Toolbox** no menu contexto.
3. Quando o diálogo de caixa de ferramentas personalizada aparecer, selecione a guia **ActiveX Controls**.
4. Localize e selecione o controle desejado (**ActiveMovie Control Object**) na lista. Certifique-se de definir a caixa de verificação como **On**.
5. Pressione **OK** para adicionar o controle selecionado à caixa de ferramentas.

Depois, certifique-se de que há um arquivo de vídeo AVI válido no projeto. O exemplo neste capítulo usa o arquivo MOVIE.AVI. Você pode carregar este arquivo do site da web de *Practical Visual InterDev 6*. Como uma alternativa, pode usar qualquer arquivo AVI válido que tenha disponível. Apenas tenha certeza de adicioná-lo ao projeto usando o procedimento passo a passo mostrado anteriormente neste capítulo para adição de arquivos de som.

Capítulo 9 Como adicionar multimídia às aplicações da web

Onde está o arquivo MOVIE.AVI?

O arquivo de vídeo usado neste exemplo pode ser carregado da home page do *Practical Visual InterDev 6* (veja o Apêndice B para obter o endereço). Você pode também usar qualquer arquivo AVI que tenha disponível para este exemplo.

Agora que você tem uma cópia do controle ActiveMovie adicionada à sua caixa de ferramentas do Visual InterDev 6 e um arquivo AVI válido no seu projeto, já está pronto para criar um novo documento HTML para executar seu arquivo de vídeo.

Primeiro, adicione um novo documento HTML ao projeto chamado VIDEO.HTM. Depois, vá para o editor do Visual InterDev 6 para o modo **Source** e arraste e solte o controle ActiveMovie para uma linha em branco no documento entra os tags <BODY> e </BODY>. Você verá o objeto do controle aparecer como um retângulo. Você deve levar isto para a visualização de texto. Para fazê-lo, clique com o botão direito do mouse nas bordas do controle ActiveMovie e selecione **Always View as Text** (**Visualizar sempre como texto**). Agora você deve ver o tag HTML <OBJECT> para o controle ActiveMovie.

AVIs são grandes

O formato AVI não economiza espaços. Arquivos AVI tendem a ser grandes e inchados. Para seu crédito, no entanto, eles tendem a ser de qualidade muito melhor do que um arquivo de vídeo real. Considere o tamanho do vídeo que está sendo enviado ao navegador. Mesmo que um controle ActiveMovie possa executar o vídeo como sendo escoado para o computador, ele pode ser diminuído em virtude do tamanho. AVIs sempre são melhores para intranets e sites com largura de banda alta. Uma nota final: sempre alerte os visitantes sobre o tamanho do vídeo.

O último passo é adicionar os valores de parâmetro ao controle de forma que ele execute o vídeo quando a página for carregada pela primeira vez. A Listagem 9.5 mostra os elementos PARAM a adicionar ao objeto de ActiveMovie. Certifique-se de usar o valor apropriado para o parâmetro FileName baseado no seu servidor da web e o local do seu arquivo de vídeo.

Listagem 9.5 Elementos PARAM para adicionar ao objeto ActiveMovie

```
1   <OBJECT
2     align=left
3     classid=CLSID"05589FA1-C356-11CE-BF01-00AA0055595A
4     height=322
5     width=357
6     hspace=20
7     id=ActiveMovie1
8     VIEWASTEXT>
```

continua...

Listagem 9.5 Continuação

```
9    <PARAM NAME = "AutoStart" VALUE= "-1">
10   <PARAM NAME= "Auto Rewind" VALUE= "-1">
11   <PARAM NAME= "FileName" VALUE= " http://mca/Multimedia/
     ↪video/movie.avi">
12   </OBJECT>
```

Se você comparar a Listagem 9.5 com a Listagem 9.4, terá uma idéia do número de parâmetros opcionais que pode usar com o controle ActiveMovie. De fato, o único parâmetro requerido para o controle é FileName. O restante é opcional.

AUTOSTART e AUTOREWIND

Você pode usar estes parâmetros para controlar a experiência para os visitantes do seu site. No entanto, tenha em mente as preferências de seus visitantes. Se isto mantiver consistência com o design do site, considere as opções de usuário AUTOSTART e AUTOREWIND selecionáveis.

Por que não usar a página de propriedade?

A página de propriedade do controle ActiveMovie não tem as definições-chave de **PARAM**. Por esta razão, é melhor converter o controle para texto e editar os parâmetros por conta própria.

Após completar os tags PARAM, salve o documento, marque-o como a página de início e pressione F5 para iniciá-lo no seu navegador. O resultado deve parecer com o da Figura 9.5.

Uso de controles de Animação DirectX para adicionar gráficos avançados

O restante deste capítulo é destinado a três controles ActiveX que implementam os serviços de Animação DirectX da Microsoft. Estes controles lhe permitem adicionar pequenas imagens predefinidas, controlar o movimento de objetos gráficos ao longo de um percurso pré-configurado e desenhar e animar polígonos.

➤ O controle Sprites aceita uma configuração de imagens e as mostra em seqüência para mostrar animação.

➤ O controle Path aceita uma imagem e a move ao longo de um percurso predeterminado.

➤ O controle Structured Graphics lhe dá um acesso de baixo nível para desenhar, colorir e mover vários polígonos dentro de uma área predefinida.

Capítulo 9 Como adicionar multimídia às aplicações da web   **225**

Embora cada controle ofereça várias opções, você também pode combinar estes três controles de várias formas para ter vídeos de gráficos complexos. Por exemplo, pode usar o controle Structured Graphics para desenhar uma forma e depois usar o controle Path para mover esta forma sobre o documento. Você também pode aplicar o controle Path a um sprite.

Um dos grandes benefícios destes controles é que todos operam no lado cliente. Em outras palavras, você pode usá-los para oferecer serviços gráficos avançados sem ter que fazer chamadas ao servidor para dados ou imagens adicionais. Isto significa que os gráficos são renderizados muito rapidamente e que são muito sensíveis para usar entrada.

Assim como os outros controles vistos neste capítulo, estes são controles ActiveX que foram projetados para uso com o Internet Explorer. Você deve ter esta limitação em mente quando adicionar controles à sua aplicação da web.

Relações de DirectX de DirectAnimation

DirectAnimation pode ser considerado parte da suíte DirectX para o Windows 95, 98 e NT. DirectX dá aos programadores o poder de criar experiências multimídia (jogos, áudio, vídeo) sem ter que escrever suportes de baixo nível para os muitos projetos de hardware no mercado. O produtor de hardware cria um driver DirectX (DirectAudio para placas de som, DircetVideo para placas de vídeo, Direct3D para placas 3D e muito mais) e programadores usam a plataforma DirectX da Microsoft para criar aplicações. Considere a alternativa, que é escrever um programa e desenvolver drives de hardware para cada parte do equipamento.

Este é um mundo da Microsoft

Algo comum ao longo deste livro tem sido "isto funciona apenas no Internet Explorer da Microsoft". DirectAnimation não é diferente. Pense nos visitantes quem podem não estar usando o Internet Explorer da Microsoft como seu navegador da web de forma que não se percam na experiência. Afinal, quem realmente quer transferir navegadores apenas para visitar um site da web?

Como localizar os controles DirectAnimation no Visual InterDev 6

Os controles DirectAnimation vistos neste capítulo devem ter sido instalados quando você instalou sua cópia do Visual InterDev 6. Para confirmar isto, clique na guia **ActiveX Controls** da janela da caixa de ferramentas. Você deve ver uma lista similar àquela da Figura 9.6.

Se você não vir estes controles na sua caixa de ferramentas, pode adicioná-los seguindo os passos para adição de controle ActiveMovie vistos anteriormente neste capítulo (veja a Figura 9.7).

Figura 9.6 Visualização dos controles DirectAnimation na janela da caixa de ferramentas.

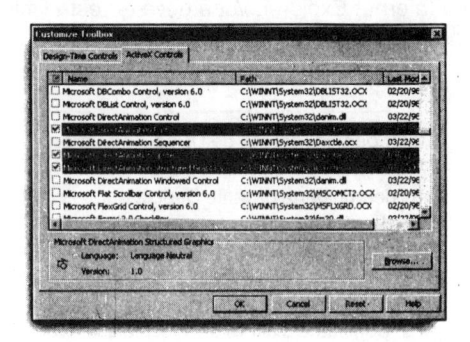

Figura 9.7 Adição dos controles DirectionAnimation à caixa de ferramentas.

Adicione os três arquivos de controle seguintes à sua caixa de ferramentas:

- Microsoft DirectAnimation Path
- Microsoft DirectAnimation Sprite
- Microsoft DirectAnimation Structured Graphics

Todos estes três itens estão armazenados no arquivo DAXCTLE.OCX.

Após tê-los carregado na sua caixa de ferramentas, você estará pronto para começar a usá-los nos seus projetos do Visual InterDev 6.

Outros controles DirectAnimation

Existem, na realidade, mais de três controles que abrangem a Animação Direta. Outros controles incluem a Microsoft DirectAnimation Sequence e Microsoft DirectAnimation Windowed Control.

Capítulo 9 Como adicionar multimídia às aplicações da web   **227**

A vantagem de GIF

É claro que a vantagem real de GIFs animados não é o tamanho, mas o suporte. Você pode seguramente presumir que quase quase todos podem ver um GIF animado. Você pode dizer o mesmo de um sprite de DirectAnimation?

Uso do controle Sprite

O controle Sprite lhe permite criar um elemento gráfico único que é, na realidade, uma combinação de vários gráficos. Combinando-os em seqüência você pode dar a aparência de animação. Isto lhe permite criar itens que parecem com um tipo de GIF animado. No entanto, gráficos animados por sprite são geralmente mais rápidos e podem ser menores do que alguns GIFs animados.

Para este exemplo, use um arquivo especial GIF que contém 18 quadros diferentes. Cada quadro possui uma suave visualização diferente da Terra com seus giros no seu eixo. Você pode usar o controle Sprite para apresentar cada quadro em seqüência e dar a aparência de um globo giratório (veja a Figura 9.8).

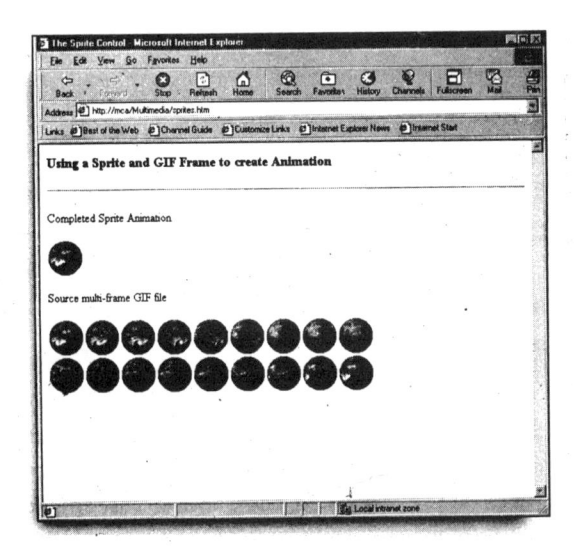

Figura 9.8 Visualização dos quadros de GIF como um Sprite.

Parte II Técnicas de design de página da web

É relativamente fácil criar um documento HTML que mostre um multiquadro GIF como um sprite. Primeiro, adicione um novo documento HTML ao projeto atual chamado SPRITES.HTM. Depois, com o editor do Visual InterDev 6 no modo Source, arraste e solte um controle DirectAnimation Sprite em uma linha em branco no corpo da página. Finalmente, clique com o botão direito do mouse sobre a borda do controle sprite e selecione **Always View As Text** do menu contexto. Você deve ver agora o tag <OBJECT>...</OBJECT> completo para o controle Sprite.

Agora use as informações na Tabela 9.1 para atualizar os diversos valores de parâmetro do objeto. Você deve mudar apenas os mostrados na Tabela 9.1. O restante dos itens podem ter seus valores default.

Pegue o GIF

Você pode baixar o arquivo EARTH-GRID.GIF da home page do *Practical Visual InterDev 6* (veja o Apêndice B para obter o endereço).

Tabela 9.1 Configuração dos valores PARAM do objeto sprite

PARÂMETRO	VALOR
SourceURL	Images/earthgrid.gif
AutoStart	1
NumFramesAcross	9
NumFramesDown	2
NumFrames	18
MouseEventsEnabled	0
FrameMap	1,100,,;2,100,,;3,100,,;4,100,,;5,100,,;6,100,,;7,100,,; 8,100,,;9,100,,;10,100,,;11,100,,;12,100,,;13,100,,; 14,100,,;15,100,,;16,100,,;17,100,,;18,100,,;

O último parâmetro é o mais interessante da lista. Ele identifica cada quadro e em quanto tempo ele será mostrado (em milisegundos). Claro que o parâmetro SourceURL também é muito importante! Certifique-se de que ele aponta para o local correto no seu projeto da web. Note também que as propriedades NumFrames, NumFramesAcross e NumFramesDown são usadas para ajudar o controle Sprite a entender os conteúdos de EARTHGRID.GIF.

Após ter completado sua edição de parâmetro, adicione um elemento IMG à página para mostrar o GIF de origem. O código HTML seguinte pode ser adicionado logo após o tag </OBJECT> do controle Sprite:

```
<p>Source multi-frame GIF file</p>
<img SRC="imagens/EarthGrid.gif" WIDTH="450" HEIGHT="100">
```

Capítulo 9 Como adicionar multimídia às aplicações da web   **229**

Agora salve o documento, marque-o como a página de início e pressione F5 para iniciá-lo em seu navegador. Ele deve parecer-se com o documento da Figura 9.8.

DirectAnimation e MSIE 3

DirectAnimation é parte do Microsoft Internet Explorer 4.0 e superiores. Os usuários do Explorer 3.0 são deixados de fora juntamente com os usuários do Netscape.

Como mover gráficos com o controle dPath

Você pode usar o controle DirectAnimation Path para mover outro objeto pela página. Pode mover itens gráficos ou mesmo textos. Neste exemplo, você irá mover algumas imagens por um percurso oval predefinido.

Primeiro, adicione um novo documento ao projeto chamado PATHCONTROL.HTM e defina sua propriedade DefaultClientScripting como Visual Basic Script. Agora, com o documento carregado e o editor do Visual InterDev 6 no modo Source, arraste e libere um controle DirectAnimation Path da janela da caixa de ferramentas para uma linha em branco no documento PATHCONTROL.HTM. Finalmente, clique com o botão direito do mouse sobre a borda do controle de percurso e selecione **Always View As Text** no menu contexto.

Use as informações na Tabela 9.2 para editar os atributos OBJECT do controle de percurso e valores PARAM. Note que as três primeiras entradas são atributos do tag <OBJECT> e os três próximos itens são entradas de PARAM. Finalmente, o último item deve ser adicionado à listagem de entradas de PARAM.

Tabela 9.2 Edição do objeto de controle de percurso

Tipo de item	Nome	Valor
OBJECT ATTRIBUTE	ID	ObjPath
	HEIGHT	11
	WIDTH	11
PARAM	Duration	4
	Repeat	-1
	Shape	OVAL (200,10,200,200)

Após a edição do controle de percurso, seu código HTML deve parecer-se com o da Listagem 9.6.

Listagem 9.6 Definições completas de OBJECT e PARAM do controle de percurso

```
1   <!- - path object - ->
2   <OBJECT classid= "CLSID: D7A7D7C3 - D47F - 11D0 - 89D3 - 00A0C90833E6"
3       id=objPath
4       style= "Left: 0px; Top: 0px"
5       height=11
6       width=11
7   VIEWSTEXT>
8       <PARAM NAME= "AutoStart" VALUE= "0">
9       <PARAM NAME= "Bounce" VALUE= "0">
10      <PARAM NAME= "Direction"VALUE= "0">
11      <PARAM NAME= "Duration" VALUE= "4">
12      <PARAM NAME= "Repeat" VALUE= "-1">
13      < PARAM NAME= "Target" VALUE= ".">
14      <PARAM NAME= "Relative" VALUE= "0">
15      <PARAM NAME= "TimerInterval" VALUE= "0.1">
16      <PARAM NAME= "Shape"VALUE= "OVAL(200,10,200,200)">
17  </OBJECT>
```

Pense em percursos como um mapa para sprites

Percursos definem o comportamento de movimento para sprites. Você pode usar isto para criar ações complexas e movimentos que de outra forma não poderiam ocorrer sem o uso da uma extensão como a Macromedia Flash (http://www.macromedia.com).

Agora você deve adicionar um elemento botão e um elemento imagem ao documento. O elemento imagem será usado para guardar a imagem atual e o elemento botão será usado para ativar/desativar a exibição da imagem.

A Listagem 9.7 mostra o código HTML necessário para completar tanto o botão como os elementos de imagem para este documento.

Listagem 9.7 Adição do botão e elementos de imagem ao documento

```
1   <input
2       type= "button"
3       name="btnImage"
4       value= "Toggle Image"
5       style= "position:relative">
6   <p>
```

continua...

Listagem 9.7 Continuação

```
7   <img>
8       src="images/pin.gif"
9       id="imgSource"
10      style="position:relative"
11      WIDTH="39"
12      HEIGHT="126"
```

Após ter adicionado todos os elementos HTML, você estará pronto para adicionar um toque do Visual Basic Script à página. O Visual Basic Script irá iniciar o percurso predefinido quando a página for carregada pela primeira vez e irá responder ao usuário com cliques no botão.

Adicione um bloco de script de cliente (selecione **HTML**, **Script Block**, **Client** no menu principal) e entre o Visual Basic Script da Listagem 9.8 no bloco de código.

Listagem 9.8 Adição de Visual Basic Script ao documento

```
1   <script ID="clientEventHandlersVBS" LANGUAGE="vbscript">
2   <!--
3   'shared var
4   Dim intImage
5
6
7   Sub window-onload
8       'start with pin image
9       btnImage-onclick
10      '
11  End Sub
12
13  Sub btnImage-OnClick
14      'use pin image
15      objPath.target = "imgSource"
16      if intImage = 1 then
17          imgSource.src = "images/pin.gif"
18          intImage = 0
19      else
20          imgSource.src = "images/candle.gif"
21          intImage=1
22      end if
23      objPath.play
```

continua...

Listagem 9.8 Continuação

```
24    '
25    End Sub
26    -->
27    </script>
```

O único código importante está nas linhas 15-23 da Listagem 9.8. É onde o controle de percurso é iniciado com o item a mover (linha 15) e a imagem atual a ser exibida no elemento ImgSoucem é determinada (linhas 16-22). Finalmente, após definir a imagem, o item é colocado em movimento (objPath.play) na linha 23. O único outro código é a linha no evento window-onload que executa o evento onclick do botão quando a página é carregada pela primeira vez.

Quando você tiver terminado de adicionar o Visual Basic Script, salve o documento, marque-o como a página inicial e pressione F5 para visualizá-lo em seu navegador. O resultado devem parecer com o da Figura 9.9.

Script complexo de eventos de ScriptAnimation

Você pode misturar DirectAnimation com o script do lado servidor e com script do lado cliente. Use o script do lado servidor para organizar os componentes de interface e atributos para o controle DirectAnimation do lado cliente. Uma possibilidade é usar preferências especificadas pelo usuário que são armazenadas no lado servidor. Estas preferências devem modificar o comportamento do controle no cliente.

Capítulo 9 Como adicionar multimídia às aplicações da web   **233**

Figura 9.9 Visualização do controle de percurso em ação.

Quando você pressionar o botão de comando **Toggle Image**, verá que a imagem se articula entre o pino de boliche e o castiça. Note que a mudança de imagem não interrompe o percurso.

Como desenhar formas complexas com o controle de gráficos estruturados

O último controle DirectAnimation visto neste capítulo é o de gráficos estruturados. Este é o mais poderoso dos três controles DirectAnimation abordados aqui. É também o mais complicado. Ele é projetado para dar aos programadores o poder de criar polígonos de vários tamanhos e formas, colori-los como quiserem e rotacioná-los em espaço tridimensional.

Neste exemplo, você irá aprender como usar o controle de gráficos estruturados para construir um item único que realmente possui três formas dentro dele. Também, irá projetar uma das formas para rotacionar com o conteúdo do gráfico. Finalmente, irá aprender como pode rotacionar o item gráfico inteiro pelos eixos X, Y e Z.

Croma

O próximo passo após o controle de gráficos estruturado é o pacote de croma da Microsoft. Croma é uma série de extensões que permitem aos programadores criar gráficos 3-D complexos, em oposição aos polígonos simples. Isto tem um preço – Croma requer um computador de 300Mhz ou mais para que seja possível visualizar os efeitos.

Antes de irmos para os detalhes de programação com o controle de gráficos estruturados (SGC Structured Graphics Control), será de grande ajuda ter um resumo rápido dos métodos que você pode aplicar ao SGC. Em virtude de o SGC ter sido projetado para permitir aos programadores desenhar qualquer forma necessária, existem alguns métodos e propriedades com os quais estes precisam lidar. A Tabela 9.3 lista os métodos importantes de SGC e apresenta uma pequena explicação sobre seus usos.

Mais informações

Você pode obter mais informações sobre DirectAnimation em Croma visitando o Workshop do Microsoft SiteBuilder na WWW. Aponte seu navegador da web (Internet Explorer) para http://www.microsoft.com/sitebuilder.

Tabela 9.3 Métodos de controle dos gráficos estruturados

Método	Descrição
Arc	Cria um arco único circular ou elíptico
FillSpline	Cria uma forma de estria fechada, definida por uma série de pontos
Oval	Cria uma elipse
Pie	Cria um arco elíptico fechado no centro do retângulo para gerar uma forma de pastel
Polygon	Cria um polígono fechado
PolyLine	Cria uma linha segmentada
PolySpline	Cria uma forma de estria aberta, definida por uma série de pontos
Rect	Cria um retângulo
RoundRect	Cria um retângulo arredondado
SetFillColor	Define as cores de primeiro e segundo planos para o preenchimento do gráfico
SetFillStyle	Define o tipo de preenchimento
SetFont	Define a fonte para o controle
SetGradientFill	Especifica os pontos de início e final para o preenchimento do gradiente
SetGradientShape	Define a forma de um gradiente como um esboço de um polígono
SetHatchFill	Especifica se o preenchimento de traço de sombreado será transparente
SetLineColor	Define a cor de linha para desenhar gráficos

continua...

Capítulo 9 Como adicionar multimídia às aplicações da web   **235**

Tabela 9.3 Continuação

Método	Descrição
SetLineStyle	Muda o estilo de linha para uma forma atual
SetTextureFill	Define a origem da textura a ser usada para preencher a forma de gráficos estruturados.
Text	Cria uma linha com a fonte e a cor atuais

Você pode ver a partir da Tabela 9.3 que é possível desenhar nove formas diferentes com o SGC. Você também tem nove métodos diferentes para colorir e sombrear as formas. Finalmente, o SGC também pode aceitar o texto como a forma manipular. Isto lhe permite tratá-lo como um item gráfico.

Seis outros métodos podem ser usados com o SGC e lhe permitem manipular o controle durante o tempo de execução:

- Clear — Limpa o controle de quaisquer definições atuais
- SetIdentity — Define a coleção de formas ao seu estado original (default)
- Rotate — Rotaciona o controle inteiro (incluindo todas as formas ativas)
- Scale — Permite escalar a coleção de formas para cima e para baixo
- Translate — Permite ajustar as coordenadas x, y e z da coleção de formas
- Transform4x4 — Permite escalar, rotacionar e modificar valores simultaneamente

Você não irá usar todos estes métodos aqui. No entanto, isto lhe dará uma boa idéia do poder e sofisticação do controle de gráficos estruturados.

Efeitos gráficos estruturados

Você pode obter efeitos extraordinários e que podem ser combinados dentro de sua interface de site da web usando-se SGC. O maior potencial reside em incorporar dados dinâmicos, tais como a entrada do usuário, para criar seus efeitos. Experimente scripts de dados dinâmicos em um SGC e comece a jogar com as possibilidades.

Uso do controle de gráficos estruturados

1. Para este exemplo, adicione um novo documento HTML, chamado SGRAPHICS.HTM, à web atual.
2. Defina a propriedade dDefaultClientScripting de página como **Visual Basic Script**.
3. Agora, com o editor do Visual InterDev 6 no modo Source, arraste o controle de gráficos estruturados da janela de caixa de ferramentas sobre o documento HTML e libere-o em uma linha em branco entre os tags <BODY> e </ BODY >.
4. Depois, clique com o botão direito do mouse na borda de SGC e selecione **Always View as Text** no menu contexto. Isto irá expor o tag <OBJECT> do controle.
5. Finalmente, edite o tag OBJECT de forma que seus atributos ID e STYLE correspondam aos mostrados na Listagem 9.9.

Listagem 9.9 Tag completo de OBJECT de gráficos estruturados

```
1   <OBJECT classid="CLSID:369303C2-D7AC-11d0-89D5-00A0C90833E6"
2   id=sgShapes
3   style="HEIGHT: 400px;
4          LEFT: 10px;
5          TOP: 100px;
6          WIDTH: 400px;
7          Z-NDEX: -1;
8          POSITION : ABSOLUTE;"
9   VIEWASTEXT>
10  <PARAM NAME= "Source URL" VALUE=" "
11  <PARAM NAME="CoordinateSystem"VALUE="0">
12  <PARAM NAME="Mouse Evente Enabled" VALUE="0">
13  <PARAM NAME="HightQuality"VALUE="0">
14  <PARAM NAME="PreserveAspectRatio" VALUE="-1">
15  </OBJECT>
```

Depois, você deve adicionar três botões ao documento. Estes serão usados para comutar a rotação dos eixos x, y e z durante e o tempo de execução. A Listagem 9.10 mostra o código HTML completo para os três botões. Coloque este código diretamente abaixo do tag </OBJECT> de SGC.

Qualidade e aspecto

As linhas 13 e 14 se referem a dois parâmetros especiais: HighQuality e PreserveAspectRatio. Você pode usar estes controles para controlar como o SGC irá aparecer na tela do seu visitante. Experimente com diferentes configurações de forma que possa ver os resultados.

Listagem 9.10 Codificação dos botões HTML para o documento

```
1   <!-- toggle button -->
2   input type="button" value="Toggle X" id=btntoggleX
    ↪name=btnToggleX>
3   input type="button" value="Toggle Y" id=btntoggleY
    ↪name=btnToggleY>
4   input type="button" value="Toggle Z" id=btntoggleZ
    ↪name=btnToggleZ>
```

Capítulo 9 Como adicionar multimídia às aplicações da web

Agora que todo o código HTML está completo, você está pronto para adicionar o Visual Basic Script que faz toda a mágica acontecer. Você irá usar este recurso para animar os três botões e realizar todo o trabalho necessário para definir e colocar em movimento as formas gráficas estruturadas.

Primeiro, você deve declarar algumas variáveis divididas e depois executar o Visual Basic Script que irá usar o controle de gráficos estruturados para construir três formas e colocá-las em movimento. Adicione um bloco de script do lado cliente à sua página e entre o código da Listagem 9.11 no bloco.

Listagem 9.11 Adição do Visual Basic Script de alto nível para construir e animar as formas

```
1   < SCRIPT LANGUAGE= "VBScript"
2   '
3   'shared vars
4   dim ds Area
5   dim sgLibrary
6   dim intX
7   dim intY
8   dim int Z
9   '
10  'starting values
11  intX=2
12  intY=0
13  int Z=2
14
15  '*********************
16  'main routine
17  '
18  Set sgLibrary = sg Shapes.Library 'point to library
19  Set dsArea = sg Shapes.Draw Surface 'point to Þdrawing space
20  '
21  Build square
22  Build Oval
23  '
24  dsArea.SaveGraficsState() 'save current set
25  '
26  BuidRotatingRectangle
27  '
28  dsArea.RestoreGraficsstate9) 'restore old set
29  sgshapes.Drawsurface = dsArea 'fetch completed set
```

continua...

Listagem 9.11 Continuação

```
30   '
31   RotateAll 'start rendering the images
32
33   ' end of main routine
34   '***********************
35
36   </script>
```

Um exemplo de SGC e movimento

Se você já usou a configuração/atualização ativa do Internet Explorer na World Wide Web para adicionar componentes à sua instalação MSIE, já viu um SGC em ação. Assim que a configuração ativa baseada na web transferir e instalar os componentes, um logo de 3D do Internet Explorer voa pelo fundo da página.

Vários itens na Listagem 9.11 merecem comentário. Primeiro, após declarar (e iniciar) diversas variáveis divididas (linhas 3-13), a rotina principal aparece. Esta rotina primeiro arruma ponteiros para a biblioteca de gráficos (linha 18) e para o objeto de área de espaço de desenho (linha 19) no controle de gráficos estruturados.

Depois, quatro coisas acontecem. Primeiro, métodos são chamados para construir os objetos ovais e quadrados (linhas 21 e 22). Depois, o método para construir um objeto retangular que pode ser rotacionado é chamado na linha 26. Em virtude de você estar adicionando recurso de animação ao retângulo, o estado do desenho atual é salvo primeiramente (linha 24) e, após o retângulo ser construído, é armazenado (linhas 28 e 29). Finalmente, um método é chamado para iniciar a rotação no gráfico complexo inteiro (linha 31).

Após adicionar o código da Listagem 9.11, você deve adicionar o código que irá construir objetos quadrados e ovais. Construir estes objetos é muito simples. Você primeiro define a cor e depois executa o square ou oval com os valores de tamanho apropriados. A Listagem 9.12 mostra o código para fazer isto. Adicione-o ao seu documento HTML logo após o código da Listagem 9.11

Como introduzir mais complexidade

Não é difícil ver, após a Listagem 9.11, que você está começando a trabalhar com scripts mais complexos do que os controles requeridos. Para ter noção completa do potencial da Animação Direta, você precisará trabalhar com scripts complicados. Isto é, sem dúvida, um grande condutor para o HTML dinâmico.

Capítulo 9 Como adicionar multimídia às aplicações da web   **239**

Listagem 9.12 Adição do Visual Basic Script para a construção dos objetos quadrados e ovais

```
1   Sub BuildSquare
2     `
3       dsArea.fillcolor sglibrarY.blue 'set color
4       dsArea.rect -50, -50, 200, 200 'set shape
5     `
6   End Sub
7
8   Sub BuidOval
9     '
10      dsArea.fillcolor sglibrary.silver 'set color
11      dsArea.oval -60, -60, 120, 120 'set shape
12    `
13  End Sub
```

Depois você deve adicionar o método do Visual Basic Script que irá construir o retângulo que pode ser rotacionado. Para fazê-lo, deve primeiro usar o método transform para estabelecer a taxa de rotação, depois definir a cor e, finalmente, definir o retângulo. A Listagem 9.13 mostra o código do Visual Basisc Script que realiza isto.

Listagem 9.13 Código do Visual Basic Script para a construção de um retângulo que pode ser rotacionado

```
1   Sub BuildRotatingRectangle
2     `
3       dsArea.transform sglibrary.rotate2rate(5) 'set rotation
4       dsArea.fillcolor sglibrary.red 'set color
5       dsArea.rect -20, -100, 40, 200 'set share
6     `
7   End Sub
```

O último pedaço de código do Visual Basic Script para manipular o SGC é o código que irá rotacionar o gráfico complexo inteiro no espaço do navegador. Para fazer isto, você só precisa usar o método para o controle e depois executar o método timeout para repetir a rotação indefinidamente. A Listagem 9.14 mostra como isto é feito.

Listagem 9.14 Rotação do gráfico inteiro no espaço do navegador

```
1  Sub RotateAll
2      '
3      SgShapes.rotate intX, intY, intZ, 'rotate everything
4      window.setTimeout "RotateAll",<50 'repeat loop
5      '
6  End Sub
```

Existe apenas mais uma definição do código Visual Basic Script que você deve adicionar a este documento. O método RotateAll usa três valores para controle da rotação (intX, intY, intZ). Estes podem ser comutados entre 0 (nenhum movimento) e 2 (um movimento lento) através do pressionamento dos três botões de comando na página. Você deve adicionar o código do Visual Basic Script que irá comutar os valores durante o evento onclick do botão. A Listagem 9.15 tem os pedaços finais do código do Visual Basic Script que você precisa adicionar a esta página.

O desafio de projeto SGC

Após ter concluído o exemplo neste capítulo com SGC, aqui está um desafio. Usando SGC e a Animação Direta, construa uma biblioteca interativa de formas com a qual um usuário possa interagir. Adicione funcionalidade para os usuários mudarem as propriedades de formas e atributos assim que interagirem com a página. Este desafio é uma grande oportunidade para integrar o script do lado cliente e do lado servidor.

Listagem 9.15 O código do Visual Basic Script para responder ao evento onclick de botões

```
1   Sub btntoggleX_onclick
2       '
3       if intX=0 then
4           intX=2
5       else
6           intX=0
7       end if
8       '
9   End Sub
10
11  Sub btntoggleY_onclick
12      '
13      if intY=0 then
14          intY=2
15      else
```

continua...

Capítulo 9 Como adicionar multimídia às aplicações da web

Listagem 9.15 Continuação

```
16          intY=0
17     endif
18     '
19 End Sub
20
21 Sub btntoggleZ_onclick
22     '
23     if intZ=0 then
24          intZ=2
25     else
26          intZ=0
27     endif
28     '
29 End Sub
```

Agora, salve o documento, marque-o como a página inicial e pressione F5 para iniciá-lo no navegador. Então, verá uma tela mostrando o gráfico completo rotacionando pelos eixos X e Z. Você pode afetar a rotação pressionando os botões de comando. Se alcançar a combinação correta, pode fazer o gráfico ficar imóvel (veja a Figura 9.10).

Uma vez mais: sempre considere o impacto

Nunca será demais repetir isto: sempre considere o impacto do que você faz. As páginas SGC complexas, assim como acontece com o restante da Animação Direta, colocam uma agitação considerável no sistema operacional Windows do seu visitante. Certifique-se de não espremer o computador do visitante com uma rotina muito complexa para ele.

Veja também

➤ *O script deste tipo de evento é muito similar ao HTML dinâmico. Quando quiser introduzir DHTML em suas páginas, veja o Capítulo 29.*

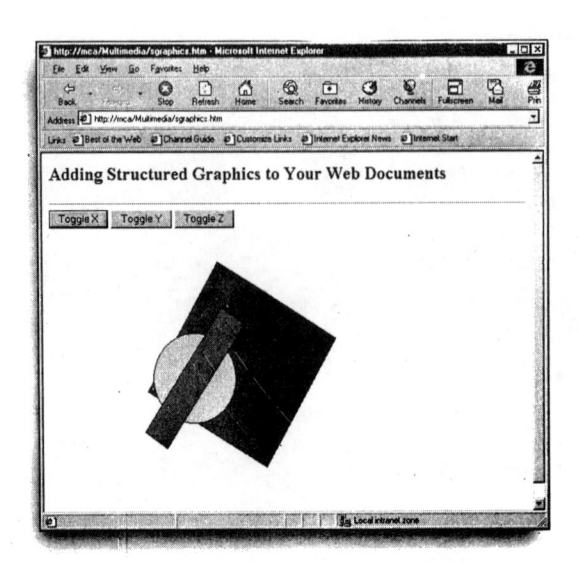

Figura 9.10 Visualização do conteúdo do controle de gráficos estruturados.

Capítulo 10

Como criar e usar mapas de imagem

- Aprenda a teoria por trás dos mapas de imagem do lado cliente
- Defina mapas de imagem do lado cliente para suas imagens
- Vincule URLs ao mapeamento de imagem

O que são mapas de imagem do lado cliente?

Primeiro, um mapa de imagem é muito mais do que você imagina. Especificamente, um mapa de imagem é uma imagem gráfica que tem um grupo de coordenadas de duas dimensões associadas com a imagem. Além disso, para cada uma das coordenadas existe um URL opcional associado. Quando o usuário clica em algum lugar da imagem nos limites de uma das coordenadas do conjunto, o navegador o envia ao URL associado.

Outra forma de pensar em arquivos de mapa de imagem é que eles são uma forma de marcar múltiplos "pontos ativos" em uma única imagem e prender estes pontos ativos aos vínculos de URL que podem ser usados pelo browser. Isto é muito similar ao conceito de hipergráficos segmentados usado pelos arquivos de ajuda do Windows.

Originalmente, mapas de imagem eram enviados ao navegador, mas após o usuário ter clicado em algum lugar na imagem, as coordenadas eram enviadas para o servidor. Lá, uma rotina especial inspecionava as coordenadas e depois retornava ao URL associado. A versão mais recente de navegadores HTML suporta a versão de mapas de imagem chamada mapas de imagem do *lado cliente*. Estes mapas enviam todos os detalhes do mapa de imagens para o navegador e o deixam determinar qual URL vincular a cada coordenada no grupo. Mapas de imagem do lado cliente são muito mais fáceis de trabalhar e modificar e são o tipo de mapa de imagem com que você vai trabalhar neste capítulo.

Vantagens dos mapas de imagem do lado cliente

A grande vantagem dos mapas de imagem é que você pode apresentar uma imagem gráfica única e oferecer múltiplos URLs associados com a imagem. Muitas aplicações da web usam o mapa de imagem como uma tela de boas-vindas. Isto lhe permite transferir rapidamente uma imagem única para o cliente e oferece vários vínculos com os quais o cliente pode trabalhar. Isto é muito mais rápido do que enviar múltiplas imagens, cada uma com seu URL associado.

Em segundo lugar, os mapas de imagem são fáceis de manter e atualizar – especialmente aqueles do lado cliente. Em virtude de não haver manipulação da imagem, você pode facilmente redefinir a região de coordenada na imagem, adicionar ou excluir regiões e muito mais sem ter que reprocessar a própria imagem.

Finalmente, em virtude de todo URL e dados de coordenada serem um texto ASCII que pode ser adicionado a qualquer página HTML, você pode manter este tipo de informação no banco de dados e usar documentos ASP para gerar as coordenadas apropriadas e URLs para cada cliente conectado. Isto torna fácil gerar mapas de imagem baseado no nível do usuário ou preferências do cliente, também.

Mapas de imagem do lado servidor requerem programação adicional

Se você quiser suportar mapas de imagem do lado servidor ao invés de mapas do lado cliente, precisará de software adicional no servidor para aceitar os valores de coordenadas do cliente e transformá-los em novos endereços URL. O suporte do mapa de imagem de servidor não é visto neste livro.

Capítulo 10 Como criar e usar mapas de imagem

Veja também

➤ *Para aprender como usar imagens como o botão Submit em um formulário, veja o Capítulo 7.*

Desvantagens do mapa de imagem do lado cliente

A principal desvantagem da utilização dos mapas de imagem do lado cliente é que alguns navegadores antigos não irão suportá-los. Você deve testar sua aplicação da web com relação a vários navegadores para ter certeza de que ele irá funcionar apropriadamente. No entanto, se estiver criando uma aplicação da web para uso dentro de uma organização, geralmente pode contar com os navegadores que irão suportar os mapas de imagem (ou atualizar facilmente os clientes para versões que os suportem).

Outra desvantagem dos mapas de imagem é que eles são invisíveis. Você não pode ter cada região de coordenada aparecendo automaticamente marcada no mapa de imagem. Isto pode confundir alguns usuários. Embora seja possível modificar a imagem para incluir uma borda que combine com as regiões de coordenada definidas no mapa de imagem, isto não é prático e pode ficar "fora de sintonia" com as coordenadas do mapa se você estiver gerando os mapas de forma dinâmica. Geralmente, você deve incluir algum texto na página instruindo os usuários a moverem o mouse por sobre a imagem para que vejam onde as regiões de coordenadas aparecem.

Como criar um mapa de imagem do lado cliente

Criar um mapa de imagem do lado cliente para qualquer imagem gráfica na sua aplicação da web é realmente muito simples. Tudo o que você precisa fazer é colocar uma imagem na página e depois usar a visualização Source do editor do Visual InterDev para adicionar algum código HTML que defina o mapa e associe-o com a imagem.

Adicione dicas de ferramentas para os mapas de imagem

Se você adicionar o atributo TITLE aos elementos <AREA> em um mapa de imagem, muitos navegadores irão adicionar uma dica de ferramentas aos mapas de imagem quando os usuários moverem o mouse por sobre a imagem.

Para este exemplo, inicie o Visual InterDev e crie um novo projeto da web ou carregue um já existente onde você possa adicionar um novo documento. Após ter seu projeto receptor carregado no Visual InterDev, adicione um novo documento chamado IMAGEMAP.HTM e coloque-o no modo Design.

Veja também

➤ *Para aprender como criar um novo projeto da web, veja o Capítulo 1.*

Como importar um arquivo de imagem para o seu projeto da web

Depois, carregue uma imagem no projeto da web para usá-la como base para o mapa de imagem. Se você não tiver uma imagem disponível no seu projeto, pode usar a janela do Project Explorer para navegar em sua estação de trabalho (ou qualquer recurso de rede conectada) e adicionar uma imagem ao projeto (veja a Figura 10.1).

Como importar imagens para o projeto

1. Clique com o botão direito do mouse sobre a pasta **Images** na janela do Project Explorer.
2. Selecione **Add** no menu contexto.
3. Selecione **Add Item** no menu contexto.
4. Selecione a guia **Existing** (Existente) para expor a janela de diálogo de arquivo.
5. Comute o pull-donw **Files of type:** na parte inferior do diálogo para mostrar os arquivos de imagem.
6. Use o pull-down **Look in:** para navegar para uma área na sua estação de trabalho que contenha uma imagem gráfica que você queira usar na sua aplicação da web.
7. Quando encontrar a imagem que quer importar, selecione-a e pressione o botão **Open** para adicioná-la ao seu projeto da web.

Veja também

➤ *Para mais informações sobre projeto de documentos da web, veja o Capítulo 3.*

Os nomes de arquivo do Windows não são sensíveis ao tipo de letra

Os exemplos neste livro mostram nomes de arquivos em disco com todas as letras maiúsculas, sendo fácil identificá-los no texto. No sistema operacional Windows, os nomes de arquivos não são sensíveis ao tipo de letra e qualquer combinação de letras maiúsculas e minúsculas é tratada da mesma forma.

Capítulo 10 Como criar e usar mapas de imagem   247

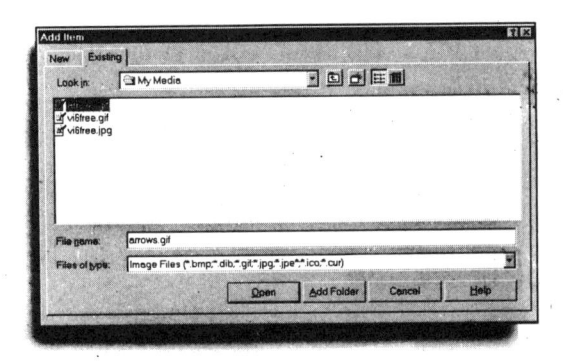

Figura 10.1 Importação de um arquivo de imagem para o atual projeto da web.

Como colocar a imagem no seu documento da web

A próxima tarefa é colocar a imagem no seu documento. A forma mais fácil de fazer isto é simplesmente arrastar a imagem da janela do Project Explorer e liberá-la na página. Após fazer isto, a imagem irá aparecer no documento pronta para que você defina o mapa de imagem.

No entanto, antes de definir o mapa para esta imagem, você deve fazer um pouco mais de código HTML na visualização Source do editor do Visual InterDev. Você deve adicionar o atributo USEMAP para dizer ao navegador que um mapa de imagem está associado com a imagem gráfica.

Você também deve adicionar os atributos opcionais HEIGHT (altura) e WIDTH (largura) para controlar o tamanho exato de exibição da imagem. Embora isto não seja uma exigência, falhar em fazê-lo pode resultar em coordenadas de mapa inválidas.

Finalmente, você pode adicionar o atributo BORDER=0 para evitar que navegador do cliente pinte uma borda ao redor da imagem. Isto é opcional, mas irá ajudar a imagem a parecer um pouco mais limpa na janela do navegador.

A Listagem 10.1 mostra o código HTML modificado para o tag <IMG> que contém a imagem. Certifique-se de que seu código se pareça com o da Listagem 10.1 (exceto para o nome e localização do arquivo de imagem).

A configuração da altura e da largura da imagem pode evitar mapas de imagem inválidos

---

É uma boa idéia explicitar a configuração dos atributos HEIGHT e WIDTH da imagem que será usada no mapa de imagem. Isto pode evitar problemas com coordenadas de mapa inválidas se o arquivo de imagem for alterado ou redimensionado.

Listagem 10.1 Código HTML ajustado para o arquivo de imagem

```
1    <P align=center>
2    <IMG
3       USEMAP=3MyMAP ----------------------------------------------- (1)
4       SRC="images/arrows.gif"
5       BORDER=0
6       WIDTH=400
7       HEIGTH=400>
8    </P>
```

Listagem 10.1

(1) Esta é a linha que indica qual elemento <MAP> é associado com esta imagem.

A Listagem 10.1 mostra que a imagem ARROWS.GIF na subpasta de imagens será mostrada na página (linha 4). O nome e a localização do seu arquivo de imagem podem não ser iguais a este exemplo, mas não há problema algum.

O atributo USEMAP (linha 3) diz ao navegador que existe uma seção no documento com o nome MyMAP que contém um grupo de coordenadas e URLs associados. Você construirá este mapa na próxima seção.

As linhas 6 e 7 dizem ao navegador para mostrar a imagem em um quadrado de 400-pixel por 400-pixel. Para este exemplo, é importante que você use estes valores para a imagem. Estes valores marcam os limites da imagem e estes limites serão usados como parte das coordenadas. É sempre uma boa idéia explicitar a adição dos atributos HEIGHT e WIDTH para imagens mapeadas.

A Figura 10.2 mostra os resultados do carregamento da imagem na página.

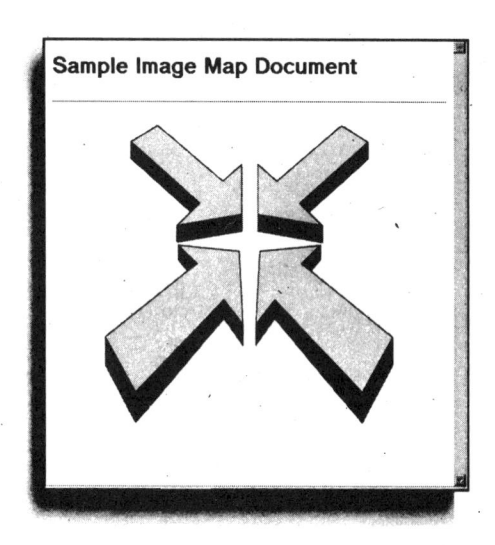

Capítulo 10 Como criar e usar mapas de imagem **249**

Figura 10.2 Visualização do arquivo de imagem carregado no documento.

Agora que a imagem está carregada na página, você está pronto para criar um grupo de coordenadas de mapa.

Veja também
➤ *Para aprender como controlar a colocação exata de uma imagem no navegador, veja o Capítulo 29.*

Como adicionar coordenadas de mapa aos arquivos de imagem

Após ter uma imagem carregada na página, você pode adicionar o atributo USEMAP para associar a imagem com um grupo de coordenadas de mapa. Estas coordenadas irão conter um tipo de forma, um grupo de números para definir a forma e um URL associado com a região definida no mapa. Cada região coordenada é mantida em um tag HTML <AREA>. O conjunto de regiões definidas é cercado por tags HTML <MAP> e </MAP>.

Compreensão dos tags HTML <MAP> e <AREA>

Toda a mágica dos mapas de imagem do lado cliente ocorre nos tags <MAP> e </MAP>. Dentro deste grupo de tags está uma lista de tags <AREA> que define cada ponto ativo na imagem. São estes pontos ativos que permitem aos usuários clicar nas áreas dentro da imagem e mover para outros documentos no projeto.

A Listagem 10.2 mostra a sintaxe do código HTML básico para construir os mapas de imagem do lado cliente em documentos HTML.

Listagem 10.2 O código HTML básico de mapas de imagem do lado cliente

```
1   <MAP name=MyMAP>----------------------------------------------(1)
2       <AREA
3           SHAPE=RECT
4           COORDS= 0, 0, 200, 160
5           HREF= rectangle'.htm">
6       <AREA
7           SHAPE = CIRCLE
8           COORDS=10,10,5
9           HREF="circle.htm">
10      <AREA
11          SHAPE=POLYGON
12          COORDS= 10, 50, 15, 20, 20, 50
13          HREF="triangle.htm">
14      <AREA
15          SHAPE= DEFAUT------------------------------------------(2)
16          HREF="defaut.htm"
17      <AREA
18          SHAPE = RECT
19          COORDS= 100, 100, 150, 200
20          NOHREF------------------------------------------------(3)
21  </MAP>
```

Listagem 10.2

(1) Este é o mesmo nome que você encontra no atributo USEMAP do elemento de imagem associado.

(2) Isto irá usar a imagem inteira como uma região que pode ser clicada.

(3) Use o atributo NOHREF para explicitar ao documento que nenhum URL é associado com esta região.

Primeiro, note que o nome do mapa é configurado com o atributo NAME do tag <MAP>. Este é um elemento requerido. Este nome será adicionado ao elemento <IMG> para vincular as coordenadas de mapa com o arquivo de imagem.

Capítulo 10 Como criar e usar mapas de imagem

Na Listagem 10.2, várias regiões coordenadas diferentes são definidas para a imagem. Você pode ver que há quatro valores possíveis para o atributo SHAPE (forma):

- RECT se refere a qualquer objeto de quatro lados. Os valores COORDS marcam o canto superior esquerdo (X,Y) e o canto inferior direito (X,Y) do objeto.
- CIRCLE é uma região de mapa redonda. Os valores COORDS definem um círculo no local X e Y com um raio de Z.
- POLYGON é qualquer forma irregular. Os valores COORDS definem cada segmento de linha que marca o contorno da forma.
- DEFAULT é uma entrada que pode ser usada para "pegar" qualquer clique de mouse nas regiões "não definidas". Não há atributos COORDS associados com a forma DEFAULT.

O atributo HREF contém um URL válido que será usado como o alvo de navegação quando o usuário clicar a imagem nos valores COORDS definidos. Note que você também pode definir uma região e usar o atributo NOHREF para certificar-se de que nenhum URL está associado com a região.

Finalmente, note que o fim da lista de tags <AREA> é marcado pelo tag HTML </MAP>. Isto é uma exigência.

Veja também

➤ Para saber mais sobre como usar o atributo NAME de um elemento HTML em scripts de cliente, veja o Capítulo 14.

Como definir seu próprio mapa de imagem

Agora que você sabe como definir um grupo de coordenadas de mapa para uma imagem, é hora de construir um mapa de imagem para uma imagem gráfica que você adicionou ao seu documento anteriormente neste capítulo.

Neste exemplo, você divide a imagem em quatro regiões retangulares e associa um URL com cada região. O exemplo de arquivo de imagem incluído neste capítulo é um grupo de quatro setas dividindo a imagem em quatro sessões de uma forma simples. Dependendo da imagem que você selecionou, esta pode não ser a melhor forma de dividir a imagem. No entanto, para ter a idéia de como os mapas de imagem funcionam, continue a usar as quatro sessões marcadas neste exemplo. Quando tiver o controle de tudo, pode definir suas próprias regiões para que combinem melhor com seus arquivos de imagem.

Para definir um mapa de imagem para o arquivo de imagem carregado, comute para o modo Source no editor do Visual InterDev e adicione os tags <MAP> e <AREA> que marcam as regiões. Para este exemplo, crie quatro retângulos que contornem cada uma das setas na imagem gráfica.

A imagem na Figura 10.2 mostra que quatro setas se encontram em um ponto bem acima da linha média vertical e no centro horizontal da imagem. Em virtude de <IMG> definir a ALTURA e LARGURA da imagem como 400 pixels, isto significa que o centro exato das quatro setas é cerca de 160 no eixo X e 200 no eixo Y. Com esta informação como ponto de partida, você pode agora calcular o canto superior esquerdo e o canto inferior direito dos quatro retângulos para esta imagem. Os resultados são mostrados na Tabela 10.1.

Uma forma melhor de definir regiões de mapa

Embora computar as regiões do mapa para mapas de imagem do lado cliente não seja possível, isto é algo discutível. Há formas melhores de fazê-lo, também! Primeiro, você pode usar o FrontPage para definir regiões. No entanto, isto cria uma referência do tipo "web bot" que pode não ser suportada em todos os casos. Existem também vários programas gratuitos e programas shareware de editores de mapa de imagem disponíveis na Internet. Todos fazem o mesmo – permitem usar o mouse para definir regiões em uma imagem gráfica e armazenar os resultados como tags <MAP> e <AREA> padrão para colocação em documentos HTML.

Tabela 10.1 As coordenadas de mapa de imagem para o exemplo

Topo esquerdo X	Topo esquerdo Y	Inferior direito X	Inferior direito Y
0	0	200	160
0	160	200	400
200	0	400	160
200	160	400	400

Os dados da Tabela 10.1 podem ser convertidos diretamente em valores de atributo COORDS para o mapa de imagem.

Finalmente, você deve associar um URL para cada região do mapa. Para este exemplo, adicione PAGE1.HTM, PAGE2.HTM, PAGE3.HTM e PAGE4.HTM para cada uma das quatro regiões definidas. Embora estas páginas possam não existir no seu projeto da web, elas irão no mínimo completar a definição do mapa apropriadamente. Você pode ajustar os URLs depois para combinarem com documentos reais na sua aplicação da web.

Então, agora, com o documento IMAGEMAP.HTM carregado no editor do Visual InterDev, vá para o modo Source e entre o código HTML da Listagem 10.3 no corpo <BODY> do documento acima do tag <IMG>.

Listagem 10.3 Adição dos tags MAP e AREA ao documento IMAGEMAP.HTM

```
1   <MAP name=MyMAP>
2       <AREA
3           SHAPE=RECT
4           COORDS= 0, 0, 200, 160
5           HREF= "page1.htm">
6       <AREA
7           SHAPE=RECT
8           COORDS= 0, 160, 200, 400
9           HREF= "page2.htm">
```

continua...

Capítulo 10 Como criar e usar mapas de imagem   253

Listagem 10.3 Continuação

```
10    <AREA
11         SHAPE=RECT
12         COORDS=200,0,400,160
13         HREF="page3.htm">
14    <AREA
15         SHAPE=RECT
16         COORDS=200,160,400,400
17         HREF="page4.htm">
18    </MAP>
```

Quando você completar seu código HTML, vá para a visualização Design para ver se a exibição combina com a da Figura 10.3.

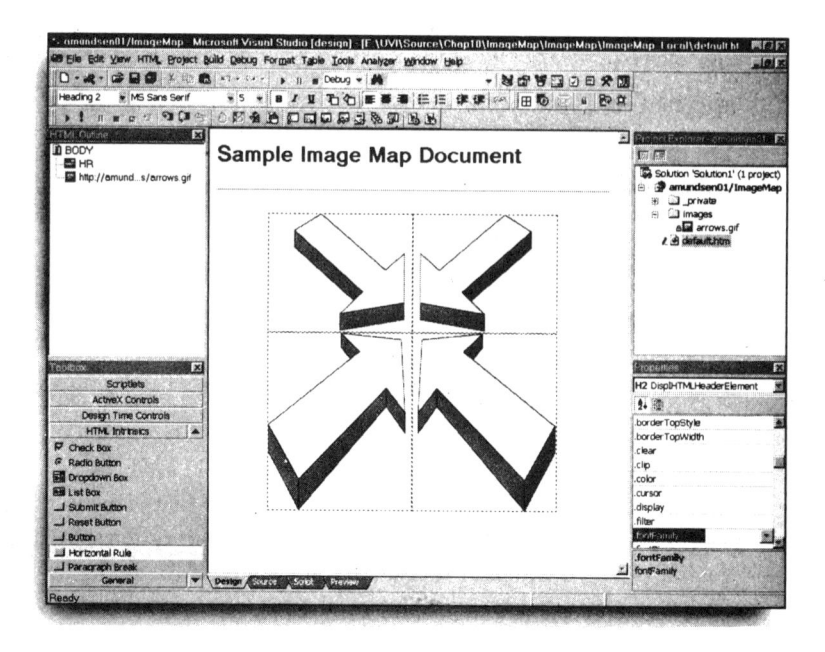

Figura 10.3 Visualização do mapa de imagem no modo design do editor de Visual InterDev.

Note que o editor do Visual InterDev usa linhas pontilhadas para indicar as regiões definidas do arquivo de mapa associado. Embora você não veja isso no navegador, é bom conseguir confirmar seus contornos no editor antes de salvar o documento HTML completo para sua produção da web.

Como adicionar os documentos HTML alvo

Para testar este mapa de imagem, você deve adicionar quatro documentos HTML simples que irão atuar como alvos para os quatro HREFs adicionados na Listagem 10.3. Você deve adicionar PAGE1.HTM, PAGE2.HTM, PAGE3.HTM e PAGE4.HTM ao seu projeto da web.

Você também pode adicionar um cabeçalho opcional para cada documento na seção <BODY> para identificar as páginas. Por exemplo, em PAGE1.HTM, você poderia adicionar o seguinte código HTML em <BODY>:

```
<H1>This is Page 1</H1>
```

Faça isso para cada uma das quatro páginas e depois salve as mesmas para seu projeto da web. Agora você estará pronto para testar seu mapa de imagem.

Como testar o documento de mapa de imagem

Agora que você importou o arquivo de imagem gráfica para seu projeto da web, o carregou na página, definiu as regiões clicáveis em um mapa do lado cliente e adicionou os documentos HTML alvo, está pronto para testar a página.

Pressione a guia **Quick View** para ver a página HTML resultante e mova o mouse por sobre a imagem. Você verá que o mouse se transforma em um cursor em forma de mão, indicando que este é um ponto ativo ou uma região clicável no documento. Se você clicar em qualquer lugar na região, o navegador irá aparecer mostrando a página associada com a região. Você tem agora um documento de mapa de imagem!

Veja também

➤ *Para mais informações sobre Quick View, veja o Capítulo 2.*

PARTE III

COMO USAR O VISUAL BASIC SCRIPT

Como programar com a linguagem Visual Basic Script   257

Como expandir seus scripts com métodos embutidos   283

Como adicionar o gerenciamento de eventos a seus scripts Visual Basic   315

Script no lado cliente com o modelo de objetos MSIE   349

Como usar o script no lado do servidor com objetos ASP predefinidos   395

Capítulo 11

Como programar com a linguagem Visual Basic Script

- Armazene dados usando as variáveis VBScript
- Use as estruturas de controle do programa para controlar o fluxo de suas aplicações da web durante a execução
- Compreenda o básico do VBScript e como usá-lo para armazenar e recuperar dados
- Use as estruturas de controle VBScript para controlar o fluxo de suas aplicações da web

Início rápido do Visual Basic Script

Neste capítulo, você aprenderá a usar a linguagem Visual Basic Script para animar suas aplicações Web. A linguagem Visual Basic Script (geralmente referida como VBScript) é um conjunto de comandos e palavras-chaves que são interpretados enquanto a aplicação está sendo executada. É por isso que o VBScript é chamado de *linguagem interpretada*. Esses comandos podem ser usados para exibir texto na estação de trabalho do cliente; ler os dados do servidor; mudar as fontes, cores etc. e, ainda, fornecer alertas simples da caixa de mensagem e informações de ajuda quando um usuário clica no devido lugar. Nas próximas seções você fará uma revisão rápida do VBScript e de seus comandos e recursos principais.

O VBScript é parecido com a linguagem de programação usada no Microsoft Visual Basic e todas as aplicações Microsoft Office. Na verdade, o VBScript é um *subconjunto* do Visual Basic. Isto significa que o VBScript contém a maioria dos comandos do Visual Basic, mas não todos. Na verdade, a lista de comandos que faltam no VBScript é bem curta. Embora os detalhes exatos não sejam realmente importantes aqui, é importante lembrar que o VBScript é muito eficiente e quase idêntico ao Visual Basic que você pode ter usado com os produtos Microsoft Visual Basic ou Microsoft Office.

A guerra da linguagem compilada versus linguagem interpretada

---

> Existem pontos de vista distintamente opostos nas linguagens interpretadas versus compiladas. Sem surpresa alguma, ambas as opções têm méritos. A melhor maneira de examinar a linguagem ideal é determinar qual é o seu objetivo geral e como você pretende enviar seu código. Se estiver trabalhando em um ambiente cliente/servidor distribuído, como a web, e pretende fazer atualizações freqüentes, o script será ideal. É menos complexo, fácil de implementar e de manter e funciona bem na web. Entretanto, se estiver trabalhando com interação complexa, o código complicado que será mudado com menos freqüência, e estendendo as capacidades de uma linguagem de script, poderá compensar uma linguagem compilada. O VBScript é um ótimo segmento no desenvolvimento do uso do Visual Basic.

Outro aspecto importante do VBScript a lembrar é que é uma linguagem *interpretada*. Isto significa que os comandos VBScript são interpretados quando o programa está sendo executado. Outras linguagens, como o Microsoft Visual Basic ou o Microsoft C++, são linguagens *compiladas*. Os comandos para essas linguagens são interpretados quando o programa é compilado em um arquivo executável (EXE).

Como o VBScript é interpretado e não compilado, você não pode fazer tudo exatamente da mesma maneira que poderia (ou tão rapidamente quanto) se estivesse usando o Microsoft Visual Basic ou o Microsoft C++.

Isto é importante quando você começa a escrever grandes aplicações da web. Geralmente, as grandes aplicações incluem um ou mais componentes construídos com uma linguagem compilada assim como partes escritas que utilizam o VBScript para ligar itens.

Capítulo 11 Como programar com a linguagem Visual Basic Script 259

A escolha ruim de um nome

As linguagens de scripts, por default, parecem ser denominadas de maneira ruim. Veja o JavaScript – não tem relação alguma com o Java, nunca teve relação alguma com o Java e não será o Java no futuro. Foi um nome selecionado pelo grande "M" – Marketing. O VBScript é bem parecido. O nome aproveita-se da familiaridade com o Visual Basic. Mas pense nisso – o que há de visual em uma linguagem de script?

Agora que você tem uma boa idéia sobre o que é o VBScript, está pronto para entrar nos detalhes do VBScript!

Como criar uma aplicação VBScript simples

Criar aplicações VBScript com o Visual InterDev é realmente fácil. É muito parecido com o uso de HTML para criar páginas da web. Você inicia uma aplicação da web em Visual InterDev, abre a página inicial e adiciona alguns comandos VBScript na janela Source.

Por exemplo, poderá usar o VBScript para criar uma única página que possui duas caixas de texto e um botão de comando. Quando pressionar o botão de comando, as informações das caixas de texto serão usadas para criar uma caixa de mensagem que será exibida para o usuário. Eis um passo-a-passo rápido para criar a aplicação da web recém-descrita.

O que colocar na janela Source

Naturalmente, isto implica que você tem alguma idéia sobre quais comandos VBScript colocar na janela Source. Mas isto será discutido em breve.

Como criar uma caixa de mensagem para usar em futuros scripts

1. Inicie o Visual InterDev e crie um novo projeto. Defina o Project **Name** (Nome do Projeto) como SimpleVBSDemo. Você poderá usar o mesmo título que o nome da web. Poderá selecionar **<none>** (nenhum) para **Layout** e **Theme** (Tema) desse projeto da web.
2. Adicione uma página HTML ao projeto da web. Defina seu nome como DEFAULT.HTM. Selecione **Document** (Documento) na lista suspensa **Properties** (Propriedades) e defina a propriedade DefaultClientScript como VBScript.

Como nomear seus controles

Faça um favor a si mesmo: use nomes práticos para seus controles. O Visual InterDev tem como default um nome genérico como textbox1, button3 etc. Não caia na armadilha de trabalhar com isso, mude seus nomes! Use nomes práticos que signifiquem algo. Por exemplo, na página deste capítulo, use **txt_Message** para a caixa de texto Message (Mensagem), **txt_Loops** para a caixa de texto Loops e **btn_Submit** para o botão de comando.

3. Agora crie o layout de uma página simples que se pareça com o da Figura 11.1. Use o objeto Button (Botão) genérico em vez do botão Submit (Submeter) ou algum outro.
4. Quando tiver terminado de criar o layout do formulário, grave-o antes de continuar com a parte VBScript do projeto.

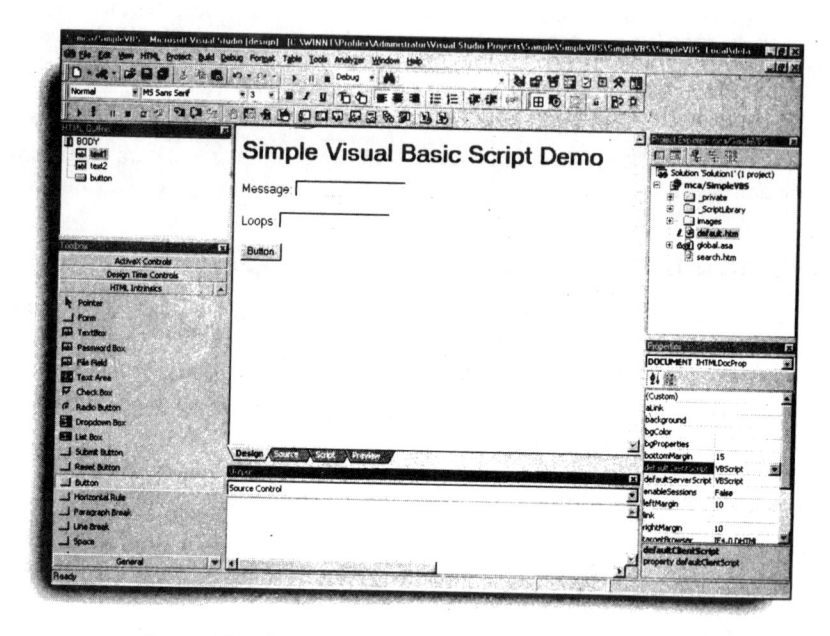

Figura 11.1 Como criar o layout da página VBScript simples.

Como adicionar o VBScript a seu projeto daweb

Agora que a construção do formulário está completa, você está pronto para adicionar o VBScript à sua aplicação. Adicione algum código que usará a mensagem fornecida na primeira caixa de texto e um número fornecido na segunda caixa de texto e, quando o usuário pressionar o botão de comando, exiba uma caixa de mensagem com a mensagem de texto repetida tantas vezes quanto forem solicitadas.

Para completar essa tarefa, você usará duas variáveis VBScript: um método predefinido e uma estrutura de controle do programa. Também usará o evento onclick do botão de comando para saber quando exibir a mensagem.

Simplicidade por si só

Naturalmente, não estou insinuando que todos os scripts são simples. Você poderá usar os exemplos deste capítulo para construir seus próprios scripts complexos quando experimentar mais este livro.

Capítulo 11 Como programar com a linguagem Visual Basic Script   **261**

As próximas etapas mostrarão como usar todos os itens mencionados anteriormente para criar uma rotina simples com cerca de 10 linhas de VBScript.

Como criar uma rotina simples com o VBScript

1. Alterne para o Source Editor (Editor de Origem) e selecione a guia **Script** na janela do editor para exibir o espaço de edição de scripts.
2. Usando a janela HTML Outline (Esquema HTML) (à esquerda), selecione **Client Objects & Events** (Objetos-Clientes e Eventos), **Window** (Janela), *Seu Botão*. Se seguiu o conselho anterior neste capítulo, este botão será o btn_Submit.
3. Agora clique duas vezes no evento onclick para abrir uma janela de código para o método do btn_Submit_onclick. Qualquer código que você coloque entre Sub e End Sub será executado a cada vez que o usuário clicar o botão.
4. Agora adicione o código da Listagem 11.1 entre Sub e End Sub.
5. Depois de adicionar o código, grave a página antes de continuar.

Listagem 11.1 Um exemplo VBScript simples

```
1   Sub btn_Submit_onclick
2
3   dim strMessage
4   dim intLoop
5
6   for intloop=1 for txt_Loop.value
7       strMessage = strMessage & txt_Message.value "!"
8   next
9
10  alert strMessage
11
12  End Sub
```

Como testar o projeto da web SimpleVBSDemo

Agora que você adicionou todo o VBScript e gravou a página, está pronto para executar o projeto da web para ver seus resultados. Faça isso, pressione o botão Start na barra de ferramentas Visual InterDev ou pressione F5. Uma maneira ainda melhor de visualizar seu trabalho é usar a guia **Quick View**, aproveitando os recursos de "desenvolvimento rápido da aplicação" do Visual InterDev. Então, deverá ver o browser aparecer, exibir o formulário e aguardar entrada.

Entre Hello na caixa de texto **Message** e 3 na caixa de texto **Loops**. Quando pressionar o botão de comando, deverá ver **Hello!Hello!Hello!** em uma caixa de mensagem (veja a Figura 11.2). Se a aplicação não funcionou corretamente, verifique o VBScript para assegurar que o tenha entrado exatamente como aparece na Listagem 11.1.

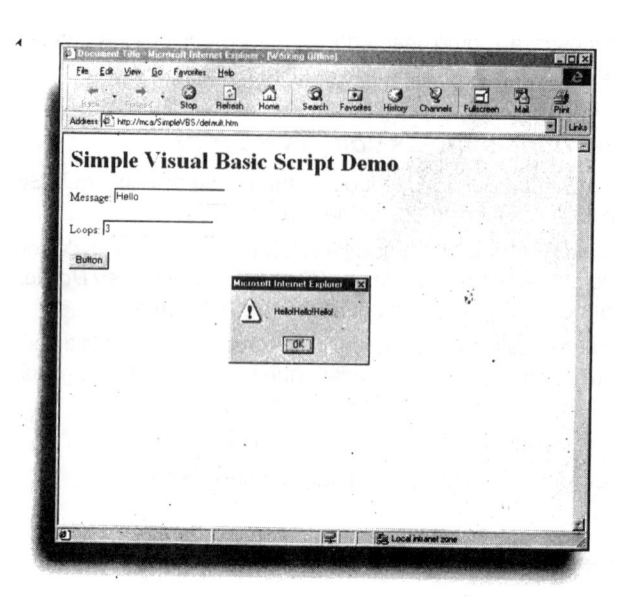

Figura 11.2 Como exibir os resultados do projeto da web SimpleVBSDemo.

Exibir rapidamente ou não exibir rapidamente

Você pode testar suas páginas no Visual InterDev usando dois métodos diferentes (bem, na verdade três, mas é apenas uma pequena desaprovação). O método mais comum é visualizar a página da web em seu browser da web clicando no botão Start na barra de ferramentas ou clicando com o botão direito no arquivo no Project Explorer e escolhendo **View in Browser** (Visualizar no Browser) no menu contextol. O outro método é clicar na guia **Quick View** e ver imediatamente os resultados. Isto economiza por parte do Visual InterDev o processo de abertura de um navegador da web para exibir sua página e fornecer o modo de depuração. No entanto, Quick View não está isento de falhas. Se você estiver trabalhando com o script no lado do servidor (como estará posteriormente neste livro), não conseguirá experimentar grande parte de seu script. O Quick View é melhor para os testes de script no lado do cliente, enquanto o modo de depuração é melhor para o lado servidor. Mas isto pode ser apenas minha opinião.

Agora que completou o exemplo simples, vejamos mais de perto alguns detalhes. Primeiro, as linhas 3 e 4 começam com a palavra-chave dim para declarar o espaço de armazenamento local, chamado *variáveis*. São usadas para manter os dados durante a execução do VBScript.

Em seguida, as linhas de 6 a 8 constituem a estrutura de controle do programa. Isto controla como o programa é executado. Neste caso, a estrutura de controle é um loop for...next. São usadas para repetir uma ou mais linhas do VBScript. A linha 7 é executada repetidamente e constrói a mensagem que será exibida.

Finalmente, a linha 10 do método começa com a palavra-chave alert. É um método embutido usado para apresentar as caixas de mensagem.

Capítulo 11 Como programar com a linguagem Visual Basic Script

Nesse exemplo curto, você usou muitas partes do VBScript. Nas próximas seções, terá uma visão mais profunda das partes maiores do VBScript.

Como usar as variáveis de script

Os dois primeiros itens no exemplo SimpleVBSDemo completado na seção anterior declararam o espaço de armazenamento chamado de variáveis. As variáveis são usadas para controlar os valores de dados simples durante a vida de suas aplicações da web. Nesta seção, você aprenderá alguns detalhes sobre como declarar e usar as variáveis com o VBScript.

Caixas de mensagem

O método alert é apenas uma das muitas maneiras de usar os elementos da interface do usuário (UI – User Interface) Windows em seus scripts. O VBScript suporta caixas de diálogos mais complexas. Para obter informações sobre esse tópico, consulte a ajuda on-line do Visual InterDev para ver a linguagem de script do VBScript.

Como declarar as variáveis

A finalidade das variáveis é armazenar dados simples. Contudo, antes de poder usar variáveis para armazenar informações, você deverá sempre declará-las. Declarar uma variável é uma maneira de informar à aplicação da web que você pretende armazenar um valor e que precisa de algum "espaço" no qual colocá-lo. Embora possa geralmente programar sem declarar as variáveis, isso é considerado uma "forma ruim" de programação – a capacidade de introduzir erro em virtude de um planejamento de variáveis fraco é equivalente a cometer um suicídio de programação. Linguagens mais estruturadas, como o C++, requerem que você declare todas as variáveis antes de usá-las. É um procedimento sábio a adotar mesmo no VBScript, para assegurar-se de que você está trabalhando corretamente com as devidas variáveis e não introduzindo prováveis falhas.

Declarar variáveis no VBScript é fácil. Você simplesmente fornecerá a palavra-chave dim seguida de um nome útil (veja a Listagem 11.2).

Construção do código: a experiência traz sabedoria

Existem muitas "regras para a sabedoria" durante o desenvolvimento – declarar variáveis é apenas uma. Conforme passar mais tempo desenvolvendo, você aprenderá com trabalho e experiência o modo certo, e o modo difícil, de fazer as coisas. O truque é transformar seus erros em experiências de aprendizagem e evitar as prováveis armadilhas futuras. No final do dia, você deverá estar dizendo: "Você aprendeu bem, gafanhoto" para si mesmo, em vez de "Droga!".

Listagem 11.2 Como declarar variáveis em VBScript

1 Dim strCustomerName
2 Dim intCounter
3 Dim lgnColumnWidth
4 Dim objFileObject

Qual nome você usa realmente não importa contanto que o inicie com um caractere do alfabeto (não um número ou pontuação) e que mantenha o nome com menos de 32 caracteres.

A brilhante história do dim

A palavra-chave dim foi estabelecida pela primeira vez para a antiga linguagem BASIC interpretada. **dim** é uma abreviação de dimensão. A dimensão da palavra foi usada porque os formulários anteriores do BASIC requeriam que os programadores declarassem todos os espaços de armazenamento como um bloco de memória. Literalmente, os programadores tinham que definir as dimensões dos blocos de memória para o armazenamento.

A Tabela 11.1 mostra os nomes válidos e inválidos para as variáveis VBScript.

Tabela 11.1 Os nomes válidos e inválidos da variável VBScript

Nomes de variáveis válidos	Nomes de variáveis inválidos	Comentário
MyName	My Name	Não são permitidos espaços
Book7	7th Book	Não se pode iniciar nomes com um número
ColumnHeader	Column.Header	A pontuação não é permitida
SimpleName	RatherComplicated AndSomewhatLong Name	Limita os nomes das variáveis a 32 caracteres ou menos
My_Variable	My-Variable	Caracteres especiais (como +, -, %, /, ? e &) são inválidos nos nomes das variáveis

Tipos de variáveis no VBScript

Se você estiver acostumado com outras linguagens de programação, poderá notar que algo está faltando nas declarações na Listagem 11.2. A maioria das outras linguagens requer que você declare um tipo de dado quando define um local de armazenamento. Os tipos de dados básicos incluem os dados numéricos e dados de string (ou caracteres). O VBScript não requer a declaração prévia de um tipo de dado quando se cria variáveis. Na verdade, se você tentar fazer isso, verá uma mensagem de erro.

De variantes e variáveis

Muitas linguagens de programação suportam tipos de dados variantes. Embora forneçam simplicidade à programação, quase sempre produzem hábitos ruins. Isto acontece além do processo envolvido no uso das variantes. Se você usar variantes (como faz no VBScript), planeje com cuidado. É fácil confundir as variáveis e comparar os tipos errados de informações (uma string textual com um número, por exemplo). Uma boa maneira de evitar problemas é nomear suas variáveis segundo o tipo de dados que ela contém; por exemplo, strMyName ou intExtension.

Todas as variáveis VBScript são do mesmo tipo: *variante*. Os tipos de dados variantes podem ser dados numéricos ou de caracteres. As variáveis VBScript podem ainda mudar seu tipo durante a vida de uma aplicação da web. O fragmento de código na Listagem 11.3 pode fazer com que algumas linguagens de computador fiquem paralisadas, mas o VBScript aceita-o sem problemas.

Listagem 11.3 O exemplo dos tipos de dados variantes no VBScript

```
1   Sub VBSMethod
2
3       dim MyValue
4
5       MyValue=13
6       alert MyValue
7
8       MyValue="MCA"
9       alert MyValue
10
11  End Sub
```

Como definir o escopo das variáveis VBScript

Outro aspecto importante das variáveis VBScript é chamado de *escopo*. O escopo de uma variável indica sua presença na aplicação da web. As variáveis VBScript têm três níveis de escopo:

- Privado (ou Local)
- Módulo
- Público (ou Global)

As variáveis que são declaradas em uma rotina específica são *variáveis Private* (Privadas). São criadas na rotina e destruídas quando a rotina termina.

Eis um pequeno exemplo para mostrar como o escopo da variável funciona. Primeiro, adicione uma nova página ao projeto SimpleVBSDemo. Nomeie-a como VARSCOPING.HTM e defina a linguagem de script do navegador default como VBScript (defaultClientScript das propriedades **Document**). Acrescente dois botões a partir da guia HTML denominados **Mike** e **Missing** (Faltando) ao formulário. Consulte a Figura 11.3 como um guia para criar o layout do formulário.

Como criar o escopo

Um dos problemas mais comuns introduzidos nos programas é uma falha em endereçar devidamente o escopo de uma variável. Sempre que possível, você deve evitar usar as variáveis globais. Ou seja, as variáveis que são acessíveis em todas as rotinas e módulos de seu programa. Considere módulos e rotinas como "caixas-pretas". As informações previsíveis devem entrar e as informações previsíveis devem sair. O restante do programa não deverá precisar compreender o que entra.

Como criar o código sob a página VARSCOPING.HTM

1. No Source Editor, selecione a guia **Script** para abrir a janela do editor de scripts.
2. Use a janela HTML Outline para selecionar **Client Objects & Events, Window, button1** e clique duas vezes no evento onclick para abrir o método na janela de código.
3. Entre o código da Listagem 11.4 no evento button1_onclick.
4. Agora, selecione button2 na janela Script Outline e clique duas vezes no evento onclick; entre o código da Listagem 11.5.
5. Grave a página antes de continuar.

Comente seu código

Sempre comente seu código! Os melhores comentários do código não detalham o que seu código está fazendo especificamente (por exemplo, Increment intBlah by 1; ao contrário, detalha o que você está tentando conseguir. Um bom exemplo de um comentário é Retrieve the message from the user and store it for future use (Recupere a mensagem do usuário e armazene-a para uso futuro). Seu próprio código deverá ser legível o bastante para que aja como seu próprio comentário nas ações lógicas que está executando. Os comentários agem como um mapa rodoviário guiando o leitor para compreender o que seu código está começando a fazer. Os comentários são um aspecto importante do desenvolvimento. Eles melhoram a manutenção e fazem com que você tenha uma compreensão mais clara do que está tentando fazer - uma exigência importante para um desenvolvimento bem-sucedido.

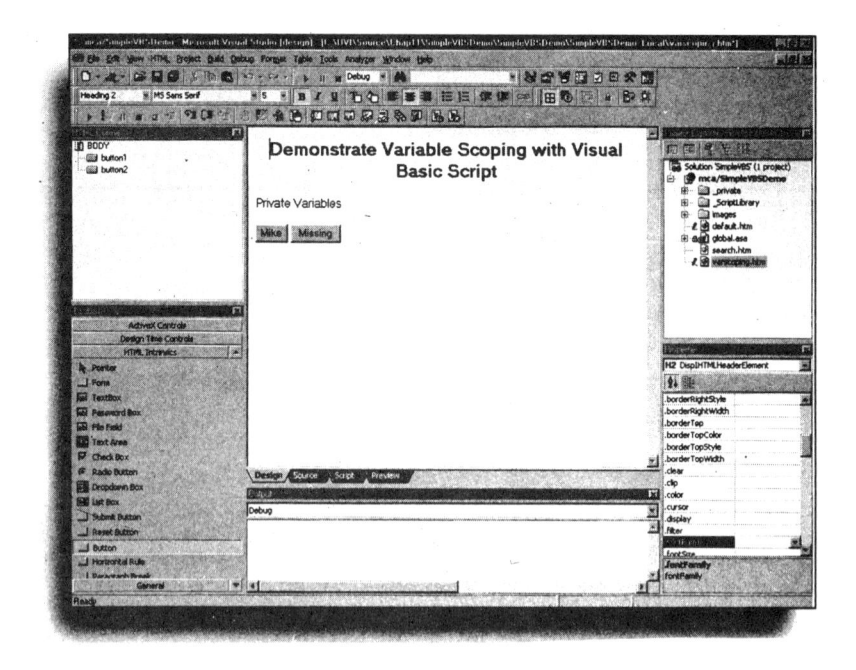

Capítulo 11 Como programar com a linguagem Visual Basic Script **267**

Figura 11.3 Como criar o layout do formulário VARSCOPING.HTM.

Listagem 11.4 Como adicionar o código ao evento *button1_onclick*

```
1  Sub button1_onclic
2  '
3  ' show private variable scoping
4  '
5  dim strPrivate
6  '
7  strPrivate="Mike"
8  msgbox strPrivate
9  '
10 End Sub
```

Listagem 11.5 Como adicionar código ao evento *button2_onclick*

```
1   Sub button2_onclick
2       '
3       'can't find strPrivate!
4       '
5       msgbox strPrivate
6       '
7   End Sub
```

Ambas as rotinas tentam exibir o conteúdo da variável strPrivate. No entanto, quando você executar a página (pressionar F5), verá que o código da Listagem 11.5 mostra apenas uma caixa de mensagem em branco. Isto ocorre porque a variável strPrivate foi declarada dentro da rotina button1_click. Seu escopo está limitado a essa rotina apenas.

Agora iremos adicionar algum código para mostrar o escopo da variável em nível de módulo. Acrescente mais dois botões ao formulário **SetValue** (Definir Valor) e **ShowValue** (Exibir Valor) (veja a Figura 11.4).

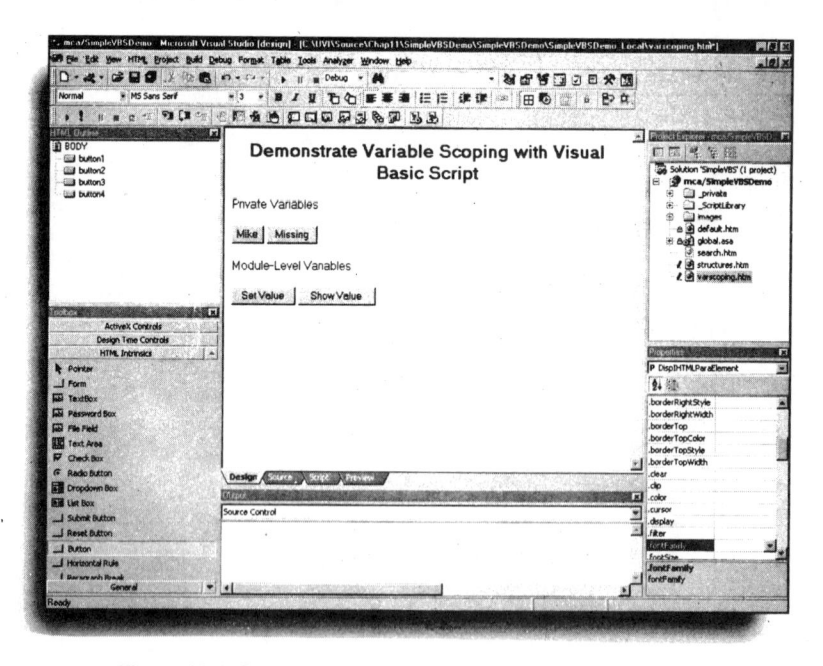

Figura 11.4 Como adicionar os botões **SetValue** e **ShowValue**.

Agora, enquanto está no Source Editor, selecione a guia **Script** para mostrar a janela do editor de scripts e siga as próximas etapas.

Capítulo 11 Como programar com a linguagem Visual Basic Script

---

Escopo em nível de módulo

Mantenha a consistência quando estiver usando o escopo em nível de módulo. Certifique-se de que não esteja duplicando os nomes da variável com finalidades diferentes entre diferentes módulos. Isto tem apenas a capacidade de confundi-lo e a qualquer um que possa estar mantendo seu código.

Como adicionar o escopo da variável em nível de módulo

1. Vá para a parte superior da área VBScript (marcada por <!- - -) e acrescente o código da Listagem 11.6. Isto criará a declaração em nível de módulo.
2. Na janela HTML Outline, selecione **Client Object & Events**, **button3**, **onclick** e forneça o código da Listagem 11.7.
3. Agora, selecione **button4, onclick** na janela Script Outline e adicione à página o código da Listagem 11.8.
4. Salve o trabalho antes de continuar.

Listagem 11.6 Como adicionar uma variável em nível de módulo à página

```
1  <SCRIPT LANGUAGE=VBScript>
2  <!- -
3  '
4  ' add module-level variable
5  dim strModule
```

Listagem 11.7 Como adicionar o código para definir o valor de *strModule*

```
1  Sub button3_onclick
2    '
3    strModule=InputBox("Enter a Name:")
4    '
5  End Sub
```

Listagem 11.8 Como adicionar o código para exibir o valor de *strModule*

```
1  Sub button4_onclick
2    '
3    msgbox strModule
4    '
5  End Sub
```

Agora, quando alternar para Quick View para exibir sua página, você notará que pode definir o valor de strModule em uma rotina (button3_onclick) e ler o valor de strModule de outra rotina (button4_onclick). Como a variável foi declarada fora de todas as rotinas na página, ela é compartilhada por todas elas. É uma variável em nível de módulo. Também lembre-se que strModule, como uma variável em nível de módulo, não é reinicializada a cada vez que o botão for clicado. Ao contrário, fica definida até a página ser recarregada ou ser reinicializada em seu código.

Inicialização da variável

A inicialização da variável é uma razão importante para declarar as variáveis. Você deve tentar inicializar as variáveis o mais próximo possível de onde ela foi declarada. Isto minimiza a possibilidade de esquecer a finalidade original da variável e de que foi de algum modo modificada pelo código entre a declaração e a inicialização.

Há mais um tipo de escopo de variável em VBScript: Public (Pública) (algumas vezes chamada de Global). Você pode criar variáveis que podem ser compartilhadas em todas as páginas e formulários em sua aplicação da web.

Para tanto, terá que declarar essas variáveis no arquivo GLOBAL.ASA no diretório-base de sua aplicação da web.

Veja também

➤ Você aprenderá sobre como usar as variáveis Public no Capítulo 15, "Como usar o script no lado do servidor com objetos ASP predefinidos".

Como usar as estruturas de controle do programa

Junto com o uso das variáveis e o acesso aos métodos em suas aplicações VBScript, existem várias estruturas de controle do programa que você poderá usar quando construir as aplicações VBScript. As estruturas de controle do programa são usadas para controlar o fluxo dos programas VBScript. Nesta seção, você aprenderá a usar a maioria das estruturas de controle comuns:

- For...Next
- Do...Loop
- If...Then...Else
- Select...Case

Cada uma dessas quatro estruturas de controle tem suas próprias vantagens e desvantagens. As duas primeiras são *estruturas de loop*. São usadas para criar seções repetitivas em seu código. As duas últimas são *estruturas de decisão*. São usadas para ajudar a decidir quais linhas do código serão executadas (com base nos dados armazenados nas variáveis).

Como usar a estrutura de loop For...Next

Provavelmente a estrutura de controle mais comum nas aplicações VBScript é For...Next. É usada para marcar uma ou mais linhas de código que serão repetidas em um número predefinido de vezes. A sintaxe básica da estrutura For...Next é mostrada na Listagem 11.9.

As complexidades da estrutura de controle

Sem dúvida alguma, a maioria dos erros do programa ocorre nas estruturas de controle. Quando você estiver construindo suas estruturas de controle, certifique-se de que tenha cogitado a lógica interna. Planeje em torno dos dados não antecipados para que não interrompam as estruturas e sempre as mantenham tão simples quanto possível. Ninguém irá parabenizá-lo por uma estrutura de controle complexa e confusa.

Listagem 11.9 O loop *For...Next* básico

```
1   for intLoop=1 to 13 step 1
2   '
3      ' code goes here
4   '
5   next
```

O loop For...Next na Listagem 11.9 repetirá todo o código entre For e Next em um total de 13 vezes. A cada vez que o loop for executado, a variável intLoop será definida como o número repetido. Por exemplo, na primeira vez intLoop=1; na segunda vez intLoop=2 etc.

A parte step 1 de For...Next (linha 1) é opcional. Se você exclui-la, a cada vez que o loop for executado, a variável será incrementada em um. Contudo, você poderá usar valores de etapa negativos para fazer com que os loops funcionem ao contrário.

Como exemplo, adicione uma nova página ao projeto da web SimpleVBSDemo denominada STRUCTURES.HTM. Novamente, mude a linguagem de script no lado cliente default (defaultClientScript) para VBScript. Acrescente uma caixa de texto e um botão de comando a partir da guia **HTML**, como mostrado na Figura 11.5.

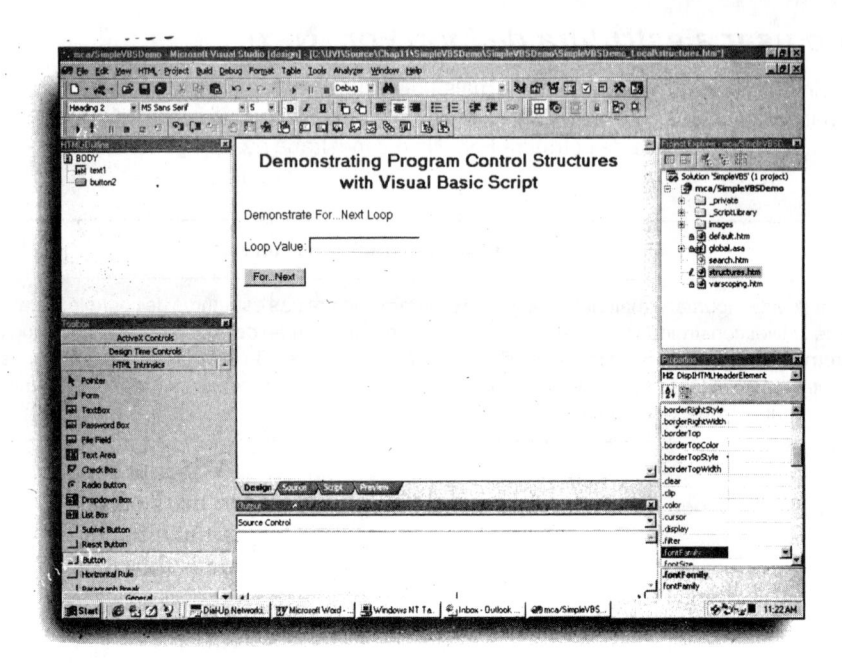

Figura 11.5 Como criar o layout da página STRUCTURES.HTM.

No Source Editor, alterne para a janela Script no editor, use a janela Script Outline para selecionar **Client Objects & Events**, **Window**, **button1**, **onclick** e forneça o código da Listagem 11.10 no método button1_onclick.

Listagem 11.10 O exemplo de código de *For...Next*

```
1    Sub button1_onlick
2    '
3    ' show for next loop
4    '
5    dim intLoop
6    '
7    for intLoop=1 to text1.value
8         msgbox intLoop,, "Forward"
9    next
10   '
11   for intLoop=text1.value to 1 step -1
12        msgbox intloop,, "Backward"
13   next
14   '
15   End Sub
```

Capítulo 11 Como programar com a linguagem Visual Basic Script 273

Agora grave a página e teste-a selecionando a guia **Quick View** no editor. Quando fornecer um valor na caixa de texto e pressionar o botão, você verá as caixas de mensagem contarem para frente e para trás.

Planeje em torno de Else

Uma extensão eficiente para a estrutura de controle For...Loop é Else e Else If. Basicamente, todas as estruturas de controle suportam um meio de dizer "Se a situação não for o que está especificado aqui, faça isto". Muitos programadores planejam apenas sobre determinadas certezas. Planeje as incertezas usando instruções Else inteligentes. Mesmo que sua instrução Else forneça uma mensagem de alerta de depuração que diz "Ei, você cometeu um erro!", será ainda melhor do que todo seu script se comportar de maneira estranha ou ser interrompido.

Veja também

➤ *Para aprender mais sobre a condição Else, veja mais adiante neste capítulo.*

Como usar a estrutura Do...Loop

A estrutura Do...Loop é também uma estrutura de controle do programa repetitiva. Contudo, diferente da estrutura For...Next, a estrutura Do...Loop não tem um valor inicial e final predeterminado. A estrutura Do...Loop repete-se até que uma certa condição seja satisfeita ou contanto que uma certa condição seja verdadeira.

Existem, na verdade, duas versões da estrutura Do...Loop. Ambas são mostradas na Listagem 11.11.

Listagem 11.11 Exemplos das duas estruturas *Do...Loop*

```
1    do while blnTest=True
2       '
3       ' code goes here
4       '
5    loop
6
7    do until blnTest=True
8       '
9       ' code goes here
10      '
11   loop
```

Verificar antes ou depois?

Você pode modificar a estrutura Do...Loop para verificar o valor condicional logo antes de executar o código (como no exemplo mostrado aqui) ou depois de executar o código. Coloque a parte Until ou While do código na linha Do (verificar antes) ou na linha Loop (verificar depois). Na maioria das vezes, desejará verificar antes para impedir que o código seja executado quando a condição for verdadeira. Entretanto, poderá haver ocasiões em que desejará executar o código pelo menos uma vez, mesmo que a condição seja verdadeira.

Como você pode ver na Listagem 11.11, a estrutura Do...Loop verifica uma condição que tem que ser avaliada como TRUE (Verdadeira) ou FALSE (Falsa) para determinar se o loop está completo. E mais, não há nenhuma variável que seja aumentada automaticamente como na estrutura For...Next. Se você quiser aumentar os valores, terá que adicionar o código no próprio Do...Loop.

Agora iremos adicionar alguns itens à página STRUCTURES.HTM e criar um exemplo Do...Loop. Acrescente uma régua horizontal, uma caixa de texto e dois botões de comando à página. Consulte a Figura 11.6 como um guia ao criar o layout dos controles na página.

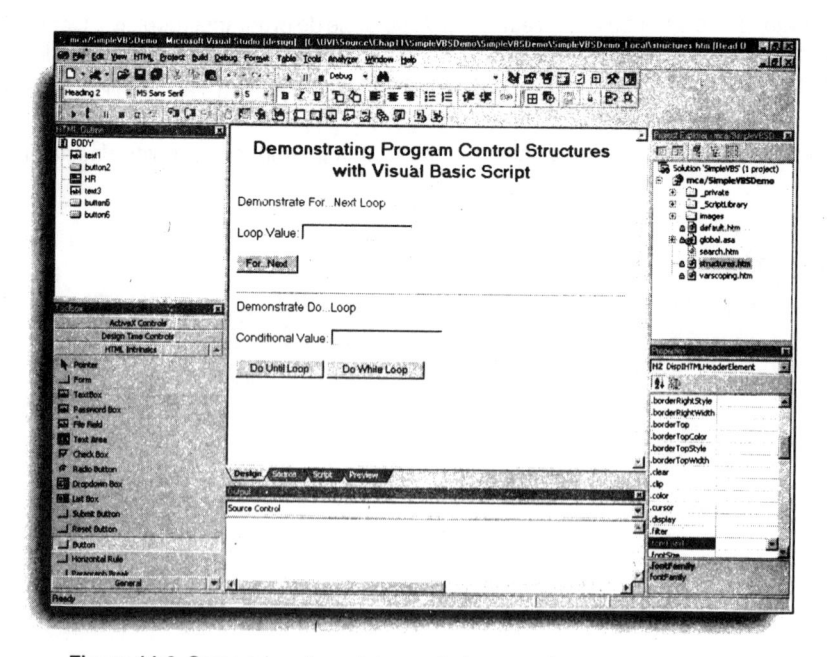

Figura 11.6 Como criar o layout dos controles para demonstrar o Do...Loop.

Capítulo 11 Como programar com a linguagem Visual Basic Script

Depois de criar o layout dos controles na página, alterne para o Source Editor, selecione a guia **Script** e use o controle de esquema HTML para navegar para o evento button2_onclick. Clique duas vezes nesse evento para adicionar o método à janela de código. Em seguida, acrescente o código da Listagem 11.12 ao projeto.

Listagem 11.12 Como adicionar o código para demonstrar um *Do...Loop*

```
1   Sub button2_onclick
2   '
3   ' show do until loop
4   '
5       dim lngValue
6       dim lngTest
7   '
8       lngValue=0
9       lngTest=cLng(text3.value) 'convert to long integer
10  '
11      do until lngValue>lngTest
12          lngValue=lngValue+5
13      loop
14  '
15      msgbox lngValue,, "Do Until Loop"
16  '
17  End Sub
```

Note que o método (cLng) na linha 9 é usado para converter a entrada do usuário em um valor inteiro longo. Existem várias rotinas de conversão no VBScript. Elas não são tratadas aqui, mas é importante saber que existem. Você poderá descobrir mais sobre elas usando os arquivos de ajuda on-line.

Como usar os métodos de conversão

É uma boa idéia usar métodos de conversão nos dados que você recebe da entrada do usuário. Isto o ajudará a assegurar que os dados sejam do devido tipo antes de tentar usá-los em sua aplicação.

A Listagem 11.12 também mostra a parte Do do código (linhas 11 a 13) que executa uma verificação condicional para ver se a variável lngValue contém um valor mais alto que o armazenado na variável lngTest. É o centro do uso das estruturas Do...Loop.

Quando você executar o projeto e pressionar o botão **Do Until Loop**, verá o primeiro valor que é maior que o fornecido na caixa de texto.

Você poderá também usar o Do...Loop com uma cláusula While em vez de Until. Use a janela HTML Outline para navegar para o evento button3_onclick e adicione o código da Listagem 11.13 ao novo método.

Dados feios criam resultados feios

Planeje, planeje e planeje mais. Quando uma estrutura de controle recebe dados malformados ou inesperados, sua estrutura pode ser interrompida ou se comportar de maneira que não havia sido planejada. Eis uma dica: Use rotinas que verifiquem a validade dos dados antes de processá-los. A marca de qualidade de um ótimo sistema é sua capacidade de suportar informações feias ou inesperadas com elegância. Ao invés de fazer com que seu script seja encerrado no percurso em virtude de um erro do usuário, permita que ele trespasse silenciosamente os dados de lixo e resuma as operações com base em algum sentido lógico.

Listagem 11.13 Como adicionar um *Do...Loop* com a cláusula *While*

```
1   Sub button3_onclick
2       '
3       ' show do while loop
4       '
5       dim lngValue
6       dim lngTest
7       '
8       lngValue=0
9       lngTest=cLng(text2.value)    'convert to long integer
10      '
11      do while lngValue<lngTest
12          lgnTest=lngTest-5
13      loop
14      '
15      msgbox lngTest,, "Do While Loop"
16      '
17  End Sub
```

Note que a verificação condicional na linha 11 usa a cláusula While em vez de Until. Observe também que o operador de comparação na mesma linha é < (menor que) ao invés de > (maior que) usado na Listagem 11.12. Você aprenderá mais sobre os operadores de comparação posteriormente, na próxima seção deste capítulo.

Capítulo 11 Como programar com a linguagem Visual Basic Script 277

Quando você gravar esse projeto e executá-lo, verá o valor -4 aparecer quando fornecer um valor na caixa de texto Do...Loop e pressionar o botão **Do While Loop**.

Como usar a estrutura If...Then...Else

A estrutura de decisão mais usada no VBScript é If...Then...Else. Essa estrutura é usada para determinar se um conjunto de linhas de código deve ser executado. A forma básica da estrutura If...Then...Else é mostrada na Listagem 11.14.

Listagem 11.14 A estrutura *If...Then...Else* básica

```
1   if lngText=TRUE Then
2       ' some code
3   else
4       ' some other code
5   endif
```

Você pode ver, na Listagem 11.14, que se o teste condicional for TRUE, a seção marcada como some code será executada. No entanto, se o teste condicional for FALSE, o código marcado como some other code será executado.

Criemos um exemplo simples. Carregue a página STRUCTURES.HTM com a qual vem trabalhando e adicione uma régua horizontal, uma caixa de texto e um botão de comando, tudo da guia **HTML** (veja a Figura 11.7).

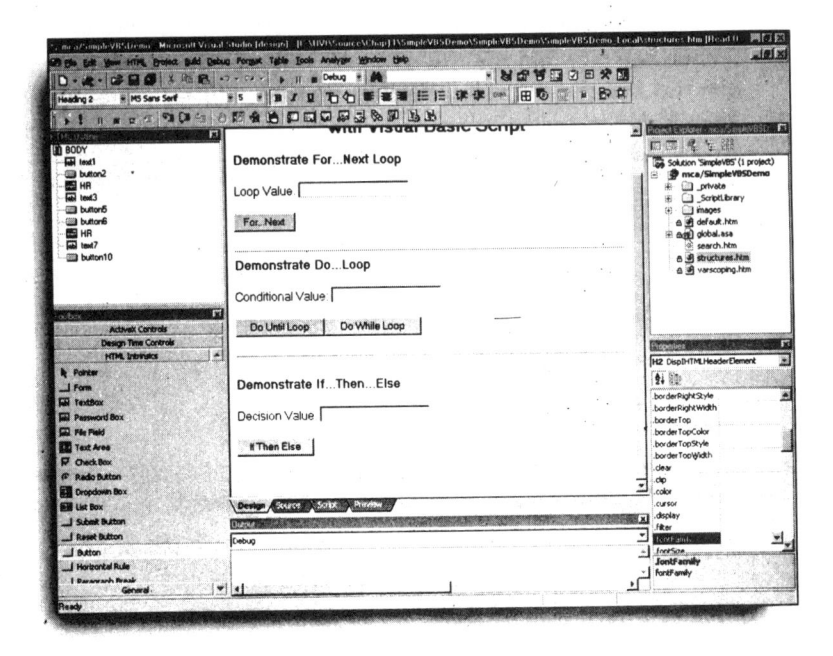

Agora, alterne para a janela Script e adicione o código da Listagem 11.15. Você poderá usar a janela HTML Outline para navegar para o controle button4 e clicar duas vezes no evento onclick para abrir o método no editor.

Listagem 11.15 Como codificar o exemplo *If...Then...Else*

```
1   Sub button4_onclick
2       '
3       ' demonstrate if then else
4       '
5       dim lngText
6       '
7       lgnTest=cLng(text3.value)
8       '
9       if lngTest <10 Then
10          msgbox "Less than 10!"
11      else
12          msgbox "Ten or Greater"
13      end if
14      '
15  End Sub
```

Quando você gravar e executar este exemplo, poderá fornecer um valor na caixa de texto e, se for menor que 10, verá uma mensagem diferente da enviada se tivesse entrado um valor maior que 10.

End If e o editor Visual InterDev

Se você estiver acostumado a trabalhar com o Visual Basic ou com o VBA para as aplicações Office, poderá ter o hábito de digitar endif e ver o editor mudar isso para End If (note os espaços e as letras maiúsculas). Infelizmente, o editor Visual InterDev não é "inteligente" o bastante para executar essa pequena façanha. Quando você escrever o código no editor Visual InterDev, terá que colocar um espaço entre as palavras End e If. A falha em fazê-lo resultará em um erro em tempo execução.

Você poderá também usar uma versão simples da estrutura If...Then...Else eliminando a parte Else. A Listagem 11.16 mostra uma variação do código da Listagem 11.15.

Listagem 11.16 Como retirar o *Else* de *If...Then...Else*

```
1   Sub button4_onclick
2       '
3       'demonstrate if then else
4       '
5       dim lngText
6       '
7       lgnTest=cLng(text3.value)
8       '
9       if lngTest <10 Then
10          msgbox "Less than 10!"
11      end if
12      '
13  End Sub
```

Você poderá colocar quantas linhas de código quiser depois da linha If...Then (linha 9) e antes da linha else ou end if (linha 11). Poderá também chamar outros métodos, até carregar outras páginas. Contudo, se tiver apenas um comando a executar, será possível colocar toda a estrutura em uma única linha, como a seguir:

```
if lngTest<10 then msgbox "Less than 10!" else mgsbox
↪ "Ten or Greater!"
```

Uma linha If...Then...Else é uma idéia ruim

Embora o VBScript permita o uso de estruturas If...Then...Else com uma linha, não é uma boa idéia usá-las. Primeiro, são mais difíceis de ler. Segundo, são mais difíceis de depurar. Finalmente, se você precisar adicionar linhas extras de código à estrutura, precisará expandir o código da forma com uma linha para a forma com diversas linhas. É melhor iniciar com a forma com diversas linhas desde o início.

Como usar a estrutura Select...Case...End Select

Outra estrutura de decisão muito comum no VBScript é a estrutura Select...Case...End Select. É um pouco mais flexível que a estrutura If...Then...Else porque permite mais de duas opções ao se tomar uma decisão. A forma básica da estrutura é mostrada na Listagem 11.17.

Listagem 11.17 A forma básica da estrutura *Select...Case...End Select*

```
1    select case lngTest
2        case IS <10
3            strMessage="Less than 10"
4        case 10
5            strMessage "Exactly 10"
6        case else
7            strMessage "Some other value"
8    end select
```

Diferente da estrutura If...Then...Else que executa o teste condicional apenas uma vez, a estrutura Select...Case...End Select pode executar qualquer quantidade de testes condicionais no mesmo valor. Isto permite um número maior de opções e variações.

Agora iremos construir um exemplo rápido da estrutura Select...Case...End Select. Adicione uma régua horizontal, uma caixa de texto e um botão a partir da guia **HTML** à página STRUCTURES.HTM, como mostrado na Figura 11.8.

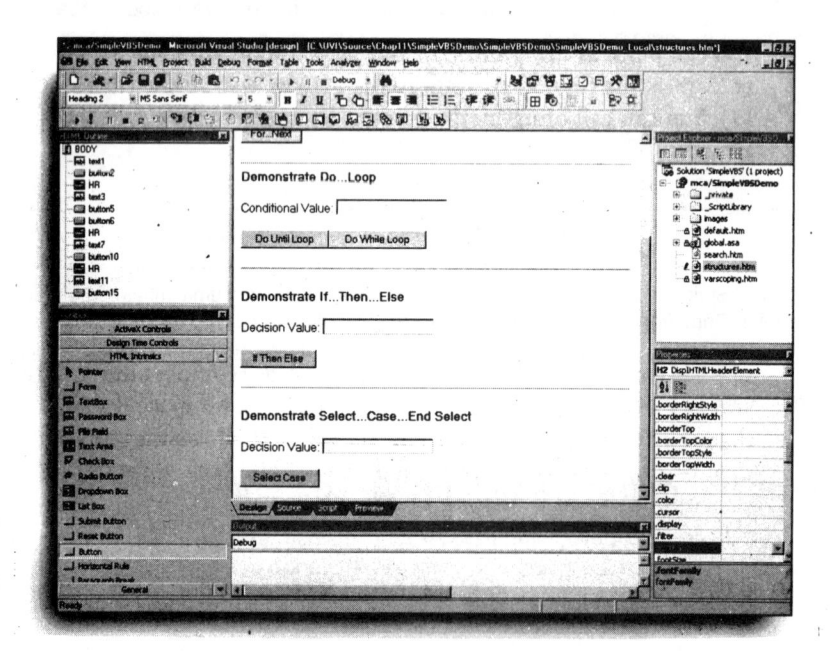

Figura 11.8 Como criar o layout dos controles Select...Case...End Select.

Capítulo 11 Como programar com a linguagem Visual Basic Script   **281**

Agora vá para a janela do editor de scripts e acrescente o código mostrado na Listagem 11.18.

Listagem 11.18 Como codificar o exemplo *Select...Case...End Select*

```
1   Sub button5_onclick
2   '
3   ' demonstrate select case
4   '
5   dim lngTest
6   dim strMessage
7   '
8   lngTest=cLng(text4.value)
9   '
10  select case lngTest
11      case IS <10
12          strMessage="Less than 10"
13      case 10
14          strMessage="Exactly 10"
15      case else
16          strMessage="Some other value"
17  end select
18  '
19  msgbox strMessage
20  '
21  End Sub
```

Agora, quando você gravar e executar o exemplo, poderá fornecerá diversos valores e obter caixas de mensagem diferentes em resposta.

Existem diversas variações que você poderá usar dentro de cada linha CASE. A Listagem 11.19 mostra várias possibilidades.

Listagem 11.19 Variações para a estrutura *Select...Case...End Select*

```
1   select case lngTest
2       case Is <10
3           strMessage="Less than 10"
4       case 10
5           strMessage="Exactly 10"
6       case 11, 12, 13
7           strMessage="11, 12, or 13"
```

continua...

Listagem 11.19 Continuação

```
8    case 15 to 20
9        strMessage="15 to 20"
10   case 21, 23
11       strMessage="21 or 23"
12   case 22
13       strMessage="Exactly 22"
14   case else
15       strMessage="Some other value"
16 end select
```

Modifique seu exemplo de código (da Listagem 11.18) para incluir as opções mostradas na Listagem 11.19. Note que você poderá incluir uma lista de valores (11, 12, 13 e 21, 23), uma faixa de valores (15 a 20), uma comparação lógica (<10) e uma coincidência exata (10 e 22) ou usar case else para obter qualquer condição não incluída em sua lista.

Capítulo 12

Como expandir seus scripts com métodos embutidos

- Use os métodos VBScript para acrescentar funcionalidade a suas aplicações da web
- Use métodos que estão predefinidos no instrumento VBScript para executar operações matemáticas, de string, de data/hora e outras

Como usar métodos embutidos

No Capítulo 11, "Como programar com a linguagem Visual Basic Script", você aprendeu o básico do script usando o VBScript. Neste capítulo, entrará em mais detalhes usando *métodos*. Os métodos são rotinas embutidas que executam uma ação ou retornam um resultado. Os métodos que simplesmente executam uma ação são geralmente chamados de *sub-rotinas*. Os métodos são rotinas que retornam resultados e são geralmente referidos como *funções*. Você erá todos os três termos neste livro.

Diversas versões do VBScript

Na verdade, existem três versões do VBScript. Este livro fala sobre os recursos do VBScript 3.0. O Microsoft Explorer 1.0 suporta apenas o VBScript 1.0. O Microsoft Internet Information Server 3.0 suporta o VBScript 2.0. O Microsoft Explorer 4.0+, o Microsoft Internet Information Server 4.0, o Microsoft Windows Scripting Host 1.0 e o Outlook98 suportam o VBScript 3.0.

Se você achar que suas aplicações VBScript da web estão gerando erros em algumas máquinas-clientes, talvez a versão do VBScript ou o browser-cliente dessas máquinas precise ser atualizado.

Existem vários métodos embutidos em VBScript. Eles podem ser divididos em cinco grupos básicos:

- Métodos matemáticos
- Métodos de string
- Métodos de data e hora
- Métodos de conversão de dados
- Outros métodos

Na próximas seções, você trabalhará com páginas de exemplo da web que mostram os vários métodos embutidos do VBScript. Antes de percorrer cada seção, será preciso iniciar um novo projeto Visual InterDev da web para manter os exemplos que serão construídos.

O valor dos embutidos

Muitos programadores iniciantes zombam dos métodos embutidos fornecidos por muitas linguagens (inclusive VBScript), "Ah! Quando precisarei calcular o logaritmo de um número? Nunca!". Errado! Uma das marcas de um excelente programador é sua capacidade de usar métodos embutidos em seu benefício. É surpreendente quantas vezes esses métodos embutidos podem ser valiosos ao criar algoritmos e rotinas. Sempre preste atenção em como esses métodos podem facilitar sua vida.

Capítulo 12 Como expandir seus scripts com métodos embutidos

Crie um novo projeto Visual InterDev da web chamado VBSMethods. Adicione a página HTML DEFAULT.HTM e, após adicionar o título (Demonstrate Visual Basic Script Methods ou Demonstrar Métodos de Script Visual Basic), forneça quatro linhas de texto e suas ligações URL, como mostrado na Tabela 12.1 e na Figura 12.1.

Tabela 12.1 Como adicionar texto e ligações a DEFAULT.HTM de VBSMethods

Texto	Ligação URL
Math Methods (Métodos Matemáticos)	MATH.HTM
String Methods (Métodos de String)	STRING.HTM
Date/Time Methods (Métodos de Data/Hora)	DATETIME.HTM
Conversion Methods (Métodos de Conversão)	CONVERSION.HTM
Other Methods (Outros Métodos)	OTHER.HTM

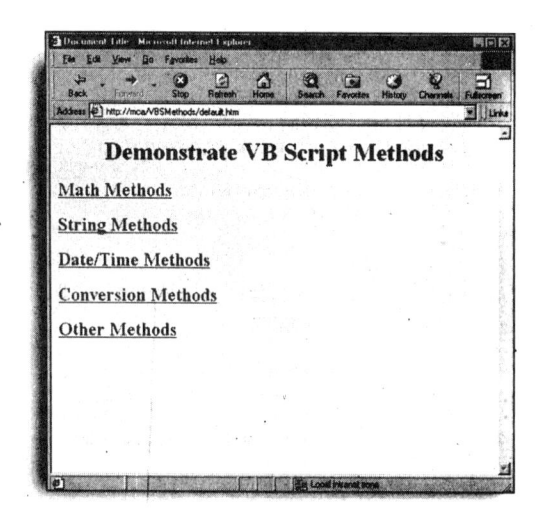

Figura 12.1 Como criar o layout da página DEFAULT.HTM de VBSMethods

Agora, grave o projeto da web antes de continuar com a próxima seção.

Como usar os métodos matemáticos do VBScript

O VBScript tem muitos métodos matemáticos embutidos que você pode usar em suas aplicações da web. A Tabela 12.2 mostra uma lista de métodos matemáticos disponíveis, juntamente com uma pequena descrição de seu uso.

Tabela 12.2 Métodos matemáticos VBScript

Método	Descrição	Exemplo
ABS(n.)	Retorna o valor absoluto de um número	abs(-50)
ATN(n.)	Retorna o arcotangente de um número	atn(3.141)
COS(n.)	Retorna o coseno de um ângulo	cos(3.141)
EXP(n.)	Retorna e (a base dos algoritmos naturais) elevado a uma potência	exp(1)
LOG(n.)	Retorna o logaritmo natural de um número	log(100)
RND[(n.)]	Retorna um n. aleatório	rnd
SGN(n.)	Retorna um inteiro indicando o sinal de um número	sgn(-50)
SIN(n.)	Retorna o seno de um ângulo	sin(3.141)
SQR(n.)	Retorna a raiz quadrada de um número	sqr(100)
TAN(n.)	Retorna a tangente de um ângulo	tan(3.141)

Agora iremos montar uma página HTML simples que demonstra os métodos matemáticos VBScript. Para tanto, construa uma página com uma tabela contendo o nome do método, uma pequena descrição, um exemplo e um botão de teste que mostre os resultados de cada exemplo.

Sua segunda vez

Depois de ter completado esse exemplo uma vez, você poderá querer complicá-lo um pouco mais uma segunda vez. Tente usar números dinâmicos e imprimir os resultados no browser da web. Você aprendeu algumas técnicas no Capítulo 11.

Primeiro, acrescente uma nova página ao projeto VBSMethods chamada MATH.HTM. Em seguida, adicione um título e uma tabela com 11 linhas, cada uma com quatro colunas.

Como criar uma tabela com linhas e colunas

1. Coloque o cursor na linha onde deseja que a tabela comece.
2. Selecione T**a**ble (Tabela), **I**nsert Table (Inserir Tabela) no menu Visual InterDev.
3. Defina o número de linhas desejadas (11).
4. Defina o número de colunas desejadas (4).
5. Ajuste os atributos da tabela e da célula como quiser.
6. Pressione **OK** para colocar a tabela vazia na página.

Após adicionar a tabela, entre os cabeçalhos da coluna na primeira linha da tabela:

```
Method (Método)
Description (Descrição)
Example (Exemplo)
Test (Teste)
```

Depois de adicionar os cabeçalhos da coluna, copie os dados da Tabela 12.2 para a tabela na página. Para cada linha, coloque um botão da guia HTML da caixa de ferramentas na coluna Test. Após colocar os botões, salve a página antes de adicionar o VBScript.

Veja também

➤ *Lembre-se que o Visual InterDev fornece mais de um tipo de controle do botão.*

Agora você está pronto para adicionar o VBScript para mostrar os exemplos dos métodos matemáticos. Primeiro, contudo, terá que renomear o botão e atribuir seus IDs (Identificações) para ajudar a tornar o código mais legível. Para cada botão na tabela, redefina a marca ID e o nome usando o prefixo btn seguido do nome do método matemático. Por exemplo btnABS, btnATN etc.

Convenção de nomenclatura húngara

A nomenclatura **btnName** é um padrão para o Visual Basic. Você usa uma abreviação com três dígitos para o tipo de objeto que está criando, seguido de seu nome. Esse princípio é baseado na Convenção de Nomenclatura Húngara, que foi criada ironicamente por um desenvolvedor da Hungria.

Finalmente, está pronto para adicionar o código VBScript para executar cada método matemático. Selecione a guia **Source** do editor. Certifique-se de que a propriedade DefaultClientScript da página esteja definida como **VBScript**. Agora use a janela Script Outline (Esquema do Script) e selecione **Client Objects & Events, Window** e você verá uma lista de todos os botões criados na etapa anterior, como mostrado na Figura 12.2.

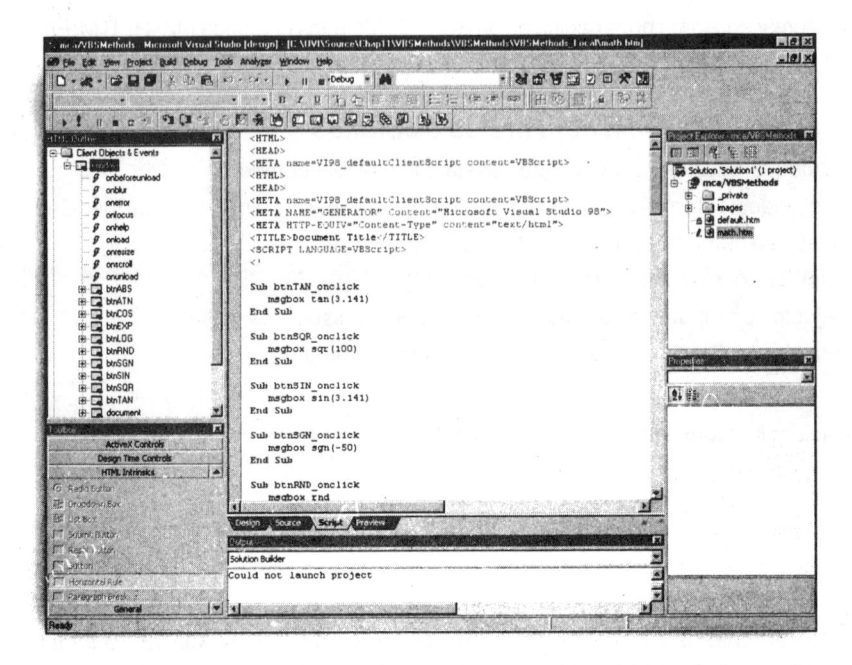

Figura 12.2 Como exibir os botões na janela de exibição Script Outline.

Agora você poderá selecionar cada objeto de botão e clicar no evento onclick para exibir os cabeçalhos de código para cada um dos 10 botões. Após fazê-lo, poderá fornecer o código da Listagem 12.1 em vários cabeçalhos de código.

Listagem 12.1 O código para executar os métodos matemáticos VBScript

```
1   Sub btnTAN_onclick
2       msgbox tan(3.141)
3   End Sub
4
5   Sub btnSQR_onclick
6       msgbox sqr(100)
7   End Sub
8
9   Sub btnSIN_onclick
10      msgbox sin(3.141)
11  End Sub
12
13  Sub btnSGN_onclick
```

continua...

Listagem 12.1 Continuação

```
14    msgbox sgn(-50)
15 End Sub
16
17 Sub btnRND_onclick
18    msgbox rnd
19 End Sub
20
21 Sub btnCOS_onclick
22    msgbox cos(3.141)
23 End Sub
24
25 Sub btnLOG_onclick
26    msgbox log(100)
27 End Sub
28
29 Sub btnEXP_onclick
30    msgbox exp(1)
31 End Sub
32
33 Sub btnATN_onclick
34    msgbox atn(3.141)
35 End Sub
36
37 Sub btnABS_onclick
38    msgbox abs(-50)
39 End Sub
```

Experimente alguma variedade

Você poderá sempre experimentar seus próprios números no lugar dos fornecidos nessa listagem de código.

Depois de fornecer esse código, grave a página antes de executar o teste. Se obtiver erros, pare o projeto e verifique sua digitação. Sua página completa deverá se parecer com a da Figura 12.3.

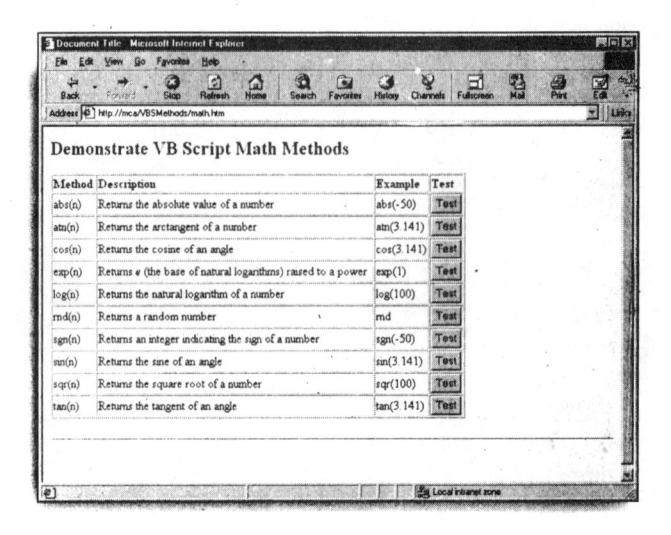

Figura 12.3 Como exibir a página Math Methods completa.

Quando tiver completado todos os testes com sucesso, poderá ir para a seção sobre os métodos de string.

Como usar os métodos de string do VBScript

Usará os métodos de string para executar tarefas nos valores de string ou transformar valores numéricos em strings. O VBScript tem 17 métodos de string diferentes, com diversas variações. Esses métodos (e suas variantes) estão listados na Tabela 12.3.

Tabela 12.3 Métodos de script VBScript

Método	Descrição	Exemplo
Asc(string) AscB(string) AscW(string)	Retorna o código de caractere ANSI correspondente à primeira letra em uma string – AscB trabalha com os dados de byte – AscW retorna o valor Unicode em vez de ASCII	Asc("A")
Chr(n) ChrB(n) ChrW(n)	Retorna o caractere associado ao código de caractere ANSI especificado – ChrB trabalha com os dados de byte – ChrW retorna um caractere usando os valores Unicode	Chr(64)

continua...

Tabela 12.3 Continuação

Método	Descrição	Exemplo
Filter(*Entrada* Filter(aryNames, "M") *Strings, Valor* [, *Incluir* [,*Comparar*]])	Retorna um array baseado em zero contendo um subconjunto de um array de strings com base em um critério do filtro especificado	
InStr([*início,*] *string1,* *string2*[, *comparar*]) InStrB InStrRev	Retorna a posição da primeira ocorrência de uma string dentro de outra – InstrB funciona com os dados de byte – InStrRev inicia a pesquisa a partir do final da string	InStr("Find Me", "Me")
Join(*lista*[, *delimitador*])	Retorna uma string criada reunindo várias substrings contidas em um array	Join(aryNames,", ")
Len(*string* ¦ *nome_var*) LenB	Retorna o número de caracteres em uma string ou o número de bytes requeridos para armazenar uma variável – LenB funciona com os dados de byte	Len("My Name")
LCase(*string*) UCase(*string*)	Retorna uma string que foi convertida em letras minúsculas – Ucase converte em letras maiúsculas	LCase("MY NAME")
Left(*string,* *comprimento*) LeftB	Retorna um número específico de caracteres a partir do lado esquerdo de uma string – LeftB funciona com os dados de byte	Left("My First Name",2)
Mid(*string,* *início*[, *comprimento*]) MidB	Retorna um número específico de caracteres a partir de uma string – MidB funciona com os dados de byte	Mid("My First Name",4,5)
Right(*string,* *comprimento*) RightB	Retorna um número específico de caracteres a partir do lado direito de uma string – RightB funciona com os dados de byte	Right("My First Name",4)

continua...

Tabela 12.3 Continuação

Método	Descrição	Exemplo
Replace (*expressão, localizar, substituirpor*[, *início*[, *contar*[, *comparar*]]])	Retorna uma string na qual uma substring especificada foi substituída por outra substring um número específico de vezes	Replace("My House", "House", "Boat")
Space(*número*)	Retorna uma string que consiste no número específico de espaços	Space(30)
Split (*expressão*[, *delimitador*[, *contar*[, *comparar*]]])	Retorna um array baseado em zero com uma dimensão contendo um número específico de substrings	Split("Mike;Mary", ";")
StrComp(*string1, string2*[, *comparar*])	Retorna um valor indicando o resultado de uma comparação	StrComp("mike", "MIKE")
String(*número, caractere*)	Retorna uma string de caracteres repetitivos com o comprimento especificado	String(30,"+")
StrReverse (*string1*)	Retorna uma string na qual a ordem dos caracteres de uma string especifica é invertida	StrReverse ("Backward")
Trim(*string*) LTrim(*string*) RTrim(*string*)	Retorna uma cópia de uma string sem espaços à esquerda (LTrim), espaços à direita (RTrim) ou sem ambos os espaços (Trim)	Trim(" Mike ") LTrim(" Mike") RTrim("Mike")

Manipulação de strings

A manipulação de strings é provavelmente um dos grupos mais usados de métodos ao desenvolver scripts no lado cliente e no lado servidor. Você usará esses métodos geralmente para lidar com os dados para a interação e para o armazenamento em um banco de dados.

Agora é hora de criar uma página da web que mostra os métodos de script VBScript. Adicione uma nova página à aplicação VBSMethods da web chamada STRING.HTM. Depois de acrescentar um cabeçalho descritivo, crie uma tabela que tenha 18 linhas, cada uma com quatro colunas. Para tanto, certifique-se de que esteja exibindo sua janela Design (Construção), selecione **Table, Insert Table** no menu Visual InterDev e forneça 18 linhas e 4 colunas; então pressione **OK** para adicionar a tabela à sua página.

Capítulo 12 Como expandir seus scripts com métodos embutidos   293

Agora acrescente os cabeçalhos à primeira linha da tabela:
   Method
   Description
   Example
   Test

Depois de adicionar os cabeçalhos da coluna, copie os dados da Tabela 12.3 para a tabela na página. Para cada linha, coloque um botão na coluna Test. Depois de colocar os botões, salve a página antes de adicionar o VBScript.

Botões intrínsecos

Lembre-se de que ainda estamos usando botões HTML intrínsecos aqui e não os controles em tempo de construção.

Antes de acrescentar o VBScript para controlar as ações em cada botão, reserve um momento para renomear todos os botões, usando btn como o prefixo e o nome do método. Por exemplo, o primeiro botão seria chamado de btnASC, o segundo de btnCHR etc.

Agora você está pronto para adicionar o código da Listagem 12.2 à sua página. Defina a propriedade DefaultClientScript da página como VBScript antes de iniciar a codificação.

Listagem 12.2 Como adicionar o código para os métodos de string VBScript.

```
1  Sub btnTrim_onclick
2      msgbox "¦" & trim("Mike") & "¦"
3      msgbox "¦" & ltrim("Mike") & "¦"
4      msgbox "¦" & rtrim("Mike") & "¦"
5  End Sub
6
7  Sub btnStrReverse_onclick
8      msgbox StrReverse("Backward")
9  End Sub
10
11 Sub btnString_onclick
12     msgbox String(30, "+")
13 End Sub
14
15 Sub btnStrComp_onclick
16     msgbox StrComp("mike", "MIKE")
```

continua...

Listagem 12.2 Continuação

```
17  End Sub
18
19  Sub btnSplit_onclick
20     '
21     dim aryNames
22     dim intLoop
23     '
24     aryNames=Split("Mike;Mary", ";")
25     '
26     for intLoop=0 to uBound(aryNames)
27     msgbox aryNames(intLoop)
28     next
29     '
30  End Sub
31
32  Sub btnSpace_onclick
33     msgbox "|" & Space(3) & "|"
34  End Sub
35
36  Sub btnReplace_onclick
37     msgbox Replace("My House", "House", "Boat")
38  End Sub
39
40  Sub btnRight_onclick
41     msgbox Right("My First Name", 4)
42  End Sub
43
44  Sub btnMid_onclick
45     msgbox Mid("My First Name", 4, 5)
46  End Sub
47
48  Sub btnLeft_onclick
49     msgbox Left("My First Name", 2)
50  End Sub
51
52  Sub btnLen_onclick
53     msgbox Len("My Name")
```

continua...

Listagem 12.2 Continuação

```
54  End Sub
55
56  Sub btnCase_onclick
57     msgbox LCase ("MY NAME")
58  End Sub
59
60  Sub btnJoin_onclick
61     '
62     dim aryNames(3)
63     '
64     aryNames(0)="Mike"
65     aryNames(1)="Lee"
66     aryNames(2)="Shannon"
67     '
68     msgbox Join(aryNames, ", ")
69     '
70  End Sub
71
72  Sub btnInStr_onclick
73     msgbox InStr("Find Me", "Me")
74  End Sub
75
76  Sub btnFilter_onclick
77     '
78     dim aryNames(3)
79     dim aryResults
80     dim intLoop
81     '
82     ' build array of names
83     aryNames(0)="Mike"
84     aryNames(1)="Mary"
85     aryNames(2)="John"
86     '
87     ' filter out only those with "M"
88     aryResults=Filter(aryNames, "M")
89     '
90     ' show filtered array
```

continua...

Listagem 12.2 Continuação

```
91   for intLoop=0 to uBound(aryResults)
92       msgbox aryResults(intLoop)
93   next
94   '
95   End Sub
96
97   Sub btnCHR_onclick
98       msgbox chr(64)
99   End Sub
100
101  Sub btnASC_onclick
102      msgbox asc ("A")
103  End Sub
```

Listagens longas

Esta listagem é enorme, com 103 linhas. Tenha cuidado com os erros de digitação!

Certifique-se de salvar a página e o projeto antes de executá-lo e testá-lo. Quando executar a aplicação da web e navegar para a página String Methods, seu browser deverá mostrar uma página que se parece com a da Figura 12.4.

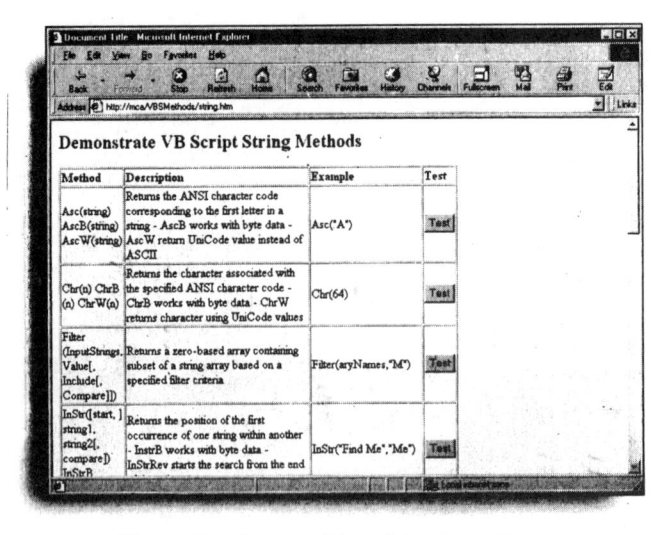

Figura 12.4 Como exibir a página String Methods.

Como usar os métodos Date/Time do VBScript

O VBScript tem vários métodos para lidar com os valores de data e hora. Existem um total de 19 métodos disponíveis para o trabalho de data/hora. Eles estão listados na Tabela 12.4.

Métodos Date/Time
Provavelmente você viu os métodos Date e Time em funcionamento muitas vezes. Estes métodos são geralmente usados para representar os acessos, as atualizações e a funcionalidade do controle com base na hora.

Tabela 12.4 Os métodos de data e hora de VBScript

Método	Descrição	Exemplo
Date	Retorna a data atual do sistema	Date
DateAdd (*intervalo*, *número*, *data*)	Retorna uma data à qual um intervalo de tempo específico foi adicionado. Várias definições são possíveis para o valor do intervalo: *yyyy* Ano *q* Trimestre *m* Mês *y* Dia do ano *d* Dia *w* Dia da semana *ww* Semana do ano *h* Hora *n* Minuto *s* Segundo	DateAdd("y", 1, "12/31/1999")
DateDiff (*intervalo*, *data1*, *data2* [, *primeirodiadasemana* [, *primeirodiado ano*]])	Retorna o número de intervalos entre duas datas	DateDiff("y", "12/01/1999", "12/31/1999")
DatePart (*intervalo*, *data*[, *primeirodiadasemana*[, *primeirodiadoano*]])	Retorna a parte especificada de certa data	DatePart("d", "12/31/1999")
DateSerial(*ano*, *mês*, *dia*)	Retorna uma Variant (Variante) do subtipo Date (Data) para um ano, mês e dia específicos	DateSerial(1999, 12,31)

continua...

Tabela 12.4 Continuação

Método	Descrição	Exemplo
DateValue(*data*)	Retorna uma Variant do subtipo Date	DateValue ("12/31/1999")
Day(*data*)	Retorna um número inteiro entre 1 e 31, inclusive, representando o dia do mês	Day("12/31/1999")
Hour(*hora*)	Retorna um número inteiro entre 0 e 23, inclusive, representando a hora do dia	Hour("12:15:30")
Minute(*hora*) Minute("12:15:30")	Retorna um número inteiro entre 0 e 59, inclusive, representando o minuto da hora	
Month(*data*) Month("12/31/1999")	Retorna um número inteiro entre 1 e 12, inclusive, representando o mês do ano	
MonthName(*mês*[, MonthName(12,True) *abreviar*])	Retorna uma string indicando o mês especificado	
Now	Retorna a data e a hora atuais de acordo com a definição da data e hora do sistema de seu computador	Now
Second(*hora*) Second("12:15:30")	Retorna um número inteiro entre 0 e 59, inclusive, representando o segundo do minuto	
Time	Retorna uma Variant do subtipo Date indicando a hora atual do sistema	Time
TimeSerial(*hora*, TimeSerial(12,15,30) *minuto*, *segundo*)	Retorna uma Variant do subtipo Date contendo a hora para uma hora, minuto e segundo especificados	
TimeValue(*hora*)	Retorna uma Variant do subtipo Date contendo a hora	TimeValue ("12:15:30")
Weekday(*data*, [*primeirodiadasemana*])	Retorna um número inteiro representando o dia da semana	WeekDay ("12/31/1999")

continua...

Capítulo 12 Como expandir seus scripts com métodos embutidos 299

Tabela 12.4 Continuação

Método	Descrição	Exemplo
WeekdayName WeekDayName(6,True) (*diadasemana*, *abreviar*, *primeirodiadasemana*)	Retorna uma string indicando o dia especificado da semana	
Year(*data*) Year("12/31/1999")	Retorna um número inteiro representando o ano	

Agora, acrescente uma página da web chamada DATETIME.HTM ao projeto VBSMethods. Certifique-se de que esteja no modo Design e, depois de adicionar um cabeçalho descritivo, crie uma tabela com 20 linhas e 4 colunas. Após criá-la, copie as informações da Tabela 12.4 para as três primeiras colunas. Na última coluna, acrescente um botão de comando.

Métodos errados criam erros

É fácil digitar incorretamente um método e acabar com um resultado totalmente diferente do esperado. O problema está no fato de que muitos métodos têm nomes parecidos. Diga isso tarde da noite e usará **WeekDayName** em vez de **WeekDay** como pretendia. O resultado seria completamente diferente do desejado. Não menospreze os erros comuns!

Depois de adicionar o texto e os botões de comando, alterne para a guia **Source** e mude os nomes de todos os botões para que coincidam com o nome do método, juntamente com um prefixo btn. Por exemplo, o primeiro ID do botão seria definido como btnDate, o segundo como btnDateAdd e assim por diante.

Quando tiver terminado, a página deverá parecer-se com aquela na Figura 12.5.

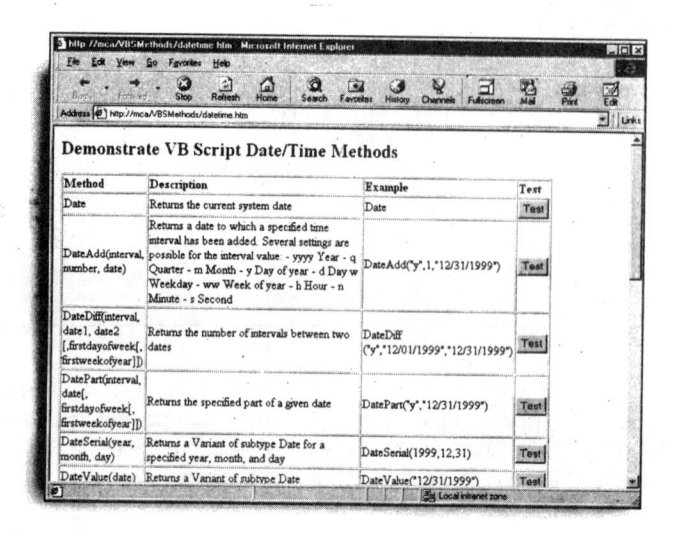

Figura 12.5 Como criar o layout da página VBScript Date/Time Methods.

Agora está pronto para acrescentar o VBScript que mostrar os métodos da data/hora. Antes de começar a codificar, certifique-se de que a propriedade DefaultClientScript da página esteja definida como **VBScript**. Em seguida, alterne para a guia **Source** no editor para começar a editar o código. Agora use a janela Script Outline para localizar o evento onclick de cada botão. Clicar duas vezes no evento onclick fará com que o Visual InterDev adicione o cabeçalho do código e a nota de rodapé para o evento onclick desse botão.

Veja também

➤ *No Capítulo 14, "Script no lado cliente com o modelo de objetos MSIE", você aprenderá mais sobre como usar a janela Script Outline para manipular os eventos de script.*

Adicione o código na Listagem 12.3 à página e salve o arquivo antes de executar um teste.

Listagem 12.3 Como codificar os métodos de data/hora VBScript

```
1   Sub btnYear_onclick
2       msgbox Year("12/31/1999")
3   End Sub
4
5   Sub btnWeekDayName_onclick
6       msgbox WeekDayName(6,True)
7   End Sub
8
```

continua...

Capítulo 12 Como expandir seus scripts com métodos embutidos

Listagem 12.3 Continuação

```
9    Sub btnWeekDay_onclick
10     msgbox WeekDay ("12/31/1999")
11   End Sub
12
13   Sub btnTimeValue_onclick
14     msgbox TimeValue ("12:15:30")
15   End Sub
16
17   Sub btnNow_onclick
18     msgbox Now
19   End Sub
20
21   Sub btnTimeSerial_onclick
22     msgbox TimeSerial (12, 15, 30)
23   End Sub
24
25   Sub btnTime_onclick
26     msgbox Time
27   End Sub
28
29   Sub btnSecond_onclick
30     msgbox Second ("12:15:30")
31   End Sub
32
33   Sub btnMonthName_onclick
34     msgbox MonthName (12, True)
35   End Sub
36
37   Sub btnMonth_onclick
38     msgbox Month ("12/31/1999")
39   End Sub
40
41   Sub btnMinute_onclick
42     msgbox Minute ("12:15:30")
43   End Sub
44
45   Sub btnHour_onclick
46     msgbox Hour ("12:15:30")
```

continua...

Listagem 12.3 Continuação

```
47  End Sub
48
49  Sub btnDay_onclick
50      msgbox Day("12/31/1999")
51  End Sub
52
53  Sub btnDateValue_onclick
54      msgbox DateValue("12/31/1999")
55  End Sub
56
57  Sub btnDateSerial_onclick
58      msgbox DateSerial(1999,12,31)
59  End Sub
60
61  Sub btnDatePart_onclick
62      msgbox DatePart("d", "12/31/1999")
63  End Sub
64
65  Sub btnDateDiff_onclick
66      msgbox DateDiff("y", "12/01/1999", "12/31/1999")
67  End Sub
68
69  Sub btnDateAdd_onclick
70      msgbox DateAdd("y", 1, "12/31/1999")
71  End Sub
72
73  Sub btnDate_onclick
74      msgbox Date
75  End Sub
```

Como usar os métodos errados, parte 2

Você já sabe que usar o método errado lhe dará o resultado errado. Pense sobre os resultados de usar os parâmetros ou valores errados ao utilizar os métodos corretos. Tenha cuidado ao fornecer valores para os métodos, assegurando-se de que estejam na devida seqüência (se requerida) e no devido formato.

Teste cada método de data/hora antes de ir para a próxima seção.

Como usar os métodos de conversão de dados do VBScript

O VBScript tem vários métodos dedicados a converter os valores de um tipo de dado em outro. Você já usou vários deles nas seções de matemática, string e data/hora deste capítulo. Entratanto, outros 13 métodos de conversão ainda não foram tratados (veja Tabela 12.5).

Tabela 12.5 Métodos de conversão VBScript

Método	Descrição	Exemplo
Cbool(*expressão*)	Retorna uma expressão que foi convertida em uma Variant do subtipo Boolean	Cbool(1>2)
CByte(*expressão*)	Retorna uma expressão que foi convertida em uma Variant do subtipo Byte	CByte(255)
CCur(*expressão*)	Retorna uma expressão que foi convertida em uma Variant do subtipo Currency	CCur("1750.55555")
CDate(*data*) CDate("12/31/1999")	Retorna uma expressão que foi convertida em uma Variant do subtipo Date	
CDbl(*expressão*)	Retorna uma expressão que foi convertida em uma Variant do subtipo Double	CDbl ("4.94065645 841247E-324")
CInt(*expressão*)	Retorna uma expressão que foi convertida em uma Variant do subtipo Integer	CInt("32767")
CLng(*expressão*)	Retorna uma expressão que foi convertida em uma Variant do subtipo Long	CLng ("2147483647")
CSng(*expressão*)	Retorna uma expressão que foi convertida em uma Variant do subtipo Single	CSng ("3.402823E38")
CStr(*expressão*)	Retorna uma expressão que foi convertida em uma Variant do subtipo String	CStr(3.141)

continua...

Tabela 12.5 Continuação

Método	Descrição	Exemplo
Hex(*número*)	Retorna uma string representando o valor hexadecimal de um número	Hex(255)
Oct(*número*)	Retorna uma string representando o valor octal de um número	Oct(8)
Fix(*número*)	Retorna a parte inteira de um número	Fix(-8.4)
Int(*número*)	Retorna a parte inteira de um número	Int(-8.4)

Métodos de conversão

Você pode considerar os métodos de conversão como o grupo "tudo exceto" de métodos. Este grupo contém muitos métodos úteis, embora não facilmente colocados em categorias.

Agora adicione uma nova página chamada CONVERSION.HTM ao projeto VBSMethods. Crie um título descritivo e construa uma tabela com 14 linhas e 4 colunas. Então, copie as informações da Tabela 12.5 para a página e acrescente os botões de comando com um título Test na quarta coluna. Quando tiver acabado, sua página deverá parecer-se com a da Figura 12.6.

Agora você está pronto para renomear os botões. Certifique-se de que a propriedade DefaultClientScript da página esteja definida como **VBScript** e alterne para a guia **Source**. Agora, localize a propriedade ID de cada botão e defina-a como btn mais o nome do método. Por exemplo, o primeiro botão seria definido como btnCBool, o segundo como btnCByte e assim por diante.

Depois de renomear os botões, salve a página antes de acrescentar o código VBScript. Use a Listagem 12.4 para adicionar o VBScript a cada evento onclick. Você poderá digitar a listagem diretamente ou usar a janela Script Outline para navegar para cada botão e exibir o método onclick.

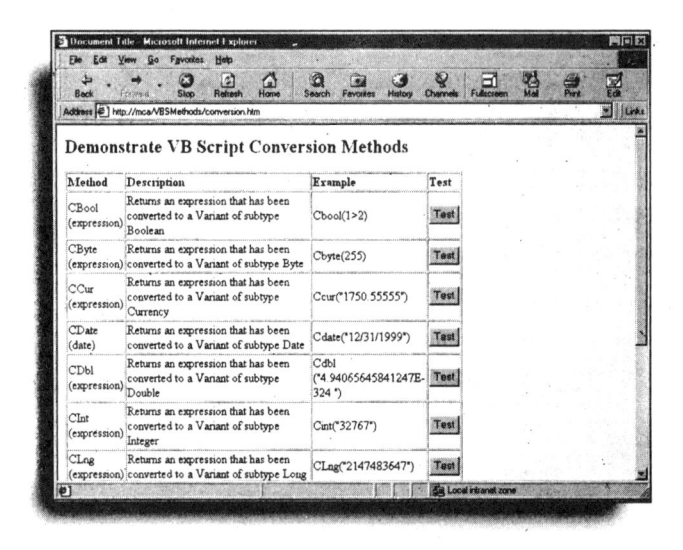

Capítulo 12 Como expandir seus scripts com métodos embutidos

Figura 12.6 Como criar o layout da página VBScript Conversion Methods.

Listagem 12.4 Como codificar os métodos de conversão VBScript

```
1  Sub btnOct_onclick
2     msgbox Oct(8)
3  End Sub
4
5  Sub btnInt_onclick
6     msgbox Int(-8.4)
7  End Sub
8
9  Sub btnHex_onclick
10    msgbox Hex(255)
11 End Sub
12
13 Sub btnFix_onclick
14    msgbox Fix(-8.4)
15 End Sub
16
17 Sub btnCStr_onclick
18    msgbox cStr(3.141)
19 End Sub
20
```

continua...

Listagem 12.4 Continuação

```
21  Sub btnCSng_onclick
22      msgbox CSng ("3.402823E38")
23  End Sub
24
25  Sub btnCLng_onclick
26      msgbox CLng ("2147483647")
27  End Sub
28
29  Sub btnCInt_onclick
30      msgbox CInt (32767)
31  End Sub
32
33  Sub btnCDbl_onclick
34      msgbox Cdbl ("4.94065645841247E-324")
35  End Sub
36
37  Sub btnCDate_onclick
38      msgbox CDate ("12/31/1999")
39  End Sub
40
41  Sub btnCCur_onclick
42      msgbox CCur ("1750.55555")
43  End Sub
44
45  Sub btnCByte_onclick
46      msgbox cByte (255)
47  End Sub
48
49  Sub btnCBool_onclick
50      msgbox cbool (1>2)
51  End Sub
```

Métodos VBScript e Visual Basic

Alguma vez você teve a sensação de que a Microsoft não cortou muito do Visual Basic para criar o VBScript? Bem, você não estaria totalmente errado. O VBScript é aperfeiçoado em comparação ao Visual Basic. Ele contém os métodos que você desejou fundamentalmente para qualquer tipo de programação.

Capítulo 12 Como expandir seus scripts com métodos embutidos

Após fornecer o código, salve a página e execute um teste. Observe que há uma diferença sutil entre os métodos Fix e Int. O Fix arredonda para cima os valores negativos, Int arredonda-os para baixo.

Como usar esses métodos a seu favor

Os métodos restantes podem ser úteis quando você estiver animando ou aperfeiçoando a interatividade de sua aplicação da web. As caixas de diálogos familiares do Windows, por exemplo, poderão ser usadas para a interação do usuário em oposição a um formulário de página da web tradicional.

Outros métodos VBScript

Existem muitos outros métodos VBScript práticos que devem ser mencionados aqui. Eles se dividem nas seguintes categorias:

- Métodos de formatação da saída
- Caixas de diálogos de entrada/saída do usuário

Cada uma dessas categorias será tratada nas próximas seções deste capítulo.

Como usar os métodos de formatação da saída

Existem quatro métodos para produzir strings formatadas para a saída em suas aplicações da web. A Tabela 12.6 resume estes métodos.

Tabela 12.6 Métodos de formatação do VBScript

Métodos	Descrição	Exemplo
FormatCurrency (*Expressão*[, *NúmDigitApós Decimal* [, *Incluir DígitoÀEsquerda* [, *UsarParêntsPara NúmNegativos* [, *AgruparDígitos*]]]])	Retorna uma expressão formatada como um valor de moeda usando o símbolo de moeda definido no painel de controle do sistema	FormatCurrency (1750.55555)
FormatDateTime FormatDateTime(Now) (*Data*[, *Formato Denominado*])	Retorna uma expressão formatada como uma data ou hora	

continua...

Tabela 12.6 Continuação

Métodos	Descrição	Exemplo
FormatNumber (*Expressão*[, NúmDigitApós Decimal [, *Incluir DígitoÀEsquerda* [, *UsarParêntsPara NúmNegativos* [, *AgruparDígitos*]]]])	Retorna uma expressão formatada como um número	FormatNumber (12345678.01)
FormatPercent (*Expressão* [,*NúmDigitApós Decimal* [, *Incluir DígitoÀEsquerda* [, *UsarParêntsPara NúmNegativos* [, *AgruparDígitos*]]]])	Retorna uma expressão formatada como uma porcentagem (multiplicada por 100) com um caractere % à direita	FormatPercent (.4555)

Agora adicione uma nova página chamada OTHER.HTM a seu projeto VBSMethods. Adicione um título (Other VBScript Methods ou Outros Métodos VBScript) e um subtítulo (Output Formatting Methods ou Métodos de Formatação da Saída). Em seguida, acrescente uma tabela com cinco linhas e quatro colunas e um conjunto de cabeçalhos de coluna para Methods, Description, Example e Test. Então, copie o texto da Tabela 12.6 para as três primeiras colunas. Coloque um botão de comando na última coluna. Isto deverá parecer-se com a página na Figura 12.7.

Métodos de formatação

Se você trabalhar com muitas aplicações da web, provavelmente usará os métodos de formatação fornecidos no VBScript. Estes métodos facilitam a simplificação da lógica interna para um usuário.

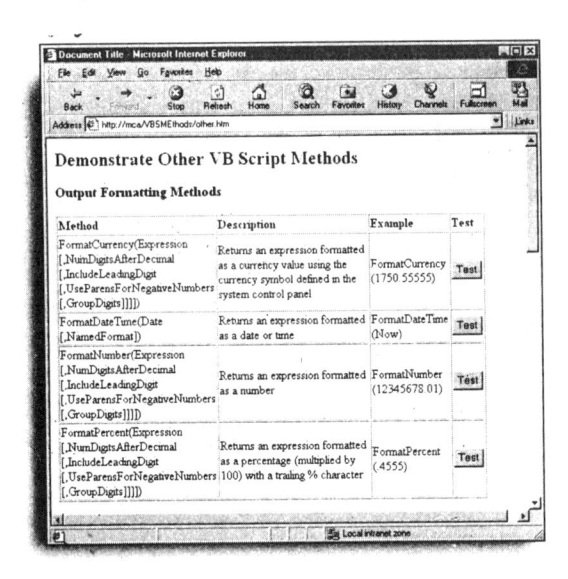

Capítulo 12 Como expandir seus scripts com métodos embutidos

Figura 12.7 Como criar o layout da tabela Output Formatting Methods.

Certifique-se de que a propriedade DefaultClientScript da página esteja definida como **VBScript** e alterne para a guia **Design** da janela do editor. Agora mude as propriedades ID do botão para btn mais o nome do método. Por exemplo, o primeiro botão seria chamado de btnFormatCurrency.

Salve a página antes de acrescentar o código VBScript. A Listagem 12.5 mostra o código VBScript a adicionar à página.

Listagem 12.5 Como adicionar o VBScript para os métodos de formatação da saída

```
1   Sub btnFormatPercent_onclick
2     msgbox FormatPercent(.4555)
3   End Sub
4   Sub btnFormatNumber_onclick
5     msgbox FormatNumber(12345678.01)
6   End Sub
7
8   Sub btnFormatDateTime_onclick
9     msgbox FormatDateTime(Now)
10  End Sub
11
12  Sub btnFormatCurrency_onclick
13    msgbox FormatCurrency(1750.55555)
14  End Sub
```

Salve e execute a página para testar os métodos de formatação da saída do VBScript. Note que o método FormatCurrency arredonda para a quarta casa decimal mais próxima. E mais, você deve saber que todas essas quatro rotinas formatarão os valores com base na definição do painel de controle Windows do cliente. Isto significa que você poderá usar estes métodos para produzir as informações de moeda, numéricas e de data/hora devidamente formatadas para qualquer cliente no mundo.

Como usar os métodos de entrada/saída do usuário

Existem dois métodos de entrada/saída comumente usados no VBScript. Eles permitem uma maneira simples e consistente de obter a entrada do usuário, exibir as mensagens e apresentar as imagens no browser do cliente. A Tabela 12.7 mostra estes dois métodos.

Tabela 12.7 Os métodos de entrada/saída do usuário para o VBScript

Método	Descrição	Exemplo
InputBox(prompt [, título][, default][, posx][, posy] [, arquivoajuda, contexto])	Exibe um prompt em uma caixa de diálogos, espera que o usuário forneça o texto ou clique um botão e retorna o conteúdo da caixa de texto	InputBox("Enter your Name:", "Name", "Your Name")
MsgBox(prompt [, botões][, título][, arquivoajuda, contexto])	Exibe uma mensagem em uma caixa de diálogo, espera que o usuário clique um botão e retorna um valor indicando qual botão o usuário clicou	MsgBox("Ready to Continue?",vbYesNo, "Continue Dialog")

Não se entusiasme muito
Não abuse dos métodos **MsgBox** e **InputBox**. Embora possam ser usados para aperfeiçoar sua aplicação, contar demais com eles se tornará inoportuno. A maioria dos usuários de site da web não está esperando caixas de diálogo instantâneas de uma página da web. Ao contrário, estão procurando sua atividade dentro das restrições do próprio browser da web. Use esses métodos apenas quando tiver uma boa razão.

Existem várias opções para o valor do botão na última entrada da Tabela 12.7:
- vbOKOnly 0 Exibe o botão **OK** apenas.
- VbOKCancel 1 Exibe os botões **OK** e **Cancel** (Cancelar).
- VbAbortRetryIgnore 2 Exibe os botões **Abort** (Abortar), **Retry** (Tentar Novamente) e **Ignore** (Ignorar).

- VbYesNoCancel 3 Exibe os botões **Yes**, **No** e **Cancel**.
- VbYesNo 4 Exibe os botões **Yes** e **No**.
- VbRetryCancel 5 Exibe os botões **Retry** e **Cancel**.
- VbCritical 16 Exibe o ícone **Critical Message** (Mensagem Crítica).
- VbQuestion 32 Exibe o ícone **Warning Query** (Consulta de Aviso).
- VbExclamation 48 Exibe o ícone **Warning Message** (Mensagem de Aviso)
- VbInformation 64 Exibe o ícone **Information Message** (Mensagem de Informação)
- VbDefaultButton1 0 O primeiro botão é o default.
- VbDefaultButton2 256 O segundo botão é o default.
- VbDefaultButton3 512 O terceiro botão é o default.
- VbDefaultButton4 768 O quarto botão é o default.
- VbApplicationModal1 0 Aplicação modal; o usuário tem que responder à caixa de mensagem antes de continuar a trabalhar na aplicação atual.
- VbSystemModal 4096 Sistema modal; todas as aplicações são suspensas até que o usuário responda à caixa de mensagem.

Como experimentar os tipos de caixas de diálogo

Experimente criar tipos de caixas de diálogo diferentes usando os valores do botão. Usando a construção inteligente e a lógica correta, sua aplicação da web poderá imitar uma aplicação Windows padrão.

Existem diversos valores de retorno possíveis:

- vbOK1 OK
- vbCancel 2 Cancel
- vbAbort 3 Abort
- vbRetry 4 Retry
- vbIgnore 5 Ignore
- vbYes 6 Yes
- vbNo 7 No

Como você pode ver na Tabela 12.7, o MsgBox tem bem poucas opções. Você poderá usar o método MsgBox para exibir mensagens simples assim como para obter a entrada do usuário. Essa entrada poderá ser usada (juntamente com uma estrutura de decisão) para determinar qual código VBScript deverá ser executado.

Agora adicione uma régua horizontal à página OTHER.HTM, juntamente com uma tabela com três linhas e quatro colunas. Preencha a primeira coluna com os nomes do cabeçalho (Method, Description, Example e Test) e copie os dados da Tabela 12.7 para as três primeiras células em cada linha. Acrescente um botão de comando à quarta coluna e defina as propriedades ID do botão como btn mais o nome do métoo (btnInputBox e btnMsgBox). Finalmente, salve a página antes de adicionar o código VBScript. Ela deverá parecer-se com a Figura 12.8.

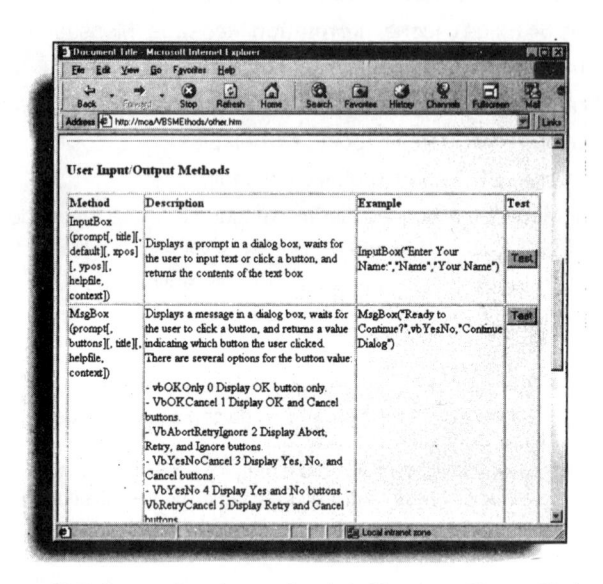

Figura 12.8 Como criar o layout da tabela User Input/Output Methods.

Antes de acrescentar o código, certifique-se de que a propriedade DefaultClientScript da página esteja definida como **VBScript**; então alterne para a guia **Source** e forneça o código da Listagem 12.6.

Simplicidade nos exemplos

Estes exemplos apenas descrevem os usos mais básicos das caixas de diálogo. Provavelmente você poderá ter suas próprias aplicações muito mais práticas. Por exemplo, se sua aplicação da web solicitar que um usuário se conecte para fazer a autenticação e ter acesso, poderá querer usar uma caixa de conexão que lembre uma caixa de diálogo de conexão do Windows. Isto será familiar para seus usuários.

Capítulo 12 Como expandir seus scripts com métodos embutidos   **313**

Listagem 12.6 Como adicionar o VBScript para os métodos de entrada/saída do usuário

```
1   Sub btnMsgBox_onclick
2   '
3     dim intAnswer
4   '
5     intAnswer=MsgBox("Ready to Continue?", vbYesNo+
    ↪vbQuestion, "Continue Dialog")
6   '
7     if intAnswer=vbYes then
8         msgbox "You selected YES", vbExclamation, "YES"
9     else
10        msgbox "You selected NO", vbCritical "NO"
11    end if
12  '
13  End Sub
14
15  Sub btnInputBox_onclick
16  '
17    dim strInput
18  '
19    strInput=InputBox("Enter Your Name:", "Name", "Your
    ↪Name")
20  '
21    msgbox strInput
22  '
23  End Sub
```

A rotina para btnMsgBox_onclick (linhas 1-13) usa o método MsgBox de várias maneiras diferentes. Primeiro, você vê o exemplo que retorna o botão selecionado pelo usuário. Então, vê dois outros exemplos que simplesmente exibem a mensagem, juntamente com um ícone e um título.

A rotina btnInputBox_onclick (linhas 15-23) chama o método InputBox para solicitar seu nome. Esta informação é então transmitida para um método MsgBox padrão para exibir sua entrada.

Capítulo 13

Como adicionar o gerenciamento de eventos a seus scripts Visual Basic

- Aprenda como a bolha de eventos fornece um controle preciso sobre seus eventos
- Crie eventos para janelas, documentos e formulários
- Adicione eventos a elementos específicos

Você pode adicionar às suas aplicações da web o VBScript que responderá aos vários eventos que ocorrem enquanto sua aplicação está sendo executada. Neste capítulo, aprenderá sobre os vários objetos que podem receber mensagens de eventos, exatamente o que são essas mensagens de eventos e quando ocorrem. Além de aprender sobre as mensagens de evento, também aprenderá três maneiras de poder ligar seu VBScript às mensagens de evento (Intrinsic ou Intrínseco, Attribute – Atributo e Explicit – Explícito), as vantagens e os limites de cada método.

Finalmente, aprenderá o processo de bolha de eventos, que permite que as mensagens de evento de um elemento da página sejam recebidas por outro elemento da página de nível mais alto. Isto permite criar ligações de evento que podem receber mensagens parecidas de grupos de controles (por exemplo, criar ligações de evento em um formulário para todos os controles de entrada nesse formulário). Isto simplifica a codificação VBScript e facilita a manutenção de suas aplicações da web.

Objetos de evento e Microsoft Internet Explorer

Neste capítulo, você aprenderá sobre o os objetos Window (Janela), Document (Documento), Form (Formulário) e Element (Elemento). Aprenderá muito mais sobre o modelo de objetos Microsoft Internet Explorer 4 no Capítulo 14, "Script no lado cliente com o modelo de objetos MSIE". No momento, apenas considere cada um desses quatro itens como itens relativamente independentes. O Capítulo 14 mostrará como eles (e outros itens no modelo de objetos Microsoft Internet Explorer) se encaixam.

Quatro objetos podem receber mensagens de evento: Window, Document, Form e Element. Você poderá também estabelecer um evento para quando alguém clicar em um item de ligação. Contudo, é um caso peculiar e é gerenciado de maneira diferente dos outros quatro objetos.

Os eventos são realmente momentos durante a vida de sua aplicação da web que são marcados por mensagens transmitidas pelo browser para a estação de trabalho. Estas mensagens têm nomes específicos e são "anexadas" a objetos específicos ou elementos de página de sua aplicação da web. Quando souber identificar os objetos e os nomes de eventos, poderá criar métodos que serão executados sempre que o evento ocorrer.

Para experiência

Se você for novo no VBScript, poderá querer iniciar com o Capítulo 11, "Como programar com a linguagem Visual Basic Script". Isto fornecerá uma introdução ao VBScript e a como adicionar o VBScript a suas páginas HTML. Poderá também querer ler o Capítulo 12, "Como expandir seus scripts com métodos embutidos".

Capítulo 13 Como adicionar o gerenciamento de eventos a seus scripts Visual Basic **317**

Existem muitos eventos possíveis, como carregar e descarregar janelas e documentos em sua aplicação web, mover e clicar (ou clicar duas vezes) o mouse, pressionar teclas etc. Existem também mensagens de evento enviadas sempre que um usuário atualiza um elemento do formulário, tenta submeter um formulário ou pressiona a tecla F1 em uma solicitação a serviços de ajuda.

Quando tiver terminado este capítulo, você saberá como estabelecer eventos para os elementos maiores de toda página de aplicação da web e como adicionar o VBScript a suas aplicações para executar os eventos selecionados.

Veja também

➤ *Para percorrer o script com o VBScript, veja o Capítulo 11.*

➤ *Para aprender mais sobre o script, veja o Capítulo 12.*

➤ *Você aprenderá sobre como adicionar a codificação de eventos para as ligações mais adiante neste capítulo.*

Como ligar seu VBScript às mensagens de evento

Antes de poder aproveitar as mensagens de evento disponíveis em sua aplicação da web, você terá que estabelecer uma ligação entre o objeto que informa os eventos e seu código VBScript. Isto poderá ser feito de três maneiras:

- Declaração de eventos intrínseca
- Declaração de eventos de atributo
- Declaração de eventos explícita

Os detalhes de cada um desses métodos aparecerão nas três seções a seguir.

Como usar a declaração de eventos intrínseca

O primeiro método, a declaração de eventos Intrinsic, é o mais comum no VBScript. O documento é marcado para a execução VBScript e um tag HTML em nível de página é incluído para marcar o local de todo o código VBScript (<SCRIPT LANGUAGE="VBSCRIPT"> e </SCRIPT>). Sempre que uma mensagem de evento é informada, é enviada para um método que é denominado como *<objeto>*_*<mensagem>* onde *<objeto>* é o nome do objeto que informa a mensagem e *<mensagem>* é o nome da mensagem que é informada.

Por exemplo, o objeto de botão informa a mensagem onclick sempre que alguém pressiona o botão. Como cada botão pode receber suas próprias mensagens, a marca ID (Identificação) é usada como o nome do objeto para as mensagens de evento. Usando o método de declaração de eventos Intrinsic do VBScript, a mensagem onclick de button1 será enviada para um método que se parece com a Listagem 13.1.

Listagem 13.1 O exemplo do tratamento de eventos Intrinsic para o VBScript

```
1  Sub button1_onclick()
2    alert "Button has been pressed"
3  End Sub
```

Se você tiver marcado seus documentos HTML para usar o VBScript como o script do cliente default nas propriedades de sua página, adicionará apenas o devido método <objeto>_<mensagem> entre as marcas <SCRIPT></SCRIPT> e pronto.

Como usar a declaração de eventos de atributo

Outro método comum é a declaração de eventos Attribute, na qual você declara o nome do evento como um atributo no tag HTML do elemento e associa um nome do método ao nome do evento. Neste caso, o nome do evento real é um atributo do tag HTML. A Listagem 13.2 mostra como isso ficaria em sua página HTML.

Listagem 13.2 Uma declaração de eventos Attribute

```
1   <INPUT TYPE="button"
2     NAME="Button1"
3     VALUE="PressMe"
4     onClick="pressed"
5     LANGUAGE="VBScript">
6
7   <SCRIPT LANGUAGE="VBScript">
8     Sub pressed
9       alert "Button has been pressed"
10    End Sub
11  </SCRIPT>
```

Note que o evento onclick foi associado a um método chamado "pressed" e que o atributo LANGUAGE foi definido como "VBScript". Isto informa ao browser que sempre que a mensagem onclick for informada por esse determinado botão, haverá um método chamado "pressed" na área "VBScript" que deve ser informado.

A vantagem básica de usar o método Attribute da ligação de eventos é que será possível usá-lo em diversas linguagens de script para elementos individuais. Por exemplo, alguns outros botões podem ser associados a métodos em uma área "JScript" ou "PerlScript" da página HTML. Como estamos falando sobre o VBScript neste livro, você verá esse tipo de declaração de eventos aparecer muito freqüentemente.

E mais, esse método de declaração de eventos não funcionará para qualquer elemento HTML que tenha um tag OBJECT. Se estiver usando um item com um tag OBJECT, terá que usar o método Intrinsic ou Explicit da ligação de eventos.

Linguagens de script

Uma das coisas mais legais no script no lado servidor é a capacidade de usar várias linguagens de script diferentes, como VBScript, Perl, REXX e JScript. Infelizmente, o script no lado cliente (como discutido neste capítulo) conta com uma das duas linguagens de script: VBScript ou JScript (JavaScript/ECMAScript). Considere sua plataforma de destino quando escolher uma linguagem de script.

Como usar a declaração de eventos explícita

O terceiro método de relatórios de eventos de ligação com os métodos VBScript é usar a declaração de eventos Explicit. Nesse processo, você coloca o código VBScript diretamente na área de definição HTML em vez de em uma área <SCRIPT></SCRIPT> compartilhada, como na Listagem 13.3.

Listagem 13.3 Um exemplo de declaração de eventos Explicit

```
1   <INPUT TYPE="button" NAME="Button1" VALUE="Click">
2   <SCRIPT FOR="Button1" EVENT="onClick"
    ↪LANGUAGE="VBScript">
3       alert "Button has been pressed"
4   </SCRIPT>
```

Note que o tag <SCRIPT> foi aperfeiçoado para incluir os atributos FOR e EVENT. Estes atributos associam o VBScript ao objeto "button1" e à mensagem de eventos "onclick". Não é exigido que você coloque o código diretamente ao lado do tag INPUT TYPE, mas isso é feito muito freqüentemente para ficar mais bonito do que ter vários tags <SCRIPT FOR=...></SCRIPT> em uma coleção na parte superior de seu documento HTML.

Como o método Attribute, o método Explicit permite empregar diversas linguagens de script no mesmo documento HTML. Entretanto, a diferença entre Attribute e Explicit é que o método Explicit é permitido para elementos com um tag OBJECT. Na verdade, o método Explicit é apenas uma maneira de associar o código de script aos elementos HTML que têm um tag OBJECT.

Sobre a bolha de eventos

IE4 suporta uma forma especial de gerenciamento de eventos chamada bolha de eventos. A *bolha de eventos* é a capacidade de transmitir uma mensagem de evento do elemento que informou a mensagem para o pai de um elemento. Isto significa que os elementos-pais podem receber (e responder) mensagens de evento destinadas aos elementos-filhos no documento HTML.

Por exemplo, vários elementos de entrada (caixa de texto, quadro de seleção etc.) têm a capacidade de informar mensagens relacionadas às atualizações do provedor de dados. Quando uma linha de dados é atualizada, a mensagem onbeforeupdate é enviada para informar que os dados serão enviados de volta para o provedor. Se tudo correr bem, a mensagem onafterupdate será enviada para informar que os dados foram enviados com sucesso para o provedor. Contudo, se um erro ocorreu ao enviar os dados de volta, a mensagem onerrorupdate será enviada.

Agora aqui vem a parte da bolha. Se você quiser, poderá criar ligações de evento para cada elemento com vínculo de dados em um formulário e escrever um código para cada campo da linha de dados. No entanto, isto levaria muito tempo e exigiria a manutenção do código. Em vez disso, você poderá aproveitar a bolha de eventos e colocar uma única ligação de eventos no elemento-pai do controle – o objeto Form – e receber todas as mensagens com vínculo de dados lá. Ter um lugar para todas as mensagens de evento facilitará a codificação e a manutenção.

A bolha traz capacidade

Através da bolha de eventos você poderá criar aplicações complexas. A bolha é um conceito familiar para os programadores que trabalham no Visual Basic ou C++. É novo, porém, para o mundo das aplicações da web. Experimente a bolha para ver como poderá melhorar sua interação do programa.

Quando você trabalhar nas listas de eventos para os objetos neste capítulo, verá diversos eventos que são, na verdade, "bolhas" dos elementos-filhos. Eles serão marcados com um (B) para indicar que são eventos de bolha dos elementos-filhos, não eventos nativos desse objeto.

Como configurar o projeto da web de eventos do VBScript

Antes de continuar com este capítulo, você deve iniciar um novo projeto Visual InterDev chamado VBSEvents. Adicione uma página HTML chamada DEFAULT.HTM e acrescente um título e itens de ligação como definido na Tabela 13.1.

Tabela 13.1 Os elementos a adicionar à página DEFAULT.HTM

Elemento	Texto	URL
Cabeçalho do documento	Demonstrate VBScript Events (Demonstrar Eventos VBScript)	
Ligação	Window Events (Eventos da Janela)	Window.htm
	Document Events (Eventos do Documento)	Document.htm
	Form Events (Eventos do Formulário)	Form.htm
	Element Events (Eventos do Elemento)	Element.htm
	Link Events (Eventos de Ligação)	Link.htm

Capítulo 13 Como adicionar o gerenciamento de eventos a seus scripts Visual Basic 321

Após a criação do layout do formulário, este deverá ficar como o da Figura 13.1.

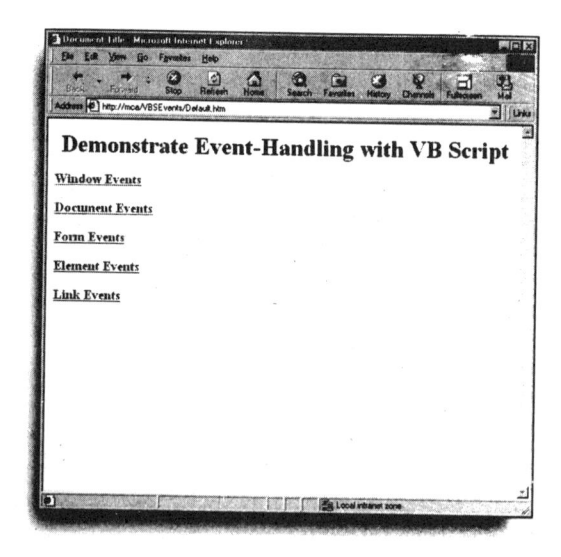

Figura 13.1 Como criar o layout do formulário DEFAULT.HTM do projeto VBSEvents.

Essa página será o ponto de partida para todos os exemplos neste capítulo. Salve o formulário (DEFAULT.HTM) e o projeto (VBSEvents) antes de seguir para a próxima seção.

Como usar os eventos Window

O objeto de nível mais alto que pode informar eventos é o *Window* (Janela). Este objeto representa a janela do browser atual. Esta janela pode receber várias mensagens de eventos, listadas na Tabela 13.2 juntamente com uma pequena descrição.

Lembre-se do modelo de objetos

Sempre lembre-se que o modelo de objetos Microsoft Internet Explorer e o modelo de objetos para outros browsers, como o Netscape, diferem muito. O Capítulo 14 detalha o modelo de objetos MSIE. Neste capítulo, estou supondo que você está trabalhando com o Internet Explorer. Caso contrário, poderá ter resultados imprevisíveis - se é quer terá algum.

Tabela 13.2 As mensagens Window disponíveis

Mensagem	Descrição
Onbeforeunload	Ocorre quando a janela está para ser descarregada
Onblur	Ocorre quando janela perde o foco
Onerror	Ocorre quando um erro acontece dentro da janela
Onfocus	Ocorre quando a janela recebe o foco
Onhelp	Ocorre quando a tecla F1 é pressionada no Windows
Onload	Ocorre quando a janela está para ser carregada
Onresize	Ocorre quando o usuário redimensiona a janela
Onscroll	Ocorre quando o usuário pagina a janela
Onunload	Ocorre quando a janela é realmente descarregada

Iremos adicionar uma nova página HTML chamada WINDOW.HTM ao projeto VBSEvents. Coloque um controle Text Area (Área de Texto) no formulário e defina sua propriedade de nome como txaEvents. E mais, acrescente algumas etiquetas, como mostrado na Figura 13.2.

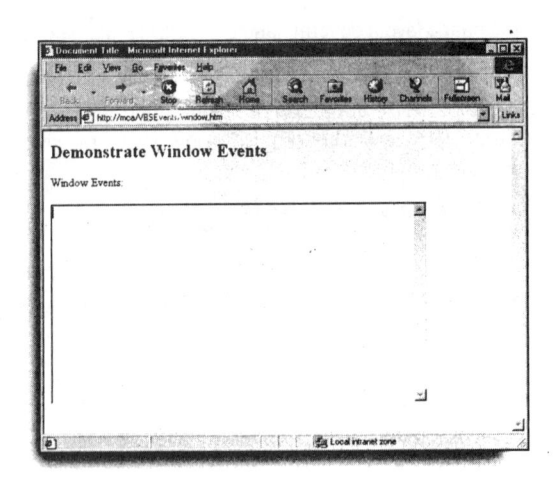

Figura 13.2 Como criar o layout do formulário WINDOW.HTM.

Agora você está pronto para acrescentar algum código para responder às mensagens. Primeiro, certifique-se de que a propriedade defaultClientScript da página esteja definida como **VBScript** e, então, selecione a guia **Source** (Origem) no editor Visual InterDev para exibir a codificação para o documento HTML.

Capítulo 13 Como adicionar o gerenciamento de eventos a seus scripts Visual Basic **323**

Iremos criar um método personalizado para exibir todas as mensagens de evento no controle Text Area em uma lista numerada. Para tanto, você terá que declarar uma variável em nível de página fora da declaração do método. Essa variável será usada para controlar a contagem do evento. Então, poderá adicionar o código que aceitará uma string como um parâmetro e acrescentá-lo à parte superior da lista de eventos no controle Text Area txaEvents.

Para começar, crie os tags <SCRIPT>...</SCRIPT> que identificarão seu código de script. A maneira mais fácil de fazer isso é clicar duas vezes em um evento na janela Script Outline (Esquema do Script). Então, poderá remover o código do método da listagem. Por exemplo, se clicar duas vezes no evento onclick do objeto Document, as linhas mostradas na Listagem 13.4 serão adicionadas.

Listagem 13.4 O bloco de código acrescentado

```
1   <SCRIPT ID=clientEventHandlersVBS LANGUAGE=vbscript>
2   <!--
3   Sub document_onclick
4
5   End Sub
6   -->
7   </SCRIPT>
```

Remova as linhas 2-5 de seu documento, deixando o código da sub-rotina para o VBScript.

Uma maneira mais fácil de adicionar blocos de código

O Visual Studio, a interface para o Visual InterDev, permite criar macros complexas e extensões. Você poderá usar esses recursos para criar uma macro que insira automaticamente os blocos de código desejados, sem ter que remover os eventos indesejados. A ajuda on-line do Visual InterDev fornece mais detalhes sobre isso.

Na parte superior de <SCRIPT LANGUAGE="VBScript" da página (depois do tag <!- -), coloque o código da Listagem 13.5.

Listagem 13.5 Como codificar o método *PostMsg*

```
1   '
2   'page-level variable
3   dim lngCounter
4
5   '
6   'shared method
```

continua...

Listagem 13.5 Continuação

```
7    Sub PostMsg(strMsg)
8    '
9       on error resume next
10      dim strTemp
11      dim strError
12      '
13      lngCounter=lngCounter+1
14      strTemp = cStr(lngCounter) & ": "
15      strTemp = strTemp & strMsg & vbCRLF
16      '
17      txaEvents.value=strTemp & txaEvents.value
18      if err.number<>0 then
19          strError="Err: " & cStr(err.number) & vbCrLf
20          strError=strError & err.description & vbCrLf
21          strError=strError & strMsg
22          msgbox strError, vbCritical, "Scripting Error!"
23      end if
24      '
25   End Sub
```

Predefinições em abundância

Como você aprendeu no Capítulo 12, usará embutidos em todo seu código de script. Essa listagem é um bom exemplo. Quantas predefinições pode indicar?

O código na Listagem 13.5 contém algumas linhas para lidar com os possíveis erros. Isso foi acrescentado para impedir que o browser pare caso um erro ocorra durante a execução do método. Você aprenderá mais sobre o gerenciamento de erros posteriormente no livro. No momento, apenas forneça as linhas como as vê. Elas farão mais sentido depois.

Agora poderá criar as ligações de evento. Para este exemplo, use o método de declaração de eventos intrínseca. Você fará isso adicionando os cabeçalhos do método que contém o nome do objeto (window) e o nome do evento (onbeforeload etc.) à seção VBScript do documento HTML.

Embora você possa digitar diretamente (como na Listagem 13.1), poderá também usar a janela Script Outline para exibir a lista de eventos para o objeto Window e simplesmente clicar duas vezes em cada evento na lista para fazer com que o Visual InterDev insira o cabeçalho do método para você.

Capítulo 13 Como adicionar o gerenciamento de eventos a seus scripts Visual Basic **325**

Como adicionar os cabeçalhos do método à seção VBScript de um documento HTML

1. Selecione a guia **Source** para exibir a janela de edição do Visual InterDev.
2. Na janela Script Outline, selecione **Client Objects & Events** (Objetos-Clientes e Eventos).
3. Então selecione **Window** para ver a lista de eventos.
4. Clique duas vezes em cada evento e o Visual InterDev criará um cabeçalho do método e nota de rodapé para coincidir com os nomes <objeto>_<mensagem>.

Depois de inserir os cabeçalhos do método, terá que inserir uma única linha de código para cada método. Chame essa linha de código de método PostMsg e transmita o nome do objeto e do evento como uma string. A Listagem 13.6 contém o código completo para todos os nove eventos para o objeto Window.

O esquema do script

O esquema do script reforça o modelo de objetos através do qual o Microsoft Internet Explorer e o Visual InterDev funcionam. A relação entre os itens na lista mostram sua ordem no modelo

---

Listagem 13.6 Como codificar os eventos do objeto Window

```
1   Sub window_onunload
2       PostMsg "window_onunload"
3   End Sub
4
5   Sub window_onscroll
6       PostMsg "window_onscroll"
7   End Sub
8
9   Sub window_onresize
10      PostMsg "window_onresize"
11  End Sub
12
13  Sub window_onload
14      PostMsg "window_onload"
15  End Sub
16
17  Sub window_onhelp
18      PostMsg "window_onhelp"
```

continua...

Listagem 13.6 Continuação

```
19  End Sub
20
21  Sub window_onfocus
22      PostMsg "window_onfocus"
23  End Sub
24
25  Sub window_onerror
26      PostMsg "window_onerror"
27  End Sub
28
29  Sub window_onblur
30      PostMsg "window_onblur"
31  End Sub
32
33  Sub window_onbeforeunload
34      PostMsg "window_onbeforeunload"
35  End Sub
```

Como usar os objetos Window de maneira inteligente

O uso do objeto Window pode melhorar muito a funcionalidade de sua aplicação da web. Você pode usar os eventos da janela do browser para controlar os comportamentos em sua aplicação. Lembre-se, porém, que deve ter cuidado ao escolher os eventos. Certifique-se de que as ações que está usando para um evento tenham segurança. Afinal, você deseja que algo aconteça sempre que mover sua janela em uma pequena tela? Não exagere!

Agora salve a página e estará pronto para testá-la. Comece clicando com o botão direito na página DEFAULT.HTM e escolha **Set as Start Page** (**Definir como Página Inicial**) no menu contextual. Agora, execute o projeto VBSEvents (pressione F5 ou selecione **Debug** (**Depurar**), **Start** no menu principal do Visual InterDev). Quando iniciar a aplicação, verá a página DEFAULT.HTM. Clique na ligação Window Events para carregar a página WINDOW.HTM. Assim que a página aparecer, verá algumas mensagens de evento no controle Text Area txaEvents.

Se clicar o mouse fora da janela do browser, verá a mensagem window_onblur aparecer. Clique no botão **Refresh** (**Renovar**) para recarregar a página e veja que o documento renovado agora contém entradas para window_onbeforeunload e window_onload. Se pressionar a tecla F1 para solicitar ajuda, verá várias mensagens aparecerem, inclusive window_onhelp.

A Figura 13.3 mostra a página WINDOW.HTM em ação.

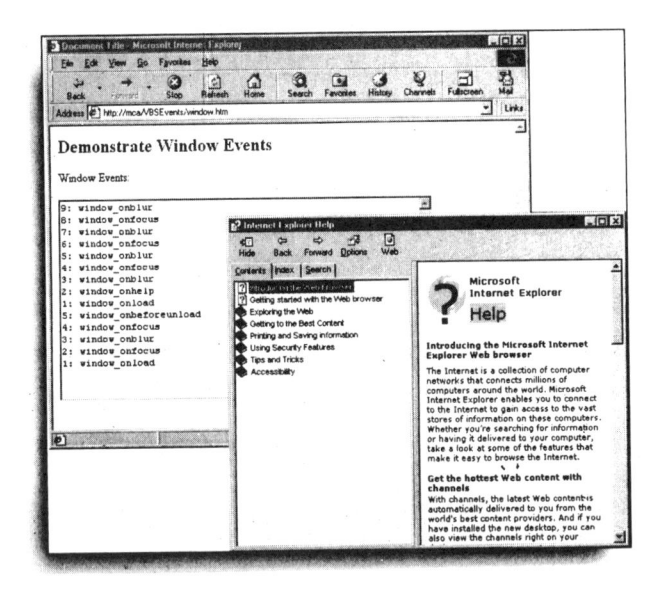

Capítulo 13 Como adicionar o gerenciamento de eventos a seus scripts Visual Basic   327

Figura 13.3 Como executar a página WINDOW.HTM.

Como usar os eventos Document

O próximo objeto que pode informar mensagens é o objeto Document. Este objeto tem um pouco mais de mensagens de evento que o objeto Window e várias mensagens são iguais à lista Window. A Tabela 13.3 mostra a lista de mensagens e uma pequena descrição. Lembre-se de que o (B) na descrição significa que é um evento de bolha de um elemento-filho e não uma mensagem de evento nativa para o objeto Document.

A confusão dos objetos Document e Window

Muitos programadores iniciantes confundem o objeto Document com o objeto Window. Use isto como uma chave: O objeto Window reflete a janela física do browser da web, ao passo que o objeto Document reflete tudo dentro dessa janela.

Tabela 13.3 As mensagens de evento para o objeto Document

Mensagem	Descrição
Onafterupdate	(B) Ocorre depois dos dados terem sido enviados para o provedor de dados
Onbeforeupdate	(B) Ocorre logo antes dos dados serem enviados para o provedor de dados

continua...

Tabela 13.3 Continuação

Mensagem	Descrição
Onclick	Ocorre quando o usuário clica no documento
Ondblclick	Ocorre quando o usuário clica duas vezes no documento
Ondragstart	Ocorre quando o usuário começa a arrastar pela primeira vez um item selecionado
Onerrorupdate	(B) Ocorrerá se houver um erro de envio de dados de volta para o provedor de dados
Onhelp	Ocorre quando o usuário pressiona F1
Onkeydown	Ocorre quando uma tecla fica pressionada
Onkeypress	Ocorre quando uma tecla é pressionada
Onkeyup	Ocorre quando uma tecla pressionada é liberada
Onmousedown	Ocorre quando um botão do mouse é pressionado
Onmousemove	Ocorre quando o mouse é movido no documento
Onmouseup	Ocorre quando o botão do mouse que estava pressionado é liberado
Onreadystatechange	Ocorre quando o estado de um documento tiver sido alterado (logo antes do evento onload da janela-mãe)
Onrowenter	(B) Ocorre quando novos dados estão disponíveis em um provedor de dados
Onrowexit	(B) Ocorre logo antes da linha de dados ser atualizada
Onselectstart	Ocorre quando um elemento no formulário é selecionado

Iremos criar uma página para mostrar os eventos disponíveis para o objeto do documento.

Como criar a página para mostrar os eventos do objeto Document

1. Primeiro, adicione um novo documento HTML ao projeto chamado DOCUMENT.HTM.
2. Abra a página DOCUMENT.HTM para edição, clicando-a duas vezes no Project Explorer.
3. Forneça o título para a página como Demonstrate Document Events (Demonstrar Eventos do Documento).
4. Defina defaultClientScript da página como VBScript a partir da janela Properties (Propriedades).
5. Adicione um evento à página a partir da janela Script Outline, como fez para o exemplo WINDOW.HTM.

Capítulo 13 Como adicionar o gerenciamento de eventos a seus scripts Visual Basic   **329**

6. Adicione um controle Text Area à página. Você poderá arrastar o controle Text Area da caixa de ferramentas para sua página.
7. Defina a propriedade ID do controle Text Area como txaEvents.

A página deverá ficar igual à da Figura 13.2, com a exceção de que o título deverá informar Demonstrate Document Events.

Em seguida, terá que acrescentar a mesma variável em nível da página e o método compartilhado chamado PostMsg da Listagem 13.5 à página DOCUMENT.HTM. Isto será usado para exibir as mensagens no controle Text Area txaEvents.

Agora está pronto para acrescentar o código de gerenciamento de eventos ao documento. Certifique-se de que a propriedade DefaultClientScript da página esteja definida como VBScript. Use a janela Script Outline para selecionar **Client Objects & Events**, **Document** para ver a lista de eventos associados ao objeto Document. Agora, clique duas vezes em cada mensagem de evento para criar o cabeçalho do método para cada um dos 19 eventos.

Um exemplo da utilidade de um método compartilhado

Este capítulo é um bom exemplo de como um método compartilhado pode ser útil em suas aplicações da web. Você poderá reutilizar o código em sua aplicação da web e chamá-lo para eventos e ações individuais.

Finalmente, acrescentará uma única linha de código a cada método de evento que inclui uma chamada ao método PostMsg juntamente com o nome do objeto e evento. Por exemplo, a linha para o evento onkeypress do objeto Document seria assim:

```
PostMsg "document_onkeypress"
```

A Listagem 13.7 contém o código completo para todos os 19 métodos.

Listagem 13.7 Como codificar os métodos de evento do objeto Document

```
1  Sub document_onselectstart
2      PostMsg "document_onselectstart"
3  End Sub
4
5  Sub document_onrowexit
6      PostMsg "document_onrowexit"
7  End Sub
8
```

continua...

Listagem 13.7 Continuação

```
9   Sub document_onrowenter
10    PostMsg "document_onrowenter"
11  End Sub
12
13  Sub document_onreadystatechange
14    PostMsg "document_onreadystatechange"
15  End Sub
16
17  Sub document_onmouseup
18    PostMsg "document_onmouseup"
19  End Sub
20
21  Sub document_onmouseover
22    PostMsg "document_onmouseover'
23  End Sub
24
25  Sub document_onmouseout
26    PostMsg "document_onmouseout"
27  End Sub
28
29  Sub document_onmousemove
30    PostMsg "document_onmousemove"
31  End Sub
32
33  Sub document_onmousedown
34    PostMsg "document_onmousedown"
35  End Sub
36
37  Sub document_onkeyup
38    PostMsg "document_onkeyup"
39  End Sub
40
41  Sub document_onkeypress
42    PostMsg "document_onkeypress"
43  End Sub
44
45  Sub document_onkeydown
```

continua...

Capítulo 13 Como adicionar o gerenciamento de eventos a seus scripts Visual Basic 331

Listagem 13.7 Continuação

```
46    PostMsg "document_onkeydown"
47  End Sub
48
49  Sub document_onhelp
50    PostMsg "document_onhelp"
51  End Sub
52
53  Sub document_onerrorupdate
54    PostMsg "document_onerrorupdate"
55  End Sub
56
57  Sub document_ondragstart
58    PostMsg "document_ondragstart"
59  End Sub
60
61  Sub document_ondblclick
62    PostMsg "document_ondblclick"
63  End Sub
64
65  Sub document_onclick
66    PostMsg "document_onclick"
67  End Sub
68
69  Sub document_onbeforeupdate
70    PostMsg "document_onbeforeupdate"
72  End Sub
72
73  Sub document_onafterupdate
74    PostMsg "document_onafterupdate"
75  End Sub
```

Depois de acrescentar todo o código, salve a página e exiba a página DEFAULT.HTM em seu browser. Quando navegar para a página DOCUMENT.HTM, verá as mensagens de evento adicionadas à lista (veja a Figura 13.4).

A capacidade do objeto Document

Quando começar a trabalhar com o objeto Document, poderá começar a ver a capacidade do modelo de objetos. Cada versão sucessiva do modelo de objetos, do Internet Explorer 4 ao Internet Explorer 5 que está por vir, está expandindo a capacidade do objeto Document para fornecer uma maior funcionalidade, como o arrastar e soltar. Em breve, você não conseguirá dizer a diferença entre uma aplicação tradicional desenvolvida no, digamos C++, e uma criada usando o Visual InterDev.

Experimente o mouse e o teclado para ver outras mensagens exibidas. Tente pressionar F1 para obter ajuda ou pressionar o botão **Refresh** em seu browser para ver quais outras mensagens aparecem.

Veja também

➤ *Para acrescentar um evento à página a partir da janela Script Outline, veja anteriormente neste capítulo.*

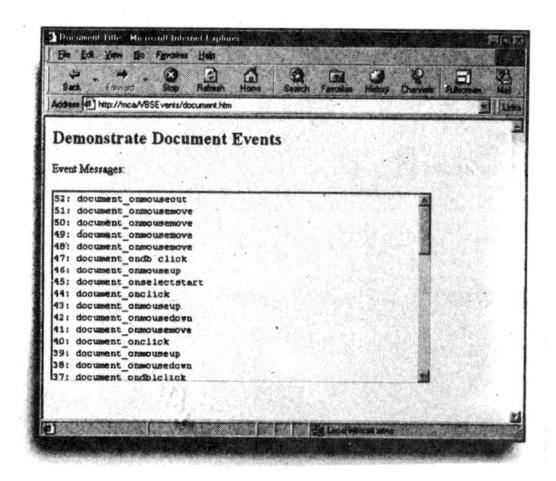

Figura 13.4 Como executar a página DOCUMENT.HTM.

Como usar os eventos Form

O objeto Form também é capaz de informar mensagens de evento. Estas mensagens de evento incluem o movimento do mouse comum e a mensagens de tecla pressionada, mas também incluem várias mensagens novas. Uma série de mensagens relacionadas ao banco de dados está disponível no formulário, inclusive algumas que ocorrem quando os campos de dados são alterados e quando conjuntos de dados são atualizados. Existem também alguns eventos que ocorrem quando o usuário clica os botões **Submit** (**Submeter**) ou **Reset** (**Redefinir**) de uma página (ou equivalentes) e há, ainda, um que ocorre quando o usuário tenta destacar o texto em uma caixa de texto dentro de um formulário. A Tabela 13.4 mostra as mensagens de evento disponíveis para o objeto Form.

Como usar os eventos do formulário para as aplicações inteligentes do banco de dados

Você pode usar os eventos do formulário para tornar o trabalho com um banco de dados ainda mais fácil. Os eventos do formulário individuais podem inicializar as ações internamente, como preencher um campo ou colocar dados no banco de dados. Pode também usar os eventos do formulário para manipular os dados antes que sejam colocados no banco de dados.

Tabela 13.4 As mensagens de evento para o objeto Form

Mensagem do evento	Descrição
Onafterupdate	(B) Ocorre depois de dados terem sido enviados para o provedor de dados
Onbeforeupdate	(B) Ocorre logo antes dos dados serem enviados para o provedor de dados
Onclick	Ocorre quando o usuário clica o botão do mouse dentro de um formulário
Ondataavailable	(B) Ocorre quando os dados chegam para os objetos de fonte de dados que transmitem seus dados de maneira assíncrona.
Ondatasetchanged	(B) Ocorre quando os dados são expostos por alterações do objeto de fonte de dados
Ondatasetcomplete	(B) Ocorre quando todos os dados estão disponíveis a partir do objeto de fonte de dados
Ondblclick	Ocorre quando o usuário clica duas vezes um botão do mouse no formulário
Ondragstart	Ocorre quando o usuário começa a arrastar pela primeira vez um item selecionado
Onerrorupdate	(B) Ocorre se houver um erro de envio de dados de volta para o provedor de dados
Onfilterchange	(B) Ocorre quando um filtro visual muda de estado ou completa uma transição
Onhelp	Ocorre quando o usuário pressiona a tecla F1
Onkeydown	Ocorre quando o usuário pressiona qualquer tecla
Onkeypress	Ocorre quando o usuário pressiona qualquer tecla
Onkeyup	Ocorre quando o usuário libera uma tecla pressionada anteriormente

continua...

Tabela 13.4 Continuação

Mensagem do evento	Descrição
Onmousedown	Ocorre quando o usuário pressiona um botão do mouse
Onmousemove	Ocorre quando o usuário move o mouse no formulário
Onmouseout	Ocorre quando o usuário move o mouse para fora da área do formulário
Onmouseover	Ocorre quando o mouse está sobre o formulário
Onmouseup	Ocorre quando o usuário libera o botão do mouse pressionado anteriormente
Onrowenter	(B) Ocorre quando novos dados estão disponíveis em um provedor de dados
Onrowexit	(B) Ocorre logo antes da linha de dados ser atualizada
Onselectstart	Ocorre quando o usuário começa a destacar os dados dentro de um controle de entrada no formulário
Onsubmit	Ocorre quando o usuário pressiona o botão **Submit** no formulário
Onreset	Ocorre quando o usuário pressiona o botão **Reset** no formulário

Note as mensagens de evento marcadas com um (B). Elas indicam as mensagens de bolha dos elementos-filhos. Estas mensagens não são nativas para esse objeto, mas podem ser recebidas pelo formulário. Isto torna mais fácil atender às mensagens de evento de um conjunto de elementos em vez de acrescentar o código a cada elemento no conjunto.

Como criptografar ou ocultar informações

Qual seria o melhor evento a usar se você quisesse que um formulário criptografasse ou ocultasse informações do banco de dados depois de o usuário ter completado o preenchimento nos campos? Se você pensou em **Onbeforeupdate**, fez uma boa escolha. Este não é o único método para este caso, mas é um ótimo evento para gerenciar os dados logo antes de serem enviados para o banco de dados.

Iremos construir uma página para mostrar as mensagens de evento do objeto Form. Adicione outro documento ao projeto da web VBSEvents chamado FORM.HTM. Desta vez, use a Tabela 13.5 como um guia para construir um formulário da web simples, juntamente com a caixa de texto de eventos da mensagem.

Capítulo 13 Como adicionar o gerenciamento de eventos a seus scripts Visual Basic   **335**

Tabela 13.5 Os elementos para a página FORM.HTM

Elemento	Propriedade	Definição
(texto simples)	Heading 2 (Cabeçalho 2)	Demonstrate Form Events (Demonstrar Eventos do Formulário)
<HR>		
(texto simples)	Heading 4	Sample Form (Formulário de Amostra)
Caixa de texto	ID	TxtTest
Botão **Submit**	ID	BtnSubmit
Botão **Reset**	ID	BtnReset
<HR>		
(texto simples)	Normal	Event Messages (Mensagens de Evento)
Caixa Text Area	ID	TxaEvents

Você terá que adicionar mais um elemento à página: os tags FORM. Como esse formulário realmente não irá enviar nada, você usará a guia **Source** para digitar manualmente o tag HTML <FORM> necessário. Primeiro, selecione a guia **Source** e, então, role para o primeiro tag <HR>. Acima dessa linha, acrescente o seguinte tag HTML:

    <FORM id=frmTest name=frmTest>

Agora, role para o próximo tag <HR>. Logo abaixo dessa linha, acrescente o seguinte tag HTML:

    </FORM>

Isto marca o início e o final do formulário frmTest nessa página. Quando tiver acabado, seu documento ficará como na Figura 13.5.

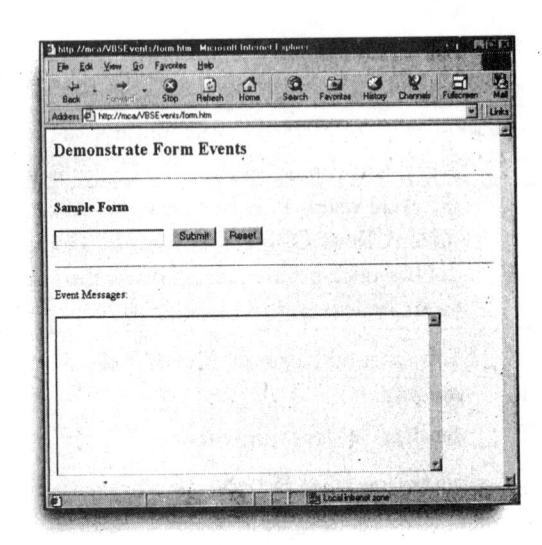

Figura 13.5 Como criar o layout da página FORM.HTM.

Depois de assegurar-se de que a propriedade DefaultClientScript da página esteja definida como VBScript, alterne para a guia **Source**. A próxima etapa será copiar o código da Listagem 13.4 para a página FORM.HTM. A maneira mais fácil de fazer isso é executar uma cópia e colagem da página DOCUMENT.HTM.

Como copiar o código de uma página para outra

1. Abra a página que mantém o código a copiar (DOCUMENT.HTM) clicando-a duas vezes na janela Project (Projeto).

Como ser criativo

Experimente aperfeiçoar esse exemplo combinando os eventos do objeto Form e do objeto Document. Qual seria a melhora maneira de assegurar-se de que sempre que um usuário gerenciar qualquer elemento na tela ou redimensionar a janela, os dados sejam atualizados?

---

2. Selecione a guia **Source** e localize a primeira linha de código a copiar.
3. Vá para o primeiro caractere na linha e pressione o botão Shift; use a tecla de seta para baixo para destacar a área que deseja copiar.
4. Depois de pintar todas as linhas que deseja copiar, pressione a teclas Ctrl+C (ou clique com o botão direito em **Copy** (**Copiar**) no menu contexto) para copiar o texto destacado para o Clipboard (**Área de Transferência**) do Windows.
5. Vá para o documento no qual deseja colar o texto selecionado (FORM.HTM).

Capítulo 13 Como adicionar o gerenciamento de eventos a seus scripts Visual Basic   **337**

6. Mova o cursor para uma linha aberta onde o texto deverá ser colocado (a primeira linha depois do tag <!- -).
7. Pressione as teclas Ctrl+V (ou clique com o botão direito em **P**aste (**Colar**) no menu contextuo) para copiar o texto do Clipboard do Windows para o documento selecionado.

Em seguida, você exibirá os métodos da sub-rotina de eventos em VBScript. Com a janela de código exibida, use a janela Script Outline para selecionar **Client Objects & Events**, **Document**, **frmTest**; então clique duas vezes no nome de cada evento na lista para fazer com que o Visual InterDev crie o cabeçalho do método para receber as mensagens de evento.

Você terá que adicionar uma única linha de código a cada método de gerenciamento de eventos:

```
PostMsg <objeto>_<evento>
```

onde <*objeto*> é frmTest e <*evento*> é o nome do evento da mensagem (ou seja, onclick etc.). A Listagem 13.8 mostra o código completo para FORM.HTM.

Listagem 13.8 O VBScript completo para os eventos de objeto do formulário

```
1   Sub frmTest_onselectstart
2      PostMsg "frmTest_onselectstart"
3   End Sub
4
5   Sub frmTest_onsubmit
6      PostMsg "frmTest_onsubmit"
7   End Sub
8
9   Sub frmTest_onrowenter
10     PostMsg "frmTest_onrowenter"
11  End Sub
12
13  Sub frmTest_onrowexit
14     PostMsg "frmTest_onrowexit"
15  End Sub
16
17  Sub frmTest_onreset
18     PostMsg "frmTest_onreset"
19  End Sub
20
```

continua...

Listagem 13.8 Continuação

```
21  Sub frmTest_onmouseup
22      PostMsg "frmTest_onmouseup"
23  End Sub
24
25  Sub frmTest_onmouseover
26      PostMsg "frmTest_onmouseover"
27  End Sub
28
29  Sub frmTest_onmouseout
30      PostMsg "frmTest_onmouseout"
31  End Sub
32
33  Sub frmTest_onmousemove
34      PostMsg "frmTest_onmousemove"
35  End Sub
36
37  Sub frmTest_onmousedown
38      PostMsg "frmTest_onmousedown"
39  End Sub
40
41  Sub frmTest_onkeyup
42      PostMsg "frmTest_onkeyup"
43  End Sub
44
45  Sub frmTest_onkeypress
46      PostMsg "frmTest_onkeypress"
47  End Sub
48
49  Sub frmTest_onkeydown
50      PostMsg "frmTest_onkeydown"
51  End Sub
52
53  Sub frmTest_onhelp
54      PostMsg "frmTest_onhelp"
55  End Sub
56
57  Sub frmTest_onfilterchange
```

continua...

Listagem 13.8 Continuação

```
58    PostMsg "frmTest_onfilterchange"
59  End Sub
60
61  Sub frmTest_onerrorupdate
62    PostMsg "frmTest_onerrorupdate"
63  End Sub
64
65  Sub frmTest_ondragstart
66    PostMsg "frmTest_ondragstart"
67  End Sub
68
69  Sub frmTest_ondblclick
70    PostMsg "frmTest_ondblclick"
71  End Sub
72
73  Sub frmTest_ondatasetcomplete
74    PostMsg "frmTest_ondatasetcomplete
75  End Sub
76
77  Sub frmTest_ondatasetchanged
78    PostMsg "frmTest_ondatasetchanged
79  End Sub
80
81  Sub frmTest_ondataavailable
82    PostMsg "frmTest_ondataavailable"
83  End Sub
84
85  Sub frmTest_onclick
86    PostMsg "frmTest_onclick"
87  End Sub
88
89  Sub frmTest_onbeforeupdate
90    PostMsg "frmTest_onbeforeupdate"
91  End Sub
92
93  Sub frmTest_onafterupdate
94    PostMsg "frmTest_onafterupdate"
95  End Sub
```

Como usar os eventos do formulário como à prova de falhas
Você pode usar os eventos do formulário para assegurar que tudo foi completado devidamente pelo usuário. Poderá usar esses eventos para validar os dados, reforçar as regras e, ainda, agir como um "tira transacional" para todas as informações. Um bom exemplo é o evento **Onreset**. Você poderá usar esse evento para assegurar-se de que tudo seja limpo devidamente quando um formulário for redefinido, em oposição a esquecer dados antigos.

Depois de completar o código VBScript, salve o formulário e execute a aplicação da web para testar a página de eventos do formulário. Você verá muitos eventos do mouse sempre que mover o mouse sobre a área do formulário. Não conseguirá ver as mensagens update, row e dataset porque são eventos que se relacionam à atividade do banco de dados e não temos nenhum banco de dados conectado a esse formulário.

No entanto, poderá ver mensagens para os eventos onsubmit, onreset e onstartselect. Esses eventos são exclusivos para o objeto Form. Os dois primeiros ocorrem quando você pressiona os botões **Submit** ou **Reset**. O último ocorre quando você seleciona algum texto na caixa de texto de entrada do formulário (será necessário digitar algum texto na caixa de texto primeiro).

Como usar os eventos Element

O último objeto que você irá explorar neste capítulo é Element. Este objeto é realmente uma representação abstrata de todos os controles e itens visuais que podem ser colocados em uma página. Por exemplo, todos os controles intrínsecos Text Area, Text Box, Radio Button etc.) são elementos. O Visual InterDev vem com vários controles de construção (DTCs) que também agem como objetos Element em uma página HTML. Você poderá também usar os controles ActiveX registrados na máquina do usuário como objetos Element.

As mensagens de evento associadas aos objetos Element variam muito de um objeto para outro. Na verdade, é a vantagem básica de criar e usar elementos personalizados no formulário de DTCs ou controles ActiveX. Você poderá personalizar o comportamento e as mensagens de evento para seus objetos. Contudo, um conjunto de mensagens comuns está associado a quase todos os objetos Element. A lista de eventos comuns é mostrada na Tabela 13.6.

Elementos ou controles?
Se você tem experiência em usar o Visual Basic ou o Visual Basic for Applications, provavelmente está acostumado a se referir às caixas de texto e às listas suspensas como *controles*. Contudo, é mais comum se referir a elas ao trabalhar com os documentos HTML. A palavra *elementos* cobre todos os mesmos itens usados para construir os formulários de entrada nas aplicações Windows, mas também é mais abrangente. As réguas horizontais, os marcadores de parágrafo, até os marcadores de formulário são também elementos. Alguns desses elementos podem receber mensagens também. Por isso, você verá a palavra *elementos* usada onde poderia esperar a palavra *controle*.

Veja também

➤ *Você aprenderá mais sobre os controles em tempo de construção no Capítulo 20.*

Tabela 13.6 As mensagens de evento comuns para os objetos Element

Mensagem do evento	Descrição
Onafterupdate	Ocorre quando os dados foram enviados para o provedor de dados
Onbeforeupdate	Ocorre logo antes dos dados serem enviados para o provedor de dados
Onblur	Ocorre quando o elemento perde o foco
Onchange	Ocorre quando os dados dentro do elemento foram alterados
Onclick	Ocorre quando o usuário clica o botão do mouse dentro do formulário
Ondataavailable	Ocorre quando os dados chegam para os objetos de fonte de dados que transmitem seus dados de maneira assíncrona
Ondatasetchanged	Ocorre quando os dados são expostos pelas alterações do objeto de fonte de dados
Ondatasetcomplete	Ocorre quando todos os dados estão disponíveis a partir do objeto de fonte de dados
Ondblclick	Ocorre quando o usuário clica duas vezes o botão do mouse no formulário
Ondragstart	Ocorre quando o usuário começa a arrastar pela primeira vez um item selecionado
Onerrorupdate	Ocorrerá se houver um erro de envio de dados de volta para o provedor de dados
Onfilterchange	Ocorre quando um filtro visual muda o estado ou completa uma transição
Onfocus	Ocorre quando o elemento ganha o foco
Onhelp	Ocorre quando o usuário pressiona a tecla F1
Onkeydown	Ocorre quando o usuário pressiona qualquer tecla
Onkeypress	Ocorre quando o usuário pressiona qualquer tecla
Onkeyup	Ocorre quando o usuário libera uma tecla anteriormente pressionada

continua...

Tabela 13.6 Continuação

Mensagem do evento	Descrição
Onmousedown	Ocorre quando o usuário pressiona um botão do mouse
Onmousemove	Ocorre quando o usuário move o mouse sobre o formulário
Onmouseout	Ocorre quando o usuário move o mouse para fora da área do formulário
Onmouseover	Ocorre quando o mouse está sobre o formulário
Onmouseup	Ocorre quando o usuário libera o botão do mouse anteriormente pressionado
Onresize	Ocorre quando o elemento é redimensionado
Onrowenter	Ocorre quando novos dados estão disponíveis em um provedor de dados
Onrowexit	Ocorre logo antes da linha de dados ser atualizada
Onselectstart	Ocorre quando o usuário começa a destacar os dados em um controle de entrada no formulário
Onselect	Ocorre quando o usuário completa o processo de selecionar os dados em um controle de entrada

Observe que nenhuma das mensagens de evento está marcada com um (B) para indicar que é uma bolha de outro objeto. Isto porque os elementos são os objetos de base na hierarquia. As mensagens de evento de um objeto Element podem ser bolhas de outros objetos (formulários, documentos, janelas), mas não o contrário.

Semelhança nos eventos

Os objetos Document, Window, Form e Element compartilham eventos em comum, como Onclick. A diferença entre os eventos em objetos diferentes está em seu escopo: o que eles fazem? Você pode usar essa semelhança e familiaridade nos eventos para controlar sua aplicação em uma escala global (usando os objetos Document e Window), até em um nível granular com objetos Element individuais.

Junto com os eventos relativos ao banco de dados e os eventos de tecla e mouse, alguns eventos novos são exclusivos para os objetos Element. Os objetos Element podem informar mensagens de evento quando os dados mudam (onchange) e quando os usuários completam seu destaque do texto em um elemento de entrada (onselect). Os objetos Element também informam os eventos onresize, onfocus e onblur como os objetos Document e Window.

Capítulo 13 Como adicionar o gerenciamento de eventos a seus scripts Visual Basic

Agora iremos acrescentar outra página chamada ELEMENT.HTM ao projeto VBSEvents. Adicione um cabeçalho à página (Demonstrate Element Events) e uma caixa de texto intrínseca com sua propriedade ID definida como txtTest. Também adicione um controle Text Area e defina sua propriedade ID como txaEvents. Quando terminar, sua página deverá se parecer com a da Figura 13.6.

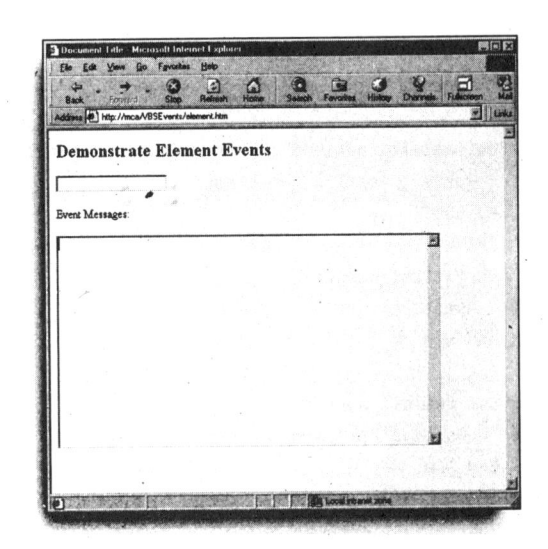

Figura 13.6 Como criar o layout da página ELEMENT.HTM.

Agora vá da guia **Design** (**Construção**) para a guia **Source** (certifique-se de que a propriedade defaultClientScript da página esteja definida como VBScript) e use a janela Script Outline para selecionar **Client Objects and Events**, **document**, **txtTest** para exibir a lista de eventos associados ao elemento da caixa de texto. Clique duas vezes em cada mensagem de evento na lista para fazer com que o Visual InterDev acrescente métodos de evento vazios à parte VBScript da página.

Depois de ter criado todos os métodos de evento, copie o método PostMsg e a variável em nível de página de WINDOW.HTM para a área VBScript de ELEMENT.HTM. Isto será usado para enviar mensagens para o controle Text Area TxaEvents.

Agora acrescente a seguinte linha a cada método de evento:

```
PostMsg "<objeto>_<evento>"
```

onde *<objeto>* é o elemento (txtTest) e *<evento>* é a mensagem (onblur) – por exemplo, "txtText_onchange", "txtText_onselect" etc. Faça isso para cada método de evento no documento. A Listagem 13.9 tem o VBScript completo para todas as mensagens de evento associadas à caixa de texto.

Listagem 13.9 Como codificar as mensagens Event para o elemento *txtTest*

```
1   Sub txtTest_onselectstart
2       PostMsg "txtTest_onselectstart"
3   End Sub
4
5   Sub txtTest_onselect
6       PostMsg "txtTest_onselect"
7   End Sub
8
9   Sub txtTest_onrowexit
10      PostMsg "txtTest_onrowexit"
11  End Sub
12
13  Sub txtTest_onresize
14      PostMsg "txtTest_onresize"
15  End Sub
16
17  Sub txtTest_onrowenter
18      PostMsg "txtTest_onrowenter"
19  End Sub
20
21  Sub txtTest_onmouseover
22      PostMsg "txtTest_onmouseover"
23  End Sub
24
25  Sub txtTest_onmouseup
26      PostMsg "txtTest_onmouseup"
27  End Sub
28
29  Sub txtTest_onmouseout
30      PostMsg "txtTest_onmouseout"
31  End Sub
32
33  Sub txtTest_onmousemove
34      PostMsg "txtTest_onmousemove"
35  End Sub
36
37  Sub txtTest_onmousedown
```

continua...

Listagem 13.9 Continuação

```
38      PostMsg "txtTest_onmousedown"
39  End Sub
40
41  Sub txtTest_onkeyup
42      PostMsg "txtTest_onkeyup"
43  End Sub
44
45  Sub txtTest_onkeypress
46      PostMsg "txtTest_onkeypress"
47  End Sub
48
49  Sub txtTest_onkeydown
50      PostMsg "txtTest_onkeydown"
51  End Sub
52
53  Sub txtTest_onhelp
54      PostMsg "txtTest_onhelp"
55  End Sub
56
57  Sub txtTest_onfocus
58      PostMsg "txtTest_onfocus"
59  End Sub
60
61  Sub txtTest_onfilterchange
62      PostMsg " "
63  End Sub
64
65  Sub txtTest_onerrorupdate
66      PostMsg "txtTest_onerrorupdate"
67  End Sub
68
69  Sub txtTest_ondragstart
70      PostMsg "txtTest_ondragstart"
71  End Sub
72
73  Sub txtTest_ondblclick
74      PostMsg "txtTest_ondblclick"
```

continua...

Listagem 13.9 Continuação
```
75  End Sub
76
77  Sub txtTest_ondatasetcomplete
78      PostMsg "txtTest_ondatasetcomplete"
79  End Sub
80
81  Sub txtTest_ondatasetchanged
82      PostMsg "txtTest_ondatasetchanged"
83  End Sub
84
85  Sub txtTest_ondataavailable
86      PostMsg "txtTest_ondataavailable"
87  End Sub
88
89  Sub txtTest_onclick
90      PostMsg "txtTest_onclick"
91  End Sub
92
93  Sub txtTest_onchange
94      PostMsg "txtTest_onchange"
95  End Sub
96
97  Sub txtTest_onblur
98      PostMsg "txtTest_onblur"
99  End Sub
100
101 Sub txtTest_onbeforeupdate
102     PostMsg "txtTest_onbeforeupdate"
103 End Sub
104
105 Sub txtTest_onafterupdate
106     PostMsg "txtTest_onafterupdate"
107 End Sub
108
109 Sub TextBox1_onkeypress
110     PostMsg "TextBox1_onkeypress"
111 End Sub
```

Capítulo 13 Como adicionar o gerenciamento de eventos a seus scripts Visual Basic **347**

Depois de completar o VBScript, salve a página e execute-a para testar os eventos. Como experiência, digite algum texto na caixa de texto, então clique o mouse na caixa Text Area txaEvents. Você verá o evento onchange aparecer na lista logo acima do evento onblur. Também notará que os eventos aparecem apenas quando você está fazendo algo dentro do elemento txtTest.

---

onchange não é o mesmo

Se você usa o Visual Basic ou o Visual Basic for Application, poderá esperar que o evento **onchange** seja inicializado a cada vez que o usuário fizer qualquer alteração no conteúdo do elemento. Contudo, no VBScript, o evento **onchange** não ocorrerá até que o foco vá para outro elemento na página.

Como adicionar o código de eventos para ligar os elementos

Você poderá também adicionar o código de eventos para ligar os elementos em uma página HTML. No entanto, a maneira como faz isso é diferente de qualquer outro método analisado neste capítulo. Para adicionar o código de eventos para ligar os elementos, será necessário incorporar a marca de ligação com uma chamada a um método VBScript existente. A sintaxe básica é a seguinte:

```
<A HREF=instrumentoscript:códigoscript>sample</A>
```

Onde *instrumentoscript* é sempre definido como javascript e *códigoscript* é o nome da rotina VBScript a executar quando o usuário clicar na ligação.

A Listagem 13.10 mostra como isso é feito.

Listagem 13.10 O código de eventos da ligação de amostra

```
1   <SCRIPT LANGUAGE="VBScript">
2   Sub VBSMethod()
3       Msgbox "You Clicked Me!", vbExclamation, "Link Event"
4   End sub
5   </SCRIPT>
6
7   This is a <A HREF="JavaScript:VBSMethod()">link</A>
```

A primeira questão a notar é que, mesmo que você esteja chamando um método VBScript, terá que usar a palavra-chave javascript como o nome do instrumento no elemento HREF. Você poderá referir-se a um método escrito em VBScript, JScript ou qualquer outro script que seja suportado, mas terá sempre que usar javascript para conseguir fazer a chamada.

Como exemplo, carregue a página DEFAULT.HTM para o projeto VBSEvents e edite o último elemento de ligação na página para coincidir com o seguinte:

```
<A href="JavaScript:VBMethod()">Link Events</A>
```

Também, adicione um novo método VBScript chamado VBMethod à seção <SCRIPT> da página. Você aprendeu anteriormente a criar os tags <SCRIPT>...</SCRIPT>. Repita esse processo agora e use a Listagem 13.11 como um guia para acrescentar o código.

Listagem 13.11 Como adicionar um método para responder ao evento de ligação

```
1  <SCRIPT LANGUAGE=VBScript>
2  <!--
3
4  Sub VBMethod()
5    msgbox "You clicked me!", vbExclamation, "Link Event"
6  end sub
7
8  -->
9  </SCRIPT>
```

Agora salve e teste a página. Na verdade, você executou a página em um browser para que funcione devidamente. Se tentar clicar em uma ligação enquanto estiver no modo de visualização Visual InterDev, obterá um erro quando o browser tentar carregar um novo documento chamado javascript:VBMethod(). Se tudo correr bem, seu browser deverá parecer-se com a Figura 13.7.

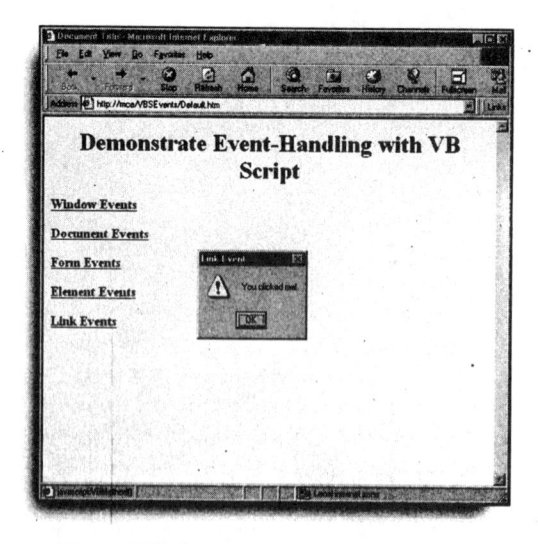

Figura 13.7 Como testar o evento de ligação.

Capítulo 14

Script no lado cliente com o modelo de objetos MSIE

- Aprenda as várias maneiras de adicionar e chamar os scripts no lado cliente
- Aprenda a programar a interface do usuário Microsoft Internet Explorer
- Use os scripts no lado cliente para explorar e manipular o documento carregado atualmente

O que é o script no lado cliente?

Neste capítulo, você aprenderá alguns detalhes do script no lado cliente. As duas partes do título do capítulo precisam de um pouco de esclarecimento: *script* e *lado cliente*.

Primeiro, script é o processo de escrever o código-fonte que executa vários comandos e manipula as propriedades. Geralmente, o código de script é usado para executar tarefas que não podem ser gerenciadas pelo código HTML padrão.

Como usar o Microsoft Internet Explorer e o Visual Basic Script

Este livro concentra-se no uso do Microsoft Internet Explorer e no Visual Basic Script. Contudo, o Microsoft Internet Explorer pode também usar o JavaScript para executar o script no lado cliente. Se você estiver escrevendo scripts que têm que ser executados em browsers diferentes do Microsoft Internet Explorer, terá que usar o JavaScript. No entanto, como este livro usa o Microsoft Internet Explorer como browser, você encontrará apenas exemplos do Visual Basic Script aqui.

Quando você usa o script no lado cliente, está escrevendo o código de script do browser que será executado dentro do browser no lado cliente. Em outras palavras, o código de script é enviado para o browser do cliente junto com o restante do documento HTML. Então, quando for apropriado, os scripts serão chamados (executados) no cliente. Não há nenhuma interação com o servidor.

O processo de criar scripts é relativamente fácil e é tratado em outros capítulos neste livro. Com a criação dos scripts, existem várias maneiras diferentes de chamá-los e algumas maneiras diferentes de realmente colocá-los em seus documentos HTML. Você aprenderá mais sobre como adicionar os scripts no lado cliente a seus documentos HTML na próxima seção deste capítulo.

Quando conhecer as várias maneiras de acrescentar os scripts a seus documentos HTML, estará pronto para explorar o modelo de objetos Microsoft Internet Explorer. O modelo de objetos Microsoft Internet Explorer é uma plataforma de script que permite escrever scripts do tipo cliente para examinar e manipular o ambiente Microsoft Internet Explorer. Isto lhe permite executar ações como examinar a lista de histórico do browser e revisar todas as âncoras ou elementos no documento. Ainda, aprenderá como usar as várias partes do modelo de objetos Microsoft Internet Explorer posteriormente neste capítulo.

Nestcape versus Microsoft: A guerra do modelo de objetos

Bem, você ouvir falar sobre a guerra do browser. Bem-vindo à guerra do modelo de objetos. O Netscape e o Microsoft Explorer têm modelos de objetos diferentes em seus respectivos browsers. A principal diferença está na estratégia da Microsoft. O modelo de objetos de documento (DOM) exibe todas as camadas do browser para a programação, ao passo que o tipo Netscape "imita" um modelo de objetos. O script que você vê neste capítulo pode ou não funcionar devidamente no Netscape Communicator 4 ou superior.

Veja também

➤ *Você aprenderá mais sobre script no Capítulo 11.*
➤ *Para aprender mais detalhes sobre script, veja o Capítulo 13.*

Por que usar os scripts no lado cliente?

Se estiver escrevendo aplicações da web com alta capacidade, poderá achar que é melhor fazer sem o script no lado cliente e executar todo o código no servidor. Em alguns casos, isso pode ser verdade. Os scripts no lado do servidor oferecem a capacidade de uma execução rápida e fornecem uma solução de script "neutra com relação browser" para suas aplicações. No entanto, existem vários casos em que o script no lado cliente pode de fato melhorar o número de chamadas do lado do servidor necessárias para completar com sucesso uma série de tarefas.

Uma maneira através da qual o script no lado cliente pode melhorar suas aplicações da web é ao executar a validação da entrada antes de enviar a página para o servidor para a execução. Geralmente você tem campos de entrada em um formulário da web que têm que ser verificados para obter as faixas válidas de data, tipos numéricos etc. Embora possa fazer isso no servidor, geralmente é muito mais fácil executar a validação básica no cliente. Isto envolve a criação de um método de validação no lado cliente e várias linhas de código de script do cliente. Se erros forem encontrados, você poderá enviar facilmente uma mensagem para os usuários, permitindo-lhes fazer a alteração, então, depois de a entrada estar toda dentro da faixa, enviar o formulário completo para o servidor para processamento.

Como misturar o script do lado servidor e do lado cliente

As melhores aplicações da web misturam livremente o script do lado cliente e do lado servidor. Você poderá usar o script no lado servidor para tornar mais leve o carregamento no browser da web de seu cliente, mas adicione o script no lado cliente para tornar um pouco mais inteligente a interação entre o usuário, o browser da web e o servidor.

Outra tarefa comum do script no lado cliente é o gerenciamento dos eventos de interface do usuário, como o movimento do mouse, as teclas pressionadas e as solicitações de ajuda on-line. Este tipo de processamento pode ocorrer apenas no cliente. Você não poderá gerenciar os eventos da interface do browser no servidor. Se quiser oferecer ajuda on-line, atender às teclas pressionadas ou controlar o movimento do mouse em seus documentos da web, terá que usar o script no lado cliente.

"Grandes" clientes pequenos

O browser da web é conhecido como um cliente *pequeno* porque envolve muito pouco processamento. Quando você adicione os scripts no lado cliente, está apenas tornando esse cliente pequeno um pouco maior. Isto não é ruim, mas você deve sempre tentar lembrar se o script no lado cliente é requerido.

Finalmente, se tiver algumas rotinas de cálculo comuns (taxas de juros, retorno de investimento ou outras operações matemáticas), é geralmente mais rápido incluir esses métodos no script do cliente do que ir constantemente ao servidor para ter os resultados desses cálculos. Muitas aplicações da web que permitem que os usuários façam cálculos "hipotéticos" são melhores atendidas com os scripts do cliente do que com os envios regulares de formulários para um servidor distante.

Veja também
➤ Você pode começar a explorar o script no lado servidor no Capítulo 15.

Como adicionar blocos de script no lado cliente

A primeira ação a ser tomada ao se construir os scripts no lado cliente para o Microsoft Internet Explorer é aprender a declarar os scripts no browser. Existem, na verdade, várias maneiras de fazer isso. O editor Visual InterDev 6 pode ajudar acrescentando a devida codificação do bloco de script automaticamente. Contudo, você pode algumas vezes querer usar os métodos alternativos descritos neste capítulo.

A seguir estão as três maneiras principais de incorporar scripts em seus documentos HTML:

- O tag <SCRIPT> é um método padrão para acrescentar scripts a seus documentos.
- Os atributos HTML permitem endereçar o método de script como parte da lista de atributos do elemento HTML.
- O método FOR...EVENT permite criar blocos de script que são destinados a um determinado evento para um elemento específico no documento.

Você pode ter quantos blocos de script quiser em seu documento e pode colocá-los em qualquer lugar no documento. Em alguns casos, esses scripts podem conter apenas um único método. No entanto, nos casos mais comuns, você poderá adicionar vários métodos de script em um único bloco de script. Isto tornará seus scripts no lado cliente mais fáceis de ler e manter.

Tenha cuidado: acrescente o atributo LANGUAGE às declarações do bloco de script

Embora não seja requerido, você deve sempre adicionar o atributo LANGUAGE às suas declarações de bloco de script (ou seja, **LANGUAGE="vbscript"**). Se misturar mais de um tipo de linguagem de script em seu documento, isso irá assegurar que o devido interpretador de scripts será usado quando você executar seu script no lado cliente. Mesmo que use apenas um tipo de linguagem de script no documento agora, poderá querer acrescentar outras no futuro. Declarar o atributo LANGUAGE agora tornará mais fácil para você depois.

Capítulo 14 Script no lado cliente com o modelo de objetos MSIE   353

Como usar o tag <SCRIPT>

A maneira mais comum de adicionar scripts no lado cliente a seus documentos HTML é usar o tag <SCRIPT>. Este tag HTML define o início e o final de um bloco de texto que contém o código de script. A Listagem 14.1 mostra um bloco de script típico usando o tag <SCRIPT>.

Listagem 14.1 Um bloco de script típico no lado cliente

```
1   <SCRIPT language=vbscript>
2   <!--
3     document.write "Hello, webmaster!"
4   -->
5   </SCRIPT> tag>
```

Os principais pontos a notar são as linhas 1, 2, 4 e 5. São as partes mínimas de um bloco de script. A linha 3 é o código de script real que é executado quando a página é carregada.

A maneira mais fácil de acrescentar um bloco <SCRIPT> a seu documento HTML é usar o menu HTML do Visual InterDev 6 Editor (Editor Visual InterDev 6). Este menu tem uma opção para acrescentar um bloco de script no lado cliente ou no lado servidor.

Como adicionar um bloco de script no lado cliente Visual Basic com o Visual InterDev 6 Editor

1. Carregue um documento HTML no Visual InterDev 6 Editor.

Economize tempo definido a propriedade defaultClientScript do projeto

Você pode economizar algum tempo e evitar problemas definindo a propriedade **defaultClientScript** do projeto como a plataforma de script que estará usando para todos os seus documentos HTML. Fazendo isso, todos os novos documentos acrescentados ao projeto terão sua própria **defaultClientScript** definida para coincidir com a do projeto.

---

2. Selecione a guia **Source** na parte inferior da janela do editor.
3. Localize a propriedade **defaultClientScript** na janela Properties (Propriedades) e defina essa propriedade como **VBScript**.
4. Mova o cursor para o local onde deseja adicionar o bloco de script no lado cliente.
5. Clique em <u>H</u>TML, **Script Block** (**Bloco de Script**), <u>C</u>lient (**Cliente**). Isto adicionará a rotina sem código ao seu documento (veja a Figura 14.1.).

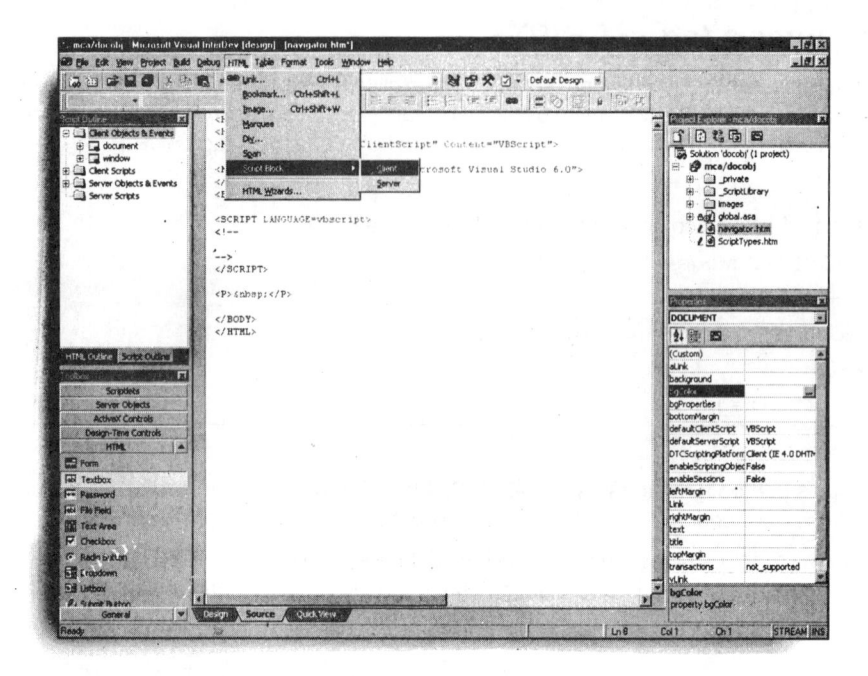

Figura 14.1 Como adicionar um bloco de script no lado cliente com o Visual InterDev 6 Editor.

Como adicionar blocos de script de tratamento de eventos

Outra maneira de adicionar blocos de script padrão no lado cliente a seus documentos HTML é usar a janela Script Outline (Esquema do Script) no editor Visual InterDev 6. Essa janela lista todos os objetos e elementos no lado cliente em seu documento e qualquer evento associado a eles. Você poderá simplesmente selecionar um item na lista e clicar duas vezes na mensagem de evento para acrescentar o bloco de código e método de evento ao seu documento HTML.

Como encontrar a janela Script Outline

Se não vir a janela Script Outline em sua IDE Visual InterDev 6, poderá precisar adicioná-la à sua exibição atual. Para tanto, selecione **V̲iew** (**Exibir**), **Ot̲her Windows** (**Outras Janelas**), **S̲cript Outline**. Você poderá também usar a combinação de teclas de atalho Ctrl+Alt+S.

Uma vantagem maior de usar a janela Script Outline para adicionar os blocos de script no lado cliente a seus documentos é que todos os métodos de tratamento de evento são adicionados a um único bloco de código na página. Isto facilita ler e manter seus scripts no lado cliente.

Capítulo 14 Script no lado cliente com o modelo de objetos MSIE   355

Como usar a janela Script Outline para adicionar blocos de script no lado cliente

1. Com um documento HTML carregado no editor Visual InterDev 6, selecione a guia **Source** na parte inferior da janela do editor.
2. Na janela Script Outline, clique na pasta **Client Objects & Events** para abri-la.
3. Clique no item **Window** para expandi-lo.
4. Clique duas vezes na mensagem de evento **OnLoad** para acrescentar o bloco de script no lado cliente ao seu documento.
5. Você pode continuar a clicar em outros itens ou mensagens na seção **Client Objects & Events** do esquema de script para adicionar mais métodos ao mesmo bloco de script no lado cliente (veja a Figura 14.2.).

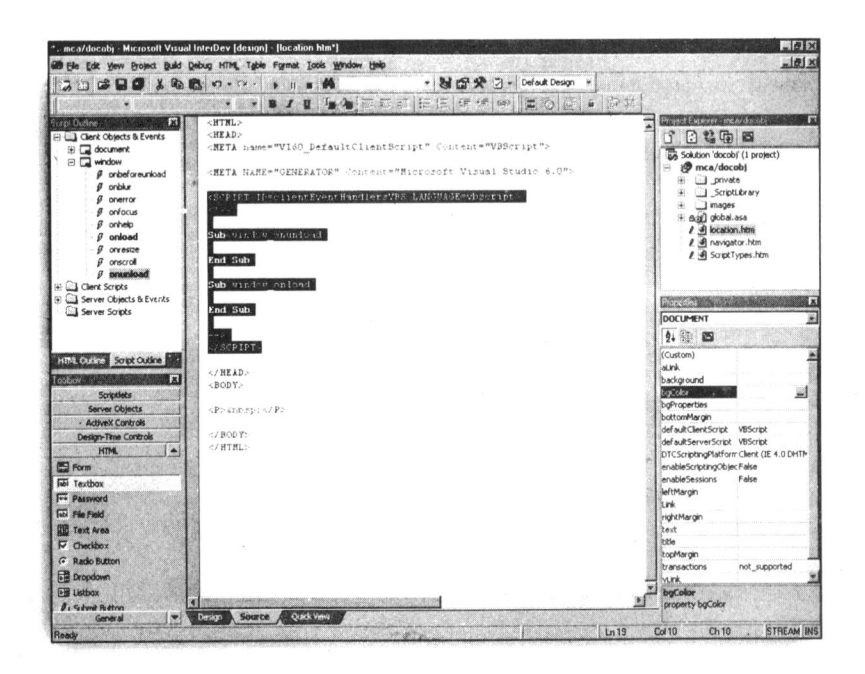

Figura 14.2 Como usar o esquema de script para adicionar um bloco de script no lado cliente.

Como adicionar scripts através dos atributos HTML

Na maioria dos casos, você usa o tag <SCRIPT> para declarar seus scripts no lado cliente. Contudo, poderá também adicionar os valores do atributo a um elemento HTML existente para ligar os scripts no lado cliente aos controles HTML em sua página. Estes são algumas vezes conhecidos como *scripts em linha*.

Primeiro, construa seu bloco de script como sempre (com as seleções **HTML**, **Script Block**, **Client** do menu Visual InterDev 6). Então, acrescente um controle HTML a seu documento (por exemplo, um controle de botão). Finalmente, adicione atributos especiais ao elemento de controle HTML indicando quais métodos de script executar para as várias mensagens recebidas pelo controle.

A Listagem 14.2 mostra como você poderá criar um controle de botão que atende aos eventos onclick, onmouseover e onmouseout.

Listagem 14.2 Como usar os atributos HTML para ligar aos scripts no lado cliente

```
1   <P>
2    <INPUT id=btnOnClick name=btnOnClick type=button
     ↪value="OnClick"
3      onClick="showAlert" onmouseover="updateStatus"
       ↪onmouseout="clearStatus"
4           Language="vbscript">
5   </P>
6
7   <SCRIPT LANGUAGE=vbscript>
8   <!--
9   '
10  ' events for btnOnClick button
11  '
12  Sub showAlert
13    alert "You clicked Me!"
14  End Sub
15
16  Sub updateStatus
17    window.status="btnClicker"
18  End Sub
19
20  Sub clearStatus
21    window.status=""
22  End Sub
23
24  -->
25  </SCRIPT>
```

Capítulo 14 Script no lado cliente com o modelo de objetos MSIE   357

Scripts em linha
O script em linha pode geralmente ficar confuso. Uma vantagem de ter todos os seus scripts declarados em um único bloco **<SCRIPT>...</SCRIPT>** é a manutenção. Essa listagem de código é um bom exemplo disso.

Você pode ver que as linhas 7-25 contêm o Visual Basic Script no lado cliente real que é executado para os vários eventos apresentados nos atributos (linha 3) do botão. A vantagem desse método é que você pode ver facilmente todas as informações de script relacionadas ao evento como uma parte da declaração de controle HTML. Isto facilita ver quais eventos esse controle está pronto para gerenciar. No entanto, se seus controles forem programados para atender a diversos eventos, isso tenderá tornar as declarações de controle um pouco mais difíceis e complicadas de ler.

Como usar o FOR...EVENT *para adicionar scripts*

Outra maneira de ligar seus métodos de script a seus controles HTML é usar os atributos FOR...EVENT na declaração do bloco de script. Este método permite ligar todo o código em um bloco de script específico a um único evento para um controle HTML simples. Você poderá considerar isso como a abordagem oposta ao uso dos atributos HTML para listar os eventos de um controle HTML.

Por exemplo, se quiser codificar os eventos onclick, onmouseover e onmouseout para um botão usando o método FOR...EVENT de declaração dos blocos de código, seu código se parecerá com a Listagem 14.3.

Listagem 14.3 Como usar *FOR...EVENTS* para definir os blocos de código no lado cliente

```
1    <INPUT id=btnForHandler name=btnForHandler
     ↪type=button value="For Handler">
2
3    <SCRIPT FOR="btnForHandler" EVENT="onClick"
     ↪LANGUAGE=vbscript>
4    <!--
5      alert "ForHandler Click"
6    -->
7    </SCRIPT>
8
9    <SCRIPT FOR="btnForHandler" EVENT="onmousemove'
     ↪LANGUAGE=vbscript>
10   <!--
11     window.status="btnForHandler"
12   -->
```

continua...

Listagem 14.3 Continuação

```
13  </SCRIPT>
14
15  <SCRIPT FOR="btnForHandler" EVENT="onmouseout"
    ↪LANGUAGE=vbscript>
16  <!--
17      window.status=""
18  -->
19  </SCRIPT>
```

Como compartilhar os problemas em linha

Os blocos de script FOR...EVENT compartilham os mesmos problemas dos scripts em linha. Esses scripts podem somar, embaralhar seu documento e tornar a manutenção uma dor de cabeça.

Como você pode ver na Listagem 14.3, observe que há um bloco de código para cada método de evento associado ao controle HTML. Isto simplifica muito a declaração de controle HTML (linha 1), mas adiciona alguns blocos de script à sua página (linhas 3-19). Contudo, a vantagem desse método é que é fácil ver como cada bloco de script será usado no documento.

Sobre diversos blocos de script e blocos de script compartilhados

Nas três seções anteriores, você viu maneiras diferentes de declarar e usar os blocos de script no lado cliente. Agora é uma boa hora de indicar que você tem muita flexibilidade em relação a como usar os blocos de script em suas páginas.

Use o atributo ID para documentar seus blocos de script no lado cliente

É um bom hábito marcar cada bloco de script no lado cliente com um atributo **ID** para mostrar a finalidade do código no bloco. Essa propriedade **ID** não é atualmente usada pelo editor Visual InterDev 6, mas fornece um nível adicional de documentação para uma futura referência.

Geralmente, recomenda-se usar um número mínimo de blocos de script e colocar a maioria dos métodos dentro desses poucos blocos. Em outras palavras, compartilhe os blocos de script com diversos métodos de script. A Listagem 14.4 mostra um exemplo de uma página HTML com apenas dois blocos de script para manter toda a codificação no lado cliente.

Listagem 14.4 Como organizar seus blocos de script no lado cliente

```
1   <SCRIPT ID=clientEventHandlersVBS LANGUAGE=vbscript>
2   <!--
3
4   Sub window_onunload
5       '
6       alert "Bye!"
7       '
8   End Sub
9
10  Sub window_onload
11      '
12      dim strMsg
13      '
14      intFrames = getFrameCount()
15      strMsg = "frame length: " & cStr(intFrames) &
        ↪chr(13) & chr(13)
16      for x = 0 to intFrames-1
17          strMsg = strMsg & "name: " &
            ↪getFrameName(x) & chr(13)
18          strMsg = strMsg & "url: " & getFrameURL(x) &
            ↪chr(13) & chr(13)
19      next
20      '
21      alert strMsg
22      '
23  End Sub
24
25  -->
26  </SCRIPT>
27
28  <SCRIPT ID=CustomMethods LANGUAGE=vbscript>
29  <!--
30
31  Function getFrameCount
32      getFrameCount = window.frames.length
33  End Function
34
```

continua...

Listagem 14.4 Continuação

```
35  Function getFrameName(index)
36     getFrameName = window.frames(index).name
37  End Function
38
39  Function getFrameURL(index)
40     getFrameURL = window.frames(index).document.url
41  End Function
42
43  -->
44  </SCRIPT>
```

Na Listagem 14.4, você pode ver que todos os métodos de tratamento de eventos são mantidos em um bloco (linhas 1-26) e todos os métodos personalizados para gerenciar as tarefas locais são mantidos em um bloco separado (linhas 28-44). É uma maneira típica, mas arbitrária, de organizar blocos de script. Os principais pontos, contudo, são que é perfeitamente legal colocar métodos em um bloco de script e chamá-los de outro. Você não tem que colocar todos os métodos em um único bloco.

Outro ponto a observar é o uso do atributo ID para identificar cada bloco de código. Isto é feito apenas por conveniência, mas ajuda a organizar seu código e torná-lo mais fácil de manter com o tempo.

Agora que você tem uma boa idéia de como declarar e organizar seus blocos de código no lado cliente, está pronto para começar a usar o script no lado cliente para examinar o modelo de objetos Microsoft Internet Explorer.

Como usar o modelo de objetos Microsoft Internet Explorer

Ao criar os scripts no lado cliente, você geralmente escreverá o código para obter informações sobre a janela ou documento atual ou atender às mensagens de evento para os controles HTML na página. Para obter essas informações, você usará de fato um modelo de objetos: o modelo de objetos Microsoft Internet Explorer. É o modelo de objetos que publica informações sobre o documento atual no browser e sobre cada clique do mouse e pressionamento do teclado que ocorre durante uma sessão.

Sempre que você carregar um documento no Microsoft Internet Explorer, sempre que navegar de uma página para outra e mesmo sempre que o mouse se mover, isto será controlado e informado pelo modelo de objetos Microsoft Internet Explorer. Você poderá ainda usar o modelo de objetos Microsoft Internet Explorer para acessar o histórico de navegação da sessão atual.

Capítulo 14 Script no lado cliente com o modelo de objetos MSIE   361

Como usar a terminologia do modelo de objetos

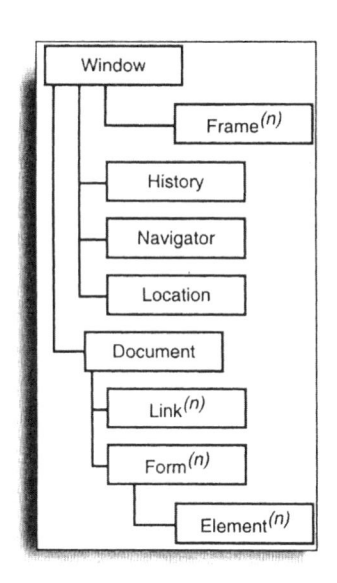

O devido termo para o modelo de objetos Microsoft Internet Explorer é *Document Object Model* (Modelo de Objetos de Documento). No entanto, geralmente abreviado como DOM ou apenas Modelo de Objetos.

Embora provavelmente você vá escrever o código no lado cliente personalizado para validar a entrada do usuário ou executar cálculos especiais com base nas regras comerciais, em geral utilizará o modelo de objetos do browser do cliente. Esse modelo de objetos é o foco do restante deste capítulo.

A hierarquia de objetos do Microsoft Internet Explorer

O modelo de objetos não é nada mágico. É apenas uma maneira de organizar as várias partes do browser do cliente e permitir aos programadores uma maneira lógica de acessar essas partes. Como a maioria dos modelos de objetos, o Microsoft Internet Explorer é organizado em uma hierarquia. Os objetos mais importantes são listados na parte superior da hierarquia e os outros objetos são listados como um objeto-filho ou subobjeto dos objetos principais.

A Figura 14.3 mostra uma ilustração dos objetos principais na hierarquia Microsoft Internet Explorer.

Figura 14.3 O modelo de objetos Microsoft Internet Explorer.

O modelo de objetos mostra que o objeto superior na hierarquia é o objeto Window. Na verdade, os objetos Window e Document são tratados como objetos de nível superior. Você poderá acessar ambos os objetos apenas fornecendo seus nomes no bloco de script. A Listagem 14.5 mostra como isso fica na linguagem Visual Basic Script.

Listagem 14.5 Como acessar os objetos Window e Document diretamente

```
1   <SCRIPT LANGUAGE=vbscript>
2   <!--
3
4   Sub document_onclick
5       alert document.url
6   End Sub
7
8   Sub window_onunload
9   '
10      alert "Bye!"
11  '
12  End Sub
13  -->
14  </SCRIPT>
```

Objetos e níveis

Para ter uma compreensão mais clara dos níveis no modelo de objetos, veja desta maneira: o Window contém o documento, que por sua vez contém os elementos.

Você pode ver que mesmo que o objeto Document seja mostrado como um objeto-filho na Figura 14.3, o código como o da linha 5 da Listagem 14.5 é perfeitamente legal. Por essa razão, muitos referem-se aos objetos Window e Document como objetos de nível alto no modelo de objetos Microsoft Internet Explorer.

A Figura 14.3 também mostra que quatro objetos podem ter diversas ocorrências (veja o (n) ao lado do nome do objeto). Os objetos Frame, Form, Link e Element podem aparecer diversas vezes na mesma janela (quadro) ou documento (formulário, ligação e elemento). Isto também é típico dos modelos de objetos. Assim, o modelo de objetos Microsoft Internet Explorer pode organizar facilmente uma série de itens para você acessar através do script. Por exemplo, você poderá querer exibir o conjunto de ligações em uma página como um array de itens.

Capítulo 14 Script no lado cliente com o modelo de objetos MSIE

Semelhanças entre o Navigator e a Microsoft

Como a Microsoft queria que o Internet Explorer fosse basicamente tão (e mais) eficiente quanto o Netscape Communicator/Navigator, o Document Object Model herdou vários objetos do Netscape. O objeto Navigator é um bom exemplo. Ele mantém a compatibilidade do script entre os browsers ao usar o JavaScript/Jscript.

Finalmente, observe na Figura 14.3 que o modelo de objetos divide-se facilmente em dois grupos. O grupo superior é composto por objetos que lidam basicamente com o próprio browser (Window, Frame, History, Navigator e Location). O segundo grupo de objetos lida com o documento que está carregado atualmente no browser (Document, Link, Form e Element).

Também observe que o grupo Document tem um nível adicional na hierarquia. Se você tiver um Form em sua página, todos os itens no Form serão acessados através do objeto Element que é um filho do objeto Form. Embora não seja fundamental que você se lembre das relações entre os objetos, compreendê-las o ajudará quando estiver escrevendo seus scripts no lado cliente.

Como preparar o projeto DOCOBJ

Todos os exemplos nas seções a seguir são documentos HTML que você pode criar usando o Visual InterDev 6. Você poderá manter todas essas páginas em um único projeto chamado DOCOBJ. Para tanto, inicialize o Visual InterDev 6 e crie um novo projeto em uma devida pasta em sua estação de trabalho (ou uma rede disponível e compartilhada). Não se preocupe em aplicar um tema ou layout para esse projeto porque estará apenas criando documentos HTML simples que testam as várias propriedades e métodos do modelo de objetos Microsoft Internet Explorer.

Quando tiver criado seu novo projeto, clique uma vez no nome do mesmo e, usando a janela Property, defina a propriedade DefaultClientScript como VBScript. Isto irá assegurar que todas as novas páginas acrescentadas a seu projeto terão como default o uso do VBScript como a linguagem de script no lado cliente.

JavaScript

Novamente, lembre-se que você pode usar o JavaScript/Jscript (e agora o ECMA-Script) para acessar o Document Object Model. Este capítulo usa o VBScript, mas os princípios básicos permanecem os mesmos entre as linguagens.

Como usar os objetos Window *e* Frame

O objeto de nível alto na hierarquia Microsoft Internet Explorer é o objeto Window. Esse objeto tem muitas propriedades que você poderá usar para aprender algumas informações gerais sobre a janela do browser. O principal valor do objeto Window é que ele tem diversos métodos importantes que você poderá usar para inicializar novas páginas e exibir caixas de diálogo. Poderá também criar um loop de temporizador que se inicializará em um intervalo designado. Será útil se quiser configurar um intervalo de tela ou uma renovação regular a partir de algum URL distante.

Para ter uma idéia da capacidade do objeto Window, acrescente uma nova página chamada WINDOW.HTM ao projeto atual (DOCOBJ). Em seguida, com a nova página carregada no editor Visual InterDev 6, alterne para o modo Source (selecione a guia **Source** na parte inferior da janela de edição). Agora você está pronto para adicionar uma pequena HTML e algum script no lado cliente para exibir algumas propriedades do objeto Window.

A Listagem 14.6 contém o título HTML da página e um único bloco de script que usa o método write do objeto Document para exibir uma série de propriedades da janela. Acrescente esse código à parte <BODY> de seu documento.

Listagem 14.6 Como criar um script no lado cliente para exibir as propriedades do objeto *Window*

```
1   <H2>Using the Window Object</H2>
2   <HR>
3   <SCRIPT LANGUAGE=vbscript>
4   <!--
5   '
6   ' show the window object information
7   document.write "<code>"
8   document.write "closed........................: " &
    ↪window.closed & "<BR>"
9   document.write "defaultStatus................: " &
    ↪window.defaultStatus & "<BR>"
10  document.write "length........................: " &
    ↪window.length & "<BR>"
11  document.write "name..........................: " &
    ↪window.name & "<BR>"
12  document.write "offscreenBuffering......: " &
    ↪window.offscreenBuffering & "<BR>"
13  document.write "self..........................: " &
    ↪window.self & "<BR>"
14  document.write "status........................: " &
    ↪window.status & "<BR>"
15  document.write "</code>"
16  '
17  -->
18  </SCRIPT>
```

Capítulo 14 Script no lado cliente com o modelo de objetos MSIE **365**

Considere esta listagem

Esta listagem é um bom exemplo de como você pode usar o Document Object Model a seu favor. Com base no resultado de um evento, você poderá ajustar a saída de sua página da web, até mesmo outro código de script. Poderá combinar isso com o script no lado do servidor para criar aplicações da web realmente dinâmicas.

Dependendo de sua conexão com a web que mantém essa página, algumas propriedades nessa lista serão deixadas em branco. Normalmente, você não usará muitas propriedades do objeto Window em seus scripts.

Em seguida, terá que adicionar uma série de botões a seu documento. Esses botões serão usados para testar os vários métodos do objeto Window. A Listagem 14.7 mostra o código HTML para os botões necessários para sua página. Acrescente esse código logo abaixo do bloco de script mostrado na Listagem 14.6.

Listagem 14.7 Como adicionar os botões HTML ao documento WINDOW.HTM

```
1   <P>
2   <input type="button" value="Alert" id=btnAlert
    ⇒name=btnAlert>
3   <input type="button" value="Confirm" id=btnConfirm
    ⇒name=btnConfirm>
4   <input type="button" value="Prompt" id=btnPrompt
    ⇒name=btnPrompt>
5   </P>
6
7   <P>
8   <input type="button" value="Open" id=btnOpen
    ⇒name=btnOpen>
9   <input type="button" value="Navigate" id=btnNavigate
    ⇒name=btnNavigate>
10  </P>
11
12  <P>
13  <input type="button" value="Set TimeOut" id=btnSetTO
    ⇒name=btnSetTO>
14  <input type="button" value="Clear TimeOut"
    ⇒id=btnClearTO name=btnClearTO><BR>
15  </P>
```

Os botões são organizados em três grupos. O primeiro grupo de botões será usado para chamar as caixas de diálogo modais comumente usadas com os formulários de entrada. O segundo grupo será usado para mostrar as duas maneiras de poder carregar e exibir novos documentos da web. Os dois últimos botões serão usados para mostrar como criar um evento do temporizador para suas páginas da web.

Como testar os métodos Dialog do objeto Window

Primeiro, você terá que adicionar algum código no lado cliente para testar o primeiro grupo de botões. Uma maneira rápida de acrescentar um bloco de código no lado cliente para um controle HTML é usar a janela Script Outline para localizar o evento onclick do controle e clicar duas vezes no nome do evento. Veja a seção passo a passo "Como usar a janela Script Outline para adicionar blocos de script no lado cliente", anteriormente neste capítulo para ver como fazer isso.

Quando tiver adicionado o primeiro bloco de script no lado cliente, estará pronto para fornecer o Visual Basic Script para animar os três botões. A Listagem 14.8 mostra o código que exibirá as caixas de diálogo Alert (Alerta), Confirm (Confirmar) e Prompt associadas ao objeto Window.

Listagem 14.8 Como adicionar o Visual Basic Script para exibir as caixas de diálogo do objeto *Window*

```
1   Sub btnPrompt_onclick
2       '
3       Dim strAnswer
4       Dim NullCheck
5       '
6       strAnswer=prompt("Are You Ready?", "Yes")
7
8       NullCheck = IsNull(StrAnswer)
9
10      If NullCheck = TRUE then
11          alert "Nah!"
12      else
13          alert strAnswer
14      end if
15      '
16  End sub
17
18  Sub btnConfirm_onclick
19      '
20      if confirm("Really?")=True then
21          alert "Yep!"
```

continua...

Listagem 14.8 Continuação

```
22     else
23          alert "Nah!"
24     endif
25   `
26 End Sub
27
28 SubbtnAlert_onclick
29     alert "Hello, webmaster!"
30 End Sub
```

Esse código mostra um bom exemplo de verificação dos valores para assegurar que você tenha o que deseja. A linha 8 executa uma função VBScript IsNull nos resultados da caixa de diálogo Prompt. Se o usuário clicar o botão **Cancel**, um valor NULL será retornado. Se você não tivesse verificado o valor NULL, o script iria gera um erro (experimente – remova a verificação e veja o que acontece). A partir dos resultados da verificação IsNull, você determinará se deve exibir uma resposta No genérica ou o conteúdo real da caixa de diálogo.

Quando você testar essa página, conseguirá pressionar os três primeiros botões para ver diferentes caixas de diálogo. Como pode ver na Listagem 14.8, a caixa de diálogo Alert exibe apenas uma mensagem. A caixa de diálogo Confirm retorna TRUE ou FALSE e a caixa de diálogo Prompt retorna qualquer coisa fornecida na caixa de entrada, a menos que o botão **Cancel** seja clicado.

Como testar os métodos Open *e* Navigate

Em seguida, você terá que adicionar algum código para praticar os métodos Open e Navigate. O método Open permite abrir outro documento em uma nova janela na tela do usuário. Você poderá também controlar a aparência da janela ativando ou desativando as barras de ferramentas, menus, barra de status e outros itens. Poderá ainda controlar o tamanho e o local da nova janela.

Para testar isso, acrescente o código da Listagem 14.9 a seu bloco de código atual.

A capacidade tem um preço

A capacidade de gerar janelas remotas e controlar seu comportamento é incrível. Infelizmente, também isto pode ser complicado para o usuário. Assegure de que esteja abrindo janelas instantâneas com um motivo. A maioria dos usuários considera intrusas as janelas que aparecem em sua tela por causa de uma página da web.

Listagem 14.9 Como usar o método *Open* do objeto *Window*

```
1   Sub btnOpen_onclick
2   '
3     dim strToolbar
4     dim strLocation
5     dim strDirectories
6     dim strStatus
7     dim strMenubar
8     dim strScrollbars
9     dim strResizeable
10    dim strPosition
11    dim strOptions
12    '
13    strToolbar="toolbar=NO, "
14    strLocation="location=NO, "
15    strDirectories="directories=NO, "
16    strStatus="status=NO, "
17    strMenubar="menubar=NO, "
18    strScroolbars="scrollbars=NO, "
19    strResizeable="resizable=NO, "
20    strPosition="width=400, height=300, top=50, left=50"
21    '
22    strOptions = strToolbar & strLocation
23    strOptions = strOptions & strDirectories & strStatus
24    strOptions = strOptions & strMenubar & strScrollbar
25    strOptions = strOptions & strResizeable &
      ↪strPosition
26    '
27    window.open "http://mca/docobj/location.htm",
      ↪"NewWindow", strOptions
28    '
29  End Sub
```

Deixe uma saída

Você poderá não deixar uma saída para um usuário se abrir uma janela que remove a barra de menu e barra de ferramentas e se não permitir que ele redimensione a janela. Forneça uma saída agradável, como a geração de uma janela com controles totais, apenas para o caso deles fecharem a janela original.

Capítulo 14 Script no lado cliente com o modelo de objetos MSIE 369

O código na Listagem 14.9 é longo porque esse exemplo define os valores para todas as opções diferentes. Normalmente, você não precisaria ajustar todas as opções em seus scripts no lado cliente. Note que precisará mudar o URL usado na linha 27 para coincidir com um endereço legal e página dentro de uma web acessível.

A Figura 14.4 mostra um exemplo do método Open em ação.

Em oposição, o método Navigate do objeto Window permite carregar um novo documento na janela atual. Isto imita o processo de clicar em uma ligação existente em uma página e então exibir o documento resultante em seu browser. O código na Listagem 14.10 mostra como usar o método Navigate.

Como construir seu próprio browser

Você pode usar o método Navigate para construir sua própria interface do browser sem contar com um usuário para acessar a interface convencional do usuário.

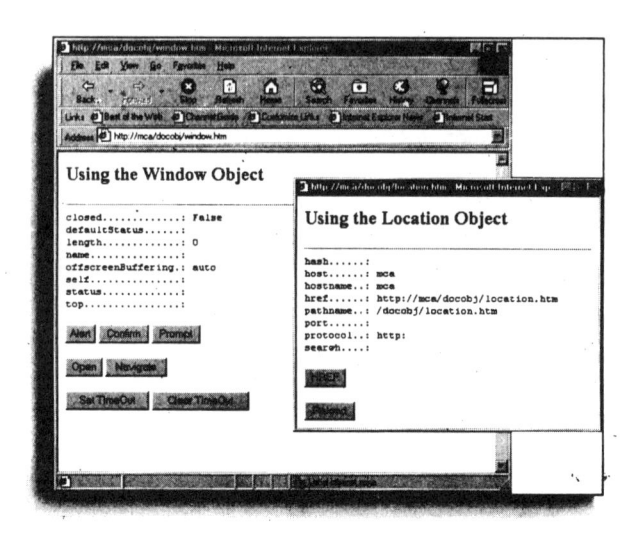

Figura 14.4 Os resultados da utilização do método Open do objeto Window.

Listagem 14.10 Como usar o método *Navigate* do objeto *Window*

```
1   Sub btnNavigate_onclick
2       `
3       window.navigate "http://mca/docobj/location.htm"
4       `
5   End Sub
```

Novamente, você precisará ajustar o endereço URL na linha 3 da Listagem 14.10 para coincidir com um local válido e página para seu servidor da web. Quando executar esse código de exemplo, verá a nova página aparecer na janela do browser atual em vez de uma nova janela na tela.

Como usar os métodos setTimeOut e clearTimeOut

Você também poderá usar os métodos setTimeOut e clearTimeOut do objeto Window para criar um processo que inicializará em algum momento predeterminado. Isto é bom para a criação de métodos de desconexão automática para suas aplicações da web ou para a construção de métodos que obterão regularmente uma determinada página para trazer dados de um servidor distante.

Use setTimeOut e clearTimeOut com cuidado

Certifique-se de que tenha testado os resultados. Você não desejará ter um evento inicializando sempre porque poderá confundir o usuário ou provavelmente tornar seu sistema inútil.

A Listagem 14.11 mostra como usar os métodos setTimeOut e clearTimeOut.

Listagem 14.11 Como usar os métodos *setTimeOut* e *clearTimeOut* do objeto Window

```
1   dim timerID
2
3   Sub btnClearTO_onclick
4       '
5       window.clearTimeOut timerID
6       '
7   End Sub
8
9   Sub Notice
10      '
11      if confirm("continue time out run?")=true then
12          btnSetTO_onclick
13      else
14          btnClearTO_onclick
15      end if
16      '
17  End Sub
18
19  Sub btnSetTO_onclick
```

continua...

Listagem 14.11 Continuação

```
20   `
21   timerID=window.setTimeout("Notice",1000,
     ↪"vbscript")
22   `
23   End Sub
```

O objeto Session

Você também pode usar os objetos ASP do lado servidor para criar eventos de desconexão automática para sua aplicação usando o objeto Session.

Note que o método setTimeOut retorna um valor ID (linha 21 na Listagem 14.11). Este valor ID é usado para controlar o loop do temporizador. Como você pode controlar o valor ID, poderá criar qualquer quantidade de temporizadores em seu documento da web. Por exemplo, poderá definir um valor de intervalo para desconectar a web e definir um valor de intervalo para solicitar dados de um site da web distante – tudo na mesma página.

Poderá também ver se o método setTimeout aceita três parâmetros: um nome do método, um valor de espera (em milissegundos) e um nome de linguagem opcional. No exemplo na Listagem 14.11, o método Visual Basic Script Notice será executado depois de esperar 10 segundos.

Dever ser indicado que o método setTimeout inicializará o método Notice apenas uma vez. Se você quiser que o método seja inicializado repetidamente (a cada 10 segundos), terá que executar de novo a rotina setTimeout (veja linhas 11 e 12 na Listagem 14.11).

O tempo no VBScript

Lembre-se que todas as ações baseadas no tempo (setTimeOut) são baseadas em milissegundos, não em segundos convencionais.

Finalmente, o método clearTimeout pode ser usado para cancelar um temporizador. Nesse exemplo, a linha 5 gerencia essa tarefa. Como o temporizador atual é inicializado a cada 10 segundos, você realmente não tem tempo que cancelar o temporizador. No entanto, em um exemplo que define um temporizador para vários minutos, o método clearTimeout poderá ser útil.

Veja também

➤ *Para obter mais informações sobre sessões, veja o Capítulo 15.*

Como testar o objeto Frame

O objeto Frame é um objeto-filho do objeto Window. Este objeto pode ser usado para examinar a coleção de quadros definida para uma janela atual. Você poderá acessar o objeto Frame apenas a partir da página que mantém os quadros. É geralmente uma página que não tem nenhum componente de exibição. Por isso, você poderá não precisar usar o objeto Frame com muita freqüência.

Quadros

Os quadros são, sem dúvida alguma, um elemento comum na web. Você pode usar o objeto Frame para manipular os quadros, criando uma aplicação da web mais coerente e interativa quando os quadros são requeridos.

No entanto, a Listagem 14.12 mostra como você poderá escrever algum código no lado cliente que examinará a coleção de quadros na página e exibirá uma mensagem curta para listar cada quadro e o documento carregado no quadro.

Listagem 14.12 Como testar o objeto *Frame*

```
1   <SCRIPT ID=clientEventHandlersVBS LANGUAGE=vbscript>
2   <!--
3
4   Sub window_onload
5   '
6       dim strMsg
7   '
8       intFrames = getFrameCount()
9       strMsg = "frame length: " & cStr(intFrames) & chr(13)
    ↪ & chr(13)
10      for x = 0 to intFrames-1
11          strMsg = strMsg & "name: " & getFrameName(x)
    ↪ & chr(13)
12          strMsg = strMsg & "url: " & getFrameURL(x) &
    ↪ chr(13) & chr(13)
13      next
14  '
15      alert strMsg
16  '
17  End Sub
```

continua...

Listagem 14.12 Continuação

```
18
19  -->
20  </SCRIPT>
21
22  <SCRIPT ID=CustomMethods LANGUAGE=vbscript>
23  <!--
24
25  Function getFrameCount
26      getFrameCount = window.frames.length
27  End Function
28
29  Function getFrameName(index)
30      getFrameName = window.frames(index).name
31  End Function
32
33  Function getFrameURL(index)
34      getFrameURL = window.frames(index).document.url
35  End Function
36
37  -->
38  </SCRIPT>
```

As relações entre os objetos

Você lembra como aprendeu as relações entre os objetos? Ei-la novamente, um pouco mais detalhada. O objeto **Window** refere-se à janela que contém todos os elementos dentro do browser da web. O objeto **Document** refere-se a todos os elementos no documento carregado atualmente. O objeto **Frame** é muito parecido com o objeto **Window**, com exceção de que fica abaixo do objeto **Window** na relação.

O código na Listagem 14.12 também mostra como você pode organizar código em diversos blocos de script para ter uma manutenção fácil.

Você deve observar que cada objeto Frame age como um objeto Window. Você poderá ter as mesmas propriedades e métodos de um objeto Frame que obtém de um objeto Window. Assim, poderá considerar o objeto Frame exatamente como outra janela aberta no espaço do browser.

Como usar os objetos History, Navigator e Location

Os objetos History, Navigator e Location fornecem cada um informações adicionais sobre a sessão atual do browser. Você poderá usar esses objetos para examinar o histórico de páginas visitadas durante essa sessão e o tipo de definições do browser atual e para obter detalhes sobre os locais atuais do servidor e cliente.

Como testar o objeto History

O objeto History é realmente bem simples. Ele contém uma lista de todas as páginas visitadas no processo da sessão atual e tem três métodos:

- Back move-se para trás na lista do histórico para outra página.
- Forward move-se para frente na lista do histórico para outra página.
- Go move-se diretamente para uma página específica na lista do histórico.

Crie seu próprio browser da web

Experimente criar seu próprio browser da web. Para isso, use uma combinação de objetos experimentados neste capítulo. Tente imitar a funcionalidade o quanto puder, como um endereço ou barra de local, os botões Back (Voltar) e Forward (Avançar) e, ainda, tente inserir algumas preferências pessoais.

A Listagem 14.13 mostra uma página completa que exibe o histórico atual para a sessão e, então, permite que os usuários se movam diretamente para a primeira página na lista do histórico.

Listagem 14.13 Como testar o objeto *History*

```
1   <HTML>
2   <HEAD>
3   <META name="VI60_DefaultClientScript" Content="VBScript">
4   <META NAME="GENERATOR" Content="Microsoft Visual Studio">
5   <SCRIPT ID=clientEventHandlersVBS LANGUAGE=vbscript>
6   <!--
7
8   Sub btnHistory_onclick
9       history.back history.length
10  End Sub
11
12  -->
13  </SCRIPT>
14  </HEAD>
```

continua...

Listagem 14.13 Continuação

```
15  <BODY>
16  <H2>Using the History Object</H2>
17  <HR>
18  <SCRIPT LANGUAGE=vbscript>
19  <!--
20      '
21      ' show history object information
22      document.write "<code>"
23      document.write "length...: " & history.length
24      document.write "</code>"
25  -->
26  </SCRIPT>
27  <P>
28  <input type="button" value="History" id=btnHistory
    name=btnHistory>
29  </P>
30
31  </BODY>
32  </HTML>
```

Use o History com cuidado

Usando o objeto History, você poderá controlar a experiência de seu usuário com mais precisão. Algo que deverá considerar, contudo, é como o usuário perceberá seu pressionar navegacional. Certifique-se de que a incorporação de History seja previsível para os usuários, para que não fiquem confusos e tentem usar os botões Back e Forward convencionais para refazer suas etapas.

Como testar o objeto Navigator

Você pode usar o objeto Navigator para obter informações detalhadas sobre o browser e a estação de trabalho que está mantendo o documento. Poderá usar essas informações para ajustar sua página para aproveitar as definições atuais do browser ou omitir certos recursos que não são suportados pelo browser atual.

A Listagem 14.14 mostra um bloco de código que exibirá uma lista de informações sobre a estação de trabalho e o browser.

Listagem 14.14 Como testar o objeto *Navigator*

```
1   <SCRIPT LANGUAGE=vbscript>
2   <!--
3   '
4   'display the navigator object information
5   '
6   document.write "<code>"
7   document.write "appCodeName...................: " & _
    navigator.appCodeName & "<BR>"
8   document.write "appMinorVersion................: " & _
    navigator.appMinorVersion & "<BR>"
9   document.write "appName........................: " & _
    navigator.appName & "<BR>"
10  document.write "appVersion.....................: " & _
    navigator.appVersion & "<BR>"
11  document.write "cookieEnabled..................: " & _
    navigator.cookieEnabled & "<BR>"
12  document.write "cpuClass.......................: " & _
    navigator.cpuClass & "<BR>"
13  document.write "onLine.........................: " & _
    navigator.onLine & "<BR>"
14  document.write "platform.......................: " & _
    navigator.platform & "<BR>"
15  document.write "systemLanguage.................: " & _
    navigator.systemLanguage & "<BR>"
16  document.write "userAgent......................: " & _
    navigator.userAgent & "<BR>"
17  document.write "userLanguage...................: " & _
    navigator.userLanguage & "<BR>"
18  document.write "</code>"
19  '
20  -->
21  </SCRIPT>
```

Capítulo 14 Script no lado cliente com o modelo de objetos MSIE   377

Como descobrir informações

Esta listagem de código mostra algumas informações que você poderá obter. Você poderá usar o objeto Navigation para melhorar seus scripts. Seus scripts, com base nas informações do usuário, poderão aperfeiçoar seu comportamento. Por exemplo, talvez apenas as informações relevantes para a linguagem ou plataforma do sistema do usuário sejam exibidas.

Quando você adicionar esse bloco de código a um documento HTML e executar esse documento, verá uma exibição parecida com a mostrada na Figura 14.5.

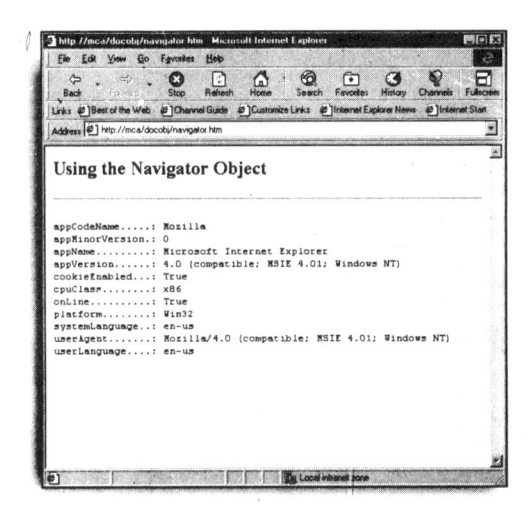

Figura 14.5 Como exibir as propriedades do objeto Navigator.

Como testar o objeto Location

O objeto Location é o mais eficiente dos objetos-filhos Window. Você poderá usá-lo para obter informações sobre o local exato do documento atual no servidor da web, o nome do servidor e o protocolo usado. Poderá ainda usá-lo para varrer a string de pesquisa (GET) transmitida para a página.

Você poderá usar o método reload para renovar a página atual através do código. Há também um método HREF que poderá usar para aplicar o carregamento de qualquer documento no browser. Esse último método funciona como o método Navigate do objeto Window.

A semelhança entre History e Location

A mesma nota de cuidado sobre **History** aplica-se ao objeto **Location**. Certifique-se de que esteja aperfeiçoando sua aplicação, não complicando-a para o usuário.

A Listagem 14.15 mostra uma página de código HTML completa que exibe as propriedades do objeto Location e usa os métodos reload e HREF do objeto Location. Nomeie esse documento como LOCATION.HTM.

Listagem 14.15 Como testar o objeto *Location* como LOCATION.HTM

```
1   <HTML>
2   <HEAD>
3   <META name=VI60_defaultClientScript content=VBScript>
4   <META NAME="GENERATOR" Content="Microsoft Visual Studio">
5   <SCRIPT ID=clientEventHandlersVBS LANGUAGE=vbscript>
6   <!--
7
8   Sub btnReload_onclick
9       ' reload this document
10      location.reload
11  End Sub
12
13  Sub btnHREF_onclick
14      ' call a new document
15      location.href="http://mca/docobj/location.htm?user=
        ↳mike"
16  End Sub
17
18  -->
19  </SCRIPT>
20  </HEAD>
21  <BODY>
22  <H2) Using the Location Object</H2>
23  <HR>
24  <SCRIPT LANGUAGE=vbscript>
25  <!--
26      '
27      ' display the location object information
28      document.write "<code>"
29      document.write "hash...............: " & location.hash &
        ↳"<BR>"
30      document.write "host...............: " & location.host &
        ↳"<BR>"
```

continua...

Capítulo 14 Script no lado cliente com o modelo de objetos MSIE 379

Listagem 14.15 Continuação

```
31      document.write "hostname...............: " & location.hostname &
        ↪"<BR>"
32      document.write "href...............: " & location.href &
        ↪"<BR>"
33      document.write "pathname...............: " & location.pathname &
        ↪"<BR>"
34      document.write "port...............: " & location.port &
        ↪"<BR>"
35      document.write "protocol...............: " & location.protocol &
        ↪"<BR>"
36      document.write "search...............: " & location.search &
        ↪"<BR>"
37      document.write "</code>"
38      '
39      -->
40  </SCRIPT>
41
42  <P>
43  <input type="button" value="HREF" id=btnHREF
    ↪name=btnHREF>
44  </P>
45
46  <P>
47  <input type ="button" value="Reload" id=btnReload
    ↪name=btnReload>
48  </P>
49
50  </BODY>
51  </HTML>
```

Use esta informação

Esta é uma longa listagem, mas ela mostra exatamente quanta informação realmente está disponível para você. Você pode usar esta informação para criar aplicações mais precisas e inteligentes para a Web.

Quando executar a página em seu browser, verá informações sobre o local da página e o nome do servidor da web. Se pressionar o botão **HREF**, executará o código que carregará a mesma página com uma string de pesquisa adicionada ("?user=mike"). Então, verá essa string de pesquisa aparecer na propriedade **search** na lista (veja a Figura 14.6).

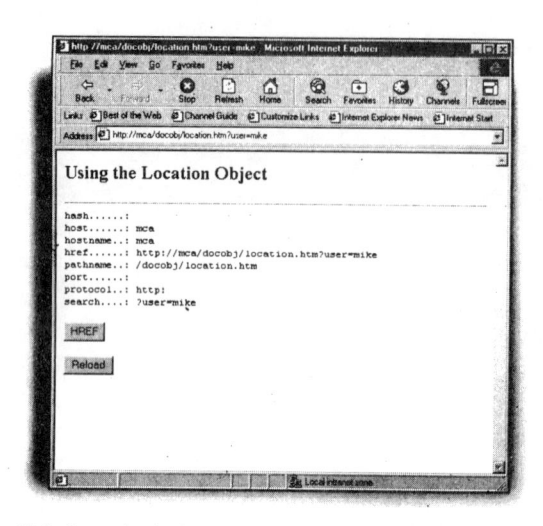

Figura 14.6 O resultado da utilização método HREF do objeto Location.

É o conjunto completo de objetos Window associados ao browser e à estação de trabalho. O próximo conjunto de objetos concentra-se no documento carregado e em seu conteúdo (ligações, formulários e elementos).

Como explorar o objeto Document

O objeto Document é o objeto básico a usar quando você quiser obter informações sobre o documento que estejam carregadas atualmente no browser. Poderá também usar alguns métodos do objeto Document para gerar um novo texto de documento e ainda executar comandos no documento, como, por exemplo, selecionar e copiar os dados para o Clipboard do Microsoft Windows.

Alerta da complexidade

Quando você começar a trabalhar com o objeto Document, estará começando a trabalhar com o centro do modelo de objetos. O objeto Document é complexo e você deverá experimentá-lo antes de usá-lo em suas aplicações.

Capítulo 14 Script no lado cliente com o modelo de objetos MSIE

Como testar as propriedades do objeto Document

Existem várias propriedades do objeto Document que você poderá examinar para aprender mais sobre o documento que está carregado atualmente no browser. Em geral, usará essas propriedades para exibir as informações do documento, como a criação e a modificação das datas, tamanhos, título e outras propriedades.

A Listagem 14.16 mostra um bloco de script que você poderá adicionar a um novo documento HTML. Este bloco poderá ser usado para obter as propriedades comumente usadas a partir do documento carregado.

Listagem 14.16 Como examinar as propriedades Document

```
1   <SCRIPT LANGUAGE=vbscript>
2   <!--
3       '
4       ' show document object information
5       document.write "<code>"
6       document.write "alinkColor............: " & _
        document.alinkColor & "<BR>"
7       document.write "bgColor...............: " & _
        document.bgColor & "<BR>"
8       document.write "cookie................: " & _
        document.cookie & "<BR>"
9       document.write "defaultCharset.....: " & _
        document.defaultCharset & "<BR>"
10      document.write "domain................: " & _
        document.domain & "<BR>"
11      document.write "fgColor...............: " & _
        document.fgColor & "<BR>"
12      document.write "fileCreateDate.......: " & _
        document.fileCreateDate & "<BR>"
13      document.write "fileModifiedDate...: " & _
        document.fileModifiedDate & "<BR>"
14      document.write "fileSize..............: " & _
        document.fileSize & "<BR>"
15      document.write "fileUpdateDate.....: " & _
        document.fileUpdateDate & "<BR>"
```

continua...

Listagem 14.16 Continuação

```
16      document.write "lastModified.........: " &
        ↪document.lastModified & "<BR>"
17      document.write "linkColor.............: " &
        ↪document.linkColor & "<BR>"
18      document.write "mimeType.............: " &
        ↪document.mimeType & "<BR>"
19      document.write "nameProp.............: " &
        ↪document.nameProp & "<BR>"
20      document.write "parentWindow.......: " &
        ↪document.parentWindow & "<BR>"
21      document.write "protocol.............: " &
        ↪document.protocol & "<BR>"
22      document.write "readyState...........: " &
        ↪document.readyState & "<BR>"
23      document.write "referrer.............: " &
        ↪document.referrer & "<BR>"
24      document.write "security.............: " &
        ↪document.security & "<BR>"
25      document.write "title................: " &
        ↪document.title & "<BR>"
26      document.write "url..................: " &
        ↪document.url & "<BR>"
27      document.write "vlinkColor...........: " &
        ↪document.vlinkColor & "<BR>"
28      ↪document.write "</code>"
29      `
30      -->
31      </SCRIPT>
```

A capacidade do objeto Document

A listagem mostra exatamente quantos detalhes você pode obter do objeto Document. A capacidade sob o objeto **Document** é incrível. Lembre-se, você não só poderá consultar as informações (como fez com esse código), mas também usar o objeto **Document** para mudar as propriedades.

Capítulo 14 Script no lado cliente com o modelo de objetos MSIE **383**

Quando adicionar esse bloco de código a seu documento HTML e executar a página em seu browser, verá os resultados que se parecem com os mostrados na Figura 14.7.

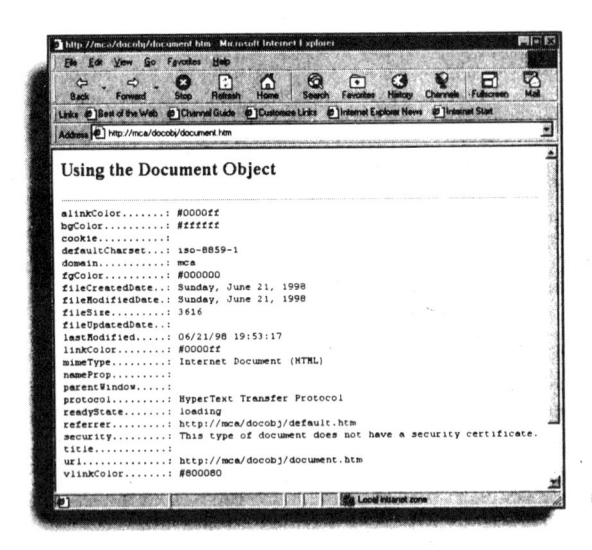

Figura 14.7 O resultado das propriedades do objeto Document.

Como testar os métodos Write *e* WriteLn

Provavelmente os métodos mais usados do objeto Document são os métodos Write e WriteLn. Estes métodos podem ser usados para gerar novas linhas HTML na janela do browser atual. A única diferença entre os dois métodos é que o método WriteLn realmente gera um caractere de nova linha no texto do documento HTML. Este caractere de nova linha facilita ler a fonte HTML, mas não afeta como a fonte HTML é apresentada no browser. Apenas torna a fonte HTML mais fácil para os humanos lerem.

Usar o WriteLn torna a fonte HTML fácil de ler

Se você usar muito o método **document.write** e examinar a fonte HTML resultante, verá que tudo está carregado no browser como uma longa linha de texto. Isto torna difícil ler a fonte HTML depois de ter chegado no browser do cliente. Se quiser ver a fonte HTML formatada em linhas claras, poderá usar o método **WriteLn**.

Para testar os métodos Write e WriteLn em um documento, acrescente dois controles de botão HTML à página e adicione o código Visual Basic Script em um bloco de código para responder aos eventos onclick. A Listagem 14.17 mostra como isso pode ser feito.

Listagem 14.17 Como testar os métodos *Write* e *WriteLn*

```
1   <SCRIPT ID=clientEventHandlersVBS LANGUAGE=vbscript>
2   <!--
3
4   Sub btnWriteLn_onclick
5       '
6       ' test writeln method
7       document.clear
8       document.writeln "WriteLn 1<BR>"
9       document.writeln "WriteLn 2<BR>"
10      document.close
11      '
12  End Sub
13
14  Sub btnWrite_onclick
15      '
16      ' test write method
17      document.clear
18      document.write "Write 1<BR>"
19      document.write "Write 2<BR>"
20      document.close
21      '
22  End Sub
23
24  -->
25  </SCRIPT>
26  <P>
27  <input type="button" value="Write" id=btnWrite
    ↪name=btnWrite>
28  <input type="button" value="WriteLn" id=btnWriteLn
    ↪name=btnWriteLn>
29  </P>
30  <P>
31  <input type="button" value="execCommand"
    ↪id=btnExecCmd name=btnExecCmd>
32  </P>
```

Capítulo 14 Script no lado cliente com o modelo de objetos MSIE

Geração de páginas dinâmica e independente
Você está começando a pensar sobre as possibilidades? Usando os métodos **Write** e **WriteLn**, poderá criar as páginas que são modificadas de maneira independente, dependendo dos resultados de seus scripts. Quando reunir isso com a geração de páginas dinâmica a partir do lado servidor, verá que duas páginas nunca são iguais.

Note que os métodos que usam os métodos Write e WriteLn utilizam os métodos Clear e Close também. Ao gerar novos documentos para a janela do browser com os métodos Write e WriteLn, será uma boa idéia começar a sessão com um método Clear para limpar qualquer texto atual e um método Close quando tiver terminado.

Para testar esses dois métodos, execute a página e pressione os botões de comando. A página resultante real não será diferente. No entanto, se examinar a fonte HTML que foi gerada por cada botão, verá uma pequena diferença. A fonte HTML gerada com o método Write é assim:

```
Write 1<BR>Write 2<BR>
```

E a fonte HTML gerada pelo método WriteLn é assim:

```
WriteLn 1<BR>
WriteLn 2<BR>
```

Novamente, essa diferença afeta apenas o código-fonte HTML e não a exibição do documento no browser.

Como testar os métodos execCommand e afins

O Microsoft Internet Explorer tem um conjunto muito eficiente de métodos chamado de métodos exec. O método execCommand permite executar uma grande faixa de operações no documento atual. Existem, na verdade, 48 comandos que você poderá executar no documento (veja a Tabela 14.1.).

As complicações do execCommand
O método **execCommand** é eficiente e fornece muitas capacidades. Também beira à complexidade. Experimente usar **execCommand** antes de implementá-lo em sua aplicação da web.

Tabela 14.1 Os possíveis identificadores de comandos para o método *execCommand*

Identificador do comando	Descrição
BackColor	Define a cor de segundo plano da seleção atual.
Bold	Integra um tag <B> em torno de um objeto.
Copy	Copia o objeto para o Clipboard.
CreateBookMark	Integra um tag <A NAME> em torno do objeto ou edita um tag existente.
CreateLink	Integra um tag <A HREF> em torno da seleção atual.
Cut	Copia o objeto para o Clipboard e então apaga-o.
Delete	Apaga o objeto.
FontName	Define a face de tipos para a seleção atual.
FontSize	Define o tamanho da fonte para a seleção atual.
ForeColor	Define a cor do primeiro plano da seleção atual.
FormatBlock	Integra uma marca de bloco como especificado em torno do objeto.
Indent	Recua a seleção.
InsertButton	Insere um tag <BUTTON> no ponto de inserção.
InsertFieldSet	Insere um tag <FIELDSET> no ponto de inserção.
InsertHorizontalRule	Insere um tag <HR> no ponto de inserção.
InsertIFrame	Insere um tag <IFRAME> no ponto de inserção.
InsertInputButton	Insere um <INPUT TYPE=button> no ponto de inserção.
InsertInputCheckbox	Insere um <INPUT TYPE=checkbox> no ponto de inserção.
InsertInputFileUpload	Insere um <INPUT TYPE=fileupload> no ponto de inserção.
InsertInputHidden	Insere um <INPUT TYPE=hidden> no ponto de inserção.
InsertInputPassword	Insere um <INPUT TYPE=password> no ponto de inserção.
InsertInputRadio	Insere um <INPUT TYPE=radio> no ponto de inserção.
InsertInputReset	Insere um <INPUT TYPE=reset> no ponto de inserção.
InsertInputSubmit	Insere um <INPUT TYPE=submit> no ponto de inserção.

continua...

Tabela 14.1 Continuação

Identificador do comando	Descrição
InsertInputText	Insere um <INPUT TYPE=text> no ponto de inserção.
InsertMarquee	Insere um tag <MARQUEE> no ponto de inserção.
InsertOrderedList	Insere um tag <OL> no ponto de inserção.
InsertParagraph	Insere uma tag <P> no ponto de inserção.
InsertSelectDropDown	Insere um <INPUT TYPE=dropdown> no ponto de inserção.
InsertSelectListBox	Insere um <INPUT TYPE=listbox> no ponto de inserção.
InsertTextArea	Insere um tag <TEXTAREA> no ponto de inserção.
InsertUnOrderedList	Insere um tag <UL> no ponto de inserção.
Italic	Integra um tag <I> em torno do objeto selecionado.
JustifyCenter	Centraliza a seleção atual.
JustifyLeft	Justifica à esquerda a seleção atual.
JustifyRight	Justifica à direita a seleção atual.
Outdent	Faz um recuo invertido na seleção.
OverWrite	Define o modo de digitação de entrada para sobrepor ou inserir (alternar).
Paste	Cola o conteúdo do Clipboard no ponto de inserção.
Refresh	Recarrega o documento de origem atual.
RemoveFormat	Remove a formatação da seleção atual.
SelectAll	Seleciona todo o texto do documento.
UnBookmark	Remove os tags da seleção ou faixa.
Underline	Envolve um tag <U> em torno da seleção.
Unlink	Remove uma ligação.
Unselect	Limpa a seleção.

Junto com os vários comandos a executar, há uma série de métodos de suporte para ajudá-lo a ver se o comando selecionado é suportado, se está atualmente no estado de pronto etc. Esse último conjunto de comandos faz parte da série queryExec.

No exemplo na Listagem 14.18, o código Visual Basic Script é usado para executar um SelectAll e Copy para colocar o conteúdo do item HTML em foco no Clipboard do Windows.

Listagem 14.18 Como testar os métodos *Exec*

```
1   <SCRIPT LANGUAGE="vbscript">
2
3   Sub btnExecCmd_onclick
4       '
5       'test various exec methods
6       document.clear
7       document.write "<H3>Testing ExecCommand for
            ↪ 'Copy'</H3><HR>"
8       document.write "<code>"
9       document.write "queryCommandEnabled......: " &
            ↪document.queryCommandEnabled("Copy") & "<BR>"
10      document.write "queryCommandState......: " &
            ↪document.queryCommandState("Copy") & "<BR>"
11      document.write "queryCommandSupported......: " &
            ↪document.queryCommandSupported("Copy") & "<BR>"
12      document.write "queryCommandIndeterm......: " &
            ↪document.queryCommandIndeterm("Copy") & "<BR>"
13      document.write "</code><P>"
14      '
15      if document.queryCommandSupported("Copy")=true then
16          document.execCommand "SelectAll", False
17          document.exec.Command "Copy", False
18          alert "Item copied to the clipboard."
19      else
20          alert "Copy is not supported!"
21      end if
22      '
23  End Sub
24
25  -->
26  </SCRIPT>
```

O código na Listagem 14.18 lista primeiro os valores de status dos vários métodos queryExec (linhas 6-13) e, então, tenta copiar o conteúdo do controle HTML atual para o Clipboard (linhas 15-21). Se a operação falhar, você verá uma mensagem de alerta.

Capítulo 14 Script no lado cliente com o modelo de objetos MSIE

Você poderá testar esse exemplo executando uma página com esse código e, então, verificando o conteúdo do Clipboard do Windows. Carregue o Notepad (Bloco de Notas) (NOTEPAD.EXE) e selecione **E**dit (**E**ditar), **P**aste (**C**olar) no menu. Isto colocará o conteúdo HTML no editor Notepad.

Como usar o objeto Link

O objeto Link permite examinar uma lista de todas as ligações URL disponíveis no documento atual. Você poderá usar essas informações para exibir uma determinada ligação, adicioná-la a outras páginas e, ainda, navegar para a ligação selecionada na lista.

O objeto Link é realmente uma coleção de ligações. Por isso, você terá que examinar a propriedade length do objeto para ver quantas ligações existem na lista e, então, usar um loop de programação para examinar cada ligação na coleção.

Como usar o objeto Link

Um uso potencial do objeto **Link** é para manter uma lista ativa de ligações disponíveis para um usuário. Você poderá preencher um mapa de site instantâneo para o usuário utilizando o objeto **Location**.

A Listagem 14.19 mostra um documento HTML que tem um conjunto de ligações e, então, usa a coleção de objetos Link para exibir as informações sobre cada ligação na página.

Listagem 14.19 Como exibir a coleção *Link* em um documento

```
1   <HTML>
2   <HEAD>
3   <META name="VI60_DefaultClientScript" Content="VBScript">
4   <META NAME="GENERATOR" Content="Microsoft Visual Studio">
5   </HEAD>
6   <BODY>
7   <H2>Using the Link Object</H2>
8   <HR>
9   <A href="history.htm">history.htm</A><BR>
10  <A href="location.htm">location.htm</A><BR>
11  <A href="navigator.htm">navigator.htm</A><BR>
12  <A href="ScriptTypes.htm">ScriptTypes.htm</A><BR>
13  <A href="window.htm">window.htm</A><BR>
14  <A href="default.htm">default.htm</A><BR>
15
16  <P>
```

continua...

Listagem 14.19 Continuação

```
17  <SCRIPT language=vbscript>
18  <!--
19    intLinks=document.links.length
20    document.write "<code>"
21    document.write "link length...: " & intLinks &
      ↪"<BR>"
22    for x=0 to intLinks-1
23        document.write "link href.............: " &
          ↪document.links(x).href & "<BR>"
24    next
25    document.write "</code>"
26    '
27  -->
28  </SCRIPT>
29  </P>
30
31  </BODY>
32  </HTML>
```

Observe que a primeira etapa no processo é obter o número total de ligações na coleção (linha 19). Então, você pode usar um loop FOR...NEXT para percorrer a coleção e exibir o URL para cada ligação. É importante notar que o índice da coleção de ligações inicia em 0, não em 1. Por isso, o contador de loops tem que iniciar em zero e terminar em um valor menor que a contagem total de ligações (veja a linha 22).

A Figura 14.8 mostra o que você veria se executasse a página na Listagem 14.19 em seu browser.

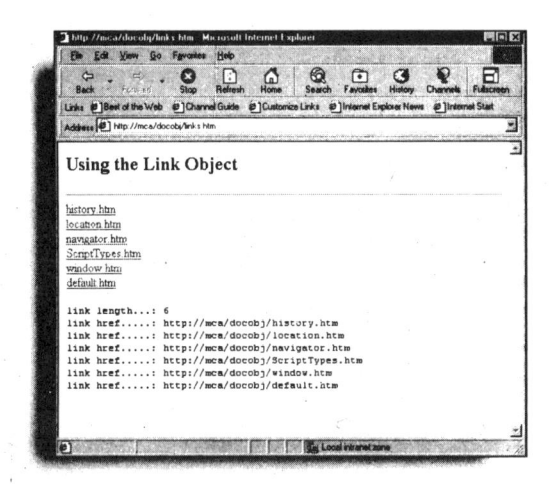

Figura 14.8 O resultado da utilização da coleção de objetos Link.

Como usar os objetos Form *e* Element

Você usará os objetos Form e Element para examinar e manipular o conteúdo detalhado de um documento carregado. Como o objeto Link, os objetos Form e Element são realmente coleções. Isto significa que você terá primeiro que obter uma contagem do número total de itens na coleção e, então, usar um loop para acessar cada item na coleção.

Um objeto Form representa o formulário HTML típico que você usará para enviar com POST ou obter com GET os dados do browser do cliente para um servidor de back-end. O objeto Element representa todos os controles HTML em um formulário ou documento. Isto inclui todas as caixas de entrada e botões, assim como listas, caixas de verificação etc. Um objeto Document pode ter vários formulários (embora isto não seja muito comum) e cada objeto Form ou Document pode ter muitos elementos HTML (bem comum).

Você poderá usar as coleções Form e Element para exibir o conteúdo de qualquer documento HTML carregado e exibir os resultados no browser. Para tanto, terá primeiro que obter a contagem de todos os formulários no documento e, então, quando percorrer a lista de formulários, obter a contagem de todos os elementos em cada formulário e exibir as informações sobre esses elementos.

Isto parece um processo complicado, mas é realmente bem simples. Você terá que escrever um método Visual Basic Script gerenciar a listagem de todos os formulários e todos os elementos em cada formulário. Este código poderá ser adicionado a qualquer documento HTML para obter as informações necessárias.

A Listagem 14.20 mostra o código Visual Basic Script que exibe todos os formulários e seus elementos.

Listagem 14.20 O código Visual Basic Script para exibir todos os formulários e elementos

```
1   <SCRIPT language=vbscript>
2   <!--
3   dim intForms
4   dim intElements
5   '
6   document.write "<code>"
7   intForms=document.forms.lenght
8   document.write "forms length......: " & intForms & "<BR>"
9   for x=0 to intForms-1
10      document.write "form name.........: " &
        ↳document.forms(x).name & "<BR>"
11      document.write "form action.........: " &
        ↳document.forms(x).action & "<BR>"
12      document.write "form encoding.........: " &
        ↳document.forms(x).encoding & "<BR>"
13      document.write "form method.........: " &
        ↳document.forms(x).method & "<BR>"
14      document.write "form target.........: " &
        ↳document.forms(x).target & "<BR>"
15      '
16      intElements = document.forms(x).elements.length
17      document.write "element length.: " &
        ↳intElements & "<BR>"
18      for y=0 to intElements-1
19          document.write "element name...: " &
            ↳document.forms(x).elements(y).name
20          document.write ", " & document.forms(x).
            ↳elements(y).value & "<BR>"
21      next
22      document.write "<BR>"
23  next
24  document.write "</code>"
25  '
26  -->
27  </SCRIPT>
```

Quanto você tiver esse bloco de código em seu documento, poderá construir qualquer quantidade de formulários na página e, então, executar a página para ver o resultado. A Listagem 14.21 mostra dois formulários colocados na mesma página como o código mostrado na Listagem 14.20.

Listagem 14.21 Como colocar dois formulários em um documento HTML

```
1   <FORM method=get action="getpage.asp" id=frmFirst
    ↪name=frmFirst>
2   <CODE>
3   <STRONG>FormFirst</STRONG><BR>
4   Name..........<INPUT id=text1 name=text1 value=Dana ><BR>
5   Password.....<INPUT type=password id=password1
    ↪name=password1 value=dana><BR>
6   CheckBox...<INPUT type=checkbox id=checkbox1
    ↪name=checkbox1><BR>
7   <INPUT type=hidden value=Hidden id=hidden1 name=hidden1>
8   <INPUT type=submit value=Submit id=submit1 name=submit1>
9   <INPUT type=reset value=Reset id=reset1 name=reset1>
10  </CODE>
11  </FORM>
12  <P>
13  <FORM method=post action="postpage.asp" id=frmLast
    ↪name=frmLast>
14  <CODE>
15  <STRONG>FormLast</STRONG><BR>
16  Name..........<INPUT id=text2 name=text2
    ↪value=Jesse ><BR>
17  Password.....<INPUT type=password id=password2
    ↪name=password2 value=jesse><BR>
18  CheckBox...<INPUT type=checkbox id=checkbox2
    ↪name=checkbox2><BR>
19  <INPUT type=hidden value=Hidden id=hidden1 name=hidden1>
20  <INPUT type=submit value=Submit id=submit2 name=submit2>
21  <INPUT type=reset value=Reset id=reset2 name=reset2>
22  </CODE>
23  </FORM>
```

Agora, quando você carregar o documento completo em seu browser, verá o resultado que se parece com o da Figura 14.9.

Como você pode ver na Figura 14.9, o objeto Element pode retornar não apenas o nome do elemento no formulário, mas também o valor atual no elemento. Você poderá usar essas informações para ajustar os valores nos controles HTML ou examiná-los para obter entradas válidas. Note também que a coleção de elementos exibe ainda entradas ocultas no formulário. Assim, você poderá acessar as entradas que não estão visíveis para o usuário.

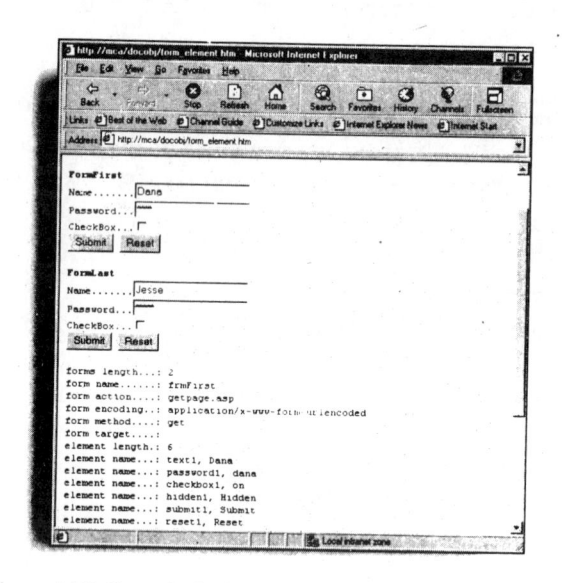

Figura 14.9 O resultado da utilização dos objetos Form e Element

Este é o final da revisão do modelo de objetos Microsoft Internet Explorer. Agora você sabe como usar o modelo de objetos para obter informações detalhadas sobre a janela do browser e o documento carregado no browser. Poderá usar essas informações para examinar os valores atuais, ajustar as entradas e, ainda, gerar e carregar novos documentos – tudo sem fazer chamadas ao servidor da web.

Veja também

➤ *Para aprender a combinar os eventos que inicializam ações nos objetos Form ou Element, veja o Capítulo 13.*

➤ *Depois de ver o modelo de objetos de documento, veja também o Capítulo 28 para iniciar o planejamento de problemas em suas aplicações da web.*

Capítulo 15

Como usar o script no lado servidor com objetos ASP predefinidos

- Aprenda o que é o script no lado servidor e como funciona
- Crie scripts no lado servidor para suas aplicações da web
- Aprenda a acessar e manipular cinco objetos predefinidos no lado servidor

Até aqui, todos os capítulos nesta seção lidaram com o VBScript no lado cliente. É o VBScript que é executado no browser do cliente no final da conexão. No entanto, você pode também escrever o VBScript que é executado apenas no Microsoft Internet Information Server que mantém a aplicação da web. Isto é chamado de *script no lado servidor*.

Sobre o ASP, o script no lado servidor e o VBScript

Tudo bem, você ouviu falar sobre Active Server Pages (ASP ou Páginas Ativas do Servidor), no script no lado servidor e no VBScript. Qual é a diferença? Não muitas e todas. ASP é realmente outra maneira de dizer script no lado servidor usando o VBScript. ASP é o nome de marketing para a tecnologia que a Microsoft desenvolveu para usar o VBScript como uma linguagem de script no lado servidor. Como é bem possível que outras linguagens possam ser usadas para executar o script no servidor, a ASP é geralmente usada para dizer que o script no lado servidor está usando o VBScript. Você verá a ASP e o script no lado servidor usados geralmente neste livro. A menos que seja estabelecido, o script no lado servidor e ASP devem ser intercambiáveis aqui.

Sobre o objeto ScriptingContext

Há um sexto objeto no lado servidor predefinido não tratado neste capítulo: o objeto **ScriptingContext**. Ele é usado (em conjunto com o Microsoft Transaction Server) para comunicar o término ou o cancelamento das transações. O Microsoft Transaction Server não é tratado neste livro.

A seguir, estão os cinco objetos predefinidos no lado servidor que você aprenderá neste capítulo:

- O objeto Server é usado para acessar as propriedades e os métodos relacionados ao servidor.
- O objeto Application é usado para compartilhar informações com todos os usuários da aplicação.
- O objeto Session é usado para gerenciar as informações específicas do usuário para uma única sessão.
- O objeto Response é usado para transmitir informações do servidor para o cliente.
- O objeto Request é usado para transmitir informações do cliente para o servidor.

Quando tiver completado este capítulo, você terá uma boa compreensão de como o script no lado servidor funciona, como criar os scripts no lado servidor para obter aplicações da web e como aproveitar os objetos Active Server Pages predefinidos disponíveis ao usar o Microsoft Internet Information Server.

Capítulo 15 Como usar o script no lado servidor com objetos ASP predefinidos   397

O que é script no lado servidor?

A idéia no processo do script no lado servidor está baseada no modo como a World Wide Web funciona. O Hypertext Transfer Protocol (HTTP ou Protocolo de Transferência de Hipertexto) controla como os dados são transmitidos nas conversas entre o cliente (seu browser) e o servidor. Basicamente, um cliente entra em contato com um servidor e solicita uma página de dados. Então o servidor reúne todos os dados para a página solicitada e envia-a para o cliente. O que existe de fato na página (inclusive ligações com outras páginas etc.) realmente não interessa ao servidor. Podem ser tags HTML simples, o VBScript, o Jscript, PERL, CGI, imagens - qualquer coisa.

Até então, as análises do VBScript têm sempre suposto que o VBScript que você escreve é enviado para o browser como parte da página solicitada. Isto funciona bem para os browsers que são capazes de lidar com o VBScript. Contudo, alguns browsers podem não compreender o VBScript. E mais, pode haver algumas tarefas que você terá que executar no servidor e antes de enviar a página para o cliente. É onde o script no lado servidor entra.

A evolução do script no lado servidor

A ativação no lado cliente percorreu um longo caminho. Desde seu início nos programas CGI (Common Gateway Interface ou Interface Comum de Gateway), as aplicações da web vêm contando com o servidor para fazer o trabalho. O script no lado servidor com a ASP leva as coisas a um outro nível, facilitando muito. A vantagem da ASP é que você não está limitado a uma linguagem. Este capítulo mostra como usar o VBScript, contudo pode também usar o Jscript e ainda o PerlScript com uma extensão no lado servidor.

Quando você escreve seu VBScript para executar como script no lado servidor, ele nunca atinge o browser. Quando um cliente solicita uma página com o script no lado servidor, o servidor carrega a página na memória, executa o script no lado servidor e envia os *resultados* para o cliente como uma satisfação da solicitação da página.

Em outras palavras, você pode escrever rotinas VBScript que lêem dados no servidor (acessar banco de dados, ler arquivos de disco etc.), então enviar essas informações para o cliente no formulário de um documento HTML. O cliente nunca vê o VBScript e nunca sabe que você estava escrevendo o VBScript.

Existem diversas vantagens na utilização dos scripts no lado servidor em suas aplicações da web. Primeiro, como o código é executado no servidor, retira algum carregamento do processador do browser do cliente. Ainda, em muitos casos, menos dados serão enviados no fio do cliente para o browser, pois apenas os resultados do script no lado servidor têm que ser enviados para o cliente.

Outra grande vantagem de usar o script no lado servidor é que você pode fazer coisas no servidor que simplesmente não são possíveis no cliente. Por exemplo, compartilhar informações em um banco de dados SQL Server requer que os dados sejam classificados no servidor, que as informações da conexão sejam armazenadas no servidor e que os detalhes de selecionar e exibir os dados sejam feitos no servidor antes de serem enviados para o browser do cliente.

Integração ASP

ASP tem uma ótima integração com os bancos de dados que usam a ODBC. Por exemplo, você poderá construir facilmente um site da web que obtém informações de um SQL Server ou banco de dados Access e armazenar seus próprios dados quando terminar.

Existem outras razões para usar o script no lado servidor. Eis alguns exemplos:

- *Segurança aumentada.* Se você usa senhas para acessar os dados, não desejará querer enviá-las para o cliente.
- *Reutilização do componente.* Você ode construir e usar DLLs colocadas no servidor e não precisar enviá-las para o cliente.
- *Redução do tráfego no fio.* Em vez de enviar vários métodos VBScript para calcular as taxas de juros para cada usuário sempre que este acessar a página, mantenha o código no servidor e envie apenas os resultados do cálculo.

Veja também

➤ Você aprenderá mais sobre como usar ASP para os bancos de dados no Capítulo 16.

Como compreender como funcionam os scripts no lado servidor

Criar o código do script no lado servidor é fácil. Existem apenas algumas regras especiais que têm que ser seguidas para assegurar que o script será executado no servidor em vez de no browser do cliente. Depois de ver essas regras, você achará que escrever o script no lado servidor não é diferente de escrever o script no lado cliente.

Primeiro, se estiver criando um documento que será executado no script no lado servidor para o Microsoft Internet Information Server, terá que adicionar a seguinte linha à parte superior do documento:

```
<% @LANGUAGE= "VBScript" %>
```

Esta linha informa ao Microsoft Internet Information Server que o documento contém o VBScript que terá que ser examinado e executado antes do documento ser enviado para o servidor. Se você falhar em colocar essa linha na parte superior do documento, nenhum script no lado servidor será executado e você não terá os resultados esperados quando a página for finalmente enviada para o browser do cliente.

Em seguida, todo o script no lado servidor tem que ser colocado entre os marcadores <% e %> (veja a Listagem 15.1).

Capítulo 15 Como usar o script no lado servidor com objetos ASP predefinidos

Listagem 15.1 Algum script no lado servidor

```
1   <%
2   '
3   ' this code will run at the server
4   '
5   Dim strGreeting
6   '
7   If Hour(Now) < 12 Then
8       StrGreeting = "Good Morning!"
9   Else
10      StrGreeting = "Good Afternoon!"
11  End If
12  '
13  Response.Write "<H2>" & strGreeting & "</H2>"
14  '
15  %>
```

O perigo de não fechar as âncoras

Qualquer pessoa que tenha escrito uma página da web ou um script sabe como pode ser perigoso não fechar a âncora de um tag. Por exemplo, ter um <B> e não um </B> significa que tudo em sua página depois da âncora aberta será texto em negrito. Isto ocorre no lado servidor. Feche suas marcas de script no lado servidor (%>), do contrário o restante de seu documento será processado no lado servidor e provavelmente obstruído.

Estes marcadores identificam o script no lado servidor para o Microsoft Internet Information Server. Qualquer VBScript não colocado dentro desses marcadores será enviado para o cliente com o restante da página.

Quando o documento que contém o script no lado servidor (mostrado na Listagem 15.1) for solicitado por um cliente, o servidor carregará o documento, avaliará o script no lado servidor, executará o código e enviará os resultados para o cliente. No caso da Listagem 15.1, o único material é escrito para o cliente (nas manhãs) é

```
<H2>Good Morning!</H2>
```

Em outras palavras, o cliente final nunca vê o script no lado cliente e nunca sabe se o material enviado eram dados HTML puros ou o resultado do script no lado servidor processado.

Isto indica outra vantagem importante de usar o script no lado servidor. Mesmo que você possa escrever seu script no lado servidor usando o VBScript, o cliente final não precisará entender o VBScript. Como o VBScript é todo gerenciado no lado servidor, o cliente não precisa executar um instrumento VBScript para compreender a saída.

Outras linguagens de script

O Internet Information Server 4.0 suporta o VBScript e o Jscript prontos. Você poderá também obter "complementos" ou extensões que suportam o PERL (ou PERLScript) e o REXX. Isto lhe permite usar a linguagem de script na qual prefere desenvolver.

Também é possível misturar o script no lado servidor e a HTML no mesmo documento. Por exemplo, a Listagem 15.2 mostra como você poderá misturar o texto marcado da HTML e o VBScript sendo executado como o script no lado servidor para produzir a saída final a ser enviada.

Listagem 15.2 Como misturar a HTML e o script no lado servidor na mesma página

```
1   <!-- get instance of CLC -->
2   <%
3   '
4   ' create vars for handling CLC
5   dim objLinker   ' holds CLC
6   dim intLoop     ' counter for items
7   dim strURL      ' holds item URL
8   dim strTitle    ' holds item title
9   '
10  ' get instance of CLC object
11  set objLinker = Server.CreateObject ("MSWC.NextLink")
12  %>
13
14  <!-- Insert HTML here --></P>
15  <H2> In This Issue of VID-NC</H2>
16  <HR>
17  <!-- now show articles in this issue -->
18  <%
19  For intLoop=1 to objLinker.GetListCount ("cl_data.txt")
20      strURL=objLinker.GetNthURL ("cl_data.txt", intLoop)
21      strTitle=objLinker.GetNthDescription ("cl_data.txt"
    ↪, intLoop)
```

continua...

Capítulo 15 Como usar o script no lado servidor com objetos ASP predefinidos **401**

Listagem 15.2 Continuação

```
22  %>
23  <H4><LI><A href="strURL%>"><%=strTitle%></A></H4>
24  <%Next%>
25  <HR>
```

Como usar os scripts no lado servidor para alterar os scripts no lado cliente
Você pode usar os scripts no lado servidor para preencher informações e modificar os scripts que serão usados no cliente. É um exemplo principal da capacidade de ambas as plataformas de script. Por exemplo, poderá usar uma consulta de um banco de dados executada no servidor para preencher um script no lado cliente. Esses dados exclusivos tornariam o script no lado cliente mais aplicável.

A Listagem 15.2 mostra a primeira linha como uma linha de comentário HTML padrão seguida por diversas linhas de VBScript marcadas para a execução no lado cliente (linhas 2-12). Então, nas linhas 13-17, existem mais algumas linhas de HTML, seguidas por um bloco de script no lado servidor (linhas 18-22), uma linha de HTML e de script no lado servidor (linha 23), uma linha de script no lado servidor (24) e uma última linha de HTML na linha 25.

Não se preocupe se não entender o que toda essa HTML e código VBScript estão realmente fazendo. A idéia aqui é apenas ter uma noção de como o VBScript pode ser usado como uma ferramenta de script no lado servidor. Como pode ver, você tem muita flexibilidade disponível quando usa o script no lado servidor.

Agora crie uma página de script simples no lado servidor para mostrar como tudo funciona.

Como criar um script no lado servidor simples com o VBScript

Como um exemplo simples, crie uma página da web que use todo o script no lado servidor com o VBScript. Essa página usará a data e a hora do servidor para determinar o cumprimento enviado aos clientes que conectam sua aplicação da web.

Antes de criar essa página ASP de exemplo, primeiro inicie um novo projeto da web Visual InterDev para manter todas as páginas que construirá para este capítulo. Inicie o Visual InterDev e crie um novo projeto chamado ServerObjects. Então acrescente uma nova página HTML chamada DEFAULT.HTM ao projeto e um conjunto de ligações à página encontrado na Tabela 15.1.

Como usar a depuração

Para realmente apreciar o desenvolvimento dos scripts no lado servidor com o Visual InterDev, você desejará usar os recursos de depuração. Isto requer que seu servidor da web seja o Internet Information Server 4.0 ou superior e que tenha os componentes de depuração no lado servidor Visual InterDev instalados no servidor.

Tabela 15.1 As ligações para DEFAULT.HTM da aplicação da web ServerObjects.

Texto	Ligação
Exemplo ASP simples	SIMPLE.ASP
Server Object (Objeto do servidor)	SERVER.ASP
Application Object (Objeto da aplicação)	APPLICATION.ASP
Session Object (Objeto da sessão)	SESSION.ASP
Response Object (Objeto de resposta)	RESPONSE.ASP
Request Object (Objeto de solicitação)	REQUEST.ASP

Quando tiver acabado, sua home page, esta deverá parecer-se com a da Figura 15.1.

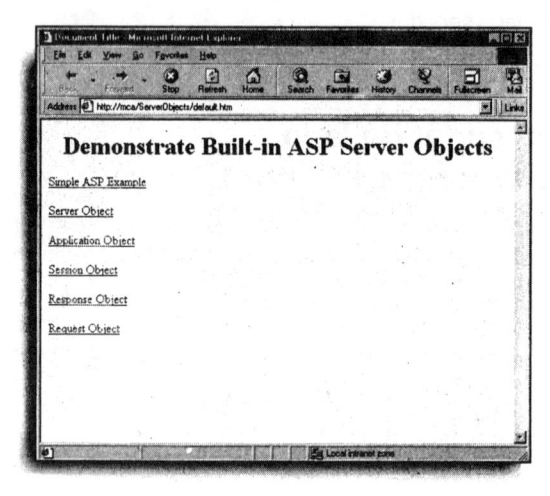

Figura 15.1 O layout para DEFAULT.HTM da aplicação da web ServerObjects.

Capítulo 15 Como usar o script no lado servidor com objetos ASP predefinidos **403**

Agora, você está pronto para criar sua primeira página de script no lado servidor usando o VBScript. Para tanto, terá que adicionar uma página ASP a seu projeto.

Como adicionar páginas ASP a seu projeto

1. Depois de carregar o Visual InterDev e acessar seu projeto, selecione o nome do projeto na janela Project Explorer, clicando-o uma vez com o mouse.
2. Pressione o botão direito do mouse e selecione **Add**, **Active Server Page** no menu de contexto.
3. Quando a caixa de diálogo Add Item aparecer, forneça SIMPLE.ASP na caixa de texto SIMPLE.ASP **Name** (Nome SIMPLE.ASP). Use .asp como os caracteres finais no nome de arquivo.
4. Pressione o botão **Open** para fazer com que o Visual InterDev crie o novo documento ASP em seu projeto e carregue-o em seu editor.
5. Agora, você está pronto para começar a escrever seu código de script no lado servidor!

Depois de criar o documento SIMPLE.ASP em seu projeto, você terá que fornecer o VBScript que será executado no servidor. A Listagem 15.3 mostra algum script no lado servidor muito simples que criará um cabeçalho para o documento e irá gerar uma saudação para o cliente com base na hora do dia. Adicione este código dentro dos tags HTML <BODY></BODY> do documento.

Listagem 15.3 Algum script simples no lado servidor usando o VBScript

```
1   <%
2   '
3   ' simple asp example
4   '
5   dim intHour
6   dim strGreeting
7
8   ' send heading for the document
9   Response.Write "<H2><CENTER>Simple ASP Example</CENTER>
    ➥</H2><P>"
10
11  'compute greeting
12  intHour=Hour(Now)
13  Select Case intHour
14      Case 0,1,2,3,4,5,6,7,8,9,10,11
15          strGreeting = "Good Morning"
16      Case 12,13,14,15,16,17
17          strGreeting = "Good Afternoon"
```

continua...

Listagem 15.3 Continuação

```
18   Case 18,19,20,21,22,23
19        strGreeting = "Good Evening"
20   End Select
21
22   'send greeting
23   Response.Write "<H4><CENTER>" & strGreeting &
     ↪"</CENTER></H4><P>"
24   Response.Write "<CENTER>Server Date and Time is: "
     ↪& FormatDateTime(Now) & "</CENTER>"
25   '
26   %>
```

Essa listagem é um desafio!

Este código é um bom exemplo de modificação de sua página com base em uma condição. Depois de ter completado esse exemplo uma vez, tente voltar e fazer com que cumprimente-o com base na estação em que está.

Primeiro, note que todo o bloco de código está entre os marcadores <% e %> de script no lado servidor. Lembre-se que é uma exigência. Mesmo que o documento tenha <%@ LANGUAGE=VBScript %> como a primeira linha, todo o código de script no lado servidor terá ainda que estar entre os marcadores de script no lado servidor.

Segundo, observe que existem três linhas (linhas 9, 23 e 24) que enviam de fato a saída HTML. Cada uma dessas linhas usa o objeto Response. Você aprenderá mais sobre o objeto Response posteriormente neste capítulo. Finalmente, uma única estrutura Select Case nas linhas 13-20 é usada para determinar a hora atual do dia e definir uma variável para a devida saudação.

O objeto Response e o objeto Document

O objeto **Response** é muito parecido com o objeto **Document** no lado cliente. Você poderá usar ambos os objetos para escrever dinamicamente o conteúdo na página da web.

Quando tiver terminado esse código, salve o documento e inicie a aplicação da web (pressione F5 ou selecione **Debug** (Depurar), **Start** no menu principal). Quando navegar para a ligação SIMPLE.ASP na home page, seu browser deverá exibir uma página semelhante à da Figura 15.2.

Você poderá ver o documento exato enviado selecionando **View** (Exibir), **Source** no Microsoft Internet Explorer. A Listagem 15.4 mostra a HTML que criou o documento na Figura 15.2.

Capítulo 15 Como usar o script no lado servidor com objetos ASP predefinidos **405**

Figura 15.2 Como exibir a página SIMPLE.ASP

Listagem 15.4 O documento HTML enviado pelo script no lado servidor

```
1   <HTML>
2   <HEAD>
3   <META NAME="GENERATOR" Content="Microsoft Visual Studio">
4   <META HTTP=EQUIV="Content Type" content="text/html">
5   <TITLE> Document Title</TITLE>
6   </HEAD>
7   <BODY>
8
9   <H2><CENTER>Simple ASP Example</CENTER></H2><P>
10  <H4><CENTER>Good Afternoon</CENTER></H4><P>
11  <CENTER>Server Date and Time is: 2/16/98 3:29:17 PM
12  </CENTER>
13
14  <!-- Insert HTML here -->
15
16  </BODY>
17  </HTML>
```

Como usar o script no lado servidor para a proteção

Você poderá usar o script no lado servidor para proteger o código e as informações sensíveis. Isto é ótimo para não exibir como você o fez.

O conteúdo exato da página ou o layout da HTML pode não ser igual para você, mas deverá ficar muito parecido com o da Listagem 15.4. O principal a notar é que não existe absolutamente um traço do VBScript no documento HTML que foi enviado a partir do servidor. Apenas o resultado do script no lado servidor foi enviado.

É o básico do script no lado servidor com o VBScript. Tudo o que você está realmente fazendo é escrever o VBScript nas páginas que foram marcadas para a execução no servidor.

Nas próximas cinco seções, você criará outros documentos ASP que detalham as propriedades e os métodos dos objetos ASP predefinidos usados no script no lado servidor.

Como acessar o servidor host com o objeto Server

O objeto Server fornece acesso às informações disponíveis para cada aplicação da web sendo executada no servidor do host da web. Isto permite obter (e definir) as informações compartilhadas por todas as aplicações. O objeto Server é o mais simples dos objetos ASP predefinidos. O objeto Server tem uma propriedade e quatro métodos (veja a Tabela 15.2).

Tabela 15.2 As propriedades e os métodos do objeto *Server*

Nome	Tipo	Descrição	Exemplo
ScriptTimeout	Propriedade	Usada para definir/obter o valor de intervalo para executar os scripts no servidor. Expresso em segundos.	Server.Script Timeout=90
HTMLEncode	Método	Usado para converter o texto ASCII na string HTML protegida.	StrHTML = Server.HTML Encode("<P>")
URLEncode	Método	Usado para converter o texto ASCII na string HTML protegida.	StrURL=URL Encode (http://www.banick .com/sample page.asp)
CreateObject	Método	Usado para ligar seu script no lado servidor a um objeto COM no servidor.	ObjTemp = Server.Create Object("MyDLL. MyObject")

continua...

Capítulo 15 Como usar o script no lado servidor com objetos ASP predefinidos

Tabela 15.2 Continuação

Nome	Tipo	Descrição	Exemplo
MapPath	Método	Usado para voltar ao local do disco físico de uma pasta virtual no servidor da web.	StrFolder=Server. MapPath("/data")

Resultados imprevisíveis com o objeto Server
Se você não tiver cuidado quando usar o objeto **Server**, terá resultados não esperados. Teste o código completamente.

A única propriedade ScriptTimeout é usada para examinar ou definir o valor de intervalo para os scripts em execução. Esse valor pode ser usado para impedir que os scripts no lado servidor caiam em loops infinitos e consumam o tempo de processamento de todo o seu servidor. O valor default é 90 segundos.

Dos quatro métodos, dois podem ser usados para codificar a HTML ou as strings URL (HTMLEncode e URLEncode), um pode ser usado para retornar o caminho de disco de um diretório virtual no servidor e outro pode ser usado para criar uma ligação entre seu script e outros objetos externos (CreateObject).

Em seguida, você criará um novo documento ASP para mostrar como a propriedade e os métodos do objeto Server funcionam. Adicione um novo arquivo ASP chamado SERVER.ASP ao projeto ServerObjects e acrescente o VBScript da Listagem 15.5 ao corpo da página ASP.

Listagem 15.5 Como demonstrar a propriedade e os métodos do objeto *Server*

```
1   <%
2   '
3   ' show server object properties and methods
4   '
5
6   ' document header
7   Response.Write "<H2>Demonstrate Server Object</H2>"
8
9   ' properties
10  Response.Write "<P><H4>Properties</H4><HR>"
11  Response.Write "ScriptTimeout = " &
    ↪Server.ScriptTimeout & "<BR>"
12
```

continua...

Listagem 15.5 Continuação

```
13   'methods
14   Response.Write "<P><H4>Methods</H4><HR>"
15   Response.Write "MapPath - " Server.MapPath
     ↳ ("/ServerObjects") & "<BR>"
16   Response.Write "HTMLEncode - " Server.HTMLEncode
     ↳ ("Show Para Mark: <P>") & "<BR>"
17   Response.Write "URLEncode - " Server.URLEncode
     ("http://www.amundsen.com") & "<BR>"
18   Response.Write "CreateObject - used to access
     ↳external objects<BR>"
19
20   '
21   %>
```

Os objetos Server e Location

As informações que você pode retirar desses dois objetos no lado cliente e no lado servidor são incríveis. Experimente retirar dados de ambos para aprender mais sobre os dados mantidos pelo servidor da web e o browser da web.

Salve esse documento e execute sua aplicação da web para testar a página SERVER.ASP. Quando carregar a página em seu browser, você verá a propriedade ScriptTimeout atual exibida com o local do disco real de sua aplicação da web. Também verá o URL codificado e o que parece ser uma linha HTML não afetada. Contudo, se selecionar **View, Source** no Microsoft Internet Explorer, achará que o método HTMLEncode substituiu <P> simples por <P>.

O único método não chamado nessa página é o método CreateObject. É usado para criar ligações entre sua aplicação da web e outros componentes instalados. Você aprenderá sobre esse método nos capítulos posteriores deste livro. No momento, apenas lembre-se de que CreateObject é sua maneira de ligar-se a outros componentes.

Como compartilhar dados com todos os usuários com o objeto Application

O objeto Application é outro objeto simples. Sua tarefa básica é estabelecer valores que podem ser compartilhados com todos os usuários que conectam sua aplicação da web. Por exemplo, você usará as variáveis em nível de aplicação para lidar com as contagens de batidas em suas páginas da web, as conexões com o banco de dados e outros valores que não serão exclusivos para cada sessão do usuário sendo executada em sua aplicação da web.

Capítulo 15 Como usar o script no lado servidor com objetos ASP predefinidos

As variáveis da aplicação

As variáveis da aplicação podem ser usadas para controlar o processo geral de sua aplicação da web. A principal vantagem é que o objeto **Application** remove o necessário para manipular manualmente essas informações. Este objeto o faz por você. Ótimo, não?

O objeto Application tem duas coleções, dois métodos e dois eventos associados. A Tabela 15.3 mostra um resumo do objeto Application.

Tabela 15.3 O objeto *Application*

Nome	Tipo	Descrição	Exemplo
Contents	Coleção	Mantém o conjunto de variáveis em nível da aplicação criadas durante a execução	IntHitCount= Application. Contents ("HitCounter")
StaticObjects	Coleção	Mantém o conjunto de objetos compartilhados carregado do arquivo GLOBAL.ASA	Set LocalCounter= Application. StaticObjects ("MyObject")
Lock	Método	Bloqueia o conteúdo da aplicação para a atualização	Application. Lock
UnLock	Método	Desbloqueia o conteúdo da aplicação para a atualização	Application. UnLock
OnStart	Evento	Ocorre quando a aplicação é acessada por um usuário	Application_ OnStart
OnEnd	Evento	Ocorre quando a aplicação é finalizada	Application_ OnEnd

As duas coleções fornecem uma maneira predefinida de adicionar, remover e atualizar qualquer valor de dados simples ou complexo armazenado para a aplicação. A coleção Contents contém valores de dados simples e objetos adicionados durante a vida do programa (durante a execução). A coleção StaticObjects contém uma lista de todos os itens declarados na GLOBAL.ASA usando os tags <OBJECT></OBJECT> na aplicação. Estes objetos COM carregados previamente podem então ser compartilhados por todas as sessões da aplicação da web.

Os métodos Lock e UnLock são usados com segurança para acessar a coleção Contents. Como a coleção está disponível para todos os usuários conectados à sua aplicação da web, você terá que usar Lock antes de atualizar um valor Application.Contents e usar Unlock quando tiver terminado de usá-lo. A Listagem 15.6 mostra como isso fica no script no lado servidor.

Listagem 15.6 Exemplo da utilização dos métodos *Lock/UnLock* do objeto *Application*

```
1   <%
2   '
3   'update hit count
4   '
5   Dim lngHitCount
6   '
7   Application.Lock 'prevent other from updating contents
8   lngHitCount = Application.Contents ("HitCount")
9   lngHitCount = lngHitCount + 1
10  Application.Contents ("HitCount") = lgnHitCount
11  Application.UnLock 'release access to the contents
12  '
13  %>
```

Os dois eventos (OnStart e OnEnd) ocorrem quando a aplicação da web inicia-se (a primeira sessão começa) e quando finaliza. O evento OnStart é o local mais comum para criar entradas na coleção Application.Contents. Você poderá, então, gravar qualquer valor importante relacionado à aplicação da web no evento OnEnd que ocorre quando a aplicação é finalizada. Na verdade, esses eventos ocorrem no arquivo GLOBAL.ASA em seu projeto.

Veja também

➤ *Você pode aprender mais sobre os eventos nos Capítulos 13 e 24.*

Como codificar o exemplo do objeto Application

Agora adicione uma página da web para mostrar o objeto Application.

Como criar o exemplo APPLICATION.ASP

1. Primeiro, adicione uma nova página chamada APPLICATION.ASP ao seu projeto ServerObjects.
2. Abra a página APPLICATION.ASP clicando-a duas vezes no Project Explorer.
3. Se ainda não estiver no modo Source, clique na guia **Source**.
4. Em seguida, escreva algum script no lado servidor. Forneça o código da Listagem 15.7 logo depois do tag <BODY> no documento.

Capítulo 15 Como usar o script no lado servidor com objetos ASP predefinidos

---

Experimente obter as variáveis a alterar

Se puder testar essa página em mais de um browser de cada vez, experimente para ver se pode obter as variáveis a alterar quando forem bloqueadas.

Listagem 15.7 Como criar entradas na coleção *Application.Contents*

```
1   <%
2   '
3   ' show application object
4   '
5
6   '
7   ' to pass along errors if found
8   on error resume next
9
10  '
11  ' send out heading
12  Response.Write "<H2><CENTER>Demonstrate Application
    ↪Object</CENTER></H2><P>"
13
14  '
15  ' create some application-level variables
16  Application.Lock
17  Application.Contents ("Counter")=12
18  Application.Contents ("AppName")="My Web Application"
19  Application.Contents ("AppVersion")="1.0"
20  Application.UnLock
21  '
22  %>
```

Você pode também notar a aparência da linha on error resume next. Em alguns casos, acessar a coleção Contents durante a execução poderá retornar um erro e parar o processamento do script no lado servidor. Adicionando essa linha você informará ao script no lado servidor para continuar a processar mesmo depois do erro ser informado.

Depois de enviar uma linha de cabeçalho que aparecerá na parte superior do documento, a parte principal do script no lado servidor irá bloquear primeiro o objeto Application, então criará três entradas na coleção Application.Contents antes de liberar o bloqueio.

Os valores criados aqui estão agora disponíveis para qualquer outra página na aplicação da web e quaisquer outros usuários que tenham atualmente uma sessão com essa aplicação da web.

Para testar, acrescente algum código para acessar a coleção Application.Contents e exibi-la na página. A Listagem 15.8 mostra como fazer isso.

Listagem 15.8 Como adicionar o código para acessar a coleção *Application.Contents*

```
1   <%
2   '
3   ' show list of application contents
4   Response.Write "<H4>Contents Collection</H4><HR>"
5   For Each Key in Application.Contents
6       Response.Write Key & " : " & Application.Contents(Key)
        ↳ & "<BR>"
7   Next
8
9   %>
```

Observe que a Listagem 15.8 funcionará para qualquer número de entradas na coleção Application.Contents. A estrutura For Each...Next é muito útil para criar loops para processos onde você não sabe ainda o número total de itens na coleção.

Veja também

➤ Para aprender sobre os componentes no lado servidor, veja o Capítulo 22.

Em seguida, adicione algumas declarações de objetos no arquivo GLOBAL.ASA e, então, exiba-as a partir da página APPLICATION.ASP.

Como criar as declarações do objeto na APPLICATION.ASP

1. Primeiro, selecione o arquivo GLOBAL.ASA na janela de projetos e clique-o duas vezes para abri-lo no editor.
2. Em seguida, adicione o código que irá declarar dois objetos para usar na aplicação. Para tanto, use o tag <OBJECT> HTML.
3. Adicione o código mostrado na Listagem 15.9 ao seu arquivo GLOBAL.ASA.

A colocação do código

Adicione estas linhas depois do tag </SCRIPT>. Se colocar o código dentro dos tags <SCRIPT></SCRIPT>, terá erros quando executar a aplicação da web.

Capítulo 15 Como usar o script no lado servidor com objetos ASP predefinidos   **413**

Listagem 15.9 Como adicionar as declarações do objeto ao arquivo GLOBAL.ASA

```
1   <!--create link to external COM objects-->
2   <OBJECT RUNAT=Server SCOPE=Application ID=appAdRotator
3   Progid="MSWC.AdRotator"></OBJECT>
4
5   <OBJECT RUNAT=Server SCOPE=Application
    ↪ID=appContentLinker
6   Progid="MSWC.NextLink"></OBJECT>
```

Note que o valor usado no atributo ID aparecerá na janela Script Outline no IDE. Isto informa que os objetos são reconhecidos por sua aplicação da web. Também é importante adicionar o atributo SCOPE à declaração. Se você falhar em incluir esse item, o objeto não estará disponível em sua aplicação da web.

Agora que declarou os objetos, você está pronto para adicionar algum script no lado servidor ao arquivo APPLICATION.ASP para ler a coleção StaticObjects e informar o resultado. A Listagem 15.10 tem o script no lado servidor que você deverá adicionar logo depois do código acrescentado da Listagem 15.8.

Listagem 15.10 Como adicionar o código para exibir a coleção *StaticObjects*

```
1   <%
2   '
3   ' show list of app-level objects
4   Response.Write "<H4>StaticObjects Collection</H4><HR>"
5   For Each Key in Application.StaticObjects
6   Response.Write Key
7   Next
8   '
9   %>
```

Agora salve essa página e execute o projeto (pressione F5 ou selecione **Debug**, **Start** no menu principal). Quando selecionar a ligação Application Object, verá a lista de entradas na coleção Application.Contents e na coleção StaticObjects (veja a Figura 15.3).

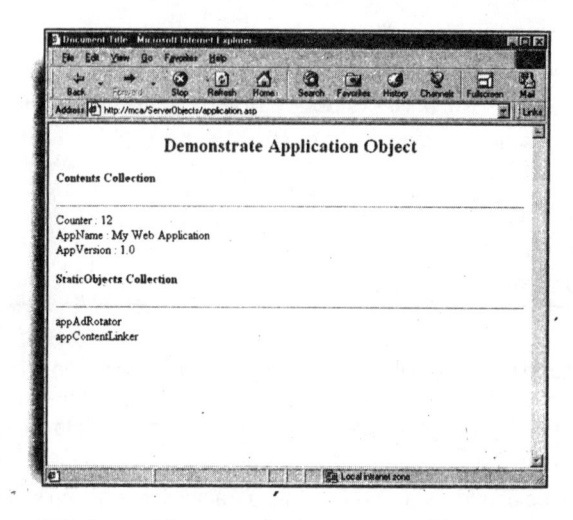

Figura 15.3 Como exibir a coleção Contents de APPLICATION.ASP.

Lembre-se de que esses valores são geralmente definidos no evento Application_OnStart que ocorre no arquivo GLOBAL.ASA. O código foi colocado aqui apenas para facilitar a demonstração do objeto.

Como usar o objeto Application

O objeto **Application** pode ser usado para controlar as informações que são acessíveis por todos os usuários em sua aplicação da web, assim como para executar os eventos e ações em determinados casos. Por exemplo, quando um usuário conectar pela primeira vez sua aplicação, você poderá querer que estabeleça uma conexão do banco de dados que será usada durante toda a vida da aplicação. Essa capacidade fornece um controle em nível da macro sobre sua aplicação da web sem controlar manualmente seu comportamento a partir de cada script.

Veja também

➤ *Para ver mais sobre os eventos da programação, veja o Capítulo 13.*

Como controlar os valores do usuário com o objeto Session

Embora o objeto Application permita compartilhar dados com todos os usuários que estão rodando uma sessão em sua aplicação, você poderá usar o objeto Session para armazenar valores exclusivos para a sessão atual. Isto lhe permite configurar os valores para cada usuário quando ele inicia uma sessão em sua aplicação da web e, então, executar esses valores na sessão até que finalmente salve-os no disco ou apague-os no final da sessão do usuário.

Capítulo 15 Como usar o script no lado servidor com objetos ASP predefinidos   **415**

Um bom uso para o objeto Session

Um bom uso para o objeto **Session** sobre o objeto **Application** são os dados individuais do usuário. Você não gostaria que as informações individuais do usuário ficassem acessíveis para todo usuário individual. O objeto **Session** mantém essas informações exclusivas para a sessão de um usuário.

Como o objeto Application, o objeto Session tem duas coleções: Contents e StaticObjects. O objeto Session tem quatro propriedades. Duas lidam com as definições do usuário (LocaleID e CodePage) e duas lidam com o controle da sessão (SessionID e Timeout). Finalmente, há apenas um método com o objeto Session: Abandon. Isto poderá ser usado para terminar de maneira forçada uma sessão, se necessário. A Tabela 15.4 mostra um resumo do objeto Session.

Tabela 15.4 O objeto *Session*

Nome	Tipo	Descrição	Exemplo
Contents	Coleção	Mantém todas as variáveis declaradas durante a execução desta sessão.	Session.Contents ("UserName")="Matt"
StaticObjects	Coleção	Mantém todos os objetos declarados no arquivo GLOBAL.ASA usando o tag <OBJECTS>.	Set objTemp = Session.StaticObjects ("YourObject")
SessionID	Propriedade	Mantém um valor exclusivo que identifica esta sessão para a aplicação da web.	Response.Write Session.SessionID
Timeout	Propriedade	Usada para definir/obter o valor de intervalo para uma sessão, medido em minutos.	Session.Timeout = 20
LCID	Propriedade	O LocaleID da sessão atual. Usada para determinar a exibição da moeda, formato etc.	Response.Write Session.LCID
CodePage	Propriedade	Mantém a página de código da estação de trabalho que será usada para gerenciar a exibição de caracteres.	Response.Write Session.CodePage
Abandon	Método	Usado para terminar a sessão atual e liberar todos os dados em nível de sessão.	Session.Abandon

Como adicionar a página de exemplo da sessão

Agora iremos adicionar uma nova página à aplicação da web ServerObjects chamada SESSION.ASP. Depois do novo arquivo ASP ser adicionado à aplicação da web, você estará pronto para adicionar algum script no lado servidor à página.

A Listagem 15.11 mostra o código que declara alguns valores em nível de sessão. Acrescente este script no lado servidor logo depois do tag <BODY> na página.

Listagem 15.11 Como adicionar o código para criar os valores da sessão na coleção *Contents*

```
1   <%
2   '
3   ' show session object
4   '
5
6   '
7   ' show heading for page
8   Response.Write "<H2><CENTER>Demonstrate Session Object
    ↪</CENTER></H2><P>"
9
10  '
11  ' add some session variables to contents collection
12  Response.Write "<H4>Session Contents</H4><HR>"
13  Session.Contents ("sesName") = "MySession"
14  Session.Contents ("sesStart") = Now
15  Session.Contents ("sesPage") = "Page 1"
16  '
17  %>
```

Note que esse código é quase idêntico ao código que criou as entradas em nível de aplicação na coleção Contents. No entanto, os valores criados aqui estão disponíveis apenas para a sessão e o usuário atuais. Os outros usuários poderão ser conectados a esse projeto e verão outros valores nessas entradas. Observe também que não existem operações Lock/Unlock nas variáveis Session nas linhas 13-15. Lock é necessário apenas quando mais de um usuário tem acesso aos mesmos dados exatos. Os objetos Session estão disponíveis apenas para o usuário atual.

Como compartilhar as variáveis da sessão

Você não poderá compartilhar facilmente as variáveis da sessão. Ao contrário, terá que armazená-las de alguma maneira (por exemplo, no objeto **Application**) para que os outros usuários possam acessá-las.

Capítulo 15 Como usar o script no lado servidor com objetos ASP predefinidos

Agora acrescente o código para ler a coleção Session.Contents. A Listagem 15.12 tem as linhas de código a adicionar ao final das linhas na Listagem 15.11.

Listagem 15.12 Como adicionar o código para ler a coleção *Session.Contents*

```
1  <%
2  '
3  ' display the session variables
4  For Each Key in Session.Contents
5    Response.Write Key & " : " & Session.Contents(Key) &
   ↳"<BR>"
6  Next
7  '
8  %>
```

Você pode ver que isso é muito parecido com o código na Listagem 15.8.

Depois de acrescentar o código para exibir Session.Contents, você terá que adicionar algum código para exibir as propriedades predefinidas do objeto Session. Adicione as linhas da Listagem 15.13 logo depois do código da Listagem 15.12.

Listagem 15.13 Como exibir as propriedades do objeto *Session*

```
1  <%
2  '
3  ' show current properties
4  Response.Write "<P><H4>Properties</H4><HR>"
5  Response.Write "SessionID : " & Session.SessionID &
   ↳"<BR>"
6  Response.Write "Timeout : " & Session.Timeout & "<BR>"
7  Response.Write "LCID : " & Session.LCID & "<BR>"
8  Response.Write "CodePage : " & Session.CodePage & "<BR>"
9  '
10 %>
```

Agora adicione o código para exibir a coleção StaticObjects em funcionamento para o objeto Session. Primeiro, acrescente as linhas da Listagem 15.14 ao final do arquivo GLOBAL.ASA. Essas linhas usam o tag <OBJECT> para declarar os objetos para a coleção Session.StaticObjects.

Listagem 15.14 Como declarar os objetos em nível de sessão no arquivo GLOBAL.ASA

```
1  <!--create session-level link to external COM-->
2  <!--objects-->
3  <OBJECT RUNAT=Server SCOPE=Session ID=sesAdRotator
4  Progid="MSWC.AdRotator"></OBJECT>
5
6  <OBJECT RUNAT=Server SCOPE=Session ID=sesContentLinker
7  Progid="MSWC.NextLink"></OBJECT>
```

Agora salve o arquivo GLOBAL.ASA, abra SESSION.ASP e adicione o código da Listagem 15.15 logo depois do código da Listagem 15.13.

Listagem 15.15 Como adicionar o código para exibir a coleção *StaticObjects*

```
1  <%
2  '
3  ' show list of app-level objects
4  Response.Write "<H4>StaticObjects Collection</H4><HR>"
5  For Each Key in Application.StaticObjects
6    Response.Write Key & "<BR>"
7  Next
8  '
9  %>
```

Isto exibe os objetos carregados previamente no escopo da sessão. Note que os dois objetos declarados em nível da aplicação (anteriormente neste capítulo) não aparecem nessa lista.

Finalmente, acrescente as linhas da Listagem 15.16 ao final da rotina. Isto executará o método Session.Abandon. O método Abandon pode ser usado para terminar a sessão atual.

Listagem 15.16 Como codificar o método *Abandon* do objeto *Session*

```
1  <%
2  '
3  ' now abandon the session
4  Session.Timeout=20
5  Session.Abandon
6  '
7  %>
```

Capítulo 15 Como usar o script no lado servidor com objetos ASP predefinidos   **419**

Há algum retorno?

Depois de uma sessão ter sido abandonada, ela é descartada pelo servidor. As informações armazenadas nessa sessão não estarão mais disponíveis. Certifique-se de que não precise de nenhum dado da sessão, do contrário considere mover os dados para as variáveis da aplicação.

Agora salve a página e execute a aplicação da web para exibir a página SERVER.ASP. Ela deverá parecer-se com a da Figura 15.4.

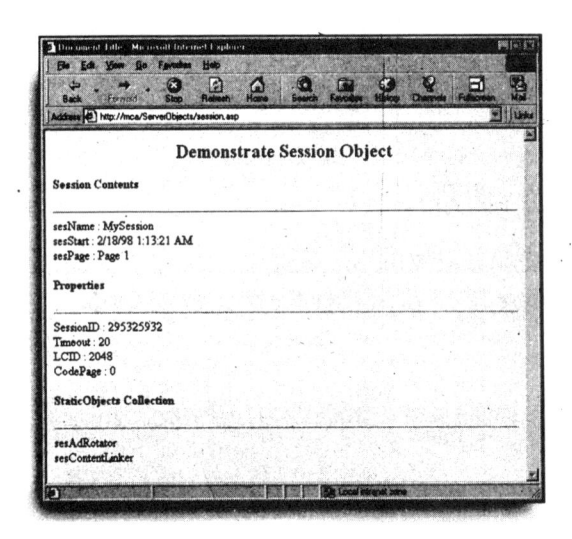

Figura 15.4 Como exibir a página do objeto Session.

Veja também

➤ Os objetos Content Linking e Ad Rotator são explorados no Capítulo 22.

Como enviar a saída para os clientes com o objeto Response

O objeto Response é o objeto ASP predefinido mais "talentoso" na coleção. É usado para enviar os dados dos browsers do servidor para o cliente. Para tanto, vários métodos e propriedades do objeto lidam com o fluxo de dados, seu conteúdo e estado atual de ligação de comunicação entre o servidor e o cliente.

Há uma coleção (Cookies), cinco propriedades e oito métodos para o objeto Response. Metade das propriedades e metade dos objetos lidam com o gerenciamento do buffer de dados do servidor para o cliente. A Tabela 15.5 resume o objeto Response.

Tabela 15.5 As propriedades, métodos e coleções do objeto *Response*

Nome	Tipo	Descrição	Exemplo
Cookies	Coleção	Mantém a coleção de valores armazenados enviados do servidor e armazenados no cliente.	Response.Cookies ("VID98Site") ("UserName") ="MikeA"
Buffer	Propriedade	Determina se a saída é armazenada em buffer pelo servidor.	Response.Buffer = TRUE
CacheControl	Propriedade	Define/retorna se os servidores substitutos podem colocar em cache a página.	CacheControl =private
Charset	Propriedade	Define/retorna o conjunto de caracteres enviados no cabeçalho da página.	Response.Charset("ISO-LATIN-7")
ContentType	Propriedade	Indica o tipo de conteúdo para a resposta atual.	HTTP Response.ContentType= "text/HTML"
Expires	Propriedade	Define/retorna a quantidade de tempo a transcorrer antes da página em cache terminar. Medida em minutos.	Response.Expires = 20
ExpiresAbsolute Absolute	Propriedade	Define/retorna a data/hora quando a página termina.	Response.ExpiresAbsolute="#May 31, 1996 13:30:15#"
IsClientConnected	Propriedade	Retorna o flag indicando o status de conexão do cliente.	Response.IsClientConnected
PICS	Método	Envia uma etiqueta Platform for Internet Content Selection (PICS ou Plataforma para Seleção de Conteúdo da Internet) para o cliente.	Response.PICS ("(PICS-1.1 <http://www.rsac.org/rating v01.html> labels on " & chr(34) & "1997.01.05T08: 15-0500" & chr(34) & " until" & chr(34) & "1999.12.31

continua...

Tabela 15.5 Continuação

Nome	Tipo	Descrição	Exemplo
			T23:59-0000" & chr(34) & " ratings (v 0 s 0 1 0 n 0))")
Status	Propriedade	Define/retorna a linha de status enviada pelo servidor.	Response.Status = "401 - Sorry Document Missing"
Add Header	Método	Envia um tag de cabeçalho adicional para o cliente.	Response.Add header "WWW-Authenticate", "BASIC"
AppendToLog	Método	Adiciona o texto ao registro do site da web (se Extended Logging ou Conexão Estendida estiver ativada).	Response.AppendToLog "User Logged out " & Now
BinaryWrite	Método	Envia dados binários para o cliente	Response.BinaryWrite jpgDataStream
Clear	Método	Limpa a saída armazenada no buffer do fluxo.	Response.Clear
End	Método	Termina o processamento do arquivo ASP.	Response.End
Flush	Método	Aplica todos os dados armazenados em buffer no cliente.	Response.Flush
Redirect	Método	Usado para conectar o browser a outro URL.	Response.Redirect "http://www.newplace.com"
Write	Método	Envia a saída para o cliente.	Response.Write "Hello world!"

Como adicionar a página de amostra do objeto Response

Agora adicione uma nova página chamada RESPONSE.ASP ao projeto ServerObjects. Após ser acrescentada a seu projeto e estiver disponível no editor, você estará pronto para começar a fornecer seu script no lado servidor.

Como posicionar o script

O local onde você posiciona o script no lado servidor no documento é importante. Considere se o cliente receberá os dados devidamente. Por exemplo, escrever informações para a tela do usuário antes do tag <BODY> ter sido aberto resultará em informações não sendo exibidas.

Primeiro, adicione o script no lado servidor da Listagem 15.17 à parte superior do documento, *antes* do tag <HTML>. Isto definirá os valores do atrativo (cookie) no browser e deverá ser tratado uantes do tag HTML ser enviado.

Listagem 15.17 Como adicionar o script no lado servidor para definir os atrativos para o cliente

```
1   <%
2   '
3   ' turn buffering on
4   Response.Buffer=True
5
6   '
7   ' write some cookies to client
8   ' before the header is sent
9   Response.Cookies("UVI")("Title")="Practical Visual
    ↪ InterDev 6.0"
10  Response.Cookies("UVI")("ISBN")="0-7897-2143-0"
11  Response.Cookies("UVI").Expires=#July 4, 1999#
12  '
13  Response.Cookies("Sample")("Date")=Date
14  Response.Cookies("Sample")("Time")=Time
15  '
16  %>
```

Na Listagem 15.17, note que a linha 4 define a propriedade Buffer como True. Isto facilitará testar os outros métodos relacionados ao buffer mais tarde. Esta linha também tem que aparecer antes do cabeçalho <HTML> ser enviado.

Você deve também saber que a coleção Cookies é construída usando o método Key. Todas as chaves no mesmo atrativo são gerenciadas em conjunto. Observe também que o atrativo "UVI" foi definido como Expire. Lembre-se que se pode adicionar propriedades aos atrativos.

Capítulo 15 Como usar o script no lado servidor com objetos ASP predefinidos   **423**

Os atrativos são úteis

Você pode usar atrativos para armazenar dados além de uma única sessão. As informações armazenadas nos atrativos ainda são úteis apenas por um único usuário (a menos que você obtenha essas informações e as armazene no objeto de aplicação), mas permitem que os dados fiquem entre as sessões. A única preocupação real é se o usuário removerá seus atrativos antes de revisitar seu site ou se usará uma máquina diferente. Considere adicionar um método para recuperar as informações para os atrativos do usuário.

Agora acrescente algum script no lado servidor para exibir o cabeçalho da página e, então, mostrar os itens na coleção Cookies. Para tanto, use o objeto Request, porque é como você lê os atrativos do cliente. Você aprenderá mais sobre o objeto Request na próxima seção deste capítulo, "Como aceitar os dados do cliente com o objeto Request".

A Listagem 15.18 tem o código que você precisa adicionar logo depois do tag <BODY> no documento.

Listagem 15.18 Como adicionar o código para exibir a coleção *Cookies*

```
1   <%
2   '
3   ' demonstrate response object
4   '
5
6   '
7   ' send heading for document
8   Response.Write "<H2>Demonstrate Response Object</H2><P>"
9
10  '
11  ' now show collection
12  Response.Write "<H4>Cookies Collection</H4><HR>"
13  For Each Cookie in Request.Cookies
14      For Each key in Request.Cookies(Cookie)
15          Response.Write cookie & " (" & key & ") = " &
            ↪Request.Cookies(cookie)(key) & "<BR>"
16      Next
17  Next
18  %>
```

Agora liste as várias propriedades do objeto Response. A Listagem 15.19 mostra o script no lado servidor que você tem que acrescentar depois do código da Listagem 15.18.

Listagem 15.19 Como exibir as propriedades do objeto *Response*

```
1   <%
2   '
3   ' show properties
4   Response.Write "<H4>Properites</H4><HR>"
5   Response.Write "Buffer: " & Response.Buffer & "<BR>"
6   Response.Write "CacheControl: " & Response.CacheControl &
    ↪"<BR>"
7   Response.Write "Charset: " & Response.Charset & "<BR>"
8   Response.Write "ContentType: " & Response.ContentType &
    ↪"<BR>"
9   Response.Write "Expires: " & Response.Expires & "<BR>"
10  Response.Write "ExpiresAbsolute: " &
    ↪Response.ExpiresAbsolute & "<BR>"
11  Response.Write "IsClientConnected: " &
    ↪Response.IsClientConnected & "<BR>"
12  Response.Write "Status: " & Response.Status & "<BR>"
13  '
14  %>
```

O método End

Se você usar o método **End**, lembre-se que qualquer coisa depois dele para o objeto **Response** não será exibida.

Finalmente, adicione algum script no lado servidor para exibir os vários métodos relacionados ao buffer do objeto Response. Você esteve usando o método mais comum (Write) em todo este capítulo. Agora, adicionemos algum código que exiba os outros métodos de buffer: Flush, Clear e End. Acrescente o código da Listagem 15.20 logo depois do código da Listagem 15.19.

Listagem 15.20 Como adicionar o código para mostrar os métodos de buffer

```
1   <%
2   '
3   ' show buffer methods
4   Response.Write "<H4>Methods</H4><HR>"
5   Response.Flush ' force out previous line(s)
6   Response.Write "Sample Line: 1"
7   Response.Clear ' drop previous line
```

continua...

Capítulo 15 Como usar o script no lado servidor com objetos ASP predefinidos **425**

Listagem 15.20 Continuação

```
8   Response.Write "Sample Line:2"
9   Response.End ' end asp processing and send output
10  Response.Write "Sample Line:3"
11  '
12  %>
```

Na Listagem 15.20, você vê o uso de Flush na linha 5 para aplicar os dados para o cliente, o uso de Clear na linha 7 para cancelar uma linha pronta para ser lida e o uso de End na linha 9 para enviar o conteúdo restante do buffer e terminar o processamento ASP.

Agora salve essa página e execute sua aplicação da web (pressione F5). Quando navegar para a página do objeto Response, você deverá ver algo como a página na Figura 15.5.

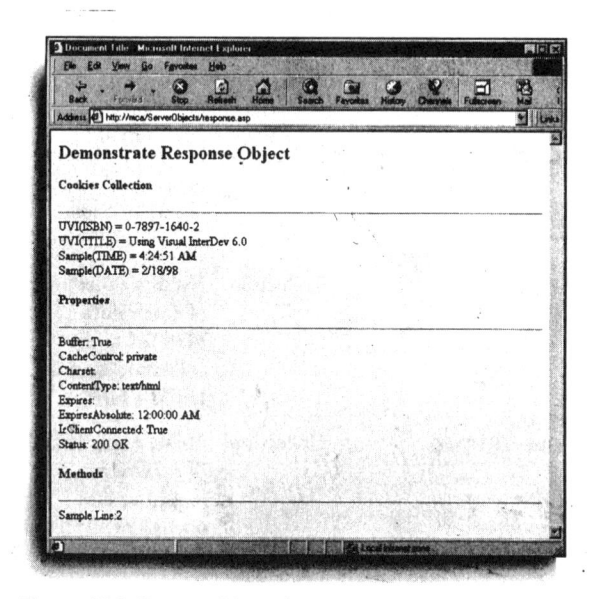

Figura 15.5 Como exibir a página RESPONSE.ASP completa.

Como aceitar os dados do cliente com o objeto Request

O último objeto a revisar neste capítulo é o objeto Request. É o objeto usado para aceitar os dados enviados do cliente para o servidor. É mais usado para reunir atrativos ou informações com certificado a partir do browser, aceitar os dados na forma de conteúdo com hiperligação (QueryString) ou como uma coleção de itens de um formulário enviado (coleção Form). Finalmente, o objeto Request ativa o acesso para diversas variáveis do servidor predefinidas.

Os objetos Response e Request

O objeto **Response** é usado para retirar informações, ao passo que o objeto **Request** é usado para obter informações.

O objeto Request tem cinco coleções, uma propriedade e um método. A Tabela 15.6 resume o objeto Request.

Tabela 15.6 O objeto *Request*

Nome	Tipo	Descrição	Exemplo
ClientCertificate	Coleção	Mantém uma coleção de valores armazenados no certificado do cliente	Request.Client Certificate (*Chave*[*Subcampo*])
Cookies	Coleção	Mantém uma coleção de valores armazenados no arquivo de atrativos do cliente	Request.Cookies ("MyCookie") ("Name")
Form	Coleção	Mantém uma coleção de valores de dados enviados com POST para a coleção de um formulário HTML	StrName=Form ("Name")
QueryString	Coleção	Mantém uma coleção de valores de dados transmitidos para o documento como parte do URL	StrSearch= QueryString ("DocTitle")
ServerVariables	Coleção	Mantém uma coleção de valores de dados predeterminados	Request.Server Variables ("CONTENT_ TYPE")
TotalBytes	Propriedade	O número total de bytes enviados do cliente para o servidor	LngSize = Request. TotalBytes
BinaryRead	Método	Usado para ler os dados binários enviados do cliente para o servidor	JpgData= Request. BinaryRead

Para usar a coleção ClientCertificate, seu servidor da web terá que ser configurado para solicitar os certificados do cliente. Este livro não cobre os certificados do cliente.

Capítulo 15 Como usar o script no lado servidor com objetos ASP predefinidos **427**

Certificados e IIS

Se você pretende usar os certificados do cliente com o Internet Information Server (Servidor de Informações Internet), deverá ver uma cópia do *Special Edition Using Internet Information Server 4.0* da QUE Corporation. Este livro contém informações completas sobre como criar e acessar os certificados digitais.

Como criar o layout da página REQUEST.ASP

Desta vez, você adicionará diversas páginas pequenas ao projeto porque a maioria das coleções de objeto Request funciona quando os dados são enviados *de volta* do cliente para o servidor. Para mostrar o processo de envio de dados, construa uma página inicial para as coleções de objeto Request e três páginas de destino que receberão os dados do cliente.

Primeiro, acrescente uma página chamada REQUEST.ASP ao projeto e crie um layout como o mostrado na Figura 15.6 e na Tabela 15.7.

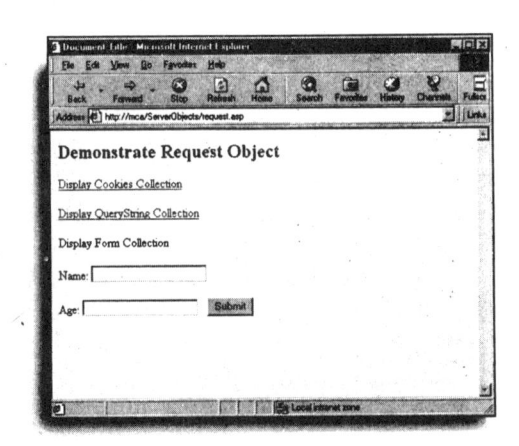

Figura 15.6 Como criar o layout da página REQUEST.ASP.

Tabela 15.7 Os elementos da página REQUEST.ASP

Elemento	Atributo	Definição
Display Cookies Collection (Exibir Coleção de Atrativos)	HREF	COOKIES.ASP
Display QueryString Collection (Exibir Coleção de Strings de Consulta)	HREF	QUERYSTRING.ASP
Display Form Collection (Exibir Coleção de Formulários)		

continua...

Tabela 15.7 Continuação

Elemento	Atributo	Definição
TextBox (Caixa de Texto)	ID Name	Name "Name"
TextBox	ID Name	Age "Age"
SubmitButton (Botão Submeter)	Action	FORM.ASP

Depois de criar o layout da página, salve-a antes de continuar.

Como exibir a coleção Cookies

Agora acrescente uma página COOKIES.ASP ao projeto chamado e forneça o código da Listagem 15.21. Isto mostra os atrativos adicionados a partir da página do objeto Response. Acrescente esse código depois do tag < BODY>.

Listagem 15.21 Como codificar a página COOKIES.ASA

```
1   <%
2   '
3   'show cookies collection for UVI
4   '
5   Response.Write "<H4>Show Request.Cookies Collection
    ↪</H4><HR>"
6   For Each Cookie in Request.Cookies
7     For Each key in Request.Cookies(Cookie)
8         Response.Write cookie &" (" & key & ") = " &
          ↪Request.Cookies(cookie)(key) & "<BR>"
9     Next
10  Next
11  '
12  %>
```

Salve a página e execute o projeto. Quando navegar para a página COOKIES.ASP, você verá uma saída que se parece com esta:

```
Show Request.Cookies Collection
UVI (TITLE) = Practical Visual InterDev 6.0
UVI (ISBN) = 0-7897-2143-0
```

Capítulo 15 Como usar o script no lado servidor com objetos ASP predefinidos   **429**

Como exibir a coleção QueryString

Agora acrescente uma página chamada QUERYSTRING.ASP e forneça o código da Listagem 15.22 na parte <BODY> da página.

Listagem 15.22 Como codificar a coleção *QueryString*

```
1   <%
2   '
3   ' show contents of the querystring
4   Response.Write "<H4>Request.QueryString</H4><P>"
5
6   '
7   ' unformatted
8   Response.Write "Unformatted QueryString: " & Request.
    ↪QueryString & "<P>"
9
10  '
11  ' show list of items
12  For Each item in Request.QueryString ("N")
13      Response.Write Item & "<BR>"
14  Next
15  '
16  %>
```

Como usar as strings de consulta
Você pode usar o método **QueryString** para adicionar um novo nível de interatividade às suas páginas. Uma única página pode conter diversos comportamentos baseados nas informações que são fornecidas através do URL. Por exemplo, se o URL contiver **?Beginner**, talvez sua página descrevesse seu uso em uma linguagem mais explicativa, ao passo que se o URL contivesse **?expert** poderia ser muito sucinta e objetiva.

Quando gravar e executar o projeto, navegue para a página QueryString.asp e você verá uma saída que se parece com isto:

```
Unformatted QueryString: N=Mike&N=Michele&N=MaryAnn
Mike
Michele
MaryAnn
```

Como exibir a coleção Form

Finalmente, acrescente uma página chamada FORM.ASP e forneça o código da Listagem 15.23.

Listagem 15.23 Como codificar a exibição da coleção *Form*

```
1   <%
2   '
3   ' show form collection values
4   '
5
6   '
7   ' show heading
8   Response.Write "<H4>Request.FormCollection</H4><P>"
9
10  '
11  ' show unformatted data
12  Response.Write Request.Form & "<P>"
13
14  '
15  ' show items
16  Response.Write "Name: " & Request.Form("Name") & "<BR>"
17  Response.Write "Age: " & Request.Form("Age") & "<BR>"
18
19  '
20  %>
```

Quando gravar e executar o projeto, preencha os campos Name (Nome) e Age (Idade) no formulário na página REQUEST.ASP e pressione o botão Submit. Você deverá ver algo como:

```
Name=Mike&Age=109
Name: Mike
Age: 109
```

PARTE IV

BANCOS DE DADOS E WEB

Como acessar os bancos de dados da web   433

Como criar formulários da web com vínculo de dados   459

Como criar bancos de dados para a web   501

Como usar os objetos do banco de dados ActiveX (ADO)   533

Capítulo 16

Como acessar os bancos de dados da web

- Aprenda a conectar seu projeto da web a bancos de dados existentes
- Construa e armazene suas próprias consultas de banco de dados personalizadas
- Use a exibição Data para examinar e atualizar as tabelas de dados existentes

Tarefas gerais para acessar os bancos de dados da web

Muitas aplicações da web precisam acessar os dados armazenados nos bancos de dados no servidor da web (ou algum outro servidor disponível). O Visual InterDev 6 facilita conectar seu projeto a um banco de dados remoto usando o Data Environment Designer (DED ou Construtor de Ambiente de Dados). O DED faz parte dos Data Tools Utilities (Utilitários de Ferramentas de Dados) que é enviado com o Visual InterDev 6. Os Data Tools Utilities usam o novo ActiveX Data Objects (ADO ou Objetos de Dados ActiveX) e os serviços de dados OLE DB para ligar seus projetos da web a fontes de dados existentes. Como o Visual InterDev 6 é enviado com uma interface OLE DB que suporta a ODBC, todos os nomes da fonte de dados ODBC existentes podem ser usados com as novas Data Tools (Ferramentas de Dados) do Visual InterDev 6.

As Data Tools permitem completar tarefas maiores do gerenciamento de banco de dados para qualquer fonte de dados compatível com o OLE DB:

- Crie conexões dinâmicas com bancos de dados existentes no IDE do Visual InterDev 6.
- Adicione, edite e apague os dados das tabelas existentes do banco de dados.
- Crie objetos de comando de dados permanentes que podem ser armazenados em sua aplicação da web para uso durante a execução.

Se você estiver conectando um banco de dados SQL Server ou Oracle, poderá também modificar o esquema dos bancos de dados existentes. Isto significa que poderá executar as seguintes tarefas adicionais de administração do banco de dados:

- Adicionar, modificar e apagar tabelas e exibições dos bancos de dados existentes.
- Adicionar, modificar e apagar procedimentos armazenados nos bancos de dados existentes.
- Adicionar, modificar e apagar os inicializadores de tabela nos bancos de dados existentes.

O Visual InterDev 6 não pode modificar os bancos de dados Microsoft Access

Se estiver usando o Microsoft Access como sua fonte de dados remota, não conseguirá usar as Data Tools do Visual InterDev 6 para adicionar, modificar e apagar as tabelas e consultar os objetos de definição. No entanto, poderá ainda adicionar, editar e apagar os dados nos bancos de dados existentes. Na verdade, poderá usar o Visual InterDev para modificar a estrutura apenas dos bancos de dados Microsoft SQL Server ou Oracle.

Para a maioria de suas aplicações da web, você não precisará de fato criar novas tabelas e procedimentos armazenados. Os administradores do banco de dados (DBAs) em sua organização geralmente lidarão com isso. Se você estiver agindo como um construtor de aplicações e DBA para seu projeto da web e tiver os direitos para modificar o esquema do banco de dados (tabelas, exibições, procedimentos e inicializadores), conseguirá realizar essa tarefa usando as Data Tools do Visual InterDev 6. Você aprenderá mais sobre como executar essas tarefas no

Capítulo 18, "Como criar bancos de dados para a web". Este capítulo concentra-se em como usar as Data Tools do Visual InterDev 6 para criar conexões dinâmicas para a edição simples e como criar objetos permanentes para armazenar em seus projetos da web e acessar durante a execução.

Veja também
➤ *Você também irá explorar os bancos de dados e os controles de construção no Capítulo 20.*

OLE DB e ADO

As Data Tools do Visual InterDev 6 usam dois formulários novos de serviços de dados: os ActiveX Data Objects (ADO) e a interface OLE Database (OLE DB ou Banco de dados OLE). O modelo ADO é o modelo de objetos usado para dar aos programas Visual InterDev 6 acesso às fontes de dados, tabelas, linhas e colunas de seus bancos de dados. O ADO é otimizado para acessar as fontes de dados remotas na Internet. Isto fornece um pequeno modelo de objetos que é flexível o suficiente para suportar todos os tipos de fontes de dados, inclusive os formatos RDBMS como o SQL Server e o Oracle, sistemas de arquivos simples como o Microsoft Access e o FoxPro e ainda fontes de dados não SQL como o Microsoft Exchange e os NT Active Directory Services (Serviços de Diretórios Ativos NT).

Embora o modelo ADO seja a interface do programa, o OLE DB é a camada de serviços real e lida com as solicitações de dados ADO. O OLE DB pode ser considerado como uma alternativa para o serviço de dados Open Database Connectivity (ODBC ou Conectividade Aberta do Banco de Dados) usado para os bancos de dados conectados à LAN. No entanto, mesmo que ajude considerar o OLE DB como outro tipo de interface ODBC, os dois são bem diferentes. A maior diferença entre eles é que a ODBC requer que todas as fontes de dados sejam publicadas como uma série de tabelas com linhas e colunas. A interface ODBC também requer que todos os dados sejam acessados usando a linguagem de consulta SQL.

Como incorporar muitas fontes de dados

Você pode usar o ADO para incorporar muitas fontes de dados que podem não estar disponíveis através da ODBC. O Windows NT Active Directory Services (Serviços de Diretório Ativos Windows NT), parte do Windows NT 5.0, é um bom exemplo.

Contudo, o OLE DB não faz com que todas as fontes de dados sejam publicadas como tabelas, linhas e colunas simples. As fontes de dados OLE DB também não têm que suportar a linguagem de consulta SQL (embora a maioria ainda suporte). Essa nova flexibilidade facilita ao OLE DB suportar formatos de armazenamentos de dados hierárquicos como o e-mail e os serviços de diretório.

Como o OLE DB é mais flexível em sua capacidade de conectar novos formulários de armazenamento de dados, ele é a única interface suportada pelo Visual InterDev 6. Felizmente, o Visual InterDev 6 é enviado com um provedor OLE DB para as fontes de dados ODBC também. Isto significa que você ainda conseguirá conectar todas as suas fontes de dados ODBC existentes.

> **O OLE DB usa provedores, não drivers**
>
> Com a introdução da interface OLE DB para conectar os dados remotos, há também uma nova terminologia para os componentes que executam as ligações reais entre seus programas e o banco de dados. No sistema ODBC, cada componente que lida com as solicitações de dados é chamado de *driver*. No modelo OLE DB, os componentes que ligam seu programa e os dados são chamados de *provedores*. Os nomes mudaram, mas o serviço ainda é o mesmo!

Como usar os bancos de dados SQL Server e Oracle

O Visual InterDev 6 foi planejado para fornecer um acesso completo e fácil aos bancos de dados mais usados: SQL Server e Oracle. O Visual InterDev 6 é enviado com os provedores OLE DB para esses sistemas de banco de dados. Com o SQL Server e o Oracle instalados, o Visual InterDev 6 é capaz de fornecer o serviço DBA completo (modificação de tabelas e exibições, procedimentos armazenados e inicializadores). E mais, se você estiver usando o SQL Server, poderá ainda fazer uma depuração interativa linha por linha dos procedimentos armazenados. Para esta versão, o Visual InterDev 6 não suporta a depuração de linha por linha dos procedimentos armazenados Oracle.

Embora o suporte para o Oracle e o SQL Server seja muito bom, existem limites. Você não poderá usar as Data Tools do Visual InterDev 6 para gerenciar a segurança do banco de dados (usuários, grupos e papéis) ou para criar novos bancos de dados por si mesmos. Essas tarefas DBA adicionadas são raramente necessárias de dentro de uma ferramenta de desenvolvimento.

> **A depuração do SQL Server**
>
> Como dissemos, o Visual InterDev 6 não suporta a depuração do procedimento armazenado linha por linha para o Oracle. Para usar os recursos de depuração para o SQL Server, você terá que ter os componentes SQL Server Debugging (Depuração do SQL Server) instalados em seu servidor.

Como usar os bancos de dados Microsoft Access

O Visual InterDev 6 também faz um bom serviço de suporte da interação com os bancos de dados Microsoft Access (alguma vezes chamado de Jet). No entanto, diferente do SQL Server e dos provedores Oracle OLE DB, o provedor Microsoft Jet OLE DB não suporta as tarefas DBA, como criar novas tabelas e definições de consulta armazenadas. É uma falha do provedor OLE DB atual, não do Visual InterDev 6. É possível que uma nova versão do provedor Microsoft Jet OLE DB seja lançada em breve permitindo executar as tarefas DBA nos bancos de dados Microsoft Access também.

Capítulo 16 Como acessar os bancos de dados da web   **437**

O Jet é eficiente

Simplesmente por causa desses limites, não pense que o Microsoft Jet não é eficiente, ele é. Na verdade, o servidor de grupos/mensagens da Microsoft, o Microsoft Exchange, usa um banco de dados baseado na arquitetura Jet. É uma boa recomendação?

Como usar o Data Environment Designer

O processo de criação de conexões entre o banco de dados remoto e sua aplicação da web é manipulado no IDE do Visual InterDev 6 criando e gerenciando os ambientes de dados. Isto é feito com uma ferramenta chamada Data Environment Designer (DED). O DED é realmente uma série de caixas de diálogos que o conduzem no processo de identificação do servidor que mantém o banco de dados e na criação das devidas informações que lhe permitem ligar-se diretamente a esse banco de dados de dentro de seus projetos da web.

O Visual InterDev 6 move a conexão de dados de nível de sessão para nível de aplicação

Na versão anterior do Visual InterDev, todas as informações da conexão de dados eram armazenadas como variáveis em nível de sessão no arquivo GLOBAL.ASA. Agora o Visual InterDev 6 armazena essas informações como variável em nível de aplicação. Isto permite um acesso de dados mais rápido e menos demandas de recursos no servidor da web. Quando você carregar os projetos Visual InterDev 1.0 no Visual InterDev 6, as conexões de dados serão convertidas automaticamente de nível de sessão para nível de aplicação.

Depois de completar as informações de conexão, o DED armazena todos esses dados em seu arquivo GLOBAL.ASA em seu projeto. Assim, na próxima vez em que você carregar o projeto, todas as informações necessárias para conectar o banco de dados remoto estarão prontas e aguardando. Para tanto, o DED cria variáveis em nível de aplicação no arquivo GLOBAL.ASA.

Embora você esteja criando suas informações de conexão de dados permanente no arquivo GLOBAL.ASA, as Data Tools do Visual InterDev 6 também permitem usar essas mesmas informações para acessar o banco de dados durante a construção. Assim você poderá examinar as tabelas, modificar os registros etc. e, então, construir documentos da web que acessam e exibem esses novos dados do banco de dados.

Como reduzir a necessidade de ferramentas extras

O DED torna o Visual InterDev um tipo de "loja com uma parada" para o desenvolvimento da aplicação da web. Você não precisará ter todos os tipos de ferramentas do banco de dados abertas para criar uma aplicação eficiente do banco de dados. No entanto, ainda poderá achar que algumas ferramentas externas fornecem uma funcionalidade que o Visual InterDev não oferece. Até o momento, por exemplo, ainda uso com freqüência o Microsoft Access para preencher os dados em um banco de dados SQL Server enquanto ainda desenvolvo no Visual InterDev.

O DED ajuda a construir dois objetos de dados importantes: a conexão de dados e o comando de dados. A conexão de dados é o objeto que define a conexão entre seu projeto da web e o servidor de banco de dados. O comando de dados é o objeto que define as regras para solicitar os dados do banco de dados. Geralmente você construirá um objeto de conexão de dados para cada banco de dados que seu projeto usa. Normalmente construirá um comando de dados para cada tabela de dados, procedimento armazenado ou consulta (exibição) necessária em seu projeto da web.

Comandos de dados

Os comandos de dados podem ser executados em qualquer objeto do banco de dados: tabelas, exibições, procedimentos armazenados e sinônimos.

Como criar o projeto WEBDB

Todos os exemplos de banco de dados neste capítulo podem ser mantidos em um projeto da web em Visual InterDev 6. Você poderá criar esse projeto da maneira como cria qualquer outro projeto da web. Apenas carregue o Visual InterDev 6 e, quando solicitado, forneça WEBDB como o nome do projeto. Conecte um servidor da web disponível e aceite WEBDB como o nome da web. Você poderá pular as caixas de diálogos Theme (Tema) e Layout para esse projeto também.

Depois do projeto default ter sido construído, você estará pronto para iniciar o acréscimo dos recursos do banco de dados para seu projeto da web. Contudo, antes de começar a construir sua conexão do banco de dados e objetos de comando, terá primeiro que assegurar que tem alguma informação de definição ODBC construída. Estes dados ODBC serão usados pelas Data Tools do Visual InterDev 6 para acessar os bancos de dados remotos.

Os drivers ODBC e o servidor

Certifique-se de que seu servidor da web tenha os drivers ODBC requeridos instalados antes de criar uma conexão.

As conexões de dados Internet e a ODBC

No Visual InterDev 6, o método default para conectar os bancos de dados remotos é através do nome da fonte de dados (DSN) ODBC File (Arquivo ODBC). É um tipo especial de definição da conexão ODBC que colocará todos os dados importantes dentro do arquivo GLOBAL.ASA para você. Embora você use a ODBC para construir os detalhes da fonte de dados, o Visual InterDev 6 ainda usará o OLE DB para completar a conexão de dados.

Como usar o Control Panel para adicionar os DSNs do arquivo

Existem duas maneiras de construir os ODBC File DSNs (DSNs do Arquivo ODBC). O primeiro método é usar o acessório ODBC do Windows no Control Panel (Painel de Controle). Este método pode ser usado a qualquer momento. Você não precisará estar executando o Visual InterDev 6 para adicionar um ODBC File DSN a partir do Control Panel.

Versões do driver ODBC

Geralmente, uma nova versão de um driver ODBC é lançada. Algumas vezes, a versão do ODBC instalada em sua estação de trabalho ou servidor e a versão do driver serão incompatíveis. Você deve sempre assegurar-se de que está usando a versão mais recente da ODBC. Poderá verificar a última versão visitando o site da web do Developer Network da Microsoft em http://www.microsoft.com/msdn.

Como usar o Control Panel para adicionar um novo acesso ODBC File DSN

1. Pressione o botão **Start** do Windows.
2. Selecione **S**ettings (**Definições**) na barra de menus.
3. Selecione **C**ontrol Panel no submenu.
4. Quando a janela Control Panel abrir, localize e clique duas vezes no ícone **ODBC** (veja a Figura 16.1).
5. Quando o Data Source Administrator (Administrador da Fonte de Dados) iniciar, selecione a guia **File DSN** (**Arquivo DSN**) e pressione o botão A**d**d para acrescentar um novo File DSN à sua estação de trabalho.
6. Selecione um driver do banco de dados (neste exemplo, selecione Microsoft Access) e pressione o botão **N**ext (**Próximo**).

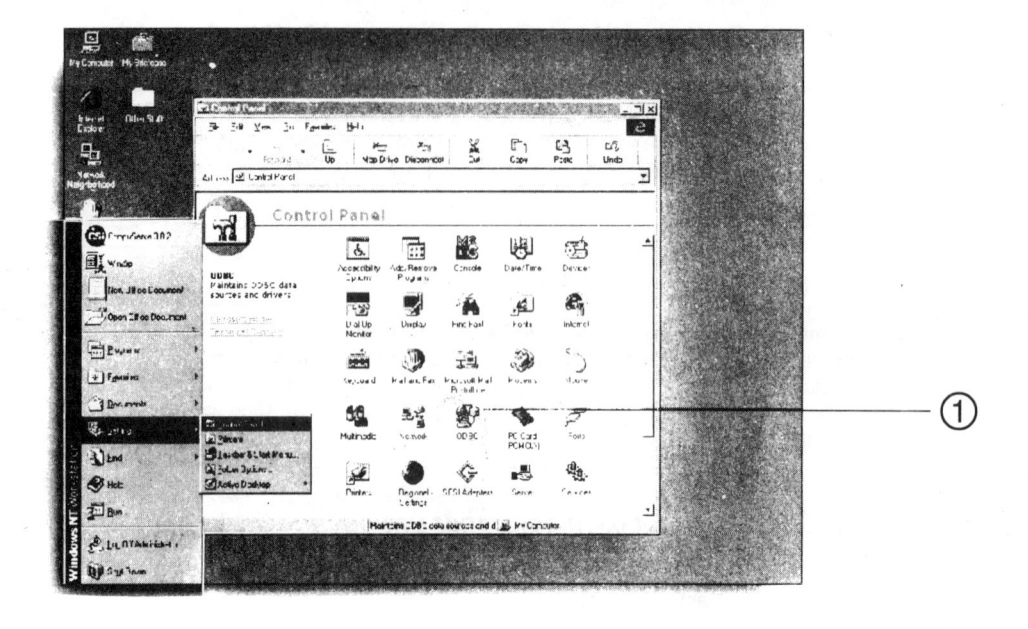

Figura 16.1 Como iniciar o ODBC Data Source Administrator.

Figura 16.1

(1) O ícone ODBC

7. Forneça um nome de File DSN (neste exemplo, entre UsingVIJet como o nome File DSN) e pressione o botão **Next**.
8. Isto exibirá a entrada File DSN completa (veja a Figura 16.2).

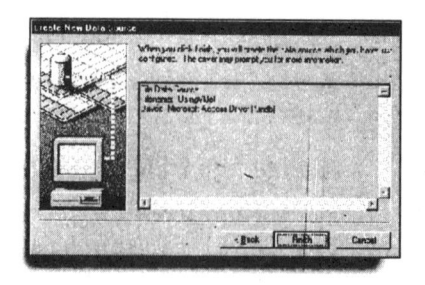

Figura 16.2 Como completar a entrada File DSN.

Capítulo 16 Como acessar os bancos de dados da web   441

9. Clique o botão **Finish** (**Terminar**) para gravar a entrada File DSN e chamar a caixa de diálogo ODBC Microsoft Access Driver 97.

10. Selecione o banco de dados Microsoft Access para usar para esse File DSN. Neste exemplo, o banco de dados BOOKS6.MDB é selecionado a partir da pasta c:\uvi\source\data\ (veja a Figura 16.3).

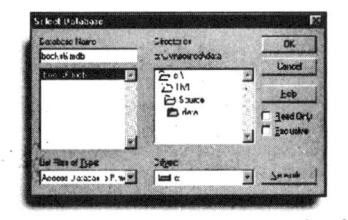

Figura 16.3 Como selecionar o banco de dados Microsoft Access para o File DSN.

11. Clique em **OK** para gravar as informações do banco de dados no File DSN e voltar para o ODBC Data Source Administrator.

12. Clique em **OK** para sair do ODBC Data Source Administrator.

Isto é tudo o que é necessário fazer para adicionar os File DSNs à sua estação de trabalho através do Control Panel do Windows. Agora você tem um File DSN que pode ser usado em seu projeto da web.

É importante notar que os Microsoft Access File DSNs sempre armazenam a letra do drive exata e o caminho de diretório usado para localizar o banco de dados MDB. Se você estiver acessando o arquivo MDB de um nome compartilhado Universal Naming Convention (UNC ou Convenção de Nomenclatura Universal) (\\máquina\nomecompartilhado\), não conseguirá armazenar devidamente as informações no File DSN. Se usar uma letra de drive mapeada para localizar o arquivo MDB, também terá que assegurar-se de que a mesma letra de drive seja usada quando executar o projeto da web a partir de seu servidor da web.

Veja também

➤ *Você aprenderá mais sobre como usar os bancos de dados Microsoft Access para seus projetos da web no Capítulo 18.*

Como adicionar os File DSNs com o Data Environment Designer

Você poderá também acessar as mesmas caixas de diálogos de dentro da interface Data Environment Designer do InterDev 6. Isto será útil quando quiser criar uma conexão do banco de dados para seu projeto da web mas achar que não há nenhum File DSN atualmente disponível para seu banco de dados. Neste caso, tudo o que precisará fazer é começar o processo de criação de uma conexão do banco de dados; mas primeiro construa um novo File DSN.

Parte IV Bancos de dados e web

Dica do desenvolvedor

Geralmente crio DSNs para minhas fontes de dados quando crio o próprio banco de dados. Posso então voltar e usar esses DSNs em meu desenvolvimento a qualquer momento em que precisar.

Como usar o Data Environment Designer para adicionar um novo SQL Server File DSN

1. Clique com o botão direito do mouse no nome do projeto da web na janela Project Explorer.
2. Selecione **Add Data Connection** (**Adicionar Conexão de Dados**) no menu contexto.
3. Quando a caixa de diálogo Select Data Source (Selecionar Fonte de Dados) aparecer, clique o botão **New** (**Novo**) (veja a Figura 16.4).

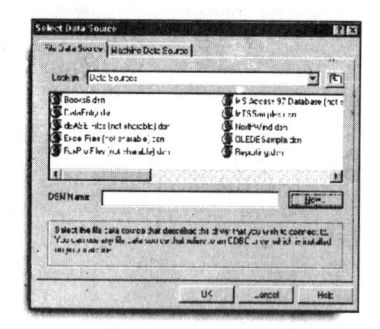

Figura 16.4 Como adicionar um novo File DSN a partir do Data Environment Designer.

4. Selecione um driver do banco de dados (para este exemplo, selecione **SQL Server**) e clique em **Next**.
5. Forneça o nome do File DSN para essa entrada. Para este exemplo, entre UsingVISQL e clique no botão **Next**.
6. Então, verá a entrada File DSN completa (veja a Figura 16.5). Clique em **Finish** para salvar a entrada File DSN.

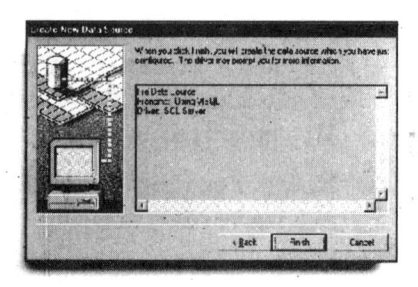

Figura 16.5 Como completar a entrada SQL Server File DSN.

Capítulo 16 Como acessar os bancos de dados da web   **443**

7. Quando a caixa de diálogo Create a New Data Source to SQL Server (Criar uma Nova Fonte de Dados para SQL Server) aparecer, forneça o nome do servidor que mantém o banco de dados na caixa de texto **Server** (**Servidor**) e clique em **Next**.

8. Selecione o método de autenticação (NT ou SQL Server) e, se necessário, forneça o ID de conexão SQL e a senha a salvar com o projeto da web. Então, clique no botão **Next**.

Como testar a fonte de dados

Testar a fonte de dados SQL Server apenas testa se sua máquina pode se comunicar com o SQL Server. Não testa se pode exibir os dados no banco de dados ou modificá-los. Isto depende de sua autenticação e permissões.

---

9. Marque a caixa **Change Default Database** (**Mudar Banco de Dados Default**) e selecione um banco de dados inicial (neste exemplo, selecione **PUBS** na lista) e clique no botão **Next**.

10. Clique em **Next** para pular a próxima caixa de diálogo e, então, clique em **Finish** para completar a entrada de dados SQL Server File DSN.

11. Você verá um resumo da caixa de diálogo com um botão **Test Data Source** (**Testar Fonte de Dados**). Clique o botão **Test Data Source** para assegurar-se de que o File DSN está funcionando devidamente (veja a Figura 16.6).

Figura 16.6 Como testar o SQL Server File DSN.

A autenticação e o SQL Server

Algo importante a compreender ao desenvolver usando o SQL Server é como a autenticação funciona. Quando você estiver desenvolvendo no Visual InterDev, estará conectando o banco de dados como si mesmo (sua conexão de rede). No entanto, os visitantes do seu site estarão usando o nome do usuário padrão Internet Information Server, **IUSR_*NomeMáquina***. Você poderá especificar as informações de conexão para durante a construção ou a execução usando a caixa de diálogo Data Connection Properties (Propriedades da Conexão de Dados).

12. Clique em **OK** duas vezes para sair das caixas de diálogo ODBC.
13. Clique em **Cancel** para sair da caixa de diálogo Select Data Source e voltar para seu projeto da web.

Agora completou os dois File DSNs que usará nos exemplos no restante deste capítulo. Um lhe permitirá conectar um banco de dados Microsoft Access. Outro irá conectar seus projetos da web a um banco de dados SQL Server.

Agora que você tem File DSNs válidos definidos para seu projeto da web, está pronto para construir uma conexão de dados completa em seu projeto.

Como criar conexões de dados

A conexão de dados é o objeto que contém todas as informações necessárias para conectar seu projeto da web a um banco de dados existente.

Na maioria dos casos, esse banco de dados será localizado na mesma máquina que está fornecendo os serviços da web. Contudo, você poderá também criar conexões de dados com servidores de banco de dados existentes contanto que sejam acessíveis a partir do servidor da web. O servidor da web e os administradores da rede são responsáveis por assegurar que o servidor da web e os servidores do banco de dados estejam se comunicando devidamente.

No mínimo, a conexão de dados tem três bits importantes de informação:

- O nome do banco de dados (DATA.MDB ou SQLServerData)
- O tipo do banco de dados (SQL Server, Microsoft Access etc.)
- A localização do banco de dados (SERVER=mca ou DefaultDir=c:\myfolder)

Geralmente informações adicionais também são necessárias, como o nome do usuário, senhas e outras definições especiais requeridas pelo sistema do banco de dados em particular. No entanto, as três mencionadas aqui estão sempre presentes de alguma forma. Quando você criar o objeto de conexão de dados, estará realmente reunindo os dados precedentes (junto com outras informações).

Como adicionar DSNs ao seu projeto

Você não precisa adicionar um DSN ao seu projeto para que funcione. Ele poderá ficar localmente em sua máquina, pois o Visual InterDev apenas o lê para obter as informações requeridas para estabelecer a conexão.

Capítulo 16 Como acessar os bancos de dados da web   445

Como adicionar uma conexão de dados para um Microsoft Access File DSN

Esta seção mostra como adicionar um objeto de conexão de dados ao seu projeto da web.

Como adicionar um objeto de conexão de dados a um projeto da web existente

1. Na janela Project Explorer, clique com o botão direito do mouse no nome do projeto.
2. Selecione **Add Data Connection** (**Adicionar Conexão de Dados**) no menu contexto.
3. Na caixa de diálogo Select Data Source, localize e selecione a entrada **UsingVIJet** e, então, clique em **OK** para adicionar esse File DSN ao seu projeto da web.
4. Quando a caixa de diálogo Connection Properties (Propriedades da Conexão) aparecer, forneça um **Connection Name** (**Nome de Conexão**) (neste exemplo, use conUsingVIJet). Clique em **OK** para completar o objeto de conexão.

Uma nova janela aparecerá em seu Visual InterDev 6 IDE: a janela Data View (Exibição de Dados). Essa janela fornece o acesso de construção direto para o banco de dados dinâmico. Você poderá usá-la para examinar o conteúdo do banco de dados (tabelas, exibições, procedimentos etc.) e executar acréscimos de registros, edições e eliminações nas tabelas existentes (veja a Figura 16.7).

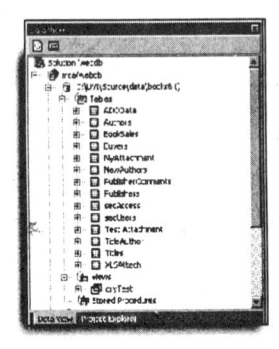

Figura 16.7 Como exibir a janela Data View.

Você poderá também ver novas entradas na janela Project Explorer. Agora deverá ver um item **Data Environment** (**Ambiente de Dados**) sob a entrada **GLOBAL.ASA** e uma entrada de conexão **conUsingVIJet** sob **Data Environment**. É como o Visual InterDev 6 armazena as informações de conexão do banco de dados em seu projeto da web (veja a Figura 16.8).

Onde está a janela Data View?

Se você não vir sua janela Data View, poderá ser necessário carregá-la em sua exibição IDE atual. Para fazer isso, selecione <u>V</u>iew (**Exibir**), Oth<u>e</u>r Windows (**Outras Janelas**), **Data View** na barra de menus do Visual InterDev 6.

Figura 16.8 Como exibir novas entradas na janela Project Explorer.

Lembre-se de que o Data Environment Designer usa os File DSNs para reunir dados de conexão e então copia essas informações diretamente para seu projeto da web. Depois de ter criado o objeto de conexão de dados em seu projeto, você poderá realmente apagar o File DSN (UsingVIJet) de sua estação de trabalho e seu projeto funcionará bem!

Para ver por que isso é verdadeiro, clique duas vezes na entrada **GLOBAL.ASA** na sua janela Project Explorer. Isto carregará o arquivo GLOBAL.ASA e mostrará todas as entradas nesse documento. Próximo à parte inferior, você verá um conjunto de entradas que se parecem com o código na Listagem 16.1.

Listagem 16.1 As informações File SDN armazenadas no arquivo GLOBAL.ASA

```
1  <SCRIPT LANGUAGE=VBScript RUNAT=Server>
2  Sub Application_OnStart
3  '==Visual InterDev Generated - startspan==
4  '--Project Data Connection
5  Application ("conUsingVIJet_ConnectionString") =
    ➥ "DRIVER={Microsoft Access Driver
    ➥ (*.mdb)};DBQ=C:\UVI\Source\data\books6.mdb;
    ➥ DefaultDir=C:\UVI\Source\data;DriverId=25;
    ➥ FIL=MSAccess;ImplicitCommitSync=Yes;
    ➥ MaxBufferSize=512;MaxScanRows=8;PageTimeout=5;
    ➥ SafeTransactions=0;Threads=3;UserCommitSync=Yes;"
6  Application ("conUsingVIJet_ConnectionTimeout") = 15
7  Application ("conUsingVIJet_CommandTimeout") = 30
```

continua...

Capítulo 16 Como acessar os bancos de dados da web

Listagem 16.1 Continuação

```
8   Application("conUsingVIJet_CursorLocation") = 3
9   Application("conUsingVIJet_RuntimeUserName") = "admin"
10  Application("conUsingVIJet_RuntimePassword") = ""
11  '--Project Data Environment
12  Set DE = Server.CreateObject("DERuntime.DERuntime")
13     Application("DE") = DE.Load(Server.MapPath
    ↪("Global.ASA"), "_private/DataEnvironment/
    ↪DataEnvironment.asa")
14  '==Visual InterDev Generated - endspan==
15  End Sub
16  </SCRIPT>
```

Note que todas as informações necessárias para completar a conexão entre seu projeto e o banco de dados MDB são mantidas nas variáveis em nível de aplicação criadas nas linhas 5-10. Você pode também ver que as informações sobre o próprio DED são armazenadas aqui (linhas 12-14).

Como modificar o GLOBAL.ASA

Embora no Visual InterDev 1.0 você tenha precisado alterar manualmente o GLOBAL.ASA com freqüência, não precisará fazê-lo no Visual InterDev 6. Deixe que o Visual InterDev lide com suas fontes de dados no arquivo GLOBAL.ASA para evitar prováveis erros.

Como criar comandos de dados

Agora que você tem um objeto de conexão de dados válido em seu projeto, está pronto para adicionar os objetos de comando de dados. Os objetos de comando de dados mantêm as regras que controlam como uma coleção de conjuntos de registros é construída para seu projeto da web. Isto pode ser tão simples quanto um nome de tabela ou tão complexo quanto uma consulta personalizada com parâmetros que liga diversas tabelas em uma única coleção de linhas.

Geralmente você precisará apenas de um objeto de conexão de dados para cada banco de dados que seu projeto da web acessará. No entanto, precisará de pelo menos um objeto de comando de dados para cada única tabela, exibição ou procedimento que seu projeto da web usará. Nesta seção do capítulo, você construirá duas conexões de dados: uma para conectar-se diretamente a uma tabela existente no banco de dados Microsoft Access e outra para criar uma consulta SQL SELECT personalizada que forneça informações de resumo de uma tabela existente.

Registros

Os registros são uma coleção de dados em uma tabela do banco de dados. Um registro é composto por dados em colunas individuais. As informações armazenadas ou recuperadas de um banco de dados estão na forma de registros. Os grupos de registros são chamados de *conjuntos de registros*.

Como criar um comando de dados da tabela

Um tipo muito comum de objeto de comando de dados é o comando de dados da tabela. Esse comando de dados abre uma conexão direta entre uma tabela existente e seu projeto da web. Você poderá usar os comandos de dados da tabela como uma base para os formulários de entrada de dados.

Como criar um comando de dados da tabela para um banco de dados Microsoft Access

1. Primeiro, clique com o botão direito do mouse em sua conexão de dados Microsoft Access no Projeto Explorer (**UsingVIJet**).
2. Selecione **Add Data Command** (**Adicionar Comando de Dados**) no menu contexto.
3. Quando a caixa de diálogo Properties do comando de dados aparecer, forneça cmdJetAuthors para **Command Name (Nome do Comando)**.
4. Defina o **Database Object** (**Objeto do Banco de Dados**) como **Table (Tabela)**.
5. Defina o **Object Name** (**Nome do Objeto**) como **Authors (Autores)**.
6. Clique em **OK** para adicionar esse comando de dados a seu projeto da web (veja a Figura 16.9).

Figura 16.9 Como adicionar o comando de dados da tabela cmdJetAuthors.

Quando sair da caixa de diálogo Properties do comando de dados, você verá uma nova entrada no Project Explorer. Se clicar no sinal de mais ao lado do comando de dados **cmdJetAuthors**, também verá uma lista de todos os campos no comando de dados.

Como criar um comando de dados da instrução SQL

Você poderá também usar as caixas de diálogo Data Environment Designer para criar um comando de dados da instrução SQL personalizado. É um comando de dados especial que solicita apenas certas colunas de uma ou mais tabelas existentes no banco de dados. Estes tipos de comandos de dados são úteis para as listas somente para leitura, relatórios e dados de resumo mostrados nas grades na aplicação da web.

No exemplo a seguir, você construirá um comando de dados da instrução SQL personalizado que combina as informações de três tabelas diferentes em uma única lista.

Como procurar a SQL

Você não é obrigado a usar a interface GUI para o desenvolvimento do banco de dados no Visual InterDev. Se for mais confortável lidar com os comandos SQL brutos, sinta-se à vontade para fazê-lo. Você poderá também misturar e combinar os recursos GUI e SQL para agilizar seu desenvolvimento.

Como construir um comando de dados da instrução SQL a partir de três tabelas do banco de dados

1. Clique com o botão direito do mouse no objeto de conexão de dados (**UsingVIJet**) no Project Explorer e selecione **Add Data Command** no menu contexto.
2. Forneça cmdSelectJet como o nome do comando de dados.
3. Clique no botão de rádio **SQL Statement (Instrução SQL)** e clique no botão de comando **SQL Builder (Construtor SQL)** para carregar a Query Designer Tool (QDT ou Ferramenta do Construtor de Consultas) no Visual InterDev 6 IDE.
4. Com o Query Designer carregado, arraste a tabela Authors da janela Data View e solte-a no espaço cinza aberto no QDT. Faça o mesmo com as tabelas Titles (Títulos) e Publishers (Editores).
5. Você verá cada tabela aparecer como uma lista de colunas no Query Designer. Quando adicionar tabelas extras, o QDT criará ligações entre as tabelas usando colunas em comum.
6. Em seguida, selecione as colunas de cada tabela a incluir no SQL Statement final. Clique na caixa de verificação **au_lname** na tabela Authors, na caixa de verificação **Title** na tabela Titles e na caixa de verificação **pub_name** na tabela Publishers.
7. Agora você deverá ver uma instrução SQL completa aparecer no painel SQL e cada uma das três colunas aparecer no painel Grid (Grade).
8. Agora adicione a classificação para sua instrução SQL selecionando **Ascending (Ascendente)** como o **Sort Type (Tipo de Classificação)** para a coluna **au_lname** no painel Grid. Isto atualizará automaticamente o painel SQL.

Parte IV Bancos de dados e web

Parece familiar?

O Query Builder no Visual InterDev é basicamente igual à interface fornecida no Microsoft Access. A Microsoft desenvolveu essa excelente interface que combina a manipulação gráfica do banco de dados com a velocidade bruta dos comandos SQL.

---

9. Você poderá testar seu SQL Statement pressionando o botão de execução (!) na barra de ferramentas QDT. Isto produzirá uma lista de linhas no painel Results (Resultados) (veja a Figura 16.10).

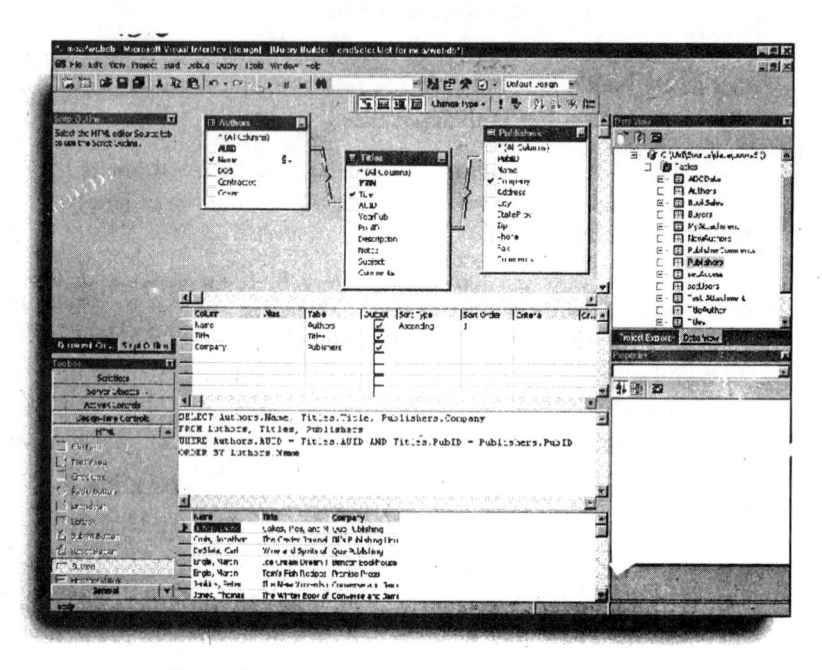

Figura 16.10 Como usar a ferramenta Query Designer para criar um comando de dados da instrução SQL.

10. Você poderá salvar o SQL Statement selecionando **File**, **Save** ou pressionando Ctrl+S.
11. Feche o SQL Builder selecionando **File**, **Close** na barra de menus.

Quando sair do QDT, você poderá ver o novo comando de dados acrescentado à janela Project Explorer sob a conexão de dados. Quando clicar no sinal de mais ao lado do comando de dados **cmdSelectJet**, verá que ele mostra apenas as três colunas selecionadas no QDT.

Estes dois comandos de dados estão agora prontos para agirem como a base para criar os formulários de entrada de dados e exibir documentos em seu projeto da web. Você aprenderá a fazer isso no Capítulo 17, "Como criar formulários da web com vínculo de dados" e no Capítulo 21, "Como adicionar relatórios e gráficos às suas aplicações da web". No momento, apenas lembre-se de que precisa construir pelo menos uma conexão de dados para cada banco de dados que usa e um comando de dados para cada coleção de registros que usa em sua aplicação da web.

Agora que você tem uma idéia de como criar uma conexão válida e objetos de comando, está pronto para gastar um pouco mais de tempo explorando a Query Designer Tool para ver como pode usá-la para adicionar, editar e apagar registros nos bancos de dados existentes.

Como editar os dados do banco de dados com a Query Designer Tool

A Query Designer Tool (QDT), ou Query Builder, pode ser usada para mais do que apenas criar instruções SQL especializadas para os comandos de dados. Você poderá também usar a QDT para executar tarefas comuns de manutenção da tabela de dados, inclusive adicionar, editar e apagar os registros das tabelas existentes. Nesta seção do capítulo, você aprenderá a usar a QDT para criar três tipos de consultas SQL:

- Consultas Update (Atualizar) — São usadas para editar os registros existentes em uma tabela.
- Consultas Insert Value (Inserir Valor) — São usadas para adicionar novos registros a uma tabela existente.
- Consultas Delete (Deletar) — São usadas para remover os registros existentes de uma tabela.

Outras consultas avançadas tratadas no Capítulo 18

Existem mais dois tipos de consultas que você poderá executar com a QDT. As consultas Append (Anexar) e Make Table (Criar Tabela) permitem transferir registros de uma tabela para outra – em um caso, criar uma nova tabela no processo. Você aprenderá mais sobre estas consultas avançadas no Capítulo 18.

Simples é a SQL

A SQL é sua linguagem simples mais básica e é composta por consultas. As consultas podem exibir o conteúdo do banco de dados ou alterá-lo. Uma boa compreensão da SQL é um trunfo importante no desenvolvimento da aplicação da web.

Veja também

➤ *Você aprenderá mais sobre essas consultas avançadas no Capítulo 18.*

Como usar a grade de dados QDT para editar as tabelas

A maneira mais simples de adicionar, editar e apagar os registros individuais de uma tabela existente é usar a grade de dados QDT. Você poderá chamar a grade dados indo para a janela Data View e clicando duas vezes em uma tabela na lista de tabelas. Isto carregará a tabela (e todos os seus dados) na grade de dados QDT, pronta para sua entrada (veja a Figura 16.11).

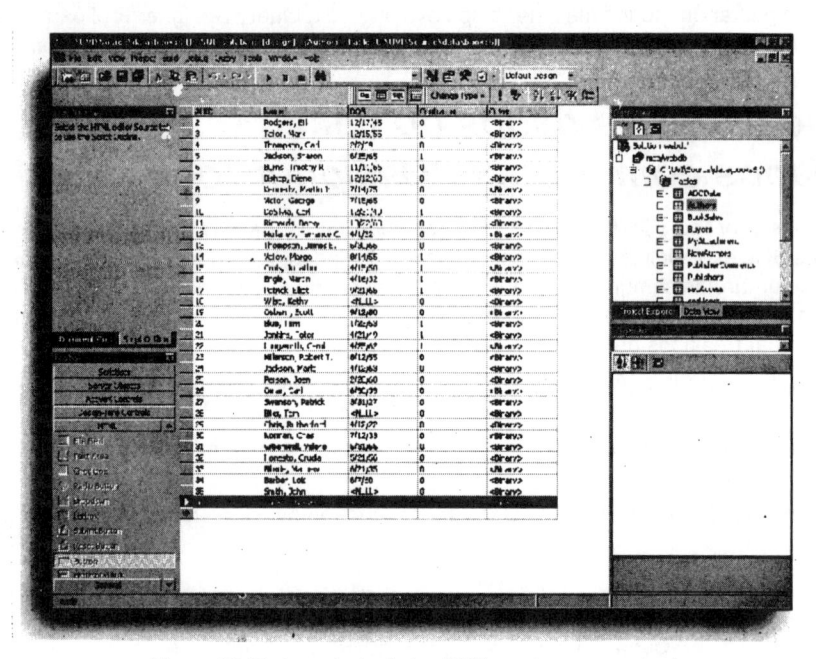

Figura 16.11 A grade de dados QDT pronta para a entrada.

Você poderá adicionar novos registros à tabela movendo o cursor para a linha em branco no final da lista (com um * na margem esquerda) e adicionando dados em cada campo quando necessário. Quanto tiver terminado de acrescentar dados, poderá mover o mouse para outra linha. Isto fará com que a grade de dados QDT salve a nova linha na tabela de dados.

Você poderá mudar os dados em qualquer coluna em qualquer linha apenas movendo o cursor para a célula na grade de dados e editando o conteúdo. Quando mover o cursor para outra linha, os dados editados serão gravados na tabela de dados.

Capítulo 16 Como acessar os bancos de dados da web   453

Como obedecer às regras

Suas modificações em uma tabela na QDT têm que seguir os tipos de dados especificados para as colunas. Por exemplo, se uma coluna fosse especificada como um campo de caractere **CHAR**, ela seria tratada como um campo de texto. Mesmo que você fornecesse dígitos numéricos no campo, eles seriam considerados uma string. Algumas vezes você verá uma mensagem de erro do Visual InterDev indicando que a modificação não foi permitida com base no tipo de dados ou alguma outra regra.

Finalmente, poderá apagar uma linha inteira clicando uma vez em sua margem esquerda (para selecionar toda a linha) e então pressionando a tecla Delete no teclado. Será pedido que você confirme a eliminação antes da grade de dados QDT realmente remover a linha de maneira permanente.

Se você precisar apenas corrigir algumas colunas, adicionar ou remover alguns registros, a grade de dados QDT será a maneira mais fácil de completar o serviço. Se, contudo, precisar editar vários registros juntos, adicionar ou remover grupos de registros, o Query Designer oferece algumas consultas personalizadas eficientes que poderão fazer o serviço.

Como editar os registros existentes com as consultas de atualização

Você poderá atualizar programaticamente os registros existentes em sua fonte de dados através das consultas de atualização. O comando SQL UPDATE é usado para modificar os registros existentes, mas não para criar novos (que é o comando INSERT, detalhado em seguida). As consultas de atualização requerem diversos valores:

- A tabela a atualizar
- As colunas cujo conteúdo você deseja atualizar
- O valor ou expressões a usar para atualizar as colunas individuais
- As condições de pesquisa para definir as linhas que você deseja atualizadas

Digamos, por exemplo, que você tenha descoberto que o último nome de um dos autores na tabela Authors foi digitado incorretamente. Siga estas etapas para atualizar a tabela com a devida ortografia.

Como criar uma consulta de atualização para a tabela Authors

1. Na barra de ferramentas Query, defina o menu suspenso **C̲hange Type** (**Mudar Tipo**) como **U̲pdate**.
2. A caixa de diálogo Update Table (Atualizar Tabela) aparecerá, como mostrado na Figura 16.12. Essa caixa de diálogo avisa que você pode atualizar apenas uma tabela de cada vez. Na lista, escolha a tabela **authors** e clique no botão **OK**.

3. O Query Builder exibirá as atualizações para refletir a alteração feita nos tipos de consulta. A marca de verificação do campo **Au_Lname** mudará para um lápis para indicar que foi selecionado para uma atualização. Se não estiver selecionado, selecione-o agora.
4. Na coluna **New Value** (Novo Valor), forneça Banick. Isto atualizará o painel SQL Query com o valor que será usado na consulta de atualização.
5. Na coluna Criteria (Critério), forneça Bennet. Isto atualizará o painel SQL Query com o valor que será substituído na consulta de atualização.

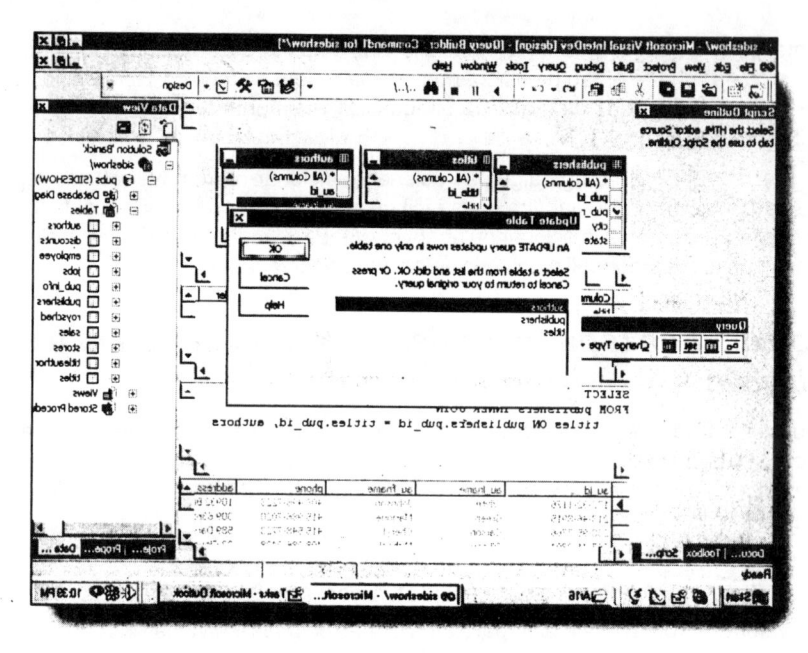

Figura 16.12 Você pode modificar apenas uma tabela de cada vez com uma consulta de atualização.

6. Clique no botão Verify SQL Syntax (Verificar Sintaxe SQL) na barra de ferramentas Query. Isto validará seu comando SQL. Seu comando SQL deve lembrar-se disto:

```
UPDATE authors
SET au_lname = 'Banick'
WHERE (au_lname = 'Bennet')
```

7. Clique em **OK** para fechar a caixa de diálogo de confirmação.
8. Clique no botão Run Query (!) (Executar Consulta) para executar a consulta de atualização e substituir todas as instâncias de Bennet na tabela Authors por Banick. O Visual InterDev informará que uma linha foi afetada pela consulta.

Capítulo 16 Como acessar os bancos de dados da web

Atualize com cuidado

Use um critério completo para assegurar-se de que não está atualizando as informações erradas. Mais de uma tabela podem compartilhar o mesmo critério, embora possam não percebê-lo. Uma boa medida é usar dois critérios na expressão para assegurar-se de que afetará apenas os registros que deseja.

---

9. Agora, execute uma consulta SELECT para recuperar os nomes da coluna Au_Lname na tabela Authors. Você deve ver que o nome Bennet agora tornou-se Banick. Excelente serviço!

Como adicionar novos registros com as consultas Insert Values

Então, o que você fará se quiser adicionar novos registros ao banco de dados? As consultas UPDATE podem ser usadas apenas para modificar os dados existentes, mas as consultas Insert Values podem ser usadas para acrescentar novos registros e valores ao seu banco de dados. Sem surpresa alguma, o Visual InterDev torna as consultas Insert Value tão fáceis quanto as consultas SELECT e UPDATE. Continuemos com nosso exemplo com a tabela Authors. Suponha que você queira adicionar um novo autor à lista de escritores. O nome do novo escritor é Jose Smith. Iremos adicionar Jose ao banco de dados.

Como adicionar um novo autor à tabela Authors

1. Na barra de ferramentas Query, clique no menu suspenso **Change Type** e escolha **Insert Values** (Inserir Valores)

2. Como Jose é um novo autor, você terá que adicionar todas as novas informações para ele. Selecione cada coluna na tabela Authors para que sejam adicionadas à consulta.

3. Agora, na coluna **New Value**, forneça as informações de Jose para cada coluna do banco de dados. Use as informações mostradas na Tabela 16.1.

Tabela 16.1 As novas informações Author de Jose

Coluna do banco de dados	Novo Valor
Au_id	346-94-9132
Au_lname	Smith
Au_Fname	Jose
Phone	403 555-8187
Address	572 Lakewood Road North
City	Atlanta

continua...

Tabela 16.1 Continuação

Coluna do banco de dados	Novo Valor
State	GA
Zip	83201
Contract	1

4. Clique no botão Verify SQL Syntax (Verificar Sintaxe SQL), na barra de ferramentas Query, para confirmar a sintaxe SQL. O resultado de seus comandos SQL deverão lembrar isto:

```
INSERT INTO authors
    (au_id, au_lname, au_fname, phone, address, city,
    ↪state, zip, contract)
VALUES ('346-94-9132', 'Smith', 'Jose', '403-555-8187',
↪ '572 Lakewood Road North', 'Atlanta', 'GA'
↪ '83201', 1)
```

5. Clique em **OK** para fechar a caixa de diálogo de confirmação
6. Clique no botão Run Query (!) na barra de ferramentas Query. O Visual InterDev adicionará Jose à tabela Authors e informará que um registro foi afetado.

Consultas e erros tipográficos Insert Values

Este é um bom exemplo de por que algumas vezes é mais fácil usar uma GUI do que digitar manualmente a SQL em uma consulta **Insert Values**. A colocação de cada coluna é indicada por uma vírgula (,) no comando SQL. Se você for transpor a posição de uma coluna ou esquecer uma vírgula, a entrada poderá ficar incorreta ou ser inteiramente descartada. Se fornecer manualmente seus comandos SQL em consultas mais complexas, como essa, use o botão Verify SQL Syntax na barra de ferramentas Query para verificar seu código primeiro. Naturalmente, isto irá assegurar somente que não há nenhum erro tipográfico – não que os dados certos estão indo para a coluna certa.

Como apagar o registro existente com as consultas Delete

Naturalmente, todos os dados têm que acabar, em algum momento. Quando você não precisar mais dos dados em seu banco de dados, desejará apagá-los. Os registros podem ser apagados do banco de dados através de uma consulta DELETE. Continuando com o exemplo nesta seção, digamos que Jose, o excelente escritor, tenha decidido ir para outra editora que irá remunerar-lhe um pouco melhor. Remova Jose da tabela Authors.

Como usar uma consulta DELETE para remover Jose da tabela Authors

1. Na barra de ferramentas Query, clique no menu suspenso <u>C</u>hange Type e escolha <u>D</u>elete.
2. Selecione a coluna do banco de dados **Au_Fname** no painel Grid.
3. Na coluna **Criteria**, forneça Jose para o primeiro nome de nosso querido escritor que partiu.
4. Clique no botão Verify SQL Syntax na barra de ferramentas Query para confirmar o comando SQL. Este comando deverá parecer-se com isto:

```
DELETE FROM authors
WHERE (au_fname = 'Jose')
```

5. Clique em **OK** para fechar a caixa de diálogo de confirmação.
6. Clique no botão Run Query na barra de ferramentas Query. Isto instruirá o Visual InterDev a apagar qualquer registro na tabela Authors que tenha uma coluna Au_Fname com um valor Jose. O Visual InterDev informará que um registro foi afetado.
7. Execute uma consulta SELECT na tabela Authors para ver se Jose ainda faz parte de seu grupo de autores. Você descobrirá que Jose, juntamente com seu vasto talento, partiu para empreendimentos maiores e melhores. Boa sorte, Jose!

Apague com cuidado!

Depois de um registro ter sido apagado do banco de dados, acabou. Não há uma segunda chance. Como nas consultas **UPDATE**, é uma boa idéia qualificar muito seu registro com diversos critérios.

Capítulo 17

Como criar formulários web com vínculo de dados

- Aprenda a construir com rapidez e eficiência formulários da web com vínculo de dados
- Escolha entre os modelos de script no lado servidor e no lado cliente
- Use os controles de construção (DTCs) para construir formulários da web rapidamente

Como construir bons formulários da web com vínculo de dados

Neste capítulo, você aprenderá a construir formulários da web com vínculo de dados. Os formulários da web com vínculo de dados são formulários de entrada designados a suportar o processo de exibição, adição, edição e exclusão de registros em um banco de dados. No passado, as tarefas requeridas para a construção de formulários da web com vínculo de dados envolviam muito conhecimento dos serviços do banco de dados, muito HTML e codificação de script do servidor. Embora todas essas habilidades sejam ainda valiosas, o Visual InterDev 6 tornou muito mais fácil construir rapidamente formulários da web com vínculo de dados com qualidade.

Ao construir bons formulários da web com vínculo de dados com o Visual InterDev 6, você lidará com três questões importantes:

- Como usar controles de construção com vínculo de dados (DTCs)
- Como selecionar o script DTC no lado cliente e no lado servidor
- Como trabalhar com o modelo de objetos Scripting

O Visual InterDev 6 tem controles de construção com vínculo de dados novos e muito eficientes. Quando você aprender a usá-los, verá como é fácil construir formulários da web com vínculo de dados.

Outro recurso novo que o Visual InterDev 6 oferece é a capacidade de escolher o método no qual os DTCs são suportados. Agora, você tem duas opções: o lado cliente que usa DHTML ou o lado servidor que usa ASP. Cada uma tem suas vantagens e desvantagens.

Como exercer a mágica

Trabalhar com os DTCs com vínculo de dados é realmente sua oportunidade para praticar a mágica no Visual InterDev. No passado, a integração do banco de dados requeria consideravelmente mais esforço e depuração do que agora. Uma das melhores vantagens com relação aos DTCs é que eles também permitem criar protótipos funcionais muito rapidamente.

Finalmente, há ocasiões em que você precisará usar outro recurso novo do Visual InterDev 6: o modelo de objetos Scripting (SOM) – Scripting Object Model. O SOM é usado quando se está criando documentos ASP que usam controles de construção. Você verá como usar esse novo recurso para permitir que as páginas no lado servidor suportem os eventos no lado cliente.

Quando você tiver uma boa compreensão desses três pontos-chave, estará pronto para construir seus formulários da web com vínculo de dados.

Veja também

➤ *Para aprender mais sobre como criar bancos de dados para adequar às suas necessidades, veja o Capítulo 18.*

Como usar os controles de construção com vínculo de dados

Um dos novos recursos mais eficientes do Visual InterDev 6 é a nova safra de controles de construção com vínculo de dados. Os controles de construção são elementos do formulário (botões, caixas de entrada, listas, grades etc.) que você define enquanto está editando um documento da web (durante a construção), mas que são, na verdade, criados e usados quando os clientes carregam sua página em seus browsers (durante a execução).

O Visual InterDev 1.0 introduziu o conceito dos DTCs. No entanto, os novos DTCs no Visual InterDev 6 são muito mais eficientes. Os DTCs sobre os quais você aprenderá neste capítulo têm a capacidade de "ser vinculados" a uma tabela e coluna do banco de dados. Isto facilita criar formulários que tenham controles de entrada que são ligados automaticamente a um campo existente em uma tabela do banco de dados.

Outros controles de construção

O SDK (Software Development Kit ou Kit de Desenvolvimento de Software) da Microsoft DTC fornece informações sobre como criar seus próprios controles de construção. Você ou outros desenvolvedores poderão estender mais o Visual InterDev criando seus próprios DTCs que realizam especificamente o que você precisa.

Os DTCs são um conjunto especial de controles da web que aparecem em sua própria seção na janela Toolbox do Visual InterDev 6 (veja a Figura 17.1).

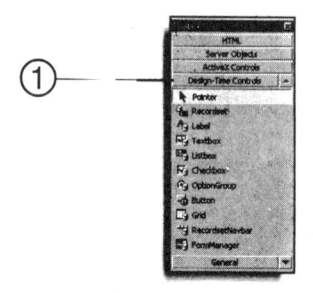

Figura 17.1 Como exibir os DTCs na janela Toolbox.

Figura 17.1

(1) Controles de construção.

Os nomes dos DTCs são familiares (caixa de texto, caixa de listagem, caixa de verificação, botão etc.). A maioria dos DTCs tem um equivalente HTML também. Contudo, a versão DTC desses controles familiares tem várias diferenças importantes. Basicamente, esses controles são criados usando o JavaScript em vez dos tags HTML padrão. Esses controles JavaScript têm recursos que lhe permitem vinculá-los diretamente a um banco de dados – algo que é difícil com os controles de tag HTML. E mais, os controles do tipo DTC podem responder às mensagens de evento e executar outras tarefas que os controles de tag HTML não podem.

Junto com os controles familiares estão diversos outros novos DTCs que podem executar as tarefas relacionadas ao banco de dados não disponíveis em controle algum de tag HTML. Esses controles incluem o controle Recordset (para vincular um formulário a uma tabela de dados) e o controle RecordsetNavbar (para mover-se em um conjunto de dados). Você aprenderá mais sobre estes controles posteriormente no capítulo.

Um esclarecimento

Isto não implica que não seja possível fazer o que estamos falando aqui sem os DTCs. Na verdade, os desenvolvedores vêm criando o banco de dados e a funcionalidade dos eventos sem os DTCs até o momento. O que estamos dizendo é que é muito mais fácil com os controles de construção. E quem não deseja que as coisas sejam mais fáceis?

Veja também

➤ *Para aprender mais sobre os DTCs Recordset e RecordsetNavbar, veja o Capítulo 20.*

Mesmo que os DTCs usem o JavaScript para fazer seu trabalho, você não precisará conhecer nenhum detalhe dos DTCs ou a codificação JavaScript que eles usam. Na verdade, a maioria do código de script que eles usam é mantida em uma pasta especial – a pasta _ScriptLibrary – em seu projeto da web. Essa pasta armazena vários scripts somente de leitura que suportam o trabalho dos DTCs durante a execução.

DTC RecordsetNavbar versus DTC Navbar

Não confunda o DTC RecordsetNavbar com o DTC Navbar. O RecordsetNavbar é usado para navegar um conjunto de registros, ao passo que o DTC Navbar é usado para navegar as páginas físicas em sua aplicação da web.

Para enfatizar o fato de que os programadores em Visual InterDev 6 não precisam se preocupar com o trabalho dos DTCs, o Visual InterDev 6 Editor apresenta todos os DTCs como controles gráficos em vez de mostrar o JavaScript que lhes dá capacidade. Você poderá exibir o script sob os controles selecionando **Show Run-time Text** (**Exibir Texto em Tempo de Execução**) no menu contexto para um DTC (veja a Figura 17.2).

Capítulo 17 Como criar formulários web com vínculo de dados   **463**

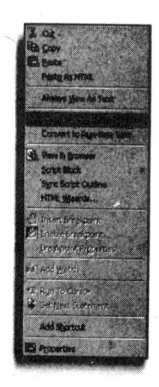

Figura 17.2 Como exibir um DTC como texto.

Não altere a pasta _ScriptLibrary

O conteúdo da pasta _ScriptLibrary não deve ser alterado. Você poderá "interromper" a funcionalidade sob o Visual InterDev e seus DTCs. Talvez queira estender o conteúdo dessa pasta com seu próprio código, mas não modifique o código existente a menos que esteja muito seguro do que está fazendo – e tenha feito um backup.

Script DTC no lado cliente versus no lado servidor

Outro recurso novo que o Visual InterDev 6 oferece é a capacidade de usar o script no lado cliente ou no lado servidor para suportar os DTCs. Isto torna possível usar os controles de construção em um documento ASP. Você poderá usar as opções de script DTC para escrever os formulários da web que são executados no cliente mas recebem mensagens de evento no servidor. Isto permite construir formulários baseados na web que podem suportar o vínculo de dados e os eventos do usuário.

Não se importe em converter os DTCs em texto

Você poderá fazer com que o Visual InterDev 6 converta todos os DTCs em texto apenas. Entretanto, isto não é necessário e não é recomendado. Você não precisará editar o JavaScript que dá capacidade aos DTCs, portanto não há razão para convertê-los em texto. Em alguns casos, converter os DTCs em texto é irreversível e reduzirá a funcionalidade do DTC durante a construção.

Se você estiver construindo documentos HTML padrão, os DTCs poderão usar o modelo Dynamic HTML (DHTLM ou HTML Dinâmica) do Microsoft Internet Explorer para receber e responder aos eventos do usuário. Isto faz com que seus formulários da web pareçam responder muito rapidamente aos eventos do usuário e fornece uma experiência otimizada para os usuários.

Isto ocorre especialmente quando você está trabalhando com bancos de dados no servidor. Se usar o script DTC no lado cliente, verá um aumento acentuado na resposta ao atualizar e editar os dados. Se sua aplicação for executada com o Microsoft Internet Explorer como o cliente, desejará usar o script DTC no lado cliente.

Como faz isto?

Como os DTCs executam os eventos no lado servidor no cliente e vice-versa? Através de uma combinação complicada de transmissão de parâmetros e compartilhamento de informações. Quando você clica um botão, por exemplo, que foi ligado ao lado servidor, o conteúdo da página é inicializado de volta para o servidor da web para a manipulação e uma nova página é inicializada de volta. Geralmente, você achará que as páginas baseadas nos DTCs têm uma combinação de ações extensas baseadas no lado cliente e ações baseadas no lado servidor.

No entanto, se você não estiver usando o Microsoft Internet Explorer, os DTCs poderão não funcionar devidamente. Neste caso, terá que alternar do suporte DTC no lado cliente para o lado servidor. Isto permitirá que os eventos no lado cliente relacionados ao banco de dados sejam transmitidos dos DTCs para o servidor para o processamento. Se o servidor estiver encarregado de lidar com os eventos do banco de dados, você poderá utilizar um documento ASP DTC com vínculo de dados para ser mantido em praticamente qualquer browser. Isto aumenta muito o alcance de suas soluções.

A desvantagem de usar o suporte DTC no lado servidor é que o servidor lida com toda a atividade do banco de dados. Isto inclui ir para um novo registro, assim como atualizar, adicionar e apagar os registros. As viagens repetidas ao servidor podem reduzir a velocidade de sua aplicação da web. Por isso, você deve usar o script DTC no lado servidor apenas se souber que seus clientes não estarão usando o Microsoft Internet Explorer como seu browser.

O lado servidor é igual ao browser neutro

Sempre que você carregar o cliente e colocá-lo no servidor, estará tornando seu código um browser neutro. Se estiver trabalhando em um ambiente fechado (digamos, uma intranet) onde pode dizer o browser que seus usuários terão, poderá contar mais com o script no lado cliente. Quando estiver trabalhando com a Internet com impedimentos, provavelmente colocará mais no servidor.

Você poderá selecionar o script no lado cliente (DHTML) ou o script DTC no lado servidor (ASP) definindo a propriedade DTCScriptingPlatform de um documento na janela de propriedades do Visual InterDev 6 Editor (veja a Figura 17.3).

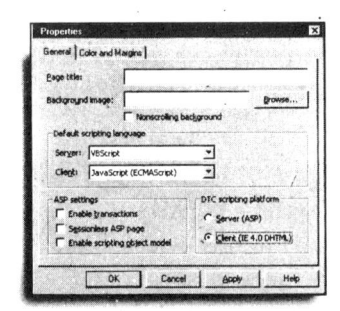

Capítulo 17 Como criar formulários web com vínculo de dados   465

Figura 17.3 Como definir a propriedade DTCScriptingPlatform.

Como usar o modelo de objetos de script

O item final a considerar é o modelo de objetos de script. Este novo recurso do Visual InterDev 6 permite usar técnicas de programação mais típicas do Visual Basic ou do Visual C++ em vez de contar completamente com HTML e ASP em combinação. Esse último ponto é importante quando você está construindo soluções que têm que ser executadas em mais do que apenas no Microsoft Internet Explorer.

Defina o default DTCScriptingPlatform de seu projeto

Se você for usar a mesma DTCScriptingPlatform para todas as páginas em seu projeto, poderá economizar tempo definido a propriedade DTCScriptingPlatform do próprio objeto. Quando fizer isso, todas as páginas novas terão sua propriedade DTCScriptingPlatform definida para coincidir com a definição do projeto.

O SOM é um paralelo no lado servidor para o modelo de objetos de documento (DOM) suportado pelo Microsoft Internet Explorer. Esse modelo de objetos permite escrever programas que usam propriedades e métodos para automatizar os aspectos do documento durante a execução. No passado, você tinha que usar uma mistura de HTML no cliente e ASP no servidor. Com o SOM, poderá escrever o código que responde aos eventos do usuário transmitindo-os junto com o servidor para o processamento. É muito parecido com o modelo DTC no lado servidor, mas não é igual.

O suporte DTC no lado servidor afeta apenas os DTCs em sua página. O acréscimo do suporte SOM a seus documentos ASP poderá ser feito independentemente e fornece suas próprias vantagens.

O importante a lembrar por enquanto é que adicionar o suporte SOM permite que os DTCs, assim como outros controles, enviem mensagens de evento para o servidor para o processamento. Por isso, você terá que ativar o suporte SOM sempre que usar os DTCs com vínculo de dados em um documento ASP.

Controle a interação de seus usuários

Através da combinação do modelo de objetos de documento no lado cliente e do modelo de objetos de script no lado servidor, você poderá controlar praticamente todo aspecto da interação de um usuário com sua aplicação. Isto leva sua aplicação mais para o território das aplicações cliente/servidor em tempo real criadas no Visual Basic, Visual C++ ou qualquer outra linguagem convencional.

Você poderá ativar e desativar o suporte SOM definindo a propriedade ScriptingObjectModel de um documento usando a caixa de propriedades da página (veja a Figura 17.4).

Agora que você tem uma boa compreensão dos novos DTCs e das opções de script para os documentos da web, está pronto para começar a construir um formulário da web com vínculo de dados.

Veja também

➤ Você aprenderá mais sobre o SOM e DTCs começando no Capítulo 20.

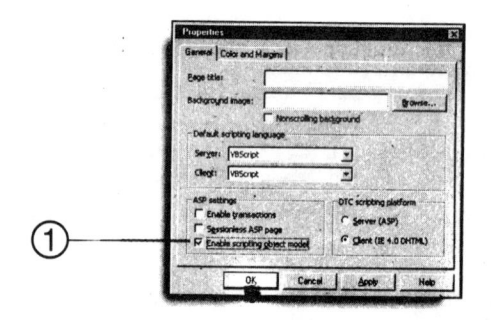

Figura 17.4 Como definir a propriedade ScriptingObjectModel

Figura 17.4

(1) Defina a propriedade aqui

Capítulo 17 Como criar formulários web com vínculo de dados

Como criar o projeto DBFORM e adicionar a conexão de dados e os objetos de comando de dados

A primeira etapa ao construir um formulário da web com vínculo de dados é adicionar a conexão de dados e os objetos de comando de dados a um projeto da web existente. A conexão de dados é o objeto que associa seu projeto a um banco de dados existente no servidor da web. O comando de dados é o objeto que contém as regras para selecionar os dados no banco de dados e enviá-los para seu documento da web.

Os detalhes em cada um desses objetos é tratado no Capítulo 16, que também trata de mais informações sobre como as conexões de dados e os comandos de dados funcionam.

O exemplo deste capítulo

O projeto DBFORM que você criará neste capítulo é um bom exemplo de como se pode ter influência sobre os DTCs e o Visual InterDev para criar aplicações da web complexas em menos tempo. Em uma questão de minutos, você estará criando uma página que obtém os dados do banco de dados para visualização e, então, estará criando uma página ainda mais elaborada que permite modificar, adicionar e ainda remover os dados no banco de dados.

Para este capítulo, irá criar um novo projeto da web, conectar e usar uma das definições ODBC existentes construídas no Capítulo 16. Se não tiver construído os DSNs UsingVISQL ou UsingVIJet, volte ao Capítulo 16 e execute essas etapas antes de prosseguir com este projeto.

Como criar o projeto DBFORM

Antes de poder começar a construir seus formulários da web com vínculo de dados, você terá que criar um novo projeto para mantê-los. Para este exemplo, construirá um projeto chamado DBFORM que manterá os objetos do banco de dados e os formulários da web.

Como usar seus próprios dados

Se você tiver suas próprias fontes de dados que prefira experimentar, sinta-se à vontade para substituir minha fonte de dados pela sua.

Como criar um novo projeto da web em Visual InterDev 6

1. Inicie o Visual InterDev 6 e selecione **New Web Project** (**Novo Projeto da Web**) no lado direito da caixa de diálogo de saudação ou na barra de menu.
2. Forneça um nome de projeto na caixa de entrada **Name** (por exemplo, DBFORM).

3. Use o botão **B**rowse (**Percorrer**) para localizar uma pasta em sua estação de trabalho que manterá o código-fonte para seu projeto.
4. Pressione **O**pen para criar o projeto na pasta selecionada.
5. Na próxima caixa de diálogo (Etapa 1 de 4), selecione o servidor da web que manterá seu projeto.
6. Selecione o modo no qual criará o projeto: **M**aster (**Mestre**) ou **L**ocal. Neste exemplo, selecione o modo **Master**. Isto fornecerá o acesso direto ao web mestre.
7. Clique em **N**ext para ir para a próxima caixa de diálogo.
8. Forneça o n**a**me da web a publicar no servidor da web. Para este exemplo, aceite o default (**DBFORM**).
9. Clique em **F**inish (**Terminar**) para informar ao Visual InterDev 6 para construir o novo projeto da web. Isto pulará as caixas de diálogo Theme (Tema) e Layout. Você não precisará delas para esse projeto.

Você acabou de completar o processo de criação do projeto. Agora está pronto para adicionar a conexão de dados e os objetos de comando de dados.

Como adicionar a conexão de dados

O objeto de conexão de dados conecta seu projeto da web a um banco de dados existente no servidor da web. O Visual InterDev 6 usa os ODBC File DSNs (DSNs do Arquivo ODBC) predefinidos como a fonte para as definições da conexão de dados. Para completar essa etapa, será necessário já ter definido um File DSN como descrito no Capítulo 16. Se não tiver feito isso, volte ao Capítulo 16 para completar essa etapa.

Por que usar PUBS?

O exemplo do banco de dados PUBS incluído com o Microsoft SQL Server 6.5 e 7.0 é um ótimo banco de dados a desenvolver. Ele fornece vários dados e demonstra como a inter-relação entre eles pode causar impacto em sua aplicação da web. Se você tem sua própria fonte de dados e acha que usá-la seria um teste melhor, vá em frente e use-a. Do contrário, use o banco de dados PUBS para trabalhar com uma base sólida.

Para este exemplo, você conectará um banco de dados que tenha tabela SALES. Esta tabela faz parte do banco de dados PUBS que é instalado quando você instala o SQL Server 6.5. Se não tiver uma cópia do SQL Server 6.5 disponível para seu servidor da web, poderá usar um banco de dados Microsoft Access chamado UVIDB.MDB. Este arquivo Microsoft Access contém todas as tabelas principais que podem ser encontradas no banco de dados SQL Server PUBS.

O processo de criação da conexão de dados para um projeto da web inclui detalhes para selecionar o DSN UsingVISQL para o SQL Server ou UsingVIJet para o Microsoft Access. Selecione um que seja adequado ao seu ambiente de trabalho.

Capítulo 17 Como criar formulários web com vínculo de dados   469

Como obter uma cópia do banco de dados de acesso UVIDB.MDB

Você poderá obter uma cópia do arquivo UVIDB.MDB visitando a home page do site da web de *Practical Visual InterDev 6*. Você encontrará o endereço para esse site no Apêndice B, "Recursos on-line", no final do livro.

Como adicionar uma conexão de dados a um projeto da web existente

1. Clique com o botão direito do mouse no nome do projeto da web na janela Project Explorer
2. Selecione **Add Data Connection** (Adicionar Conexão de Dados) no menu contexto.
3. Quando a caixa de diálogo ODBC File DSN aparecer, localize o DSN existente que deseja usar. Para este exemplo, use os DSNs criados no último capítulo. Selecione **UsingVISQL** se tiver acesso ao SQL Server 6.5. Selecione **UsingVIJet** se for usar o Microsoft Access como o banco de dados para este projeto.
4. Clique em **OK** para adicionar essas informações File DSN ao seu projeto da web.
5. Se seu servidor do banco de dados solicitar uma conexão, complete-a e clique em **OK** para prosseguir.
6. Na caixa de diálogo Connection Properties (Propriedades da Conexão), selecione a guia **General (Geral)** e forneça o **Connection Name (Nome da Conexão)**. Para este exemplo, use cnnUVIData como o nome da conexão.
7. Agora selecione a guia **Authentication (Autenticação)** e preencha as informações para a autenticação durante a execução e a construção. Marque as caixas **Save Design-time Authentication (Salvar Autenticação Durante Construção)** e **Save Run-time Authentication (Salvar Autenticação Durante Execução)** para salvar essas informações com seu projeto.
8. Finalmente, clique em **OK** para salvar as informações de conexão dos dados em seu projeto da web (veja a Figura 17.5).

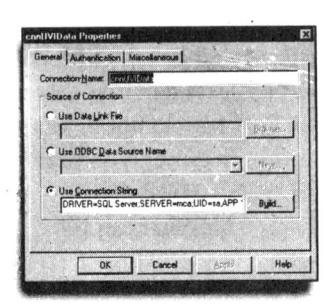

Figura 17.5 Como adicionar os objetos de conexão de dados ao seu projeto.

Agora você tem um objeto de conexão de dados completo para seu projeto. Isto permitirá que qualquer documento em seu projeto da web acesse o banco de dados. No entanto, você precisará de outro objeto em seu projeto antes de poder de fato construir uma coleção de registros para usar em suas páginas. Você construirá esse objeto — o comando de dados — na próxima seção.

Parte IV Bancos de dados e web

Como colocar conexões em perspectiva

Para melhor compreender a distinção entre uma conexão de dados e um comando de dados, pense em um livro. A conexão de dados é o container físico do livro – a lombada, a capa etc. Os comandos de dados são as páginas individuais dentro do livro.

Como adicionar o comando de dados

No Visual InterDev 6, o objeto de comando de dados mantém as informações sobre quais registros reunir do banco de dados descrito no objeto de conexão de dados. O comando de dados informa ao Visual InterDev 6 qual tabela usar e quais colunas e linhas nessa tabela serão enviadas para o browser do cliente.

As linhas e as colunas reais são enviadas como um objeto chamado de objeto do conjunto de registros. Isto não é igual ao objeto de comando de dados. O objeto de comando de dados mantém as "regras" para reunir os registros do banco de dados. O conjunto de registros mantém os registros reais reunidos.

Agora que completou uma conexão com o banco de dados SQL Server PUBS ou com o banco de dados Microsoft Access UVIDB.MDB, está pronto para criar um objeto de comando de dados que colocará as linhas e as colunas da tabela SALES nesse banco de dados.

Se estiver usando o Access

Se você estiver desenvolvendo com o Microsoft Access em vez de com o Microsoft SQL Server, algo estará faltando. Não estou tentando fazer com que se sinta mal, mas compreenda que existe um mundo exponencial de diferença entre esses dois produtos de banco de dados. Se puder, obtenha uma cópia de avaliação do SQL Server para experimentar. Você poderá obtê-la visitando o site da web da SQL Server da Microsoft em http://www.microsoft.com/sql. Uma das ótimas considerações sobre o Microsoft SQL Server 7.0 é que há uma pequena edição que funciona no Windows 95, 98 e no Windows NT Workstation – não apenas no Windows NT Server.

Como adicionar um comando de dados a seu projeto

1. Clique com o botão direito do mouse no objeto de conexão de dados existente na janela Project Explorer. Neste caso, clique com o botão direito no objeto de conexão de dados **cnnUVIData**.
2. Selecione **Add Da̲ta Command** (**Adicionar Comando de Dados**) no menu contexto.
3. Quando a caixa de diálogo Properties do comando de dados aparecer, forneça um nome para o comando de dados. Para este exemplo, forneça cmdStores como o **Command Name** (**Nome do Comando**).
4. Em seguida, selecione o tipo **D̲atabase Object** (**Objeto do Banco de Dados**) na lista suspensa. Para este exemplo, selecione **Table** (**Tabela**) como o objeto do banco de dados.
5. Agora, selecione um nome da tabela na lista suspensa **O̲bject Name** (**Nome do Objeto**). Para este exemplo, selecione **Stores** (**Lojas**) ou **dbo.Stores** na lista.
6. Clique em **OK** para salvar sua definição para o projeto (veja a Figura 17.6).

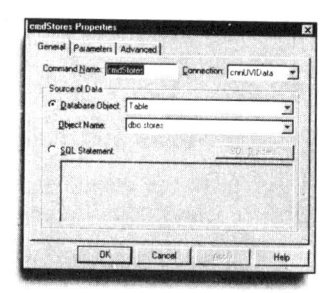

Capítulo 17 Como criar formulários web com vínculo de dados 471

Figura 17.6 Como adicionar um comando de dados ao projeto.

Isto é tudo o que você precisa fazer para construir um objeto de comando de dados para o Visual InterDev 6. As informações nesse objeto serão usadas para reunir os dados do servidor da web. Neste caso, as informações são bem simples: Reuna todos os registros disponíveis de uma tabela chamada Stores no banco de dados atual. Se você tiver uma solicitação mais complicada, poderá usar o SQL Builder a partir da caixa de diálogo Data Command (Comando de Dados) para construir uma instrução SQL especial para reunir os dados do banco de dados.

No próximo exemplo, você usará o SQL Builder (Construtor SQL) para criar uma solicitação de dados especial que combine as informações de três tabelas diferentes e apresente os resultados como um único conjunto de registros.

Aprenda sobre a SQL

Se você tem o tempo e ainda não sabe, reserve algum tempo para aprender a SQL – a Linguagem de Consulta Estruturada. SQL é a base de quase todos os bancos de dados atuais. Uma compressão sólida sobre os bancos de dados, a linguagem SQL e a normalização do banco de dados é quase uma necessidade no mundo do desenvolvedor de hoje.

Como usar o SQL Builder para criar um comando de dados

1. Clique com o botão direito do mouse na conexão de dados na janela Project Explorer. Neste exemplo, clique com o botão direito na conexão de dados **cnnUVIData**.
2. Selecione **Add D<u>a</u>ta Command** no menu contexto.
3. Quando a caixa de diálogo Properties do comando de dados aparecer, forneça o **Command <u>N</u>ame**. Para este exemplo, forneça cmdStoreSales como o nome.
4. Em seguida, clique no botão de rádio <u>S</u>QL Statement (Instrução SQL) e clique o botão de comando **SQL <u>B</u>uilder**.
5. Quando o Visual InterDev 6 iniciar a janela Query Builder (Construtor de Consultas), um ou mais painéis aparecerão no espaço de trabalho. Certifique-se de que os seguintes painéis estejam ativos: painel Diagram (Diagrama), painel Grid (Grade), painel SQL e painel Results (Resultados). Você poderá exibir esses vários painéis pressionando o devido botão na barra de ferramentas Query Builder.

6. Traga a janela Data View (Exibição de Dados) para o foco e arraste as tabelas que deseja usar na consulta. Para este exemplo, selecione as seguintes tabelas na janela Data View e solte-as no painel Diagram da janela Query Builder: **Sales (Vendas)**, **Stores** e **Titles (Títulos)**.

Diagram, Grid, SQL e Results

Os painéis Diagram, Grid, SQL e Results testados e aprovados são comuns nas ferramentas de desenvolvimento do banco de dados de hoje. Você poderá se familiarizar com eles no Microsoft Access.

---

7. No painel Diagram, clique nas caixas de verificação para cada um dos campos que deseja incluir na consulta. Para este exemplo, adicione as três colunas a seguir: **stores.stor_name**, **sales.qty** e **titles.title**.

8. No painel Grid, ajuste a ordem das colunas nos resultados movendo-as quando necessário. Para mover uma coluna, clique na margem esquerda (imediatamente à esquerda do nome da coluna) para selecioná-la. Então, use o mouse para arrastar o nome da coluna para um novo local. Para este exemplo, certifique-se de que as colunas apareçam na seguinte ordem: **Title**, **Qty** e **Stor_Name**.

Como compreender as referências do objeto do banco de dados

Quando vir uma referência (como na Etapa 7) que informe **stores.stor_name** em um contexto do banco de dados, saiba que está se referindo a um par de tabela e coluna. Veja-a assim: **table.column_name**.

---

9. Defina a ordem de classificação da coleção clicando na coluna **Sort (Classificar)** de uma ou mais linhas na grade. Para este exemplo, selecione **SortType Ascending (Tipo de Classificação Ascendente)** para a coluna do título.

Como executar a consulta

Uma das ótimas considerações sobre o ambiente de dados do Visual InterDev é que você pode testar sua consulta antes de incluí-la em sua aplicação da web. Você deve sempre testar a consulta para assegurar-se de que está obtendo o tipo de dados que deseja (e precisa).

---

10. Agora teste a grade pressionando o botão Run Query (!) (Executar Consulta) para executar a consulta. Seu Query Builder completo deverá parecer-se com o da Figura 17.7.

Capítulo 17 Como criar formulários web com vínculo de dados 473

Agora que você construiu o novo projeto e adicionou uma conexão de dados e dois comandos de dados, está pronto para começar a criar seus formulários da web com vínculo de dados.

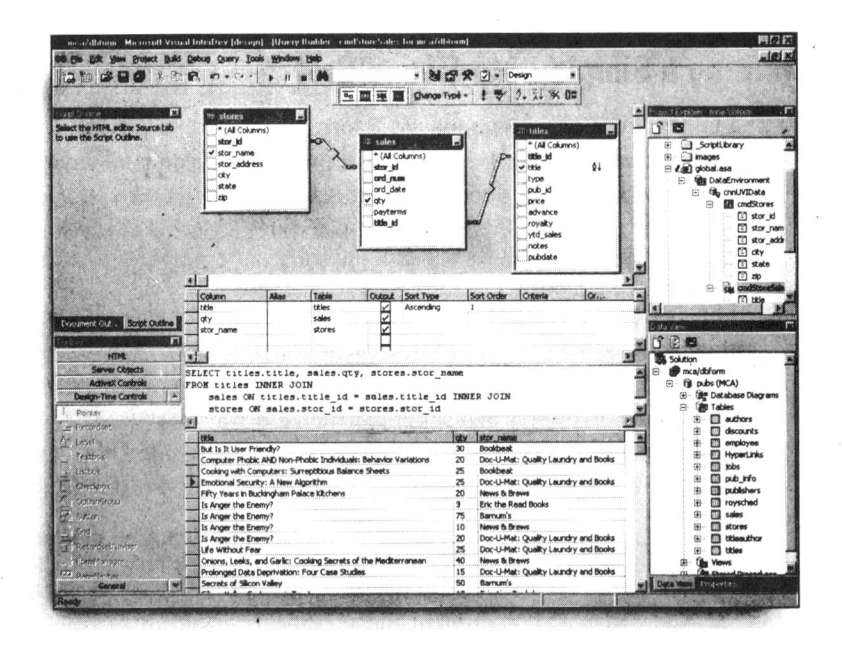

Figura 17.7 Como usar o Query Builder para criar um comando de dados.

Como construir formulários de entrada com vínculo de dados com DTCs

O processo de construção de formulários de entrada com vínculo de dados com o Visual InterDev 6 é realmente muito fácil. Nesta parte do capítulo, você aprenderá a criar dois tipos de formulários com vínculo de dados:

- Um documento ASP que usa o script no lado servidor para os DTCs e o modelo de objetos de script
- Um documento HTML que usa o script no lado cliente (DHTML) para exibir uma versão do tipo somente para leitura da instrução SQL.

Se precisar construir documentos com vínculo de dados com o maior alcance possível ou que serão carregados por clientes diferentes do Microsoft Internet Explorer 4.0, use os documentos ASP. Se souber que tem o Microsoft Internet Explorer 4.0 para seus clientes, use os documentos HTML com o suporte DHTML para os DTCs. Isto fornecerá o tempo de resposta mais rápido para seus formulários com vínculo de dados.

É fácil
Se você não acreditou nas referências anteriores sobre como é fácil criar os formulários com vínculo de dados que modificam o banco de dados, leia. Você estará modificando seu banco de dados em questão de minutos!

Como criar uma grade com vínculo de dados simples

A primeira etapa do formulário da web com vínculo de dados que você construirá é uma simples grade somente para leitura com vínculo de dados. Isto apresentará os resultados de um comando de dados em um documento ASP que é definido para suportar o modelo de objetos de script (SOM) e o script DTC no lado cliente (DHTML).

Este último ponto é importante. O fato de você estar usando os documentos ASP não significa que tem que usar o script DTC no lado servidor (ASP). Se quiser usar os documentos ASP e souber que os browsers de seu cliente suportarão a DHTML do tipo Microsoft Internet Explorer, poderá optar por usar o script DTC no lado cliente para melhorar a resposta do documento da web.

Eis o processo a seguir para completar sua grade com vínculo de dados em um documento da web:

1. Adicione um novo documento ASP ao seu projeto.
2. Adicione um controle DTC do conjunto de registros à página que usa as regras em um comando de dados para reunir os registros do banco de dados.
3. Adicione um controle DTC de grade à página que lê os registros reunidos pelo DTC do conjunto de registros e os exibe no formato da página no documento da web.
4. Adicione qualquer código de script e HTML para completar a página.

Resposta
Por resposta, quero dizer a rapidez com que tudo acontece. Uma das desvantagens do processamento no lado servidor é que os dados da página têm que ser enviados do cliente para o servidor e então de volta. Se você tiver eventos que inicializam muito compartilhamento de informações, poderá ter uma página muita lenta.

Isto é tudo o que você precisa fazer. Aos poucos, você aprenderá a definir muitas propriedades que ajudarão o documento da web a suportar o script DTC no lado cliente e o SOM.

Como adicionar um novo documento ASP ao projeto

A primeira etapa é adicionar um novo documento ASP ao projeto. Este documento manterá todos os controles DTC para reunir e exibir os registros no banco de dados.

Capítulo 17 Como criar formulários web com vínculo de dados

Adicione um novo documento ASP, pronto para suportar os DTCs no lado cliente e o modelo de objetos de script, ao projeto

1. Clique com o botão direito do mouse no nome do projeto na janela Project Explorer.
2. Selecione **A**dd, Acti**v**e Server Page no menu contexto.
3. Quando a caixa de diálogo Add Item aparecer, forneça **N**ame para o documento. Para este exemplo, use StoreGrid como o nome.
4. Depois que o novo documento aparecer no Visual InterDev 6 Editor, clique com o botão direito do mouse no espaço em branco próximo à parte inferior da página e selecione **P**roperties no menu contexto.

Como usar a caixa de diálogo Properties na janela Properties

Você poderá também modificar essas propriedades na janela Properties em vez de usar a caixa de diálogo Properties. Então por que deveria? Geralmente é mais fácil lidar com as propriedades na caixa de diálogo Properties — é menos tumultuado e confuso. Pessoalmente acho que é geralmente muito fácil perder a propriedade que está procurando na janela Properties. Mas pode ser que isto aconteça somente comigo.

---

5. Quando a caixa de diálogo Properties aparecer, selecione a plataforma de script DTC desejada. Para este exemplo, selecione **C**lient (IE 4.0 DHTML) (Cliente (DHTML IE 4.0)).
6. Em seguida, ative o suporte para o Scripting Object Model marcando a caixa de verificação **Enable scripting object model** (Ativar modelo de objetos de script) à esquerda inferior da caixa de diálogo.
7. Selecione a devida linguagem de script default do menu suspenso Clie**n**t. Neste exemplo, selecione **VBScript**.
8. A seguir, forneça o **P**age Title (Título da Página) para esse documento. Neste exemplo, forneça Data-Bound Web Grid (Grade da Web com Vínculo de Dados).
9. Finalmente, selecione a guia **Color and Margins** (**Cor e Margens**) e defina a cor **Background** (**Segundo Plano**) da página. Para este exemplo, selecione **Silver** (**Prata**) na lista suspensa.

Você poderia usar o JavaScript

Lembre-se que você poderia usar muito facilmente o JavaScript como sua linguagem de script no lado cliente. Este capítulo constrói um VBScript como um exemplo, mas não há nenhuma razão técnica para não usar o JavaScript.

---

10. Depois de todas as suas entradas terem sido adicionadas, clique em **OK** na parte inferior da caixa de diálogo salvar gravar todas as definições de propriedade para o documento (veja a Figura 17.8).

Figura 17.8 Como definir as propriedades do documento.

Isto é tudo o que você precisa fazer para definir as propriedades do documento para suportar os DTCs com vínculo de dados no lado cliente. Quando completar a caixa de diálogo, verá diversas novas linhas de código de script que foram adicionadas ao seu documento. Note que as linhas nas partes superior e inferior do documento são marcadas com um fundo cinza (veja a Figura 17.9).

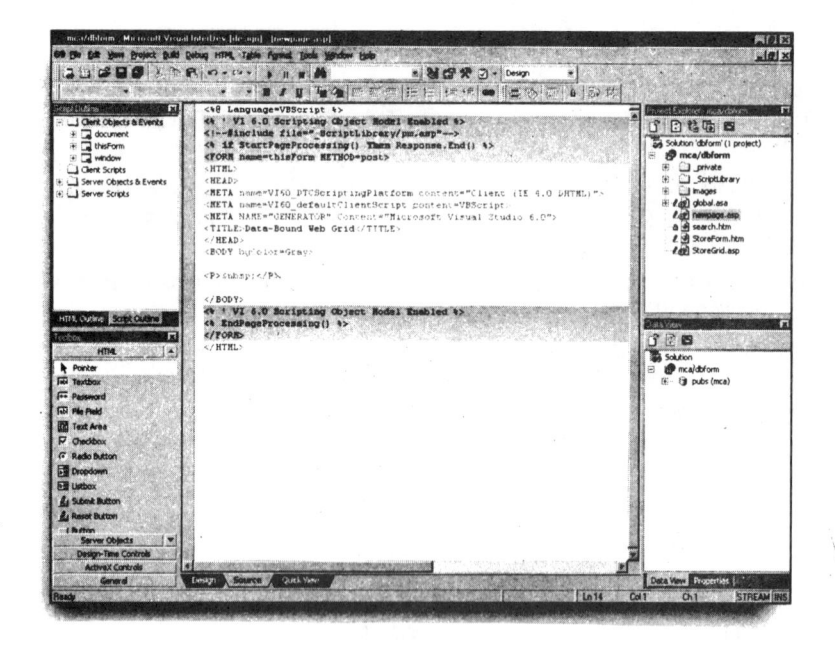

Figura 17.9 Os resultados da definição das propriedades do documento.

Este é o código para o suporte SOM. Você não deve alterá-lo. Se o fizer, o suporte SOM falhará e sua página não irá funcionar devidamente. Note que o código SOM tem na verdade uma construção <FORM>...</FORM> entre as partes superior e inferior do documento. Isto mostra que o suporte SOM trata toda sua página como um formulário HTML. É como o Visual InterDev 6 é capaz de transmitir os eventos do usuário do cliente para o servidor.

Como adicionar o DTC do conjunto de registros a seu documento

Com o documento ASP agora preparado, você está pronto para adicionar o primeiro dos DTCs com vínculo de dados: o conjunto de registros.

Como adicionar um DTC do conjunto de registros a seu documento da web

1. Certifique-se de que o documento carregado no Visual InterDev 6 seja mostrado no modo Source (selecione a guia **Source** na parte inferior da janela do editor).
2. Com o Project Explorer em exibição, clique em GLOBAL.ASA para exibir **DataEnvironment**.
3. Clique em **DataEnvironment** para exibir as conexões de dados.
4. Clique na conexão de dados (**cnnUDIData**) para exibir os comandos de dados.

Por que o DataEnvironment está sob o GLOBAL.ASA?

Embora de algumas maneiras faça sentido que o item Data Environment esteja localizado no arquivo GLOBAL.ASA no Project Explorer, em outras parece estranho. Não teria sido melhor ter o DataEnvironment em seus próprio nó na árvore Project Explorer? Talvez a próxima versão do Visual InterDev examine essa possibilidade.

---

5. Para adicionar o DTC do conjunto de registros, arraste o comando de dados desejado (**cmdStoreSales** neste caso) da janela Explorer e solte-o no documento. Solte-o na linha em branco na parte superior da seção <BODY> do documento. Quando soltar o comando de dados na página, um DTC do conjunto de registros aparecerá com todas as devidas definições a partir do comando de dados (veja a Figura 17.10).

Adicionando o DTC do conjunto de registros à página, você terá incorporado todas as regras do comando de dados no documento da web. Quando os usuários carregarem essa página em seus browsers, o DTC do conjunto de registros usará as regras do comando de dados para reunir um conjunto de registros do banco de dados associado. Contudo, esses registros não serão exibidos em seu documento até que você coloque DTCs adicionais na página. O DTC do conjunto de registros reúne apenas os registros. Na próxima etapa, você adicionará um DTC de grade para exibir os registros reunidos pelo DTC do conjunto de registros.

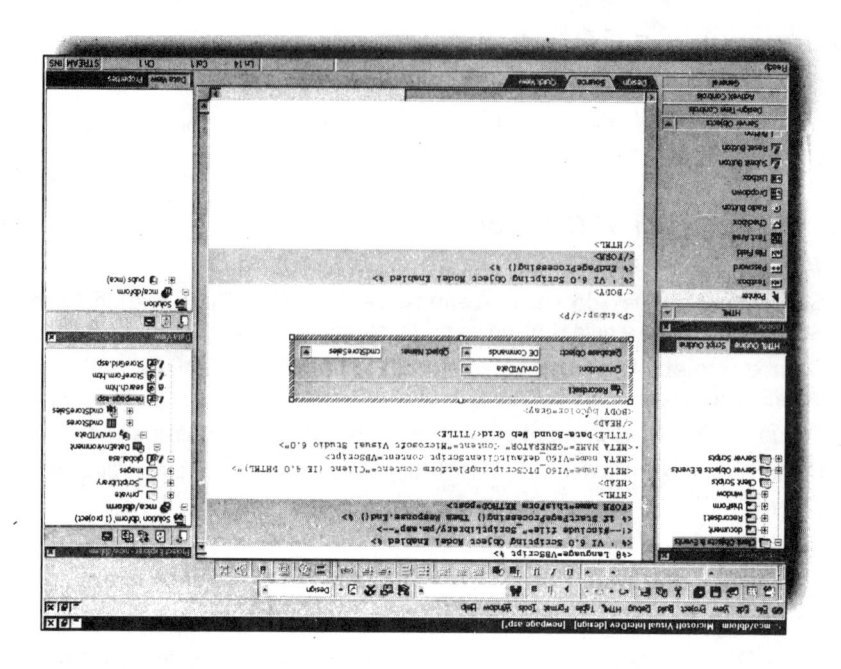

Figura 17.10 Como adicionar um DTC do conjunto de registros a um documento.

Como controlar programaticamente o conjunto de registros

Cada objeto do conjunto de registros tem diversas propriedades que podem ser controladas programaticamente através de seus scripts. Por exemplo, você poderá usar um script para modificar a consulta usada por um conjunto de registros com base nos dados fornecidos pelo usuário. Como? Se seu conjunto de registros estiver ligado a uma consulta SQL (ou seja, não a um comando de dados em si), a consulta SQL será recuperada através da utilização do método **recordset.getSQLText**. Você poderá modificar a consulta SQL usando o método **recordset.setSQLText** (*SQLCommand*). Se modificar a consulta, solicite o conjunto de registros a usar utilizando o método **recordset.requery**.

Como adicionar o controle DTC da grade ao documento

O DTC da grade exibirá de fato os registros reunidos e enviados pelo DTC do conjunto de registros. Você terá que adicionar esse controle ao documento e vinculá-lo ao DTC do conjunto de registros para que a grade saiba quais dados exibir na tabela HTML no cliente.

Como adicionar um DTC da grade com vínculo de dados ao seu documento da web

1. Certifique-se de que o documento carregado no Visual InterDev 6 seja exibido no modo Source (selecione a guia **Source** na parte inferior da janela do editor).

Capítulo 17 Como criar formulários web com vínculo de dados 479

2. Selecione a guia **Design-Time Controls** (**Controles de Construção**) na janela Toolbox.
3. Localize o controle **Grid** na caixa de ferramentas.
4. Para adicionar o DTC da grade à sua página, arraste o item da caixa de ferramentas e solte-o em uma linha em branco sob o DTC do conjunto de registros na página. A grade aparece em sua página.
5. Clique uma vez na grade para trazê-la para o foco (isto adiciona um grande quadro cinza em torno do controle).
6. Agora, use a janela Property do Visual InterDev 6 Editor para localizar e clique na propriedade **Custom** (**Personalizar**) do DTC da grade. Isto trará a caixa de diálogo Properties para a grade.

O controle Grid

O controle Grid tem muita flexibilidade. Você poderá controlar sua aparência (mesmo usando diversos estilos predefinidos), comportamento, botões e, ainda, quais colunas em particular são exibidas. Experimente mais com o controle Grid após concluir o exemplo deste capítulo.

---

7. Na guia **General**, defina a largura como **100** e selecione **Percentage** (**Porcentagem**) como o valor de medida.
8. Na guia **Data** (**Dados**), defina a propriedade <u>R</u>ecordset (**Conjunto de Registros**) como **Recordset1** e, então, clique na caixa de verificação para cada coluna que aparece na lista à direita superior da guia. Isto adiciona colunas à exibição de grade.
9. Clique em **OK** para salvar as propriedades da grade. Isto completa a configuração da grade para sua página (veja a Figura 17.11).

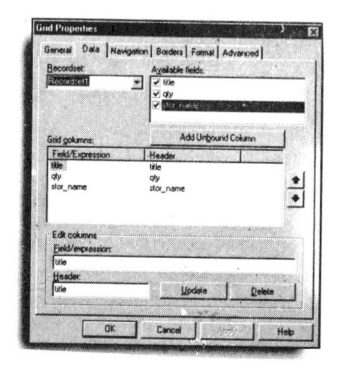

Figura 17.11 Como configurar o DTC da grade.

Agora você completou todas as etapas para adição dos DTCs com vínculo de dados ao seu documento. A última etapa é adicionar um pouco de HTML e script no lado cliente ao seu documento.

Como adicionar uma tabela HTML ao documento

Para este exemplo, você adicionará uma tabela HTML na parte superior da página que manterá o título do documento e um botão. Este botão chamará outro documento com vínculo de dados que você construirá na próxima seção deste capítulo.

Primeiro, você terá que acrescentar uma tabela HTML à parte superior da página. Para tanto, coloque o cursor em um vínculo em branco diretamente sob o tag <BODY>. É onde você colocará sua tabela HTML.

Como adicionar uma tabela HTML ao seu documento da web

1. Alterne para o modo Source no Visual InterDev 6 Editor.
2. Coloque o cursor em uma linha em branco onde deseja que a tabela apareça. Para este exemplo, crie um vínculo em branco diretamente sob o tag <BODY> no documento.
3. Selecione **Table** (Tabela), **Insert Table** (Inserir Tabela) para que a caixa de diálogo Insert Table apareça.
4. Defina o número desejado de linhas e colunas para a tabela. Para este exemplo, defina **Rows** (**Linhas**) como **1** e **Columns** (**Colunas**) como **2**.
5. Defina a **Width** (**Largura**) da tabela como **100 percent** (**100 por cento**).
6. Defina a cor de segundo plano para a tabela. Para este exemplo, defina **Background color** como **Gray** (**Cinza**).
7. Defina **Border Size** (**Tamanho da Borda**) como **0** para ocultar a borda.
8. Clique em **OK** para adicionar a nova tabela ao seu documento (veja a Figura 17.12).

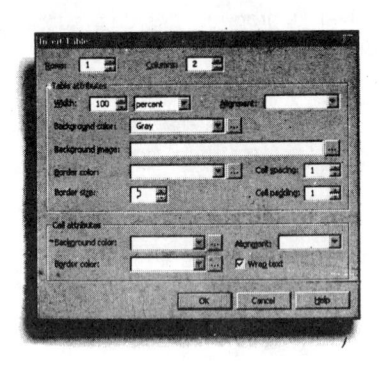

Figura 17.12 Como adicionar uma tabela ao seu documento da web.

Agora você terá que adicionar o título do formulário à primeira célula na tabela. Para tanto, localize o primeiro par de tags <TD> </TD> e adicione o texto Store Sales Summary Grid (Grade de Resumo de Vendas da Loja) entre os dois tags. Você terá que definir o tamanho da fonte como <H2>. Em seguida, defina a largura da célula como **50%**. Isto irá assegurar que o título ocupe 5 por cento do cabeçalho do documento. E mais, defina o atributo de alinhamento da segunda célula como **Right** (**Direita**). Finalmente, acrescente uma barra horizontal na parte inferior da tabela. Seu código da tabela deverá agora parecer-se com aquele na Listagem 17.1.

Capítulo 17 Como criar formulários web com vínculo de dados 481

Listagem 17.1 Como adicionar o título do documento à tabela

```
1   TABLE bgcolor=Gray WIDTH=100% BORDER=0 CELLSPACING=1
    ↪CELLPADDING=1>
2       <TR>
3           <TD WIDTH=50%><H2>Store Sales Summary View Grid
            ↪</H2></TD>
4           <TD ALIGN=right></TD>
5       </TR>
6   </TABLE>
7   <HR>
```

Sugira um próprio

Você está usando o título **Store Sales Summary View Grid** com base neste exemplo. Se quiser usar seu próprio título e dados, sinta-se à vontade para mudá-los. Use as instruções gerais para ajudá-lo a desenvolver sua própria solução. Assim, talvez você tenha uma página com aparência melhor.

Como adicionar um botão DTC ao documento

O último item a adicionar à página é um botão de comando na segunda célula da tabela. Como este é um documento que suporta DTCs, você usará o botão DTC nesta página em vez do controle do botão HTML padrão. O botão DTC é um pouco mais fácil de programar também.

Para tanto, apenas arraste o controle Button (Botão) da guia **Design-Time Control** da caixa de ferramentas para o documento ASP e solte-o diretamente entre os tags <TD> e </TD>. Em seguida, certifique-se de que o botão tenha o foco (clique-o uma vez com o mouse), alterne para a janela Properties e clique no item da propriedade **(Custom)**. Isto ativará a caixa de diálogo Properties do botão. Use-a para definir a propriedade **C̲aption** (**Título**) como Form e a propriedade **N̲ame** como btnForm (veja a Figura 17.13).

As propriedades Name e ID

A propriedade **Name** na caixa de diálogo Properties do Design-Time Control define sua propriedade **ID** (**Identificação**). A propriedade **ID** é usada por todo seu código para se referir ao controle. O valor usado para a propriedade **ID** também é usado para identificar o controle na janela Script Outline.

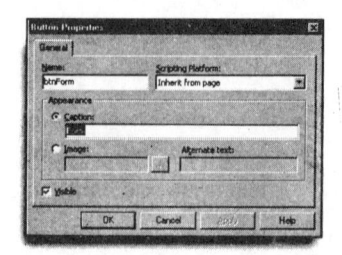

Figura 17.13 Como definir as propriedades do botão DTC.

Agora você está pronto para adicionar um pouco do Visual Basic Script no lado cliente sob o evento onclick do botão. Para tanto, localize a janela Script Outline (Esquema do Script), abra a árvore para o controle btnForm e clique no evento onclick. Isto adicionará um bloco de script no lado cliente ao seu documento. Você terá que acrescentar uma única linha de código a esse evento que carregará outra página no browser do cliente. A Listagem 17.2 tem um bloco de código completo. Note que a linha 5 é a única que você terá que digitar. O Visual InterDev 6 fornecerá o restante.

Listagem 17.2 Como adicionar o bloco de código no lado cliente ao seu documento

```
1  <SCRIPT ID=clientEventHandlersVBS LANGUAGE=vbscript>
2  <!--
3
4  Sub btnForm_onclick()
5    window.navigate "StoreForm.htm"
6  End Sub
7
8  -->
9  </SCRIPT>
```

Isto é tudo o que você fará para completar o documento. Salve o documento, marque-o como a página inicial e pressione F5 para testá-lo em seu browser. Quando carregar a página, você verá uma grade HTML aparecer tendo todos os registros no conjunto de registros definidos pelo comando de dados cmdStoreSales. A página do browser deverá parecer-se com a Figura 17.14. Se clicar no botão **Form** (**Formulário**), seu servidor da web fornecerá um erro informando que a página não existe. Não se preocupe, esta é a próxima etapa.

Agora que você sabe como construir um formulário simples de grade de exibição com vínculo de dados, está pronto para criar um formulário de entrada de dados completo que permite aos usuários adicionar, editar e apagar registros.

Capítulo 17 Como criar formulários web com vínculo de dados   483

Veja também

➤ *Para aprender sobre como criar os relatórios a partir das informações do banco de dados, veja o Capítulo 21.*

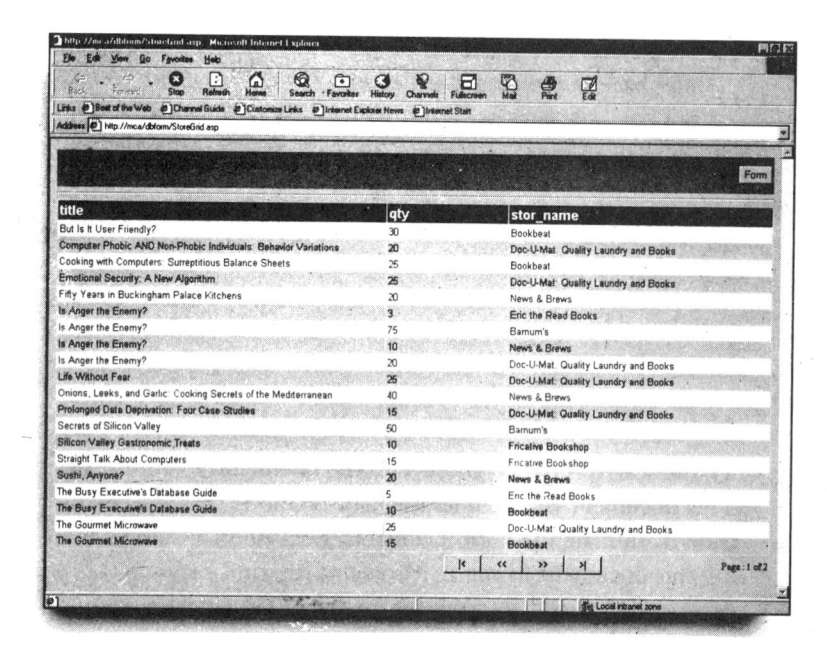

Figura 17.14 O resultado de uma grade com vínculo de dados.

Como criar um formulário de entrada de dados completo

O processo de construção de um formulário de entrada de dados completo usando o Visual InterDev 6 e os DTCs com vínculo de dados é também muito fácil. O processo de inclusão da capacidade de adicionar, editar e apagar registros exige um pouco mais de código de script, mas não muito. O código que você adicionará também será fácil de reutilizar em outros formulários da web com vínculo de dados construídos no futuro.

Para este exemplo, você construirá um documento HTML que usa o suporte DTC no lado cliente. Como irá usar os recursos DHTML do Microsoft Internet Explorer, não precisará adicionar o suporte SOM para seu documento DHTML com vínculo de dados.

Aqui estão as principais tarefas a completar quando você criar os formulários com vínculo de dados DHML para o Microsoft Internet Explorer 4.0:

- Adicione um novo documento HTML ao projeto da web.
- Adicione um DTC do conjunto de registros para carregar os registros em sua página.
- Adicione um conjunto de caixas de entrada para exibir cada registro e permitir edições e atualizações.

- Adicione um DTC NavBarRecordset para permitir que os usuários se movam na coleção de registros.
- Adicione um conjunto de controles do botão DTC para gerenciar as várias operações de edição (adição, edição, exclusão etc.)
- Adicione o código no lado cliente para gerenciar os eventos do botão.

Isto pode não funcionar no Netscape

Não há garantias no script no lado cliente e nos DTCs de que sua aplicação funcionará em um browser Netscape. Você não poderá culpar a Microsoft por não sair dessa situação para tornar mais fácil desenvolver o produto de um concorrente, mas certamente seria bom se tudo fosse um browser neutro.

Quando tiver acabado com a série de tarefas, terá um documento HTML que suporta os DTCs com vínculo de dados e que permite completar as operações de entrada de dados. Este formulário será otimizado para o Microsoft Internet Explorer 4.0.

Como adicionar o documento HTML ao projeto

A primeira etapa é adicionar um novo documento HTML ao seu projeto. Este documento manterá todos os DTCs com vínculo de dados e o código de script para animar os controles do botão. Como você irá construir esse documento para ser executado no Microsoft Internet Explorer 4.0, não precisará adicionar nenhum suporte para o SOM. Entretanto, precisará adicionar o suporte para o script DTC no lado cliente.

Como adicionar um novo documento HTML ao seu projeto da web

1. Clique com o botão direito do mouse no nome do projeto no Project Explorer.
2. Selecione **A**dd, **H**TML Page (**Página HTML**) no menu contexto.
3. Forneça o **N**ame do documento. Para este exemplo, use StoreForm.htm.
4. Clique em **Open** para adicionar o documento ao seu projeto.
5. Alterne para o modo Source no Visual InterDev 6 Editor selecionando a guia **Source** na parte inferior na janela do editor.
6. Clique com o botão direito do mouse em uma parte em branco do documento para ativar o menu contexto.

Por que é tão difícil abrir a caixa de diálogo Properties?

Quantas vezes você clicou com o botão direito do mouse em uma parte em branco da página e selecionou **P**roperties no menu contexto apenas para obter a janela Properties? É necessária uma pequena trapaça, o mouse ajustado, para abrir caixa de diálogo Properties. Experimente clicar com o botão direito na parte inferior do editor, próximo à barra de paginação horizontal.

Capítulo 17 Como criar formulários web com vínculo de dados   485

7. Selecione Properties no menu contexto para ativar a caixa de diálogo Properties.
8. Na guia **General**, defina **Page title** (Título da página) como **Data-Bound Web Form** (**Formulário Web com Vínculo de Dados**).
9. Defina a linguagem de script **Client** como **VBScript**.
10. Alterne para a guia **Color and Margins** e defina a cor de segundo plano da página como **Silver**.
11. Clique em **OK** para salvar as propriedades da página para o projeto (veja a Figura 17.15).

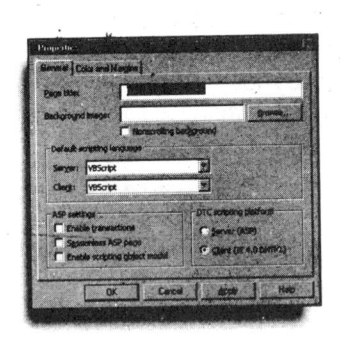

Figura 17.15 Como definir as propriedades do documento HTML.

Isto completa a definição do documento. Agora você está pronto para adicionar os DTCs com vínculo de dados à página.

Como adicionar o DTC do conjunto de registros ao documento

O primeiro DTC a adicionar à pagina é o DTC do conjunto de registros. É o DTC que usa as regras no comando de dados para retirar os registros do banco de dados. A maneira mais fácil de adicionar um DTC do conjunto de registros é arrastar o comando de dados do Project Explorer e soltá-lo no documento. Isto fará com que o Visual InterDev 6 acrescente um DTC do conjunto de registros ao documento com todas as propriedades a partir do comando de dados.

Como adicionar um DTC do conjunto de registros a um documento HTML

1. Assegure que o Visual InterDev 6 Editor esteja na exibição Source.
2. Localize o comando de dados desejado no Project Explorer na árvore **GLOBAL.ASA**, **Data Environment**, **Data Connection**. Neste caso, selecione o comando de dados **cmdStores** sob o objeto de conexão de dados **cnnUVIData**.

Nomes úteis

Você pode não ter percebido ainda, mas a escolha dos nomes para a conexão de dados e os itens do comando de dados neste capítulo foram propositais. Quando estiver lidando com as aplicações da web que tenham diversas conexões de dados e provavelmente dezenas de comandos de dados, as convenções de nomenclatura serão importantes. Nomeie seus objetos do banco de dados de uma maneira clara e compreensível para que não fique imaginando os nomes corretos às quatro da manhã.

3. Arraste o comando de dados selecionado para o documento HTML e solte-o em uma linha em branco diretamente sob o tag <BODY> na página. Isto fará com que o Visual InterDev 6 acrescente um DTC do conjunto de registros ao documento (veja a Figura 17.16).

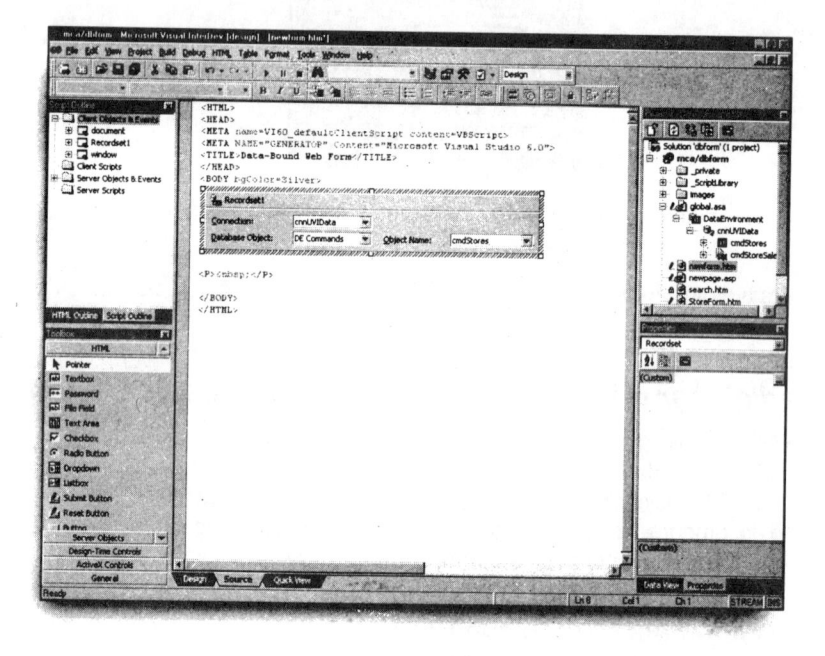

Figura 17.16 Como adicionar um DTC do conjunto de registros ao documento.

Agora seu documento pode reunir os registros do banco de dados. Em seguida, você terá que adicionar caixas de entrada ao formulário que exibirá os campos nos registros.

Capítulo 17 Como criar formulários web com vínculo de dados

Como adicionar os DTCs de entrada com vínculo de dados ao documento

Nesta etapa, você acrescentará uma série de caixas de entrada ao documento que exibirá o conteúdo de cada coluna nos registros no banco de dados. Para tanto, usará os DTCs da caixa de texto que são enviados com o Visual InterDev 6. Estes DTCs se parecem com os controles HTML INPUT padrão, mas são, na verdade, controles exclusivos construídos usando o JavaScript que podem ser ligados diretamente às colunas em uma coleção de dados.

Esta forma de conexão de colunas é chamada de vínculo de dados. O vínculo de dados é a capacidade de vincular os controles de entrada a uma coluna na tabela de dados, de maneira que sempre que o usuário exibir um novo registro na coleção, o controle de entrada exibirá automaticamente o conteúdo da coluna. E mais, sempre que o usuário atualizar o conteúdo de uma caixa de entrada, os dados serão gravados automaticamente de volta no banco de dados. Tudo isto é feito sem escrever código algum de script no cliente ou no servidor.

Você pode usar elementos intrínsecos

Você poderá usar os elementos do formulário HTML intrínsecos (como a caixa de texto) e se comunicar com seu conjunto de registros, mas isto requer mais trabalho. Você terá que vincular os dados aos elementos através do código. E por que fazer isso quando você pode usar os DTCs?

Como adicionar os DTCs de entrada com vínculo de dados ao seu documento da web

1. Certifique-se de que o documento HTML esteja no modo Source.
2. No Project Explorer, abra **GLOBAL.ASA**, **DataEnvironment**, **Data Connection**, **Data Command** com os quais deseja trabalhar. Para este exemplo, selecione o comando de dados **cmdStores** sob o objeto de conexão de dados **cnnUVIData**.
3. Abra o comando de dados para exibir a lista de colunas na definição de comandos.
4. Clique uma vez no primeiro item da coluna com o mouse.
5. Mantenha a tecla Shift pressionada e use a seta para baixo para destacar todos os nomes da coluna na lista. É como você seleciona as colunas a adicionar à sua página.

Mancadas do Visual InterDev

Ocasionalmente, poderá acontecer de você arrastar e soltar uma coluna de uma conexão de dados e ela não funcionar. Algumas vezes, a relação do conjunto de registros com um DTC será perdida. Você terá que abrir a caixa de diálogo Properties do DTC e assegurar-se de que o conjunto de registros correto esteja selecionado.

6. Agora use o mouse para arrastar a lista destacada de colunas para o documento da web e soltá-las na primeira linha em branco sob o DTC do conjunto de registros. O Visual InterDev 6 adicionará uma tabela e um conjunto de DTCs da caixa de texto ao documento da web juntamente com os nomes da coluna no texto (veja a Figura 17.17).

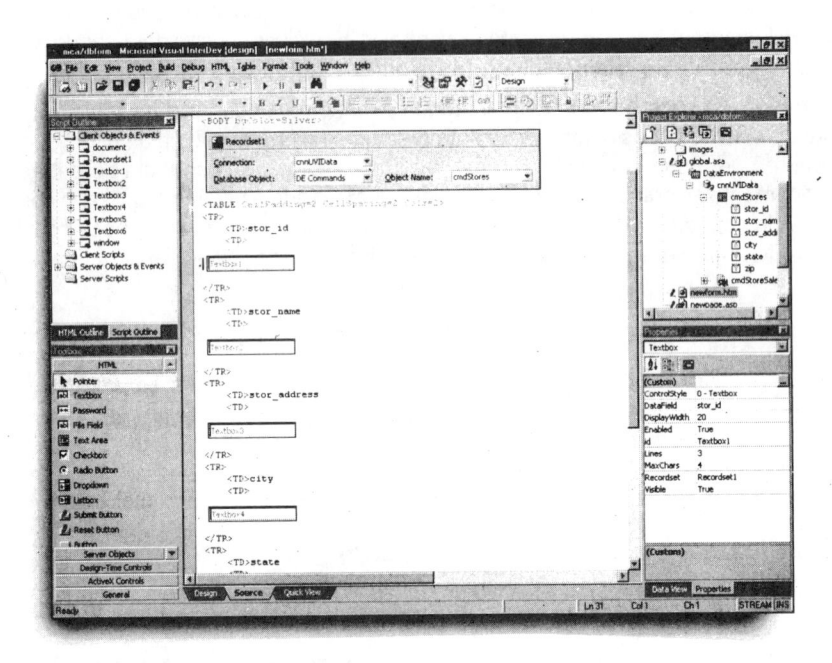

Figura 17.17 Como adicionar os DTCs da caixa de texto com vínculo de dados ao seu documento.

Agora você tem um documento com vínculo de dados que pode exibir todas as colunas em cada registro na coleção. No entanto, terá que adicionar outro DTC à página para permitir que os usuários se movam de um registro para outro na coleção.

Como colocar um DTC RecordsetNavbar no documento

O próximo DTC adicionado permitirá que os usuários se movam na coleção de registros. Este processo de se mover no conjunto de registros é geralmente chamado de "navegar o conjunto de registros". Por isso, o DTC é chamado de DTC RecordsetNavbar. Você acrescentará o DTC RecordsetNavbar na parte inferior da página. Isto colocará um controle com quatro botões no documento que permitirá aos usuários se moverem para o primeiro, anterior, próximo e último registro na coleção.

Capítulo 17 Como criar formulários web com vínculo de dados   **489**

Você pode personalizar o RecordsetNavbar

Você pode personalizar o DTC **RecordsetNavbar** para exibir o texto personalizado para os botões ou mesmo imagens. Assim, poderá manter uma consistência visual com o restante de sua aplicação da web.

Como adicionar o DTC RecordsetNavbar *ao seu documento da web*

1. Certifique-se de que o documento esteja carregado e exibido na exibição Source no Visual InterDev 6 Editor.
2. Clique na guia **Design-Time Controls** na janela Toolbox.
3. Localize o DTC RecordsetNavbar na caixa de ferramentas, arraste-o para o documento no editor e solte-o diretamente sob o tag </TABLE> depois dos DTCs de entrada com vínculo de dados.
4. Clique uma vez no DTC RecordsetNavbar para dar-lhe o foco (haverá uma barra cinza espessa em torno do controle).
5. Localize a propriedade **(Custom)** na janela Properties e clique-a para ativar a caixa de diálogo Properties para o DTC RecordsetNavbar.

A propriedade Update on Move

Use a propriedade <u>U</u>pdate on Move (**Atualizar ao Mover**) com cuidado. Com essa opção selecionada, sempre que um registro for acessado ele será atualizado. Isto inclui a data e a hora em que o registro foi acessado e envolve o processo na parte de seu servidor da web e o banco de dados. Certifique-se de que realmente é preciso atualizar os dados automaticamente antes de selecionar isso.

---

6. Na guia **General**, defina a propriedade <u>R</u>ecordset para indicar o DTC do conjunto de registros na página (para este exemplo, use **Recordset1**).
7. Marque a propriedade <u>U</u>pdate on Move. Isto irá assegurar que qualquer alteração no registro atual será enviada para o servidor quando um usuário for para um novo registro.
8. Clique em **OK** para salvar as propriedades RecordsetNavbar (veja a Figura 17.18).

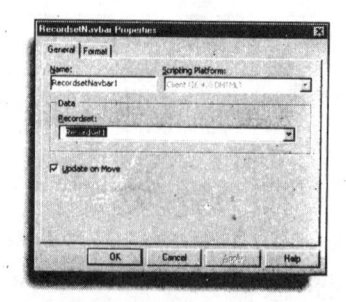

Figura 17.18 Como definir as propriedades DTC RecordsetNavbar.

Agora você tem um documento HTML que funciona utilizando o script DTC no lado cliente (DHTML) para suportar os controles com vínculo de dados. Você poderá exibir os registros e mover no conjunto de registros. Qualquer alteração feita no registro atual será gravada de volta no banco de dados. Contudo, você terá que adicionar alguns botões ao formulário para permitir que os usuários acrescentem ou apaguem os registros na tabela. Isto será feito em seguida.

Um futuro projeto

Quando tiver acabado com este exemplo, experimente adicionar alguns recursos novos à página STOREFORM.HTM. Por exemplo, modifique a página para que um usuário possa personalizar a consulta com base em sua própria entrada. Anteriormente neste capítulo, você deve ter observado uma nota sobre como fazer isso.

Como adicionar um conjunto de DTCs do botão a uma tabela HTML

A próxima etapa é adicionar um conjunto de botões à página que permitirá aos usuários adicionar e apagar registros. Você também adicionará um botão para permitir que os usuários movam para o documento de exibição da grade construído anteriormente. Finalmente, acrescentará um título ao formulário. Para fazer tudo isso, criará um elemento da tabela HTML para manter o título e o conjunto de controles do botão DTC.

Primeiro, construa a tabela HTML para manter tudo.

Como adicionar uma tabela HTML para manter os botões DTC em um documento

1. Certifique-se de que a página esteja no modo Source no Visual InterDev 6 Editor.
2. Coloque seu cursor na primeira linha em branco diretamente sob o tag <BODY> no documento. É onde a tabela será colocada.
3. Selecione T**a**ble, **I**nsert Table para ativar a caixa de diálogo Insert Table.
4. Defina as contagens de linhas e colunas para sua tabela. Para este exemplo, defina a contagem de linhas como **1** e a contagem de colunas como **7**.

Capítulo 17 Como criar formulários web com vínculo de dados **491**

5. Defina a propriedade **W**idth da tabela. Para este exemplo, defina-a como **100 percent**.
6. Defina a **Backgro**u**nd color** da tabela. Use **Gray** para essa tabela.
7. Defina **Border si**z**e** (use **0** para essa tabela).
8. Clique em **OK** para salvar a nova tabela em seu documento (veja a Figura 17.19).

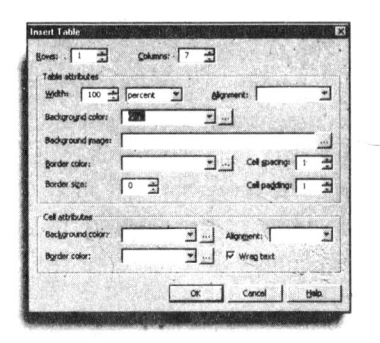

Figura 17.19 Como adicionar uma nova tabela ao documento.

Agora que você construiu a tabela, poderá adicionar alguns detalhes. Primeiro, defina o atributo da largura da primeira célula como **50%**. Essa célula manterá o texto do título Store Data Entry Form (Formulário de Entrada de Dados da Loja) contornado pelos tags <H2> e </H2>. Finalmente, acrescente uma régua horizontal sob a tabela. Quando terminar, o código HTML da tabela se parecerá com o da Listagem 17.3.

Listagem 17.3 Como modificar o código da tabela HTML

```
1    <TABLE WIDTH=100% BGCOLOR=Gray BORDER=0 CELLSPACING=1
     ↪CELLPADDING=1>
2        <TR>
3            <TD WIDTH=50%><H2>Store Data Entry Form</H2></TD>
4            <TD></TD>
5            <TD></TD>
6            <TD></TD>
7            <TD></TD>
8            <TD></TD>
9            <TD></TD>
10       </TR>
11   </TABLE>
12   <HR>
```

Em seguida, acrescente seis controles do botão DTC à página em cada uma das seis células restantes da tabela. Serão os botões que fornecerão as várias ações para a entrada de dados, inclusive adição, atualização, exclusão e exibição da lista. Arraste um DTC do botão da guia **Design-Time Control** da Toolbox e solte-o entre os tags <TD> e </TD> na página.

Depois de adicionar todos os seis botões às células da tabela, você terá que definir suas propriedades ID e Caption. Para tanto, clique com o botão direito do mouse no DTC do botão e selecione **Properties** no menu contexto para ativar a caixa de diálogo Properties. Use as informações na Tabela 17.1 para definir as propriedades ID e Caption de cada botão.

Como usar botões em vez de Update on Move

Usar botões para salvar suas alterações, como você fará aqui, é um método preferível a usar a propriedade **Update on Move** para o DTC RecordsetNavbar. Você poderá também ligar mais controle ao botão, permitindo que seus scripts executem mais ações sempre que o botão for pressionado.

Tabela 17.1 Como definir as propriedades Caption e ID do DTC do botão

Antigo ID	Novo ID	Título
Button1	BtnSave	Save
Button2	BtnCancel	Cancel
Button3	BtnUpdate	Update
Button4	BtnDelete	Delete
Button5	BtnNew	New
Button6	BtnList	List

Depois de acrescentar os seis botões e definir as propriedades Caption e ID, seu documento deverá parecer-se com o mostrado na Figura 17.20 quando exibido no modo Design (Construção).

Agora que o layout do documento está completo, você terá que acrescentar o script no lado cliente para responder aos eventos de clique do botão no documento.

Como adicionar o código no lado cliente ao documento

A etapa final para completar seu formulário de entrada de dados é adicionar o código de script no lado cliente sob os botões. É o código que será enviado para o browser e responderá a cada evento onclick. Como o browser de destino para esse documento é o Microsoft Internet Explorer 4.0 e superior, você usará o Visual Basic Scripting como a linguagem no lado cliente.

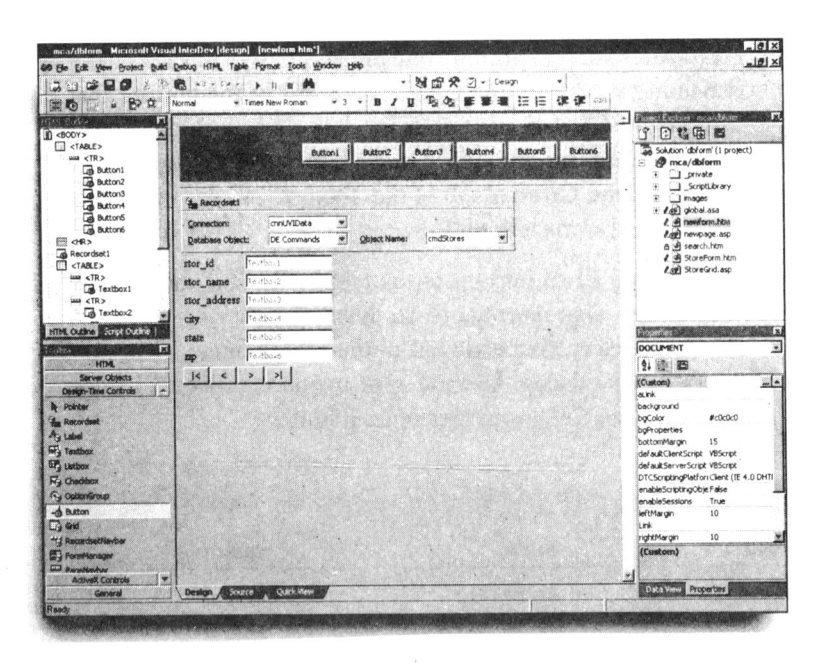

Capítulo 17 Como criar formulários web com vínculo de dados   493

Figura 17.20 O formulário de entrada de dados depois da adição do título e os DTCs do botão.

Observe que você tem três botões que executam as tarefas típicas de entrada de dados (**Update**, **Delete**, **New**) e dois que oferecem uma escolha comum na entrada de dados (**Save** e **Cancel**). O último botão (**List**) será usado para exibir o formulário Sales construído anteriormente.

Os botões **Save** e **Cancel** merecem um comentário aqui. O que você está de fato construindo é um *formulário com diversos modos*. Este formulário tem dois modos básicos: **Add** e **Edit** (Editar). Você poderá adicionar novos registros ou poderá editar os existentes alterando-os ou apagando-os. Os botões **Save** e **Cancel** serão ativados durante apenas um dos modos: **Add**. Nesse momento, os botões **Update**, **Delete**, **New** e **List** estarão inativos. Assim, você poderá ajudar os usuários a se concentrarem no término da operação de acréscimo sem cometer o erro de pressionar o botão **Delete** no meio da operação. Quando chegar o momento de adicionar o código no lado cliente ao documento, você construirá uma rotina especial para gerenciar as alterações entre os modos Edit e Add.

Primeiro, você exibirá os eventos onclick de cada um dos seis botões. Para tanto, use a janela Script Outline para encontrar cada botão na lista e clique duas vezes no evento onclick na lista. Isto fará com que o Visual InterDev 6 adicione os vários métodos de evento ao seu documento.

O desafio da programação

Depois de ter concluído este exemplo, experimente tornar as coisas mais complicadas. Acrescente um método para reforçar a segurança quando um usuário tentar apagar um registro ou mesmo modificar um registro existente. Tente usar um sistema de nomes de usuário e permissões.

Você terá também que adicionar o evento window_onload ao seu documento. Para tanto, encontre o objeto Window (Janela) na janela Script Outline e clique duas vezes no evento onload para adicionar o método de script ao documento. Quando você terminar de acrescentar os métodos de evento à sua página, o código Visual Basic Script se parecerá com aquele na Listagem 17.4.

Listagem 17.4 O resultado da adição dos eventos *onclick* e *onload* ao documento

```
1   <SCRIPT ID=clientEventHandlersVBS LANGUAGE=vbscript>
2   <!--
3
4   Sub btnCancel_onclick()
5
6   End Sub
7
8   Sub btnDelete_onclick()
9
10  End Sub
11
1   Sub btnList_onclick()
13
14  End Sub
15
16  Sub btnNew_onclick()
17
18  End Sub
19
20  Sub btnSave_onclick()
21
22  End Sub
23
24  Sub btnUpdate_onclick()
25
26  End Sub
```

continua...

Listagem 17.4 Continuação

```
27
28  Sub window_onload
29
30  End Sub
31
32  -->
33  </SCRIPT>
```

Agora você está pronto para adicionar o código Visual Basic Script real ao documento. Contudo, antes de construir o código para cada evento, terá que acrescentar um método personalizado para gerenciar a troca entre os modos Add e Edit.

A única finalidade do método será ativar e desativar o devido conjunto de botões para cada modo. No modo Add, os únicos botões que deverão estar disponíveis são **Save** e **Cancel**. No modo Edit, estes dois botões estarão desativados e os botões restantes (**Update**, **Delete**, **New** e **List**) deverão estar ativados. O código na Listagem 17.5 mostra um método que lidará com isso. Adicione este código logo acima da seção <SCRIPT> que mantém os métodos do evento.

Os modos Add e Edit

Você poderá usar os modos em suas aplicações da web para reforçar as regras de comportamento. Por exemplo, apenas certos usuários conseguirão de entrar no modo Edit, ao passo que todos poderão usar o modo View (Exibir) em sua aplicação.

Listagem 17.5 Como adicionar o método *SetInputModeTo* ao documento

```
1   <SCRIPT LANGUAGE=vbscript>
2   <!--
3
4   Sub SetInputModeTo(Mode)
5       '
6       ' toggle input mode for the form
7       '
8       if uCase(Mode) = "EDIT" then
9           blnFlag=false
10      else
11          blnFlag=true
12      end if
13      '
```

continua...

Listagem 17.5 Continuação

```
14    btnNew.disabled=blnFlag
15    btnUpdate.disabled=blnFlag
16    btnDelete.disabled=blnFlag
17    btnList.disabled=blnFlag
18    '
19    btnSave.disabled=not blnFlag
20    btnCancel.disabled=not blnFlag
21    '
22  End Sub
23
24  -->
25  </SCRIPT>
```

O método mostrado na Listagem 17.5 aceita um parâmetro, uma string definida como ADD ou EDIT. O método verifica o parâmetro e define uma variável booleana de acordo (linhas 8-12). Então, esse valor booleano é usado para ativar ou desativar a propriedade desativada dos botões quando necessário. Note como os botões **Save** e **Cancel** estão sempre definidos como o oposto do restante dos botões (linhas 19 e 20). Assim, você poderá usar um valor para ativar os botões ou desativá-los.

Depois de adicionar o método personalizado ao projeto, você estará pronto para acrescentar o código para cada evento do documento. A Listagem 17.6 mostra o código para o evento window_onload. Isto definirá os valores iniciais dos botões quando o usuário carregar pela primeira vez o documento no browser.

Listagem 17.6 Como adicionar o código ao evento *window_onload*

```
1  Sub window_onload
2      '
3      setInputModeTo "edit"
4      '
5  End Sub
```

Em seguida, adicione o código aos eventos onclick dos botões **Save** e **Cancel**. A Listagem 17.7 tem o código necessário para completar essas operações.

Listagem 17.7 Como adicionar o código para os botões Save e Cancel

```
1   Sub btnSave_onclick()
2       '
3       Recordset1.updateRecord
4       SetInputModeTo "Edit"
5       '
6   End Sub
7
8   Sub btnCancel_onclick()
9       '
10      Recordset1.movefirst
11      SetInputModeTo "Edit"
12      '
13  End Sub
```

Note que, depois de cada operação, você chama o método setInputModeTo para atualizar os botões do formulário.

A navegação do conjunto de registros

Você poderá mover em um conjunto de registros usando diversos métodos. O método **recordset.movefirst** vai para o primeiro registro na coleção. Você poderá usar o método **recordset.moveabsolute(***registro***)** para ir para um registro específico no conjunto de registros. Para determinar sua posição atual no conjunto de registros, use a propriedade **recordset.absolutePosition**. Você poderá determinar quantos registros totais existem no conjunto de dados usando o método **recordset.getcount**.

Em seguida, adicione o código para os botões **Update** e **List**. O código Update parece igual ao código Save. O código List apenas chama o documento ASP de grade construído anteriormente neste capítulo. A Listagem 17.8 tem todo o código necessário para esses dois botões.

Listagem 17.8 Como adicionar o código para os botões Update e List

```
1   Sub btnUpdate_onclick()
2       '
3       Recordset1.updateRecord
4       SetInputModeTo "Edit"
5       '
6   End Sub
```

continua...

Listagem 17.8 Continuação

```
7
8   Sub btnList_onclick()
9   '
10      window.navigate "StoreGrid.asp"
11  '
12  End Sub
```

Agora você está pronto para adicionar o código para o botão **New**. Este código irá preparar o formulário para a entrada e lembrará o usuário de pressionar o botão **Save** ou **Cancel** para sair do modo **Add**. Coloque o código da Listagem 17.9 em seu documento.

Listagem 17.9 Como adicionar o código para o botão New
```
1   Sub btnNew_onclick()
2   '
3       Recordset1.addRecord
4       SetInputModeTo "Add"
5   '
6       alert "Press the Save or Cancel after filling out form"
7   '
8   End Sub
```

A última parte do código para o botão **Delete** é a mais complicada. Quando os usuários pressionarem o botão **Delete**, verão primeiro uma caixa de diálogo que solicitará a confirmação da operação de eliminação. Se a resposta for **Yes**, o registro atual será apagado do banco de dados e o ponteiro do registro será movido para o primeiro registro no conjunto de dados. Adicione o código da Listagem 17.10 à sua página.

Listagem 17.10 Como adicionar o código para o botão Delete
```
1   Sub btnDelete_onclick()
2   '
3       dim blnAnswer
4   '
5       blnAnswer=confirm("Delete this record Permanently?")
6   '
7       if blnAnswer=True then
8           Recordset1.deleteRecord
9           Recordset1.movefirst
```

continua...

Capítulo 17 Como criar formulários web com vínculo de dados   **499**

Listagem 17.10 Continuação

```
10   endif
11   `
12   SetInputModeTo "Edit"
13   `
14 End Sub
```

Este é o último código de script para o documento. Depois de adicionar o código da Listagem 10.17, salve o documento em seu projeto da web. Agora você tem um formulário da web de entrada de dados completamente funcional que permitirá aos usuários adicionar, editar e apagar registros da tabela de dados conectada.

A entrada de dados ficou fácil

Agora você acredita como é fácil criar formulários com vínculo de dados no Visual InterDev? Você poderá ligar ações complexas aos elementos em sua aplicação da web que inicializarão ações em seu banco de dados. Imagine as possibilidades!

Você poderá testar esse formulário executando o documento em seu browser do Microsoft Internet Explorer e pressionando os vários botões para testar as operações novas, de atualização e de eliminação. A Figura 17.21 mostra uma sessão de exemplo usando o novo formulário.

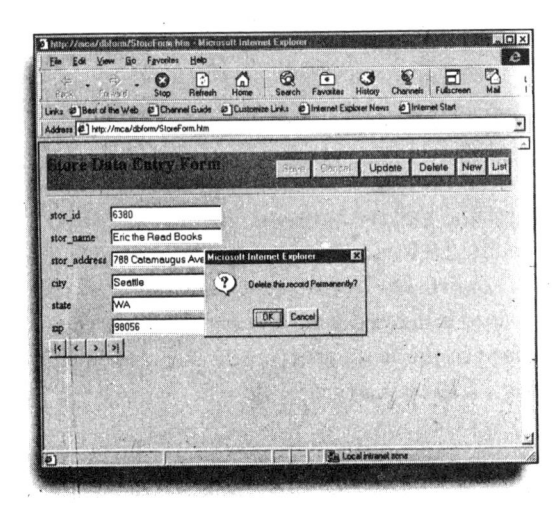

Figura 17.21 Como testar o formulário da web com vínculo de dados.

Capítulo 18

Como criar bancos de dados para a web

- Aprenda a criar projetos de banco de dados com o Visual InterDev 6
- Adicione tabelas, inicializadores, exibições, procedimentos armazenados e consultas a seus projetos de banco de dados
- Defina chaves e restrições com as ferramentas de dados Visual InterDev 6
- Modifique o conteúdo da tabela com as ferramentas de dados Visual InterDev 6
- Salve scripts SQL para execução pelos administradores do banco de dados SQL Server

Como usar o Visual InterDev 6 para criar itens do banco de dados

Uma tarefa comumente concedida ao programador da web é a criação e a manutenção das tabelas do banco de dados e outros itens afins no servidor do banco de dados de back-end. Para satisfazer essa tarefa, o Visual InterDev 6 tem muitas ferramentas eficientes predefinidas no editor que permitem aos usuários autorizados acrescentar novas tabelas, exibições, inicializadores e procedimentos armazenados aos bancos de dados existentes (veja a Figura 18.1).

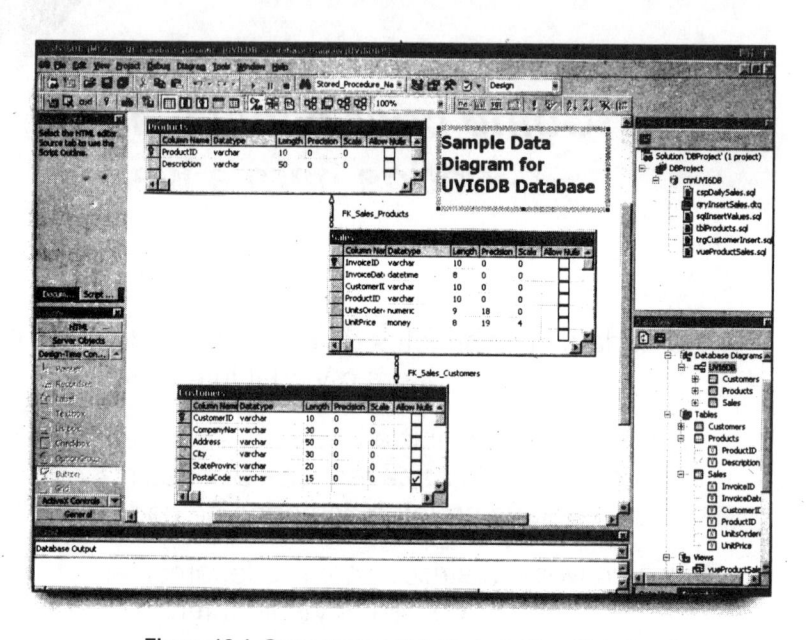

Figura 18.1 Como usar as Data Tools do Visual InterDev 6 para criar tabelas em um banco de dados existente.

Mesmo que você não possua os devidos direitos para acrescentar tabelas aos bancos de dados da web, poderá usar o Visual InterDev 6 para criar scripts do banco de dados que podem ser enviados aos administradores do banco de dados autorizados para execução. Você poderá também usar as Data Tools (Ferramentas de Dados) no Visual InterDev 6 para adicionar novas linhas a tabelas existentes, executar exibições e armazenar procedimentos.

Capítulo 18 Como criar bancos de dados para a web   503

O Visual InterDev 6 Enterprise é requerido para este capítulo
---

A capacidade de criar novas tabelas do banco de dados, exibições e procedimentos está disponível apenas na Enterprise Edition do Visual InterDev 6. Se você não tiver a Enterprise Edition, poderá ainda obter muito deste capítulo, mesmo que não consiga executar os exemplos mostrados aqui.

Neste capítulo, você aprenderá a usar o Visual InterDev 6 para criar projetos especiais do banco de dados que mantêm esses scripts e consultas e a usar as Data Tools para executar consultas e procedimentos armazenados nos bancos de dados existentes.

O que é e não é possível com as Data Tools do Visual InterDev 6

Antes de poder usar as Data Tools do Visual InterDev 6 para modificar a estrutura de um banco de dados existente, você terá que ter os devidos direitos e autorizações de usuário. Se estiver trabalhando em uma grande organização, poderá precisar verificar seus direitos de segurança com seu administrador do banco de dados ou pessoas autorizadas da rede. Quando seus direitos estiverem devidamente definidos, você estará pronto para começar.

Usar o Microsoft SQL Server ou o Oracle?

Este capítulo usa exemplos de técnicas de criação do banco de dados para o Microsoft SQL Server. Na maioria dos casos, você conseguirá usar as mesmas etapas para criar membros válidos do banco de dados Oracle. Contudo, deverá consultar sua documentação Oracle para verificar a sintaxe exata para todos os exemplos dados aqui.

Segundo, as Data Tools do Visual InterDev 6 podem fornecer suporte apenas para editar os bancos de dados SQL Server e Oracle existentes. Você não poderá usar as Data Tools do Visual InterDev 6 para criar um novo banco de dados. Se tiver que criar um novo banco de dados, terá que fazê-lo fora do Visual InterDev 6.

Você não poderá usar as Data Tools do Visual InterDev 6 para gerenciar os usuários, grupos ou papéis. Essas tarefas altamente sensíveis têm também que ser feitas fora do Visual InterDev 6.

Mantenha o Enterprise Manager pronto

Quando começar a trabalhar pela primeira vez com os bancos de dados e o Visual InterDev, geralmente será uma boa idéia manter o SQL Server Enterprise Manager em um acesso fácil. Você poderá precisar alterar as permissões ou propriedades de seu banco de dados para que tudo funcione corretamente.

Em seguida, as Data Tools do Visual InterDev 6 não podem ser usadas para adicionar tabelas ou consultas ao Microsoft Access ou qualquer outro banco de dados da área de trabalho. Se você precisar criar bancos de dados Microsoft Access ou tabelas e consultas, poderá usar o próprio Microsoft Access para fazer o serviço.

Tendo dito tudo, existem ainda muitas tarefas que você poderá completar com as Data Tools do Visual InterDev 6. Poderá construir novas tabelas e adicionar-lhes inicializadores. Poderá criar consultas simples para armazenar como arquivos de disco e chamá-las de novo posteriormente para a execução. Poderá também criar exibições SQL e armazená-las no banco de dados. Finalmente, poderá criar novos procedimentos armazenados para seu banco de dados.

Juntamente com a autoria de novos membros para seus bancos de dados existentes, você poderá usar as Data Tools do Visual InterDev 6 para inserir e apagar os registros em qualquer tabela existente e definir as principais restrições e relações para as tabelas existentes.

A funcionalidade tem um preço

Grande parte dessa funcionalidade conta com o uso do Microsoft SQL Server, o Microsoft Internet Information Server 4.0 ou superior e com as extensões do Visual InterDev para o IIS e o SQL Server.

Finalmente, todos esses itens podem ser armazenados como arquivos de texto a serem chamados de novo mais tarde ou para serem transmitidos aos administradores do banco de dados para revisão a execução, se necessário.

Como usar a ISQL para criar um novo dispositivo e banco de dados

Neste capítulo, você criará vários membros do banco de dados em um novo banco de dados SQL Server. Como não pode usar o Visual InterDev 6 para criar novos bancos de dados, terá que fazer isso usando o Microsoft SQL Server Enterprise Manager (Gerenciador Microsoft SQL Server Enterprise) ou através de um arquivo de script SQL. Antes de completar os exemplos no livro, você deverá criar um novo banco de dados em branco em um novo dispositivo no SQL Server para seu uso. Ao terminar com este capítulo, poderá remover o banco de dados, se quiser.

Existem várias maneiras de adicionar um novo dispositivo de dados e banco de dados ao SQL Server. Primeiro, você poderá executar um arquivo de script SQL que contém todos os comandos necessários para completar a tarefa. Este arquivo de script está disponível para download no site da web deste livro. Você poderá obter o endere no Apêndice B, "Recursos on-line".

Capítulo 18 Como criar bancos de dados para a web

Microsoft SQL Server 6.5 e 7.0

O material neste capítulo é baseado no Microsoft SQL Server 6.5. O SQL Server 7.0 funciona bem, mas algumas coisas precisam ser um pouco diferentes. Por exemplo, o SQL Server 7.0 não requer que você crie um dispositivo do banco de dados.

Se você não tiver o arquivo de script do site da web, poderá fornecer um pequeno script na ferramenta de consulta ISQL/W que é enviada com o Microsoft SQL Server 6.5. A Listagem 18.1 mostra o script completo que você poderá fornecer e executar na janela do editor ISQL/W.

Listagem 18.1 Como executar a SQL para criar scripts usando a ISQL/W

```
1   USE MASTER
2   DISK INIT
3       NAME = 'UVI6DEV',
4       PHYSNAME = 'C:\MSSQL\DATA\UIV6DB.DAT'.
5       VDEVNO = 255,
6       SIZE = 2560
7   GO
8   CREATE DATABASE UVI6DB ON UVI6DEV = 4
9   GO
```

ISQL/W

A ferramenta ISQL/W é outra ferramenta útil que você poderá querer manter ao alcance ao desenvolver os bancos de dados. Embora os recursos do Visual InterDev para os bancos de dados sejam ótimos, a ISQL/W é melhor para a interação dos comandos SQL direta. Use-a para testar seus scripts.

O script na Listagem 18.1 primeiro assegura que o banco de dados MASTER seja o banco de dados ativo (linha 1). Em seguida, um novo dispositivo do banco de dados é adicionado ao servidor chamado UVI6DEV. Note o nome de arquivo físico (linha 4) e o número do dispositivo virtual (linha 5). O nome de arquivo físico pode ser qualquer nome válido para seu servidor. O valor de VDEVNO tem que estar entre 2 e 255 e ser exclusivo para seu servidor. Quando o dispositivo de dados for criado, o banco de dados de 4BM vazio, chamado UVI6DB, será construído na linha 8.

Quando você fornecer isso na janela do editor ISQL/W e pressionar a seta de execução, verá uma mensagem de resposta indicando que o serviço foi completado com sucesso:

```
CREATE DATABASE: allocating 2048 pages on disk 'UVI6DEV'
```

Depois de executar o script curto e receber a mensagem de confirmação, você estará pronto para começar a usar as Data Tools do Visual InterDev 6 para criar seus membros do banco de dados da web. Contudo, antes de começar, terá primeiro que criar um novo projeto do banco de dados com o Visual InterDev 6.

Certifique-se de que tenha espaço

Ao criar e trabalhar com bancos de dados, assegure-se de que seu servidor do banco de dados tenha armazenamento físico para manter os dados.

Como criar um novo projeto do banco de dados com o Visual InterDev 6

Depois de ter um banco de dados existente com o qual trabalhar, você terá que criar um novo projeto de banco de dados Visual InterDev 6 para acessar esse banco de dados para edição. Este processo é muito parecido com o usado para criar um novo projeto da web. Na verdade, a maioria das etapas é idêntica.

Primeiro, você terá que confirmar que um ODBC File DSN (DSN do Arquivo ODBC) existe para o banco de dados que deseja acessar. Caso contrário, terá que criar um. Quando o File DSN existir, você poderá usar o Visual InterDev 6 para criar um novo projeto de banco de dados que usa o ODBC File DSN para conectar o Visual InterDev 6 ao banco de dados.

Crie seu ODBC File DSN de maneira independente

Se você não tiver um ODBC File DSN já criado em sua estação de trabalho para o banco de dados de destino, poderá ainda começar criando um novo projeto de banco de dados em Visual InterDev 6. Uma das primeiras etapas solicitará um ODBC File DSN existente. Se um não existir, o Visual InterDev 6 permitirá criar um novo exatamente nesse ponto.

Como criar um novo projeto de banco de dados Visual InterDev 6

1. Inicie o Visual InterDev 6 e selecione **Visual Studio** na exibição de árvore à esquerda da caixa de diálogo Add Project (Adicionar Projeto).
2. Selecione **Database Projects** (**Projetos do Banco de Dados**) na subárvore.
3. Forneça um **N**ame para o novo projeto. Para este exemplo, use DBProject.
4. Pressione **O**pen para criar o novo projeto em sua estação de trabalho.
5. Quando a caixa de diálogo Select Data Source (Selecionar Fonte de Dados) aparecer, selecione um File DSN existente, se um existir. Neste caso, selecione o DSN **UVI6DB**, se houver um, e pule para a etapa 15.
6. Se você não tiver um File DSN **UVI6DB**, pressione o botão **N**ew na caixa de diálogo para criar um novo File DSN.

Capítulo 18 Como criar bancos de dados para a web

7. Selecione **SQL Server (Servidor SQL)** como o formato do banco de dados e pressione o botão **Next**.

8. Forneça UVI6DB para File DSN Name (Nome DSN do Arquivo) e pressione **Next** e **Finish**.

9. Quando a caixa de diálogo Create New Data Source for SQL Server (Criar Nova Fonte de Dados para Servidor SQL) aparecer, forneça o nome do SQL Server e pressione **Next**.

10. Na próxima tela, selecione o devido modelo de segurança e pressione **Next**.

11. Na próxima tela, mude o banco de dados default para o DB de destino. Para este exemplo, use UVI6DB como o banco de dados de destino.

12. Pressione **Next** repetidamente até ver um botão **Finish** e, então, pressione-o também.

13. Pressione **OK** para salvar o novo ODBC File DSN e saia para a caixa de diálogo Select Data Source (Selecionar Fonte de Dados).

14. Localize e selecione o File DSN **UVI6DB** e clique-o.

15. Clique em **OK** para usar esse ODBC File DSN como sua conexão do banco de dados para o Visual InterDev 6.

Quando adicionar a conexão ao seu projeto do banco de dados, você verá a janela Data View (Exibição de Dados) aparecer no projeto mostrando o conteúdo do banco de dados (veja a Figura 18.2).

Existem quatro partes para um projeto de banco de dados Visual InterDev 6:

- Diagramas do banco de dados
- Tabelas
- Exibições
- Procedimentos armazenados

Nas próximas seções deste capítulo, você aprenderá a adicionar cada um desses itens ao seu banco de dados.

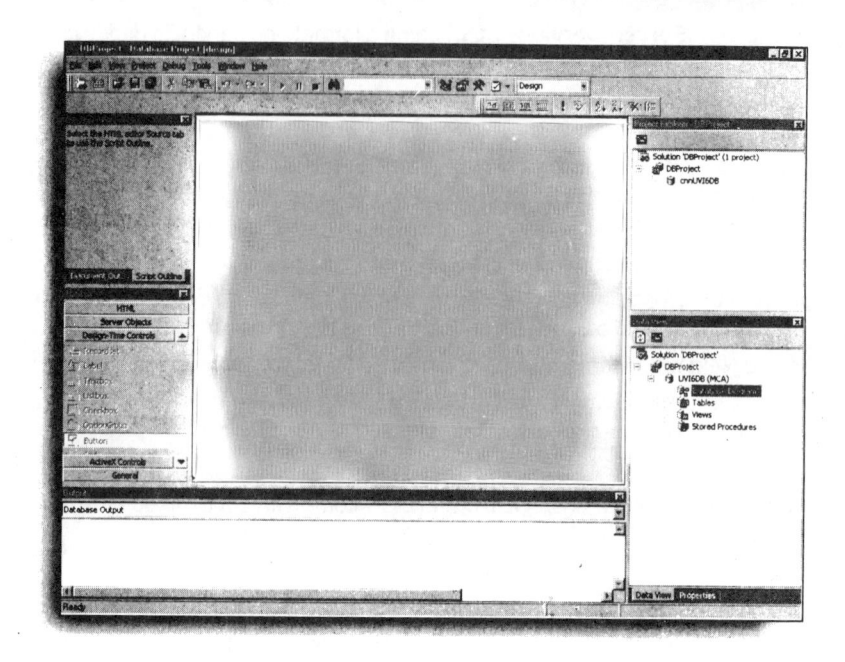

Figura 18.2 Como exibir um novo projeto de banco de dados no Visual InterDev 6.

Como adicionar novas tabelas a um banco de dados existente

A primeira atitude a tomar com relação a um novo banco de dados é adicionar tabelas. O Visual InterDev 6 tem várias maneiras de fazer isto:

- *Use a ferramenta Database Diagram* (Diagrama do Banco de Dados). Isto permite criar visualmente a tabela e relacioná-la a outras tabelas no banco de dados.

- *Use a ferramenta Query Designer* (Construtor de Consultas). É muito parecida com a ferramenta Database Diagram, exceto que você não pode criar relações com outras tabelas no banco de dados.

- *Use o Table Script Editor* (Editor de Scripts da Tabela). É um editor de script de texto simples que você poderá usar se sentir-se confortável escrevendo scripts SQL Server. Agora existem ajudas visuais para auxiliá-lo a completar sua definição ou relações de tabelas.

Referências do banco de dados

Se estiver procurando informações completas sobre como trabalhar com banco de dados (SQL Server em particular), verifique estes dois excelentes livros da QUE: *Special Edition Using Microsoft SQL Server 6.5 (2ª. Edição)* e *Special Edition Using Microsoft SQL Server 7.0*, ambos de Steve Wynkoop.

Como usar o Database Diagram para adicionar a tabela Customers

A maneira mais fácil de adicionar novas tabelas a um banco de dados existente é com a ferramenta Database Diagram do Visual InterDev 6. É uma ferramenta muito visual que permite acrescentar nomes de coluna em uma linha e ver a chave primária da tabela, tudo sem escrever código SQL. Tudo o que você precisa fazer é escrever a lista de nomes da coluna, tipos de dados, tamanhos e outros valores na grade New Table (Nova Tabela).

Primeiro, você adicionará um novo diagrama do banco de dados ao projeto.

Diagramas do banco de dados: o que são?

Considere um diagrama do banco de dados um mapa para seu banco de dados. Você poderá usar os diagramas para manipular e organizar a estrutura de seu banco de dados, assim como para estabelecer as relações entre os dados. Os diagramas do banco de dados são análogos aos diagramas de site do Visual InterDev para os sites da web.

Como adicionar um novo diagrama do banco de dados a um projeto Visual InterDev 6

1. Clique com o botão direito do mouse no item **Database Diagram** na janela Data View.
2. Selecione **New Diagram** (**Novo Diagrama**) no menu contexto. Uma nova página em branco aparecerá na janela do editor.
3. Antes de acrescentar qualquer coisa ao diagrama, salve-o selecionando **S̲ave Database Diagram** (**Salvar Diagrama do Banco de Dados**) no menu **F̲ile**.
4. Forneça um nome para o novo diagrama. Para este exemplo, use UVI6DB.
5. Pressione **OK** para salvar o diagrama vazio.

Quando salvar o novo diagrama, você irá vê-lo aparecer na exibição de árvore da janela Data View.

Agora, com o novo diagrama já carregado, você estará pronto para adicionar uma nova tabela ao banco de dados.

Como usar diagramas como um ponto de partida

Depois de criar seu banco de dados, você poderá usar os diagramas do banco de dados como sua base de lançamento para o restante de seu desenvolvimento do banco de dados. Provavelmente, gastará muito tempo nos diagramas do banco de dados.

Como adicionar uma nova tabela com a ferramenta Database Diagram

1. Com um diagrama do banco de dados carregado no editor Visual InterDev 6, selecione **Project** na barra de menu.
2. Selecione **Add Database Item** (**Adicionar Item do Banco de dados**) no menu **Project**.
3. Selecione **Table** no submenu.
4. Usando **Enter**, entre um nome para a nova tabela. Para este exemplo, use Customers.
5. Pressione **OK** para adicionar uma nova tabela vazia ao seu diagrama do banco de dados (veja a Figura 18.3).

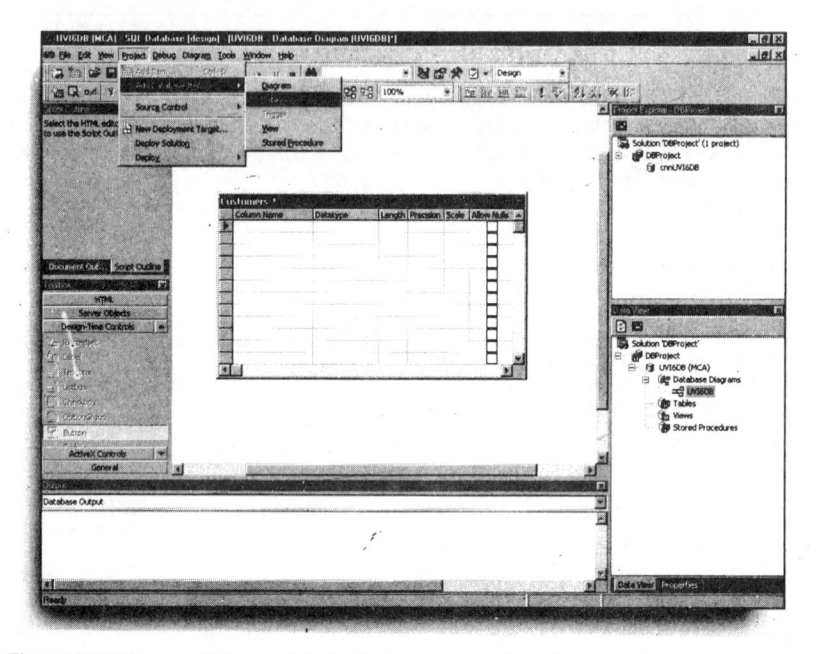

Figura 18.3 Como adicionar a tabela Customers usando o diagrama do banco de dados.

Agora você preencherá as várias colunas da grade da tabela para criar a nova tabela do banco de dados. A Tabela 18.1 mostra os nomes da coluna e os valores que você precisa acrescentar para cada coluna.

Capítulo 18 Como criar bancos de dados para a web

Tabela 18.1 Como definir a tabela Customers

Nome da coluna	Tipo de dado	Comprimento	Permitir nulos
CustomerID (Identificaçãodo Cliente)	Varchar	10	OFF (Desativado)
CompanyName (Nome da empresa)	Varchar	30	OFF
Address (Endereço)	Varchar	50	OFF
City (Cidade)	Varchar	30	OFF
StateProvince (Estado)	Varchar	20	OFF
PostalCode (CEP)	Varchar	15	ON (Ativado)

Depois de fornecer as informações da coluna, você irá declarar uma chave primária para a tabela. Para tanto, clique na margem esquerda da linha CustomerID para destacar toda a linha. Então, selecione **Edit**, **Set Primary Key** (**Definir Chave Primária**) no menu principal (veja a Figura 18.4).

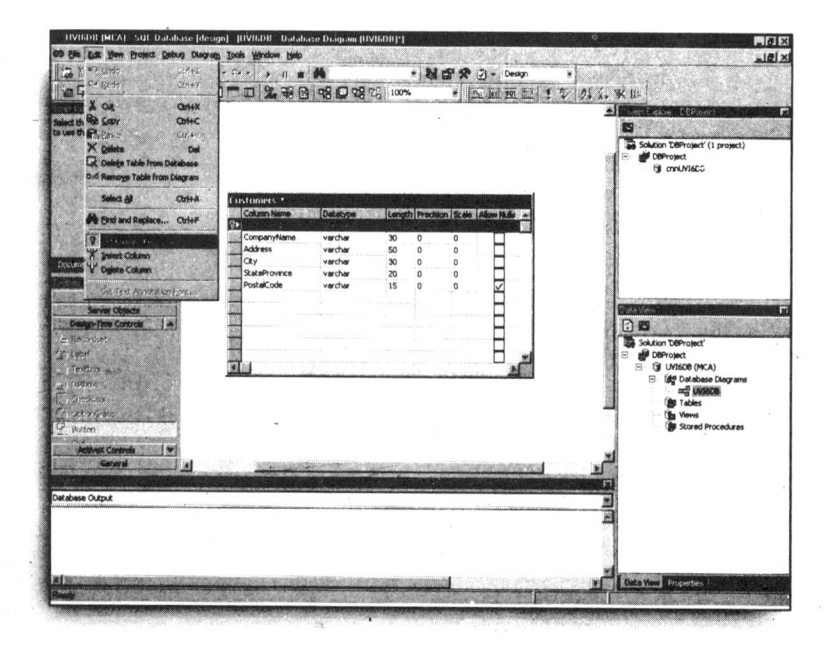

Figura 18.4 Como definir a chave primária da tabela.

Chaves primárias

A chave primária é um conceito importante nos bancos de dados e índices dos bancos de dados. Quando você pesquisa informações em um banco de dados, o servidor do banco de dados tem que ver cada registro no banco de dados. Os índices agilizam as pesquisas armazenando as informações acessadas com mais freqüência. Uma chave primária é relacionada ao índice através do estabelecimento de uma coluna de dados exclusivos que podem ser usados para identificar o restante da tabela. Isto lhe permite pesquisar sua chave primária sem ter que pesquisar o conteúdo da tabela inteira.

Depois de completar a definição da tabela, você poderá fechar o diagrama selecionando **File**, **Close** no menu principal. Certifique-se de responder **Yes** para salvar o diagrama atualizado. Você poderá também salvar o script alterado para usá-lo posteriormente se quiser.

Agora você tem uma nova tabela em seu banco de dados. Na próxima etapa, adicionará um inicializador de inserção à tabela Customers (Clientes).

Scripts de alteração da SQL

Em sua essência, a SQL é muito fácil. Uma das melhores considerações sobre o trabalho com os bancos de dados SQL é que você pode criar seus scripts SQL bem antes e usá-los quando precisar. Também torna a estrutura dos bancos de dados muito portável. Se você tiver que recriar a estrutura do banco de dados (mas não seu conteúdo) em outro servidor do banco de dados, poderá usar os mesmos scripts. Deverá adotar o hábito de manter seus scripts de alteração da SQL quando desenvolver. Mantenha-os como parte de seu código-fonte para que possa recriar seu banco de dados quando precisar. Melhor ainda, adicione-os ao controle de fonte.

Como adicionar um inicializador à tabela Customers

Você poderá usar os inicializadores do banco de dados para executar o código especializado sempre que alguém adicionar, atualizar ou apagar um registro na tabela. As Data Tools do Visual InterDev 6 fornecem um modelo de script do inicializador para ajudá-lo a escrever seus inicializadores de tabelas do banco de dados. Nesta seção, você escreverá um pequeno inicializador que exibirá uma mensagem sempre que um usuário acrescentar um novo registro do cliente ao banco de dados.

Como adicionar um inicializador à tabela Customers

1. Clique com o botão direito do mouse em **Connection Name** (**Nome da Conexão**) para seu Database Project no Project Explorer.
2. Selecione **Add Item** no menu contexto.
3. Quando a caixa de diálogo Add Item aparecer, selecione **Trigger Script** (**Script do Inicializador**) no painel direito e forneça trgCustomerInsert como **Name** (veja a Figura 18.5).

Capítulo 18 Como criar bancos de dados para a web

Como usar com eficiência os inicializadores

Os inicializadores são um ótimo método de tirar a responsabilidade de sua aplicação da web. Você poderá criar inicializadores do banco de dados que executam a manipulação de dados nos dados colocados no banco de dados a partir de uma página da web. Isto evita que você tenha que escrever o código para manipular os dados quando coloca-lo no banco de dados.

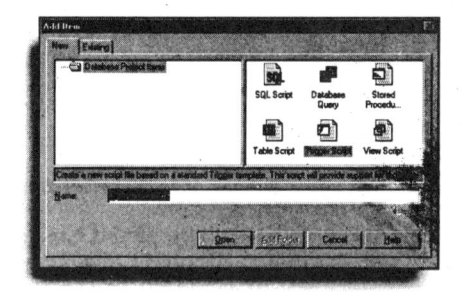

Figura 18.5 Como adicionar um novo inicializador ao projeto.

4. Pressione **Open** para abrir o novo modelo do inicializador.
5. Quando o modelo for carregado, você verá diversas linhas do script de texto padronizado prontas para sua modificação.
6. Primeiro, substitua **Trigger_Name** pelo nome de seu inicializador (use trgCustomerInsert para este exemplo), selecionando **Edit, Find and Replace** (**Localizar e Substituir**) no menu principal. Existem oito ocorrências de **Trigger_Name** no modelo.
7. Substitua a linha verde /* INSERT TRIGGER ...*/ pelo código de seu inicializador. Para este exemplo, use o código na Listagem 18.2.
8. Salve o inicializador clicando no X no canto superior direito da janela do editor. Informe **YES** para salvar o inicializador no projeto.

Listagem 18.2 Como escrever um inicializador de inserção de mensagens simples

```
1   CREATE Trigger trgCustomerInsert
2       ON Customers
3       FOR INSERT
4       AS
5           RAISERROR ('Be sure to notify shipping of the new
            ➥customer.',16,10)
```

Neste ponto, você criou um script do inicializador, mas ele ainda não foi executado. Se você quiser que o inicializador apareça como parte do banco de dados terá que executar o script SQL recém-criado. Você poderá faê-lo clicando com o botão direito do mouse no nome do script (**trgCustomerInsert.sql**) na janela Project Explorer e selecionando **Execute (Executar)** no menu contexto.

Os inicializadores que fazem algo

Este exemplo de um inicializador é bem simples; ele apenas traz uma mensagem de erro como um retorno visível. Você poderá usar os inicializadores para executar ações SQL complexas em seus dados de forma bem fácil.

Quando você executar um script no projeto Database Visual InterDev 6, verá os resultados aparecerem na janela Output (Saída) na parte inferior da tela. Os scripts que não retornam linhas de dados (como um script de criação do inicializador) retornam uma mensagem parecida com a seguinte:

```
No rows affected.
There are no more results
Finished executing script
↳C:\UVI\Source\Chap18\cnnUVI6DB\trgCustomerInsert.sql
```

Agora você tem uma tabela Customers completa. Em seguida, usará o Query Designer para criar a tabela Sales (Vendas) em seu banco de dados.

Retorno de erros

A janela Database Output (Saída do Banco de Dados) exibe todos os resultados da execução de seu script, inclusive os erros. Preste atenção em qualquer mensagem de erro que possa indicar um problema com seus scripts.

Como usar o Query Designer para adicionar a tabela Sales

Outra maneira de adicionar uma tabela ao seu banco de dados é usar o Query Designer (QD). Isto se parece muito com a janela usada no Capítulo 17 para criar as instruções da consulta. Entretanto, essa janela é modificada para permitir a criação de uma nova tabela.

Como usar o Query Designer para adicionar uma nova tabela

1. Na janela Data View, clique com o botão direito do mouse no nó **Tables**.
2. Selecione **New Table (Nova Tabela)** no menu contexto.

Capítulo 18 Como criar bancos de dados para a web   515

3. Forneça um nome para a nova tabela. Para este exemplo, forneça Sales e pressione **OK**.
4. Isto ativará o QD para adicionar a grade da tabela, que se parece muito com a grade na janela Database Diagram. Use as informações na Tabela 18.2 para definir a tabela Sales.

Tabela 18.2 Como definir a tabela Sales

Nome da coluna	Tipo de dado	Comprimento	Permitir nulos
InvoiceID (Identificação da fatura)	Varchar	10	OFF
InvoiceDate (Data da fatura)	Datetime	NA	OFF
CustomerID (Identificação do Cliente)	Varchar	10	OFF
ProductID (Identificação do produto)	Varchar	10	OFF
UnitsOrdered (Unidades pedidas)	Numeric	NA	OFF
UnitPrice (Preço da unidade)	Money	NA	OFF

Depois de adicionar todas as colunas, clique na margem ao lado do nome da coluna InvoiceID para selecionar a linha. Agora, clique com o botão direito do mouse no mesmo local e selecione **Set Primary Key** (Definir Chave Primária) para criar a chave primária da tabela InvoiceID (veja a Figura 18.6).

Tipos de dados do banco de dados

Os bancos de dados, como as linguagens de programação, podem ter valores com tipos diferentes de dados. Você deverá consultar a documentação de seu banco de dados (neste caso, o SQL Server) para obter informações sobre os tipos de dados fornecidos. Se tiver necessidade, poderá também criar seus próprios tipos de dados para conseguir um objetivo específico.

Você poderá adicionar instantaneamente essa tabela ao banco de dados apenas fechando a janela Query Designer. Responda **YES** quando for perguntado se você deseja atualizar a tabela Sales e salve o script alterado para uso posterior.

Agora você está pronto para adicionar mais uma tabela ao banco de dados usando o modelo Table Script (Script da Tabela).

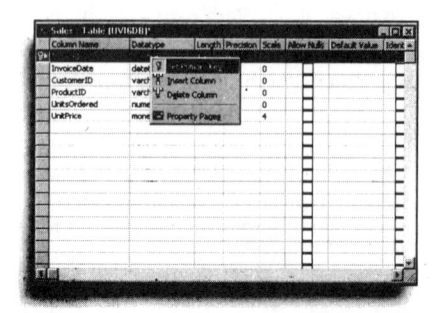

Figura 18.6 Como usar o Query Designer para adicionar a tabela Sales.

Como usar o Table Script para adicionar a tabela Product

O último método para adicionar tabelas a um banco de dados com o editor Visual InterDev 6 é usar o modelo Table Script. Este modelo é um método de instruções SQL puro para adicionar tabelas ao banco de dados. Contudo, mesmo que o modelo não seja muito "GUI", tem suas vantagens.

Primeiro, você criará de fato um arquivo de script para executar mais tarde. Se for um programador da web sem direitos para adicionar tabelas diretamente ao banco de dados, você poderá usar esse método para construir scripts que podem ser executados pelas pessoas em sua equipe que têm a devida autoridade para fazê-lo.

Os modelos de script SQL

Os modelos que você tem para os scripts SQL encorajam o desenvolvimento organizado. Existem provisões para versões, notas de atualização e informações do autor. Você poderá usar essas informações para registrar a finalidade de seus scripts e encorajar a manutenção.

E mais, mesmo que você *possua* direitos para acrescentar tabelas, o modelo do script mantém uma cópia muito útil do script de criação caso haja necessidade de recriar o banco de dados mais tarde. Esse script de criação é mais portável do que os scripts alterados criados pelas janelas Query Designer e Database Diagram.

Como adicionar uma nova tabela com o modelo Table Script

1. Clique com o botão direito do mouse no nome da conexão (**cnnUVI6DB**) na janela Project Explorer.
2. Selecione **Add Item** no menu contexto.
3. Selecione **Table Script** no painel direito e forneça um nome para o script. Para este exemplo, forneça tblProducts.
4. Pressione **Open** para abrir o Table Template (Modelo de Tabela) no editor Visual InterDev 6.

Capítulo 18 Como criar bancos de dados para a web

5. Use a caixa de diálogo Find and Replace para substituir as palavras Table_Name pelo nome desejado de sua tabela. Para este exemplo, use a palavra Products (Produtos) como o novo nome da tabela. Existem sete ocorrências de Table_Name no modelo.
6. Forneça os detalhes de definição da tabela entre parênteses ( ) depois de **CREATE TABLE Products**. A Listagem 18.3 tem o código SQL para definição da tabela Products. Note que você precisará fornecer apenas as linhas 3, 4 e 5. O restante será fornecido pelo Visual InterDev 6.

Tenha cuidado com os erros tipográficos na SQL

Tenha cuidado ao modificar os scripts SQL. Se cometer um erro (tipográfico) em um script, seu script poderá não funcionar ou, pior ainda, poderá modificar dados que você não queria.

---

7. Depois de completar a definição SQL, salve o script para seu projeto selecionando **File**, **Close** no menu principal. Informe **YES** quando perguntado se deseja salvar o arquivo.

Listagem 18.3 Como definir a tabela Product no Table Template

```
1   CREATE TABLE Products
2   (
3       ProductID varchar(10) NOT NULL,
4       Description varchar(50) NOT NULL,
5       CONSTRAINT PK_Products PRIMARY KEY NONCLUSTERED
        ↪ (ProductID)
6
7   )
8   GO
```

Novamente, desde que você construiu o script, ainda não o executou. Isto significa que a tabela Products ainda não faz parte do banco de dados. Para adicioná-la, clique com o botão direito do mouse no item **tblProducts.sql** no Project Explorer e selecione **Execute** no menu contexto.

Nulos

As linhas 3 e 4 da Listagem 18.3 usam **NOT NULL** para indicar que as colunas **ProductID** e **Description** não podem conter dados nulos. Nos bancos de dados, todas as colunas têm que conter algum tipo de informação, mesmo que seja um nulo. Os nulos agem como um modo de dizer que nada existe lá. A ausência de um nulo (significando que realmente não havia nada lá) interromperia o banco de dados e a maioria das linguagens de programação. Se você não permitir os nulos (valores vazios) em suas colunas, então terá que fornecer um valor quando um registro for criado ou modificado.

Quando executar o script, você verá mensagens de status aparecerem na janela Output informando que o script foi completado.

Agora você conhece três maneiras diferentes de criar tabelas usando as Data Tools do Visual InterDev 6. O Data Diagram é o método mais amistoso. Isto será usado novamente na próxima etapa. O Query Designer pode também ser usado de maneira muito parecida com a janela Data Diagram. Contudo, o modelo Script é o mais detalhado e pode ser preferido pelas pessoas que já sabem como escrever os scripts SQL.

Veja também

➤ *Anteriormente neste capítulo, você viu os resultados da saída de script SQL na janela Database Output. Lembre-se de manter os olhos abertos para ver os erros.*

Como definir as relações das tabelas com o Database Diagram

Depois de ter adicionado várias tabelas ao seu banco de dados, você poderá usar a janela Database Diagram para estabelecer as relações entre as tabelas. Isto aumenta muito a integridade de seus bancos de dados. Para estabelecer as relações, arraste as tabelas da janela Data View para a janela Database Diagram e, então, use seu mouse para vincular uma coluna em uma tabela a uma coluna semelhante em outra tabela. O diagrama do banco de dados fará o resto.

Como definir as relações das tabelas com a janela Database Diagram

1. Clique duas vezes no diagrama do banco de dados existente na janela Data View. Para este exemplo, use o diagrama **UVI6DB** construído anteriormente neste capítulo.

2. Agora, certifique-se de que todas as tabelas relacionadas estejam incluídas no diagrama. Para este exemplo, você precisará das tabelas **Customers**, **Sales** e **Products** no diagrama. Se qualquer uma não estiver lá, arraste-a da janela Data View (sob o nó **Tables**) e solte-a na janela Database Diagram.

Como normalizar as relações

As relações entre os dados é um objetivo da construção do banco de dados fundamental. Nos bancos de dados, existe um termo chamado *normalização*. A normalização envolve remover a redundância das informações em um banco de dados e estabelecer as relações entre os dados nas colunas. Por exemplo, você não precisará armazenar as informações do usuário do cliente duas vezes – uma vez na tabela Customer e outra na tabela Sales para o que eles compraram. Ao contrário, usará uma relação entre as duas tabelas na forma de ID do cliente (CustomerID). A normalização é o objetivo de toda construção do banco de dados.

---

3. Simplifique seu diagrama clicando em cada tabela e pressionando o botão **Show Column Names (Exibir Nomes da Coluna)** na barra de ferramentas Database Diagram. Isto irá alterar as exibições da tabela para mostrar apenas os nomes da tabela e os nomes da coluna, não as definições detalhadas das colunas em si.

Capítulo 18 Como criar bancos de dados para a web   519

4. Agora você poderá definir uma relação entre as tabelas selecionando a chave primária em uma tabela e vinculando-a a um campo relacionado na outra tabela. Por exemplo, arraste o campo da chave primária **ProductID** da tabela Products e solte-o na coluna **ProductID** da tabela Sales. Você verá uma caixa de diálogo aparecer mostrando a definição de relações entre as duas tabelas (veja a Figura 18.7).

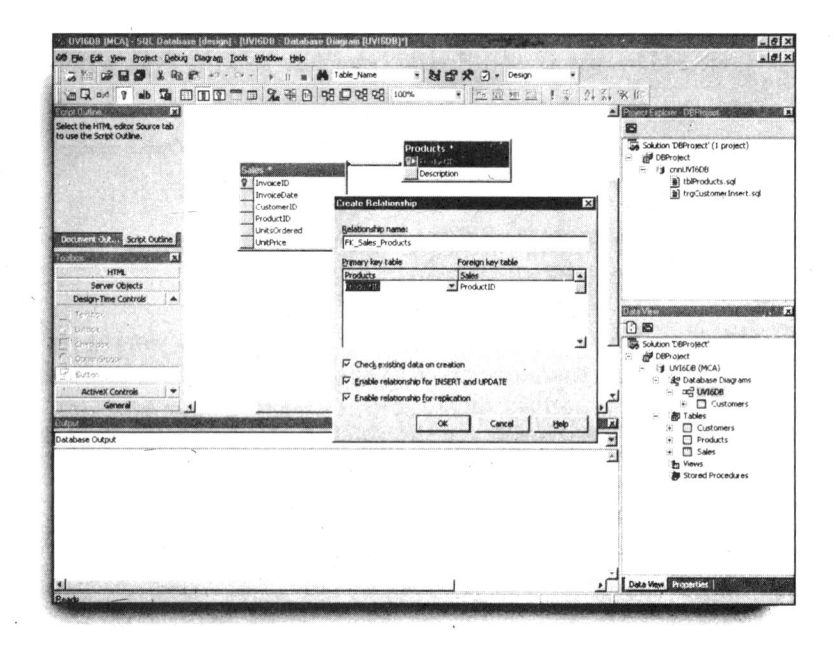

Figura 18.7 Como adicionar as definições de relação ao banco de dados.

5. Clique em **OK** para usar a relação.
6. Continue a acrescentar as definições de relação quando for necessário. Para este exemplo, arraste a coluna da chave primária **CustomerID** da tabela Customers e solte-a na coluna **CustomerID** na tabela Sales. Pressione **OK** para aceitar os detalhes da definição.
7. Para aperfeiçoar a exibição do diagrama do banco de dados, pressione o botão **Show Relationship Labels** (**Exibir Etiquetas da Relação**) na barra de ferramentas Diagram.
8. Selecione todas as tabelas desenhando um quadro em torno delas com o mouse.
9. Pressione o botão **Autosize SelectedTables** (**Dimensionar Automaticamente Tabelas Selecionadas**) e o botão Arrange Selection (**Organizar Seleção**) na barra de ferramentas para adicionar os toques finais ao seu diagrama.
10. Salve o diagrama do banco de dados completo selecionando **File**, **Save** no menu principal. Informe **YES** para atualizar o banco de dados e salvar o script alterado.

Agora você completou as três tabelas novas e definiu as relações entre elas. Na próxima seção, usará as Data Tools do Visual InterDev 6 para adicionar registros a essas três tabelas.

Como usar as Data Tools do Visual InterDev 6 para adicionar registros ao banco de dados

Geralmente, você constrói as tabelas do banco de dados para permitir que os usuários as editem de dentro de suas aplicações da web. No entanto, com freqüência é necessário adicionar dados de teste às tabelas existentes ou tabelas de base "primas" com valores válidos para que outros formulários de entrada de dados funcionem devidamente. Nesta seção, você aprenderá a usar as Data Tools do Visual InterDev 6 para fornecer registros manualmente e a criar consultas INSERT que poderá executar a partir do Query Designer (QD).

Em ambos os casos, você verá como poderá acrescentar os dados rapidamente às tabelas existentes sem ter que deixar o conforto do editor Visual InterDev 6.

Como adicionar registros

Você poderá combinar as técnicas aprendidas no Capítulo 17 para adicionar registros e aquelas deste capítulo para criar aplicações mais inteligentes.

Como fornecer registros usando a grade Query Designer

A maneira mais simples de adicionar dados às suas tabelas é usar a grade Query Designer. É uma grade simples que mostra cada registro existente na tabela e tem uma linha em branco na parte inferior pronta para você adicionar um novo registro à tabela.

Você poderá exibir a grade simplesmente clicando duas vezes no nome da tabela na janela Data View sob o nó **Tables**. Por exemplo, encontre a tabela Products na janela Data View e clique-a duas vezes para abrir a grade Query Designer (veja a Figura 18.8).

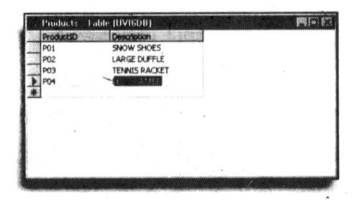

Figura 18.8 Como adicionar registros com a grade Query Designer.

Capítulo 18 Como criar bancos de dados para a web

Quando tiver a grade Products aberta, use a Tabela 18.3 para acrescentar alguns dados de exemplo. Você usará esses dados na última seção do capítulo quando construir exibições e procedimentos armazenados.

Tabela 18.3 Como adicionar registros à tabela Products

ID do produto	Descrição
P01	SNOW SHOES
P02	LARGE DUFFLE
P03	TENNIS RACKET
P04	FLY SWATTER

Depois de adicionar os registros da Tabela 18.3 à tabela Products, você poderá fechar a grade Query Designer.

Alerta da normalização!

A coluna ID do produto (ProductID) é outro exemplo de normalização em funcionamento. Ela é usada para a relação entre a tabela Products e a tabela Sales.

Como criar um script SQL de inserção com o modelo de scripts

A grade QD é eficiente para adicionar registros curtos, mas não será muito conveniente se você tiver que acrescentar vários registros a uma tabela. Se tiver que adicionar várias linhas, poderá usar o modelo de script para construir um script de consulta INSERT. Para tanto, poderá carregar o modelo de script SQL genérico e adicionar suas instruções SQL INSERT quando necessário.

Como criar e inserir o script SQL com o modelo de scripts

1. Clique com o botão direito do mouse no nome da conexão (**UVI6DB**) no Project Explorer e selecione **Add Item** no menu contexto.
2. Selecione **SQL Script** (Script SQL) no painel direito e forneça o nome do script. Para este exemplo, forneça sqlInsertValues.
3. Pressione o botão **Open** para carregar o modelo de script no editor Visual InterDev 6. Você verá uma página em branco pronta para suas instruções SQL.

Com o script vazio em seu editor, você poderá criar qualquer tipo de script SQL desejado. A Listagem 18.4 contém um script que atualizará as tabelas Customers e Sales com os dados. Forneça estas instruções SQL no modelo de script no editor.

Listagem 18.4 Como criar um script SQL com valores de inserção

```
1   /*
2   add customers
3   */
4   INSERT INTO Customers
5      (CustomerID, CompanyName, Address, City, StateProvince,
         ↪PostalCode)
6   VALUES
7      ('C101', 'BASEBALL JESSE', '999 FOUL LINE DRIVE',
        ↪'HIT CITY', 'NJ', '67890')
8
9   INSERT INTO Customers
10     (CustomerID, CompanyName, Address, City,
        ↪StateProvince, PostalCode)
11  VALUES
12     ('C102', 'SHANNONS GYM', '345 POMMEL DRIVE', '
        ↪TEN-OH VILLAGE', 'GA', '34567')
13
14  INSERT INTO Customers
15     (CustomerID, CompanyName, Address, City,
        ↪StateProvince, PostalCode)
16  VALUES
17     ('C103', 'LEES FRESH FOODS', '765 PEACH LANE',
        ↪'HEALTHSBURG', 'CT', '13579')
18
19  /*
20  add sales records
21  */
22  INSERT INTO Sales
23     (InvoiceID, InvoiceDate, CustomerID, ProductID,
        ↪UnitsOrdered, UnitPrice)
24  VALUES (' INV01', '10/10/99', 'C101', 'P01', 35, 15)
25
26  INSERT INTO Sales
27     (InvoiceID, InvoiceDate, CustomerID, ProductID,
        ↪UnitsOrdered, UnitPrice)
28  VALUES ('INV02, '10/10/99', 'C101', 'P01', 35, 15)
29
```

continua...

Capítulo 18 Como criar bancos de dados para a web

Listagem 18.4 Continuação

```
30  INSERT INTO Sales
31     (InvoiceID, InvoiceDate, CustomerID, ProductID,
       ↪UnitsOrdered, UnitPrice)
32  VALUES ('INV03', '11/11/99', 'C102', 'P02', 45, 25)
33
34  INSERT INTO Sales
35     (InvoiceID, InvoiceDate, CustomerID, ProductID,
       ↪UnitsOrdered, UnitPrice)
36  VALUES ('INV04', '11/11/99', 'C102', 'P03', 55, 35)
37
38  INSERT INTO Sales
39     (InvoiceID, InvoiceDate, CustomerID, ProductID,
       ↪UnitsOrdered, UnitPrice)
40  VALUES ('INV05', '11/11/99', 'C103', 'P04', 65, 45)
41
42  /*
43  eof
44  */
```

Depois de adicionar as instruções SQL, salve o script (selecione **File**, **Close** e responda **YES** para salvar). Lembre-se de que os scripts não alteram nenhum conteúdo do banco de dados até que sejam executados. Você poderá fazer isso clicando duas vezes no script e selecionando **Execute** no menu contexto.

Evite os erros de digitação

Com uma listagem como essa, tenha um cuidado extra para evitar os erros de digitação. Como você aprendeu antes, um erro em um script SQL poderá resultar em um script sem função ou, ainda pior, na modificação dos dados em que você não pretendia tocar.

Quando executar o script de inserção, você verá uma resposta na janela de saída que se parece com algo como a seguir:

```
Executing script C:\UVI\Soruce\Chap18\cnnUVI6DB\
↪sqlInsertValues.sql

[Microsoft][ODBC SQL Server Driver][SQL Server]
↪Notify shipping of the new customer.
[Microsoft][ODBC SQL Server Driver][SQL Server]
↪Notify shipping of the new customer.
```

```
[Microsoft] [ODBC SQL Server Driver] [SQL Server]
↪Notify shipping of the new customer.
Finished executing script C:\UVI\Source\Chap18\
↪cnnUVI6DB\sqlInsertValues.sql
```

Note que a janela de saída mostra os resultados do inicializador CustomerInsert construído anteriormente neste capítulo.

Como criar uma consulta de inserção com o Query Designer

Você poderá também usar o Query Designer para criar uma consulta de inserção "permanente". É uma consulta que poderá executar mais de uma vez. A vantagem de usar o QD para criar consultas de inserção é que é possível executá-las de novo facilmente muitas vezes. A desvantagem é que o QD pode inserir apenas um registro por consulta.

Consultas de inserção permanentes dinâmicas

Você poderá usar as técnicas mencionadas no Capítulo 17 para criar consultas permanentes modificáveis dinamicamente. Por exemplo, sua consulta poderá inserir valores em uma tabela. Você poderá determinar dinamicamente os valores a inserir em cada registro com base na entrada do usuário.

Como usar o Query Designer para criar uma consulta de inserção

1. Clique com o botão direito do mouse na conexão de dados (**UVI6DB**) no Project Explorer.
2. Selecione **A**dd Query (**A**dicionar Consulta) no menu contexto.
3. Quando a caixa de diálogo Add Item aparecer, forneça o **N**ame. Para este exemplo, use qryInsertSales como o nome.
4. Quando a janela QD aparecer, arraste a tabela Sales da janela Data View e solte-a no painel do diagrama QD.
5. Use a barra de ferramentas QD para mudar o tipo de consulta pressionando a lista suspensa **C**hange Type (**Mudar Tipo**) e selecionando **Insert Values** (**Inserir Valores**) na lista.
6. Quando os painéis QD mudarem, mova o cursor para o painel de grade, abra os nomes das colunas e forneça valores para cada uma. A Tabela 18.4 mostra os dados para este exemplo.
7. Depois de todos os dados serem fornecidos, feche a janela QD e salve a consulta.

Tabela 18.4 Como adicionar um registro na grade QD

Nome da coluna	Novo valor
InvoiceID	INV106
InvoiceDate	11/11/99
CustomerID	C103
ProductID	P03
UnitsOrdered	55
UnitPrice	35

Você executará as consultas armazenadas de maneira diferente do restante dos scripts. Clique com o botão direito do mouse no arquivo de consulta (**qryInsertSales**) e selecione <u>O</u>pen. Isto executará a consulta. Se tudo correr bem, você verá uma mensagem informando quantas linhas foram atualizadas.

Tenha cuidado com o tipo de dado

Certifique-se de que esteja inserindo os dados usando o tipo de dado certo. Se tentar usar um tipo de dados incorreto em uma consulta, ela será interrompida. Por exemplo, não coloque caracteres alfanuméricos em uma coluna numérica.

Como adicionar novas exibições a um banco de dados existente

Você poderá também usar as Data Tools do Visual InterDev 6 para construir e gravar exibições SQL Server. As exibições são um tipo de definição de como um conjunto de registros será reunido. Através das exibições criadas e armazenadas, você poderá simplificar muito a criação dos formulários da web com vínculo de dados.

Nesta seção, você aprenderá duas maneiras de criar exibições: com o Query Designer e com o modelo de script de exibição.

Exibições econômicas

As exibições são uma ótima maneira de economizar tempo, evitar complicação e processo. Usando as exibições, você poderá criar tabelas virtuais que retiram dados de diversas tabelas. No que diz respeito à sua aplicação da web, uma exibição é apenas outra tabela. A diferença está no fato de que essa tabela pode compartilhar dados com muitas tabelas.

Como usar o Query Designer
para adicionar uma exibição TotalSales

Criar exibições com a janela QD é tão fácil quanto apontar e clicar. Você adicionará uma nova exibição em branco a partir da janela Data View e, então, arrastará e soltará qualquer tabela requerida no QD, selecionará as colunas desejadas e gravará a exibição resultante no banco de dados.

Como criar uma exibição com a janela Query Designer

1. Clique com o botão direito do mouse no nó **View** (**Exibir**) na janela Data View.
2. Selecione **N**ew View (**Nova Exibição**) no menu contexto.
3. Quando a janela Query Designer aparecer, arraste qualquer tabela necessária de Data View para a janela QD. Para este exemplo, arraste as tabelas **Sales**, **Customers** e **Products** para o painel Diagram da janela QD.
4. Com as tabelas em exibição, clique nas colunas desejadas nas listas no painel de diagrama. Para este exemplo, selecione **Description** na tabela Product, **CompanyName** na tabela Customers e **UnitsOrdered** e **UnitPrice** na tabela Sales.
5. Em seguida, acrescente qualquer coluna calculada necessária para a exibição. Para este exemplo, forneça a seguinte fórmula no campo Column do painel da grade: UnitsOrdered * UnitPrice. Então, forneça TotalSales no campo Alias.
6. Teste a sintaxe da consulta SQL resultante pressionando o botão **Check SQL Syntax** (**Verificar Sintaxe SQL**) na barra de ferramentas. Ele deverá informar que a consulta está verificada.

Etapa 5

A etapa 5 é um bom exemplo de como você pode usar a SQL a seu favor. As colunas calculadas permitem obter informações para uma exibição que não está especificamente nas colunas de outra tabela.

---

7. Agora você poderá executar a consulta para assegurar-se de que a mesma retornará os valores que está procurando. Pressione o botão Run Query (!) (Executar Consulta) para ver os registros no painel resultante (veja a Figura 18.9).
8. Salve a exibição no banco de dados pressionando **F**ile, **S**ave na barra de menu.

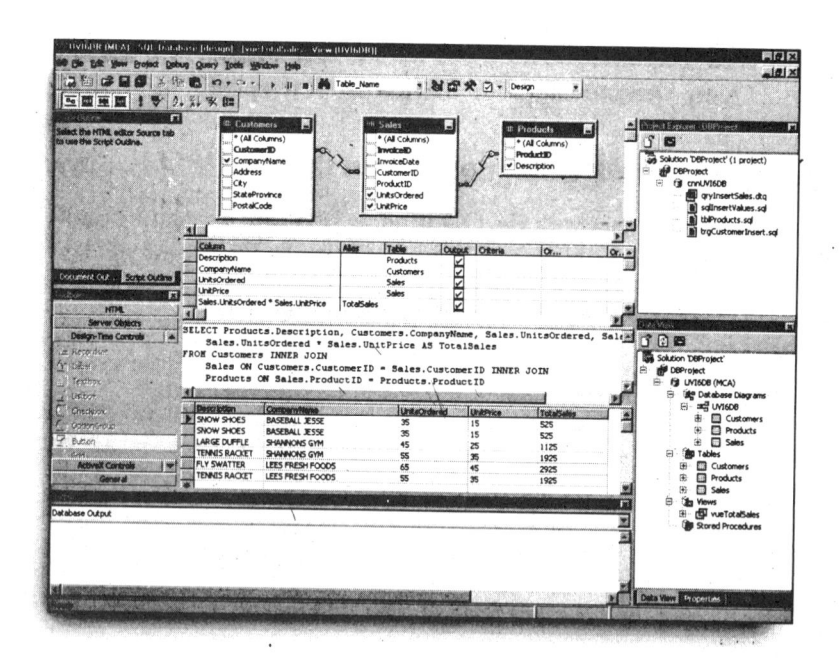

Capítulo 18 Como criar bancos de dados para a web 527

Figura 18.9 Como usar a janela QD para construir uma exibição SQL.

9. Forneça um nome para a exibição gravada. Para este exemplo, use vueTotalSales e pressione **OK**.

Depois de salvar a consulta, você a verá aparecer na seção Views da janela Data View. Poderá agora fechar a janela QD completamente. Essa exibição gravada estará disponível para outras pessoas usarem.

Como usar o View Script para adicionar a exibição ProductSales

Você poderá também usar um View Script (Script de Exibições) especial para construir uma definição de exibição SQL para uma posterior execução. É ideal para aqueles que precisam criar exibições para o banco de dados mas que não têm os direitos para executar os scripts.

Como criar uma exibição com o modelo View Script

1. No Project Explorer, clique com o botão direito do mouse no nome da conexão (**UVI6DB**) e selecione **Add Item** no menu contexto.
2. Selecione **View Script** no painel direito da caixa de diálogo.
3. Forneça um nome para a caixa de diálogo. Para este exemplo, forneça vueProductSales.
4. Pressione o botão **Open** para abrir o modelo no editor Visual InterDev 6.

5. Substitua as palavras View_Name por vueProductSales no modelo. Existem sete ocorrências das palavras View_Name.
6. Agora forneça as instruções da exibição SQL no modelo. A Listagem 18.5 tem o código SQL completo a ser fornecido. Note que você fornecerá apenas as linhas 4-7. O Visual InterDev 6 fornecerá o restante.
7. Depois de fornecer o código SQL, feche o modelo de exibição e responda <u>YES</u> quando for perguntado se deseja salvá-lo.

Listagem 18.5 Como definir a exibição *ProductSales*

```
1   CREATE View vueProductSales
2   as
3
4   SELECT Products.Description, Sales.UnitsOrdered
5   FROM Sales INNER JOIN
6   Products ON Sales.ProductID = Products.ProductID
7   GROUP BY Sales.UnitsOrdered, Products.Description
8   GO
9
10  GRANT SELECT ON vueProductSales TO PUBLIC
11
12  GO
```

Com a exibição SQL salva em seu projeto, você poderá agora adicionar realmente a exibição ao seu banco de dados clicando-a com o botão direito do mouse e selecionando **Execute** no menu contexto. Você verá algumas mensagens de status aparecerem na janela Output indicando que a execução foi realizada com êxito.

Depois do script de exibição ser executado, você poderá ver a exibição aparecer na janela Data View sob o nó **Views**. Talvez seja necessário renovar a janela Data View primeiro.

É assim que você acrescenta exibições armazenadas a um banco de dados do servidor SQL. O último item com o qual trabalhará neste capítulo é a adição de um procedimento armazenado.

Como renovar a Data View

O Visual InterDev renova apenas periodicamente a Data View (ou o Project Explorer, nesta situação). Se algo tiver mudado a estrutura no servidor, geralmente você precisará renovar a exibição para ver as alterações.

Capítulo 18 Como criar bancos de dados para a web   529

Como adicionar um procedimento armazenado a um banco de dados SQL Server

Você poderá usar o Visual InterDev 6 para adicionar rotinas especiais aos bancos de dados SQL Server chamadas *procedimentos armazenados*. Os procedimentos armazenados – algumas vezes chamados de *sprocs* (pronuncia-se proque) – são métodos curtos executados no SQL Server. Eles podem ter parâmetros de entrada e de saída e ainda executar um loop e outras construções de programação comuns. Para este exemplo, você construirá um sproc que acessa os dados como a entrada e retorna um conjunto de registros contendo todas as vendas do dia.

Você poderá usar a janela QD ou um modelo de script para criar seus sprocs. Contudo, a janela QD não fornece uma interface visual do tipo arrastar-e-soltar para construir seu procedimento. Ao contrário, oferece uma tela do editor de texto simples parecida com o modelo do script. Por isso, o modelo de script mais completo é provavelmente a melhor maneira de criar seus procedimentos armazenados para os bancos de dados SQL Server.

Procedimentos armazenados versus inicializadores

Qual usar? Os inicializadores são usados para executar uma ação baseada em um evento. Por exemplo, um usuário atualiza um registro em seu banco de dados, portanto você inicializa uma ação para atualizar a última coluna acessada. Os procedimentos armazenados são mais uma extensão programática para os objetos convencionais do banco de dados. Eles permitem que você transmita um conjunto de informações sobre eles próprios para que possam completar uma ação e geralmente retornam um resultado. Por exemplo, um procedimento armazenado poderia ser usado para obter a entrada de um usuário, modificar várias tabelas de uma só vez, manipular os dados e, então, retornar os resultados. Você poderá também combinar os inicializadores e os procedimentos armazenados. Um inicializador poderá chamar um procedimento armazenado, e um procedimento armazenado poderá ser o evento que inicializa a ação de um inicializador.

Como criar um procedimento armazenado com o modelo de script

1. Clique com o botão direito do mouse na conexão de dados (**UVI6DB**) no Project Explorer.
2. Selecione **Add Item** no menu contexto.
3. Na caixa de diálogo Add Item, selecione o modelo **Stored Procedure** (**Procedimento Armazenado**) no painel direito.
4. Forneça um **N**ame para o script. Para este exemplo, forneça cspDailySales para o nome.
5. Pressione **O**pen para carregar o modelo no editor Visual InterDev 6.
6. Use o recurso localizar e substituir para substituir as palavras Stored_Procedure_Name pelo nome desejado. Para este exemplo, use cspDailySales. Existem sete ocorrências de Stored_Procedure_Name no modelo.
7. Agora forneça o código de procedimento armazenado SQL. A Listagem 18.6 tem todo o código que será necessário fornecer. Note que você digitará apenas as linhas 3-8. O restante será fornecido pelo Visual InterDev 6.
8. Depois de fornecer todo o texto SQL, feche o editor e responda **YES** quando for perguntado se deseja salvar o modelo.

Listagem 18.6 Como codificar o procedimento armazenado SQL

```
1   CREATE Procedure cspDailySales
2
3   @pSalesDate datetime
4
5   AS
6       SELECT Sales.*
7           FROM Sales
8               WHERE InvoiceDate = @pSalesDate
9
10  GO
```

Com o script completo, você está pronto para executar o script para adicioná-lo ao banco de dados. Clique com o botão direito do mouse no script na janela Project Explorer e selecione **Execute**. O resultado aparecerá na janela Output na parte inferior da página.

Agora que o sproc está acrescentado ao banco de dados, você poderá usar o Query Designer do Visual InterDev 6 para executá-lo e obter um conjunto de registros de volta.

Como executar um procedimento armazenado com as Data Tools do Visual InterDev 6

Para executar um sproc existente em seu banco de dados, clique-o com o botão direito do mouse na janela Data View (sob o nó **Stored Procedures**), forneça qualquer parâmetro de entrada solicitado e, então, visualize o resultado na janela Output.

Como depurar os procedimentos armazenados

Como o desenvolvimento dos procedimentos armazenados pode ser um processo complicado, o Visual InterDev fornece recursos para depurá-los. Infelizmente, a depuração do procedimento armazenado não é um processo de linha por linha (talvez na próxima versão do Visual InterDev). Consulte a documentação on-line do Visual InterDev para obter informações sobre como usar os recursos de depuração. Eles requerem que componentes sejam instalados em seu servidor para funcionarem.

Como executar um procedimento armazenado no Visual InterDev 6

1. Clique com o botão direito do mouse no procedimento armazenado desejado na janela Data View. Para este exemplo, selecione **cspDailySales**.
2. Selecione **Execute** no menu contexto para executar o sproc.
3. Quando a caixa de diálogo Execute aparecer, forneça os parâmetros de entrada solicitados. Para este exemplo, forneça 11/11/99 (veja a Figura 18.10).

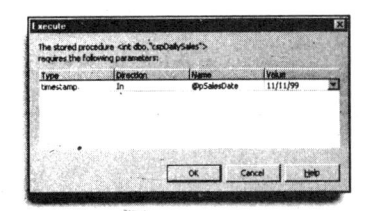

Capítulo 18 Como criar bancos de dados para a web   **531**

Figura 18.10 Como fornecer os parâmetros de entrada para um sproc.

4. Pressione **OK** para executar o procedimento.
5. O resultado do sproc aparecerá na janela Output. Se a consulta retornar registros, você irá vê-los listados na janela. A Listagem 18.7 mostra um conjunto de resultados típico do sproc cspDailySales.

Listagem 18.7 O resultado típico do sproc *cspDailySales*

```
1   Running dbo."cspDailySales" (@pSalesDate=11/11/99).
2
3   InvoiceID    InvoiceDate    CustomerID ProductID  UnitsOrdered
    ↳UnitPrice
4   INV03   11/11/99    C102    P02    45    25
5   INV04   11/11/99    C102    P03    55    35
6   INV05   11/11/99    C103    P04    65    45
7   INV06   11/11/99    C103    P03    55    35
8   (4 row(s) returned)
9   No rows affected.
10  There are no more results
11  RETURN_VALUE = 0
12  Finished running dbo."cspDailySales".
```

Agora você sabe como definir os diagramas do banco de dados, novas tabelas, inicializadores de tabelas, exibições, consultas de inserção e procedimentos armazenados usando as Data Tools do Visual InterDev 6.

Capítulo 19

Como usar os objetos do banco de dados ActiveX (ADO)

- Aprenda sobre os modelos e as propriedades ADO
- Crie o ADODB para a web e suas páginas
- Conecte os bancos de dados à web
- Trabalhe com consultas com parâmetro

O básico dos objetos de dados ActiveX (ADO)

Os ActiveX Data Objects (ADO ou Objetos de Dados ActiveX) da Microsoft são um conjunto de objetos de programação que você usa para construir aplicações que podem conectar bancos de dados remotos e recuperar registros para usar em seu projeto da web. Para as necessidades básicas da maioria das aplicações da web (formulários de entrada de dados, exibições e relatórios), você poderá usar os Design-Time Controls (DTCs ou Controles de Construção) juntamente com os objetos Data Connection (Conexão de Dados) e Data Command (Comando de Dados). Na verdade, os DTCs realmente usam a biblioteca ADO para fornecer seus serviços de banco de dados.

Contudo, se você precisar realizar algum trabalho especial de banco de dados (execução consultas de atualização, inserção em massa ou exclusão de consultas etc.), poderá querer codificar suas páginas da web manualmente usando a biblioteca ADO. A vantagem da codificação ADO é que você tem total controle sobre todos os aspectos da conexão de dados e da recuperação. A desvantagem da codificação ADO é que você tem que fornecer todo o código necessário para completar a conexão com o banco de dados remoto; definir as regras para reunir os registros; executar as solicitações reais do conjunto de registros e, após modificar qualquer registro no conjunto, retornar o conjunto modificado de volta para o servidor para atualização.

A biblioteca ADO contém todos os objetos, métodos e propriedades necessários para realizar todo esse trabalho. No entanto, para usar o ADO devidamente, você terá que compreender alguns aspectos mais complexos do serviço do banco de dados para os cliente remotos na Internet (ou intranet). Para tanto, deve entender o modelo de biblioteca ADO e várias propriedades principais que controlam como a biblioteca ADO conecta o banco de dados, como decide para onde os registros serão enviados e como serão retornados.

Trabalho à vista!

Trabalhar com o ADO traduz-se em mais trabalho, em comparação com os controles de construção (DTCs). Existem muitas vantagens em usar os DTCs para o desenvolvimento de banco de dados – velocidade e simplicidade são as razões básicas. Entretanto, chega um momento em que o ADO é uma escolha melhor. Sempre que estiver executando um controle programático complexo de seu banco de dados e informações, o ADO será provavelmente o melhor caminho a seguir.

O modelo de objetos de dados ActiveX

Os ActiveX Data Objects são fornecidos com seu projeto da web através da interface de serviços do modelo de objetos de componente (COM). O serviço COM define um processo para publicar os objetos, seus métodos e propriedades para outros programas externos – como seu projeto da web. O modo como os objetos COM são publicados é referido como *modelo de objetos*. Este modelo é uma maneira organizada de exibir a coleção de objetos em um componente COM. O modelo ActiveX Data Object é muito pobre. Ele é planejado para permitir um acesso fácil a um conjunto de registros a partir da fonte de dados tão rapidamente quanto possível. Como a velocidade e a simplicidade são os principais objetivos do ADO, o modelo é planejado para permitir que você crie um objeto do conjunto de registros sem ter que criar e navegar vários outros objetos intermediários no percurso.

Capítulo 19 Como usar os objetos do banco de dados ActiveX (ADO)　　　　　　**535**

Se você for um programador que usou outras bibliotecas de objetos do banco de dados da Microsoft, como os Database Access Objects (DAO ou Objetos de Acesso do Banco de Dados) ou os Remote Data Objects (RDO ou Objetos de Dados Remotos), ficará surpreso ao ver que o modelo ADO é um pouco menor que seus parentes mais velhos. Na verdade, existem apenas três objetos principais no modelo:

- O objeto Connection representa a conexão do banco de dados real
- O objeto Command é usado para executar consultas na conexão de dados
- O objeto Recordset representa o conjunto de registros reunido a partir da consulta enviada através do objeto Command.

Existem poucos enfeites no desenvolvimento ADO

Realmente não há nenhum enfeite no desenvolvimento ADO. É ainda mais fácil do que codificar manualmente as conexões do banco de dados através de um programa CGI ou ISAPI; contudo, não é do tipo "aponte, clique, arraste-e-solte".

O objeto Connection tem uma coleção de objetos-filhos chamada Errors para manter qualquer informação de erro associada à conexão. O objeto Command tem uma coleção de objetos-filhos chamada Parameters para manter qualquer parâmetro substituível para as consultas. O objeto Recordset tem uma coleção de objetos-filhos chamada Fields para manter as informações sobre cada campo no conjunto de registros. Finalmente, os objetos Connection, Command, Recordset e Fields têm uma coleção Properties para manter informações detalhadas sobre o objeto.

A Figura 19.1 mostra uma versão simples do modelo ADO. Um conjunto de coleções de propriedades foi retirado do diagrama em prol da clareza. Essas coleções extras acrescentam flexibilidade ao modelo, mas não são de importância real para nossa análise.

Se você acha que o ADO limita

Você sempre tem a opção de criar um programa ISAPI ou CGI que se comunica com seu banco de dados através de outros meios, em vez de usar o ADO ou os controles de construção. Infelizmente, isto está além do escopo deste livro.

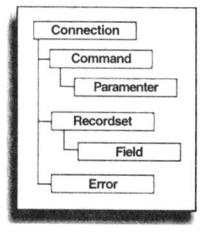

```
Connection
  ├─ Command
  │    └─ Parameter
  ├─ Recordset
  │    └─ Field
  └─ Error
```

Figura 19.1 O diagrama do modelo ActiveX Data Object

Propriedades ADO especiais

O modelo ADO tem várias propriedades exclusivas não encontradas em outros modelos de objetos do banco de dados da Microsoft. Estas propriedades controlam como o conjunto de dados é gerado, o movimento do ponteiro no conjunto e seus direitos de acesso na conexão de dados. Sete propriedades exclusivas do modelo ADO são tratadas aqui:

- ConnectionString
- CommandText
- CommandType
- CursorLocation
- CursorType
- LockType
- Mode

Nas seções a seguir você aprenderá o que é cada uma dessas propriedades e como é usada ao se acessar os dados usando o modelo ADO.

ConnectionString

O modelo ADO usa a propriedade ConnectionString para indicar o provedor OLE DB a usar para conectar o armazenamento de dados, juntamente com todos os detalhes necessários para completar a conexão de dados. Uma string de conexão típica tem duas partes:

```
Provider=<nome provedor>;Data Source=<detalhes-fonte>
```

Por exemplo, a seguir está uma string de conexão válida para conectar um banco de dados Microsoft Access:

```
Provider=Microsoft.Jet.OLEDB.3.51;Data Source=C:\UVI\
↪Source\data\UVIDB.mdb
```

Algumas fontes de dados podem ter valores requeridos ou opcionais extras como a parte <detalhes-fonte> da string de conexão. A seguir está uma string de conexão válida para um banco de dados SQL Server que usa valores adicionais:

```
Provider=SQLOLEDB.1;User ID=sa;Initial Catalog=pubs;
↪Data Source=MCA
```

O formato exato da seção de detalhes da string de conexão é controlado pelo provedor.

Capítulo 19 Como usar os objetos do banco de dados ActiveX (ADO) **537**

Três maneiras de conectar os bancos de dados

Existem, na verdade, três maneiras de construir strings de conexão de banco de dados válidas. Você poderá usar o formato OLEDB mostrado aqui ou poderá usar o que são chamadas strings de conexão sem DSN ou strings de conexão ODBC baseadas no DSN.

CommandText

A propriedade CommandText do modelo ADO é a propriedade que mantém a consulta de solicitação de dados real. A sintaxe dessa solicitação de dados depende do provedor que você estiver usando. Por exemplo, a seguinte solicitação é válida ao usar o provedor OLE DB Jet 3.51:

```
TRANSFORM SUM(Sales)
        SELECT Title FROM Booksales GROUP BY Title
PIVOT SalesRep
```

A seguinte solicitação funcionará com o provedor SQL Server:

```
CALL spMyProc(35, 15)
```

É importante lembrar que os provedores OLE DB não precisam usar a sintaxe SQL como sua linguagem de consulta. Você poderá precisar consultar a documentação que vem com seus arquivos do provedor para aprender a sintaxe de consulta requerida para ele.

O texto do comando

O texto do comando é onde você começa a lidar com a manipulação programática de seus dados. Você poderá usar seus scripts para modificar o texto do comando como seu código exige.

Veja também

➤ Você também aprende a manipular as conexões do banco de dados e os comandos de dados através dos controles de construção no Capítulo 17.

CommandType

Você usa a propriedade ADO CommandType para informar ao ADO o tipo de consulta que está usando para executar uma solicitação de dados. O valor default é adCmdUnknown. Em alguns casos, poderá executar as solicitações de dados sem definir a propriedade CommandType. Contudo, o provedor ADO poderá não compreender como interpretar a solicitação ou poderá executar a solicitação mais lentamente se você não especificar um CommandType. A Tabela 19.1 mostra a lista de definições válidas para a propriedade CommandType.

A confusão dos tipos de comandos

Se você usar um CommandType que não é bem o que desejava, terá resultados estranhos. Como em toda interação do banco de dados, sempre assegure-se de que está trabalhando com os tipos de dados e de comandos certos.

Tabela 19.1 As definições válidas para a propriedade *CommandType*

Definição	Valor	Descrição
AdCmdText	1	Avalia o CommandText como uma definição textual de um comando.
AdCmdTable	2	Avalia o CommandText como um nome de tabela em uma consulta SQL gerada retornando todas as colunas.
AdCmdStoredProc	4	Avalia o CommandText como um procedimento armazenado.
AdCmdUnknown	8	Default. O tipo de comando na propriedade CommandText não é conhecido.
AdCommandFile	256	Avalia o CommandText como o nome de arquivo de um conjunto de registros permanente.
AdCmdTableDirect	512	Avalia o CommandText como um nome de tabela cujas colunas são todas retornadas.

CursorLocation

O modelo ADO permite solicitar o gerenciamento do cursor no lado cliente e no lado servidor para seu conjunto de registros. No ADO um *cursor* é a coleção de registros retornada ao seu programa em resposta a uma solicitação de dados. Você poderá usar a propriedade ADO CursorLocation para controlar onde essa coleção de registros é mantida. A Tabela 19.2 mostra as definições válidas para essa propriedade.

Tabela 19.2 As definições válidas para a propriedade *CursorLocation*

Definição	Valor	Descrição
AdUseClient	3	Usa os cursores no lado cliente fornecidos por uma biblioteca de cursores local. Os instrumentos do cursor local geralmente permitirão muitos recursos que os controles fornecidos pelo driver não permitem, portanto usar essa definição poderá fornecer uma vantagem em relação aos recursos que serão permitidos.

continua...

Tabela 19.2 Continuação

Definição	Valor	Descrição
AdUseServer	2	Default. Usa o provedor de dados ou os cursores fornecidos pelo driver. Esses cursores são algumas vezes muito flexíveis e permitem uma sensibilidade extra para as alterações que outras pessoas fazem na fonte de dados. Contudo, alguns recursos do ADO podem não estar disponíveis com os cursores no lado servidor.
AdUseClientBatch	3	É o mesmo que o AdUseClient e está incluído para a compatibilidade apenas. Você não deve usar esse valor em seus projetos Visual InterDev 6.
AdUseNone	1	Nenhum serviço do cursor é usado. Essa constante é obsoleta e aparece unicamente para a compatibilidade. Não use isso em seus projetos Visual InterDev 6.

Note que mesmo que haja quatro possíveis valores para a propriedade ADO CursorLocation, apenas as duas primeiras (AdUseClient e AdUseServer) são válidas. As outras duas são fornecidas apenas para a compatibilidade com as versões anteriores do ADO e não devem ser usadas com seus novos projetos Visual InterDev 6.

CursorType

A propriedade ADO CursorType é usada para indicar o tipo de conjunto de registros que será retornado pelo provedor de dados. Existem quatro definições válidas para a propriedade CursorType. Elas são mostradas na Tabela 19.3.

Local do cursor
O local do cursor determina os comportamentos de sua conexão ADO. Para a maioria das aplicações da web, o default é bom.

Tabela 19.3 As definições válidas para a propriedade *CursorType*

Definição	Valor	Descrição
AdOpenForwardOnly	0	Fornece um conjunto de registros do cursor somente para frente. Você poderá paginar apenas para frente os registros na coleção. Isto melhora o desempenho nas situações em que você tem que percorrer apenas um conjunto de registros. É o default.

continua...

Tabela 19.3 Continuação

Definição	Valor	Descrição
AdOpenKeyset	1	Fornece um conjunto de registros do cursor Keyset. Este conjunto de registros tem um membro com alteração. As edições feitas por outros usuários são visíveis. Os registros que os outros usuários apagam são inacessíveis a partir de seu conjunto de registros. Os registros que os outros usuários adicionam não estão disponíveis.
AdOpenDynamic	2	O cursor dinâmico. Este conjunto de registros tem um membro com alteração. Todos os acréscimos, edições e eliminações feitos por outras pessoas são visíveis.
AdOpenStatic	3	Fornece um conjunto de registros do cursor Static. É uma cópia estática de um conjunto de registros que você poderá usar para encontrar os dados, mover etc. Qualquer acréscimo, edição ou eliminação feita por outros usuários não é visível.

Os custos do AdOpenDynamic

Usar um tipo de cursor dinâmico **AdOpenDynamic** gera processo. Isto envolve muito trabalho para seu banco de dados e aplicação. Use-o apenas quando for necessário.

Existem algumas considerações importantes a lembrar ao escolher um CursorType para seu conjunto de registros. Primeiro, se estiver usando um cursor no lado cliente (CursorLocation=adUseClient), o adOpenStatic será o único valor válido para a propriedade CursorType.

Outra questão importante ao selecionar um tipo de cursor é saber quais dados o provedor suporta. É possível que o tipo de cursor solicitado não seja suportado por seu provedor de dados. Neste caso, o provedor de dados poderá retornar um conjunto de registros com um tipo de cursor diferente. Se você estiver selecionando um tipo de cursor e esperando um certo comportamento (como a capacidade de ver as alterações), deverá verificar a propriedade CursorType depois de completar sua solicitação de dados para ver qual tipo de cursor foi retornado pelo provedor.

LockType

A propriedade ADO LockType pode ser usada para indicar como você deseja gerenciar o bloqueio durante as sessões de edição com seu conjunto de registros. A Tabela 19.4 mostra as quatro opções válidas para os tipos de bloqueio.

Capítulo 19 Como usar os objetos do banco de dados ActiveX (ADO) 541

Bloqueio imprevisível
Se você escolher um método para o bloqueio que seu provedor de dados não suporta, sua aplicação poderá exibir comportamentos estranhos. Aprenda o que sua fonte de dados fornece antes de implementar o bloqueio.

Tabela 19.4 As definições válidas para a propriedade *LockType*

Definição	Valor	Descrição
AdLockReadOnly	1	Default. Somente para leitura. Você não pode alterar os dados.
AdLockPessimistic	2	Bloqueio de registros pessimista. Isto geralmente significa que o provedor irá bloquear os registros na fonte de dados imediatamente na edição.
AdLockOptimistic	3	Bloqueio de registros otimista. O provedor irá bloquear os registros apenas ao tentar atualizar o registro.
AdLockBatchOptimistic	4	O bloqueio em batch otimista. Isto significa que o provedor bloqueará o batch inteiro quando você tentar usar o método UpdateBatch no conjunto de registros.

O critério do bloqueio
Considere a quantidade de tráfego que prevê para sua aplicação da web quando escolher um tipo de bloqueio. Se acha que verá muita interação de dados, provavelmente será melhor usar **AdLockPessimistic**. Contudo, se espera alguns acessos simultâneos, vá para os métodos de bloqueio otimista.

Seu provedor poderá não suportar o método de bloqueio solicitado. Se este for o caso, ele o substituirá por outro método de bloqueio. Você poderá examinar a propriedade LockType após o conjunto de registros ser retornado para ver o método de bloqueio real selecionado pelo provedor.

Se estiver usando um cursor no lado do cliente (CursorLocation=adUseClient), não poderá usar o bloqueio pessimista (LockTyp=adLockPessimistic).

Mode

Você poderá usar a propriedade Mode para instruir o provedor a limitar o acesso ao armazenamento de dados enquanto tem um conjunto de registros aberto. A Tabela 19.5 mostra as definições válidas para a propriedade ADO Mode.

Tabela 19.5 As definições válidas para a propriedade ADO *Mode*

Definição	Valor	Descrição
AdModeUnknown	0	Default. Indica que as permissões ainda não foram definidas ou não podem ser determinadas.
AdModeRead	1	Abre o conjunto de registros com as permissões somente para leitura.
AdModeWrite	2	Abre o conjunto de registros com as permissões somente para gravação.
AdModeReadWrite	3	Abre o conjunto de registros com as permissões para leitura/gravação.
AdModeShareDenyRead	4	Impede que outras pessoas abram a conexão com as permissões para leitura.
AdModeShareDenyWrite	8	Impede que outras pessoas abram a conexão com as permissões de gravação.
AdModeShareExclusive	12	Impede que outras pessoas abram a conexão
AdModeShareDenyNone	16	Impede que outras pessoas abram a conexão com qualquer permissão.

Como usar os modos e os tipos de bloqueio juntos

Combinando os tipos de bloqueio e os métodos, você poderá reforçar a integridade de sua fonte de dados. Entretanto, lembre-se que está causando impacto no modo como os outros usuários acessam o banco de dados. Assegure-se de que sua aplicação da web não esteja aumentando a velocidade apenas para fazer com que seu usuário fique sem saída em virtude do bloqueio ou dos métodos. Planeje os carregamentos de seu usuário.

Se precisar apenas de um conjunto de registros somente para leitura, poderá aumentar o desempenho de seu projeto Visual InterDev 6 definindo a propriedade Mode como adModeRead.

Agora que você tem uma boa compreensão das várias propriedades especiais usadas para construir as conexões válidas do banco de dados com os ActiveX Data Objects, está pronto para criar um projeto Visual InterDev 6 que faz exatamente isso.

Como configurar o projeto da web ADODB

No restante deste capítulo, você criará e executará os documentos ASP que usam o código ADO para executar as operações do banco de dados. Para tornar o teste de cada exemplo ADO mais fácil, poderá construir um projeto da web de exemplo em Visual InterDev 6 e acrescentar alguns arquivos de inclusão que podem ser ligados a todas as suas páginas de exemplo.

Capítulo 19 Como usar os objetos do banco de dados ActiveX (ADO)   **543**

Como comparar os métodos de acesso ao banco de dados

Enquanto estiver vendo os exemplos neste capítulo, compare-o com o modo como interagiu com um banco de dados no Capítulo 16 e no Capítulo 17. Você poderá ver duas escolas de pensamento diferentes na construção da web. Estas duas abordagens não precisam ser opostas - elas podem ser combinadas para que se obtenha um desenvolvimento mais efetivo.

Quando iniciar seu novo projeto Visual InterDev 6 e adicionar os dois arquivos de inclusão descritos aqui, estará pronto para começar a construir documentos ASP para testar os ActiveX Data Objects.

Como construir o projeto ADODB

A primeira etapa é construir um novo projeto Visual InterDev 6 para manter todos os exemplos neste capítulo. Para tanto, inicie o Visual InterDev 6 e selecione **File**, **New Project** no menu principal.

Forneça ADODB como o nome da pasta para seu código-fonte. Selecione um servidor da web disponível para manter o projeto e aceite **ADODB** como o nome da web default. Você poderá pular a aplicação do layout ou tema neste projeto.

Como escolher seu próprio nome do projeto

Se tiver seu próprio nome do projeto que preferiria usar ou se quiser continuar com um projeto existente, sinta-se à vontade. Entretanto, converta qualquer instrução em seu novo projeto.

Depois de criar o projeto da web vazio, estará pronto para adicionar os dois arquivos de inclusão ao seu projeto.

Como usar o arquivo de inclusão ADOVBS.INC

Usar os arquivos de inclusão reduzirá a quantidade de codificação necessária para seu projeto. Um uso útil de um arquivo de inclusão é armazenar todas as constantes e variáveis comumente usadas para seu projeto da web. A biblioteca ActiveX Data Object tem várias constantes predefinidas que você usará quando escrever seus scripts ADO. Para tornar fácil lembrar e escrever seu código ADO, você poderá adicionar uma referência a um arquivo de inclusão que mantém todos os valores predefinidos necessários para a biblioteca ADO. A Microsoft fornece tal arquivo, ADOVBS.INC. Você poderá encontrar uma versão do mesmo na home page do site da web mencionada no Apêndice B, "Recursos on-line", no final deste livro.

Veja também

➤ *Você poderá aprender mais sobre os arquivos de inclusão no Capítulo 24.*

Se você quiser, poderá criar um novo arquivo ADOVBS.INC em seu projeto e adicionar o código da Listagem 19.1 ao arquivo. Isto inclui todos os valores do arquivo-mestre ADOVBS.INC que você usará neste capítulo.

Listagem 19.1 Os valores selecionados do arquivo-mestre ADOVBS.INC

```
1   <%
2   '- - - - CursorTypeEnum Values - - - -
3   Const adOpenForwardOnly = 0
4   Const adOpenKeyset = 1
5   Const adOpenDynamic = 2
6   Const adOpenStatic = 3
7
8   '- - - - LockTypeEnum Values - - - -
9   Const adLockReadOnly = 1
10  Const adLockPessimistic = 2
11  Const adLockOptimistic = 3
12  Const adLockBatchOptimistic = 4
13
14  '- - - - CursorLocationEnum Values - - - -
15  Const adUseServer = 2
16  Const AdUseClient = 3
17
18  '- - - - DataTypeEnum Values - - - -
19  Const adEmpty = 0
20  Const adTinyInt = 16
21  Const adSmallInt = 2
22  Const adInteger = 3
23  Const adBigInt = 20
24  Const adUnsignedTinyInt = 17
25  Const adUnsignedSmallInt = 18
26  Const adUnsignedInt = 19
27  Const adUnsignedBigInt = 21
28  Const adSingle = 4
29  Const adDouble = 5
30  Const adCurrency = 6
31  Const adDecimal = 14
32  Const adNumeric = 131
33  Const adBoolean = 11
```

continua...

Capítulo 19 Como usar os objetos do banco de dados ActiveX (ADO)

Listagem 19.1 Continuação

```
34  Const adError = 10
35  Const adUserDefined = 132
36  Const adVariant = 12
37  Const adIDispatch = 9
38  Const adIUnknown = 13
39  Const adGUID = 72
40  Const adDate = 7
41  Const adDBDate = 133
42  Const adDBTime = 134
43  Const adDBTimeStamp = 135
44  Const adBSTR = 8
45  Const adChar = 129
46  Const adVarChar = 200
47  Const adLongVarChar = 201
48  Const adWChar = 130
49  Const adVarWChar = 202
50  Const adLongVarWChar = 203
51  Const AdBinary = 128
52  Const adVarBinary = 204
53  Const adLongVarBinary = 205
54
55  '- - - - AffectEnum Values - - - -
56  Const adAffectCurrent = 1
57  Const adAffectGroup = 2
58  Const adAffectAll = 3
59
60  '- - - - ParameterDirectionEnum Values - - - -
61  Const adParamUnknown = &H0000
62  Const adParamInput = &H0001
63  Const adParamOutput = &H0002
64  Const adParamInputOutput = &H0003
65  Const adParamReturnValue = &H0004
66
67  '- - - - CommandTypeEnum Values - - - -
68  Const adCmdUnknown = &H0008
69  Const adCmdText = &H0001
70  Const adCmdTable = &H0002
71  Const adCmdStoredProc = &H0004
72  %>
```

> **Sobre esta listagem**
>
> A Listagem 19.1 mostra quão longas e demoradas podem ser as conexões ADO no código. É por isso que é uma boa idéia reutilizar o que for possível através das inclusões no lado servidor. Assim, não será necessário adicionar o mesmo código a cada página com a qual se trabalha.

Lembre-se que esta é apenas uma parte do documento-mestre ADOVBS.INC. Se você pretende fazer a codificação ADO extensa, deverá obter o arquivo completo para seus projetos da web.

Veja também

➤ *Você aprenderá mais sobre as inclusões no lado servidor no Capítulo 24.*

➤ *As inclusões no lado servidor também são usadas no Capítulo 28.*

Como criar objetos de programação ADO no arquivo ADOSTUFF.INC

Você poderá também usar arquivos de inclusão para manter as variáveis comuns e objetos para seu projeto da web. Neste capítulo, construirá um novo documento chamado ADOSTUFF.INC que manterá um conjunto de strings de conexão predefinidas e um conjunto de objetos de programação ADO que você usará nos exemplos para este capítulo.

Crie um novo documento chamado ADOSTUFF.INC e adicione as strings de conexão na Listagem 19.2 ao documento.

Listagem 19.2 Como adicionar as strings de conexão ao documento ADOSTUFF.INC

```
1   <%
2   'various valid connections
3   strJetDSNLess = "DRIVER={Microsoft Access Driver (*.mdb)}
    ➥; DBQ=c:\uvi\source\data\uvidb.mdb;"
4   strJetOLEDB = "Provider=Microsoft.Jet.OLEDB.3.51;Data
    ➥Source=C:\UVI\Source\data\UVIDB.mdb;'
5   strSQLDSNLess = "Driver={SQL Server};SERVER=mca;UID=sa;
    ➥PWD=;DATABASE=pubs"
6   strSQLOLEDB = "Provider=SQLOLEDB.1;User ID=sa; Initial
    ➥Catalog=pubs;Data Source=MCA"
7   %>
```

Estas quatro strings de conexão oferecem diferentes maneiras de conectar um banco de dados Microsoft Access (Jet) e um banco de dados SQL Server. Certifique-se de que suas strings Microsoft Access (Jet) estejam apontando para o local correto para o banco de dados UVIDB.MDB. Esta é uma cópia do banco de dados PUBS do SQL Server.

Capítulo 19 Como usar os objetos do banco de dados ActiveX (ADO) 547

Também assegure-se de que os valores SERVER e Data Source nas strings de conexão SQL Server apontem para um servidor válido em sua rede.

Locais do banco de dados

Lembre-se de que esses caminhos são caminhos físicos para o banco de dados em seu servidor da web, não sua estação de trabalho. Certifique-se de que tenha configurado seus caminhos exatamente como seu servidor da web os verá.

Depois de adicionar as strings de conexão, terá que acrescentar quatro linhas de código que criarão as instâncias dos objetos de programação ADO. Adicione o código da Listagem 19.3 ao mesmo documento ADOSTUFF.INC.

Listagem 19.3 Como adicionar o código para criar os objetos de programação ADO

```
1  <%
2  'ADO objects for use
3  Set objConn = Server.CreateObject("ADODB.Connection")
4  Set objCmd = Server.CreateObject("ADODB.Command")
5  Set objParam = Server.CreateObject("ADODB.Parameter")
6  Set objRst = Server.CreateObject("ADODB.Recordset")
7  %>
```

Agora você tem um arquivo de inclusão que contém instâncias predefinidas de objetos de programação ADO e um conjunto de strings de conexão válidas. Em seguida, terá que adicionar dois métodos personalizados a ADOSTUFF.INC para suportar seu trabalho e outros exemplos neste capítulo.

Como adicionar os métodos de suporte ao arquivo ADOSTUFF.INC

Para tornar fácil completar os exemplos ADO neste capítulo, você terá que adicionar dois métodos do cliente ao documento ADOSTUFF.INC. O primeiro método exibirá todas as propriedades do objeto de programação ADO em uma tabela no browser. O segundo método exibirá o nome e o conteúdo do primeiro campo em um conjunto de registros reunido em uma tabela. Depois de ter esses dois métodos "de ajuda" construídos, estará pronto para começar a criar os documentos de exemplo ADO.

Primeiro, acrescente o código da Listagem 19.4 ao documento ADOSTUFF.INC. Este código exibirá todas as propriedades predefinidas de um determinado objeto de programação ADO.

Como construir suas próprias "ajudas"

Conforme você estiver desenvolvendo, provavelmente encontrará várias rotinas e métodos que usará regularmente. O melhor a fazer é criar um biblioteca de seus próprios scripts que poderá atuar como "ajuda" em outras aplicações e páginas. Reutilize esse código através das inclusões no lado servidor para economizar trabalho em cada página.

Listagem 19.4 Como adicionar o método *ShowProperties* ao documento ADOSTUFF.INC

```
1   <%
2   Sub ShowProperties(adoObject, Title)
3   '
4   ' display table of all properties
5   Response.Write "<H3>" & Title & "</H3><HR>"
6   Response.Write "<TABLE>"
7   For Each objProp in adoObject.Properties
8       Response.Write "<TR>"
9       Response.Write "<TD>" & objProp.Name & "</TD>"
10      Response.Write "<TD>" & objProp.Value & "</TD>"
11      Response.Write "</TR>"
12  Next
13  Response.Write "</TABLE>"
14  '
15  End Sub
16  %>
```

Finalmente, terá que adicionar o método ShowRecords ao documento ADOSTUFF.INC. Este método exibirá o primeiro campo no conjunto reunido de registros. Você usará isso várias vezes neste capítulo (veja a Listagem 19.5).

Listagem 19.5 Como adicionar o método *ShowRecords*

```
1   <%
2   Sub ShowRecords(Records, Title)
3   '
4   ' show records in the collection
5   Response.Write "<H3>" & Title & "</H3><HR>"
6   Response.Write "</TABLE>"
7   Do While Records.EOF=False
8       Response.Write "<TR>"
```

continua...

Listagem 19.4 Continuação

```
9         Response.Write "<TD>" & Records.Fields(0).Name &
          ↪"</TD>"
10        Response.Write "<TD>" & Records.Fields(0).Value &
          ↪"</TD>"
11        Response.Write "</TR>"
12        Records.MoveNext
13    Loop
14    Response.Write "</TABLE>"
15    '
16    Response.Write "Records in Table: " & cStr(Records.
      ↪RecordCount)
17    '
18  End Sub
19  %>
```

Depois de acrescentar esses dois métodos ao documento ADOSTUFF.INC, salve-o e feche-o completamente. Você não precisará trabalhar com esse arquivo diretamente no restante dos exemplos. Entretanto, irá "incluí-lo" em cada exemplo ADO codificado.

Veja também

➤ No Capítulo 15, você aprendeu a usar o objeto Response. Vá até este capítulo se quiser reler essa seção do código.

Como conectar um banco de dados com o objeto Connection

A primeira etapa ao usar a programação ADO é conectar um banco de dados existente no servidor da web. O objeto ADO Connection é usado para essa finalidade. O objeto Connection tem duas propriedades principais que você tem que usar e compreender:

- A propriedade ConnectionString contém as informações que definem a conexão.
- A propriedade CursorLocation determina onde os conjuntos de registros serão armazenados (cliente ou servidor).

A string Connection tem duas partes principais: Provider Name (Nome do Provedor) e Data Source (Fonte de Dados). Isto descreve a string Connection mais usada – a que conecta seu projeto da web a um banco de dados usando o provedor OLEDB definido para esse banco de dados de destino.

Entretanto, você poderá também usar as strings de conexão que simplesmente endereçam o local físico do banco de dados e usam o provedor ODBC OLEDB. Esse provedor genérico algumas vezes tem recursos e capacidades diferentes dos provedores OLEDB predefinidos e personalizados.

As conexões ADO ficam extensas

Entre **ConnectionString** e **CursorLocation**, suas conexões ADO poderão ficar bem extensas para codificar. Sempre que possível, use atalhos e caminhos previsíveis para minimizar o trabalho extra.

A Listagem 19.2 mostra exemplos de strings de conexões baseadas no provedor OLEDB e baseadas no ODBC OLEDB genérico. Você irá usá-las em seus exemplos neste capítulo.

Finalmente, você poderá também usar os dados do objeto de conexão de dados do construtor do ambiente de dados (DED) armazenados no arquivo GLOBAL.ASA para completar suas conexões de dados. A vantagem de usar as conexões baseadas no DED é que qualquer alteração nas informações da conexão é refletida em qualquer documento ASP que usa essa definição de conexão.

O arquivo GLOBAL.ASA: uma janela para sua aplicação da web

O arquivo GLOBAL.ASA armazena todas as informações em nível da sessão e da aplicação para sua aplicação da web. Isto inclui as conexões, as variáveis e os comportamentos do banco de dados.

Se, por exemplo, você usou o DED para criar uma conexão de dados chamada cnnSQLPubs, poderá acessar a string de conexão para essa conexão de dados com o seguinte fragmento de código ASP:

```
StrMyConnectString=Application("cnnSQLPubs_
↪ConnectionString")
```

Observe que você usa uma variável em nível da aplicação para representar a string de conexão. Quando usa o DED para adicionar uma conexão de dados a seu projeto da web, está realmente adicionando um conjunto de variáveis em nível da aplicação ao seu arquivo GLOBAL.ASA. A Listagem 19.6 mostra a parte de um arquivo GLOBAL.ASA que contém os resultados da adição de uma conexão de dados cnnSQLPubs ao seu projeto.

Listagem 19.6 Os detalhes da conexão de dados armazenados no arquivo GLOBAL.ASA

```
1  Sub Application_OnStart
2  '= =Visual InterDev Generated - startspan= =
3  '- -Project Data Connection
4    Application("cnnSQLPubs_ConnectionString") =
     ↪"DSN=SysDSN_SQLPubs;User Id=sa;PASSWORD=;
     ↪Description=SQL Pubs Database;SERVER=mca;
     ↪UID=sa;APP=Microsoft
     ↪Development Environment;WSID=MCA;DATABASE=pubs"
5    Application("cnnSQLPubs_ConnectionTimeout") = 15
6    Application("cnnSQLPubs_CommandTimeout") = 30
7    Application("cnnSQLPubs_CursorLocation") = 3
8    Application("cnnSQLPubs_RuntimeUserName") = "sa"
9    Application("cnnSQLPubs_RuntimePassword") = ""
10 '- - Project Data Environment
11 Set DE = Server.CreateObject("DERuntime.DERuntime")
12 Application("DE") = DE.Load(Server.MapPath("Global.ASA")
   ↪,"_private/DataEnvironment/DataEnvironment.asa")
13 '= =Visual InterDev Generated - endspan= =
14 End Sub
15 </SCRIPT>
```

Os detalhes reais da conexão de dados irão variar de um projeto da web para outro. O importante a compreender é que você poderá usar as conexões de dados já em seu projeto da web Visual InterDev 6 como a fonte para as strings de conexão em seus documentos ASP codificados com o ADO.

Código da aplicação versus código da sessão

Onde você localiza seu código depende de quando deseja que ele seja executado. O código da aplicação é executado sempre que a aplicação é iniciada (geralmente por um usuário que é a primeira pessoa a acessar sua aplicação desde que foi reiniciada). O código da sessão refere-se ao código que é executado no período de tempo em que um usuário usa sua aplicação. Pense em termos de escopo: O código da aplicação afeta todos os que usam sua aplicação, ao passo que o código da sessão afeta apenas o usuário da sessão.

Veja também
➤ *O arquivo GLOBAL.ASA é tratado no Capítulo 24.*

Como usar o ADO no lado servidor para abrir uma conexão de dados

Agora que você compreende como o objeto ADO Connection é usado, está pronto para construir um documento ASP que completa a conexão do banco de dados e então exibe as várias propriedades do objeto ADO. Para tanto, adicione uma nova página a seu projeto da web chamada CONNECTION.ASP e forneça o código mostrado na Listagem 19.7 na parte <BODY> do documento.

Listagem 19.7 Como usar o ADO para criar um objeto *Connection*

```
1   <BODY>
2
3   <!-- add some include files -->
4   <!-- #include file="adovbs.inc" -->
5   <!-- #include file="adostuff.inc" -->
6
7   <SCRIPT LANGUAGE=vbscript RUNAT=server>
8   '
9   ' create connection and show properties
10  '
11  objConn.ConnectionString=strSQLOLEDB
12  objConn.CursorLocation=adUseClient
13  objConn.Open
14  '
15  ShowProperties objConn, "Connection Properties"
16  '
17  </SCRIPT>
18
19  </BODY>
```

Certifique-se de adicionar as referências aos arquivos de inclusão (linhas 4 e 5) ao documento. Isto irá assegurar que todo o código construído anteriormente será incluído quando a página for carregada para o cliente.

Tenha cuidado com os erros tipográficos

Seja particularmente cuidadoso em evitar erros tipográficos quando estiver trabalhando com as conexões ADO. Como você está trabalhando com o texto bruto acessando seu banco de dados, a probabilidade de erros é grande. Você poderá retornar sem querer dados que não precisa ou, o que é pior, alterar dados que não deseja. Verifique duas vezes o código ao trabalhar com os bancos de dados.

Capítulo 19 Como usar os objetos do banco de dados ActiveX (ADO)   **553**

Não há realmente muito nessa página. Primeiro, você define a string de conexão (linha 11) usando uma string predefinida do arquivo ADOSTUFF.INC. Em seguida, indica que a conexão de dados deve colocar qualquer registro reunido na máquina do cliente (linha 12). Isto não é importante para esse documento, mas é um bom hábito a adquirir. Finalmente, usa o método Open (linha 13) para realmente abrir o banco de dados para uso. A linha 15 chama um método no documento ADOSTUFF.INC que exibe uma longa lista de propriedades e seus valores para essa conexão (veja a Figura 19.2).

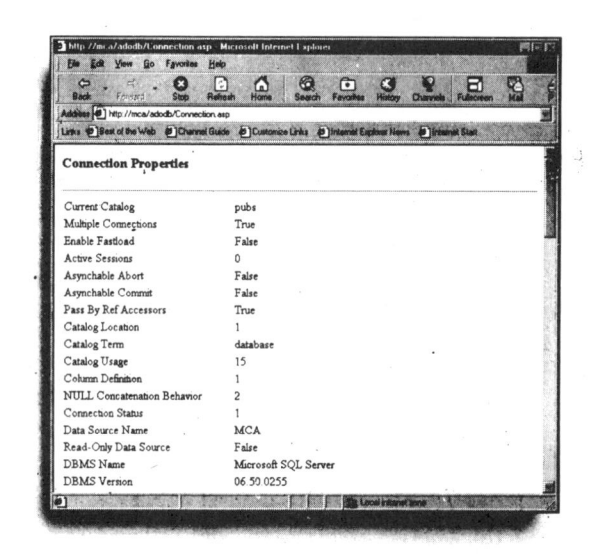

Figura 19.2 Como exibir as propriedades do objeto ADO Connection.

As propriedades reais listadas no browser e seus valores podem ser diferentes dependendo do tipo de conexão e do banco de dados de destino. O principal a lembrar é que você usa três etapas simples para criar e usar objetos ADO Connection válidos:

- Defina ConnectionString
- Defina CursorLocation
- Use o método Open

Como recuperar registros com o objeto Recordset

Embora o objeto ADO Connection seja usado para abrir uma conexão do banco de dados em seu projeto da web, ainda não reúne de fato os registros e coloca-os em uma página para você. Para fazê-lo, será necessário usar outro objeto ADO: o objeto Recordset. O objeto Recordset manterá todos os registros solicitados a partir do banco de dados.

Existem duas maneiras básicas de poder usar o objeto ADO Recordset para reunir os registros a partir do servidor:

- O conjunto de registros independente usa apenas o objeto ADO Recordset para reunir os registros.
- O conjunto de registros conectado usa um objeto ADO Connection (e possivelmente um objeto ADO Command) para reunir os registros.

ADO e DTC

Internamente, os controles de construção estão realmente usando o ADO para interagir com o banco de dados. Os DTCs, porém, agem como seu "front-end" para a conexão ADO e objetos do conjunto de registros. Contudo, os mesmos conceitos aplicam-se. Na verdade, você poderá alterar as propriedades da maioria dos DTCs que se comportam como se estivesse você mesmo codificando as propriedades da conexão ADO.

O primeiro método de criação de um conjunto de registros válido permite preencher um conjunto de registros sem usar qualquer outro objeto ADO. É uma maneira rápida de criar uma coleção de dados sem a necessidade de outros objetos ADO. Será uma vantagem se você não precisar de nenhum recurso avançado do modelo de objetos ADO (ou seja, usando consultas com parâmetros etc.)

O segundo método de criação do o objeto ADO Recordset usa objetos intermediários como os objetos Connection e Command. A vantagem de fazê-lo é que você poderá compartilhar os objetos Connection e Command com vários conjuntos de registros ADO. Poderá também usar o objeto Command para examinar e atualizar os parâmetros para os procedimentos armazenados SQL ou os objetos QueryDef do Microsoft Access.

O que é QueryDef?

Um QueryDef (ou **CdaoQueryDef**) representa uma definição de consulta geralmente gravada em um banco de dados. É um objeto que contém a instrução SQL que compõe a consulta e suas propriedades. Isto permite que a consulta seja reutilizada. Os QueryDefs são gravados em uma coleção para a reutilização.

Como usar os conjuntos de registros de texto

É fácil construir um conjunto de registros ADO independente. Tudo o que você tem a fazer é preparar uma string Connection válida e a instrução SQL SELECT. Então, use essas duas strings como parâmetros com o método Recordset Open. Para ver como funciona, crie um novo documento ASP em seu projeto da web chamado RECORDSETTEXT.ASP e adicione o código da Listagem 19.8 à parte <BODY> do documento.

Capítulo 19 Como usar os objetos do banco de dados ActiveX (ADO)

O conteúdo de QueryDef

Um QueryDef pode ser qualquer tipo de consulta: uma consulta **SELECT, UPDATE, INSERT, INSERT VALUES** ou **DELETE**. Considere um QueryDef como seu marcador de livros para uma consulta, ao passo que a coleção QueryDef é seu fichário de catálogo.

Listagem 19.8 Como testar um objeto ADO *Recordset* independente

```
1   <BODY>
2   <!- - add includes - ->
3   <!--#include file="adovbs.inc"-->
4   <!--#include file="adostuff.inc"-->
5
6   <SCRIPT LANGUAGE=vbscript RUNAT=Server>
7   '
8   'create a text-based recordset
9   '
10  strSQL = "SELECT title, pub_name FROM titles, publishers
    ↪WHERE titles.pub_id=publishers.pub_id"
11  '
12  objRst.open strSQL, strSQLOLEDB, adOpenStatic,
    ↪adLockOptimistic
13  '
14  showRecords objRst, "Sample Recordset"
15  '
16  </SCRIPT>
17
18  </BODY>
```

Como você pode ver na Listagem 19.8, a única linha importante do código que você precisa para construir um conjunto de registros ADO independente válido é a linha 12. Note que dois parâmetros extras (adOpenStatic e adLockOptimistic) foram usados para estabelecer o tipo de cursor e o tipo de bloqueio do conjunto de dados. As definições atuais asseguram que o conjunto de dados pode ser atualizado (adOpenStatic) e acessado com segurança por mais de uma pessoa de cada vez (adLockOptimistic).

Quando você executar este exemplo em seu browser, verá um conjunto de registros em uma tabela exibindo o conteúdo da primeira coluna do conjunto de dados resultante (veja a Figura 19.3).

Figura 19.3 O resultado de um conjunto de registros ADO independente.

Como usar um tipo de comando de tabela

Você poderá também usar o método mais tradicional de criação de um objeto ADO Recordset válido. Ele usa o objeto ADO Connection existente e, possivelmente, o objeto ADO Command para fornecer as informações de conexão e as regras de reunião de registros. A vantagem de usar esse método é que você pode criar vários objetos ADO Recordset a partir dos mesmos objetos Connection ou Command. Isto agiliza a execução em muitos casos.

Além de usar os objetos Connection e Command, você poderá também acessar as tabelas existentes, exibições ou consultas armazenadas no banco de dados em vez de ter que construir instruções SQL sempre que precisar de alguns registros. Isto é feito usando a propriedade CommandType do objeto Command. Você aprenderá mais sobre o objeto Command na próxima seção. No momento, lembre-se que pode acessar diretamente as tabelas para construir conjuntos de registros ADO.

A Listagem 19.9 mostra como você pode usar os objetos Connection e Command para fornecer todas as informações necessárias para preencher um objeto ADO Recordset. Crie um novo documento na web chamado RECORDSETTABLE.ASP e acrescente o código da Listagem 19.9 à parte <BODY> do documento.

A capacidade do ADO

A capacidade de acessar diretamente as estruturas do banco de dados e não apenas dos conjuntos de registros torna o ADO muito atraente para os desenvolvedores sofisticados.

Capítulo 19 Como usar os objetos do banco de dados ActiveX (ADO)

Listagem 19.9 Como testar o conjunto de registros ADO a partir dos objetos *Connection* e *Command*

```
1   <BODY>
2
3   <!- - add includes - ->
4   <!- - #include file="adovbs.inc"- ->
5   <!- -#include file="adostuff.inc"- ->
6
7   <SCRIPT LANGUAGE=vbscript RUNAT=Server>
8   '
9   ' open a table and view recordsets
10  '
11  objConn.ConnectionString = strSQLOLEDB
12  objConn.CursorLocation = adUseServer
13  objConn.Open
14  '
15  objCmd.ActiveConnection = objConn
16  objCmd.CommandType = adCmdTable
17  objCmd.CommandText="Authors"
18  '
19  Set objRst = objCmd.Execute
20  '
21  ShowRecords objRst, "Authors Table"
22  '
23  </SCRIPT>
24
25  </BODY>
```

Note que o código para criar o objeto Connection é idêntico ao código usado na Listagem 19.7 (linhas 11-13). O código para criar um objeto Command válido (linhas 15-17) será tratado com mais detalhes na próxima seção. Tudo o que você está fazendo é transmitir as informações de conexão para o objeto Command (linha 15) e definir a propriedade CommandText do objeto para acessar a tabela Authors (linhas 16 e 17). Finalmente, o conjunto de registros é criado informando ao objeto Command para executar o conteúdo da propriedade CommandText (linha 21) e armazenar o conjunto de dados resultante no conjunto de registros ADO.

Documente seu código

Existem vários bons hábitos a adquirir ao trabalhar com bancos de dados. Para começar, sempre documente claramente seu código quando trabalhar com um banco de dados. Isto torna a manutenção mais fácil e será particularmente importante se a estrutura de seu banco de dados não for clara ou fácil de compreender à primeira vista.

Quando executar esse documento em seu projeto da web, verá um conjunto de registros aparecer em uma tabela em seu browser (veja a Figura 19.4).

Figura 19.4 O resultado de um objeto Recordset tradicional

Use nomes claros de variáveis

Outro bom hábito a adquirir ao trabalhar com bancos de dados é usar nomes de variáveis claros e facilmente compreendidos para os objetos e as coleções. Quando estiver trabalhando com muitos objetos diferentes e consultas, será melhor manter o código compreensível e a intenção clara.

Capítulo 19 Como usar os objetos do banco de dados ActiveX (ADO) 559

Como definir as regras de execução com o objeto Command

Você poderá usar os objetos ADO Command para fornecer informações para criar coleções de registros simples (como na Listagem 19.9). No entanto, a capacidade real do objeto ADO Command está em executar instruções SQL avançadas e executar os procedimentos SQL armazenados. Ele pode também executar os QueryDefs do Microsoft Access que requerem parâmetros de entrada ou o fornecimento de parâmetros de saída em vez dos conjuntos de registros típicos.

Nesta seção, você aprenderá a usar o objeto ADO Command para executar instruções SQL avançadas UPDATE, DELETE e INSERT. Haverá ocasiões em que desejará usar esses tipos de consultas em seus projetos da web em vez de solicitar que os usuários atualizem manualmente os dados, removam ou adicionem registros individuais às tabelas.

Feche as conexões

Sempre feche as conexões. Não deixe as conexões do banco de dados penduradas quando tiver terminado com elas. Feche-as prontamente depois de seu último envolvimento com elas ser completado. Além disso, assim que abrir uma conexão, use-a. Mantenha próximos o código que interage com uma conexão e o código de gerenciamento da conexão. Isto tornará o código mais fácil de manter e depurar.

Como criar consultas UPDATE com o objeto Command

No primeiro exemplo de execução de comandos você criará uma instrução SQL que atualizará automaticamente todos os valores de desconto armazenados aumentando-os em 10 por cento (foi um ano bom!). Para tanto, primeiro abra um objeto ADO Connection válido, então preencha o objeto Command com a devida instrução SQL para completar a operação de atualização e execute o comando. Como não irá carregar nenhum registro para a exibição, não precisará de um objeto ADO Recordset para essa tarefa.

Crie um novo documento ASP em seu projeto chamado COMMADUPDATE.ASP e forneça o código da Listagem 19.10 na seção <BODY> do documento.

Tenha um plano de fuga caso algo dê errado

Quando estiver trabalhando com dados importantes, é importante ter um plano de fuga no caso de algo sair errado. Embora esteja fora do escopo deste livro, o Microsoft Transaction Server (Servidor de Transações Microsoft) poderá atuar como seu escritório de segurança nas interações do banco de dados. Usando o MTS, você poderá assegurar-se de que uma ação se completará totalmente antes dos dados serem modificados. Isto impedirá uma modificação acidental de alguns dados e não do restante quando algo interromper ou não funcionar bem.

Listagem 19.10 Como executar uma consulta *UPDATE* com um objeto ADO *Command*

```
1   <BODY>
2
3   <!- - add includes - ->
4   <!- -#include file="adovbs.inc"- ->
5   <!- -#include file="adostuff.inc"- ->
6
7   <SCRIPT LANGUAGE=vbscript RUNAT=Server>
8   '
9   ' open connection and execute UPDATE Query
10  '
11  strSQL="UPDATE discounts SET discount = discount * 1.10"
12  '
13  Response.Write "<H3>Command Object SQL Update Query</H3>
    ↪<HR>"
14  Response.Write "<P>Executing the following SQL
    ↪Statements:</P>"
15  Response.Write "<P><code>" & strSQL & "</code><P>"
16  '
17  ' open connection
18  objConn.ConnectionString=strSQLOLEDB
19  objConn.CursorLocation=adUseClient
20  objConn.Open
21  '
22  Response.Write "Connection Open.<BR>"
23  '
24  ' execute UPDATE command
25  objCmd.ActiveConnection=objConn
26  objCmd.CommandType=adCmdText
27  objCmd.CommandText=strSQL
28  objCmd.Execute
29  '
30  Response.Write "SQL UPDATE Completed.<BR>"
31  '
32  </SCRIPT>
33
34  </BODY>
```

Capítulo 19 Como usar os objetos do banco de dados ActiveX (ADO) 561

Mantenha junto o que for parecido

Tente ordenar a complicação de seu banco de dados. Nem sempre é possível, mas tente manter as consultas juntas, as atualizações juntas etc. Algumas vezes isto é impraticável, mas ajuda a controlar o fluxo de sua conexão do banco de dados com mais segurança.

Grande parte do código na Listagem 19.10 deve parecer-lhe familiar agora. Muitas linhas também lidam com o envio de dados para o browser em vez de completar a operação do banco de dados. As linhas 18-20 criam o objeto Connection válido. O trabalho real é feito nas linhas 25-28. É onde a consulta UPDATE (da linha 11) é adicionada ao objeto Command e então executada (linha 28). Observe que você nunca vê um objeto ADO Recordset neste script. Não é necessário usar um objeto ADO Recordset quando se está executando uma consulta SQL que não retorna registros.

Como criar consultas INSERT e DELETE com o objeto Command

Você poderá também usar o objeto ADO Command para apagar e inserir registros nas tabelas existentes – tudo sem mesmo abrir a tabela em um conjunto de registros ADO. Isto é feito da mesma maneira que no exemplo UPDATE (veja a Listagem 19.10) – carregando o objeto ADO Command com instruções SQL e executando-as uma de cada vez.

Como economizar no conjunto de registros

Não usando um objeto **Recordset** na Listagem 19.10, você está reduzindo o processo em sua aplicação. Sempre tenha consciência do processo que poderá causar impacto em seu banco de dados, em sua aplicação da web ou em ambos.

Acrescente uma nova página à web chamada COMMANDINSERT.ASP e forneça o código da Listagem 19.11 à parte <BODY> do novo documento.

Listagem 19.11 Como usar o objeto ADO *Command* para executar as consultas *DELETE* e *INSERT*

```
1   <BODY>
2
3   <!- - add includes - ->
4   <!--#include file="adovbs.inc"-->
5   <!--#include file="adostuff.inc"-->
6
7   <SCRIPT LANGUAGE=vbscript RUNAT=Server>
```

continua...

Listagem 19.11 Continuação

```
8   '
9   'open connection and execute INSERT Query
10  '
11  strSQLInsert="INSERT INTO store "
12  strSQLInsert=strSQLInsert & "(stor_id. stor_name,
    ↪stor_address, city, state, zip) "
13  strSQLInsert=strSQLInsert & "VALUES "
14  strSQLInsert=strSQLInsert & "('9876', 'Byte City', '123
    ↪Chip Street', 'Silcon Valley', 'CA', '12345')"
15  '
16  strSQLDelete="DELETE FROM stores WHERE stor_id='9876'"
17  '
18  Response.Write "<H3>Command Object SQL Statement
    ↪Execution</H3><HR>"
19  '
20  Response.Write "<P>Executing the following SQL
    ↪Statements:</P>"
21  Response.Write "<P><code>" & strSQLDelete & "<P>" &
    ↪strSQLInsert & "</code><P>"
22  '
23  objConn.ConnectionString=strSQLOLEDB
24  objConn.CursorLocation=adUseClient
25  objConn.Open
26  Response.Write "Connection Open.<BR>"
27  '
28  objCmd.ActiveConnection=objConn
29  objCmd.CommandType=adCmdText
30  '
31  'delete rec if it exists
32  objCmd.CommandText=strSQLDelete
33  objCmd.Execute
34  Response.Write "Deleted existing record.<BR>"
35  '
36  'insert replacement record
37  objCmd.CommandText=strSQLInsert
38  objCmd.Execute
39  Response.Write "Inserted new record.<BR>"
```

continua...

Capítulo 19 Como usar os objetos do banco de dados ActiveX (ADO)

Listagem 19.11 Continuação

```
40
41  </SCRIPT>
42
43  </BODY>
```

Como na Listagem 19.10, grande parte do código na Listagem 19.11 lida com o envio do texto para o browser e a inicialização das strings de instrução SQL. O objeto Connection é criado nas linhas 23-25 e o objeto Command é estabelecido nas linhas 28 e 29. A instrução Delete é carregada e executada nas linhas 32 e 33 e a instrução Insert ocorre nas linhas 37 e 38.

Tenha cuidado ao fornecer as linhas de código dessa listagem

Seja particularmente cuidadoso ao fornecer o código nas linhas 16-18. Essa listagem é um bom exemplo do quanto você pode interagir com um banco de dados com consultas SQL brutas. A probabilidade de erros é grande. Contudo, é por isso que escolhemos usar um arquivo de inclusão no lado servidor para gerenciar as informações de conexão do banco de dados ao invés de digitá-lo sempre.

Você poderá criar documentos ASP que inserem e apagam quantos registros quiser. Depois da conexão ser aberta e o objeto Command ser preparado, você poderá continuar a fornecer instruções SQL válidas no sistema quando necessário.

Como executar consultas com parâmetros com o objeto Parameter

O último tipo de operação ADO que você aprenderá neste capítulo é a execução de consultas com parâmetros. Uma consulta com parâmetros é um tipo especial de consulta que tem parâmetros de entrada, de saída ou ambos. Esses parâmetros são necessários para completar a consulta, mas são indeterminados sempre que a consulta é criada pela primeira vez.

Eis um exemplo de uma consulta com parâmetros:

```
SELECT * FROM Authors WHERE au_id = ?
```

Consultas com parâmetros

Considere as consultas com parâmetros como métodos para o código de seu banco de dados. Sempre requerem um parâmetro e retornam um resultado.

O sinal ? é o parâmetro. Quando você preencher um objeto ADO Command com as instruções SQL mostradas anteriormente, o objeto ADO Command "saberá" que um bit extra de informação (nesse caso o valor ID do autor) é necessário para completar a instrução da consulta.

Você poderá fornecer o valor que falta de três maneiras:
- Transmita o parâmetro no método Execute do objeto Command.
- Preencha o array de coleções Parameter do objeto Command.
- Anexe um objeto Parameter completo ao objeto Command.

No primeiro método, você precisará apenas incluir o valor que falta como um parâmetro acrescentado no método Execute do objeto Command:

```
Set objRst = objCmd.Execute(adAffectAll, "172-32-1176")
```

O valor "172-32-1176" é o valor que falta que será usado pelo objeto Command para completar a consulta SQL.

No segundo método, você usará a coleção Parameters existente do objeto Command para manter o valor que falta:

```
objCmd.Parameters(0).Value = "172-32-1176"
objCmd.Parameters("au_id").Value = "172-32-1176"
```

Você pode ver a partir do código que usar o número do parâmetro ou o nome é válido. A vantagem desse método é que você pode examinar a lista de parâmetros na consulta antes de preencher os detalhes.

Finalmente, a maior parte do método envolvido para fornecer os valores do parâmetro é usar o objeto ADO Parameter para construir um objeto de parâmetro completo e, então, anexar esse objeto completo ao objeto Command:

```
objParam.Name = "percentage"
objParam.Type = adInteger
objParam.Direction = adParamInput
objParam.Value = 50
objCmd.Parameters.Append objParam
```

A vantagem deste último método é que você tem mais controle sobre os detalhes das propriedades do parâmetro.

Capítulo 19 Como usar os objetos do banco de dados ActiveX (ADO)

Tenha cuidado com os parâmetros

Como com qualquer tipo de dados, tenha cuidado com o tipo de informação que está transmitindo a uma consulta com parâmetros. Assegure-se de que de fato esteja lidando com o tipo de informação que precisa para completar sua ação.

Como executar uma instrução de consulta com parâmetros de texto

Um tipo muito comum de consulta com parâmetro é uma instrução SQL SELECT simples que tem um ou mais parâmetros substituíveis apresentados como ?. Essas consultas são fáceis de construir e de executar também. Você criará uma consulta antes (ou seja, em uma variável ASP no documento) e, então, permitirá que os usuários forneçam o valor que falta durante a execução.

Para testar isso, crie um novo documento ASP em seu projeto da web chamado PARAMETERTEXT.ASP e forneça o código da Listagem 19.12 na seção <BODY> do documento.

Listagem 19.12 Como executar uma consulta com parâmetros de texto

```
1  <BODY>
2
3  <!-- include some files -->
4  <!--#include file="adovbs.inc"-->
5  <!--#include file="adostuff.inc"-->
6
7  <SCRIPT LANGUAGE=vbscript RUNAT=Server>
8  '
9  ' execute text-based parameter query
10 '
11 strSQL="SELECT * FROM Authors WHERE au_id = ?"
12 '
13 objConn.ConnectionString = strSQLOLEDB
14 objConn.CursorLocation = adUseClient
15 objConn.Open
16 '
17 objCmd.ActiveConnection = objConn
18 objCmd.CommandType = adCmdText
19 objCmd.CommandText = strSQL
20 '
21 ' execute command w/ parameter
22 Set objRst = objCmd.Execute(adAffectAll, "172-32-1176")
```

continua...

Listagem 19.12 Continuação

```
23  '
24  showRecords objRst, strSQL
25  '
26  </SCRIPT>
27
28  </BODY>
```

Na Listagem 19.12, você achará que as linhas 13-19 são muito familiares. As partes importantes desse código estão nas linhas 11 e 22. Na linha 11, a consulta com parâmetro é construída (note o uso de ?). Na linha 22, o método Execute é usado junto com dois valores adicionais. O primeiro valor (adAffectAll) é opcional, mas usá-lo é uma boa idéia. O segundo valor é a string que falta que substituirá ? na instrução SQL.

Use constantes

A maioria dos programadores está familiarizada com as constantes. As constantes tornam o desenvolvimento do banco de dados mais fácil também, permitindo que você atualize o valor de um constante em um local em vez de uma variável ou valor do parâmetro em todo seu código. As constantes são particularmente úteis quando se está lidando com consultas com parâmetro.

O resultado da execução dessa consulta é mostrado na Figura 19.5.

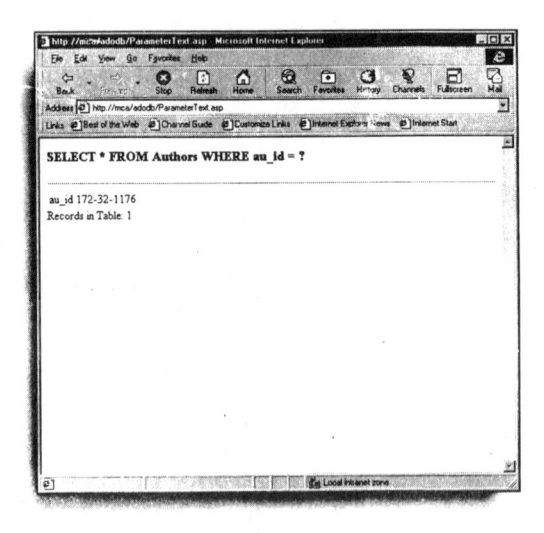

Figura 19.5 Como exibir o resultado de uma consulta com parâmetro de texto.

Como executar um QueryDef com parâmetro do Microsoft Access

Você poderá também usar o ADO para executar consultas com parâmetros que são armazenadas no banco de dados Microsoft Access. Esses tipos especiais de consultas são chamados de *QueryDefs* na linguagem Microsoft Access. Os QueryDefs contêm uma declaração de parâmetros seguida pela instrução SQL que usa os parâmetros. A Listagem 19.13 mostra um QueryDef com parâmetro que aparece no banco de dados UVIDB.MDB usado neste capítulo (e outros).

Listagem 19.13 Um QueryDef com parâmetro de exemplo no Microsoft Access

```
1   PARAMETERS pRoyalty Long;
2   SELECT *
3     FROM roysched
4       WHERE Royalty >= pRoyalty;
```

Note que a primeira linha no QueryDef declara um parâmetro simples do tipo LONG chamado pRoyalty. Este é um parâmetro de entrada que será fornecido quando você executar o comando ADO. Neste exemplo, usará a coleção Parameters do objeto ADO Command para fornecer o parâmetro que falta para o QueryDef.

Adicione uma nova página ao seu projeto da web chamada PARAMETERSQD.ASP e forneça o código da Listagem 19.14 na seção <BODY> do documento.

Listagem 19.14 Como usar a coleção *Parameters* do objeto *Command*

```
1   <BODY>
2
3   <!-- add includes -->
4   <!--#include file="adovbs.inc' -->
5   <!--#include file="adostuff.inc" -->
6
7   <SCRIPT LANGUAGE=vbscript RUNAT=Server>
8   '
9   ' execute MS Access Parameterized QueryDef
10  '
11  objConn.ConnectionString = strJetDSNLess ' not OLEDB!
12  objConn.Open
13  '
14  objCmd.ActiveConnection = objConn
15  objCmd.CommandType = adCmdStoredProc
16  objCmd.CommandText = "byRoyalty"
```

continua...

Listagem 19.14 Continuação

```
17  '
18  'update parameter collection
19  objCmd.Parameters.Refresh
20  objCmd.Parameters("pRoyalty").Value = 20
21  '
22  objRst.Open objCmd,,adOpenStatic
23  '
24  showRecords objRst, "MS Access QueryDef pRoyalty >= 20"
25  '
26  </SCRIPT>
27
28  </BODY>
```

Existem alguns pontos importantes a abordar na Listagem 19.14. Primeiro, você deve notar que a propriedade ConnectionString do objeto objConnConnection usa um método alternativo para definir a conexão (linha 11). Em vez de usar a conexão OLEDB default, a versão sem DSN é usada. Isto usa o provedor ODBC OLEDB em vez do provedor OLEDB Jet.

Quando este livro foi lançado, o provedor Jet OLEDB não estava gerenciando o parâmetro QueryDefs devidamente.

Em seguida, note que a propriedade CommandType está definida como adCmdStoredProc (linha 15). Isto informará ao objeto Command que ele está executando um QueryDef do Microsoft Access em vez de uma instrução SQL SELECT comum. Você também vê como a coleção Parameters é renovada primeiro e, então, o valor do parâmetro declarado é definido como 20 (linhas 19 e 20). É como você pode usar a coleção Parameters para transmitir valores para a consulta.

Use as exibições

Use as exibições. As exibições do banco de dados permitem ter mais controle sobre os dados que você está retirando das tabelas. Isto evitará que você gerencie muitas conexões para tabelas diferentes. Centralize todas as informações semelhantes necessárias em uma consulta a partir de uma única exibição.

Finalmente, observe que a linha 22 parece um pouco diferente dos exemplos anteriores. É um método alternativo para usar as informações no objeto ADO Command para preencher o conjunto de registros ADO.

Quando você executar essa página, verá uma lista de IDs de título do livro em seu browser (veja a Figura 19.6).

Capítulo 19 Como usar os objetos do banco de dados ActiveX (ADO)   **569**

Veja também

➤ *A interação com os bancos de dados e as exibições é tratada no Capítulo 18.*

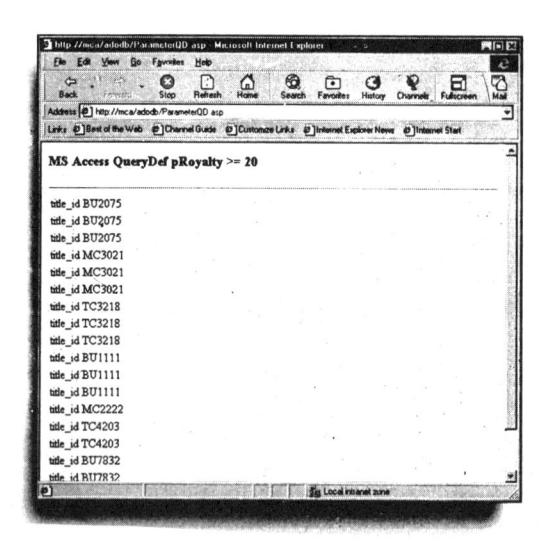

Figura 19.6 O resultado da utilização da coleção Parameters do objeto Command.

Como executar um procedimento armazenado com parâmetro do Microsoft SQL Server

Você poderá também usar os objetos ADO para executar um procedimento armazenado Microsoft SQL Server, inclusive um que requer parâmetros de entrada. Os procedimentos armazenados SQL Server (algumas vezes chamados de *sproc*) são muito parecidos com os QueryDefs do Microsoft Access. Contudo, os sprocs podem fazer um pouco mais do que executar instruções SELECT simples. Na verdade, um único sproc pode aceitar os parâmetros de entrada, criar novas tabelas, adicionar e apagar registros e, ainda, executar operações de backup e de restauração.

Neste exemplo, você usará um sproc que já existe no banco de dados PUBS que é enviado com o Microsoft SQL Server 6.5: o sproc byRoyalty. A Listagem 19.15 mostra o código-fonte para esse procedimento armazenado. Compare isto com a Listagem 19.13.

Listagem 19.15 Como exibir um procedimento armazenado do Microsoft SQL Server

```
1   CREATE PROCEDURE byroyalty
2       @percentage int
3   AS
4       select au_id
5           from titleauthor
6               where titleauthor.royaltyper = @percentage
```

Você pode ver que um procedimento armazenado SQL Server se parece muito com um QueryDef no Microsoft Access.

No exemplo de codificação ADO final para este capítulo, você executará o sproc byRoyalty usando o objeto ADO Parameter. Você construirá o objeto Parameter e então irá anexá-lo ao objeto Command antes da execução.

Acrescente mais um documento ASP ao seu projeto da web chamado PARAMETERSSP.ASP e copie o código da Listagem 19.16 para a parte <BODY> do documento.

Listagem 19.16 Como usar o objeto *Parameters* com o objeto *Command*

```
1   <BODY>
2
3   <!-- include stuff -->
4   <!--#include file="adovbs.inc"-->
5   <!--#include file="adostuff.inc"-->
6
7   <SCRIPT LANGUAGE=vbscript RUNAT=Server>
8   '
9   ' execute SQL Server stored procedure
10  '
11  objConn.ConnectionString = strSQLOLEDB
12  obConn.CursorLocation = adUseClient
13  objConn.Open
14  '
15  objCmd.ActiveConnection = objConn
16  objCmd.CommandType = adCmdStoredProc
17  objCmd.CommandText = "byRoyalty"
18  '
19  ' build parameter object
20  objParam.Name = "percentage"
21  objParam.Type = adInteger
22  objParam.Direction = adParamInput
23  objParam.Value = 50
24  objCmd.Parameters.Append objParam
25  '
26  Set objRst = objCmd.Execute
27  '
28  showRecords objRst, "ByRoyalty SP Percentage=50"
29  '
```

continua...

Capítulo 19 Como usar os objetos do banco de dados ActiveX (ADO)

Listagem 19.16 Continuação

```
30  </SCRIPT>
31
32  </BODY>
```

O único código novo neste exemplo é o código nas linhas 20-24. É o código que usa o objeto ADO Parameter para definir as propriedades Name, Type, Direction e Value antes de acrescentar o novo objeto Parameter à coleção Parameters do objeto Command.

Quando você executar esse documento ASP, verá uma lista de códigos ID do autor (veja a Figura 19.7).

Veja também

➤ *Os procedimentos armazenados são analisados no Capítulo 18.*

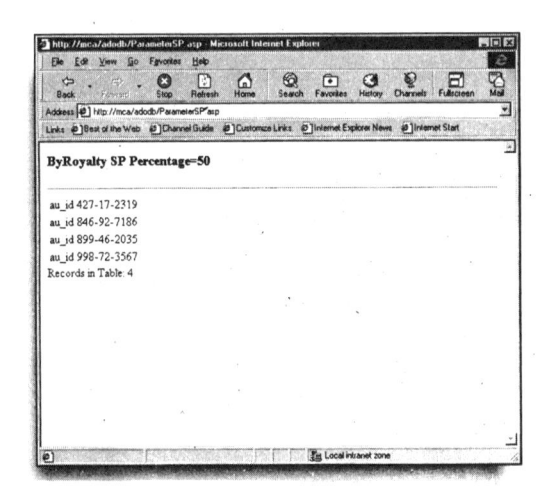

Figura 19.7 Como exibir o resultado da execução de um procedimento armazenado Microsoft SQL Server.

PARTE V

COMO USAR AS TECNOLOGIAS ACTIVEX

Como aplicar filtros visuais e transições com a DHTML 575

Como adicionar relatórios e gráficos às suas aplicações da web 601

O conteúdo Active à sua aplicação web 629

Como criar scriptlets para o Microsoft Internet Explorer 4.0 651

Capítulo 20

Como aplicar filtros visuais e transições com a DHTML

- Como criar suas próprias entradas na janela da caixa de ferramentas
- Como usar os filtros visuais para alterar texto e gráficos
- Como trabalhar com o método *blendTrans*
- Como aprender a criar transições de exibição sofisticadas entre as imagens

Como aplicar filtros no texto e gráficos

Um dos recursos realmente legais da DHTML é a capacidade de adicionar filtros visuais às imagens e ao texto. Os filtros visuais permitem aplicar edição de gráficos sofisticada, como sombreamento, inversão da imagem, filtro com cores etc. em qualquer imagem ou texto denominado em um elemento nomeado (como <DIV>). Melhor ainda, todo esse filtro está no cliente. Você não precisará fazer nenhuma "ida e volta" entre o servidor e o cliente para ter esses recursos legais.

O Microsoft Internet Explorer 4.x suporta vários filtros visuais diferentes. Eles são mostrados na Tabela 20.1.

Tabela 20.1 Os filtros visuais disponíveis do Microsoft Internet Explorer

Nome do filtro	Descrição
Alpha (Alfa)	Reduz todas as cores em x por cento, como um enfraquecimento.
Blur (Mancha)	Mancha o texto ou imagem.
Chroma (Cromado)	Filtra uma cor selecionada.
DropShadow (Pequena Sombra)	Adiciona pequenas sombras ao texto ou imagem.
FlipH (Mover na Horizontal)	Move o texto/imagem na horizontal.
FlipV (Mover na Vertical)	Move o texto/imagem na vertical.
Glow (Brilho)	Adiciona um "brilho" colorido em torno da imagem/texto.
Gray (Cinza)	Reduz todas as cores em tons de cinza.
Invert (Inverter)	Inverte todas as cores.
Mask (Máscara)	Adiciona uma máscara colorida ao texto/imagem.
Shadow (Sombra)	Adiciona uma sombra da cor selecionada e ângulo.
Wave (Onda)	Trabalha de novo o texto/imagem como uma série de linhas onduladas.
Xray (Raio x)	Exibe o contorno do texto/imagem apenas.

Como notado na tabela, você pode aplicar filtros visuais no texto e nas imagens. Neste capítulo, você verá como pode usar o Visual Basic Script para aplicar filtros em uma extensão de texto e em uma imagem.

O básico dos filtros DHTML

O segredo de aplicar filtros visuais está no atributo STYLE de um elemento HTML. Uma das definições do atributo STYLE é a definição FILTER. No Visual Basic Script, você pode adicionar um filtro visual a um elemento HTML (IMG ou SPAN) definindo a propriedade filter do atributo STYLE do elemento:

```
ImgShark.style.filter="flipV"
```

Os filtros visuais funcionam apenas com o Microsoft Internet Explorer 4.x ou superior

O suporte para os filtros visuais está disponível apenas no Microsoft Internet Explorer 4.0 ou superior. O Netscape e outros browsers não compatíveis com o Microsoft Internet Explorer não suportam atualmente o uso dos filtros visuais.

Você pode aplicar filtros nas áreas de texto também. No entanto, terá que marcar a área do texto para o posicionamento absoluto e indicar as definições TOP (Superior), LEFT (Esquerda), WIDTH (Largura) e HEIGHT (Altura) para o atributo STYLE. A Listagem 20.1 mostra um exemplo típico das definições STYLE necessárias para aplicar os filtros para o texto.

Listagem 20.1 As definições *STYLE* típicas para aplicar os filtros no texto.

```
1   <SPAN
2      NAME=spnMain
3      ID=spnMain
4      STYLE="HEIGHT: 200px; ------------------------------------ (1)
5         LEFT: 100px;
6         POSITION: absolute;
7         TOP: 100px;
8         WIDTH: 200px" >
9   This text appears within the SPAN Element.
10  </SPAN>
```

Listagem 20.1

(1) O atributo STYLE tem várias definições.

Você pode aplicar filtros visuais quando o documento é carregado pela primeira vez ou interativamente, com base na entrada do usuário. Para este exemplo, você construirá uma página que define um texto e imagem para aceitar os filtros visuais e adicionará uma lista suspensa onde pode selecionar e executar os filtros visuais.

As unidades de medida da posição STYLE variam
Você poderá indicar as posições no documento com px (pixels), % (porcentagem), cm (centímetros), mm (milímetros), pt (pontos) ou in (polegadas). Os pixels são o modo mais comum de indicar o posicionamento DHTML com o atributo STYLE.

Como criar seu próprio elemento SPAN na janela da caixa de ferramentas

Uma das dificuldades na construção de documentos DHTML é que alguns dos elementos mais novos estão faltando na caixa de ferramentas Visual InterDev. Um elemento DHTML comum é o SPAN. Este elemento existe basicamente para marcar as seções de texto para a aplicação dos filtros visuais e outros atributos STYLE. Embora você possa codificar manualmente esses itens de forma bem fácil; seria bom se pudesse aproveitar o máximo possível os recursos de arrastar-e-soltar do Visual InterDev.

Na verdade, o Visual InterDev é construído para lhe permitir criar suas próprias entradas na janela da caixa de ferramentas. Então, você poderá simplesmente arrastar os itens da caixa de ferramentas diretamente para seus documentos. Nesta seção, você aprenderá a criar um protótipo do código HTML SPAN e a armazená-lo na caixa de ferramentas Visual InterDev para uso posterior.

Primeiro, adicione um novo documento HTML ao projeto da web existente. Não importa como você chame a página; está apenas usando-a como um espaço de trabalho para criar a nova entrada da caixa de ferramentas.

Quando a nova página for carregada no editor Visual InterDev, alterne para a guia **Source** e forneça o código HTML da Listagem 20.1 na seção BODY do documento. Quando completar o código HTML, estará pronto para personalizar a janela da caixa de ferramentas.

Como criar uma nova guia para a caixa de ferramentas e adicionar suas próprias partes do código à nova guia da caixa de ferramentas

1. Clique com o botão direito do mouse na janela da caixa de ferramentas para chamar o menu contexto e selecione **A**dd tab (**Adicionar guia**).

2. Forneça um nome para a nova guia na caixa branca na parte inferior da janela da caixa de ferramentas. Para este exemplo, forneça Personal Entries e pressione Return.

3. Mova a nova guia para a parte superior da pilha na janela da caixa de ferramentas arrastando a guia (com o mouse) para a parte de cima da lista.

4. Abra a guia **Personal Entries** (**Entradas Pessoais**) clicando-a uma vez.

5. Agora, com o editor Visual InterDev no modo Source, selecione o texto ou o código que deseja colocar na caixa de ferramentas destacando-o com o mouse. O texto selecionado aparecerá destacado no editor. Nesse caso, destaque o código HTML <SPAN>...</SPAN>.

6. Agora arraste o texto selecionado sobre a janela da caixa de ferramentas aberta e solte-o na guia. Neste caso, solte o código SPAN na guia **Personal Entries** na caixa de ferramentas. O item aparecerá na caixa de ferramentas sob a guia selecionada.

Capítulo 20 Como aplicar filtros visuais e transições com a DHTML

7. Você poderá renomear o item clicando-o com o botão direito do mouse e selecionando **Rename** (**Renomear**) no menu. Neste caso, renomeie a nova entrada como SPAN Element.

8. Mais tarde, se quiser, você poderá remover o item da caixa de ferramentas clicando-o com o botão direito do mouse e selecionando **Delete Item** (**Excluir Item**) na lista. No momento, não apague esse item ainda.

Agora que você tem uma nova entrada personalizada em sua caixa de ferramentas Visual InterDev, poderá apagar o documento temporário carregado anteriormente.

As caixas de ferramentas não são compartilháveis

Se você construir um novo conjunto de guias para sua caixa de ferramentas Visual InterDev 6.0 e quiser compartilhar as novas entradas com seus amigos, ficará frustrado. Entradas atuais da caixa de ferramentas personalizadas não podem ser compartilhadas ou exportadas para as outras pessoas usarem. Ao contrário, arraste os itens da caixa de ferramentas para um documento da web e envie-o para seus amigos com notas sobre como eles poderão adicioná-los à caixa de ferramentas Visual InterDev 6.0.

Como criar o layout do documento FILTERS.HTM

Agora você está pronto para adicionar um novo documento HTML ao projeto. Este documento mostrará os vários filtros disponíveis com a DHTML do Microsoft Internet Explorer. Primeiro, acrescente um novo documento HTML a um projeto da web existente e chame-o de FILTERS.HTM. Isto manterá todos os elementos e o Visual Basic Script necessários para implementar os filtros visuais.

Como você já criou o elemento SPAN na caixa de ferramentas, poderá simplesmente arrastar e soltar esse item na exibição Source do editor Visual InterDev. Neste caso, não precisará fazer nenhuma alteração nos atributos STYLE ou qualquer outra coisa no elemento SPAN.

Como você irá usar o posicionamento absoluto para colocar os itens na página, será mais fácil codificar manualmente os elementos IMG em vez de usar o editor WYSIWYG. A Listagem 20.2 tem todo o código necessário para definir uma área SPAN e IMG para aplicar os filtros. Algum texto de cabeçalho e dois botões também são definidos. Acrescente este código HTML ao corpo do documento FILTERS.HTM.

Listagem 20.2 Como adicionar o código HTML para definir as áreas para os filtros visuais

```
1    <H3>Using DHTML Visual Filters</H3>
2    <HR>
3
4    <SPAN
```

continua...

Listagem 20.2 Continuação

```
5    NAME=spnMain
6    ID=spnMain
7    SYTLE="HEIGHT: 200px;
8         LEFT: 100px;
9         POSITION: absolute;
10        TOP: 100px;
11        WIDTH: 200px" >
12
13   This text appears within the SPAN Element.
14   </SPAN>
15
16   <IMG
17     NAME=imgShark
18     ID=imgShark
19     SRC="images/shark.gif" ----------------------------------------(1)
20     STYLE= "HEIGHT: 200px;
21          LEFT: 320px;
22          POSITION: absolute;
23          TOP: 100px;
24          WIDTH: 200px"
25     WIDTH=100
26     HEIGHT=57 >
27
28   <P>
29   <INPUT
30     TYPE=button
31     ID=btnFilter
32     NAME=btnFilter
33     VALUE=Filter>
34   </P>
35
36   <P>
37   <INPUT>
38     TYPE=button
39     ID=btnClear
40     NAME=btnClear
41     VALUE=Clear>
42   </P>
```

Capítulo 20 Como aplicar filtros visuais e transições com a DHTML

Listagem 20.2

(1) Esta é a imagem que será exibida

A linha 16 na Listagem 20.2 aponta para uma imagem na pasta Images (Imagens) do projeto. Se você não tivér essa imagem em mãos, poderá substituí-la por qualquer imagem GIF ou JPG desejada.

A próxima etapa é acrescentar uma lista suspensa de todos os filtros visuais disponíveis que você poderá aplicar no texto ou nas imagens. A Listagem 20.3 tem tal lista suspensa definida. Adicione esse código HTML ao documento logo depois da definição do último botão.

Obtenha imagens sem direitos autorais na Microsoft

A Microsoft mantém um site da web que oferece imagens sem direitos autorais para usar em seus projetos da web. Se precisar de algumas imagens novas para suas aplicações, visite http://www.microsoft.com/clip-gallerylive/ e verifique as imagens, sons e arquivos de animação.

Listagem 20.3 Como adicionar a lista suspensa de filtros

```
1   <P>
2   <!—list of filter options—>
3   <SELECT ID=ddlFilter NAME=ddlFilter SIZE=1>
4     <OPTION selected value=Alpha(opacity=50)>Alpha
5     <OPTION value=Blur(direction=45,strength=5)>Blur
6     <OPTION value=Chroma(color=black)>Chroma
7     <OPTION value=DropShadow(color=green,offx=5,
    ↪offy=5)>DropShadow
8     <OPTION value=FlipH()>FlipH
9     <OPTION value=FlipV()>FlipV
10    <OPTION value=Glow(color=yellow,strength=10)>Glow
11    <OPTION value=Gray>Gray
12    <OPTION value=Invert>Invert
13    <OPTION value=Mask(color=red)>Mask
14    <OPTION value=Shadow(color=red,Direction=315)>Shadow
15    <OPTION value=Wave(frequency=2,strength=6)>Wave
16    <OPTION value=XRay<XRay</SELECT>
17  </P>
```

Depois de adicionar o código HTML da Listagem 20.3, você poderá visualizar a página. Ela deverá parecer-se com a página na Figura 20.1.

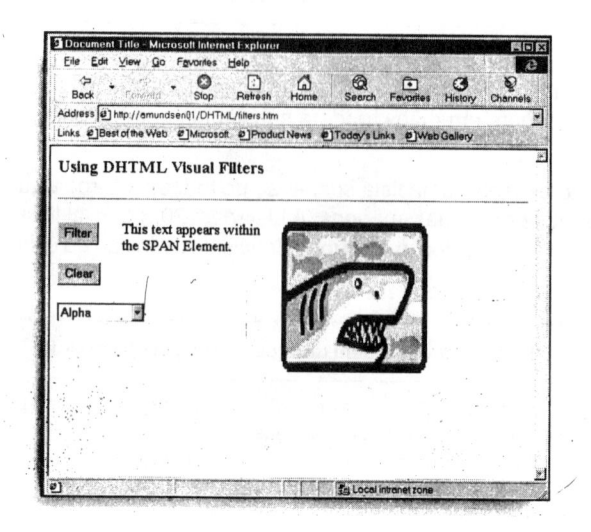

Figura 20.1 O layout completo de FILTERS.HTM.

Como adicionar o Visual Basic Script para aplicar filtros visuais

Agora você está pronto para adicionar o Visual Basic Script que obterá o filtro da lista selecionada e irá aplicá-lo na imagem e no texto no documento. O código para aplicar filtros é realmente muito simples. Você terá apenas que definir a propriedade style.filters para o efeito visual que deseja ver.

Agora use a janela Script Outline (Esquema do Script) para localizar e clicar duas vezes no evento onclick do botão btnFilter. Quando o bloco de script aparecer, acrescente o código da Listagem 20.4 ao seu documento.

Listagem 20.4 Como adicionar o código para aplicar filtros visuais

```
1   <script LANGUAGE="VBScript">
2   <!--
3   Sub btnFilter_onclick
4   '
5   ' apply filters
6   Dim strFilter
7   '
8   strfilter=window.ddlFilter.value
```

continua...

Capítulo 20 Como aplicar filtros visuais e transições com a DHTML

Listagem 20.4 Continuação

```
9    '
10   spnMain.style.filter=strFilter
11   imgShark.style.filter=strFilter
12   '
13   End Sub
14   -->
15   </script>
```

(1) — linhas 10 e 11

Listagem 20.4

(1) As linhas 10 e 11 realmente aplicam o filtro.

A linha 8 da Listagem 20.4 recupera o filtro selecionado da lista suspensa e as linhas 10 e 11 aplicam esse filtro nos elementos SPAN e IMG denominados na página.

Você também terá que adicionar algum código para executar internamente o botão btnClear. Este código limpará qualquer filtro existente dos elementos spnMain e imgShark. A Listagem 20.5 mostra como fazê-lo.

Listagem 20.5 Como limpar qualquer filtro existente

```
1    <script LANGUAGE="VBScript">
2    <!--
3    Sub btnClear_onclick
4      '
5      ' reset filters
6      spnMain.style.filter=""
7      imgShark.Style.filter=""
8      '
9    End Sub
10   -->
11   </script>
```

É uma boa idéia limpar os filtros

Se você estiver usando os filtros visuais DHMTL em suas aplicações da web, será uma boa idéia adicionar um botão Clear (Limpar) ou Cancel (Cancelar) que irá parar o filtro. Isto permitirá que os usuários tenham um pouco mais de controle sobre a aparência de seus documentos no browser.

Agora salve seu documento e exiba-o no modo Preview (Visualizar). Você poderá agora selecionar qualquer filtro da lista e pressionar o botão **Filter** (**Filtrar**) para ver os efeitos aplicados no texto e na imagem (veja a Figura 20.2).

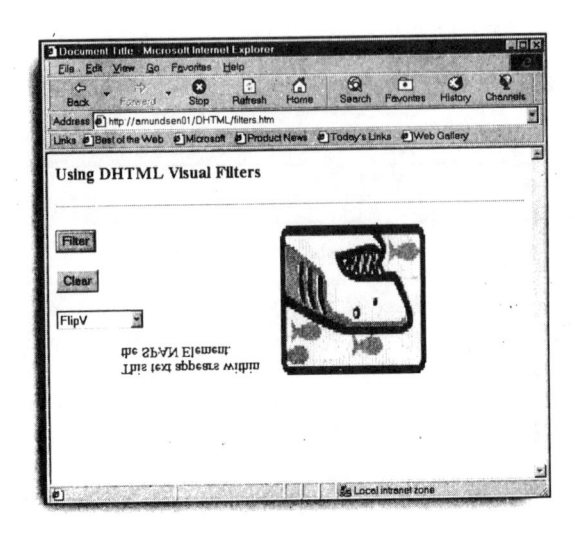

Figura 20.2 Como exibir os resultados de aplicar filtros visuais em um documento.

Como colocar em cadeia os filtros visuais

Você poderá aplicar diversos filtros visuais no mesmo elemento. Isto é chamado de filtros em *cadeia*. Para tanto, você simplesmente adicionará mais de uma definição do filtro à propriedade .filter do objeto style. Por exemplo, para aplicar um filtro que usa os efeitos visuais FlipH e FlipV em uma imagem, use o seguinte Visual Basic Script:

```
ImShark.style.filter="flipH flipV"
```

Isto resultará em uma imagem de cabeça para baixo e invertida no documento (veja a Figura 20.3).

Não há nenhum limite lógico para o número de filtros que você poderá executar em uma imagem ou extensão de texto. No entanto, vários filtros fornecem efeitos opostos e você precisará ter cuidado quando aplicá-los em seus documentos.

Capítulo 20 Como aplicar filtros visuais e transições com a DHTML   585

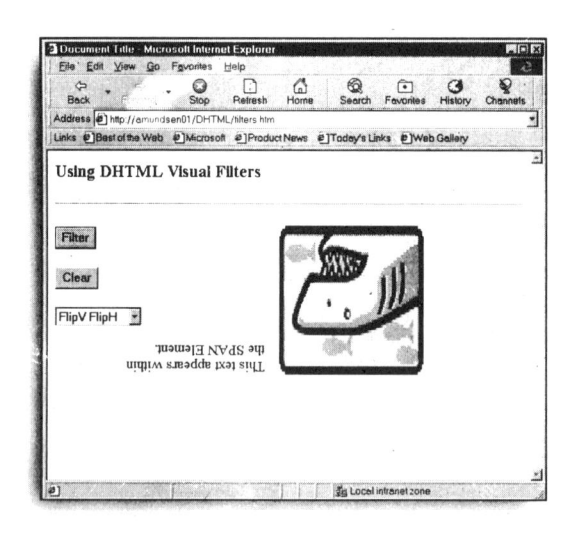

Figura 20.3 Como aplicar os filtros visuais FlipH e FlipV na mesma imagem.

Como usar transições para combinar imagens

Outra técnica DHTML avançada muito útil é a aplicação de transições nas imagens. O uso mais comum é a criação de combinações que fornecem um enfraquecimento artístico de uma imagem em outra na mesma página. Novamente, essa transição com diversas imagens pode ser conseguida sem a necessidade de obter dados extras a partir do servidor da web. Todo o trabalho ocorre na estação de trabalho do cliente.

Na realidade, as transições são apenas formas mais avançadas dos filtros visuais aprendidos no início deste capítulo. O Microsoft Internet Explorer 4.x suporta dois tipos de transições:

- blendTrans é uma combinação simples que substitui uma imagem por outra
- revealTrans é uma combinação mais sofisticada que permite selecionar uma das 24 "remoções" diferentes de uma imagem em outra.

Crie exibições de slide com as transições DHMTL

Você poderá criar suas próprias exibições de slide usando os métodos **blendTrans** e **revealTrans**. E, ainda melhor, poderá fazê-lo sem ter que visitar o servidor da web para obter cada imagem.

A principal vantagem de usar as combinações é que você poderá fornecer um conjunto de imagens que podem ser exibidas em seqüência na página sem ter que fazer nenhuma solicitação ao servidor. Isto permite que os usuários paginem uma lista de imagens sem se preocupar com a disponibilidade ou resposta do servidor.

Como implementar o método blendTrans

A forma simples de transição é o método blendTrans. Ele simplesmente substitui uma imagem por outra enfraquecendo uma imagem e exibindo outra.

A visualização não pode combinar!

Se você visualizar a página no modo Preview do Visual InterDev, não verá o enfraquecimento gradual das imagens. Ao contrário, verá a imagem atual transformada em preto até que a nova imagem apareça. Isto porque o modo Preview do Visual InterDev não suporta totalmente a transição **blendTrans**.

Se você usar seu browser Microsoft Internet Explorer 4.*x* para exibir a página, verá as combinações aparecerem como deveriam.

Para usar o método blendTrans, será necessário adicionar um atributo STYLE a um elemento IMG e incluir a definição FILTER no atributo STYLE. A Listagem 20.6 mostra um exemplo típico da criação de um elemento IMG que usará o método blendTrans.

Listagem 20.6 O código HTML para usar o método *blendTrans*

```
1    <IMG
2      NAME=imgSample
3      ID=imgSample
4      alt="Sample
5      src="images/scuba.gif"
6      STYLE=FILTER:blendTrans(Duration=1) -------------------------- (1)
7      HEIGHT=150px
8      WIDTH=150px>
9    </P>
```

Listagem 20.6

(1) Note que blendTrans usa o parâmetro Duration.

Observe que a definição FILTER do atributo STYLE (linha 6) inclui um parâmetro Duration. Este é o número de segundos que a combinação levará para completar o enfraquecimento de uma imagem na outra.

Quando tiver estabelecido o filtro blendTrans, você terá que adicionar o Visual Basic Script que executará de fato a transição. A Listagem 20.7 mostra um exemplo típico do Visual Basic Script que executará a transição blendTrans.

Capítulo 20 Como aplicar filtros visuais e transições com a DHTML 587

Listagem 20.7 Como usar o Visual Basic Script para executar *blendTrans*

```
1  <SCRIPT LANGUAGE=VBScript>
2  <!--
3  Sub btnGO_onclick
4      `
5      window.imgSample.filters.blendTrans.stop
6      window.imgSample.filters.blendtrans.apply
7      window.imgSample.src="images/newimage.gif"
8      window.imgSample.filters.blendTrans.play --------------------(1)
9      `
10 End Sub
11 -->
12 </SCRIPT>
```

Listagem 20.7

(1) Use PLAY para executar a transição.

Na Listagem 20.7, você pode ver que existem quatro etapas para completar a transição. Primeiro, o método stop é usado para cancelar qualquer combinação existente em andamento. Em seguida, o método apply é usado para aplicar completamente qualquer transição pendente. Isto assegura que qualquer método de transição incompleto (de stop) será implementado imediatamente para evitar que imagens estranhas ou indesejáveis permaneçam na tela. Então, a origem da nova imagem é definida (linha 7) e, finalmente, o método play é chamado para iniciar a transição da imagem carregada atualmente na identificada na propriedade src.

Pare as transições primeiro

É importante que você use o método **stop** para parar qualquer transição em execução anterior antes de você iniciar uma nova. Isto fará com que as transições pareçam mais suaves e reduzirá a perda de memória na estação de trabalho do usuário.

Como criar o documento SIMPLEBLEND.HTM

Agora você pode construir um documento que usa o método blendTrans para fazer uma transição entre dois documentos. Primeiro, acrescente um novo documento ao seu projeto da web chamado SIMPLEBLEND.HTM. Quando ele aparecer no editor Visual InterDev, selecione a guia **Source** para abrir o editor. Agora você está pronto para adicionar um elemento de imagem e um botão. A Listagem 20.8 mostra o código HTML completo que faz isso.

Listagem 20.8 Como adicionar uma imagem e um elemento de botão a SIMPLEBLEND.HTM

```
1   <H3>Using DHTML Blend Transition
2   <HR>
3   </H3>
4   <P>
5   <IMG
6     NAME=imgSample
7     ID=imgSample
8     alt="Sample"
9     src="images/scuba.gif"
10    STYLE=FILTER:blendTrans(Duration=2)
11    HEIGHT=150px
12    WIDTH=150px>
13  </P>
14
15  <P>
16  <INPUT
17    type=button
18    id=btnGO
19    NAME=btnGO
20    VALUE-Go!>
21  </P>
```

Onde estão os arquivos de imagem?

Os exemplos neste capítulo incluem imagens que você pode não ter disponíveis em sua estação de trabalho local ou em seu servidor da web. Você poderá usar qualquer arquivo de imagem que desejar para estes exemplos. Poderá também visitar o site da web *Using VI6* e o código-fonte para este livro. Veja o Apêndice D para obter o endereço exato do site.

Note que o atributo STYLE do elemento IMG foi definido como FILTER:blendTrans (Duration=2) na linha 10. Isto configura a imagem para executar uma transição de combinações com dois segundos entre as imagens. É toda a HTML que você precisa adicionar ao documento.

Quando você tiver terminado de acrescentar a HTML, poderá visualizar a página na guia **Quick View**) no editor Visual InterDev. Ela deverá parecer-se com aquela na Figura 20.4.

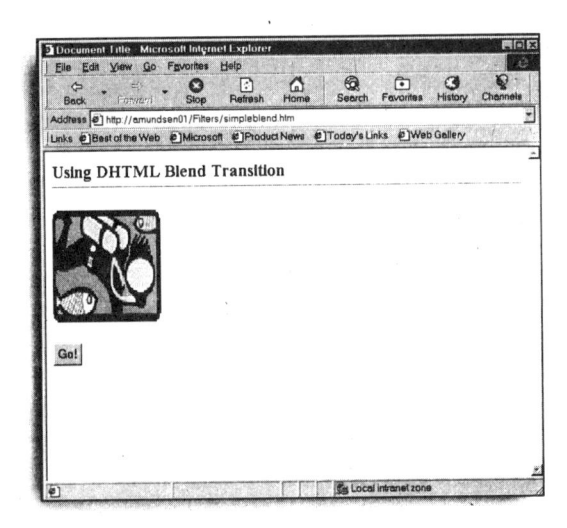

Capítulo 20 Como aplicar filtros visuais e transições com a DHTML   589

Figura 20.4 Como exibir o layout do documento SIMPLEBLEND.HTM.

A próxima etapa requer adicionar o Visual Basic Script à página. Você terá que adicionar o Visual Basic Script após o cabeçalho do evento btnGO_onclick. O código que você adicionará na verdade irá alternar a exibição entre as imagens. Isto significa que será necessário acrescentar um pequeno código para controlar quais imagens são exibidas atualmente.

A Listagem 20.9 mostra todo o código necessário para executar a transição blendTrans entre as duas imagens.

Listagem 20.9 Como adicionar o Visual Basic Script para executar *blendTrans*

```
1   <SCRIPT LANGUAGE=VBScript>
2   <!—
3
4   dim intWorking
5   dim strImage
6
7   Sub btnGO_onclick
8       `
9       ` toggle images
10      if intWorking=0 Then
11          intWorking=1
12          strImage="images/shark.gif"
13      else
14          intWorking=0
```

continua...

Listagem 20.9 Continuação

```
15         strImage="images/scuba.gif"
16      endif
17      '
18      'perform transition
19      window.imgSample.filters.blendTrans.stop
20      window.imgSample.filters.blendtrans.apply
21      window.imgSample.src=strImage
22      window.imgSample.filters.blendTrans.play
23      '
24   End Sub
25   -->
26   </SCRIPT>
```

Note que as linhas 10-16 controlam qual imagem deverá ser exibida sempre que o evento onclick ocorrer. A "ação" real do método está nas linhas 19-22. É onde a combinação é configurada e executada.

Não esqueça de reproduzir suas transições

Um erro comum ao criar as transições é usar as palavras-chave **STOP** e **APPLY** devidamente, mas esquecer de adicionar a palavra **PLAY** como a última etapa. Se suas transições não estiverem sendo executadas, certifique-se de que tenha incluído a palavra-chave **PLAY** em seus scripts.

Depois de adicionar esse Visual Basic Script, salve o documento e defina-o como a página inicial; pressione F5 para inicializar a página em seu browser. Quando clicar o botão **Go!** (Vá!), verá uma transição de enfraquecimento lenta entre as duas imagens. Isto é tudo para criar combinações simples entre as imagens!

Como adicionar transições avançadas com o método revealTrans

O Microsoft Internet Explorer 4.x suporta um método de transição muito eficiente chamado revealTrans. Este método faz muito mais do que executar um simples enfraquecimento entre duas imagens. Na verdade, o método revealTrans fornece 24 transições diferentes entre duas imagens. Isto fornece uma ferramenta muito eficiente para criar sub-rotinas de imagens sofisticadas para suas aplicações da web.

A Tabela 20.2 mostra a lista completa das possíveis transições com o método revealTrans, juntamente com o código de índice usado para executar a transição.

Tabela 20.2 As possíveis transições com *revealTrans*

Código do índice	Tipo de transição
0	Box In (Caixa para dentro)
1	Box Out (Caixa para fora)
2	Circle In (Círculo para dentro)
3	Circle Out (Círculo para fora)
4	Wipe Up (Remover para cima)
5	Wipe Down (Remover para baixo)
6	Wipe Right (Remover para a direita)
7	Wipe Left (Remover para a esquerda)
8	Vertical Blinds (Persianas verticais)
9	Horizontal Blinds (Persianas horizontais)
10	Checkerboard Across (Tabuleiro horizontal)
11	Checkerboard Down (Tabuleiro vertical)
12	Random Dissolve (Dissolver aleatório)
13	Split Vertical In (Dividir para dentro na vertical)
14	Split Vertical Out (Dividir para fora na vertical)
15	Split Horizontal In (Dividir para dentro na horizontal)
16	Split Horizontal Out (Dividir para fora na horizontal)
17	Strips Left Down (Listas à esquerda para baixo)
18	Strips Left Up (Listas à esquerda para cima)
19	Strips Right Down (Listas à direita para baixo)
20	String Right Up (Listas à direita para cima)
21	Random Bars Horizontal (Barras horizontais aleatórias)
22	Random Bars Vertical (Barras verticais aleatórias)
23	Random (Aleatório)

Se você estiver familiarizado com o Microsoft PowerPoint, provavelmente reconhecerá os itens na Tabela 20.2. A maioria deles está disponível nesta ferramenta também.

Você executará uma transição de exibição de uma maneira diferente das transições de combinação aprendidas anteriormente neste capítulo. As transições de exibição não usam dois arquivos de imagem e um único elemento IMG. Ao contrário, você colocará dois elementos IMG na mesma posição absoluta na página em um elemento DIV. Então, aplicará a exibição no elemento DIV depois de indicar qual IMG deverá aparecer e qual deverá enfraquecer.

RevealTrans usa diversos elementos IMG

Defina diversos elementos IMG em suas páginas quando usar o método revealTrans. Você tem que usar pelo menos dois elementos IMG, mas poderá ter quantos quiser.

A Listagem 20.10 mostra como o elemento HTML DIV fica quando marcado como o container para o método revealTrans.

Listagem 20.10 O elemento HTML *DIV* pronto para o método *revealTrans*

```
1   <DIV
2   ID=divMain
3   NAME=divMain
4   STYLE="FILTER: revealTrans(Duration=1.0;Transition=1);        (1)
5          HEIGHT: 200px;
6          LEFT: 150px;
7          POSITION: absolute;
8          TOP: 150px;
9          WIDTH: 200px">
```

Listagem 20.10

(1) O parâmetro Transition é usado para indicar o tipo de combinação a usar.

O método revealTrans é definido na Linha 4. Note que existem dois parâmetros no método revealTrans: Duration e Transition. Duration indica a extensão da transição (em segundos) e Transition indica o número de índice da transição a usar para a exibição.

É importante lembrar que você tem que definir os elementos IMG no elemento DIV para que possa executar a transição. Contudo, nada especial tem que ser adicionado à definição do elemento IMG.

Finalmente, a execução real da transição é feita no Visual Basic Script. Como a transição é feita entre dois elementos IMG, você terá que configurar o Visual Basic Script para exibir um IMG e enfraquecer o outro. Para tanto, modificará as propriedades de "visibilidade" dos dois objetos de imagem. Quando tiverem sido devidamente marcados, você poderá executar a transição como faz com o método blendTrans.

Capítulo 20 Como aplicar filtros visuais e transições com a DHTML 593

A Listagem 20.11 mostra um Visual Basic Script típico que realiza uma transição de exibição.

Listagem 20.11 O Visual Basic Script típico para o método *revealTrans*

```
1   <SCRIPT LANGUAGE=VBScript>
2   <!--
3   Sub btnShow_onclick
4       '
5       divMain.filters.item(0).apply
6       '
7       imgScuba.style.visibility=""
8       imgShark.style.visibility="hidden"  ------------------------- (1)
9       '
10      divMain.filters.item(0).transition=23
11      divMain.filters.item(0).play(2)
12      '
13  End Sub
14  -->
15  </script>
```

Listagem 20.11

(1) Esta imagem será ocultada durante a execução.

O básico na utilização método revealTrans está visível na Listagem 20.11. Primeiro, a operação apply é usada para parar qualquer transição em execução. Em seguida, as duas imagens são marcadas para indicar o estado final da exibição da imagem. Neste caso, a imagem imgScuba irá aparecer (linha 7) e a imagem imgShark irá enfraquecer (linha 8). Finalmente, o índice da transição é definido (neste caso para uma transição aleatória) e a operação play com dois segundos é chamada. Este o procedimento revealTrans fundamental.

Use a palavra-chave VISIBILITY para ocultar as imagens

Você terá que exibir apenas uma imagem no início de um conjunto de transformações. Todas as outras imagens deverão ter suas palavras-chave **VISIBILITY** do atributo **STYLE** definidas como oculto (hidden).

Como construir o documento REVEAL.HTM

Agora que você tem o básico em mãos, é hora de construir um exemplo que funciona. Para este capítulo, você criará um documento que alterna a transição entre duas imagens. O método também funcionará em cada um dos 24 tipos de transição disponíveis para mostrar cada uma em ação.

Primeiro, adicione um novo documento HTML ao projeto da web chamado REVEAL.HTM. Como você precisará de um elemento DIV para agir como o container da transição, terá que alternar para o modo Source no editor Visual InterDev e compor esse elemento HTML manualmente. Também terá que criar dois elementos IMG que definem as imagens GIF. Estas imagens serão definidas usando o posicionamento absoluto para que apareçam exatamente no mesmo lugar. Você usará as transições para fazer com que apareça uma de cada vez.

Finalmente, precisará de um botão de comando para pressionar para iniciar a transição.

A Listagem 20.12 tem o código HTML final que você deverá adicionar à seção BODY de sua página.

Listagem 20.12 Como adicionar o elemento HTML *DIV* ao documento REVEAL.HTM

```
1   <H3>Using DHTML Reveal Transitions</H3>
2   <HR>
3
4   <!--mark large block to hold images -->
5   <DIV
6     ID=divMain
7     NAME=divMain
8     STYLE="FILTER: revealTrans(Duration=1.0,Transition=1);
9     HEIGHT: 200px;
10    LEFT: 150px;
11    POSITION: absolute;                    (1)
12    TOP: 150px;
13    WIDTH: 200px" >
14
15  <!--define first (default) image -->
16  <IMG
17    NAME=imgShark
18    ID=imgShark
19    SRC="images/shark.gif"
20    STYLE="HEIGHT: 200px;
21        LEFT: 0px;
22        POSITION: absolute;
23        TOP: 0px;
24        WIDTH: 200px"
```

continua...

Listagem 20.12 Continuação

```
25    WIDTH=100
26    HEIGHT=57 >
27
28  <!—define second (hidden) image—>
29  <IMG
30    NAME=imgScuba
31    ID=imgScuba
32    SRC="images/scuba.gif"
33    STYLE="HEIGHT: 200px;
34        LEFT: 0px;
35        POSITION: absolute;
36        TOP: 0px;
37        VISIBILITY: hidden;
38        WIDTH: 200px"
39    WIDTH=100
40    HEIGHT=57>
41  <P>
42  </DIV>
43
44  <P>
45  <!—button definition—>
46  <INPUT
47    TYPE=button
48    ID=btnTrans
49    NAME=btnTrans
50    VALUE=Transition>
51  </P>
```

Listagem 20.12

(1) Este DIV manterá as imagens definidas nas linhas 16 e 29.

Grande parte da HTML na Listagem 20.12 deve ser familiar para você. No entanto, existem alguns itens interessantes a destacar. Primeiro, note o uso da definição VISIBILITY no atributo STYLE do elemento imgScuba (linha 37). Isto assegura que a imagem será ocultada quando o documento for carregado pela primeira vez.

Em seguida, note as definições TOP e LEFT dos atributos STYLE para DIV (linhas 10 e 12) e os dois elementos IMG (linhas 21 e 23, linhas 34 e 36). Observe que embora DIV TOP e LEFT estejam definidos como 150px (150 pixels), as definições TOP e LEFT para os dois elementos IMG estão definidas como 0px. Como o elemento DIV é um elemento de bloco e os elementos IMG devem aparecer dentro do bloco, definir os valores TOP e LEFT dos atributos STYLE das imagens irá assegurar que eles aparecerão no canto superior esquerdo do DIV, não do documento. Este é um ponto importante.

O posicionamento é absolutamente relativo!

Os atributos STYLE podem ter sua definição POSITION definida como absolute ou como relative. A definição absolute informa ao browser para calcular a posição do item independentemente dos elementos próximos. Isto pode resultar na sobreposição das exibições. A definição relative informa ao browser para apresentar o elemento "em relação" aos elementos em volta. Isto pode resultar em um reajuste do elemento posicionado na página do browser e reduzir a chance de exibições sobrepostas.

Quando completar o código HTML, seu documento deverá parecer-se com o da Figura 20.5.

Agora você terá que adicionar o Visual Basic Script que chamará as transições de exibição sempre que o usuário pressionar o botão de comando. Como o plano é fazer uma transição constante entre duas imagens, você terá que controlar a imagem atualmente em exibição. E mais, como deseja criar um método que exibe todas as 24 possíveis transições de exibição, terá que criar um contador para o índice da transição.

Figura 20.5 Como exibir o layout do documento REVEAL.HTM.

Capítulo 20 Como aplicar filtros visuais e transições com a DHTML

A Listagem 20.13 tem o Visual Basic Script que lidará com a tarefa. Adicione isto ao seu documento.

Listagem 20.13 Como adicionar o Visual Basic Script para chamar *revealTrans*

```
1   <script LANGUAGE="VBScript">
2   <!—
3   Dim lngDuration
4   Dim intDirection
5   Dim blnWorking
6   Dim intTransition
7
8   lngDuration=1.0 'run time of transition
9   intDirection=1 'toggle for transition
10  intTransition=0 'index in to list of trans types
11
12  Sub divMain_onfilterchange
13      'change was completed
14      blnWorking=False
15  End Sub
16
17  Sub window_onload
18      'not working now
19      blnWorking=False
20  End Sub
21
22  Sub btnTrans_onclick
23      '
24      'still running?
25      if blnWorking=true then
26          Exit Sub
27      end if
28      '
29      'stop any current filter
30      divMain.filters.item(0).apply
31      '
32      'get next transition index
33      intTransition=intTransition+1
34      If intTransition>23 then ----------------------------------------- (1)
```

continua...

Listagem 20.13 Continuação

```
35          intTrasition=0
36      End If
37      '
38      ' who do we get to see?
39      if intDirection=1 then
40          intDirection=2
41          imgScuba.style.visibility=""
42          imgShark.style.visibility="hidden"
43      else
44          intDirection=1
45          imgScuba.style.visibility="hidden"
46          imgShark.style.visibility=""
47      end if
48      '
49      ' apply transition and run it
50      divMain.filters.item(0).transition=intTransition
51      divMain.filters.item(0).play(lngDuration)
52      '
53      ' tell 'em we're busy
54      blnWorking=true
55      '
56  End Sub
57  -->
58  </script>
```

Listagem 20.13

(1) Como existem apenas 24 tipos de transição, redefina 0 se intTransition for maior que 23.

A Listagem 20.13 tem dois métodos de evento adicionais (linhas 12-20). Estes métodos existem apenas para atualizar o "flag de ocupado" (blnWorking) para o documento. Como as transições podem levar algum tempo para serem completadas, será sempre uma boa idéia usar algum tipo de flag para marcar o início e o final do processo.

O restante do bloco de código deverá ser familiar. Depois de marcar o "flag de ocupado" (linha 25-27) para assegurar-se de que outra transição não está em andamento, a operação apply é usada para parar qualquer filtro em funcionamento atualmente (linha 30). Então, o índice da transição é atualizado (linhas 33-36) e as imagens são marcadas para aparecerem e enfraquecerem (linhas 39-47). Finalmente, a transição selecionada é executada (linhas 50 e 51) e o "flag de ocupado" é ativado (linha 54) para marcar o início de uma nova transição.

Depois de salvar o documento, você poderá testá-lo no modo Preview do editor Visual InterDev. Poderá, ainda, pressionar o botão e ver os vários tipos de transição de exibição suportados pelo Microsoft Internet Explorer 4.*x* (ou superior).

Capítulo 21

Como adicionar relatórios e gráficos às suas aplicações web

- Aprenda a usar tabelas HTML para produzir relatórios em colunas
- Use o documento REPORT.ASP para criar relatórios tabulares
- Instale o componente ASPChart DLL
- Use o ASPChart para criar exibições de dados gráficos em 3D

As vantagens dos formatos do relatório

Neste capítulo, você aprenderá a publicar dados a partir de seus bancos de dados em formatos de relatório úteis. Embora existam tantas construções diferentes de relatório quanto programadores, elas geralmente ficam em três grupos básicos:

- Os *relatórios em colunas* são parecidos com guias de arquivo e geralmente planejados para exibirem um registro de dados por página.

- Os *relatórios tabulares* são como planilhas e geralmente planejados para exibirem um registro de dados por linha.

- Os *relatórios com grafos* são exibições em 2D ou 3D de dados e são planejados para exibirem um resumo da coleção inteira de dados em uma única página.

Existem vantagens e desvantagens em cada tipo de formato de relatório. Nas próximas seções, você aprenderá os recursos de cada formato e as situações em que cada formato de relatório pode ser usado. Quando completar a revisão dos formatos de dados, irá criar exemplos de cada relatório usando HTML e VBScript.

Se estiver acostumado com o Microsoft Excel

Se você usou por algum tempo o Microsoft Excel, então provavelmente sabe exatamente o que está procurando em um relatório. Suas necessidades comerciais geralmente irão controlar o tipo de relatório que deseja usar, com base nas informações sendo apresentadas.

Como usar relatórios em colunas

O relatório em colunas é o mais simples de todos os formatos analisados neste capítulo. O formato de relatório em colunas apresenta cada coluna de dados como uma única linha na página e, geralmente, uma página representa um registro na coleção de dados. Por exemplo, a Figura 21.1 mostra um formato de relatório em colunas para a tabela Authors (Autores) do banco de dados Pubs do SQL Server.

Você pode ver que os nomes das colunas na tabela aparecem no lado esquerdo do documento (mostrados em negrito) e o conteúdo real das colunas aparece no lado direito da página. É um formato de relatório em colunas típico.

Capítulo 21 Como adicionar relatórios e gráficos às suas aplicações web

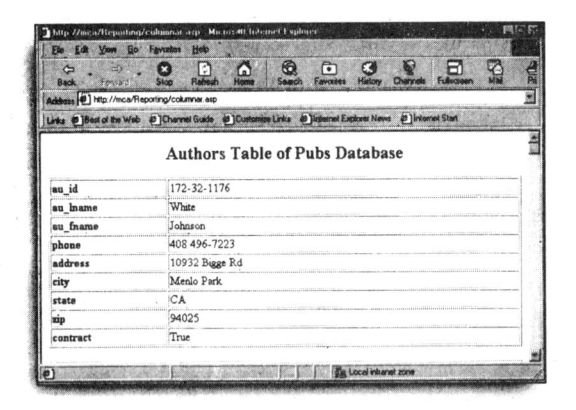

Figura 21.1 Como exibir um relatório em colunas para a tabela Authors.

Os relatórios em colunas são muito úteis quando você tem que imprimir itens como

- Etiquetas de correspondência
- Guias de arquivo
- Cartas-padrão completas
- Documentos de entrada do usuário parcialmente completos

Embora os três primeiros itens na lista sejam comumente considerados candidatos básicos para os relatórios em colunas, o último item é o mais usado. Talvez você precise produzir impressões com dados de solicitação do cliente, informações pessoais dos funcionários e outros dados de aplicação. Esses formulários poderão então ser entregues para a revisão e a edição antes da versão final ser transferida para o banco de dados da empresa.

Como avaliar o impacto de seus relatórios

Avalie qual tipo de relatório seria melhor para apresentar suas informações. Certifique-se de que seu relatório não interfira nas informações. Ao contrário, deve tornar as informações facilmente acessíveis e compreendidas por qualquer pessoa que o lê. Os relatórios existem para facilitar a compreensão dos dados brutos, portanto ele não deve ser insuperável.

Geralmente, os relatórios formatados em colunas são mais fáceis de editar e corrigir do que os formulários tabulares. Por isso, o formato em colunas é normalmente o estilo de relatório preferido para criar formulários de entrada de dados para a edição.

No entanto, como os relatórios em colunas tendem a consumir muito papel (geralmente um pedaço de papel para cada registro no relatório), você deve usar esse formato esporadicamente.

Relatórios em colunas

Os relatórios em colunas são muito parecidos com os anúncios classificados de um jornal. Eles apresentam muitas informações mas requerem uma atenção cuidadosa durante a leitura.

Como usar relatórios tabulares

O relatório tabular é provavelmente o formato mais usado. Um relatório tabular apresenta cada coluna de dados da tabela como uma coluna na página e cada registro na tabela como uma linha na página. Esse relatório do tipo planilha pode ser muito eficiente para exibir uma grande quantidade de dados.

A Figura 21.2 mostra um exemplo de relatório tabular. É tirado do banco de dados Northwind Microsoft Access.

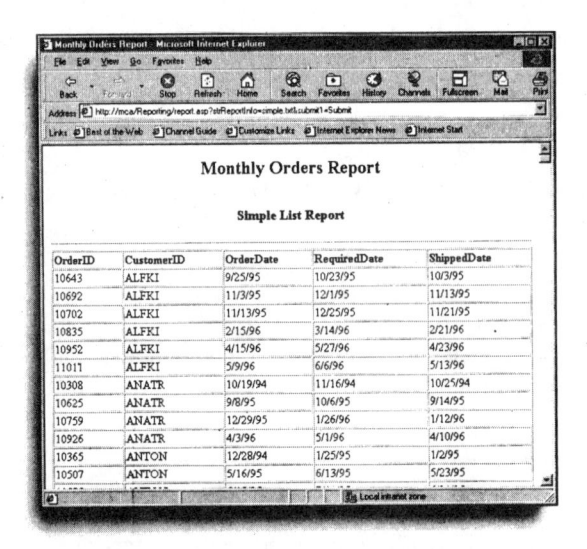

Figura 21.2 O relatório tabular de informações de pedido.

Você pode ver que os nomes do campo de tabelas aparecem na parte superior da página neste exemplo. E cada linha de texto na tabela HTML representa um único registro na tabela de dados. São os dados formatados tabulares típicos.

O formato de dados tabulares é mais eficiente quando você tem que exibir longas listas de dados em uma pequena quantidade de espaço. Outra razão para usar o formato tabular é que funciona muito bem quando se tem que produzir totais ou subtotais das colunas de dados. Imprimir os dados em colunas claras, seguidos de totais ou subtotais, tornou-se a prática padrão para quase todos os relatórios com muitos dados.

Capítulo 21 Como adicionar relatórios e gráficos às suas aplicações web 605

No entanto, apesar tão eficiente e familiar quanto o formato de dados tabular, este formato tem algumas desvantagens. Primeiro, os relatórios de dados tabulares são bem chatos de examinar e algumas vezes difíceis de ler. A monotonia constante das colunas e colunas de figuras pode algumas vezes deixar os leitores perdidos. Em alguns casos, os relatórios tabulares podem tornar difíceis para o leitor compreender a importância dos dados. Isto pode geralmente ser remediado criando-se um relatório de resumo ou (como verá em "Como usar relatórios gráficos") uma exibição gráfica dos dados.

O relatório com formato tabular

Os relatórios com formato tabular são provavelmente o tipo mais comum de relatório que você verá em uma empresa. É ideal para apresentar grandes quantidades de informações de uma forma clara e estruturada.

Embora os relatórios tabulares sejam comuns, se seu relatório for basicamente usado para resumir os dados ou informar ao leitor sobre as tendências gerais, você poderá querer produzir um formato de relatório gráfico.

Como usar relatórios gráficos

O último estilo de relatório tratado neste capítulo é o formato de relatório gráfico. Neste formato, o relatório é planejado para resumir as principais informações de uma ou mais tabelas em uma única exibição. Diferente do formato em colunas, que apresenta um registro por página ou o formato tabular que apresenta um registro por linha, o formato gráfico apresenta toda a tabela (ou seu resumo) em uma única imagem (veja a Figura 21.3).

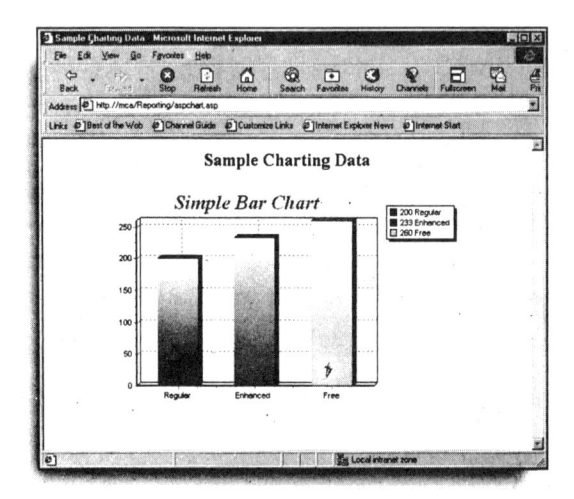

Figura 21.3 A exibição de um relatório gráfico de exemplo.

A vantagem básica do formato gráfico é que o leitor pode ver rapidamente as tendências ou comparações significantes sem ter que percorrer várias páginas de números. Se o objetivo estabelecido do relatório for resumir os dados ou destacar as tendências nos dados, você deve considerar usar um formato gráfico para seu relatório. Contudo, como o formato de relatório gráfico geralmente não mostra muitos detalhes, você não deverá usá-lo se seus leitores estiverem basicamente interessados nos dados *por trás* das tendências.

Relatórios gráficos

Nos dias atuais da mídia, os relatórios gráficos são populares. Os jornais, as revistas e a televisão usam relatórios gráficos para mostrar informações e estatísticas para um público. Os relatórios gráficos têm a vantagem de ser capazes de apresentar um instantâneo rápido sem requerer muita compreensão por parte do público.

Como preparar os exemplos do relatório

Agora que você aprendeu um pouco sobre cada estilo de relatório de dados básico, está pronto para começar a construir seus próprios relatórios de exemplo. Para completar os exemplos neste capítulo, precisará dos dois itens a seguir:

- O documento de relatório tabular REPORT.ASP
- O componente gráfico ASPChart.DLL

Ambos os itens estão disponíveis na home page do *Practical Visual InterDev 6*. Você poderá encontrar o endereço da home page no Apêndice B, "Recursos On-line". O REPORT.ASP é um documento Active Server Page (Página Ativa do Servidor) gratuito. O ASPChart.DLL é uma versão experimental de um componente IIS4 que cria gráficos.

Você poderá ainda obter muito deste capítulo se não carregar os dois componentes. No entanto, não conseguirá completar os exercícios de programação tratados aqui sem eles.

Componentes do relatório

Existem muitos outros componentes do relatório que poderá comprar. Procure o componente que seja mais adequado às suas necessidades e orçamento.

Portanto, antes de continuar, conecte-se à Internet e selecione seus componentes. Não se preocupe em instalá-los ainda. Você aprenderá como fazer isso posteriormente no capítulo. Apenas assegure-se de que os tenha copiado para sua estação de trabalho e de que estejam prontos para uso.

Capítulo 21 Como adicionar relatórios e gráficos às suas aplicações web

Veja também

➤ *Para obter informações sobre os vários URLs e os pontos de partida para os componentes, veja o Apêndice B.*

Como usar as tabelas HTML para produzir relatórios em colunas formatados

O primeiro exemplo criado que funciona é um relatório do tipo em colunas. Neste exemplo, você criará uma conexão de dados ADO DB e um objeto do conjunto de registros ADO DB em um documento ASP e, então, escreverá o VBScript para gerar tabelas em colunas para cada registro no conjunto de registros.

Você aprenderá a construir o documento ASP em colunas para que possa usá-lo com praticamente qualquer conjunto de registros que encontrar. Em outras palavras, criará um documento ASP reutilizável que poderá acrescentar a qualquer outra aplicação da web com a qual estiver trabalhando.

O processo de criar um relatório em colunas usando o script ASP é realmente muito simples. Existem apenas três tarefas principais que você terá que completar:

1. Abra o banco de dados desejado e obtenha um conjunto válido de registros.
2. Crie o método que percorrerá em loop todo o conjunto de dados para criar uma saída em colunas.
3. Crie o método que realmente lerá as colunas de dados e produzirá a saída detalhada.

Reduza! Reutilize! Recicle!

No espírito do ambientalismo, adquira o hábito de reduzir a quantidade de trabalho que precisa realizar com cada projeto iniciado. Reutilize e recicle quanto material puder. Esta é uma das vantagens do desenvolvimento da web com o Visual InterDev — encoraja a aprender as lições que os programadores Visual Basic e o Visual C++ apren

---

Antes de começar a codificar, crie um novo projeto da web chamado Reporting (Relatório). Este projeto manterá todos os documentos criados neste capítulo. Depois do projeto ser criado, adicione um novo documento ASP chamado COLUMNAR.ASP ao projeto da web e carregue-o no editor no modo Source.

Agora você está pronto para começar.

Como adicionar uma conexão de dados

Antes de poder começar a codificar seu relatório em colunas, primeiro terá que criar uma conexão de dados válida para o banco de dados. O modo mais fácil de fazer isso é usar o editor Visual InterDev para criar um objeto de conexão de dados. Quando fizer isso, poderá usar as informações armazenadas no arquivo GLOBAL.ASA como parte de seu documento COLUMNAR.ASP.

Neste exemplo, você criará um novo nome da fonte de dados (DNS) para os dados SQL Server. Depois disso, definirá os valores do objeto de conexão de dados para seu projeto da web. Como estará criando um novo DSN, existem poucas etapas a percorrer. Não deixe que isto o intimide! Criar DSNs é realmente muito simples quando você se habitua..

Trabalhe com seus próprios dados

Se preferir trabalhar com sua própria fonte de dados, sinta-se à vontade para substituir o DSN criado aqui pelo seu próprio.

Como criar um objeto de conexão de dados

1. Clique com o botão direito do mouse no nome do projeto na janela Project Explorer (**Reporting**).
2. Selecione **Add Data Connection** (**Adicionar Conexão de Dados**) no menu contexto.
3. Quando a caixa de diálogo Select Data Source (Selecionar Fonte de Dados) aparecer, pressione o botão **New** (**Novo**) para criar uma nova fonte de dados.
4. Na próxima caixa de diálogo, selecione o devido driver do banco de dados (para este exemplo, selecione **SQL Server** (Servidor SQL) e pressione **Next**.
5. Na próxima página da caixa de diálogo, forneça o nome da fonte de dados (Reporting) e pressione **Next**.
6. Confirme que as entradas estão corretas e pressione o botão **Finish** para completar a nova fonte de dados.
7. A caixa de diálogo Create a New Data Source to SQL Server (Criar Nova Fonte de Dados para o Servidor SQL) solicitará informações sobre a fonte de dados SQL Server. Pule o campo **Description** (**Descrição**), mas selecione um nome **S**erver na lista suspensa (se nenhum aparecer, selecione (**localhost** ou host local), então **N**ext.
8. Escolha a devida autenticação de segurança. Se estiver publicando dados para os usuários da intranet e tiver a integração de segurança SQL e NT, selecione **With Windows NT authentication using the network login ID** (**Com autenticação Windows NT usando o ID de conexão da rede**). Se estiver publicando os dados para usuários anônimos, deverá selecionar **With SQL Server authentication using a login ID and password entered by the user** (**Com autenticação SQL Server usando um ID de conexão e senha fornecidos pelo usuário**) e forneça o devido ID e senha do usuário SQL Server para ter acesso aos dados. Então, pressione **N**ext.

Acesso ao banco de dados

Certifique-se de que o nome de usuário do seu servidor da web (geralmente **IUSR_*NomeMáquina***) tenha acesso ao seu banco de dados.

Capítulo 21 Como adicionar relatórios e gráficos às suas aplicações web

9. Marque o caixa de verificação **Change the default database (Mudar banco de dados default)** e selecione o devido banco de dados. Para este exemplo, use o banco de dados **Pubs**.

10. Pressione **Next** para cada caixa de diálogo para aceitar as definições defaults até que veja o botão **Finish**. Pressione o botão **Finish** para completar a definição Data Source (Fonte de Dados).

11. Na caixa de diálogo ODBC Microsoft SQL Server Setup (Configuração ODBC Microsoft SQL Server), pressione o botão **Test Data Source (Testar Fonte de Dados)** para confirmar se todas as definições estão corretas. Você deverá ver uma caixa de mensagem que informa **TESTS COMPLETED SUCCESSFULLY!** (**Testes Completados com Sucesso!**).

12. Pressione **OK** para fechar a caixa de diálogo de teste e pressione **OK** novamente para gravar a definição Data Source.

13. Na caixa de diálogo Select Data Source, selecione **Reporting DSN (DSN do Relatório)** e pressione **OK**.

14. Quando solicitado a conectar o SQL Server, forneça o devido ID do usuário e senha.

15. O Visual InterDev conectará o SQL Server e apresentará a caixa de diálogo Data Connection Properties (Propriedades da Conexão de Dados).

16. Forneça um nome de conexão válido (para este exemplo, use cnnReporting) e pressione **Apply (Aplicar)** para salvar o nome.

17. Pressione a guia **Authentication (Autenticação)** e marque **Save Design-Time Authentication (Salvar Autenticação de Construção)**; pressione **Apply** para salvar as definições.

18. Pressione **OK** para fechar a caixa de diálogo.

Embora existam muitas etapas no processo, você acabou de completar uma tarefa valiosa! Definindo o objeto de conexão de dados assim, o Visual InterDev armazenou de fato todas as informações de conexão importantes em seu arquivo GLOBAL.ASA para esse projeto. Agora, a qualquer momento nesse projeto, você poderá se referir à conexão de dados usando as variáveis em nível da aplicação armazenadas no arquivo GLOBAL.ASA.

Como usar o VBScript e a ASP para acessar os dados SQL Server

Agora que a conexão de dados está definida, você poderá usar as informações armazenadas em seu Visual Basic Script para criar uma conexão ativa do banco de dados. Para fazê-lo, terá que usar dois objetos no lado servidor:

- ADODB.Connection
- ADODB.Recordset

Estes dois objetos do servidor são tudo o que você precisa para criar uma conexão e recuperar os registros do banco de dados.

Parte V Como usar as tecnologias ActiveX

Conexões ADO DB

As conexões ADO são um pouco diferentes das conexões do banco de dados aprendidas no Capítulo 16. O fundamental permanece igual, mas você não está usando os controles de construção para lidar com seu banco de dados aqui.

Você poderá encontrar esses dois objetos na guia **Server Objects** (**Objetos do Servidor**) da janela Toolbox (Caixa de Ferramentas). Arraste-os da caixa de ferramentas para a seção <BODY> de seu documento ASP carregado.

Como adicionar objetos do servidor ao seu documento ASP

1. Certifique-se de que o documento esteja no modo Source (selecione a guia **Source** no editor).
2. Clique na guia **Server Objects** da janela Toolbox para abrir a lista.
3. Localize o objeto **ADO Connection** (**Conexão ADO**) na lista e arraste-o da caixa de ferramentas para o documento ASP. Solte-o em um vínculo em branco logo abaixo do tag <BODY>.
4. Defina a propriedade ID do objeto **ADO Connection** como objConn.
5. Localize o objeto **ADO Recordset** (**Conjunto de Registros ADO**) na lista e arraste-o da caixa de ferramentas para o documento ASP. Solte-o logo abaixo do objeto **ADO Connection**.
6. Defina a propriedade ID do objeto **ADO Recordset** como objRS.

Quando tiver terminado de colocar os objetos Connection e Recordset em sua página e de editar os atributos ID, seu documento ASP deverá parecer-se com aquele na Listagem 21.1.

Listagem 21.1 Como adicionar a conexão ADODB e os objetos Recordset

```
1   <OBJECT RUNAT=server PROGID=ADODB.Connection id=objConn>
    ↪</OBJECT>
2   <OBJECT RUNAT=server PROGID=ADODB.Recordset id=objRS>
    ↪</OBJECT>
```

Agora você está pronto para acrescentar algum script no lado servidor para usar esses objetos. Coloque o cursor na linha abaixo das duas definições de objeto e selecione **HTML**, **Script Block** (**Bloco de Script**), **Server** no menu principal. Isto colocará um bloco de script no lado servidor em seu documento. Agora acrescente o código mostrado na Listagem 21.2.

Capítulo 21 Como adicionar relatórios e gráficos às suas aplicações web

Listagem 21.2 Como adicionar o script no lado servidor para conectar um banco de dados

```
1   SCRIPT LANGUAGE=vbscript RUNAT=Server>
2
3   Sub OpenDatabase
4       `
5       ` open data using available connection
6       `
7       Dim strConn
8       Dim strSource
9       `
10      strConn=Application ("cnnReporting_ConnectionString")
11      strSource="SELECT * FROM Authors"
12      `
13      objConn.Open strConn, "sa", ""
14      objRS.Open strSource.objConn
15      `
16  End Sub
17
18  </SCRIPT>
```

O método OpenDatabase declara duas variáveis e as preenche com valores. Note que a variável strConn (linha 10) é carregada com a string de conexão criada para o objeto de conexão do banco de dados cnnReporting. Esta foi a única razão para criar o objeto de conexão para fornecer acesso fácil ao banco de dados. A variável strSource é preenchida com uma instrução SQL SELECT simples (linha 11) que irá recuperar os dados da tabela Authors. Finalmente, o objeto objConn e objRS nas linhas 13 e 14 são usados para abrir a conexão e o conjunto de registros, respectivamente.

A interação tradicional do banco de dados

O ADO é o método tradicional que os desenvolvedores de aplicação da web têm usado para interagir com os bancos de dados e as Active Server Pages. Você poderá controlar facilmente suas consultas SQL diretamente no código, em vez de manipular os controles de construção. Contudo, a desvantagem é que terá mais trabalho.

Agora basta conectar seu documento ASP a dados dinâmicos. A próxima etapa é criar um método que lerá todos os registros na tabela selecionada.

Consultas SQL
Você poderá executar qualquer tipo de consulta SQL em seu código: **SELECT, INSERT, INSERT VALUES, DELETE** e **UPDATE**. Isto fornece a flexibilidade de interagir totalmente com o banco de dados em seu código.

Veja também

➤ *Para aprender sobre os controles de construção em detalhes, veja o Capítulo 20.*

Como criar o cabeçalho do relatório e o loop de impressão

Agora que você tem uma conexão de dados dinâmicos, usará o script no lado servidor para criar um método que lerá todo registro da tabela de dados e se preparará para criar a saída em colunas. Contudo, o serviço dessa rotina não é para ler de fato os registros e os dados de saída. Ao contrário, você usará essa rotina para percorrer em loop todos os registros no conjunto de registros. Esta rotina lidará com o cabeçalho do relatório também.

Adicione um novo bloco de código no lado servidor ao projeto e forneça o código da Listagem 21.3 em seu documento.

Listagem 21.3 Como adicionar o método *PrintDatabase*

```
1   <SCRIPT LANGUAGE=vbscript RUNAT=Server>
2
3   Sub PrintData
4       '
5       ' send each record as a page of columns
6       '
7       Response.Write "<CENTER><H2>"
8       Response.Write "Authors Table of Pubs Database"
9       Response.Write "</H2></CENTER>"
10      '
11      objRS.MoveFirst
12      do while objRS.EOF<>True
13          PrintRecord
14          objRS.MoveNext
15      loop
16      '
17  End Sub
18
19  </SCRIPT>
```

A primeira ação importante neste código está nas linhas 7-9. Este código define o título do relatório que será exibido na parte superior da página. Em seguida, o ponteiro do registro é posicionado no início do conjunto de registros (linha 11) e o loop (linhas 12-15) continua a ler cada registro individual, chamando outro método (você verá em um minuto) e avançando em um registro para fazer tudo de novo. É a parte da aplicação que assegura que todos os registros na coleção serão relatados.

Como mover no conjunto de registros

Note que nas linhas 11 e 14 você está movendo diretamente no conjunto de registros. Poderá usar a navegação no conjunto de registros para interagir com seu banco de dados com mais precisão.

Como exibir os detalhes dos dados com as tabelas HTML

Agora, a maior parte do código – o método que realmente escreve os dados! Adicione outro bloco de script no lado servidor e forneça o código da Listagem 21.4. Quando digitar o código, preste atenção no modo como os elementos HTML <TABLE> estão sendo usados.

Listagem 21.4 Como adicionar o método *PrintRecord* ao documento COLUMNAR.ASP

```
1   <SCRIPT LANGUAGE=vbscript RUNAT=Server>
2   Sub PrintRecord
3   '
4   ' send out a record
5   '
6   Dim intCols
7   Dim intLoop
8   '
9   intCols=objRS.Fields.count
10  ' start table
11  Response.Write "<TABLE WIDTH=100% BORDER=1>"
12  ' add rows & cols
13  for intLoop=0 to intCols-1
14      ' column name
15      Response.Write "<TR>"
16      Response.Write "<TD WIDTH=25%>"
17      Response.Write "<STRONG>"
18      Response.Write objRS.Fields(intLoop).Name
19      Response.Write "</STRONG>"
20      ' column data
```

continua...

Listagem 21.4 Continuação

```
21          Response.Write "<TD WIDTH=75%>"
22          Response.Write objRS.Fields(intLoop).Value
23          Response.Write "</TR>"
24     next
25     'end table
26     Response.Write "</TABLE><P>"
27     '
28     End Sub
29 </SCRIPT>
```

Você pode ver, na Listagem 21.4, que uma tabela HTML completa é criada para cada registro do conjunto de dados. É a essência da construção dos relatórios de dados em colunas com a HTML. Você poderá considerar cada registro no conjunto de dados uma tabela de dados para apresentar ao usuário.

O DTC de grade

Outro método que você poderá usar para isso é o controle de construção Grid (Grade). O controle Grid pode ser personalizado para se adequar às necessidades de sua exibição. Além disso, produz seus dados em uma tabela HTML que pode ser personalizada.

Há apenas um pequeno código que falta adicionar. Agora que você tem todos os métodos e objetos devidamente definidos, terá que acrescentar algum script no lado cliente de alto nível para chamá-los juntos. Acrescente mais um bloco de código de script no lado servidor à parte superior da página (nos elementos <OBJECT>) e adicione o código da Listagem 21.5.

É TABLE ou Table?

É fácil confundir o elemento HTML <TABLE> com a palavra Table (Tabela) usada para definir um meio de armazenamento do banco de dados físico. Isto é ainda mais confuso quando você lida com relatórios em colunas, pois a idéia é usar o HTML <TABLE> para todo *registro* na tabela do banco de dados! Para ajudar a manter as coisas certas, neste livro a versão HTML é chamada de <TABLE> e a versão do banco de dados é chamada de Table.

Listagem 21.5 Como adicionar o método de chamada de alto nível ao documento COLUMNAR.ASP

```
1  <SCRIPT LANGUAGE=vbscript RUNAT=Server>
2  '
3  OpenDatabase
4  PrintData
5  '
6  </SCRIPT>
```

O código da Listagem 21.5 primeiro chama o método OpenDatabase para abrir a conexão ativa. Então, o método PrintData é usado para "percorrer" todos os registros no conjunto de dados.

Depois de adicionar esse último fragmento de código, salve o documento, marque-o como **Set As Start Page** (**Definir Como Página Inicial**) e pressione F5. A aplicação da web iniciará, completará a conexão do banco de dados e carregará todos os registros no browser (isto pode levar algum tempo — tenha paciência). Se tudo correr bem, a tela se parecerá muito com aquela da Figura 21.1.

Como reutilizar o código

Você poderá criar uma biblioteca de códigos exatamente como essa e reutilizá-la em sua aplicação da web. As inclusões no lado servidor permitem criar o código uma vez e utilizá-lo em vários lugares. Verifique o Capítulo 24.

Veja também

➤ Você aprende sobre o controle de construção Grid no Capítulo 17.
➤ A SSI é tratada começando no Capítulo 24.

Como construir relatórios tabulares com o documento REPORT.ASP

O próximo estilo de relatório que você construirá neste capítulo é o relatório tabular. O relatório tabular apresenta os registros de dados como linhas na página e cada campo de dados como uma coluna na linha. A saída é muito parecida com uma planilha (consulte a Figura 21.2).

O processo de criar relatórios tabulares é um pouco mais complicado do que os relatórios em colunas. Embora a saída básica dos campos e linhas não seja complexa demais, a maioria dos relatórios tabulares também contém dois recursos extras não encontrados nos relatórios em colunas:

- Totais em colunas — Uma ou mais colunas exibidas são totalizadas e os resultados exibidos no final do relatório.

- Interrupção de grupos — Uma coluna é selecionada como a "coluna de interrupção" e os subtotais são relatados.

Os detalhes de definição e controle dos totais da coluna e interrupções de grupos podem ser bem complexos, dependendo das exigências do relatório. Para este exemplo, você não precisará se preocupar com esses detalhes. Ao contrário, usará um documento ASP que já tem todos os detalhes trabalhados para você: o documento REPORT.ASP.

Simplesmente carregue o documento REPORT.ASP do site da web de *Practical Visual InterDev 6* e copie-o para seu projeto da web.

Obtenha o documento REPORT.ASP

O documento REPORT.ASP é gratuito e pode ser encontrado na home page de *Practical Visual InterDev 6*. O endereço está no Apêndice B. Entretanto, se você não tiver o documento REPORT.ASP, poderá ainda aprender muito no capítulo lendo o exemplo.

Como copiar o documento para um projeto da web existente

1. Com o projeto da web de destino carregado no Visual InterDev 6, minimize o editor Visual InterDev clicando o botão _ (minimizar) à direita superior da janela.
2. Use seu File Explorer para localizar o documento REPORT.ASP carregado do site da web de *Using Visual InterDev 6*.
3. Quando localizar o documento REPORT.ASP, clique-o com o botão direito do mouse e selecione **Copy** (**Copiar**) no menu contexto.
4. Minimize o File Explorer e alterne para o editor Visual InterDev (use Alt+Tab para mover entre as janelas em sua área de trabalho).
5. Com o editor Visual InterDev em foco de novo, clique com o botão direito no nome do mouse no projeto na janela Project Explorer (**Reporting**).
6. Selecione **Paste** (**Colar**) no menu contexto (veja na parte inferior) para soltar o documento REPORT.ASP em seu projeto.
7. Selecione **Project** (**Projeto**) no menu principal, então **Web Project** (Projeto da web), então **Synchronize Files** (**Sincronizar Arquivos**) para assegurar-se de que o novo documento será adicionado à versão Local e Master (Mestre) de seu projeto da web.

Agora que o documento REPORT.ASP está acrescentado ao projeto, você está pronto para aprender a usá-lo para criar relatórios tabulares.

Capítulo 21 Como adicionar relatórios e gráficos às suas aplicações web   **617**

Um tour rápido do REPORT.ASP

O documento REPORT.ASP é realmente uma biblioteca de relatórios tabulares completa em um arquivo. Além disso, tem vários recursos ótimos que você pode usar com qualquer aplicação Visual InterDev 6. Este documento faz o seguinte:

- Trabalha com qualquer formato de banco de dados (SQL Server, Oracle, Microsoft Access, FoxPro etc.)
- Permite acrescentar um título ou subtítulo à parte superior do relatório
- Permite adicionar opcionalmente dois arquivos de imagem ao cabeçalho do relatório (à esquerda e à direita do título)
- Permite estabelecer uma lista de colunas que devem ser totalizadas para o relatório
- Permite designar uma coluna como a coluna de "Interrupção". Essa coluna será usada para subtotalizar qualquer coluna total declarada.
- Permite controlar a largura do espaço do relatório e a espessura (ou visibilidade) das bordas da tabela.
- Permite definir cada relatório em um arquivo de informações do relatório para recarregar facilmente as definições complexas do relatório.

Você usará o REPORT.ASP criando um arquivo de informações do relatório (RIF) que contém todos os parâmetros necessários para gerar um relatório tabular. Depois de criar o RIF, poderá chamar o REPORT.ASP usando a seguinte sintaxe de vínculo HTML:

```
www.mywebserver/mywebproject/report.asp?ReportInfoFile=
↪myreport.rif
```

Reutilização do REPORT.ASP

O arquivo REPORT.ASP pode ser reutilizado em suas aplicações. Você poderá querer personalizá-lo para adequá-lo às suas necessidades, mas o básico pode aplicar-se a qualquer aplicação que precise fazer o relatório.

Opcionalmente, você poderá criar um HTML <FORM> que lista vários relatórios a partir dos quais o usuário poderá selecionar e "submeter" a REPORT.ASP (veja a Figura 21.4).

Note que o nome da variável deve sempre estar na forma de ReportInfoFile=<o arquivo do relatório> quando usar esse método para chamar o documento REPORT.ASP.

O elemento <FORM> para o exemplo mostrado na Figura 21.4 se parece com o da Listagem 21.6.

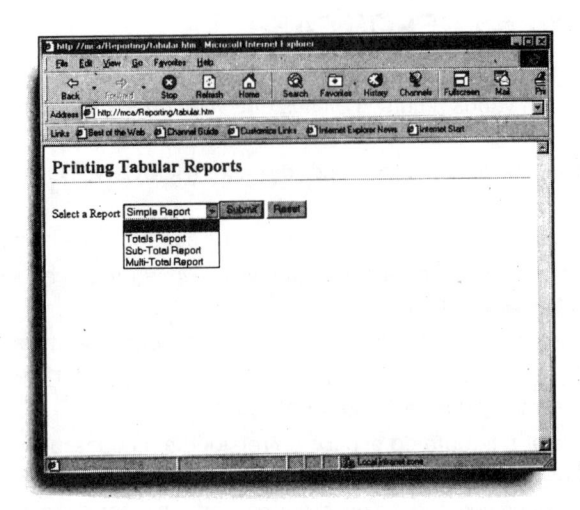

Figura 21.4 Como submeter um relatório a REPORT.ASP.

Listagem 21.6 O formulário de submissão de exemplo usando REPORT.ASP como o URL de destino

```
1   <FORM action=report.asp id=frmReport method=get
    name=frmReport>
2     <P>Select a Report <SELECT id=ReportInfoFile
    name=ReportInfoFile>
3       <OPTION selected value=simple.rif>Simple Report
4       <OPTION value=totals.rif>Totals Report
5       <OPTION value=subtotal.rif>Sub-Total Report
6       <OPTION value=multitot.rif>Multi-Total Report
7     </SELECT>
8
9     <INPUT id=submit1 name=submit1 type=submit
    value=Submit>
10    <INPUT id=reset1 name=reset1 type=reset value=Reset>
11    </P>
12  </FORM>
```

Novamente, note que o elemento HTML que retorna o nome do arquivo de informações do relatório é sempre chamado de ReportInfoFile. No caso da Listagem 21.6, o elemento <SELECT> suspenso é definido como ReportInfoFile (linha 2).

Agora que você tem uma idéia de como chamar o documento REPORT.ASP para criar um relatório, está pronto para construir seu arquivo de informações do relatório.

Capítulo 21 Como adicionar relatórios e gráficos às suas aplicações web

Como construir seu arquivo de informações do relatório

O processo de construir um arquivo de informações do relatório válido (RIF) é muito simples. O arquivo RIF é um arquivo de texto ASCII simples que contém informações sobre o banco de dados, conjunto de registros, colunas totais e de interrupção, títulos, imagens e atributos da tabela para seu relatório. A única parte capciosa é que você tem que assegurar-se de que se responsabiliza por todos os parâmetros – mesmo que sejam deixados em branco.

A Listagem 21.7 mostra um arquivo de informações do relatório de exemplo e a Tabela 21.1 explica o que cada entrada significa.

Listagem 21.7 O arquivo de informações do relatório de exemplo

```
1   DRIVER=SQL Server;SERVER=(local);User Id=sa;PASSWORD=
    ↪;DATABASE=pubs;
2   admin
3   mypassword
4   SELECT * FROM Orders ORDER BY CustomerID,OrderID
5   Monthly Orders Report
6   Multi-Totals Version
7   Freight;EmployeeID;ShipVia;
8   CustomerID
9   images/leftimage.gif
10  images/rightimage.gif
11  100%
12  1
```

Tabela 21.1 O formato do arquivo de informações do relatório

Nome	Requerido?	Descrição	Exemplo
DBConnection	Sim	Completa a string de conexão do banco de dados.	DRIVER=SQL Server; SERVER=(local); Use Id=sa; PASS-WORD=; DATABASE=pubs;
UserID	Não	ID válido do banco de dados.	Admin
Password	Não	Senha válida do banco de dados.	Mypassword
SQL SELECT	Sim	Instrução SQL SELECT válida.	SELECT * FROM MyTable

continua...

Tabela 21.1 Continuação

Nome	Requerido?	Descrição	Exemplo
ReportTitle	Sim	O título para exibir na página.	Monthly Report
SubTitle	Não	O título para exibir sob o título principal na página.	Sorted by Customer
TotalColumns	Não	A lista de colunas para controlar os totais. Separe as várias colunas com ponto-e-vírgula (;).	Units;Cost; ExtAmount;
BreakOnColumn	Não	A coluna a usar para a interrupção dos subtotais. Todas as colunas na lista TotalColumns serão subtotais e impressas sempre que a Coluna de Interrupção mudar.	CustomerID
LeftImage	Não	A imagem para aparecer à esquerda do título.	companylogo.gif
RightImage	Não	A imagem para aparecer à direita do título.	departmentlogo.gif
TableWidth	Sim	A largura da tabela em porcentagem ou pixels.	100% -ou- 800px
BorderWidth	Sim	A espessura da borda da célula, usada para remover as bordas da célula.	1

Como mostrado na Tabela 21.1, existem 12 possíveis parâmetros para REPORT.ASP. Cinco deles são requeridos (DBConnection, SQL SELECT, ReportTitle, TableWidth e BorderWidth). O restante é opcional. No entanto, se você quiser pular os parâmetros opcionais, terá que incluir uma linha em branco onde o parâmetro geralmente apareceria. Em outras palavras, todo RIF terá 12 linhas e algumas poderão estar em branco.

Agora que você sabe como o arquivo de informações do relatório é, está pronto para criar um próprio. Adicione um novo documento ao seu projeto chamado TEST.RIF.

> **Os bancos de dados de arquivos simples**
>
> Um banco de dados de *arquivos simples* refere-se aos dados que são armazenados em um arquivo de texto ou de recursos em oposição a um formato do banco de dados formal, como o Microsoft Access ou um servidor do banco de dados estruturado como o Microsoft SQL Server.

Como adicionar um novo arquivo de informações do relatório ao seu projeto

1. Clique com o botão direito do mouse no nome do projeto na janela Project Explorer.
2. Selecione **Add** no menu.
3. Selecione **Add Item** no submenu.
4. Forneça o nome do arquivo a adicionar (TEST.RIF) e pressione **Open** para adicionar o arquivo ao projeto.
5. Quando o arquivo aparecer em seu editor, remova qualquer texto existente. Você está pronto para editar seu RIF.

Para este exemplo, você usará a mesma conexão do banco de dados que usou para criar o documento COLUMNAR.ASP. Contudo, terá que copiar a string de conexão do arquivo GLOBAL.ASA para seu documento RIF.

A Listagem 21.8 mostra um documento RIF completo que exibirá a tabela Authors no banco de dados SQL Server Pubs. Você poderá copiar esses dados diretamente para seu documento TEST.RIF. Poderá também precisar editar o ID do usuário e senha para seu site. Talvez queira pular as referências da imagem se não tiver nenhuma disponível em seu projeto da web.

Listagem 21.8 O arquivo de informações do relatório TEST.RIF de exemplo

```
1   DRIVER=SQL Server;SERVER=(local);DATABASE=pubs;User
    ↪Id=sa;PASSWORD=;
2   sa
3
4   SELECT au_id,au_lname,au_fname,city,state,'1' AS cnt
    ↪FROM Authors ORDER BY state
5   Authors Report
6   By state
7   cnt
8   state
9   images/report.gif
10  images/report.gif
11  100%
12  0
```

Agora você poderá criar um documento HTML muito simples chamado TABULAR.HTM que tem um único botão. Depois de adicionar o botão, acrescente o seguinte Visual Basic Script no lado cliente para ser executado quando alguém pressionar o botão (veja a Listagem 21.9).

Como pular os parâmetros

Se você pular qualquer parâmetro mostrado na Listagem 21.9, certifique-se de que tenha incluído uma linha em branco em seu lugar (veja a linha 3).

Listagem 21.9 Como usar um Visual Basic Script simples para chamar o REPORT.ASP

```
1  <SCRIPT LANGUAGE=vbscript>
2  <!--
3  Sub button1_onclick
4     window.navigate "report.asp?ReportInfoFile=test.rif"
5  End sub
6  -->
7  </SCRIPT>
```

Salve o documento, marque-o como a página inicial e pressione F5 para executá-lo. Quando clicar o botão, verá algo que se parece com a Figura 21.5.

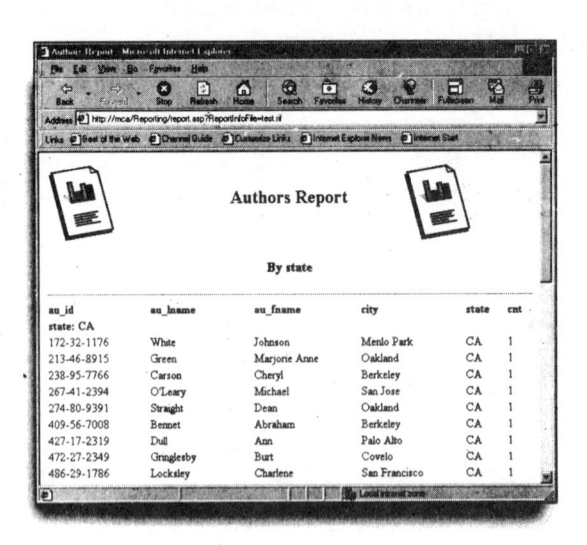

Figura 21.5 Como exibir um relatório tabular.

Capítulo 21 Como adicionar relatórios e gráficos às suas aplicações web **623**

Agora você poderá criar relatórios em colunas e tabulares a partir dos conjuntos de registros do banco de dados. Melhor ainda, poderá usar ambos os documentos em outras aplicações da web com muito pouca alteração.

Como usar o ASPChart para exibir os conjuntos de registros do banco de dados

O último tipo de relatório tratado neste capítulo é os relatórios de gráficos. Os relatórios gráficos são uma maneira muito eficiente de colocar em foco a atenção do leitor apenas nos aspectos importantes dos dados. Usando cores, barras e outras formas, você poderá resumir a relação dos dados em uma imagem rápida.

Embora os relatórios gráficos sejam muito úteis, criá-los é um desafio com o Visual InterDev 6, porque este não é enviado com um componente gráfico com reconhecimento da Internet.

Contudo, há um componente muito bom, chamado ASPChart, disponível na Internet. E mais, os construtores do ASPChart acordaram em permitir aos leitores deste livro um download de uma cópia experimental de 30 dias de seu produto para usar com o exercício. Você poderá visitar a home page de *Practical Visual InterDev 6* para encontrar o vínculo para carregar sua cópia experimental do ASPChart.

Não tem o ASPChart? Tudo bem!

Se você não tiver uma cópia do ASPChart disponível e não puder instalá-la no servidor que está usando com este livro, tudo bem. Poderá ainda aprender muito lendo o exercício.

Se não tiver feito isso ainda, reserve alguns minutos para se conectar à Internet, visitar a home page de *Practical Visual InterDev 6* e baixar o componente ASPChart. Quando tiver uma cópia do pacote baixado, poderá continuar com o capítulo. Você terá instruções passo a passo sobre como instalar e registrar a DLL em seu servidor da web na próxima seção deste capítulo.

Veja também

➤ O site da web de *Practical Visual InterDev 6* tem um vínculo para baixar o ASPChart. Para obter o URL, consulte o Apêndice B.

Como instalar o ASPChart

O ASPChart é um componente no lado servidor simples na forma de uma DLL (Dynamic Linking Library). O pacote de download que contém a DLL ASPChart também contém vários scripts de exemplo e documentação.

Você terá que realizar duas etapas para completar a instalação do componente ASPChart:
1. Copie o arquivo ASPCHART.DLL para uma pasta compartilhada no servidor da web (geralmente \WINNT\SYSTEM32\ ou \WINDOWS\SYSTEM\).
2. Registre a DLL usando REGSVR32.EXE.

Direitos do administrador requeridos

Para completar essas etapas, você terá que ter os direitos do administrador no servidor da web. Para as máquinas Windows NT, não é bom o bastante ser um membro do grupo Domain Administrator. Você terá que ser um membro do grupo Administrator.

Para executar a última etapa, saia para o sistema operacional (DOS), vá para a pasta para a qual copiou o arquivo ASPCHART.DLL e digite o seguinte:

```
REGSVR32 ASPCHART.DLL<return>
```

Então, deverá ver uma caixa de diálogo informando que a DLL foi registrada com sucesso.

Depois de ter o ASPCHART.DLL instalado e registrado, você estará pronto para criar um script ASP que chama o componente gráfico.

Registre a DLL!

Se você não registrar o componente usando o REGSVR32, ele não funcionará!

Como criar o documento CHARTING.ASP

Agora acrescente um novo documento ASP ao projeto da web chamado CHARTING.ASP. Este documento será usado para criar uma instância do ASPCHART.DLL e para enviar-lhe informações para que crie um gráfico de barras em 3D.

Programar o componente ASPChart é relativamente simples. Não importa o tipo de dados que você deseja exibir, executará as mesmas etapas básicas.

Como programar o componente ASPChart

1. Crie uma instância do componente ASPChart para seu uso.
2. Adicione os valores de dados para exibir no gráfico.
3. Adicione os títulos do gráfico.
4. Defina o tamanho de saída da imagem final.
5. Defina qualquer recurso extra (cores, fundos etc.).

Capítulo 21 Como adicionar relatórios e gráficos às suas aplicações web

6. Gere a imagem no disco.
7. Chame a imagem e exiba-a para o usuário.

Pode parecer muito a fazer, mas não é tão ruim. Primeiro, você criará uma variável de objeto compartilhada, alguns valores defaults e um conjunto de chamadas de alto nível aos métodos que cobrem a lista anterior.

Outros componentes

Como mencionado anteriormente neste capítulo, outros componentes são usados para os relatórios e gráficos. O ASPChart é um simples começo no relatório, mas pode não ser adequado para suas necessidades. Use-o para começar e avaliar suas necessidades, então procure uma substituição.

Na seção <BODY> de seu documento ASP, adicione o código mostrado na Listagem 21.10.

Listagem 21.10 Como adicionar o código de alto nível ao documento CHARTING.ASP

```
1   <SCRIPT LANGUAGE=vbscript RUNAT=Server>
2   Dim Chart
3
4   cNone = 0
5   cBar = 1
6   cRectGradient = 6
7   '
8   Set Chart = Server.CreateObject ("ASPChart.Chart")
9   '
10  AddChartData
11  AddChartTitles
12  AddChartFeatures
13  SetImageSize
14  SaveChartImage
15  Set Chart= nothing
16  </SCRIPT>
```

Como mencionado anteriormente, o código na Listagem 21.10 segue de perto as etapas descritas antes da listagem do código. Observe a linha 7. É onde a instância do objeto de gráfico é criada. Observe também que a última linha da listagem (16) é onde o objeto de gráfico é liberado da memória.

Agora acrescente um novo submétodo Visual Basic Script que adicionará alguns dados ao gráfico (veja a Listagem 21.11).

Mantenha dentro dos limites

Todo o código neste exemplo é o código Visual Basic Script. Isto significa que deve aparecer dentro dos limites **<SCRIPT>** e **</SCRIPT>**. A primeira listagem neste grupo mostra os tags do script, mas o restante não. Isto foi feito para maior clareza. Você poderá colocar cada bloco do Visual Basic Script dentro de um conjunto **<SCRIPT>** e **</SCRIPT>** ou colocar toda a listagem do código Visual Basic Scripting com o mesmo **<SCRIPT>...</SCRIPT>**.

Listagem 21.11 Como adicionar dados ao gráfico

```
1   Sub AddChartData
2   '
3   ' add some data points to the chart
4   '
5   Chart.AddSeries (cBar)
6   Chart.AddValue 200, "Regular", vbBlue
7   Chart.AddValue 233, "Enhanced", vbRed
8   Chart.AddValue 260, "Free", vbGreen
9   Chart.BarStyle = cRectGradient
10  '
11  End Sub
```

A próxima etapa é adicionar títulos ao gráfico. Isto é mostrado na Listagem 21.12.

Listagem 21.12 Como adicionar títulos ao gráfico

```
1   Sub AddChartTitles
2   '
3   ' add titles
4   '
5   Chart.ChartTitleAdd ("Simple Bar Chart")
6   Chart.ChartTitleFont.Size = 20
7   Chart.ChartTitleFont.Name = "Times New Roman"
8   Chart.ChartTitleFont.Italic = true
9   Chart.ChartTitleFont.Bold = true
10  '
11  End Sub
```

Em seguida, você poderá adicionar valores extras para controlar o modo como a imagem aparece no browser (veja a Listagem 21.13).

Capítulo 21 Como adicionar relatórios e gráficos às suas aplicações web

Listagem 21.13 Como adicionar recursos extras ao gráfico

```
1   Sub AddChartFeatures
2     '
3     ' Remove the OuterBevel, add a gradient fill to
4     ' chart panel
5     '
6     Chart.BevelOuter = cNone
7     Chart.GradientVisible = true
8     Chart.GradientStartColor = vbWhite
9     Chart.GradientEndColor = vbYellow
10    '
11  End Sub
```

Em seguida, definirá o tamanho final da imagem gráfica que será criada (veja a Listagem 21.14).

Listagem 21.14 Como definir o tamanho da imagem gráfica

```
1   Sub SetImageSize
2     '
3     ' Set the Width and Height of the image
4     '
5     Chart.Height = 300
6     Chart.Width = 500
7   End Sub
```

A última rotina de alto nível salva o gráfico como um arquivo JPG e, então, exibe o arquivo para os usuários (veja a Listagem 21.15).

Listagem 21.15 Como adicionar o método *SaveChartImage*

```
1   Sub Save ChartImage
2     '
3     ' Set the filename, save the image and write the
4     ' image tag
5     '
6     dim strSaveName
7     dim strFolder
8     dim strFullName
9     '
```

continua...

Listagem 21.15 Continuação

```
10    strFolder=FolderOnly("charting.asp")
11    strSaveName="charting.jpg"
12    strFullName=strFolder & strSaveName
13    '
14    Chart.FileName = strFullName
15    Chart.SaveChart
16    Response.Write "<img src=" & chr(34) &
      ↪ strSaveName & chr(34) & ">"
17    '
18    End Sub
```

Como você terá que salvar o arquivo em um drive local, precisará de mais uma rotina que possa ler o URL HTTP atual e convertê-lo em uma pasta do arquivo local válida para ser usada pelo servidor da web. Acrescente o método FolderOnly( ) ao documento ASP (veja a Listagem 21.16).

Listagem 21.16 Como adicionar o método *FolderOnly*

```
1     Function FolderOnly(FileName)
2     '
3       ' get current folder
4     '
5       dim strPath
6       dim intPos
7     '
8       strPath=Server.MapPath(Request.ServerVariables(
        ↪ "PATH_INFO"))
9       intPos=intStr(uCase(strPath),uCase(FileName))
10      FolderOnly=Left(strPath,intPos-1)
11    '
12    End Function
```

Este é o final do código para o documento CHARTING.ASP. Salve o documento, marque-o como a página inicial e pressione F5 para ver a imagem em 3D aparecer na tela. Se tudo correr como o esperado, a exibição se parecerá com aquela da Figura 21.3.

O componente ASPChart tem muitos recursos e possibilidades. Você poderá revisar os exemplos que são enviados com a versão experimental do componente para ter uma idéia de seus possíveis usos. Revise a documentação para obter atualizações e correções também.

Capítulo 22

O conteúdo para sua aplicação web

- Use o conteúdo baseado em data e hora
- Crie páginas que usem fontes externas para parte de sua composição
- Use os três componentes com conteúdo ativo que estão instalados com o Microsoft Internet Information Server
- Planeje aplicações da web que possam usar outros componentes com conteúdo ativo

Como utilizar a capacidade do conteúdo ativo

Qualquer pessoa que tenha iniciado uma página da web sabe como é importante mantê-la atualizada e com precisão. Criar aplicações da web e sites da web pode ser uma tarefa demorada – tão demorada que, quando o processo acaba, algum conteúdo pode já estar desatualizado! Embora seja possível (e bem comum) que a autoria da web possa ser uma série constante de atualizações sem nenhuma data de lançamento, há uma maneira melhor: o conteúdo ativo.

A Microsoft desenvolveu a idéia do conteúdo ativo para combater o problema mencionado aqui – o conteúdo desatualizado em uma aplicação da web. A idéia é realmente bem simples: Desenvolva um modelo que permita aos autores da web planejarem documentos da web que ajam como "estruturas" para mudar o conteúdo. Em outras palavras, construa algumas ferramentas que permitam aos autores e aos programadores conectarem o conteúdo atualizado a qualquer momento sem ter que mudar os próprios documentos da web.

Para tanto, a Microsoft reuniu um conjunto de componentes que cobram algumas das situações mais comuns de conteúdo ativo, como

- Rotação do anúncio de banner
- Vínculo de sumário

Veja também

➤ *Para obter informações sobre como adicionar documentos Microsoft Office e documentos Visual Basic ActiveX à sua web, veja o Capítulo 23.*

Apenas o início do conteúdo ativo

Vários outros objetos relacionados ao conteúdo ativo estão disponíveis com o Microsoft Internet Information Server. Existem também novos componentes disponíveis todos os meses. Você poderá ainda construir seu próprio componente de conteúdo ativo usando o Visual Basic ou Visual C++. Neste capítulo, irá explorar dois componentes comumente usados (Ad rotator e Content Linker) para ter uma boa idéia de como o modelo de conteúdo ativo funciona e como poderá aproveitar a programação com conteúdo ativo em suas aplicações da web.

Como planejar para aproveitar o conteúdo ativo

A chave para utilizar a capacidade do modelo de conteúdo ativo é alterar o modo como começar a construir uma solução da web. Em vez de considerar como reunir e apresentar o conteúdo desejado, será melhor pensar primeiro sobre como criar um documento (ou documentos) que representa uma versão "abstrata" da solução. Isto o ajudará a se concentrar na construção da criação de uma estrutura sem um conteúdo específico. Quando a estrutura estiver colocada, você poderá então inserir o conteúdo quando quiser. Como a solução envolve uma separação clara entre a apresentação e o conteúdo, mudar o conteúdo não irá requerer uma alteração extensa na parte da apresentação da solução em si.

Capítulo 22 O conteúdo para sua aplicação web 631

Considere o seguinte exemplo: Você recebeu a tarefa de montar uma revista on-line para um cliente. O cliente tem todo o conteúdo mas precisa de ajuda para construir uma presença on-line para o material. Depois de consultar o cliente, você percebe que ele deseja atualizar essa revista on-line mensalmente. O cliente precisa de uma aplicação da web simples que permitirá adicionar facilmente novos artigos à revista sem que seja necessário ter uma nova autoria de qualquer página existente na aplicação.

Ao mesmo tempo, o cliente precisa de um sumário central para a revista para agir como a home page para os visitantes. Isto deve ter um centro básico com alguma arte (fornecida pelo cliente), junto com uma lista de artigos mais recentes disponíveis on-line. Entretanto, o cliente não deseja ter que editar essa lista sempre que um novo artigo for adicionado ou removido da coleção. Ao contrário, esse sumário deve ser planejado para ser dinâmico. Ele apresentará automaticamente apenas o material considerado atual ou disponível pelas pessoas autorizadas da equipe do cliente. Além disso, adicionar ou apagar as referências do artigo dessa página deverá ser simples.

Veja também

➤ *Para saber mais sobre como planejar formulários e documentos da web, veja o Capítulo 5.*

Como usar a estrutura de solução com conteúdo ativo

Você poderá construir facilmente uma solução da web que permita alterações no conteúdo usando os objetos com conteúdo ativo no lado servidor. Como o cliente está fornecendo documentos com conteúdo, tudo o que você terá que fazer é construir uma estrutura para exibir os documentos atuais disponíveis para os leitores. Para tanto, poderá usar o script no lado servidor para conectar um dos componentes com conteúdo ativo Microsoft, fazer com que leia um arquivo de texto simples contendo uma lista de artigos disponíveis e apresentá-los na home page da aplicação da web.

Mais conteúdo ativo significa mais batidas

A única atitude mais importante a tomar para aumentar sua contagem de batidas em seus sites da web é atualizar continuamente o conteúdo. Usar os componentes com conteúdo ativo como os tratados aqui é uma boa maneira de planejar o conteúdo que se altera constantemente.

Então, quando novos artigos forem adicionados ou removidos, as pessoas autorizadas da equipe do cliente poderão simplesmente atualizar o arquivo de texto sem ter que tocar na página da web real vista pelos visitantes. Quando o arquivo de texto for atualizado, isto será refletido no conteúdo da home page na aplicação da web.

Nas próximas seções a seguir deste capítulo, você aprenderá a construir a solução de revista e duas outras aplicações da web com conteúdo ativo: como construir uma rotação de anúncio e verificar as capacidades dos browsers do cliente.

Como preparar o projeto com conteúdo ativo

Os três componentes com conteúdo ativo analisados neste capítulo podem ser tratados como soluções independentes ou como uma única solução com três documentos separados e uma home page. Esta seção do capítulo mostra como construir uma única home page para o projeto, que pode pular para cada uma das três soluções que você construirá.

Primeiro, inicie um novo projeto Visual InterDev chamado ActiveContent e acrescente uma nova página HTML chamada DEFAULT.HTM. Depois de adicionar a página à sua aplicação da web, marque-a como a página inicial.

Como criar um documento como a página inicial

1. Use o Project Explorer para selecionar a página que deseja marcar.
2. Depois de selecionar a página desejada (clique uma vez), clique com o botão direito do mouse sobre a página para exibir o menu contexto.
3. Selecione o item **Set as Start Page** (**Definir como Página Inicial**) no menu para marcar a página.

Adicione o conteúdo ativo a um projeto existente

Você poderá adicionar o conteúdo ativo a qualquer projeto existente. Apenas acrescente os arquivos de controle, a página ASP para manter o conteúdo ativo e outros documentos que serão os URLs de destino e pronto.

Depois de marcar a página DEFAULT.HTM como a página inicial, você terá que adicionar um cabeçalho e duas hiperligações ao documento. A Tabela 22.1 mostra o texto do cabeçalho, os títulos da ligação e os URLs associados a cada item. Acrescente esses elementos na guia **Design** (**Construção**) do editor Visual InterDev. Você poderá consultar a Figura 22.1 como um guia para criar o layout dessa página.

Tabela 22.1 Como criar o layout da página inicial ActiveContent

Texto	Ligação
Demonstrate Active Content (Demonstrar Conteúdo Ativo)	NA (é o título)
The Content Linking Component (O Componente de Ligação do Conteúdo)	Contentlink.asp
The Ad Rotator Component (O Componente Ad Rotator)	Adrotator.asp

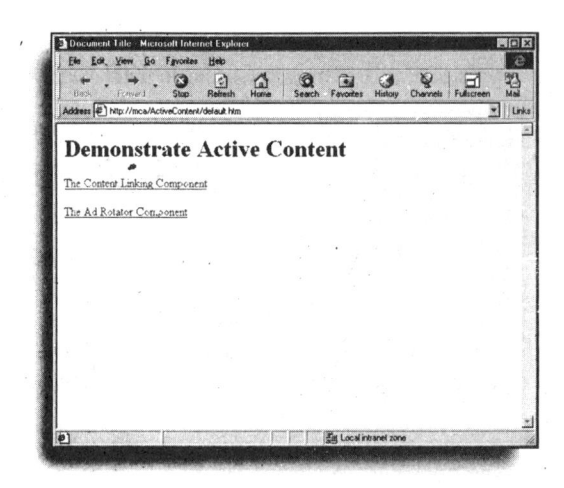

Capítulo 22 O conteúdo para sua aplicação web　　　　　　　　　　　　　　　　**633**

Figura 22.1 Como exibir a página DEFAULT.HTM da web ActiveContent.

Agora sal o projeto e execute-o (pressione F5 ou selecione **Debug** (**Depurar**), **Start** a partir do menu principal do Visual InterDev. Quando estiver certo de que a página está funcionando bem, estará pronto para começar a adicionar partes do conteúdo ativo da aplicação da web.

Veja também

➤ *Para saber mais sobre como criar novos projetos com o Visual InterDev, veja o Capítulo 1.*

➤ *Para aprender sobe como adicionar novas páginas a um projeto existente, veja o Capítulo 1.*

Como construir uma revista on-line com objetos Content Linker

A primeira solução de conteúdo ativo que você construirá usa o objeto Content Linker (Ligação do Conteúdo). Este objeto permite criar um arquivo de texto simples que associa um título amistoso a um URL (Uniform Resource Locator ou Localizador de Recurso Uniforme). Este URL poderá ser um documento na aplicação da web atual, um arquivo binário carregável, um arquivo de imagem ou mesmo uma ligação com outro servidor da web em algum lugar. O objeto Content Linker é perfeito para construir soluções que têm que apresentar listas de referências para um usuário quando essa lista muda com freqüência.

Para este exemplo, você construirá uma página que lê um arquivo de texto contendo o URL e o título de artigos que são armazenados em algum lugar na web. Essa página agirá como o sumário para uma revista on-line fictícia chamada *VID News Central*.

Criar uma aplicação da web como essa requer três etapas básicas:
1. Crie o layout da página ASP que manterá o Content Linking Component (CLC ou Componente de Ligação do Conteúdo).
2. Adicione o script no lado servidor que ativará o Content Linker.
3. Construa o arquivo de texto que manterá os ponteiros para as páginas com conteúdo.

Depois de completar essas etapas simples, você estará pronto para testar sua revista on-line!

Veja também
➤ *Para obter informações sobre as Active Server Pages (ASP), veja o Capítulo 15.*

As ligações de conteúdo podem apontar para outras ligações de conteúdo

Você não tem que usar apenas documentos HTM em seu arquivo de controle de ligação de conteúdo. Poderá usar qualquer URL válido inclusive páginas da web externas, arquivos carregáveis e mesmo outros documentos ASP que usam arquivos de controle de ligação de controles adicionais para apresentar uma tabela de ligações.

Como criar o layout da página com conteúdo VID News Central

A primeira etapa é criar uma Active Server Page (ASP) que agirá como o sumário para sua revista on-line. Para tanto, carregue o projeto ActiveContent e adicione uma nova página ASP chamada CONTENTLINK.ASP.

Como adicionar uma página ASP ao projeto atual
1. Selecione o nome do projeto na janela Project Explorer (**ActiveContent**).
2. Clique com o botão direito do mouse no nome e clique em **Add** no menu contexto.
3. Em seguida, selecione **Acti**v**e Server Page** no menu contexto.
4. Quando vir a caixa de diálogo Add Item, forneça o nome de sua Active Server Page no campo **Name** e pressione **Open**. Neste exemplo, forneça o nome do novo documento (para este exemplo forneça CONTENTLINK).
5. Você verá então a nova página ASP aparecer na janela Project Explorer e na janela de seu editor Visual InterDev com a guia **Source** como a guia ativa.

Capítulo 22 O conteúdo para sua aplicação web **635**

Você não pode executar os documentos ASP na Quickview
Mesmo que possa usar a exibição Design para ver como seus elementos HTML padrão ficam em um documento ASP, não poderá usar a guia **Quickview** para ver como o documento ASP final aparecerá nos browsers do cliente. Isto porque a guia **Quickview** não processa previamente o código ASP. Apenas um servidor da web pode fazê-lo.

Agora que tem um novo documento ASP em seu projeto, alterne para a guia **Design** no editor Visual InterDev para adicionar os elementos visual à sua página.

Você terá que adicionar uma tabela com uma linha e três colunas à parte superior da página. Isto manterá um gráfico, o título principal e a data e hora atuais. É tudo o que você terá que fazer visualmente. O restante do conteúdo (a lista de artigos) será adicionada usando o script no lado servidor. Consulte a Tabela 22.2 e a Figura 22.2 como um guia.

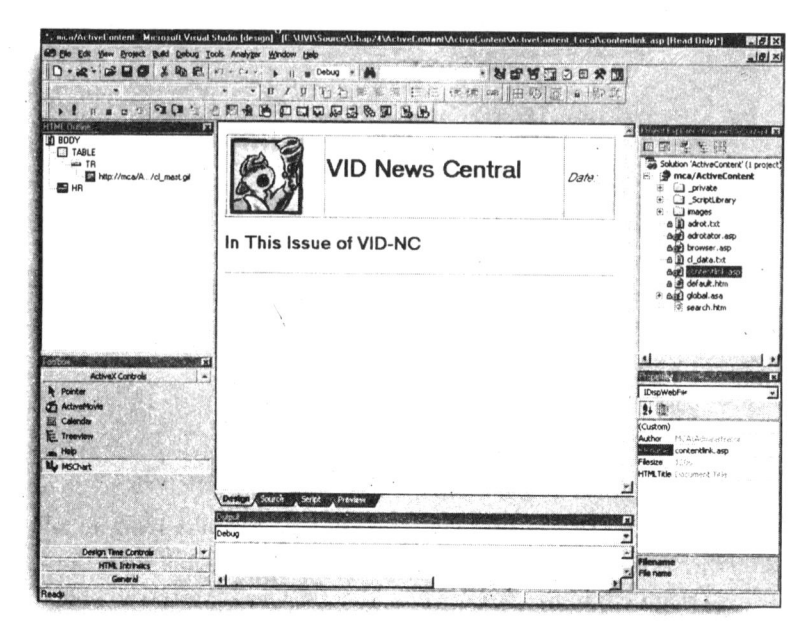

Figura 22.2 Como criar o layout da revista on-line.

Tabela 22.2 Os elementos da página com conteúdo *VID News Central*

Elemento	Propriedade	Definição
Table (Tabela)	Rows (Linhas)	1
	Columns (Colunas)	3
	Width (Largura)	100 por cento
Image (Imagem)	ALIGN	Left (Esquerda)
	ALT	CL_MAST.GIF
(Text)		VID News Central
(Texto)	(Style) (Estilo)	H2
	(Placement) (Posicionamento)	Coluna 2 da Tabela
		Date: (Data:)
	(Style)	ADDRESS
	(Placement)	Coluna 3 da Tabela
		O que é Novo Neste Assunto
	(Style)	H4
	(Placement)	Tabela Abaixo
Horizontal Bar (Barra Horizontal)	(Placement)	Subcabeçalho abaixo

Depois do layout visual estar completo, salve a página antes de adicionar o script no lado servidor para ativar a página.

Veja também

➤ *Para saber mais sobre como usar os controles intrínsecos HTML, veja o Capítulo 6.*

Onde estão os gráficos?

Os itens gráficos usados neste livro podem ser substituídos por qualquer imagem que você tenha em mãos. Eles são usados para o layout apenas e seu conteúdo não é importante. No entanto, se quiser, poderá carregar o conjunto completo de imagens visitando o site da web de *Practical Visual InterDev 6*. O endereço do site está no Apêndice B no final deste livro. Você encontrará ligações para os gráficos, o código-fonte e outro material relacionado ao Microsoft Visual InterDev.

Como ativar a página com conteúdo com o código ASP

Agora que você adicionou os elementos visuais, está pronto para acrescentar o script no lado servidor à página. Para tanto, alterne da guia **Design** para a guia **Source**. Você terá que adicionar dois itens de script no lado servidor ao projeto.

Primeiro, terá que acrescentar a data e a hora atuais à última célula na tabela. Para fazer isso, terá que acrescentar um pequeno código de script no lado servidor à página. Localize a palavra **Date:** na última coluna da tabela e modifique o código HTML para que se pareça com o código na Listagem 22.1.

Listagem 22.1 Como adicionar o código ASP para enviar a data/hora atuais

```
1   <ADDRESS>Date: 
2   <%=Now%><!-- added ASP Code --> --------------------------------(1)
3   </ADDRESS>
```

Listagem 22.1

(1) <% e %> marcam o início e o final do código ASP.

Em seguida, você terá que acrescentar o script no lado servidor que criará uma instância do componente Content Liking (Ligação do Conteúdo), lerá o conteúdo do arquivo de texto e enviará essas informações para o cliente na forma de uma tabela HTML. Você fará isso em algumas etapas.

Primeiro, adicionará o script no lado servidor que criará uma instância do componente Content Linking. Na guia **Script** da janela do editor, irá para a primeira linha vazia depois do tag HTML </TABLE> e adicionará o primeiro conjunto de script no lado servidor. A Listagem 22.2 tem o código que você precisará acrescentar neste ponto. Note que o script no lado servidor sempre começa com <% e terminar com %>.

Listagem 22.2 Como adicionar o script no lado servidor para iniciar o CLC

```
1   <!-- get instance of CLC -->
2   <%
3   '
4   ' create vars for handling CLC
5   dim objLinker ' holds CLC
6   dim intLoop ' counts items to display
7   dim strURL ' holds item URL
8   dim strTitle ' holds item title
9   '
```

continua...

Listagem 22.2 Continuação

```
10   'get instance of CLC object
11   set objLinker = Server.CreateObject("MSWC.NextLink") -------------- (1)
12   %>
```

Listagem 22.2

(1) Esta é a linha que cria uma instância do componente COM Content Linker a usar no script ASP.

O próximo código que você terá que adicionar exibe os pares de URL e título para o usuário em um formato de tabela. Esta parte do código combina o script no lado servidor e a HTML. É uma prática comum. Embora você possa escrever toda a rotina usando o script no lado servidor apenas, isto levaria mais tempo e os resultados não seriam diferentes.

Portanto, mova o cursor para a primeira linha vazia depois do elemento de barra horizontal (<HR>). É onde você deseja que os itens do conteúdo apareçam. A Listagem 22.3 tem o código que você terá que adicionar neste ponto.

Listagem 22.3 Como adicionar o código para exibir os pares URL/título

```
1   <!-- now show articles in this issue -->
2   <%
3   For intLoop=1 to objLinker.GetListCount ("cl_data.txt")
4       strURL=objLinker.GetNthURL ("cl_data.txt", intLoop)
5       strTitle=objLinker.GetNthDescription ("cl_data.txt"
    ↪ , intLoop)
6   %>
7   <H4><LI><A href="<%=strURL%>"><%=strTitle%></A></H4> ------------- (1)
8   <%Next%>
9   <HR>
```

Listagem 22.3

(1) Observe que esta linha está fora dos marcadores <% e %>. Isto é apenas código HTML simples com dois pedaços de ASP dentro da linha HTML.

Esta parte do código merece um pequeno comentário. Primeiro, observe que as três primeiras linhas são o script puro no lado servidor entre marcadores <% e %>. Este código inicia um loop For...Next (linhas 3-6) que usa o CLC para ler cada item no arquivo de texto, obter o URL associado e o título para cada item e colocá-los nas variáveis VBScript.

A linha 7 é em grande parte a HTML com alguns itens de script no lado servidor misturados para completar o processo. Note como a linha que produz a entrada do artigo usa as variáveis do script no lado servidor strURL e strTitle como partes do tag HREF. É o conteúdo ativo em ação!

Finalmente, a linha 8 ou <%Next%>, completa o loop For...Next do script no lado servidor e as marcas visuais <HR> o final da lista na linha 9.

É o final do código para esse documento. Salve a página antes de continuar a construir o arquivo CL_DATA.

Dividir o script ASP é perfeitamente legal

Você não tem que manter todo o script ASP em um único bloco de script ou dentro de um conjunto de tags <% e %>. Na verdade, é muito comum usar diversas seções de script no mesmo documento ASP.

Veja também

➤ Para obter detalhes sobre como as páginas ASP funcionam, veja o Capítulo 23.

Como adicionar o arquivo de texto para controlar o conteúdo on-line

A tarefa final é criar um arquivo de texto simples que contém o URL e os títulos para todos os artigos para essa questão do *VID News Central*. Primeiro, você terá que adicionar um documento de texto ao projeto. Então, poderá usar o editor Visual InterDev para criar as entradas CLC.

Como adicionar um arquivo de texto ao seu projeto

1. Selecione o nome do projeto na janela Project Explorer, clicando-o uma vez.
2. Pressione o botão direito do mouse sobre o nome do projeto e selecione **A**dd no menu contexto.
3. Agora selecione **Add** **I**tem... no submenu.
4. Quando a caixa de diálogo Add Item aparecer, forneça o nome de arquivo na caixa de entrada **N**ame (CL_DATA.TXT), então pressione o botão **O**pen.
5. O documento aparecerá no Project Explorer e no editor visual InterDev com um conjunto inicial de códigos de cabeçalho e notas de rodapé HTML.
6. Remova todo o texto default para começar com um documento de texto limpo.
7. Depois de editar o documento, você poderá salvá-lo como faria com qualquer outro documento de projeto.

Como associar seu editor de texto favorito

Quando você abrir um documento do tipo de texto, o Visual InterDev 6 usará o NOTEPAD.EXE como o editor. Se tiver outro editor ASCII que prefira usar, poderá instalá-lo no Visual InterDev 6 clicando com o botão direito do mouse no arquivo de texto carregado e selecionando **Open With** (**Abrir Com**). Siga os prompts para acrescentar um novo editor à sua lista.

Como usar o endereço URL relativo e absoluto

Quando você adicionar ponteiros a outros documentos da web, poderá usar duas formas de endereço URL: Relativo e Absoluto. O endereço absoluto usa o URL completo, como http://myserver/myweb/mypage.htm. O endereço relativo é mais flexível porque calcula o local de um outro documento da web baseado no local do documento atual. Por exemplo, o URL somefolder/page3.htm informa ao browser para ir para uma subpasta em um nível abaixo do local atual e carregar page3.htm.

Depois de acrescentar o arquivo CL_DATA.TXT ao seu projeto e apagar todo o texto default, você terá que adicionar entradas para preencher a página de conteúdo da revista. Cada linha no arquivo de texto tem que estar na seguinte forma:

    <URL><tab><Title>

onde

- <URL> é um Localizador de Recurso Uniforme válido.
  subfolder/page3.htm ou http://www.myserver.com/myweb/subfolder/page3.htm.
- <tab> é uma tabulação (caractere ASCII 9) que age como um separador.
- <Title> é um título amistoso para exibir na página, como Amundsen Web Site (Site da Web Amundsen) ou Mail Support Request (Solicitação de Suporte de Correspondência).

Você não precisará usar caracteres especiais como aspas ou vírgulas para marcar o texto. O caractere <tab> é o único caractere importante reconhecido pelo componente Content Linking. A Tabela 22.3 mostra as entradas que você deverá criar no arquivo CL_DATA.TXT. Quando tiver terminado, o arquivo deverá parecer-se com a Listagem 22.4.

Capítulo 22 O conteúdo para sua aplicação web

Tabela 22.3 As entradas no arquivo CL_DATA.TXT

URL	Título
fpnews.htm	FrontPage News
vidid.htm	Visual InterDev InDepth
ichit.htm	Image Composer a Hit
wish.htm	Using VID a Bestseller!

Listagem 22.4 O conteúdo do arquivo CL_DATA.TXT completo

```
1  fpnews.htm    FrontPage News
2  vidid.htm     Visual InterDev InDepth
3  ichit.htm     Image Composer a Hit
4  wish.htm      Using VID a Bestseller!
```

Depois de completar o arquivo CD_DATA.TXT, salve-o e execute o projeto (pressione F5) para testar sua revista on-line. Quando o projeto iniciar pela primeira vez, você verá a página DEFAULT.HTM exibindo duas ligações. Selecione o item **Content Linking Component** (**Componente de Ligação do Conteúdo**). Se encontrar erros, poderá parar a execução e corrigi-los. Quando sua página for capaz de ser executada sem erros, deverá ficar como na Figura 22.3.

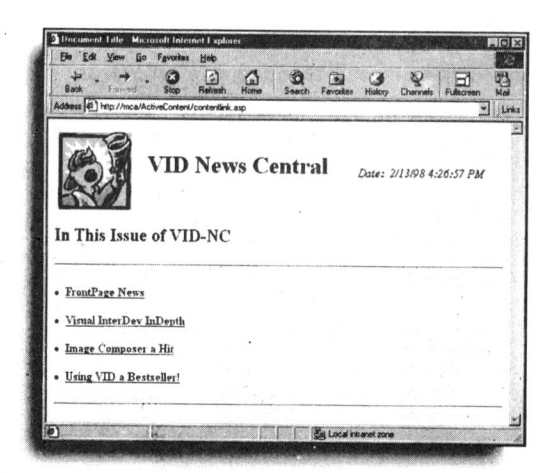

Figura 22.3 Como executar a revista on-line *VID News Central*.

Naturalmente, neste ponto as várias ligações informarão erros porque não há nenhum documento HTML para coincidir com as entradas. Contudo, você poderá modificar facilmente esse exemplo para conter ligações com um conteúdo válido em sua aplicação da web ou qualquer lugar na Internet.

Use tabulações no lugar de espaços

O componente Content Linker procura uma tabulação (caractere 9) para separar o item URL do título. Se você usar espaços em vez de uma tabulação para separar os dois itens, o Content Linker não informará um erro, ele simplesmente irá parar de processar sua lista.

Veja também

➤ *Para saber sobre como usar o editor Visual InterDev 6, veja o Capítulo 2.*

Como criar anúncios de banner com rotação com o componente Ad Rotator

Um elemento muito comum dos sites da web são os anúncios de banner com rotação que aparecem na parte superior das páginas da web. Estes anúncios geralmente tentam convencer o leitor a clicar em suas bordas para ser transportado a outro site em algum lugar na Internet. Contudo, não servem apenas para atrair os leitores a clicá-los, a maioria dos sites da web de host contam o número de vezes em que os anúncios foram clicados. O componente Ad Rotator que é enviado com o Microsoft Internet Information Server é uma maneira simples de adicionar essa funcionalidade às suas páginas da web.

O componente Ad Rotator requer um código de script no lado servidor muito pequeno para implementar. A Listagem 22.5 mostra o segmento de código inteiro para colocar anúncios com rotação em suas páginas da web.

Listagem 22.5 O script mínimo necessário para ativar o Ad Rotator

```
1   <%
2   '
3   ' get instance on add rotator and show ads
4   '
5   Dim objAd ' holds object
6   '
7   ' connect to object
8   Set objAd = Server.CreateObject ("MSWC.AdRotator")----------------(1)
9   ' display the ad
10  Response.Write objAd.GetAdvertisement ("adrot.txt")--------------(2)
11  '
12  %>
```

Capítulo 22 O conteúdo para sua aplicação web   643

Listagem 22.5
(1) Esta é a linha que obtém uma instância do Ad Rotator para seu uso. (2) Esta é a linha que usa o arquivo de controle para exibir o próximo acréscimo na rotação.

Como você pode ver na Listagem 22.5, apenas três linhas do script no lado servidor (5, 8 e 10) são necessárias para completar um banner de anúncio com rotação para uma página. Você terá que declarar uma variável de objeto, ligar essa variável a uma instância do componente Ad Rotator e usar o objeto Response para escrever o banner de anúncio atual encontrado em um arquivo de texto.

O arquivo de texto que executa o Ad Rotator

O código do script no lado servidor do componente Ad Rotator é simples porque tudo o que é importante está armazenado em um arquivo de texto no projeto da web. Este arquivo de texto contém informações sobre como exibir imagens de anúncio em geral, inclusive

- A largura e a altura do espaço do banner na página
- A espessura da borda colocada em torno de cada anúncio de banner
- Um URL opcional para usar como uma página de redirecionamento para registrar centralmente os cliques de anúncio dos usuários

O arquivo de texto também inclui informações detalhadas sobre cada banner, inclusive

- O arquivo de imagem a exibir
- O URL associado à imagem
- O texto a exibir caso as imagens sejam desativadas pelo browser
- O número de vezes em que cada imagem deve ser incluída na rotação (expresso como uma porcentagem)

Para adicionar anúncios de banner, reuna imagens de anúncio e informações, acrescente algumas linhas de script no lado servidor à sua página da web, crie o arquivo de texto para controlar a rotação e (opcionalmente) configure uma página de redirecionamento para registrar os cliques do usuário.

Portanto, façamos isso.

Como criar a página de exibição do banner de anúncio

A primeira etapa é criar um arquivo ASP que exibirá os anúncios de banner reunidos. Para tanto, acrescente um novo documento ASP chamado ADROTATOR.ASP ao projeto da web ActiveContent. Depois de adicionar a página ao projeto, você terá que adicionar um título HTML e algumas linhas de script no lado servidor.

A Listagem 22.6 mostra todo o código necessário a fornecer no documento ADROTATOR.ASP. Forneça esse código na primeira linha vazia depois do tag <BODY>.

Listagem 22.6 Como adicionar o código ao documento ADROTATOR.ASP

```
1   <H2>Ad Rotator Sample</H2><br>
2
3   <%
4   `
5   ` get instance on add rotator and show ads
6   `
7   Dim objAd ` holds object
8   `
9   ` connect to object
10  Set objAd = Server.CreateObject ("MSWC.AdRotator")
11  ` display the ad
12  Response.Write objAd.GetAdvertisement ("adrot.txt")
13  `
14  %>
```

No momento este código deverá ser bem familiar. A linha 7 declara uma variável que manterá o ponteiro para o objeto Ad Rotator. A linha 10 é o código que realmente cria a instância do ponteiro em seu script. A linha 12 lê o arquivo de texto (ADROT.TXT e exibe um dos anúncios de banner na página.

Este é todo o código necessário para essa página. Salve-o antes de ir para a próxima tarefa.

Veja também

➤ *Para obter informações sobre como adicionar novos documentos ASP à sua página da web, veja o Capítulo 2.*

Como adicionar uma página de verificação de batidas para controlar o uso do anúncio

Em seguida, iremos adicionar outro documento ASP ao projeto chamado ADCHECK.ASP. Este documento agirá como um portão a partir desse projeto da web para todos os URLs associados aos anúncios de banner. Criando esse documento adicional, você poderá acrescentar o script no lado servidor que registrará os cliques do usuário para os vários sites. Isto também fornecerá uma chance de executar outro código de script no lado servidor como para atualizar os contadores etc. antes de enviar seus visitantes para o próximo local.

Capítulo 22 O conteúdo para sua aplicação web 645

Depois de adicionar o documento ADCHECK.ASP ao seu projeto da web, você terá que acrescentar-lhe algum script no lado servidor para lidar com as informações de redirecionamento que estará recebendo do documento ADROTATOR.ASP. A Listagem 22.7 mostra todo o código necessário para lidar com o registro básico de cliques completos e o redirecionamento no site de destino.

Sobre a contagens dos cliques completos

O exemplo exibido aqui mostra como capturar o que são conhecidos no ramo como "cliques completos" a partir de seu site para outros sites. Muitas empresas usam essas informações como um método para cobrar os anunciantes que usam seus sites. Entretanto, o exemplo mostrado aqui é muito básico. Uma codificação extra, inclusive o tratamento de erros e os contadores de armazenamento nos arquivos de texto no servidor da web, é necessária antes dessa rotina estar pronta para o uso em produção.

Listagem 22.7 Como adicionar o código para gerenciar o registro de cliques completos e o redirecionamento URL

```
1   <%
2   '*****************************
3   ' handle redirect from ad rotator
4   '*****************************
5   '
6   ' note:
7   ' you must do this "before" the
8   "<HTML> header tag is sent to the browser
9   '
10  strURL=Request.QueryString("url")   ' get URL from line
11  Response.AppendToLog "AD HIT: " & strURL   ' update log
12  Response.Redirect strURL   ' send user off
13  '
14  %>
```

É importante notar que esse código tem que ser adicionado na parte superior do documento ASP, logo depois de <@ LANGUAGE="VBScript"> e logo *antes* do tag <HTML>. Se você acrescentar esse código depois do cabeçalho <HTML> ter sido enviado, obterá erros.

A capacidade de fornecer o redirecionamento URL em um documento ASP é muito eficiente, embora também tenha seus problemas. Primeiro, qualquer informação de redirecioanmento tem que ser processada no servidor *antes* dos dados de cabeçalho HTML (o código HTML no início de cada página) ser enviado para o browser. A idéia de redirecionamento é fazer com que o browser "vá para outro lugar" em vez de exibir essa página.

A Listagem 22.7 mostrar três linhas de script no lado servidor que executam todas as operações necessárias para registrar o clique completo e redirecionar o usuário para o URL de destino. Primeiro, o URL é obtido na linha de comandos usando o método .QueryString do objeto Response (linha 10). Em seguida, o método .AppendToLog é usado para escrever esse URL (junto com algum texto acrescentado) no arquivo de registro do site da web (linha 11). Finalmente, esse mesmo URL é usado pelo método Redirect para enviar o usuário para o site de destino (linha 12).

Outra maneira de redirecionar os usuários

Você poderá também usar o tag HRML <META HTTP-EQUIV="REFRESH" CONTENT="15; URL=http//www.amundsen.com/staging/"> com a parte <HEAD></HEAD> de um documento HTML para executar o redirecionamento. Isto funciona de maneira diferente da versão de script no lado servidor porque ocorre na extremidade do cliente da conexão. O método **Response.Redirect** ocorre na extremidade do servidor da conexão.

Depois de adicionar o código da Listagem 22.7 ao documento ADCHECK.ASP, salve-o antes de continuar na próxima etapa.

Veja também

➤ Para obter detalhes sobre como usar o response.redirect nos documentos ASP, veja o Capítulo 15.

Como construir o arquivo de controle Ad Rotator

A última tarefa necessária para implementar o componente Ad Rotator é a criação do arquivo de controle que é lido pelo Ad Rotator. Este arquivo de controle contém todas as informações requeridas sobre como exibir cada anúncio no espaço do banner. Embora seja um arquivo de texto simples, o layout do arquivo é bem peculiar. Se não for construído corretamente, se uma linha estiver fora do lugar, o componente Ad Rotator falhará.

O arquivo de controle é dividido em duas partes: as informações de descrição do banner e a lista de anúncios para exibir no banner. As informações de descrição do banner podem incluir até quatro linhas de texto na seguinte forma:

```
redirect <URL>
width <n>
height <n>
border <n>
```

onde <URL> é um local válido a ser usado para registrar os cliques completos e enviar o usuário para o local de destino. É uma linha opcional. As três linhas restantes (width, height e border) são requeridas.

Capítulo 22 O conteúdo para sua aplicação web

Um único asterisco (*) em uma linha separa as informações de descrição do banner e a lista de anúncios a exibir.

A seção de anúncios de exibição têm que ter o layout da seguinte forma:

```
<URL da imagem>
<URL do local de destino> ou "-"
<versão de texto do banner>
<n>
```

A primeira linha contém um URL que aponta para o local da imagem de banner a exibir (ou seja, images/compost.gif etc.). A segunda linha contém o URL de destino para o qual o usuário será enviado (ou seja, http://www.compost.com). A terceira linha é usada para manter o texto alternativo exibido quando a imagem não está disponível ou desativada (por exemplo, Dig into some fun at COMPOST.COM ou Tenha alguma diversão em COMPOST.COM).

Finalmente, a quarta linha contém um número de 1 a 100 para indicar a porcentagem de rotações que esse anúncio terá. Por exemplo, uma entrada de 30 instrui o componente Ad Rotator a exibir o anúncio associado em 30 por cento do tempo em que a página será enviada.

Pode haver tantas entradas na lista quantas você quiser. Contudo, a porcentagem total do tempo de exibição deverá sempre somar 100. Por exemplo, se você tiver quatro anúncios para exibir e quiser exibi-los cada um com um número igual de vezes, a cada anúncio deverá ser atribuído o valor 25 para representar 25 por cento.

Agora que sabe como o arquivo de controle Ad Rotator é construído, acrescente um novo arquivo de texto ao projeto da web chamado ADROT.TXT. Apague qualquer dado HTML que apareça na página quando for carregada pela primeira vez no editor e copie os dados da Listagem 22.8 para o documento.

Listagem 22.8 Como construir o arquivo de controle Ad Rotator ADROT.TXT

```
1   redirect adcheck.asp
2   width 400
3   height 100
4   border 1
5   *--------------------------- (1)
6   images/ar_compost.gif
7   compost.htm
8   Dig into the fun - Visit Compost.com!
9   30 ------------------------- (2)
10  images/ar_dingbat.gif
11  digbat_air.htm
12  Confused? - Fly Dingbat Airlines!
```

continua...

Listagem 22.8 Continuação

```
13  40
14  images/ar_fred.gif
15  fred_ld.htm
16  Talk Fast - You're using Fred's Long Distance!
17  20
```

Listagem 22.8

(1) Isto marca o final das informações de descrição do banner e o início das informações do anúncio de exibição.

(2) Esta é a última linha de informação para o primeiro anúncio de exibição.

Note que os dados na Listagem 22.8 referem-se aos arquivos de imagem que foram usados para construir o projeto original tratado neste livro. Você poderá usar qualquer imagem que quiser quando testar seu próprio exemplo. O conteúdo das imagens não é importante.

Depois de completar o arquivo de controle ADROT.TXT, salve-o e execute um texto em seu projeto da web (selecione F5). Depois de visualizar a página principal, selecione **Ad Rotator Component** (**Componente Ad Rotator**) e você verá algo como a Figura 22.4 aparecer em seu browser.

Figura 22.4 Como exibir a página Ad Rotator.

Capítulo 22 O conteúdo para sua aplicação web 649

Quando estiver exibindo a página Ad Rotator Sample (Exemplo Ad Rotator), selecione **View** (**Exibir**), **Source** no menu Microsoft IE4 para exibir a fonte HTML enviada do servidor para o cliente. Onde você escreveu as três linhas de script no lado servidor para exibir o anúncio de banner (veja Listagem 22.5), agora verá a HTML simples (veja a Listagem 22.9).

Listagem 22.9 A saída HTML do componente Ad Rotator

```
1   <A HREF="adcheck.asp?url=dingbat_air.htm&image=----------------(1)
2     images/ar_dingbat.gif"><IMG SRC="images/ar_dingbat.gif"
3     ALT="Confused? - Fly Dingbat AirLines!" WIDTH=400
4     HEIGHT=100 BORDER=1></A>
```

Listagem 22.9

(1) Note o uso da redirecionamento para adcheck.asp com os parâmetros url e image.

Observe que a parte HREF do tag inclui o nome do documento de redirecionamento (ADCHECK.ASP) seguido dos dois parâmetros nomeados (url e image). Estes parâmetros estão disponíveis através do método Response.QueryString e são usados no documento ADCHECK.ASP para registrar a batida e o envio do usuário para o URL de destino.

Agora você sabe como incluir anúncios de banner como o conteúdo ativo em suas aplicações da web.

Capítulo 23

Como criar scriptlets para o Microsoft Internet Explorer 4.0

- Compreensão dos scriptlets
- Veja os componentes de um scriptlet
- Incorpore scriptlets em suas aplicações da web

Como aprender a teoria sob os scriptlets

Um dos recursos mais eficientes do código com o Microsoft Internet Explorer 4 é a capacidade de criar componentes de script reutilizáveis chamados *scriptlets* (acessórios de script). Os scriptlets são documentos da web independentes que podem ser chamados de dentro de outros documentos da web. Em outras palavras, agem como componentes independentes que podem ser acessados e reutilizados por outros documentos da web em sua aplicação. Neste capítulo, você aprenderá a teoria sob os scriptlets, como construí-los e como usá-los em sua aplicação da web.

A melhora maneira de compreender os scriptlets é considerá-los como objetos COM no código do script. Agora, em vez de ter que criar componentes reutilizáveis com o Visual Basic, o Visual J++ ou o Visual C++, você poderá usar o Visual Basic Script (ou o JScript) para criar seus próprios componentes. Após sua criação, você poderá registrá-los em sua aplicação da web e usá-los como se fossem objetos COM compilados.

As vantagens dos scriptlets

Uma as maiores vantagens dos scriptlets é que você pode criar objetos como COM completos com propriedades, métodos e eventos sem ter que recorrer a linguagens compiladas de alto nível como o Visual Basic, Visual C++ ou Visual J++. Isto significa que poderá construir rapidamente um componente, instalá-lo e testá-lo sem o problema de carregar um novo instrumento de linguagem e compilar o item primeiro.

Saudações para os componentes

Qualquer pessoa que tenha executado o desenvolvimento baseado em componentes sabe a mudança de engrenagens que há a partir do desenvolvimento convencional. O desenvolvimento baseado em componentes abre fornece aos desenvolvedores muito mais liberdade. Usando componentes que foram desenvolvidos ou comprados para um serviço específico, você terá o trabalho de agir como um arquiteto reunindo várias "construções" diferentes (componentes, neste caso) em um todo funcional, em vez de criar toda a arquitetura desde a base de uma única vez.

Outra grande vantagem de usar scriptlets é que você não tem que registrar o objeto COM compilado no sistema operacional antes de poder usá-lo. Esta é uma vantagem particular quando sua aplicação da web é mantida em um servidor da web remoto. Como os objetos COM têm que ser registrados no Windows Registry do servidor da web por um usuário com direitos administrativos, construir e instalar objetos COM em um servidor da web remoto poderá ser um problema. Em alguns casos, o administrador do servidor da web de host permite que os usuários remotos instalem e registrem seus próprios objetos COM. Usar scriptlets irá superar essa dificuldade porque você poderá criar e instalar seu componente sem a necessidade de acessar o Windows Registry no servidor da web.

Finalmente, mesmo que você tenha acesso ao servidor da web de host, poderá querer usar scriptlets como um meio de criar um "protótipo" de seus objetos COM antes de se esforçar em construir uma versão totalmente compilada e registrá-la no servidor. Assim, poderá criar rapidamente, instalar e testar a construção sem ter que lidar com o processo e os detalhes de compilação e registro do objeto COM. As mudanças na interface são rápidas, fáceis e não significam compilações repetidas e atualizações do Registry também. Quando você tiver estabelecido a interface do objeto e o comportamento, será um trabalho rápido levar essa construção para as linguagens compiladas (Visual Basic, Visual J++, Visual C++ etc.) e completar o objeto COM final pronto para a instalação em seu servidor da web.

DNA do Windows

A DNA do Windows (não, não é a origem das GUIs feias) é o novo paradigma de desenvolvimento da Microsoft: a arquitetura Distributed InterNet Applications (Aplicações InterNet Distribuídas). A DNA do Windows está baseada na premissa de aplicações distribuídas que usam componentes, servidores transacionais e servidores de informação (como um servidor da web). Os scriptlets são uma parte importante da DNA do Windows porque ajudam a vincular as aplicações da web em objetos COM (como você leu anteriormente). Para obter mais informações sobre a DNA da Microsoft, visite http://www.microsoft.com/dna.

Como compreender os limites dos scriptlets

Uma desvantagem óbvia da utilização de scriptlets é que eles são executados um pouco mais lentamente do que os itens compilados. Na Internet ou nas definições de intranets remotas, essa falta de velocidade provavelmente não será notada. Contudo, nos acessórios da web intranet locais, é possível que os usuários consigam dizer a diferença entre os objetos COM compilados e os scriptlets. Você precisará experimentar seu próprio ambiente para ver se isso é uma consideração importante em seu caso.

Uma consideração ainda mais importante ao comparar os scriptlets com os objetos COM compilados é a segurança. Os objetos COM totalmente compilados podem ser criados com um nível alto de acesso para o servidor da web de host. Isto permite aos objetos COM acessarem recursos seguros e dados no servidor que não estão disponíveis a partir dos scriptlets.

A segurança e os scriptlets

A segurança e os scriptlets são, claro, parte de um problema muito maior de segurança e das próprias páginas da web. Se você estiver procurando restringir recursos e dados seguros, os objetos compilados ainda terão que levar às páginas da web.

Em alguns casos, você poderá querer adicionar algumas informações de segurança, como os nomes de conexão e senhas, a um componente compartilhado para facilitar que os usuários acessem dados importantes. Nos objetos COM compilados esse tipo de informação diferenciada é fácil de ocultar porque os dados podem ser compilados no objeto e nunca exibidos para os usuários. No entanto, como os scriptlets são construídos inteiramente fora do script interpretado e não compilados, qualquer informação de conexão estará disponível no texto simples e poderá ser exibida pelos browsers do cliente que acessam os scriptlets.

Resumindo, se você tiver que criar rapidamente componentes básicos que podem ser construídos e instalados facilmente em servidores da web remotos, os scriptlets poderão ser uma opção valiosa. Contudo, se tiver que executar operações de segurança ou quiser ocultar dados diferenciados dentro do componente e tiver acesso fácil ao Windows Registry do servidor da web de host, os objetos COM compilados serão uma escolha melhor.

Como adicionar a reutilização do código com scriptlets

A teoria sob os scriptlets é que você pode construir facilmente componentes de script que podem ser reutilizados em sua aplicação da web. Isto é possível porque os scriptlets são tratados como componentes independentes em vez de como documentos da web estáticos. Na verdade, cada documento da web marcado como um scriptlet pode ser considerado um objeto COM com suas próprias propriedades, métodos e eventos.

Os scriptlets são separados

O ponto a lembrar é que os scriptlets são objetos próprios e separados da página da web que os chama. Diferente de um script, que está (geralmente) localizado na página que o usa, um scriptlet é referido apenas pela página. O próprio scriptlet é um arquivo separado fisicamente que é aberto.

Quando você criar um scriptlet, estará construindo um "dispositivo" que pode ser colocado dentro de outro documento da web (veja Figura 23.1).
Scriptlet A

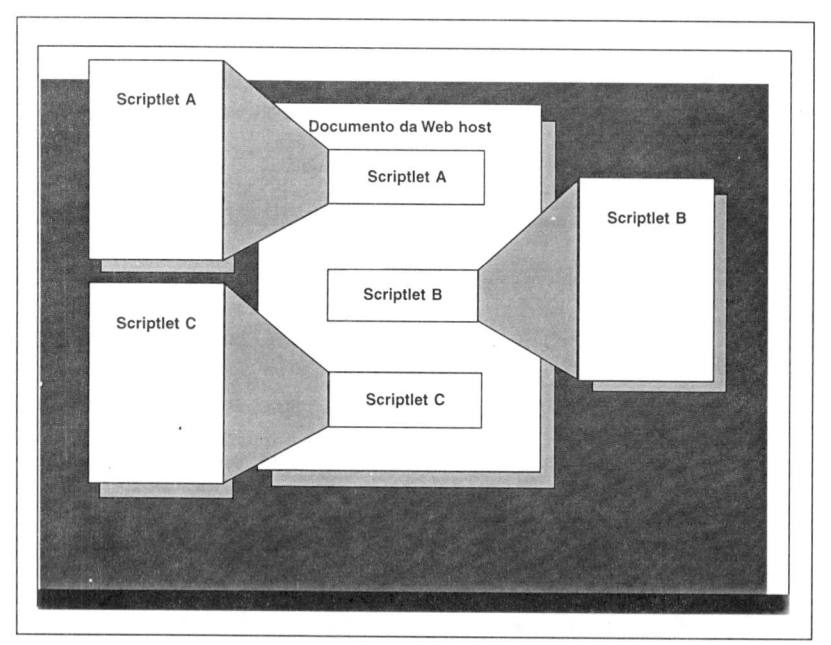

Capítulo 23 Como criar scriptlets para o Microsoft Internet Explorer 4.0   **655**

Figura 23.1 Os scriptlets podem ser colocados dentro de outros documentos da web.

Quando você criar scriptlets, poderá realmente arrastá-los e soltá-los de sua caixa de ferramentas Visual InterDev na página da web de host. Além disso, poderá adicionar quantos scriptlets quiser a uma única página da web. Poderá, ainda, adicionar diversas cópias do mesmo scriptlet à página da web. Finalmente, poderá usar o mesmo scriptlet em mais de uma página em sua aplicação da web.

Como criar os scriptlets

Criar um scriptlet fora de um documento não poderia ser mais fácil. É simplesmente uma questão de clicar com o botão direito do mouse em uma página da web (documento HTM) no Project Explorer e escolher **Mark as Scriptlet** (**Marcar como Acessório de Script**) no menu contexto. Você verá isso um pouco mais adiante com um exemplo.

Você poderá considerar que esses scriptlets são apenas um exemplo elegante de arquivos de inclusão no lado servidor (SSIs). No entanto, não é bem assim. Embora você possa ter um alto grau de reutilização empregando SSIs em suas aplicações da web, as SSIs são, por natureza, partes de código estáticas que são adicionadas quando o documento é enviado para o browser do cliente. Os scriptlets, por outro lado, não são estáticos. Eles são documentos da web ativos. E mais, o conteúdo de um scriptlet não é enviado para o browser com o documento solicitado. Ao contrário, o URL do scriptlet é enviado para o browser do cliente e o cliente então solicita o scriptlet e o exibe no espaço de quadro definido. Isto significa que você poderá manter um documento da web completo como um scriptlet em vez de um documento parcial, como é o caso dos arquivos SSI.

SSIs: scriptlets que não são

Usar a SSI para incluir documentos e scripts é uma ótima técnica e definitivamente tem seu lugar. O ponto a lembrar é que eles não são definitivamente scriptlets. Os scriptlets são objetos próprios, com suas próprias interfaces para o mundo. Um documento lido através da SSI é apenas isso, um documento.

Além do fato de que você pode inserir scriptlets em seus documentos da web, eles também fornecem uma interface visual extra que é muito valiosa. Os scriptlets são realmente implementados como "janelas" no documento da web. Essas janelas são fixas no tamanho, mas podem também ter suas próprias barras de paginação vertical e horizontal. Usando um código de script muito básico, você poderá implementar áreas pagináveis sofisticadas em seus formulários de aplicação da web. O conteúdo dessas áreas pagináveis pode ser qualquer coisa que qualquer documento da web padrão contenha. Poderá também estabelecer atributos de estilo personalizados em qualquer scriptlet e simplesmente soltar esse scriptlet em uma página da web. É a reutilização real do código!

Finalmente, os scriptlets oferecem um nível de funcionalidade não encontrado em nenhum outro formulário de documento da web. Os scriptlets podem conter propriedades personalizadas, como loginname e password, que podem ser lidas e gravadas a partir do documento da web de host. Você poderá também adicionar métodos personalizados, como LoginUser ou ValidPassword. E mais, os scriptlets podem também fornecer eventos personalizados, como UserCancelled ou DataSaved, para seus documentos da web. Usar essas propriedades, métodos e eventos permitirá criar componentes reutilizáveis flexíveis que podem acrescentar muita capacidade às suas aplicações da web.

Os scriptlets são parecidos com quadros

Você lembra dos **IFRAME**s? Os quadros flutuantes que foram introduzidos no Internet Explorer 3.0 e ofereciam muita capacidade. Infelizmente eles não eram suportados nos browsers Netscape (novamente, nem são scriptlets). Os scriptlets são vagamente parecidos com os quadros flutuantes no sentido de que são documentos completos que "flutuam" em sua própria página da web. A principal diferença é a comunicação interna.

A anatomia de um scriptlet

Agora que você compreende a teoria sob os scriptlets e suas possíveis utilizações, é hora de construir um. Nesta seção do capítulo, você aprenderá as partes básicas dos scriptlets e como poderá criá-los usando o Visual InterDev. Naturalmente, o principal a lembrar ao criar scriptlets é que eles são realmente apenas documentos HTML padrão usados de uma maneira nova. A única diferença real com a qual você terá que lidar é como construir e implementar seus códigos HTML.

Capítulo 23 Como criar scriptlets para o Microsoft Internet Explorer 4.0 **657**

Como os scriptlets são planejados para parecerem e se comportarem como objetos COM compilados, você terá todos os recursos do Component Object Model (Modelo de Objetos do Componente) com os quais trabalhar. Isto inclui

- Métodos públicos
- Propriedades públicas
- Eventos

Objetos COM

Isto lhe parecerá antiquado se você desenvolveu objetos usando o Visual Basic ou Visual C++. Os conceitos são diretamente relacionados.

Junto com esses três elementos, você poderá usar todos os recursos da HTML, o script do cliente, os controles de construção e os controles ActiveX em seu scriptlet. Combinando a construção do documento Visual InterDev típica com a capacidade acrescentada das propriedades de publicação, métodos e eventos, poderá construir facilmente documentos da web reutilizáveis.

Scriptlets e um demo

Os próximos tópicos analisarão como os scriptlets são criados e referidos. Você poderá ou não ter sucesso em compreender estes exemplos. Posteriormente neste capítulo, irá executar um exemplo real de criação de um scriptlet e uma página que usa um scriptlet, tudo de uma só vez. Não entre em pânico se não estiver certo sobre onde está neste momento, pois agora você sabe para onde está indo.

Como criar os métodos do scriptlet

Criar métodos nos scriptlets é muito fácil. Por exemplo, usando o Visual Basic Scripting como o host, você poderá criar um método Sub simples, como mostrado na Listagem 23.1.

Listagem 23.1 Como definir um método de scriptlet

```
1   <SCRIPT LANGUAGE=vbscript>
2   <!—
3   Sub public_showMessage
4   '
5      alert "This message is called from a scriptlet host"
6   '
7   End Sub
8   —>
9   </SCRIPT>
```

Note que a única diferença entre criar métodos em documentos da web padrão e criar métodos em scriptlets é o uso do prefixo public_ ao declarar o nome do método. Embora este prefixo não seja nomeado ao chamar o método publicado a partir do documento de host, é ele que faz a mágica acontecer.

Os guardas de trânsito

Considere os métodos **public_** como os guardas de trânsito de seu scriptlet. Eles aplicam todas a regras do trânsito e de seu objeto de scriptlet, assegurando que tudo está atuando de maneira certa.

Você poderá também criar métodos que aceitam parâmetros ou retornam um único valor. Se tiver que retornar valores, usará a palavra-chave Function do Visual Basic Script para declarar o método. Ainda, poderá adicionar qualquer quantidade de parâmetros à declaração para representar os valores que serão enviados ao método a partir do documento de host. A Listagem 23.2 mostra um exemplo que inclui ambos os parâmetros e um valor de retorno.

Listagem 23.2 Como definir um método de scriptlet que aceita os parâmetros e retorna um valor

```
1   <SCRIPT LANGUAGE=vbscript>
2   <!--
3   Function public_Percentage (Whole, Part)
4       '
5       public_Percentage=cStr((Part/Whole)*100) & "%"
6       '
7   End Function
8   -->
9   </SCRIPT>
```

O principal item a notar na Listagem 23.2 é que o retorno de um valor nas funções do Visual Basic Script é feito definindo-se o nome da função como o valor de retorno (veja a linha 5). Novamente, você pode ver o uso do prefixo public_ ao definir o método Visual Basic Script.

Como criar as propriedades do scriptlet

As propriedades são realmente apenas maneiras elegantes de publicar variáveis nos scriptlets de volta para o documento que está usando ou "mantendo" o scriptlet. Para criar as propriedades, você construirá dois métodos especiais no documento de scriptlet. O primeiro método é put, que permite aos hosts do scriptlet armazenar dados no documento de scriptlet. A Listagem 23.3 mostra um método put típico para definir uma propriedade do scriptlet.

Capítulo 23 Como criar scriptlets para o Microsoft Internet Explorer 4.0   659

Listagem 23.3 Como definir o método *put* da propriedade do scriptlet

```
1  <SCRIPT LANGUAGE=vbscript>
2  <!—
3  Sub public_put_bgColor(Color)
4      '
5      window.document.bgColor=Color
6      '
7  End Sub
8  —>
9  </SCRIPT>
```

Quando observar a Listagem 23.3, você poderá ver que a linha de declaração é ligeiramente diferente. O prefixo dos métodos put (linha 3) para os scriptlets é um pouco mais longo. Ele inclui a parte public, juntamente com uma parte put adicional. Como nos métodos públicos, você acessará o método put simplesmente usando o nome da propriedade (neste caso, bgColor na linha 5).

Como criar caixas-pretas

Seu objetivo deve ser criar a caixa-preta perfeita com os scriptlets. No que diz respeito ao mundo externo de seu scriptlet, a única maneira de entrar e sair é através dos métodos **public**. As operações internas do scriptlet devem ser totalmente invisíveis e ocultas da exibição. Usando os métodos **public**, seus outros scripts não precisarão saber como tudo funciona dentro de seu scriptlet para se comunicarem. Isto permite alterar a estrutura de seu scriptlet. Contanto que suas interfaces **public** permaneçam as mesmas, seus outros scripts continuarão a funcionar bem mesmo depois de maiores revisões.

Você precisará de um segundo método para recuperar o valor armazenado na propriedade do scriptlet. Isto é geralmente referido como o método get. A Listagem 23.4 mostra o método para coincidir com o método put definito na Listagem 23.3.

Listagem 23.4 Como definir o método *get* da propriedade do scriptlet

```
1  <SCRIPT LANGUAGE=vbscript>
2  <!—
3  Function public_get_bgColor
4      '
5      public_get_bgColor=window.document.bgColor
6      '
7  End Function
8  —>
9  </SCRIPT>
```

Como criar propriedades somente de leitura ou somente de gravação
É fácil criar uma propriedade somente de leitura para seus scriptlets. Você apenas definirá o método **public_get_<nome>**. Poderá também criar uma propriedade somente de gravação definindo apenas o método **public_put_<nome>**.

Agora você "captou" a idéia, certo? O método get tem o prefixo public_get e, como retorna um valor, é definido usando-se a palavra-chave Function do Visual Basic Script.

Como lidar com os eventos padrão nos scriptlets

Um dos aspectos mais surpreendentes dos scriptlets é que eles têm a capacidade de lidar com os eventos. Em outras palavras, você pode criar scriptlets que tenham seus próprios eventos, como os movimentos do mouse e a atividade do teclado. Isto é feito adicionando um código de script especial aos eventos já existentes no documento dos scriptlets.

Adicionar o tratamento de eventos ao seu scriptlet é realmente fácil. A mágica é executada por um único método predefinido chamado bubbleEvent. Este método realmente "envia" a mensagem de evento dos scriptlets de volta para o documento de host. A Listagem 23.5 mostra como você poderá definir um evento onclick para seu scriptlet.

A bolha de eventos
A bolha de eventos é um novo conceito nas páginas da web; contudo, é antigo para os sistemas operacionais. O OS/2 e o Windows, por exemplo, usam a bolha de eventos para fornecer mais controle e flexibilidade aos desenvolvedores durante a criação das aplicações.

Listagem 23.5 Como adicionar um evento *onclick* a um scriptlet

```
1   Sub document_onclick
2       '
3       If window.external.frozen=False Then
4           window.external.bubbleEvent()
5       End If
6       '
7   End Sub
```

Este código reside no scriptlet
Este código reside no scriptlet, não na página de host.

Quando você adicionar o código da Listagem 23.5 a um scriptlet, sempre que o usuário clicar em qualquer lugar no scriptlet, a mensagem onclick será enviada para o documento de host. Lembre-se que o código da Listagem 23.5 aparece no scriptlet e a mensagem de evento onclick aparece no documento de host.

Também vale a pena mencionar que a linha 3 da Listagem 23.5 foi adicionada como um recurso de segurança. A propriedade window.external.frozen é definida como TRUE contanto que o scriptlet ainda esteja carregando no browser. Como as mensagens de evento não podem ser enviadas com segurança até que o carregamento do scriptlet esteja completo, é importante verificar a propriedade "frozen" (congelado) antes de tentar enviar mensagens de evento do scriptlet para o documento de host.

Os eventos estouram a bolha

Lembre-se que a bolha de eventos funciona exatamente como seu nome indica: os eventos aumentam a bolha até que finalmente atingem o limite.

Você poderá usar o método bubbleEvent para enviar qualquer mensagem de evento existente do documento de scriptlet de volta para o documento de host. As mensagens de evento de exemplo são

- onclick
- ondblclick
- onhelp
- onkeydown
- onkeypress
- onkeyup
- onload
- onunload
- onmousedown
- onmousemove
- onmouseover
- onmouseup

Estes são apenas alguns eventos predefinidos que você poderá enviar. Todo elemento do modelo de objetos (janela, documento, formulário e elemento) tem sua própria coleção de mensagens de evento e todas essas mensagens podem ser enviadas para o documento de host.

Como criar eventos personalizados em seus scriptlets

E se você precisar que um evento especial ocorra, um evento que já não faz parte da lista padrão de eventos? Tudo o que terá que fazer será definir sua própria mensagem de evento e enviá-la de volta para o documento de host.

Para fazer isso, chame o método raiseevent do objeto window.external. Este método enviará uma mensagem de volta para o documento de host, que tem duas partes:

- EventName é seu nome para o evento (onmyevent).
- ReturnValue é qualquer valor que deseja enviado (window.document.title).

Como combinar os eventos personalizados e os scriptlets

Usar eventos personalizados através dos scriptlets abrirá muitas possibilidades. Você poderá agora começar a trabalhar no mesmo nível dos desenvolvedores Visual Basic, que têm muita flexibilidade para criar e manipular os eventos.

Você poderá usar qualquer valor desejado para o parâmetro EventName e qualquer valor para o parâmetro ReturnValue. A combinação de EventName e de ReturnValue é geralmente referida como *assinatura* da mensagem de evento. Quando você conhecer a assinatura da mensagem de evento que deseja enviar, poderá usar o método raiseevent para enviá-la para o documento de host.

A Listagem 23.6 mostra um método que envia uma mensagem de evento personalizada quando os usuários tentam digitar algo diferente de numerais em uma caixa de texto.

Listagem 23.6 Como enviar uma mensagem de evento personalizada

```
1   Sub txtNumOnly_onkeypress
2       '
3       dim intKey
4       '
5       ' get key pressed by the user
6       intKey=window.event.keyCode
7       '
8       ' only allow 0-9 keys
9       if intKey<48 or intKey>57 then
10          ' send custom event message
11          window.external.raiseevent "onbadkey", intKey
12          ' toss out bad key
13          window.event.returnvalue=false
14      end if
15      '
16  End Sub
```

Capítulo 23 Como criar scriptlets para o Microsoft Internet Explorer 4.0 **663**

Você pode ver a mensagem enviada na linha 11 da Listagem 23.6. Outros aspectos interessantes da Listagem 23.6 incluem o uso do objeto window.event para obter o código de teclas da tecla pressionada (linha 6) e o uso de returnValue=false para "descartar" uma tecla inválida.

O mais importante a lembrar é que o Visual Basic Script que você vê na Listagem 23.6 é colocado no scriptlet, não no documento de host. O código na Listagem 23.6 apenas envia a mensagem. Depois da mensagem ser enviada, ela tem que ser recebida. Isto é gerenciado no documento de host.

Para receber mensagens de evento personalizadas, você terá que adicionar um método à sua página de host (veja a Listagem 23.7). Este método receberá o nome do evento e retornará o valor para cada mensagem personalizada definida para o scriptlet.

Listagem 23.7 O código Visual Basic Script que recebe mensagens de evento personalizadas

```
1   Sub OBJECT1_onscriptletevent(EventName, ReturnValue)
2       Dim strMsg
3       '
4       strMsg = "EventName: " & EventName & chr(13)
5       strMsg = strMsg & "ReturnValue: " & ReturnValue
6       '
7       alert strMsg
8       '
9   End Sub
```

Você pode definir quantas mensagens de evento quiser para seu objeto de scriptlet. No entanto, todas as mensagens de evento para o scriptlet serão enviadas para o mesmo método <scriptletname>_onscriptletevent. Se você definir diversas mensagens para um único objeto de scriptlet, terá que adicionar um código ao método onscriptletevent para reagir devidamente para cada mensagem.

Por exemplo, se criou três eventos personalizados para uma caixa de texto em um scriptlet chamado onNumKey, onAlphaKey e onOtherKey, seu código onscriptletevent poderá se parecer com o da Listagem 23.8.

Sugestão de scriptlet

O que você pode querer fazer ao invés de especificar muitos eventos para um único scriptlet é criar vários scriptlets reutilizáveis com os eventos que deseja definir.

Listagem 23.8 Como lidar com diversas mensagens de evento personalizadas para o mesmo scriptlet

```
1    Sub OBJECT1_onscriptletevent (EventName, ReturnValue)
2    '
3        Select Case EventName
4            Case "onNumKey"
5                Call HandleNumericKey ReturnValue
6            Case "onAlphaKey"
7                Call HandleAlphaKey ReturnValue
8            Case "onOtherKey"
9                Call HandleOtherKey ReturnValue
10       End Select
11   '
12   End Sub
```

Uma nota sobre esta listagem de código

Esta listagem de código é um bom exemplo de como é fácil transmitir informações de um scriptlet para sua página e vice-versa.

Um ponto final a lembrar é que as mensagens são enviadas para cada código do objeto que você está mantendo. Em outras palavras, se adicionar duas cópias do mesmo objeto de scriptlet à sua página de host (scrKeyInput1 e scrKeyInput2), terá que acrescentar dois métodos onscriptletevent (scrKeyInput1_onscriptletevent e scrKeyInput2_onscriptletevent).

Veja também

➤ Se você estiver pronto para ver um exemplo de scriptlets em ação, veja a seção "Como reunir tudo – Como usar os scriptlets em suas aplicações da web", mais adiante neste capítulo

Como adicionar menus contextuais aos seus scriptlets

A técnica final neste capítulo é adicionar menus contextuais ao seu scriptlet. Usando o método setContextMenu, você poderá adicionar um menu instantâneo ao seu scriptlet. Este menu construído e personalizado aparecerá sempre que os usuários clicarem com o botão direito do mouse em seu scriptlet no documento de host (veja a Figura 23.2).

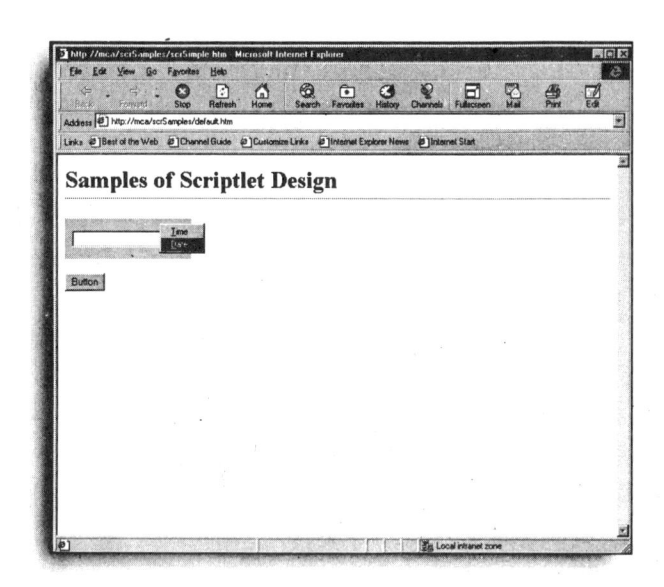

Capítulo 23 Como criar scriptlets para o Microsoft Internet Explorer 4.0

Figura 23.2 Como exibir o menu contexto do scriptlet.

Todo o código necessário para criar menus contextuais está contido no documento de scriptlet. Existem duas partes principais para o código. Primeiro, você terá que realmente construir os itens de menu e registrá-los para o scriptlet. Segundo, terá que criar os métodos que correspondem a cada item na lista de menus.

Você pode utilizar facilmente um componente de scriptlet

Este exemplo mostra que você pode utilizar facilmente um componente de scriptlet em poucos minutos. Sente-se e pense o quanto sua aplicação da web poderá ser planejada de novo para usar a tecnologia do scriptlet.

O processo de construir e registrar a lista de menus é simples. A lista de menus é apenas um array de strings de texto de menu e nomes de método associados. A Listagem 23.9 mostra uma lista de menus de exemplo que tem dois itens (Time e Date).

Listagem 23.9 Como construir um menu contexto para um scriptlet

```
1   Sub DefineContextMenu
2   '
3     Dim aryMenu(4) 'two menu pairs
4   '
```

continua...

Listagem 23.9 Continuação

```
5    aryMenu(0) = "&Time"    'menu text
6    aryMeny(1) = "ShowTime" 'associated method
7    '
8    aryMenu(2) = "&Date"    'menu text
9    aryMenu(3) = "ShowDate" 'associated method
10   '
11   ' register menu for scriptlet
12   window.external.setContextMenu(aryMenu)
13   '
14   End Sub
```

Veja com cuidado as linhas 5, 6, 8 e 9 na Listagem 23.9. Você pode ver que cada item de menu declarado ocupa duas entradas no array de menus. A primeira entrada é o texto que aparece na lista de menus. A segunda é o nome do método a executar quando o texto de menu é escolhido.

Menus e scriptlets

Naturalmente, lembre-se de que um usuário conseguirá usar seu menu contexto apenas no próprio painel do scriptlet, a menos que você também o especifique em sua página da web de host.

A linha 12 na Listagem 23.9 mostra como registrar o menu contexto com o scriptlet. É a linha de código que diz ao seu scriptlet para exibir o menu quando os usuários clicam com o botão direito do mouse em seu scriptlet.

O método definido na Listagem 23.9 deve ser chamado quando o documento de scriptlet for carregado pela primeira vez. Você poderá conseguir isso simplesmente colocando a seguinte linha no método do evento onload:

```
Call DefineContextMenu
```

Entretanto, não acabou. A próxima etapa é criar os métodos que serão executados quando os usuários selecionarem um dos itens do menu contexto. A Listagem 23.10 mostra dois métodos que coincidem com os itens de menu declarados na Listagem 23.9.

Listagem 23.10 Como adicionar métodos para o menu contexto do scriptlet

```
1    Sub ShowTime
2       alert Time
3    End Sub
4
```

continua...

Listagem 23.10 Continuação

```
5   Sub ShowDate
6      alert Date
7   End Sub
```

O principal a notar na Listagem 23.10 é que os nomes do método (ShowTime e ShowDate) coincidem exatamente com as entradas no array de menus da Listagem 23.9. Isto é necessário. Se você falhar em criar métodos que coincidem com os itens da lista de menus, o menu de contexto não aparecerá.

Agora que sabe como adicionar métodos e propriedades a seus scriptlets, como transmitir mensagens de evento padrão, como criar suas próprias mensagens de evento personalizados e como adicionar menus contextuais aos scriptlets, é hora de reunir tudo e construir um scriptlet funcional que poderá usar em suas aplicações da web.

Como reunir tudo — Como usar os scriptlets em suas aplicações da web

Nesta seção final do capítulo, você irá planejar e construir um scriptlet que fornece um controle de entrada inteligente e, então, irá usá-los em um documento HTML. Você aplicará todo o material tratado anteriormente neste capítulo, inclusive

- Como definir os métodos públicos
- Como adicionar propriedades públicas
- Como fornecer o tratamento de eventos
- Como ativar os menus contextuais

Quando tiver terminado, terá um scriptlet útil que poderá adicionar a qualquer aplicação da web no futuro.

Como criar o scriptlet scrInput

Para este exemplo, você criará um scriptlet que adiciona recursos ao elemento da caixa de texto HTML **INPUT** padrão. A seguir, estão os recursos acrescentados que você criará para o scriptlet scrInput:

- Uma propriedade Caption que aparecerá à esquerda do elemento de entrada
- Um método ChangeCase que alternará o texto entre letras maiúsculas e minúsculas
- Um menu contexto que permitirá que os usuários alternem entre a entrada numérica apenas ou a entrada com letras maiúsculas apenas

Agora que você tem as exigências básicas, está pronto para criar o scriptlet.

Como criar o scriptlet

1. Primeiro, inicie um novo projeto da web em Visual InterDev e adicione uma página chamada scrinput.htm ao projeto.
2. Abra o arquivo SCRINPUT.HTM no editor Source.
3. Use a janela Property (Propriedade) para definir a propriedade bgColor como **Silver**. Isto tornará fácil ver o contorno do scriptlet quando você colocá-lo no documento de host.
4. Adicione o código HTML mostrado na Listagem 23.11. Este código define uma tabela com duas células que contém um título e uma caixa de texto de entrada. Adicione esse HTML entre os tags <BODY> e </BODY> da nova página.

Listagem 23.11 Como adicionar a tabela HTML a SCRINPUT.HTM

```
1   <TABLE bgColor=silver
2       border=1
3       borderColor=silver
4       cellPadding=1
5       cellSpacing=1
6       width=100%>
7   <TR>
8   <TD bgColor=silver
9           borderColor=silver
10          ID=Caption>Enter Data:
11  <TD bgColor=silver
12          borderColor=silver><INPUT id=text1 name=text1>
13  </TR>
14  </TABLE>
```

O atributo ID

Note que na linha 10 da Listagem 23.11, um atributo ID é adicionado à célula da tabela. Este ID será acessado como a propriedade **Caption** no scriptlet. Você verá como isso funciona quando adicionar os métodos **put** e **get** da propriedade real.

---

5. Agora irá acrescentar a definição da propriedade Caption. Como isso será construído como uma propriedade de leitura/gravação, você terá que adicionar os métodos public_put_ e public_get_ para a propriedade Caption. A Listagem 23.12 mostra um exemplo de como fazer isso

Capítulo 23 Como criar scriptlets para o Microsoft Internet Explorer 4.0 **669**

Listagem 23.12 Como definir a propriedade *Caption*

```
1  <SCRIPT LANGUAGE=vbscript>
2  <!--
3      ' receive caption property
4      Sub public_put_Caption(String)
5          window.Caption.innerHTML=String
6      End Sub
7
8      ' send back caption property
9      Function public_get_Caption
10         public_get_Caption=window.Caption.innerHTML
11     End Function
12 -->
13 </SCRIPT>
```

Uma nota sobre esta listagem de código

O que você vê na Listagem 23.12 deve parecer-lhe muito familiar agora. Observe que as linhas 5 e 10 referem-se ao atributo ID **Caption** construído na linha 10 da Listagem 23.11.

6. Agora você está pronto para adicionar o método public que irá converter a letra (maiúscula ou minúscula) da caixa de texto de entrada. Adicione o código mostrado na Listagem 23.13 para realizar essa tarefa.

Listagem 23.13 Como adicionar o método público *ChangeCase*

```
1  <SCRIPT LANGUAGE=vbscript>
2  <!--
3      ' execute switch case
4      Sub public_ChangeCase
5          If UCase(text1.value)=text1.value then
6              text1.value=LCase(text1.value)
7          Else
8              text1.value=UCase(text1.value)
9          End If
10     End Sub
11 -->
12 </SCRIPT>
```

> **Uma nota sobre esta listagem de código**
>
> O método é bem simples. O conteúdo de **text1** é comparado com o contexto com letras maiúsculas de **text1** (linha 5). Se forem iguais, toda a string será convertida em letras minúsculas. Do contrário, será convertida em letras maiúsculas.

Agora você está pronto para definir o menu contexto para o scriptlet. Para tanto, completará duas etapas:

1. Construa o array de menus e registre o array com o scriptlet.
2. Crie os métodos associados para o array de menus.

Para este exemplo, você construirá quatro opções de menu:

- Numeric Only (Somente Numérico)
- Alphanumeric (Alfanumérico)
- Uppercase Only (Somente Letras Maiúsculas)
- Mixed Case (Letras Misturadas)

Como criar o menu contexto para o scriptlet

1. A Listagem 23.14 mostra um método de exempló (DefineContextMenu) que define os quatro itens de menu, seus nomes de método associados e registra o array de menus. Adicione este código ao seu documento.

Listagem 23.14 Como definir o array de menus do scriptlet

```
1   <SCRIPT LANGUAGE=vbscript>
2   <!--
3   Sub DefineContextMenu
4       '
5       Dim aryMenu(8)
6       '
7       aryMenu(0)="&Numeric Only"
8       aryMenu(1)="&SetNumOnly"
9       '
10      aryMenu(2)="&AlphaNumeric"
11      aryMenu(3)="&setAlphaNumeric"
12      '
13      aryMenu(4)="&Uppercase"
14      aryMenu(5)="&SetUppercase"
15      '
```

continua...

Listagem 23.14 Continuação

```
16    aryMenu(6)="&MixedCase"
17    aryMenu(7)="&SetMixedCase"
18    `
19    window.external.setContextMenu(aryMenu)
20    `
21    End Sub
22    -->
23    </SCRIPT>
```

Quatro pares de menus são definidos

Note que quatro pares de menus são definidos no array no formato **<texto do menu>** e **<nome do método >**. Depois de definir todos os itens de menus, a linha 19 executa a etapa que registra o array de menus para uso como o menu contexto para o scriptlet.

2. Agora que o menu está definido, construa os métodos associados para o menu a executar. A Listagem 23.15 mostra um conjunto de exemplo de métodos funcionais cujos nomes coincidem com os do array de menus definido na Listagem 23.14. Adicione este código à sua página agora.

Listagem 23.15 Como adicionar métodos de menu associados

```
1     <SCRIPT LANGUAGE=vbscript>
2     <!--
3     ' local property variables
4     Dim blnNumOnly
5     Dim blnUCase
6
7     ' set to numonly
8     Sub SetNumOnly
9        btnNumOnly=True
10    End Sub
11
12    ' set to alphanum
13    Sub SetAlphaNumeric
14       blnNumOnly=False
15    End Sub
16
```

continua...

Listagem 23.15 Continuação

```
17   ' set to ucase only
18   Sub SetUppercase
19       blnUCase=True
20   End Sub
21
22   ' set to mixed case
23   Sub SetMixedCase
24       blnUCase=False
25   End Sub
26   -->
27   </SCRIPT>
```

Uma nota sobre esta listagem de código

Novamente, esta listagem não representa muito mágica no código na Listagem 23.15. As únicas linhas a observar são as linhas 4 e 5, onde estão as variáveis para controlar as letras maiúsculas e o status numérico apenas do scriptlet. São os valores manipulados pelos quatro métodos definidos na Listagem 23.14.

---

3. Há mais uma etapa que tem que ser realizada antes dos menus aparecerem no scriptlet. Você terá que adicionar uma chamada ao método DefineContextMenu no evento onload da janela. Isto irá assegurar que o menu será carregado e ativado sempre que um cliente abrir o scriptlet. Adicione o código na Listagem 23.16 para fazê-lo..

Listagem 23.16 Como chamar o método *DefineContextMenu*

```
1   <SCRIPT LANGUAGE=vbscript>
2   <!--
3   Sub window_onload
4       Call DefineContextMenu
5   End Sub
6   -->
7   </SCRIPT>
```

4. A única etapa restante é adicionar o código que verifica as teclas pressionadas na caixa de texto e aplica as regras de letras maiúsculas ou numéricas apenas para o scriptlet. A Listagem 23.17 mostra o código a ser adicionado à sua página para isso.

Listagem 23.17 Como filtrar as teclas pressionadas para a caixa de texto de entrada

```
1  <SCRIPT LANGUAGE=vbscript>
2  <!—
3  Sub text1_onkeypress
4      `
5      Dim lngKey
6      `get user's keypress
7      lngKey=window.event.keyCode
8      `check for uppercase
9      If blnUCase=True Then
10         lngKey=asc(UCase(chr(lngKey)))
11     End If
12     `check for NumOnly
13     If blnNumOnly=True Then
14         If lngKey<48 or lngKey>57 Then
15             window.external.raiseevent "onNumOnly",lngKey
16             lngKey=False
17         End If
18     End If
19     `reset keypress value
20     window.event.keyCode=lngKey
21     `
22 End Sub
23 —>
24 </SCRIPT>
```

O código na Listagem 23.16 não é realmente tão complicado quanto parece. A linha 7 move primeiro o valor da tecla que foi pressionada para uma variável local. As linhas 9 a 11 verificam se a variável de letra maiúscula está definida como TRUE e, se estiver, convertem a tecla pressionada em letra maiúscula. Em seguida, as linhas 13 a 18 verificam a variável somente numérica e, se estiver definida como TRUE, primeiro confirmam se o valor da tecla está na faixa aceitável (código da tecla 48="0", código da tecla 57 ="9"). Se o valor não for um número, uma mensagem de evento personalizada (onNumOnly) será enviada para o documento de host e a tecla inválida definida como "empty" (vazia) (linha 16). A etapa final (linha 20) envia o código de tecla alterado para mais processamento pelo browser.

Este é o final da construção do scriptlet. Agora, salve o documento antes de registrar o scriptlet e usá-lo em um documento HTML.

Como registrar o scriptlet scrInput

Depois de construir e salvar o documento do scriptlet, você terá que usar o editor Visual InterDev para "marcar" o documento como um scriptlet. Fazer isso colocará uma listagem em sua caixa de ferramentas Visual InterDev para que você possa tratar o scriptlet como DTC (controle de construção) ou controle ActiveX. Quando executar o próximo processo passo a passo, poderá consultar a Figura 23.3.

Como registrar os scriptlets no Visual InterDev

1. Selecione o documento de scriptlet em Project Window (**scrInput.htm**).
2. Clique com o botão direito do mouse no documento de scriptlet e selecione **Mark as Scriptlet** no menu contexto.
3. Note que agora você tem um grupo **Scriptlets** na caixa de ferramentas.
4. Clique uma vez no grupo **Scriptlets** na janela Toolbox.
5. Agora você deverá ver o nome do scriptlet selecionado na lista.

Crie diversas guias de scriptlet

Uma boa idéia para melhorar sua organização durante o desenvolvimento é criar diversas guias de scriptlet. Você poderá colocar em categorias suas guias com base no tipo de scriptlet. Por exemplo, User Interface Scriptlets (Scriptlets de Interface do Usuário), Database Communication Scriptlets (Scriptlets de Comunicação do Banco de Dados) etc.

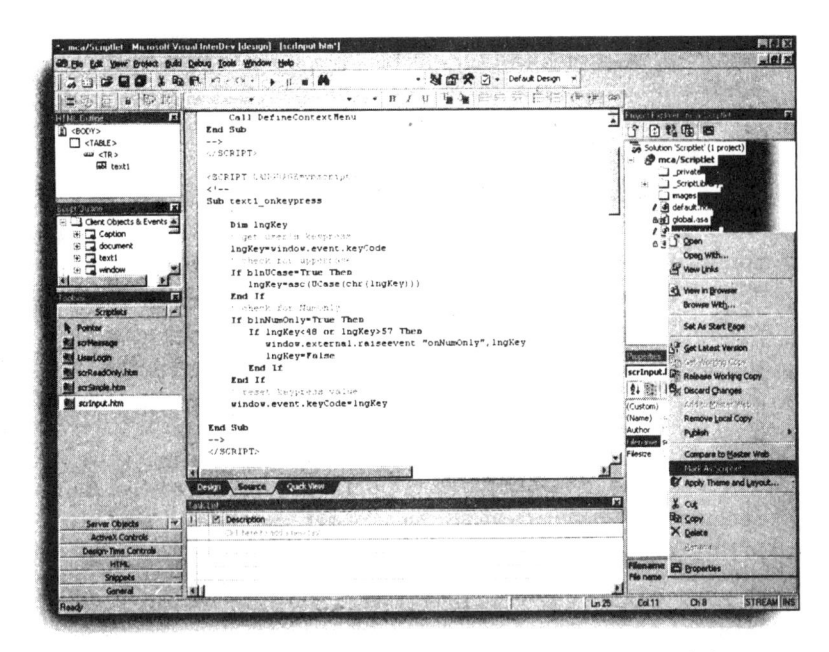

Capítulo 23 Como criar scriptlets para o Microsoft Internet Explorer 4.0   **675**

Figura 23.3 Como marcar um documento HTML como um scriptlet.

Agora que o documento foi registrado como um scriptlet, você está pronto para usá-lo em um documento HTML.

Como usar o scriptlet scrInput em um documento da web

Como você gastou tempo construindo o scriptlet scrInput.htm, não terá muito trabalho para usá-lo. Tudo o que realmente terá que fazer será adicionar um documento HTML ao seu projeto (DEFAULT.HTM) e, então, soltar o scriptlet na página.

Como adicionar um scriptlet a um documento HTML

1. Abra o documento HTML de destino (neste caso, DEFAULT.HTM).
2. Alterne para a guia **Source** no editor Visual InterDev.
3. Clique no grupo **Scriptlets** na janela Toolbox e localize o scriptlet desejado na lista (scrInput.htm).
4. Agora pressione o ponteiro do mouse sobre o scriptlet desejado e arraste-o para a página HTML no editor; solte-o dentro dos tags <BODY> e </BODY>.
5. Depois do scriptlet aparecer na página, use o mouse para redimensioná-lo quando necessário.
6. Com o scriptlet ainda em foco, selecione o atributo ID na janela Property e defina o nome da propriedade do scriptlet (neste caso, **scrInput**).

Após adicionar o scriptlet scrInput à página, acrescente um botão à página e defina os atributos ID e NAME como btnSwCase. Defina o atributo VALUE do botão como **Switch Case** (**Alternar Letras**). Finalmente, adicione o Visual Basic Script da Listagem 23.18 ao documento. Este código responde ao evento personalizado, chama o método ChangeCase e define a propriedade Caption do scriptlet scrInput.

Listagem 23.18 Como adicionar o Visual Basic Script para acessar o scriptlet scrInput

```
1   <SCRIPT LANGUAGE=vbscript>
2   <!--
3   'handle custom event
4   Sub scrInput_onscriptletevent (EventName, ReturnValue)
5       '
6       Dim strMsg
7       '
8       strMsg = "Event: " & EventName & chr(13)
9       strMsg = strMsg & "ReturnValue: " & chr(ReturnValue)
10      '
11      alert strMsg
12      '
13  End Sub
14
15  'call scriptlet method
16  Sub btnSwCase_onclick
17      ScrInput.ChangeCase
18  End Sub
19
20  'set scriptlet property
21  Sub window_onload
22      scrInput.Caption="Default Entry"
23  End Sub
24  -->
25  </SCRIPT>
```

Uma nota sobre esta listagem de código

Observe que as linhas 4 a 13 contêm o código de script padrão para lidar com as mensagens de evento personalizadas. Neste caso, o código apenas repete a mensagem de evento e o código de tecla retornado. As linhas 15 a 18 chamam a rotina de troca de letras sempre que o botão é pressionado e as linhas 21 a 23 simplesmente definem a propriedade **Caption** quando a página é carregada pela primeira vez no browser do cliente.

Capítulo 23 Como criar scriptlets para o Microsoft Internet Explorer 4.0 **677**

Após adicionar o código Visual Basic Scripting, salve a página e marque-a como a página inicial; então inicie a aplicação da web. Você deverá conseguir fornecer o texto na caixa de entrada, alternar o conteúdo para letras maiúsculas e minúsculas e usar o menu contexto (clique com o botão direito do mouse no scriptlet) para definir as regras de entrada para o scriptlet (veja Figura 23.4).

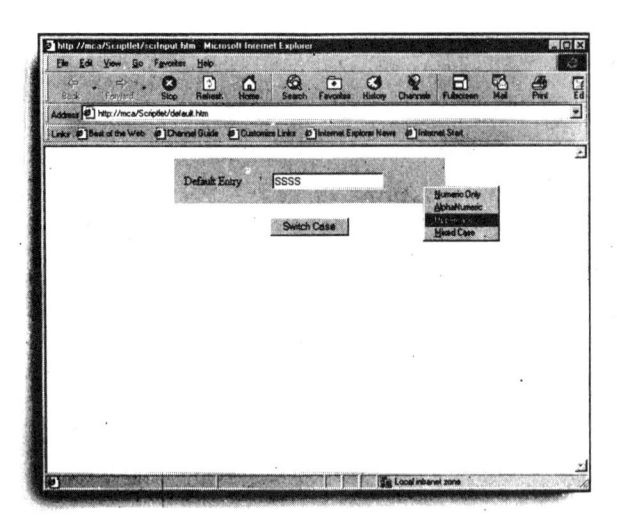

Figura 23.4 Como testar o scriptlet scrInput.

PARTE VI

MAIS PROGRAMAÇÃO DO SERVIDOR ACTIVE

Como ver a ASP internamente	681
Como gerenciar os arquivos com a ASP	705
Como adicionar segurança às suas aplicações da web	737
Como usar a segurança baseada em programas	753
Como adicionar o tratamento de erros à sua aplicação da web	769
Como usar a DHTML para alterar dinamicamente o conteúdo e o posicionamento HTML	793

Capítulo 24

Como ver a ASP internamente

- Compreenda e use o arquivo GLOBAL.ASA
- Aproveite os arquivos de inclusão no lado servidor (SSIs)
- Use as variáveis do servidor para aprender mais sobre os clientes conectados

Este capítulo contém muitos tópicos que lidam com alguns detalhes internos da programação com as Active Server Pages (ASP ou Páginas Ativas do Servidor). Neste capítulo, você aprenderá a aproveitar alguns aspectos mais técnicos da ASP e da programação da aplicação da web.

Como configurar internamente a aplicação da web

Neste capítulo, você construirá vários exemplos de código que fornecem uma visão "interna" da ASP e do Microsoft Internet Information Server (Servidor de Informações da Internet Microsoft). Antes de começar, iremos construir a estrutura básica para a aplicação da web que conterá estes exemplos.

Primeiro, crie um novo projeto da web chamado BehindTheScenes. Em seguida, adicione uma nova pasta à aplicação da web. Aí serão mantidos diversos documentos extras para a aplicação.

O projeto BehindTheScenes

Você poderá continuar a usar seu projeto já existente neste capítulo ao invés de criar um novo. Entretanto, recomendamos que crie um novo projeto para assegurar que estará trabalhando a partir da mesma página que nós.

Como criar novas pastas para sua aplicação da web

1. Carregue ou crie a aplicação da web de destino (BehindTheScenes).
2. Selecione o nome do projeto na janela Project.
3. Clique com o botão direito do mouse no nome do projeto e selecione a opção de menu **New Folder** (**Nova Pasta**).
4. Quando a caixa de diálogo New Folder aparecer, forneça o nome da pasta (includes) e pressione **OK**.
5. Quando a caixa de diálogo for fechada, você verá a nova pasta aparecer na janela Project.

Você usará esta pasta posteriormente neste capítulo.

Agora acrescente um novo documento HTML ao projeto chamado DEFAULT.HTM. A Tabela 24.1 mostra os elementos que você terá que adicionar a essa página. Consulte a Figura 24.1 para obter o layout final da página.

Capítulo 24 Como ver a ASP internamente   683

Tabela 24.1 Os elementos de DEFAULT.HTM

Elemento	Atributo	Definição
Demonstrate Asp Behind the Scenes (Demonstrar Asp internamente)	H2	
The GLOBAL.ASA File (Arquivo GLOBAL.ASA)	HREF	Globalasafile.asp
Server Side Include Files (Arquivos de Inclusão no Lado Servidor)	HREF	Includefiles.asp
Server Variables (Variáveis do Servidor)	HREF	Servervariables.asp

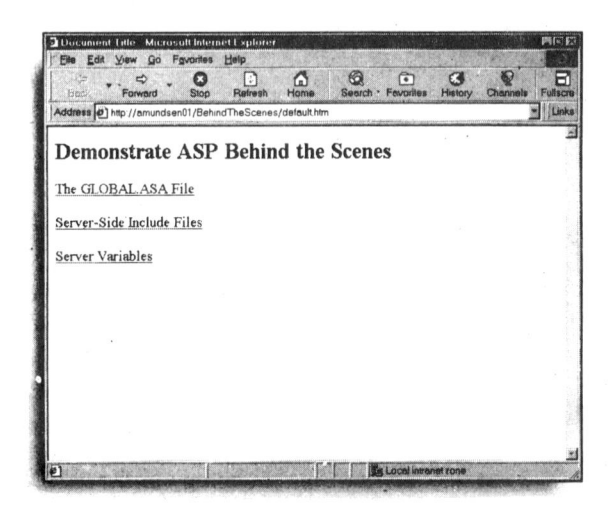

Figura 24.1 O layout da página DEFAULT.HTM.

Agora que a aplicação da web tem seu layout criado, você está pronto para começar!

Como usar o GLOBAL.ASA em suas aplicações da web

Um dos arquivos mais importantes em sua aplicação da web é o GLOBAL.ASA. Este arquivo contém informações valiosas sobre os dados compartilhados e os ponteiros de objetos que podem ser usados em toda sua aplicação da web. Geralmente, você poderá adicionar entradas ao arquivo GLOBAL.ASA que podem agilizar o processamento de sua aplicação e simplificar a manipulação de dados para seu programa.

O arquivo GLOBAL.ASA tem três funções básicas:

- Receber mensagens de evento quando a aplicação da web inicia e pára
- Receber mensagens de evento quando um browser do cliente inicia e pára uma sessão
- Declarar e manipular os objetos COM e valores de dados simples para serem compartilhados no nível da aplicação e/ou da sessão.

Nesta seção, você aprenderá a escrever o código que é executado quando sua aplicação da web inicia e quando uma nova sessão inicia, bem como a declarar o armazenamento para ser compartilhado entre todas as páginas em sua aplicação.

A conexão GLOBAL.ASA

O arquivo GLOBAL.ASA é também usado pelo Visual InterDev para estabelecer suas conexões de dados para a aplicação. Experimente adicionar uma conexão do banco de dados e então ver o conteúdo do GLOBAL.ASA.

Veja também

➤ *Você explora as conexões de dados e sua criação no Capítulo 16.*

A vida do GLOBAL.ASA

O arquivo GLOBAL.ASA tem apenas algumas tarefas a fazer, mas são tarefas muito importantes. Quatro mensagens de evento são recebidas no arquivo GLOBAL.ASA. Existem também três maneiras de declarar e manipular os ponteiros do armazenamento e do objeto COM no arquivo GLOBAL.ASA.

Primeiro, iremos revisar a cronologia do arquivo GLOBAL.ASA:

1. O evento Application_OnStart ocorre quando o cliente solicita pela primeira vez qualquer página em sua aplicação da web. Qualquer script no lado servidor que reside no método do evento é executado.

2. O evento Session_OnStart ocorre quando um novo cliente solicita qualquer página em sua aplicação da web. Qualquer script no lado servidor que reside no método do evento é executado.

3. Se for a primeira vez que o arquivo GLOBAL.ASA recebeu uma mensagem de evento (Application_OnStart), qualquer outro tag <OBJECT> ou <METADATA> que reside no arquivo GLOBAL.ASA será varrido e executado.

4. O evento Session_OnEnd ocorre quando um cliente termina a sessão. O término da sessão ocorre quando o browser do cliente descarrega a última página de seu cache ou se o valor Session.Timeout for excedido (o default é de 20 minutos). Neste momento, qualquer script no lado servidor que resida no evento Session_OnEnd é executado.

Capítulo 24 Como ver a ASP internamente   685

5. O evento Application_OnEnd ocorre quando a aplicação da web é descarregada do servidor da web. Isto pode ocorrer quando a aplicação da web é parada à força ou quando o processo do servidor da web é parado. Neste momento, qualquer script no lado servidor que resida no evento Application_OnEnd é executado.

Você pode ver no resumo que existem vários lugares onde poderá adicionar o script no lado servidor que será executado para sua aplicação da web.

O arquivo GLOBAL.ASA não é para a HTML

O arquivo GLOBAL.ASA é usado para controlar os eventos da aplicação e da sessão, não para a autoria HTML. Certifique-se de que tenha apenas o script de evento no arquivo GLOBAL.ASA.

Como compartilhar dados e objetos COM com o GLOBAL.ASA

Ainda mais importante que a cronologia da execução, você tem a capacidade de declarar e liberar os ponteiros do armazenamento de dados e do objeto COM em momentos-chave na vida do GLOBAL.ASA. Estes ponteiros do armazenamento e do objeto declarados podem ser compartilhados com todas as páginas em uma sessão e entre várias sessões na aplicação.

Existem várias maneiras de ocorrer compartilhamento de dados e ponteiros do objeto COM no GLOBAL.ASA:

- *Compartilhamento em nível da aplicação*. Qualquer script no lado servidor executado durante o evento Application_OnStart ou Session_OnStart que usa a coleção Application.Contents pode criar e modificar os ponteiros de armazenamento de dados e do objeto COM que podem ser vistos por todas as sessões sendo executadas em sua aplicação.

- *Compartilhamento em nível da sessão*. Qualquer script no lado servidor executado durante o evento Session_OnStart que usa a coleção Session.Contents pode criar e modificar os ponteiros de armazenamento de dados e do objeto COM que podem ser vistos a partir de todas as páginas em execução na mesma sessão.

- *Tags <OBJECT>*. Qualquer tag <OBJECT> que é adicionado ao arquivo GLOBAL.ASA pode ser marcado com um atributo SCOPE de Application ou Session. Estes ponteiros para os objetos COM podem então ser acessados através das coleções Application.StaticContents ou Session.StaticContents.

- *Tags <METADATA>*. Qualquer tag <METADATA> que é adicionado ao arquivo GLOBAL.ASA pode ser usado para acessar as bibliotecas de tipos no servidor da web. Estas bibliotecas estão disponíveis em nível de compartilhamento da aplicação.

O ponto de partida de sua aplicação

Considere o GLOBAL.ASA como o ponto de partida de sua aplicação. Sempre que sua aplicação da web for acessada por um novo usuário, esse arquivo será lido. Se o usuário for o primeiro a usar sua aplicação, ela executará as ações ligadas a esse evento. Se o usuário estiver apenas iniciando sua própria sessão, esses eventos serão também executados.

A diferença entre os ponteiros de armazenamento nas coleções Contents

Você pode armazenar dois tipos de informações nas coleções Contents: dados simples e ponteiros do objeto COM. É importante compreender as diferenças entre esses dois itens e as etapas necessárias para armazená-los e recuperá-los.

Você adicionará strings e valores numéricos usando o formato mostrado na Listagem 24.1.

Listagem 24.1 Como armazenar valores de dados simples nas coleções *Contents*

```
1  Application.Contents("MyName")="Shannon"
2  Application("YourName")="Dana"
3  Session.Contents("MySize")=13
4  Session("YourSize")=9
```

Como pode ver na Listagem 24.1, você pode usar a forma explícita de declaração:

    <objeto>.Contents(<nome>)=<valor>

ou a forma implícita de declaração:

    <objeto>(<nome>)=<valor>

Ambas as formas são válidas. Geralmente, é uma boa idéia usar a forma explícita. Será especialmente bom se você usar o objeto StaticContents para armazenar dados como a coleção StaticContents em vez da coleção Contents.

Como declarar variáveis no GLOBAL.ASA

Declarar as variáveis de sua sessão e aplicação no GLOBAL.ASA é preferível a fazê-lo dentro do código de sua aplicação em algum lugar. Você poderá modificar e atualizar facilmente essas variáveis a partir de um ponto central.

Capítulo 24 Como ver a ASP internamente **687**

Você poderá também inserir referências do objeto COM na coleção Contents usando os fragmentos de código na Listagem 24.2.

Listagem 24.2 Como armazenar os ponteiros do objeto COM nas coleções *Contents*

```
1   Set Application.Contents("MyObject")=Server.
    ↪CreateObject("myPackage.MyObject")
2   Set Session.Contents("YourObject")=Server.
    ↪CreateObject("yourPackage.yourObject")
```

A diferença entre o código da Listagem 24.1 e o da 24.2 é pouca, mas importante. Sempre que você quiser armazenar uma referência do objeto COM, terá que usar Server.CreateObject(<package.Object>) para recuperar o ponteiro do objeto. Também terá que usar a palavra-chave Set para colocar o ponteiro do objeto na coleção Contents. Se falhar em usar esse formato, obterá erros ao tentar armazenar e recuperar os ponteiros COM a partir das coleções Contents.

Como usar os eventos GLOBAL.ASA

Agora iremos adicionar algumas entradas ao arquivo GLOBAL.ASA que acrescentarão informações às coleções Application e Session.Contents. Então, construiremos uma página da web que acessa esses valores e os exibe para o usuário.

Como adicionar o código ao arquivo GLOBAL.ASA

1. Primeiro, abra o arquivo GLOBAL.ASA para edição. Para tanto, clique uma vez no arquivo GLOBAL.ASA na janela Project; então clique com o botão direito do mouse para ativar o menu contexto. Selecione **Get Working Copy** (**Obter Cópia de Trabalho**). Clique duas vezes no item para carregá-lo no editor Visual InterDev.
2. Adicione o código da Listagem 24.3 ao arquivo logo depois da seção de comentário.

Os comentários e o GLOBAL.ASA

Você vê várias linhas de código de comentário que explicam os possíveis usos do arquivo GLOBAL.ASA. Poderá ignorá-las por enquanto.

Listagem 24.3 Como adicionar o código para armazenar dados nas coleções *Contents*

```
1   Sub Application_OnStart
2   '
3   ' update app-level shared item
4   Application.Contents("appStart")=Now()
```

continua...

Listagem 24.3 Continuação

```
5     '   \
6     End Sub
7
8     Sub Session_OnStart
9         \
10        'update session-level shared item
11        Session.Contents("sesStart")=Now()
12        \
13    End Sub
```

Como compreender a listagem

A Listagem 24.3 declara dois itens de armazenamento – uma vez cada um para os objetos **Application** e **Session** (linhas 1-6 e 8-13, respectivamente). O item em nível da aplicação é inicializado com uma data e hora (linha 4) quando a aplicação da web é acessada pelo primeiro usuário. O item em nível da sessão é inicializado com a data e a hora do usuário mais recente que conecta a aplicação e inicia uma sessão com o servidor da web (linha 11).

3. Para ver como esses valores podem ser recuperados e exibidos, iremos adicionar uma nova página ao projeto chamado GLOBALASAFILE.ASP.
4. Acrescente o código de script no lado servidor da Listagem 24.4 à seção <BODY> da página.

Listagem 24.4 Como adicionar o código para exibir os valores da coleção *Contents*

```
1     <%
2     \
3     'initial heading
4
5     Response.Write "<H3>GLOBAL.ASA Values</H3>"
6
7     %>
8
9     <%
10    \
11    'access app and session storage
12
13    appStart=Application.Contents("appStart")
```

continua...

Capítulo 24 Como ver a ASP internamente

Listagem 24.4 Continuação

```
14  sesStart=Session.Contents("sesStart")
15  '
16  Response.Write "<H4>App and Session Storage</H4><HR>"
17  Response.Write "appStart=" & appStart & "<BR>"
18  Response.Write "sesStart=" & sesStart & "<BR>"
19
20  %>
```

Como compreender esta listagem

O código na Listagem 24.4 exibe primeiro um cabeçalho simples para a página (linha 5), então copia os itens das coleções **Contents** para as variáveis locais (linhas 13 e 14) e finalmente exibe essas variáveis na página (linhas 16-18).

5. Salve e execute este projeto e então navegue para a página GLOBALASAFILE.ASP. Você deverá ver algo como a exibição na Figura 24.2.

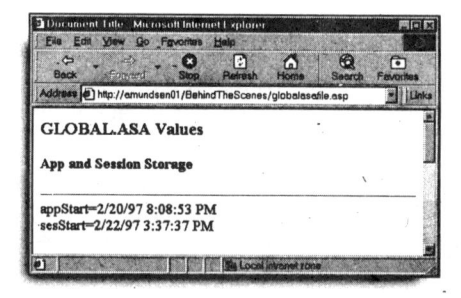

Figura 24.2 Como exibir os valores da coleção Contents.

Como compreender as alterações

Na primeira vez em que você executar essa aplicação da web, os valores **appStart** e **sesStart** são iguais. Entretanto, os usuários que acessarem essa aplicação da web posteriormente verão horas diferentes exibidas no documento HTML enviado para o cliente.

Como adicionar os tags <OBJECT>

Você pode adicionar também entradas ao arquivo GLOBAL.ASA que criam uma referência estática para um objeto COM externo. Estas referências são feitas usando o tag HTML <OBJECT> em vez do script no lado servidor. A Listagem 24.5 mostra um exemplo desse método de conectar objetos COM externos. Adicione este código ao seu arquivo GLOBAL.ASA.

Listagem 24.5 Como usar o tag <*OBJECT*> para conectar os objetos COM

```
1   <!- - Add Link to External COM object - ->
2   <OBJECT RUNAT=Server SCOPE=Application
3       ID=MyContent PROGID="MSWC.NextLink">
4   </OBJECT> tag to connect to COM objects>
```

Como referir-se aos objetos COM externos

Lembre-se de que você está se referindo aos objetos COM externos no lado servidor, não aos objetos COM no lado cliente como os scriptlets no lado cliente ou os controles ActiveX. Esses objetos COM no lado servidor podem ser componentes Active Server (controles ActiveX para o servidor) ou mesmo scriptlets no lado servidor.

Existem algumas considerações importantes sobre o uso do tag <OBJECT> para vínculo aos objetos COM. Primeiro, como é um tag HTML, você não coloca esse item dentro dos tags <SCRIPT></SCRIPT>. E mais, é importante adicionar os atributos RUNAT=Server e SCOPE=Application (ou SCOPE=Session) ao tag.

Depois dessa entrada ser adicionada ao arquivo GLOBAL.ASA, você poderá acessar o objeto COM endereçando a coleção StaticObjects do devido objeto de escopo (Application ou Session). A Listagem 24.6 mostra o código para fazer isso. Adicione esse código à sua página GLOBALASAFILE.ASP logo depois do código da Listagem 24.4.

Como compreender o escopo

Compreender o escopo de um componente ou variável é muito importante ao desenvolver aplicações complexas. Certifique-se de que sabe como deseja que os dados movam. O ideal é que suas informações estejam no menor escopo possível para evitar uma modificação acidental.

Listagem 24.6 Como acessar os objetos COM usando a coleção *StaticObjects*

```
1   <%
2   '
3   ' access pre-defined COM Object
```

continua...

Listagem 24.6 Continuação

```
4
5   Response.Write "<H4>Access Pre-Defined COM Object</H4>
    ↳<HR>"
6
7   Set objContent=Application.StaticObjects("MyContent")
8   lngCount=objContent.GetListCount("asafile.txt")
9
10  Response.Write "MyContent.Count=" & lngCount & "<P>"
11
12  %>
```

O código na Listagem 24.6 tenta abrir um arquivo de texto em seu projeto chamado ASAFILE.TXT. Você poderá criá-lo conforme explicado a seguir.

ASAFILE.TXT

Naturalmente, este arquivo pode ter qualquer nome, apenas atualize qualquer referência nas listagens fornecidas.

Como criar um arquivo de texto para usar em seu projeto

1. Selecione o nome do projeto na janela Project.
2. Clique com o botão direito do mouse sobre o nome do projeto e selecione **Add** no menu contexto.
3. Selecione New Active Server Page (Nova Página Ativa do Servidor) no submenu.
4. Na caixa de texto Name, forneça asafile.txt como o nome de arquivo.
5. Pressione Open para criar o novo arquivo.
6. Quando o arquivo aparecer em seu editor Visual InterDev, remova todo o texto existente que foi adicionado para a página ASP.
7. Agora você está pronto para editar seu documento de texto.

Depois de abrir o arquivo de texto, acrescente as duas linhas da Listagem 24.7 ao arquivo. Separe os dois itens em cada linha com <TAB> — não com espaços.

Listagem 24.7 O conteúdo do arquivo de texto ASAFILE.TXT

```
1   asafile1.asp      File1
2   asafile2.asp      File2
```

Após adicionar as duas linhas ao arquivo de texto, salve-o na aplicação da web.

Agora execute a aplicação da web e exiba o resultado das alterações do GLOBALASAFILE.ASP adicionadas na Listagem 24.6. Quando executar a aplicação e navegar a página GLOBAL.ASA, deverá ver a mesma exibição mostrada na Figura 24.3.

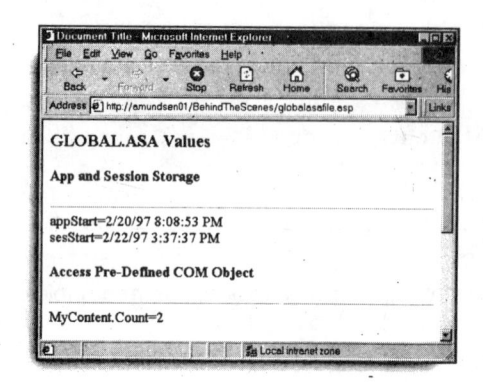

Figura 24.3 Como exibir o resultado do acesso à coleção StaticObject.

Pode ver na Figura 24.3 que o objeto COM definido no tag <OBJECT> do arquivo GLOBAL.ASA foi acessado e o GetListCount desse objeto foi executado para exibir a contagem de itens na lista.

Como referir-se às bibliotecas de tipos

Você poderá também adicionar referências para as bibliotecas de tipos ao arquivo GLOBAL.ASA. Adicionando referências às bibliotecas de tipos, poderá importar as constantes predefinidas para usar em sua aplicação da web. Usar constantes predefinidas em vez de valores literais, facilitará a leitura e a compreensão de sua aplicação da web.

Você usará o tag METADATA para declarar a referência. É parecido com o uso do tag <OBJECT>. A Listagem 24.8 mostra como isso é feito. Adicione este código ao seu arquivo GLOBAL.ASA.

Listagem 24.8 Como adicionar uma referência da biblioteca de tipos *METADATA* ao arquivo GLOBAL.ASA

```
1   <!-- Add reference to installed type library -->
2   <!-- METADATA TYPE="TypeLib"
3   <!-- 'point to file on your system -->
4       FILE="C:\Winnt.SBS\System32\STDOLE2.TLB"
5   -->
```

Capítulo 24 Como ver a ASP internamente

Dica de desenvolvimento: Mantenha seus arquivos em ordem

Tente manter seus arquivos em um local previsível ao trabalhar com eles a partir de uma aplicação da web. Obviamente, os arquivos do sistema não serão fáceis de controlar, mas seus próprios arquivos de dados deverão estar localizados em um local comum.

Você terá que ajustar o atributo FILE para apontar para o local real do arquivo STDOLE2.TLB em seu sistema. Poderá usar a opção **F**ind (**Localizar**) do menu **Start** (Win95/98 e WinNT4/5) para localizar esse arquivo. Forneça o valor corretamente para evitar erros quanto tentar iniciar sua aplicação da web.

Quando você criar essa entrada em seu arquivo GLOBAL.ASA, estará realmente importando o conteúdo da biblioteca para sua aplicação da web. Isto resultará no arquivo STDOLE2.TLB que contém um conjunto de valores predefinidos para apresentar imagens. Essas constantes predefinidas são mostradas na Tabela 24.2.

Constantes

As constantes predefinidas são uma ferramenta valiosa durante o desenvolvimento. Quando você usa uma constante em seu código, pode modificar o valor na constante em um lugar, em vez de alterar toda instância desse valor.

Tabela 24.2 As constantes predefinidas no arquivo STDOLE2.TLB

Nome	Valor
Default	0
Checked (Marcado)	1
UnChecked (Desmarcado)	0
Monochrome (Monocromático)	1
Color (Cor)	4
VgaColor (Cor VGA)	2
Gray (Cinza)	2

Quando você adicionar a biblioteca de tipos à sua aplicação da web, poderá usar os nomes para representar os valores. Para mostrar como isso funciona, acrescente o código da Listagem 24.9 ao documento GLOBALASAFILE.ASP logo depois do código da Listagem 24.6.

Listagem 24.9 Como acessar as constantes a partir da biblioteca de tipos STDOLE2.TLB

```
1  <%
2  '
3  ' report constants from the STDOLE2.TLB
4
5  Response.Write "<H4>STDOLE2.TLB TypeLib Values</H4><HR>"
6
7  Response.Write "Default=" & Default & "<P>"
8
9  Response.Write "Checked=" & Checked & "<BR>"
10 Response.Write "UnChecked=" & UnChecked & "<P>"
11
12 Response.Write "Monochrome=" & Monochrome & "<BR>"
13 Response.Write "Color=" & Color & "<BR>"
14 Response.Write "vgaColor=" & vgaColor & "<BR>"
15 Response.Write "Gray=" & Gray & "<P>"
16
17 %>
```

Note que o script no lado servidor na Listagem 24.9 não usa nenhum valor numérico, mas os nomes das constantes importadas da biblioteca de tipos STDOLE2.TLB. Quando você gravar e executar essa página, verá os valores numéricos associados a esses nomes (veja a Figura 24.4.).

Agora você sabe como armazenar e recuperar os valores usando as coleções Contents dos objetos Application e Session, como usar os tags <OBJECT> para adicionar entradas do objeto às coleções StaticObjects e como usar o tag METADATA para importar as bibliotecas de tipos para sua aplicações da web em Visual InterDev.

Capítulo 24 Como ver a ASP internamente   695

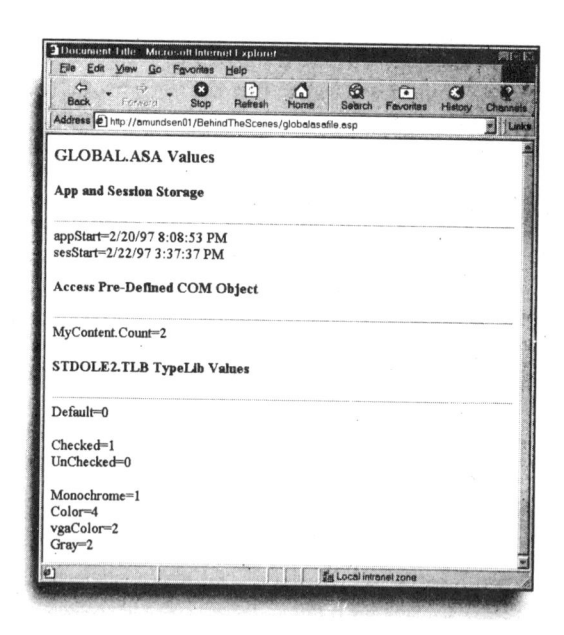

Figura 24.4 Como exibir os valores das constantes da biblioteca de tipos

Como aproveitar os arquivos de inclusão no lado servidor

Se você acrescentar as mesmas linhas básicas à maioria de suas páginas da web, aproveite o recurso de inclusão no lado servidor (SSI) das Active Server Pages do Microsoft Internet Information Server. Criando e fazendo referências às SSIs em seus documentos da aplicação da web, você poderá economizar o tempo de desenvolvimento, reduzir a depuração e dar facilmente uma sensação comum às suas aplicações da web.

As SSIs são fragmentos curtos de código (HTML, ASP, Visual Basic Script etc.) que são gravados em arquivos separados em sua aplicação da web e então "incluídos" nos documentos enviados para o cliente. Você poderá considerá-las como "rotinas externas" que poderá usar em seus documentos da web. Poderá ainda aninhar suas SSIs. Isto significa que poderá criar SSIs que fazem referências a outras SSIs.

Como os arquivos de inclusão no lado servidor funcionam

As SSIs funcionam como parte do processamento de documentos no servidor antes de serem enviados para o cliente. Na verdade, são o que é varrido em primeiro lugar – mesmo antes de qualquer script no lado servidor ser executado. É importante lembrar isso quando criar as SSIs para sua aplicação da web.

Quando o Microsoft Internet Information Server carrega um documento, ele verifica primeiro as entradas SSI. Se forem encontradas, serão expandidas no buffer. Em outras palavras, todas as SSIs são varridas e seu conteúdo é carregado no documento solicitado. Depois disso ser feito, o Microsoft Internet Information Server então verifica se qualquer script no lado servidor está incluído no documento. Se estiver, o script no lado servidor será executado e os resultados serão enviados para o cliente.

A versão do script no lado servidor de uma macro

A inclusão no lado servidor (SSI) é realmente um tipo de macro que você pode adicionar aos documentos existentes. Adicionando a SSI ao documento, você estará realmente informando ao servidor da web que "há algum código que entra aqui e você pode encontrá-lo neste arquivo..." Incluindo a referência para outro arquivo, está de fato escrevendo um tipo de "taquigrafia" para o servidor da web resolver antes do script no lado servidor ser executado.

Veja também

➤ *A SSI pode ser usada em todos os tipos de aspectos do desenvolvimento de sua aplicação da web. Para aprender a usar a SSI para criar um sistema de tratamento de erros comum para sua aplicação, veja o Capítulo 28.*

Como criar SSIs para suas aplicações da web

Existem muitos usos para as SSIs. Por exemplo, você poderá criar SSIs comuns do cabeçalho da página e da nota de rodapé da página e acrescentá-las à parte inferior e superior de todo documento em sua aplicação da web. Se tiver um arquivo de imagem comum com uma ligação HREF associada, poderá colocar isso em um arquivo separado e usá-lo como uma SSI em sua aplicação da web também.

Como criar a inclusão no lado servidor FOOTER.INC

1. Selecione a pasta Includes (Inclusões) no Project Explorer, então clique com o botão direito do mouse na pasta e selecione a opção de menu **Add** no menu contexto.
2. Selecione **New Active Server Page** no submenu.
3. Forneça footer.inc como o **Name** do arquivo.
4. Pressione **Open** para adicionar o arquivo ao seu editor Visual InterDev.
5. Apague todo o texto existente no novo arquivo. Agora você está pronto para criar seu novo arquivo INC.
6. Adicione o texto da Listagem 24.10 ao arquivo FOOTER.INC vazio.

Listagem 24.10 O arquivo FOOTER.INC

```
1   <!--start SSI footer.inc-->
2   <%
3   '
4   Response.Write "<HR><ADDRESS>"
5   Response.Write "Copyright 1998 - Myweb, Inc."
6   Response.Write "</ADDRESS>"
7   '
8   %>
9   Visit <A HREF="http://www.amundsen.com">www.amundsen.com
    ↪</A> often!
10  <!--end SSI footer.inc-->
```

A SSI é independente da página
Você poderá usar a SSI em um HTM/HTML ou em uma página ASP. Poderá usar as SSIs para tornar seu desenvolvimento ASP mais fácil compartilhando o código em comum.

Note que você adicionou o script no lado servidor e a HTML padrão nesse arquivo de inclusão. Poderá misturar o script no lado servidor, o script no lado cliente e a HTML no documento. Não é exigido que adicione os comentários HTML start e end, mas esta é uma boa idéia. Quando o servidor da web analisar os arquivos INC e enviar os resultados para o cliente, esses comentários aparecerão no documento. Isto ajudará quando você tentar rastrear os erros no documento no lado cliente.

Iremos criar outra SSI para usar como o cabeçalho do documento.

Como criar a inclusão no lado servidor HEADER.INC

1. Clique com o botão direito do mouse em seu projeto no Project Explorer e escolha **Add** no menu contexto.
2. Escolha **Active Ser̲ver Page** no submenu.
3. Na caixa de texto **N̲ame**, forneça header.inc como o nome de arquivo novo.
4. Limpe o conteúdo de sua nova página selecionando e apagando o texto.
5. Adicione o texto que aparece na Listagem 24.11.

Listagem 24.11 Como criar o arquivo HEADER.INC

```
1   <!-- start SSI document header -->
2   <%
3   '
```

continua...

Listagem 24.11 Continuação

```
4   ' header include file
5   '
6   Response.Write "<ADDRESS><STRONG>Document: </STRONG>"
7   Response.Write Request.ServerVariables ("PATH_INFO")
8   Response.Write "</ADDRESS><HR>"
9   '
10  %>
11  <!--#include file=nested.inc-->
12  <!--end SSI document header-->
```

6. Salve as alterações na página escolhendo **File**, **Save** na barra de menus.

A Listagem 24.11 exibirá o nome do documento atual na parte superior da página (linhas 6-8). Você deve também notar que essa SSI também endereça outro arquivo de inclusão (linha 11). É legal aninhar arquivos de inclusão assim contanto que eles não façam referências a si mesmos. Em outras palavras, se NESTED.INC também tivesse uma entrada chamada HEADER.INC, um erro seria informado.

Após salvar esse arquivo, adicione mais uma SSI à pasta Includes chamada NESTED.INC e apague todo o texto nela contido. Então, forneça o texto da Listagem 24.12 para o arquivo.

Listagem 24.12 Como criar o arquivo NESTED.INC

```
1   <!--start nested SSI-->
2   <ADDRESS>
3   <CENTER>
4   <STRONG>SSIs are a treasure!</STRONG>
5   </ADDRESS><P>
6   <IMG SRC="images/treasure.gif" BORDER=4 ALT="SSIs are
    ↪a treasure!">
7   </CENTER>
8   <HR>
9   <!--end nested SSI-->
```

Capítulo 24 Como ver a ASP internamente 699

A imagem TREASURE.GIF

A SSI na Listagem 24.12 refere-se à imagem TREASURE.GIF na pasta de imagens (linha 6). Essa imagem foi adicionada ao projeto anteriormente e pode ser encontrada com o código-fonte no site da web associado a neste livro. Se você não tiver essa imagem, poderá usar qualquer uma que desejar (ou deixar o projeto sem imagem, se quiser). A idéia é mostrar que é possível incluir qualquer código HTML válido, inclusive imagens, em suas SSIs.

Salve todos os três arquivos SSI antes de continuar na próxima etapa.

Como usar SSIs em suas aplicações da web

Agora que você criou alguns arquivos SSI, iremos criar uma página da web que os usa. Adicione um novo documento à sua aplicação da web chamado INCLUDEFILES.ASP e acrescente o texto da Listagem 24.13 à seção <BODY> do documento.

Listagem 24.13 Como criar um documento ASP que usa arquivos SSI

```
1   <BODY>
2   <!--#include file=includes/header.inc-->
3
4   <H3>Demonstrate Server-Side Include Files</H3>
5   <P>This document has both an SSI header and an SSI
6   footer<!--Insert HTML here--></P>
7
8   <!--#include file=includes/footer.inc-->
9
10  </BODY>
```

Como usar a SSI para a navegação

Você pode usar a SSI para criar um formato e sistema navegacional comuns para suas páginas. Crie seus elementos navegacionais uma vez e, então, coloque-os em cada página através da SSI. Isto evitará a duplicação e os prováveis problemas do código.

Após adicionar o texto, salve o documento e execute sua aplicação da web. Quando navegar para o documento INCLUDEFILE.ASP, seu browser deverá exibir algo como a Figura 24.5.

Parte VI Mais programação do servidor Active

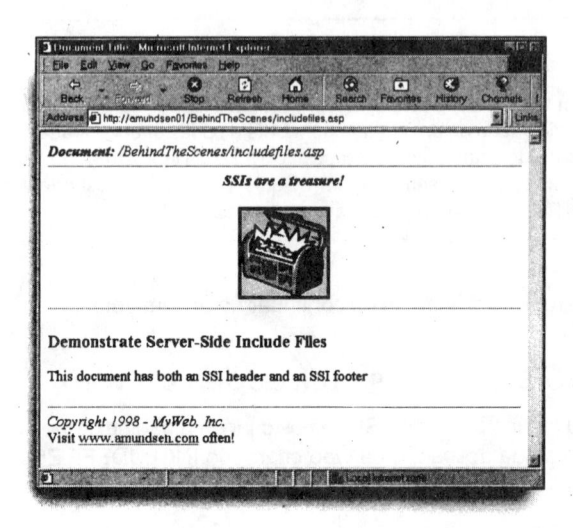

Figura 24.5 Como exibir um documento que usa arquivos SSI.

Se você selecionar **View**, **Source** na barra de menus do Microsoft Internet Explorer 4, verá o texto que foi enviado a partir do servidor. Note que todos os arquivos SSI foram expandidos e seu conteúdo enviado (veja a Listagem 24.14).

Listagem 24.14 Como exibir a fonte HTML enviada com entradas SSI expandidas

```
1   <BODY>
2   <!- - start SSI document header - ->
3   <ADDRESS><STRONG>Document: </STRONG>/BehindTheScenes/
    ↳includefiles.asp</ADDRESS><HR>
4   <!- - start nested SSI - ->
5   <ADDRESS>
6   <CENTER>
7   <STRONG>SSIs are a treasure!</STRONG>
8   </ADDRESS><P>
9   <IMG SRC="images/treasure.gif" BODER=4 ALT="SSIs are a
    ↳treasure!">
10  </CENTER>
11  <HR>
12  <!- - end nested SSI - ->
13
14  <!- - end SSI document header - ->
15
```

continua...

Capítulo 24 Como ver a ASP internamente

Listagem 24.14 Continuação

```
16  <H3>Demonstrate Server-Side Include Files</H3>
17  <P>This document has both an SSI header and an SSI
    footer<!--Insert HTML here--></P>
18
19  <!--start SSI standard document footer-->
20  <HR><ADDRESS>Copyright 1998-Myweb, Inc.</ADDRESS>
21  Visit <A HREF="http://www.amundsen.com">www.amundsen.
    com</A> often!
22  <!--end SSI standard document footer-->
```

Como aprender sobre as variáveis do servidor

Você poderá ter muitas informações sobre o browser do cliente conectado ao seu servidor da web e sobre a configuração do servidor da web usando uma coleção chamada ServerVariables. Esta coleção é, na verdade, uma lista de variáveis do servidor HTTP usada para informar dados sobre o servidor e sobre o cliente em uma comunicação de protocolos HTTP.

Você poderá usar as variáveis do servidor HTTP para conhecer o nome do servidor da web atual, a aplicação da web, o documento atual, o tipo de cliente conectado ao servidor, o tipo de documento aceito pelo cliente etc. Por exemplo, a seção "Como criar SSIs para suas aplicações da web", anteriormente neste capítulo, usou uma variável do servidor HTTP para exibir o nome do documento atual.

Você poderá também usar as variáveis do servidor HTTP para determinar o nome do browser do cliente atual, a versão e, se necessário, lembrar aos usuários do cliente que eles têm que atualizar seus browsers para usar sua aplicação da web. Poderá ainda usar o método Response.Redirect para enviar o usuário para outro URL onde poderá carregar a atualização!

A Tabela 24.3 mostra uma lista das variáveis do servidor HTTP comuns disponíveis para o Microsoft Internet Information Server e o Microsoft Internet Explorer 4.0.

Tabela 24.3 As variáveis comuns do servidor HTTP

Nome da variável HTTP	Descrição
ALL_HTTP	Exibe todas as variáveis HTTP na comunicação HTTP
ALL_RAW	Outra versão da ALL_HTTP formatada exatamente como é recebida pelo browser do cliente
APPL_MD_PATH	Contém a pasta de diretórios virtual da aplicação da web
APPL_PHYSICAL_PATH	Contém a pasta de diretórios física da aplicação da web
AUTH_PASSWORD	A senha usada para a segurança de autenticação básica
AUTH_TYPE	O tipo de autenticação usada pelo servidor

continua...

Tabela 24.3 Continuação

Nome da variável HTTP	Descrição
AUTH_USER	O nome de usuário da autenticação
CERT_COOKIE	O ID exclusivo usado para o certificado do cliente
CERT_FLAGS	O valor de retorno depois de tentar o certificado do cliente (TRUE ou FALSE)
CERT_ISSUER	O nome do emissor do certificado do cliente
CERT_KEYSIZE	O número de bits na chave do certificado; usada por Secure Socket Layer (SSL ou Camada de Soquete de Segurança)
CERT_SECRETKEYSIZE	O número de bits na chave privada SSL
CERT_SERIALNUMBER	O número serial do certificado do cliente
CERT_SERVER_ISSUER	O nome do emissor do certificado do cliente no servidor
CERT_SERVER_SUBJECT	O campo do assunto do certificado do cliente no servidor
CERT_SUBJECT	O campo do assunto do certificado do cliente no cliente
CONTENT_LENGTH	Retorna o comprimento do conteúdo enviado
CONTENT_TYPE	O tipo de dado do conteúdo atual
GATEWAY_INTERFACE	A versão das especificações CGI suportadas pelo servidor
HTTPS	**ON** (Ativado) se a solicitação usou o canal seguro SSL; **OFF** (Desativado) se a solicitação não estava em um canal seguro
HTTPS_KEYSIZE	O número de bits na chave do certificado; usado por Secure Socket Layer (SSL)
HTTPS_SECRETKEYSIZE	O número de bits na chave privada SSL
HTTPS_SERVER_ISSUER	O nome do emissor do certificado do cliente no servidor
HTTPS_SERVER_SUBCJECT	O campo do assunto do certificado do cliente no servidor
INSTANCE_ID	O ID para a instância atual do Internet Information Server
INSTANCE_META_PATH	O caminho de metabase para a instância do Internet Information Server que está lidando com essa solicitação
LOCAL_ADDR	O endereço IP local do servidor
LOGON_USER	O nome do usuário NT usado para conectar o servidor NT

continua...

Capítulo 24 Como ver a ASP internamente

Tabela 24.3 Continuação

Nome da variável HTTP	Descrição
PATH_INFO	O caminho completo do servidor virtual e o nome do documento
PATH_TRANSLATED	O caminho completo do servidor físico e o nome do documento
QUERY_STRING	O conteúdo do QueryString enviado através do URL para o servidor
REMOTE_ADDR	O endereço IP remoto do servidor
REMOTE_HOST	O endereço IP do cliente
REMOTE_USER	Identifica o nome do usuário remoto, se disponível
REQUEST_METHOD	O método usado para iniciar a solicitação do documento(GET)
SCRIPT_NAME	O caminho virtual completo para o script de execução em uso
SERVER_NAME	O nome do servidor da web de host
SERVER_PORT	O número da porta do servidor que lida com a solicitação
SERVER_PORT_SECURE	1 se a porta for segura, 0 se não for
SERVER_PROTOCOL	O nome e a versão do protocolo HTTP usado pelo servidor da web
SERVER_SOFTWARE	O nome e a versão do software do servidor HTTP
URL	O URL de base do documento (nenhum nome do servidor)
HTTP_ACCEPT	Os tipos de documentos aceitos pelo cliente
HTTP_ACCEPT_LANGUAGE	A linguagem usada pelo cliente
HTTP_HOST	O nome do servidor
HTTP_REFERER	O endereço HTTP anterior usado para navegar para essa página
HTTP_USER_AGENT	O nome e o tipo do browser do cliente
HTTP_ACCEPT_ENCODING	A lista de formato de codificação compreendida pelo cliente

A metabase
A partir do Internet Information Server 4.0, o IIS começou a usar a metabase para armazenar as informações do sistema. Isto era contrário à técnica anterior de armazenar as informações no registro ou em arquivos.

A lista real de valores HTTP pode variar dependendo do browser e do servidor envolvidos na comunicação HTTP. Contudo, a maioria dos itens mostrados na Tabela 24.3 está disponível em todas as sessões.

Nós iremos construir uma página da web muito simples para exibir o HTTP ServerVariables disponível para sua sessão. Para tanto, acrescente uma nova página chamada SERVERVARIABLES.ASP ao seu projeto da web e acrescente o script no lado servidor da Listagem 24.15 à parte <BODY> da página.

Listagem 24.15 Como adicionar o código para exibir as variáveis do servidor HTTP

```
1   <TABLE BORDER=1>
2   <% For Each Name in Request.ServerVariables %>
3   <TR>
4     <TD><%=Name%></TD>
5     <TD><%=Request.ServerVariables(Name)%></TD>
6   </TR>
7   <% Next %>
8   </TABLE>
```

O código na Listagem 24.15 criará uma tabela que exibirá o nome da variável do servidor HTTP e o valor atual dessa variável.

Após adicionar o código, salve o documento e execute sua aplicação da web. Quando navegar para a página SERVERVARIABLES.ASP, você deverá ver uma lista que se parece muito com a Tabela 24.3.

Veja também

➤ *Veja o Capítulo 15 para saber mais sobre como controlar as variáveis do servidor com o objeto Server*

Capítulo 25

Como gerenciar arquivos com a ASP

- Como usar o *FileSystemObject* para criar aplicações eficientes
- Como manipular pastas, arquivos e drives
- Como acessar arquivos usando o objeto *TextStream*

Haverá ocasiões em que suas aplicações da web precisarão criar, editar ou apagar os arquivos que residem no servidor. As Active Server Pages (Páginas Ativas do Servidor) do Microsoft Internet Information Server têm um objeto COM predefinido que você pode usar para gerenciar os arquivos no servidor: o FileSystemObject. Este objeto permite ler e gravar arquivos de dados e examinar todos os drives, pastas e arquivos disponíveis no servidor. Na verdade, com esse objeto você poderá executar praticamente qualquer atividade do arquivo que puder imaginar, inclusive apagar arquivos no servidor!

Questões de segurança e o FileSystemObject

O **FileSystemObject** é um objeto COM muito eficiente. Ele permite que você leia e salve informações nos discos do servidor. Em alguns casos, é possível criar o script no lado servidor que pode ler, modificar ou criar dados críticos armazenados no servidor da web.

Se estiver criando aplicações da web que executarão operações de disco no servidor, certifique-se de que todos os cuidados sejam tomados para assegurar os dados valiosos. O **FileSystemObject** irá respeitar todos os direitos de segurança do Windows NT estabelecidos no servidor da web. Os usuários que tentarem executar páginas de script no lado servidor contendo operações de arquivo serão impedidos de completar essas operações a menos que tenham as devidas definições em seus perfis NT.

O FileSystemObject tem muitos subobjetos, coleções, propriedades e métodos. Este capítulo não cobre todos eles. Contudo, você irá explorar duas áreas principais:

- Como examinar o armazenamento do disco no servidor
- Como ler e gravar arquivos de texto no servidor

Você fará isso escrevendo vários documentos Active Server Pages (ASP) que executarão o script no lado servidor no servidor da web e enviarão os resultados HTML para o browser do cliente.

Veja também

➤ *Você pode aprender mais sobre como usar o script no lado servidor em suas aplicações no Capítulo 15.*

➤ *Para aprender a usar o VBScript em suas páginas, veja o Capítulo 11.*

Quando você completar este capítulo, compreenderá como usar o script no lado servidor para criar aplicações da web que podem acessar o armazenamento do disco no servidor remoto, ler e gravar arquivos de dados.

Capítulo 25 Como gerenciar arquivos com a ASP 707

Como preparar a aplicação da web FileSystemObject

Neste capítulo, você irá adicionar páginas para mostrar as operações de arquivo usando o script no lado servidor. Essas páginas farão parte de uma única aplicação da web chamada FileSystemObject. Antes de continuar com o restante do capítulo, iremos criar a nova aplicação da web e construir duas páginas HTML de alto nível que ajudarão os usuários a navegar pelos exemplos de código de script no lado servidor.

Primeiro, inicie o Visual InterDev e crie um novo projeto da web chamado FileSystemObject. Então, acrescente um novo arquivo HTML ao projeto chamado DEFAULT.HTM e defina-o como a página inicial clicando-o com o botão direito do mouse no Project Explorer e escolhendo **Set as Start Page**. Esta página terá um cabeçalho e duas ligações HREF. Use a Tabela 25.1 e a Figura 25.1 para criar o layout da página DEFAULT.HTM.

Como expandir este capítulo
Este capítulo fornece o conhecimento e o código básico para agir como uma base para algumas aplicações da web realmente complexas e eficientes. Neste capítulo, você verá algumas notas indicando onde pode haver expansões.

Tabela 25.1 O conteúdo da página DEFAULT.HTM

Elemento	Atributo	Definição
Demonstrate File Objects (Demonstrar Objetos de Arquivo)		<H1>
TextStream Object (Objeto TextStream)	HREF	TEXTSTREAM.ASP
FileSystemObject	HREF	FILESYSTEM.HTM

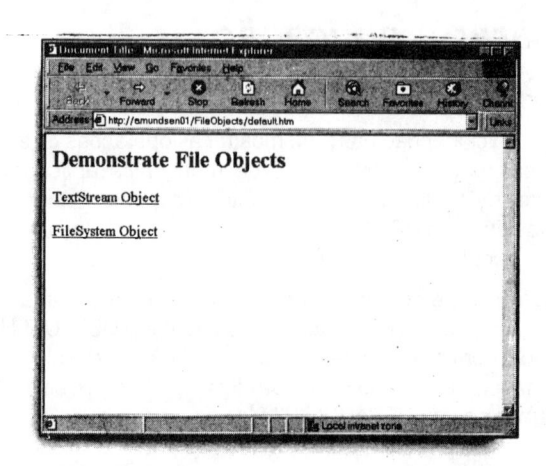

Figura 25.1 O layout da página DEFAULT.HTM.

Agora salve a página DEFAULT.HTM e crie um novo documento HTML chamado FILESYSTEM.HTM. Consulte a Tabela 25.2 e a Figura 25.2 para criar o layout desse documento de ligação.

Tabela 25.2 O conteúdo da página FILESYSTEM.HTM

Elemento	Atributo	Definição
Demonstrate FileSystemObject		<H2>
File System (Sistema de Arquivos)	HREF	SYSTEM.ASP
Drives	HREF	DRIVES.ASP
Folders (Pastas)	HREF	FOLDER.ASP
Files (Arquivos)	HREF	FILES.ASP

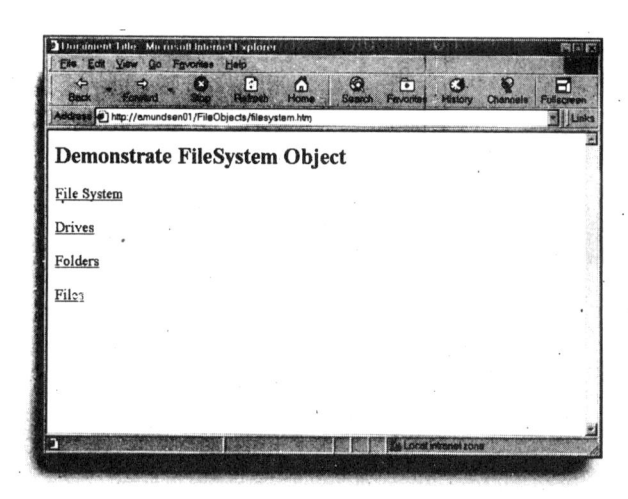

Capítulo 25 Como gerenciar arquivos com a ASP   709

Figura 25.2 O layout da página FILESYSTEM.HTM

Após construir o arquivo FILESYSTEM.HTM, salve-o antes de continuar com o restante do capítulo.

Como examinar o armazenamento de disco com o objeto de arquivo do sistema

Pode haver ocasiões em que você terá que criar aplicações da web que forneçam aos clientes acesso às informações nos discos de armazenamento no servidor da web. Talvez você queira ler os registros do servidor a partir de um cliente remoto, gerenciar pastas e arquivos, criar e apagar arquivos temporários etc. O Microsoft Internet Information Server tem um objeto COM disponível para fazer exatamente isso: o FileSystemObject.

Na verdade, o FileSystemObject é o objeto de alto nível em uma hierarquia de objetos, coleções, propriedades e métodos disponíveis para acessar o conteúdo do meio de armazenamento em um servidor remoto. Nesta seção, você enfocará os seguintes objetos:

- O FileSystemObject é o objeto de alto nível para acessar os sistemas de arquivos no servidor
- A coleção Drivers e o objeto Drive são usados para acessar os drives de disco ou outro meio de armazenamento anexado.
- A coleção Folders e o objeto Folder são usados para acessar a estrutura de diretórios do meio de armazenamento no servidor.
- A coleção Files e o objeto File são usados para acessar os arquivos reais armazenados nas pastas nos drives do servidor.

A conexão FileSystemObject

A documentação on-line do Visual InterDev (Microsoft Developers Network Library ou Biblioteca da Rede dos Desenvolvedores Microsoft) é repleta de informações sobre o objeto **FileSystemObject**. Deve ser sua primeira parada quando estiv

A Figura 25.3 mostra um diagrama da hierarquia do modelo FileSystemObject.

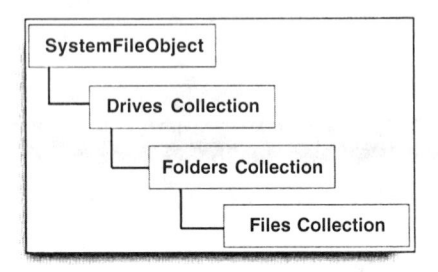

```
SystemFileObject
    └── Drives Collection
            └── Folders Collection
                    └── Files Collection
```

Figura 25.3 O modelo de objetos File System.

Nas próximas seções deste capítulo, você construirá um conjunto de documentos ASP que mostram alguns métodos e propriedades de cada um desses objetos.

O objeto do objeto

Pode ser um pouco confuso trabalhar com o objeto **FileSystemObject**. Ele pode ser confuso a começar pelo nome: objeto **FileSystemObject**. Lembre-se, porém, de que é um grupo de muitos objetos, coleções e propriedades que representam o acesso fundamental ao sistema de arquivos.

Como criar pastas e arquivos com o FileSystemObject

O FileSystemObject permite escrever o script no lado servidor que pode criar, mover ou apagar pastas e arquivos no servidor da web. Na verdade, existem 24 métodos do FileSystemObject – todos dedicados a localizar, criar, mover ou apagar pastas e arquivos. Neste capítulo, você se concentrará nos métodos mais usados (veja a Tabela 25.3).

Capítulo 25 Como gerenciar arquivos com a ASP

Tabela 25.3 Os métodos *SystemFile* mais usados

Método	Descrição	Exemplo
FolderExists	Retornará TRUE se a pasta for encontrada	If FolderExists ("MyFolder")
CreateFolder	Cria uma nova pasta no servidor	CreateFolder ("MyFolder")
DeleteFolder	Remove uma pasta existente do servidor	DeleteFolder ("MyFolder")
FileExists	Retornará TRUE se o arquivo for encontrado	If FileExists ("MyFile.txt")
CreateTextFile	Cria um novo arquivo de texto no servidor	CreateTextFile "MyFile.txt"
DeleteFile	Remove um arquivo existente do servidor	DeleteFile ("MyFile.txt")
MoveFile	Move um arquivo existente de um local para outro no servidor	MoveFile "MyFolder\MyFile.txt", "YourFolder\MyFile.txt"
MoveFolder	Move uma pasta existente para outro local no servidor	MoveFolder "MyFolder", "YourFolder"
CopyFile	Copia um arquivo existente no servidor	CopyFile "MyFile.txt", "YourFile.txt"
CopyFolder	Copia uma pasta existente no servidor	CopyFolder "MyFolder", "YourFolder"

Agora iremos criar um documento ASP simples para mostrar esses métodos SystemFile comuns. Primeiro, adicione um novo documento ASP ao projeto chamado SYSTEM.ASP. Em seguida, acrescente o script no lado servidor da Listagem 25.1 ao documento. Forneça esse código logo depois do tag <BODY>.

> **Tenha cuidado ao mover as pastas**
>
> Sempre verifique as pastas ou arquivos que estiver manipulando. Talvez você queira criar um "plano de fuga" em suas aplicações caso algo saia errado. Em vez de mover os arquivos imediatamente, copie-os primeiro, valide a cópia e, então, remova o original. Se estiver apagando os arquivos, faça um backup temporário, apague o arquivo e, então, quando souber que é seguro, apague o backup. Sempre dê a si mesmo uma chance (e à sua aplicação).

Listagem 25.1 Como adicionar o primeiro script no lado servidor a SYSTEM.ASP

```
1   <%
2   '
3   ' exercise filesystem object methods
4
5   Response.Write "<H4>FileSystemMethods</H4>"
6
7   Set objFS = Server.CreateObject ("Scripting.FileSystem
    ↪Object")
8
9   ' get start path for the web server
10  strPath=Server.MapPath ("/")
11  strFolder="uviNewFolder"
12  strFullName=strPath & "\" & strFolder
13  strFile = strFullName & "\uviNewFile.txt"
14
15  %>
```

O código na Listagem 25.1 envia um cabeçalho para a página, obtém uma ligação para o FileSystemObject (linha 7) e usa o método MapPath do objeto Server para obter o caminho de disco atual do servidor da web (linha 10). Finalmente, algumas variáveis de string são declaradas para identificar a pasta e os nomes de arquivo que você usará posteriormente.

Em seguida, acrescente o código da Listagem 25.2 logo depois do código da Listagem 25.1. Este script no lado servidor verifica as pastas existentes e as remove, se necessário.

> **Como expandir os exemplos**
>
> Pense sobre como você poderia criar uma série de páginas da web que substituiriam sua interface Windows Explorer convencional. Você poderia gerenciar remotamente seus arquivos e o conteúdo do computador. Onde começaria?

Capítulo 25 Como gerenciar arquivos com a ASP

Listagem 25.2 Como remover as pastas existentes do servidor

```
1   <%
2   '
3   ' remove any old folders
4
5   Response.Write "Removing old folders...<BR>"
6   ' check for existing folders
7   If objFS.FolderExists(strFullName) Then
8       objFS.DeleteFolder strFullName
9   End If
10
11  If objFS.FolderExists(strPath & "\uviMoveFolder")=True
    ↪Then
12      objFS.DeleteFolder strPath & "\uviMoveFolder"
13  End If
14
15  %>
```

Agora que você se certificou de que nenhuma versão anterior da pasta sumiu, poderá acrescentar o script no lado servidor que criará uma nova pasta e arquivo, copiará o arquivo e, então, apagará uma das cópias. A Listagem 25.3 mostra como fazê-lo. Adicione este script no lado servidor logo depois do código da Listagem 25.2.

Listagem 25.3 Como adicionar o script no lado servidor para criar pastas e arquivos

```
1   <%
2   '
3   ' create new folder
4   Response.Write "CreateFolder...<BR>"
5   objFS.CreateFolder(strFullName)
6
7   ' create a new file
8   Response.Write "CreateTextFile...<BR>"
9   objFS.CreateTextFile(strFile)
10
11  'copy the file
12  Response.Write "CopyFile...<BR>"
13  objFS.CopyFile strfile, strFullName & "\uviCopyFile.txt"
14
```

continua...

Listagem 25.3 Continuação

```
15  'delete a file
16  Response.Write "DeleteFile...<BR>"
17  If objFS.FileExists(strFullName & "\uviCopyFile.txt") =
    ↳True Then
18      objFS.DeleteFile strFullname & "\uviCopyFile.txt"
19  End If
20  %>
```

Finalmente, agora que existem pastas e arquivos, iremos adicionar algum script no lado servidor que moverá os arquivos e pastas também. Forneça o script no lado servidor da Listagem 25.4 no final de seu script no lado servidor existente.

Listagem 25.4 Como mover as pastas e os arquivos no servidor

```
1   <%
2   '
3   'move the file
4   Response.Write "MoveFile...<BR>"
5   If objFS.FileExists(strFile) Then
6       objFS.MoveFile strFile, strFullName &
        ↳"\uviMoveFile.txt"
7   End If
8
9   'move the folder
10  Response.Write "MoveFolder...<BR>"
11  If objFS.FolderExists(strFullName) Then
12      objFS.MoveFolder strFullName, strPath &
        ↳"\uviMoveFolder"
13  End If
14
15  'final message
16  Response.Write "SystemFile Processing completed."
17
18  %>
```

Agora salve o arquivo (SYSTEM.ASP) e execute o projeto (pressione F5 ou selecione **Debug** (Depurar), **Start** no menu principal). Quando navegar para a página SYSTEM.ASP, você verá uma série de instruções de andamento aparecerem no browser (veja a Figura 25.4).

Capítulo 25 Como gerenciar arquivos com a ASP

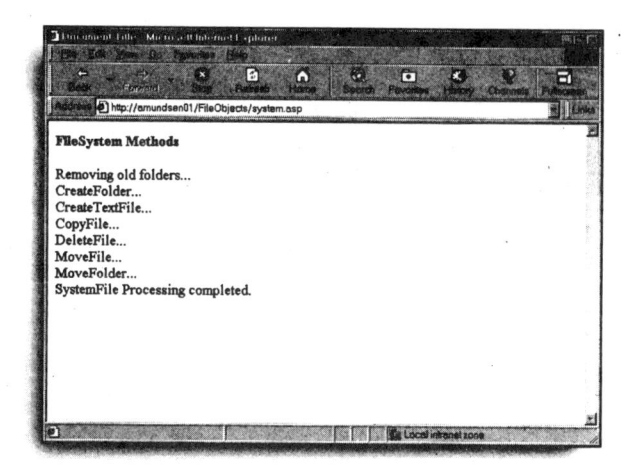

Figura 25.4 Como exibir o resultado da página SYSTEM.ASP.

Depure! Depure! Depure!

Ao trabalhar com o objeto **FileSystemObject**, depure suas aplicações com cuidado, para que não execute uma ação que realmente não queria.

Como ler os drives do servidor

Você poderá ler os detalhes do drives no servidor. Todos os drives no servidor aparecem na coleção Drives. Cada drive individual tem várias propriedades que você poderá examinar e reportar. A Tabela 25.4 contém a lista de propriedades Drive.

Tabela 25.4 As propriedades do objeto *Drive*

Propriedade	Descrição
DriveLetter	A designação da letra do drive
IsReady	Retornará TRUE se o usuário tiver acesso ao drive
DriveType	Indica o tipo de drive: 0 - "Unknown" (Desconhecido) 1 - "Removable" (Removível) 2 - "Fixed" (Fixo) 3 - "Network" (Rede) 4 - "CD-ROM" 5 - "RAM Disk" (Disco de RAM)

continua...

Tabela 25.4 Continuação

Propriedade	Descrição
FileSystem	Retorna o formato de dados do drive: "NTFS" "CDFS" "FAT"
AvailableSpace	O número de bytes disponíveis para uso
FreeSpace	O número de bytes de armazenamento de dados não usado (poderá não coincidir com AvailableSpace se as cotas do disco limitarem a quantidade de espaço disponível por usuário)
TotalSize	O número total de bytes do armazenamento possível no drive selecionado
Path	Contém o caminho atual para o armazenamento
RootFolder	Retorna a pasta marcada como a principal do disco
SerialNumber	Retorna o número exclusivo para o disco selecionado
ShareName	O nome usado para compartilhar o recurso do disco (estilo UNC)
VolumeName	O nome do drive de disco (não igual ao nome de compartilhamento)

Como expandir o exemplo

Como você pode ver na Tabela 25.4, pode obter muitas informações sobre os drives de seu sistema. Adicionar a manipulação de drives ao nosso Explorer baseado na web seria a próxima etapa. Como você criaria uma implementação da web do Explorer que manipule os drives? Você duplicaria a construção Explorer existente com dois quadros separados divididos na horizontal?

Agora, crie um novo documento ASP chamado DRIVES.ASP e adicione o script no lado servidor da Listagem 25.5 logo depois do tag <BODY>.

Listagem 25.5 Como codificar o documento DRIVES.ASP

```
1  <%
2  `
3  ` shared storage for this page
4  `
5  On Error Resume Next
6
```

continua...

Capítulo 25 Como gerenciar arquivos com a ASP

Listagem 25.5 Continuação

```
7    Response.Write "<H4>Demonstrate SystemFile Drives
     ↪Collection</H4>"
8
9    Set objFS = Server.CreateObject ("Scripting.
     ↪FileSystemObject")
10
11   '
12   ' show list of drives
13   For Each objDrive in objFS.Drives
14       strList = strList & "Drive " & objDrive.DriveLetter
         ↪& ";<BR>"
15       if objDrive.IsReady = True then
16           strList = strList & "IsReady: True<BR>"
17       Else
18           strList = strList & "IsReady: False<BR>"
19       End If
20       Select Case objDrive.DriveType
21           Case 0: strType = "Unknown"
22           Case 1: strType = "Removable"
23           Case 2: strType = "Fixed"
24           Case 3: strType = "Network"
25           Case 4: strType = "CD-ROM"
26           Case 5: strType = "RAM Disk"
27       End Select
28       strList = strList & "DriveType: " & strType & "<BR>"
29       strList = strList & "FileSystem: " &
         ↪objDrive.FileSystem & "<BR>"
30       strList = strList & "AvailableSpace: " &
         ↪FormatNumber(objDrive.AvailableSpace/1024, 0)
         ↪& "<BR>"
31       strList = strList & "FreeSpace: " & FormatNumber
         ↪objDrive.FreeSpace/1024) & "<BR>"
32       strList = strList & "TotalSize: " & FormatNumber
         ↪objDrive.TotalSize/1024) & "<BR>"
33       strList = strList & "Path: " & objDrive.Path &
         ↪"<BR>"
```

continua...

Listagem 25.5 Continuação

```
34    strList = strList & "RootFolder: " & objDrive.
      ↪RootFolder & "<BR>"
35    strList = strList & "SerialNumber: " & objDrive.
      ↪SerialNumber & "<BR>"
36    strList = strList & "ShareName: " & objDrive.
      ↪ShareName & "<BR>"
37    strList = strList & "VolumeName: " & objDrive.
      ↪VolumeName & "<BR>"
38    strList = strList & "<P>"
39  Next
40
41    Response.Write strList & "<P>"
42
43  %>
```

Note o uso de On Error Resume Next na linha 5 nessa rotina de código. Se o disco não estiver pronto (IsRead=FALSE), a maioria das outras propriedades não estará disponível para você. Contudo, para impedir que um erro pare a aplicação da web, você poderá adicionar On Error Resume Next à parte superior de suas páginas.

Os erros tipográficos causam desastres

Especialmente quando você está trabalhando com arquivos, diretórios e drives, os erros tipográficos podem ser um grande problema. Certifique-se de que esteja digitando corretamente ao trabalhar com essas coleções.

Agora, salve e execute essa página para testar o resultado. Cada máquina informará diferentes dados. A Figura 25.5 mostra um exemplo. Observe o relatório de um drive Network (compartilhamento).

O que está faltando?

Note que não há método algum para formatar os drives usando esse objeto. Felizmente. Você poderia imaginar um erro tipográfico que levaria a isso?

Dependendo de seu servidor, isso poderá levar alguns instantes porque o loop está designado a executar todos os drives disponíveis conectados ao host.

Capítulo 25 Como gerenciar arquivos com a ASP 719

```
Drive E:
IsReady: True
Type: Fixed
FileSystem: NTFS
AvailableSpace: 2,126,936
FreeSpace: 2,126,936.00
TotalSize: 2,152,708.00
Path: E:
RootFolder: E:\
SerialNumber: 1693005219
ShareName:
VolumeName:

Drive F:
IsReady: True
Type: Network
FileSystem: FAT
AvailableSpace: 1,749,312
FreeSpace: 1,749,312.00
TotalSize: 2,060,032.00
Path: F:
RootFolder: F:\
SerialNumber: 403840217
VolumeName: WIN95 D0
```

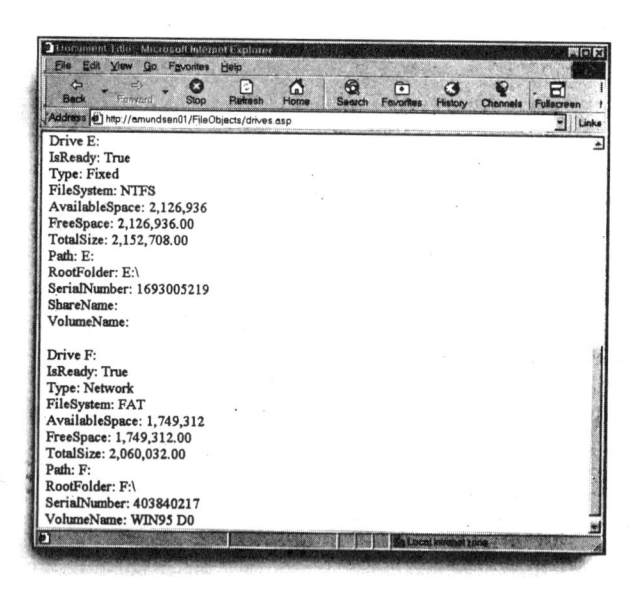

Figura 25.5 Como exibir os drives em um servidor.

A coleção Drives

A coleção **Drives**, como mostrado neste exemplo, retorna drives físicos e lógicos.

Como exibir pastas no servidor

Você poderá também acessar as pastas em qualquer drive de disco disponível. Isto é feito através da coleção Folders. A Tabela 25.5 mostra as propriedades do objeto Folder que você exibirá com seu documento ASP.

Tabela 25.5 As propriedades do objeto *Folder*

Propriedade	Descrição
Attributes	Define ou retorna os atributos dos arquivos ou pastas. Leitura/gravação ou somente de leitura, dependendo do atributo. Os valores válidos para essa propriedade são:
	Normal (0) — Arquivo normal. Nenhum atributo é definido.
	ReadOnly (1) — Arquivo somente de leitura. O atributo é de leitura/gravação.
	Hidden (2) — O arquivo oculto. O atributo é de leitura/gravação.

continua..

Tabela 25.5 Continuação

Propriedade		Descrição
	System (4)	O arquivo do sistema. O atributo é de leitura/gravação.
	Volume (8)	A etiqueta de volume do drive de disco. O atributo é somente de leitura.
	Directory (16)	A pasta ou o diretório. O atributo é somente de leitura.
	Archive (32)	O arquivo mudou desde o último backup. O atributo é de leitura/gravação.
	Alias (64)	A ligação ou o atalho. O atributo é somente de leitura.
	Compressed (128)	O arquivo compactado. O atributo é somente de leitura.
DateCreated		Retorna a data e a hora em que o arquivo ou pasta especificada foi criada. Somente de leitura.
DateLastAccessed		Retorna a data e a hora em que o arquivo ou pasta especificada foi acessada por último. Somente de leitura.
DateLastModified		Retorna a data e a hora em que o arquivo ou pasta especificada foi modificada por último. Somente de leitura.
Drive		Retorna a letra do drive na qual o arquivo ou a pasta especificada reside. Somente de leitura.
IsRootFolder		Retornará True se a pasta especificada for a pasta principal, False caso contrário.
Name		Define ou retorna o nome de um arquivo ou pasta especificada. Leitura/gravação.
ParentFolder		Retorna o objeto de pasta para o pai do arquivo ou pasta especificada. Somente de leitura.
Path		Retorna o caminho para um arquivo, pasta ou drive especificado.
ShortName		Retorna o nome curto usado pelos programas que requerem a convenção de nomenclatura 8.3 anterior.
ShortPath		Retorna o caminho curto usado pelos programas que requerem a convenção de nomenclatura 8.3 anterior.
Size		Para os arquivos, retorna o tamanho, em bytes, do arquivo especificado. Para as pastas, retorna o tamanho, em bytes, de todos os arquivos e subpastas contidos na pasta.
SubFolders		Retorna uma coleção Folders consistindo em todas as pastas contidas em uma pasta especificada, inclusive aquelas com atributos Hidden e System definidos.

Capítulo 25 Como gerenciar arquivos com a ASP **721**

Agora, crie uma nova página chamada FOLDER.ASP e acrescente-a à aplicação da web. A Listagem 25.6 mostra o código necessário para exibir as propriedades de um objeto Folder.

Listagem 25.6 Como codificar o documento FOLDERS.ASP

```
1   <%
2   '
3   ' read folders on available drives
4   On Error Resume Next
5
6   Response.Write "<H4>Demonstrate SystemFile Folders
    ↪Collection</H4>"
7
8   Set objFS = Server.CreateObject
    ↪("Scripting.FileSystemObject")
9
10  For Each objDrive in objFS.Drives
11     If objDrive.IsReady = True then
12         Set objFolder = objFS.GetFolder(objFS.
           ↪GetAbsolutePathName
           ↪(objDrive.DriveLetter & ":\\\"))
13         strList= strList & objFS.GetAbsolutePathName(
           ↪objDrive.DriveLetter & ":\\\") & "<BR>"
14         strList = strList & "Attributes: " & FormatNumber(
           ↪objFolder.Attributes) & "<BR>"
15         strList = strList & "DateCreated: " &
           ↪FormatDateTime(objFolder.DateCreated) &
           ↪"<BR>"
16         strList = strList & "DateLastAccessed: " &
           ↪FormatDateTime(objFolder.DateLastAccessed)
           ↪& "<BR>"
17         strList = strList & "DateLastModified: " &
           ↪FormatDateTime(objFolder.DateLastModified)
           ↪& "<BR>"
18         strList = strList & "Drive: " & objFolder.Drive &
           ↪"<BR>"
19         If objFolder.IsRootFolder = True then
20             strList = strList & "IsRootFolder: True<BR>"
21         Else
```

continua...

Listagem 25.6 Continuação

```
22                   strList = strList & "IsRootFolder: False<BR>"
23          End If
24          strList = strList & "Name: objFolder.Name &
            ⤷"<BR>"
25          strList = strList & "Path: objFolder.Path &
            ⤷"<BR>"
26          strList = strList & "ShortName: objFolder.
            ⤷ShortName & "<BR>"
27          strList = strList & "ShortPath: objFolder.
            ⤷ShortPath & "<BR>"
28          strList = strList & "Size: FormatNumber(
            ⤷objFolder.Size) & "<BR>"
29          strList = strList & "<P>"
30     End If
31 Next
32
33 Response.Write strList
34
35 %>
```

Note que a primeira etapa no processo (após obter um ponteiro para FileSystemObject) é criar um loop para verificar cada objeto Drive e ver se está pronto para a exibição. Quando você tiver um drive disponível, poderá obter um ponteiro para a primeira pasta na coleção e verificar as propriedades da pasta.

Listagens longas

Uma característica comum para a maioria das aplicações da web que usam o objeto **FileSystemObject** são as listagens longas. Executar ações usando o objeto requer muita interação e recuperação de informações.

Quando você gravar e executar a aplicação da web, navegar para o documento Folders da web mostrará algo como o conteúdo da Figura 25.6.

Capítulo 25 Como gerenciar arquivos com a ASP   723

Figura 25.6 Como exibir as propriedades da pasta no servidor.

Como exibir arquivos na pasta no servidor

A última coleção de objetos a revisar aqui é o objeto File. Este objeto representa todas as informações disponíveis sobre um único arquivo em uma pasta em um drive no servidor. Você poderá usar esse objeto para obter (e definir) informações detalhadas sobre os arquivos no servidor. A Tabela 25.6 mostra as propriedades do objeto File.

Tabela 25.6 As propriedades do objeto *File*

Propriedade	Descrição
Attributes	Define ou retorna os atributos dos arquivos ou pastas.
	Leitura/gravação ou somente de leitura, dependendo do atributo. Os valores válidos para essa propriedade são
	Normal (0) — Arquivo normal. Nenhum atributo é definido.
	ReadOnly (1) — Arquivo somente de leitura. O atributo é de leitura/gravação.
	Hidden (2) — O arquivo oculto. O atributo é de leitura/gravação.
	System (4) — O arquivo do sistema. O atributo é de leitura/gravação.
	Volume (8) — A etiqueta de volume do drive de disco. O atributo é somente de leitura.
	Directory (16) — A pasta ou o diretório. O atributo é somente de leitura.
	Archive (32) — O arquivo mudou desde o último backup. O atributo é de leitura/gravação.

continua...

Tabela 25.6 Continuação

Propriedade	Descrição
	Alias (64) — A ligação ou o atalho. O atributo é somente de leitura.
	Compressed (128) — O arquivo compactado. O atributo é somente de leitura.
DateCreated	Retorna a data e a hora em que o arquivo ou pasta especificada foi criada. Somente de leitura.
DateLastAccessed	Retorna a data e a hora em que o arquivo ou pasta especificada foi acessada por último. Somente de leitura.
DateLastModified	Retorna a data e a hora em que o arquivo ou pasta especificada foi modificada por último. Somente de leitura.
Drive	Retorna a letra do drive na qual o arquivo ou a pasta especificada reside. Somente de leitura.
Name	Define ou retorna o nome de um arquivo ou pasta especificada. Leitura/gravação.
ParentFolder	Retorna o objeto de pasta para o pai do arquivo ou pasta especificada. Somente de leitura.
Path	Retorna o caminho para um arquivo, pasta ou drive especificado.
ShortName	Retorna o nome curto usado pelos programas que requerem a convenção de nomenclatura 8.3 anterior.
ShortPath	Retorna o caminho curto usado pelos programas que requerem a convenção de nomenclatura 8.3 anterior.
Size	Para os arquivos, retorna o tamanho, em bytes, do arquivo especificado. Para as pastas, retorna o tamanho, em bytes, de todos os arquivos e subpastas contidos na pasta.
Type	Retorna informações sobre o tipo de um arquivo ou pasta. Por exemplo, para os arquivos que terminam em .TXT, Text Document (Documento de Texto) é retornado.

Note que as propriedades do objeto File são quase idênticas às propriedades do objeto Folder.

Agora, adicione outra página ao projeto chamada FILE.ASP e, quando ela aparecer no editor, forneça o script no lado servidor da Listagem 25.7 logo após o tag <BODY> do documento.

Capítulo 25 Como gerenciar arquivos com a ASP

Como expandir o exemplo: arquivos

Quando você combinar as informações que pode recuperar com a coleção **Files** e o objeto **Textstream** tratado posteriormente neste capítulo, poderá ver como pode começar a trabalhar com os arquivos em seu web Explorer. Não há basicamente nada que você possa fazer no Windows Explorer que não poderia no web Explorer.

Listagem 25.7 Como codificar o documento FILES.ASP

```
1   <%
2   '
3   ' read files in folders on drives
4
5   On Error Resume Next
6
7   Response.Write "<H4>Demonstrate SystemFile Files
    ↪Collection</H4>"
8
9   Set objFS = Server.CreateObject ("Scripting.
    ↪FileSystemObject")
10
11  For Each objDrive in objFS.Drives
12      If ObjDrive.IsReady = True then
13          Set objFolder = objFS.GetFolder (objFS.
            ↪GetAbsolutePathName
            ↪ (objDrive.DriveLetter & ":\\\"))
14          strList= strList & objFS.GetAboslutePathName (
            ↪objDrive.DriveLetter &":\\\") & "<BR>"
15          For Each objFile in objFolder.Files
16              strList = strList & "Attributes: " &
                ↪FormatNumber (objFile.Attributes)
                ↪ & "<BR>"
17              strList = strList & "DateCreated: " &
                ↪FormatDateTime (objFile.DateCreated)
                ↪ & "<BR>"
18              strList = strList & "DateLastAccessed: " &
                ↪FormatDateTime (objFile.DateLastAccessed)
                & "<BR>"
19              strList = strList & "DateLastModified: " &
```

continua...

Listagem 25.7 Continuação

```
                 ↪FormatDateTime(objFile.DateLastModified)
                 ↪& "<BR>"
20               strList = strList & "Drive: " & objFile.Drive
                 ↪& "<BR>"
21               strList = strList & "Name: " & objFile.Name
                 ↪& "<BR>"
22               strList = strList & "Path: " & objFile.Path
                 ↪& "<BR>"
23               strList = strList & "ShortName: " & objFile.
                 ↪ShortName & "<BR>"
24               strList = strList & "ShortPath: " & objFile.
                 ↪ShortPath & "<BR>"
25               strList = strList & "Size: " & FormatNumber(
                 ↪objFile.Size & "<BR>"
26               strList = strList & "Type: " & objFile.Type &
                 ↪"<BR>"
27               strList = strList & "<P>"
28           Next
29       EndIf
30   Next
31   '
32   Response.Write strList
33
34   %>
```

Como você tem que verificar primeiro um drive disponível antes de poder examinar as propriedades da pasta, também terá que localizar a pasta antes de poder examinar os arquivos dentro da mesma. Quando tiver o objeto de pasta, poderá usar o loop For...Each para examinar cada arquivo na pasta.

Faça intervalos

Faça intervalos ao digitar essas listagens (e qualquer uma parecida). Você terá falhas – e dores de cabeça. Tenha cuidado com os erros tipográficos.

Você deverá ver algo como a Figura 25.7 quando salvar e executar a aplicação da web e navegar para o documento Files.

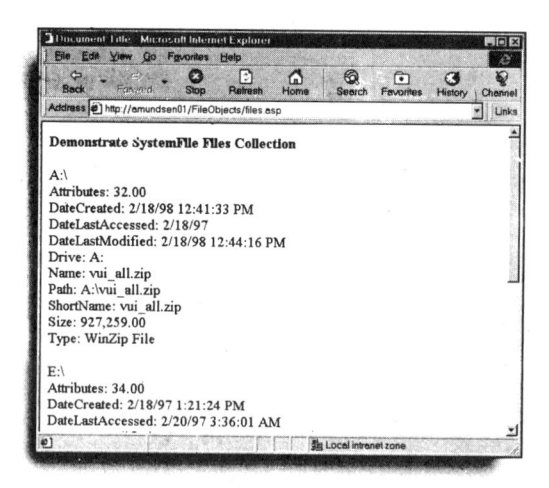

Capítulo 25 Como gerenciar arquivos com a ASP   727

Figura 25.7 Como exibir as propriedades do arquivo.

Agora que você tem uma boa idéia de como usar os objetos File System, vá para a próxima seção do capítulo, onde colocará tudo junto.

Como misturar na DHMTL

Alguma vez você pensou em nosso web Explorer? Como o faria melhorar? Usando a DHTML, você poderá imitar facilmente a funcionalidade do Explorer convencional. O recurso arrastar-e-soltar é conseguido usando-se a DHTML. Você poderá ainda selecionar e destacar diversos itens e usar um menu contexto.

Como ler e salvar arquivos de texto com o objeto TextStream

Os objetos File System permite acessar praticamente todo aspecto do armazenamento do disco disponível no servidor. Embora as seções anteriores tenham mostrado como revisar as propriedades dos objetos existentes, você poderá também usar o mesmo modelo de objetos para criar, editar e exibir os arquivos de dados.

O objeto usado para lidar com a leitura e a gravação dos arquivos de dados do texto é chamado de objeto TextStream. Este objeto tem quatro propriedades e nove métodos. A Tabela 25.7 mostra essas propriedades e métodos.

Arquivos de texto

O objeto **TextStream** é realmente destinado a trabalho com os arquivos de texto. Eles podem ser arquivos HTML, o texto bruto ou qualquer documento que use o texto ASCII. Isto não quer dizer que não você não poderá trabalhar com outros arquivos, mas ele não foi destinado para isso.

Tabela 25.7 As propriedades e os métodos do objeto *TextStream*

Nome	Tipo	Descrição
AtEndOfLine	Propriedade	A propriedade somente de leitura que retorna True caso o ponteiro do arquivo preceda imediatamente o marcador de final de linha em um arquivo TextStream, False do contrário
AtEndOfColumn	Propriedade	A propriedade somente de leitura que retorna True caso o ponteiro do arquivo esteja no final de um arquivo TextStream, False do contrário
Column	Propriedade	A propriedade somente de leitura que retorna o número de colunas da posição do caractere atual em um arquivo TextStream
Line	Propriedade	A propriedade somente de leitura que retorna o número de linhas em um arquivo TextStream
Close	Método	Fecha um arquivo TextStream aberto
Read(n)	Método	Lê um número específico de caracteres a partir de um arquivo TextStream e retorna a string resultante
ReadAll	Método	Lê um arquivo TextStream inteiro e retorna a string resultante
ReadLine	Método	Lê uma linha inteira (até, mas não inclusive o caractere de nova linha) a partir de um arquivo TextStream e retorna a string resultante
Skip(n)	Método	Pula um número especificado de caracteres ao ler um arquivo TextStream
SkipLine	Método	Pula a próxima linha ao ler um arquivo TextStream
Write	Método	Grava uma string especificada em um arquivo TextStream sem um caractere de nova linha

continua...

Tabela 25.7 Continuação

Nome	Tipo	Descrição
WriteLine	Método	Grava uma string especificada e o caractere de nova linha em um arquivo TextStream
WriteBlankLines(n)	Método	Grava um número especificado de caracteres de nova linha em um arquivo TextStream

Nas próximas seções, você criará um documento da web que criará um arquivo de texto no servidor, gravará os dados no arquivo, então lerá os dados do arquivo de três maneiras diferentes. Isto tudo será feito na forma de um gerador de dicas aleatórias visto com freqüência no início das aplicações Windows.

Páginas dinâmicas, outra abordagem

Outro método para criar páginas dinâmicas em seu site da web é criá-las usando o objeto **TextStream** e a interação do usuário. Talvez você queira criar uma base de conhecimento para seu escritório e criar um conjunto pesquisável de páginas. Poderá usar formulários que fornecem campos para que os usuários digitem o tipo de problema e solução e, então, usar o objeto **TextStream** para colocar informações nos arquivos. Poderá ainda formatar as páginas como HTML quando estiverem sendo escritas. As páginas poderão então ser pesquisadas usando um motor de pesquisa como o Microsoft Index Server (Servidor de Índice Microsoft).

Como construir o documento de exemplo de dicas da web

Primeiro, você terá que adicionar mais uma página à aplicação da web chamada TEXTSTREAM.ASP. Em seguida, terá que acrescentar algum script no lado servidor que irá declarar as variáveis necessárias para as operações e produzir um cabeçalho para o documento. Para tanto, forneça o código da Listagem 25.8 para o documento TEXTSTREAM.ASP logo após o tag <BODY>.

Listagem 25.8 Como adicionar o script no lado servidor inicial para o documento TEXTSTREAM.ASP

```
1   <%
2   '
3   ' shared vars and heading for the page
4
5   ' for file name
6   Dim strFile
7   Dim strPath
```

continua...

Listagem 25.8 Continuação

```
8
9    'for file objects
10   Dim objFS
11   Dim objTS
12
13   'for tip generator
14   Dim intCount
15   Dim intTip
16   Dim strTip
17
18   'send out header
19   Response.Write "<H3>Demonstrate TextStream Object</H3>"
20
21   %>
```

Em seguida, terá que adicionar o script no lado servidor que criará o novo arquivo de texto no servidor. A idéia é criar um arquivo de texto que tenha o mesmo nome do arquivo ASP que está sendo executado atualmente. E mais, você desejará colocar esse arquivo no mesmo local do documento ASP em execução. Finalmente, antes de criar o arquivo, verifique para ver se um já existe. Se existir, você apagará o arquivo existente primeiro.

A Listagem 25.9 mostra como fazer isso usando o script no lado servidor. Acrescente esse código ao arquivo TEXTSTREAM.ASP logo depois do código da Listagem 25.8.

Como combinar o FileSystemObject e TextStream

Você poderá usar os dois objetos juntos para manipular seus arquivos em sua aplicação. Um exemplo é usar o objeto **FileSystemObject** para criar um backup de todo arquivo que é criado com o objeto **TextStream**. Você poderá fazer isso também após um arquivo ser modificado de qualquer maneira.

Listagem 25.9 Como adicionar o código para criar um arquivo de texto no servidor

```
1   <%
2   '
3   'create a new file
4
5   Response.Write "Creating Text File..."
6
```

continua...

Capítulo 25 Como gerenciar arquivos com a ASP   **731**

Listagem 25.9 Continuação

```
7   ' link to external COM object
8   Set objFS = Server.CreateObject ("Scripting.
    ↪FileSystemObject")
9
10  ' get full path for this document
11  strPath=Server.MapPath(Request.ServerVariables("
    ↪PATH_INFO"))
12
13  ' create text file name
14  intPos=InStr(strPath, ".")
15  strFile=Left(strPath, intPos) & "txt"
16
17  ' see if file is already there
18  if objFS.fileExists(strFile) then
19      objFS.DeleteFile strFile
20  end if
21
22  ' create file and pass object pointer
23  Set objTS = objFS.CreateTextFile(strFile, False)
24
25  Response.Write strFile & " created.<P>"
26
27  %>
```

Note que você usa a variável do servidor PATH_INFO para obter o nome do documento atual e, então, usa o método MapPath do objeto Server para transformar o nome de caminho virtual em um caminho do disco e nome de arquivo físicos.

A próxima etapa é gravar alguns dados no arquivo de texto. Neste exemplo, você escreverá várias dicas valiosas no arquivo de texto. Adicione o código da Listagem 25.10 ao arquivo TEXTSTREAM.ASP.

Listagem 25.10 Como gravar linhas no arquivo de texto

```
1   <%
2   '
3   ' write some data to the new file
4
5   Response.Write "Writing Data to " strFile & "..."
```

continua...

Listagem 25.10 Continuação

```
6
7    ' send lines to file
8    objTS.WriteLine "Brush your teeth after every meal."
9    objTS.WriteLine "Call your mother often."
10   objTS.WriteLine "Don't run with scissors."
11   objTS.WriteLine "Never insult seven men when all you're
     ↪packin' is a six gun."
12
13   Response.Write "Data written.<P>"
14
15   objTS.Close
16   Set objTS = Nothing
17
18   %>
```

Agora adicione o script no lado servidor para ler uma linha do arquivo de dicas de maneira aleatória. Para tanto, obtenha o número total de linhas no arquivo de texto, gere um número aleatório entre um e esse número total de linhas, use esse número para localizar e ler a linha de texto e exiba a mensagem na página HTML enviada para o cliente.

Um uso prático do objeto TextStream

Um uso para o objeto **TextStream** é o gerenciamento de erros e a recuperação. Talvez sua aplicação da web possa ser melhorada para executar um rastreamento de auditoria de suas ações. Isto lhe permitirá controlar onde algo pode ser interrompido. Você poderá também usá-lo para registrar o estados ou as informações de uma página quando ela "paralisar". O arquivo de "dump" (armazenamento) poderá então ser analisado para ver onde ocorreu erro no código.

A Listagem 25.11 mostra como fazer isso. Forneça o script no lado servidor da Listagem 25.11 logo após o código da Listagem 25.10.

Listagem 25.11 Como ler uma linha aleatória do arquivo de texto

```
1    <%
2    '
3    ' read data from the data file
4
5    ' get total lines in file
```

continua...

Capítulo 25 Como gerenciar arquivos com a ASP   **733**

Listagem 25.11 Continuação

```
6   Set objTS = objFS.OpenTextFile(strFile)
7   Do While objTS.AtEndOfStream <> True
8      objTS.SkipLine
9      intCount=intCount+1
10  Loop
11  objTS.Close
12
13  'get a random number of tip
14  Randomize
15  intTip = Int((intCount - 1 + 1) * Rnd +1)
16
17  'get tip from file
18  Set objTS = objFS.OpenTextFile(strFile)
19  For intLoop = 1 to intTip-1
20     objTS.SkipLine
21  Next
22
23  strTip = objTS.ReadLine
24  Response.Write "<H4>Today's Tip</H4><HR>"
25  Response.Write strTip & "<P>"
26
27  objTS.Close
28  Set objTS = Nothing
29
30  %>
```

Observe que as duas últimas linhas do script no lado servidor na Listagem 25.11 são usadas para fechar o arquivo de texto aberto e definir o ponteiro do objeto TextStream como Nothing. Após fechar o arquivo de texto, é importante definir o ponteiro do objeto como Nothing para liberar a memória usada pelo objeto. Se você falhar em fazer isso, eventualmente ficará sem espaço de memória em seu servidor.

Também é possível ler o conteúdo de um arquivo de texto em uma etapa. Isto é valioso para os pequenos arquivos, mas poderá ser ineficiente para os grandes porque poderá ocupar um pouco mais de memória no servidor.

Adicione o script no lado servidor da Listagem 25.12 ao seu documento.

Como obstruir o servidor

Se você ler arquivos grandes de uma só vez na memória, poderá muito bem desativar seu servidor da web ou pelo menos deixá-lo um pouco lento.

Listagem 25.12 Como ler os arquivos de texto em uma etapa

```
1   <%
2   '
3   ' read entire file in one line
4
5   Response.Write "<H4>ReadAll</H4><HR>"
6
7   Set objTS = objFS.OpenTextFile(strFile)
8   strTip = objTS.ReadAll
9   Response.Write "<P>" & strTip & "</P>"
10
11  objTS.Close
12  Set objTS = Nothing
13
14  %>
```

Você poderá também ler os arquivos de texto em um byte de cada vez. Em alguns casos, poderá ser mais fácil ler o arquivo assim. A Listagem 25.13 mostra como fazer isso. Adicione este script no lado servidor ao seu documento também.

Listagem 25.13 Como ler os arquivos de dados em um byte de cada vez

```
1   <%
2   '
3   ' read file in chunks
4   Response.Write "<H4>Read</H4><HR>"
5   Set objTS = objFS.OpenTextFile(strFile)
6   Do While objTS.AtEndOfLine <> True
7      strTip = strTip & objTS.Read(1)
8   Loop
9   Response.Write strTip & "<BR>"
10  objTS.Close
11  Set objTS = Nothing
12
13  %>
```

Capítulo 25 Como gerenciar arquivos com a ASP

Finalmente, após terminado todo o trabalho com o objeto File System, você deve liberar a memória usada pela referência SystemFileObject. Para tanto, adicione o script no lado servidor da Listagem 25.14 ao final de seu documento (logo após o código da Listagem 25.13).

Como ler os arquivos lentamente

Outra vantagem de ler os arquivos uma linha de cada vez é que isto permite manipular a entrada. Seu arquivo de texto poderá ser um texto bruto que você deseja formatar para a exibição. Você poderá usar a leitura linha por linha para formatar os dados de entrada, talvez com base no tipo de informação contida em uma única linha.

Listagem 25.14 Como liberar a referência para o *SystemFileObject*

```
1  <%
2  '
3  ' release FS object
4
5  Set objFS = Nothing
6
7  %>
```

Este é o final da codificação para esse documento. Após gravar o documento, execute a aplicação da web. Quando navegar para a página TEXTSTREAM.ASP, você deverá ver algo como o conteúdo da Figura 25.8.

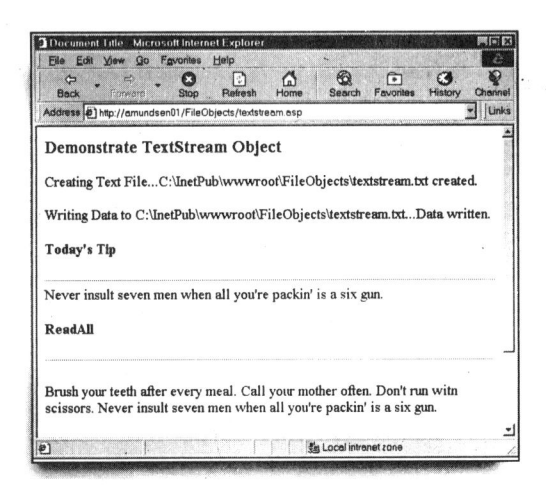

Figura 25.8 Como exibir o documento TEXTSTREAM.ASP.

Esta é uma lição rápida sobre como construir um gerador de dicas aleatórias usando o objeto TextStream. Você poderá usar esse código básico para criar seu próprio gerador de dicas aleatórias (muito mais elegante) para suas aplicações da web.

Como desenvolver o exemplo

Quantas idéias você sugeriu para seu novo web Explorer? Pensou em criar um programa de edição simples para que pudesse criar e modificar arquivos de texto ou suas páginas da web diretamente a partir de um browser? Usando outros componentes, como o Microsoft DHTML Editing Component (Componente de Edição DHTML da Microsoft) (disponível em http://www.microsoft.com/sitebuilder), poderá criar um editor WYSIWYG complexo diretamente de dentro de uma página da web. Adeus, aplicações enormes!

Veja também

➤ *Para aprender sobre as variáveis do servidor com mais detalhes, veja o Capítulo 24.*

➤ *O MapPath e o script no lado servidor são tratados no Capítulo 15.*

Capítulo 26

Como adicionar segurança às suas aplicações da web

- Defina as exigências de segurança
- Use a segurança do sistema operacional
- Torne segura uma pasta da aplicação

Como definir as exigências de segurança

Há ocasiões em que você tem que adicionar recursos de segurança à sua aplicação da web. Há basicamente duas razões para adicionar recursos de segurança às suas aplicações da web:
- Acesso de autoridade
- Acesso dos membros

Os dois tipos de acesso têm objetivos diferentes: O *Acesso de autoridade* é o acesso de segurança destinado a ativar ou desativar os recursos da aplicação com base no nível de autoridade do usuário. O *Acesso dos membros* é o acesso de segurança designado a limitar o acesso à aplicação com base em uma lista de membros que podem executá-la.

Como compreender o acesso de autoridade

No caso do Acesso de autoridade, você deseja limitar o acesso à sua aplicação da web com base na autoridade do usuário em executar ações como ler, gravar, criar e apagar dados. Note que não há nada mais no modelo de segurança do que apenas permitir aos usuários executarem sua aplicação. A idéia é planejar um esquema que possa também limitar as ações dos usuários enquanto eles executam sua aplicação.

Aqui estão exemplos típicos das aplicações com Acesso de autoridade:
- Aplicações de contabilidade
- Sistemas pessoais
- Sistemas de pedidos de compra
- Sistemas de transferência de contas bancárias

Os sistemas mencionados aqui geralmente têm grandes grupos de usuários com diferentes responsabilidades. Por exemplo, nos sistemas de contabilidade ou bancário você pode ter usuários autorizados a adicionar novas entradas nas contas bancárias, mas não autorizados a editar as contas existentes ou a transferir valores de uma conta para outra. Nos sistemas pessoais, você pode ter várias pessoas autorizadas a editar os dados básicos dos funcionários, mas apenas algumas com a capacidade de exibir ou editar os dados referentes a salário.

Os esquemas de segurança do Acesso de autoridade são geralmente gerenciados usando os recursos de segurança do sistema operacional existente. Normalmente a segurança de autoridade é ativada primeiro definindo os usuários válidos em nível do sistema operacional. Por exemplo, as aplicações da web Visual InterDev e Microsoft Internet Information Server (Servidor de Informações da Internet Microsoft) podem usar o usuário NT Server e as definições do grupo como uma primeira linha de defesa. Definindo todos os usuários e adicionando-os aos grupos apropriados, você poderá adicionar uma segurança extremamente eficiente a uma aplicação da web.

> **O Acesso de autoridade é melhor gerenciado pela segurança do sistema operacional.**
>
> Como o Acesso de autoridade geralmente envolve informações diferenciadas ou ações críticas, é melhor usado como o máximo possível de recursos de segurança do sistema operacional.

Dependendo dos tipos de ações que você tem que controlar, poderá também precisar adicionar uma camada de segurança no código-fonte de sua aplicação da web. Isto geralmente envolve obter os nomes dos usuários (no sistema operacional ou em uma caixa de diálogo de conexão em sua aplicação) e limitar o acesso a certas funções (Print Salary Report (Imprimir Relatório de Salário), Delete Bank Account (Apagar Conta Bancária) etc.) com base em seu nome do usuário.

Além do sistema operacional e da segurança baseada no código, você poderá querer aproveitar os recursos de segurança predefinidos no sistema do banco de dados usado para armazenar dados vitais. Por exemplo, o Microsoft SQL Server permite definir usuários no banco de dados e definir seus direitos no banco de dados. Se sua aplicação da web aproveitar as informações armazenadas em documentos simples como os arquivos Word ou Excel, você poderá também adicionar segurança ao seu sistema incluindo senhas nos próprios documentos.

Lembre-se do principal sobre o Acesso de autoridade:

- É baseado em limitar as tarefas que os usuários podem executar na aplicação.
- Geralmente aproveita os recursos de segurança do sistema operacional.
- Dependendo da ação que você deseja limitar, talvez seja necessário adicionar código em sua aplicação para verificar o acesso dos usuários a certas ações.
- Pode aproveitar os recursos de segurança extras do banco de dados ou dos documentos armazenados.

Como compreender a segurança do Acesso dos membros

Diferente do Acesso de autoridade, a segurança do Acesso dos membros é planejada para limitar o acesso à aplicação apenas daqueles que estão na lista de membros. Após o usuário ter acesso à aplicação da web, geralmente não existe mais a verificação dos direitos. O usuário está livre para exibir e executar todas as partes disponíveis da aplicação. Em outras palavras, os modelos de Acesso dos membros validam o usuário quando ele chega pela primeira vez no site da aplicação da web e, após este ser determinado como um membro válido, nenhum outro nível de segurança será usado na aplicação da web.

Este é o modelo de segurança típico para os site e as aplicações da web simples. Eis os exemplos de aplicação da web que podem aproveitar esse modelo:

- Newsgroups de assuntos privados
- Webs construídas para suportar equipes de projetos ou departamentos
- Site de suporte ao cliente de software para os usuários registrados

No modelo do Acesso dos membros, quando um usuário tenta acessar alguma parte da aplicação da web, ele é redirecionado para um formulário de conexão que solicita um nome de usuário e senha válidos. Esses dados de conexão são verificados com um arquivo de controle e, se a conexão for válida, o usuário será direcionado à página solicitada da aplicação da web.

O Acesso do membro pode ser implementado facilmente usando os recursos de segurança do sistema operacional. Simplesmente construindo uma lista de nomes de usuário em um único grupo, você poderá dar ao grupo o devido acesso à pasta que mantém a aplicação da web.

Poderá também construir o modelo de segurança de Acesso dos membros no código do programa. Ainda, poderá construir uma caixa de diálogo de conexão simples para reunir os dados e compará-los com o arquivo de controle. Então, adicione um pequeno fragmento de código para executar a validação do usuário em cada página da aplicação da web. Esta última etapa é muito importante. Como os usuários podem ter acesso a qualquer página de sua aplicação da web, você terá que verificar um usuário válido em quase todo documento em sua aplicação da web.

É possível lidar com o membro em seu programa

Como alguns aspectos da segurança dos membros podem envolver o acesso a documentos selecionados em uma web, você poderá usar a segurança baseada no programa para solicitar aos usuários informações de conexão em sua aplicação da web.

Eis alguns aspectos principais do modelo de segurança do Acesso dos membros:

- Seu principal papel é exibir o acesso dos usuários ao site, não limitar suas atividades na aplicação.
- Você pode usar os usuários do sistema operacional e a segurança do grupo para implementar o Acesso dos membros.
- Pode também usar o código do programa para autorizar os usuários quando eles tentarem pela primeira vez exibir os documentos na aplicação da web.

Veja também

➤ *Para aprender sobre como adicionar a segurança baseada no programa, veja o Capítulo 27.*

Como usar a segurança do sistema operacional

Se você implementar os modelos de Acesso de autoridade ou dos membros, poderá usar a segurança predefinida do sistema operacional para aplicar as regras de segurança da aplicação da web. Adicionar a segurança do sistema operacional tem diversas vantagens e apenas algumas considerações negativas.

O processo de tornar segura sua aplicação da web usando a segurança do sistema operacional envolve definir permissões para a pasta no servidor da web que mantém os documentos da aplicação da web. Se sua aplicação da web usar mais de uma pasta (por exemplo, diversas subpastas), você terá que considerar acrescentar permissões para cada uma das pastas envolvidas.

Capítulo 26 Como adicionar segurança às suas aplicações da web   741

Se sua aplicação estiver sendo executada em uma intranet privada, você provavelmente tem todos os usuários necessários já definidos. Em muitos casos, poderá definir um ou mais grupos, adicionar usuários existentes a esses grupos e simplesmente acrescentar o grupo à lista de permissões para a pasta da aplicação. Se você construir a aplicação para um servidor da web público, terá que adicionar usuários ao banco de dados do sistema operacional antes de poder adicioná-los a qualquer grupo definido. Em alguns casos, poderá definir um pequeno conjunto de usuários e compartilhar os dados do usuário e de senha com um grande grupo de usuários da aplicação. Esta técnica de compartilhar os nomes do usuário em um grupo impede que a lista de usuários definidos fique grande demais ou difícil de gerenciar.

As webs apenas com intranets devem usar a segurança do sistema operacional

Se você estiver construindo uma web apenas com intranets onde todos os usuários já definiram as contas na rede, deverá usar a segurança do sistema operacional sempre que possível. Isto reduzirá a manutenção e aumentará a segurança na rede.

Após os usuários e grupos serem definidos e aplicados na pasta de aplicação da web, qualquer tentativa de acessar qualquer documento na aplicação resultará no surgimento de uma caixa de diálogo de conexão (veja a Figura 26.1).

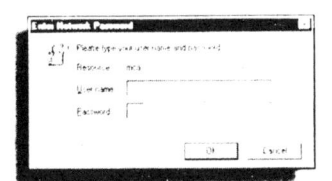

Figura 26.1 Como tentar acessar os documentos sob a segurança do sistema operacional.

Se o usuário não for autorizado a exibir o documento no URL solicitado, o servidor da web retornará uma página de erro parecida com a mostrada na Figura 26.2.

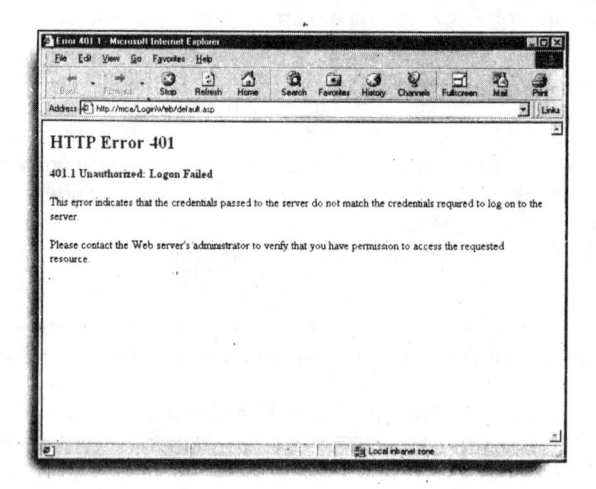

Figura 26.2 Como exibir a página Logon Failed (Conexão Falhou) do servidor da web.

As vantagens da segurança do sistema operacional

A segurança predefinida dos recursos do sistema operacional oferece diversas vantagens:

- É fácil adicionar segurança à sua aplicação da web.
- Se você construir uma aplicação da web para um host da web privado, os usuários requeridos — e possivelmente os grupos — já estarão definidos.
- É fácil adicionar ou remover os usuários e os grupos de dentro das caixas de diálogo do sistema operacional.
- Se sua aplicação da web requerer apenas a segurança de Acesso dos membros, a segurança do sistema operacional poderá ser tudo de que você precisará.

Primeiro, é fácil adicionar a segurança do sistema operacional à sua aplicação da web. Definindo a permissão para a pasta que mantém a aplicação da web, você terá adicionado efetivamente seu sistema de segurança.

Segundo, se você construir uma aplicação da web para um host da web privado ou intranet da empresa, provavelmente terá todos os usuários predefinidos no banco de dados do sistema operacional. Poderá ainda ter posicionados os grupos requeridos. Aproveitando os usuários e os grupos existentes, poderá minimizar a configuração requerida para implementar seu esquema de segurança.

Terceiro, após o sistema estar posicionado, adicionar e remover os usuários ou grupos é relativamente simples. Como o sistema operacional tem todas as caixas de diálogo necessárias para gerenciar as definições do usuário e do grupo, você não precisará adicionar nenhum código-fonte à sua aplicação da web para suportar essa parte do processo.

Capítulo 26 Como adicionar segurança às suas aplicações da web 743

Finalmente, se sua aplicação da web solicitar apenas a segurança de Acesso dos membros, talvez não seja necessário adicionar nenhuma segurança extra. Como todos os usuários estarão satisfeitos com a caixa de diálogo de conexão, não importa qual documento eles tentem exibir na aplicação da web, você poderá assegurar que o membro será verificado para todos os usuários que tentarem executar a aplicação.

A desvantagem da segurança do sistema operacional

Como você pode esperar, há uma desvantagem em usar o sistema operacional como uma parte integral de seu esquema de segurança da aplicação da web:

- A lista de usuários pode se tornar difícil de gerenciar se você construir uma aplicação da web para um servidor da web público.
- Se você suportar um servidor remoto, poderá não ter acesso ao banco de dados de usuários e grupos.
- Se sua aplicação solicitar a segurança do Acesso de autoridade, talvez seja necessário adicionar verificações de segurança extras ao seu programa.

A maior desvantagem em usar a segurança do sistema operacional é que a lista de usuários pode se tornar muito grande – especialmente se sua aplicação da web for mantida em um servidor da web público. Você poderá limitar essa exposição compartilhando as definições do usuário entre um grupo de pessoas que usam sua aplicação da web. Entretanto, isso poderá propor um comprometimento de segurança inaceitável.

Outra grande desvantagem é que o seu acesso ao banco de dados do usuário e do grupo do servidor de host poderá ser restrito. Por exemplo, se você criar uma aplicação da web que seja colocada em um servidor para o qual você não tem os direitos administrativos, terá que contar com outras pessoas para gerenciar os registros do usuário e do grupo para sua aplicação. Isto será especialmente difícil quando sua aplicação da web for colocada em um servidor da web público. É bem possível que os administradores de um servidor da web público não tenham vontade de preencher seu banco de dados de usuário com um conjunto longo de nomes apenas para que você possa adicionar segurança às suas aplicações.

Finalmente, se sua aplicação da web solicitar mais do que a segurança de Acesso dos membros, você provavelmente precisará adicionar um código de programa para verificar os nomes de usuário em vários pontos em sua aplicação. Neste caso, usar o sistema operacional fornecerá apenas uma segurança limitada.

As webs públicas apenas com a Internet podem usar a segurança baseada em programas

Se você estiver mantendo uma web publica com o alto tráfego que existe na Internet, poderá considerar usar a segurança do programa para validar os visitantes de seu site. Isto reduzirá a manutenção das contas do usuário em um ambiente no qual a lista de usuários muda com freqüência.

Como tornar segura uma pasta da aplicação

Agora que você conhece as vantagens e as desvantagens de usar os recursos de segurança do sistema operacional, está pronto para adicionar esse nível de segurança a uma aplicação da web.

O restante deste capítulo é dedicado a adicionar e editar os direitos de segurança a uma aplicação da web existente. Neste capítulo, a aplicação da web LoginWeb é usada como a aplicação da web de exemplo. Está disponível no site da web deste livro (http://www.interdevsource.com/pvi6). Entretanto, você poderá usar qualquer aplicação da web existente como o destino para esses exercícios.

O processo de estabelecer a segurança do sistema operacional é relativamente simples. No máximo, existem três etapas para aplicar a segurança do sistema operacional em sua aplicação da web:

- Certifique-se de que todos os usuários necessários estejam definidos para sua aplicação da web.
- Defina um grupo para conter todos os usuários para sua aplicação da web.
- Defina as permissões da pasta que contém sua aplicação da web.

Toda essa ação ocorre no servidor que está mantendo sua aplicação da web. Isto significa que você precisará dos direitos do administrador no servidor da web para completar essas tarefas.

Como adicionar usuários ao banco de dados do Windows NT Workstation

Primeiro, você terá que assegurar que o banco de dados do sistema operacional contenha a lista de usuários necessários para sua aplicação. Para tanto, terá que exibir a lista atual de usuários no banco de dados e adicionar qualquer um que esteja faltando. O seguinte exercício é um conjunto de etapas para exibir o banco de dados do usuário em um Microsoft Windows NT Workstation 4.0.

Como exibir os usuários no banco de dados Windows NT Workstation

1. No menu **Start**, selecione **Programs** (**Programas**), **Administrative Tools (Common)** (**Ferramentas Administrativas (Comuns)**) e **User Manager** (**Gerenciador de Usuários**).
2. Você verá a lista de usuários definidos na parte superior do formulário e a lista de grupos definidos na parte inferior (veja a Figura 26.3.).

O NT Server 4.0 é parecido

Se você estiver usando um sistema operacional NT Server 4.0, a maioria das telas será parecida. Você poderá ver listas ou caixas de diálogo extras, mas também encontrará todas as entradas e caixas de diálogo mencionadas aqui.

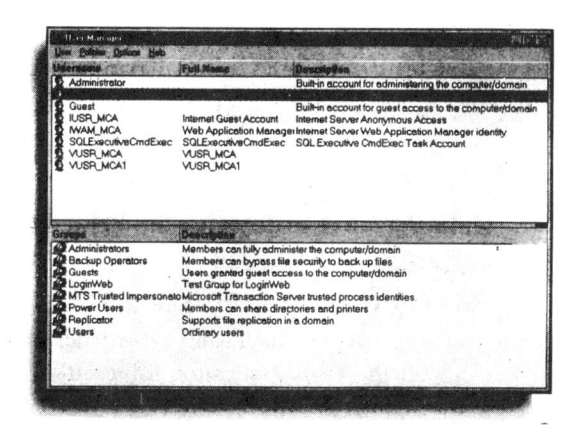

Capítulo 26 Como adicionar segurança às suas aplicações da web   745

Figura 26.3 Como exibir os usuários e grupos no banco de dados NT Workstation.

Se achar que usuários têm que ser adicionados, poderá usar o mesmo programa para editar a lista de usuários. Poderá também usar o programa User Manager para definir um novo grupo que poderá ser associado à sua aplicação.

Como adicionar um usuário ao banco de dados NT Workstation

1. Apóscarregar o User Manager, selecione **User** (**Usuário**) na barra de menus e, então, selecione **New User...** (**Novo Usuário...**) (veja a Figura 26.4).

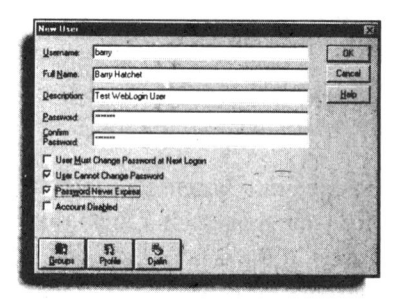

Figura 26.4 Como adicionar um novo usuário ao banco de dados NT Workstation.

2. Forneça o **Username** (**Nome do Usuário**) (neste caso barry).
3. Forneça **Full Name** (**Nome Completo**) (Barry Hatchet).
4. Forneça a **Description** (**Descrição**) do usuário (Test WebLogin User ou Testar Usuário de Conexão da Web).
5. Forneça **Password** (**Senha**) (hatchet). Forneça o mesmo valor no campo **Confirm Password** (**Confirmar Senha**).

6. Limpe a caixa **User Must Change Password at Next Logon** (O Usuário Tem que Alterar Senha na Próxima Conexão)
7. Marque a caixa **User Cannot Change Password** (O Usuário Não Pode Alterar Senha).
8. Marque a caixa **Password Never Expires** (A Senha Nunca Termina)
9. Pressione **OK** para gravar o novo registro no banco de dados.

Como definir novos grupos para o banco de dados Windows NT Workstation

Agora você está pronto para adicionar uma nova definição de grupos ao banco de dados de segurança. Você usará esse nome do grupo quando definir as permissões para a pasta da aplicação da web. É uma boa idéia permitir apenas que grupos definidos tenham acesso à sua aplicação. Gerenciar os grupos de segurança é muito mais fácil do que manipular o acesso do usuário individual para sua aplicação da web. Tudo o que tem a fazer é criar um novo grupo e adicionar os usuários do banco de dados ao grupo.

Não deixe que as senhas do usuário dedicado de sua web terminem

É uma boa idéia definir o flag **Password Never Expires** como **True** ao definir os nomes de usuário remotos e dedicados para as aplicações da web. Geralmente esses usuários remotos não terão acesso para atualizar seus perfis do usuário no servidor e não mudarão sua senha se solicitado. A falha em alterar a senha irá desativar a conta e irá impedir os usuários de acessar a aplicação da web.

Como definir um novo grupo NT Workstation e adicionar usuários

1. Após carregar o User Manager, selecione **User** na barra de menus e, então, escolha **New Local Group** (Novo Grupo Local). A caixa de diálogo New Local Group aparecerá (veja a Figura 26.5).

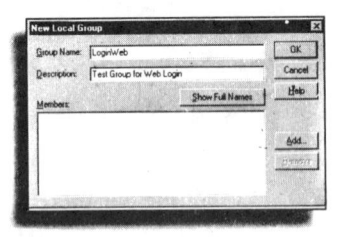

Figura 26.5 Como adicionar um novo grupo local.

2. Forneça o **Group Name** (**Nome do Grupo**) (para este exemplo, LoginWeb).
3. Forneça a **Description** (Test Group for Web Login ou Testar Grupo para Obter Conexão da Web).

Capítulo 26 Como adicionar segurança às suas aplicações da web   747

4. Pressione o botão **Add** para acrescentar usuários ao grupo.
5. Quando a caixa de diálogo Add Users and Groups (Adicionar Usuários e Grupos) aparecer, selecione um usuário (barry) e pressione o botão **Add**. O nome do usuário aparecerá na lista na parte inferior da caixa de diálogo. Nota: certifique-se de que tenha selecionado a devida máquina na lista suspensa **L**ist Names from (**Listar Nomes de**) (veja a Figura 26.6.).

Simplifique o acesso dos membros com os grupos de usuários NT

Se sua tarefa básica é planejar um esquema de segurança de Acesso dos membros, você poderá considerar construir grupos diferentes para lidar com diferentes níveis de segurança ou tarefas em sua aplicação da web, como GuestGroup (Grupo de Convidados), DataEntryGroup (Grupo de Entrada de Dados) e AdminGroup (Grupo de Administração).

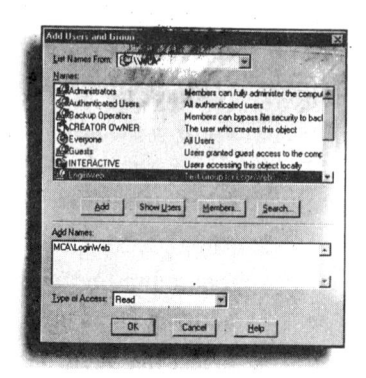

Figura 26.6 Como adicionar usuários ao grupo.

6. Pressione **OK** na caixa de diálogo Add Users and Groups para gravar a lista de usuários.
7. Pressione **OK** na caixa de diálogo New Local Group para gravar a definição do grupo.

Como adicionar novas permissões de segurança para sua aplicação da web

Agora que você definiu os usuários necessários para sua aplicação da web e completou a definição do programa que contém os usuários, finalmente definirá as permissões de segurança para sua aplicação da web. Nesta etapa, você terá que:

- Adicionar o novo grupo à lista de permissões para sua pasta de aplicação da web.
- Definir os flags de permissão para permitir que os usuários leiam e executem seus documentos da aplicação da web.
- Remover algumas permissões existentes para impedir que outros usuários e grupos acessem a pasta.

Quando você criar pela primeira vez a aplicação da web para o Microsoft Internet Information Server (ou Personal web Server – Servidor web Pessoal), a definição do acesso default para a aplicação da web será lida e executará os direitos para todos os usuários. Isto significa que, após adicionar a permissão ao seu grupo definido recentemente, você terá que remover as permissões para esses grupos default.

Como adicionar permissões para uma aplicação da web existente

1. Carregue o File Explorer do Windows pressionando o botão **S**tart do menu **Start** e, então, selecionando **P**rograms e **Windows Explorer** (ou **Windows NT Explorer**).

Atribua permissões para seu novo grupo

Não é suficiente criar o novo grupo e atribui-lo à pasta. Você terá também que atribuir a esse grupo às devidas permissões para essa pasta.

---

2. Navegue para a pasta que contém sua aplicação da web. Para este exemplo, você poderá selecionar qualquer aplicação da web existente ou a pasta wwwroot da pasta c:\InetPub para tornar seguro todo o servidor da web.

3. Após selecionar a pasta da aplicação da web, clique com o botão direito do mouse para exibir o menu Context (Contexto). Então, selecione **Sharing** (**Compartilhamento**) (veja a Figura 26.7).

4. Selecione a guia **Security** (**Segurança**) na caixa de diálogo Properties (Propriedades) e, então, pressione o botão **Permissions** (**Permissões**).

5. Certifique de que ambas as opções Re**p**lace Permissions on Subdirectories (Substituir Permissões nos Subdiretórios) e Replace Permissions on Existing **F**iles (Substituir Permissões em Arquivos Existentes) estejam marcadas (veja a Figura 26.8).

6. Pressione o botão **Add** para adicionar um novo grupo à lista.

7. Quando a caixa de diálogo Add Users and Groups aparecer, primeiro certifique-se de que tenha selecionado a máquina correta na lista suspensa **List Name From**. Em seguida, localize e clique duas vezes no grupo que deseja adicionar (para este exemplo, use **LoginWeb**) para que apareça na lista na parte inferior da caixa de diálogo (veja a Figura 26.9).

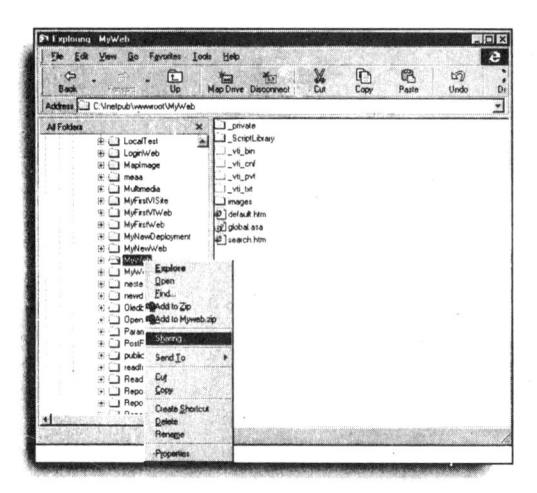

Capítulo 26 Como adicionar segurança às suas aplicações da web

Figura 26.7 Como selecionar a guia **Sharing**.

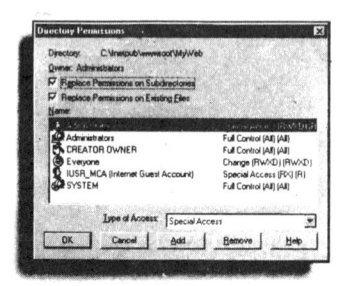

Figura 26.8 Como definir as permissões do diretório.

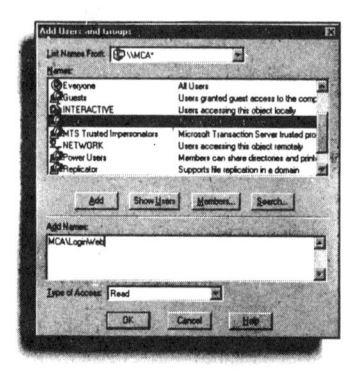

Figura 26.9 Como adicionar um grupo à lista de permissões.

8. Pressione **OK** para gravar a lista de grupos e voltar para a caixa de diálogo Directory Permissions (Permissões do Diretório).

9. Agora selecione o grupo novamente (**LoginWeb**) e selecione **Special Directory Access** (**Acesso do Diretório Especial**) na lista suspensa **Type of Access** (**Tipo de Acesso**) na parte inferior da caixa de diálogo (veja a Figura 26.10).

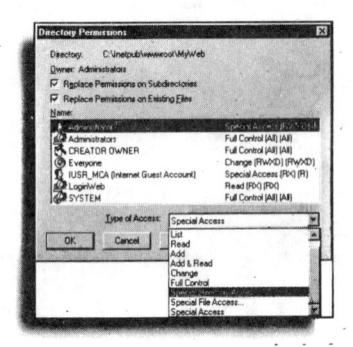

Figura 26.10 Como definir as permissões especiais de acesso do diretório.

10. Quando a caixa de diálogo Special Directory Access (Acesso Especial do Diretório) aparecer, selecione o botão de rádio **Other** (**Outro**) e, então, marque as caixas **Read** (**Ler**) e **Execute** (**Executar**) no formulário antes de pressionar **OK** para gravar as permissões do diretório e voltar para a caixa de diálogo Directory Permissions (veja a Figura 26.11).

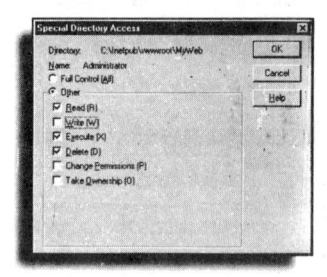

Figura 26.11 Como definir as permissões Read e Execute.

11. Com o grupo ainda destacado (**LoginWeb**), selecione **Special File Access** na lista suspensa **Type of Access**.

12. Com o botão de rádio **Other**, marque as caixas **Read** e **Execute**; então pressione **OK** para voltar para a caixa de diálogo Directory Permissions.

13. Pressione **OK** para completar as alterações da permissão e sair para o File Explorer.

Como remover as permissões existentes para sua aplicação da web

Agora que você adicionou o novo grupo à lista de permissões para a pasta da aplicação da web, terá que remover as permissões para alguns grupos existentes. Pelo menos quatro grupos existem que terão que ter suas permissões revistas para tornar devidamente segura sua aplicação da web:

- O grupo Everyone (Todos) dever ser removido.
- O grupo Administrator (Administrador) deve ter permissões limitadas.
- O usuário Local Administrator (Administrador Local) deve ter permissões limitadas.
- O usuário IUSER_<nomemáquina> deve ter permissões limitadas.

É possível que existam outros grupos que já tiveram acesso à sua pasta da aplicação da web. Você poderá precisar também ajustar seus direitos para tornar completamente segura sua aplicação da web.

Como remover as permissões existentes para uma aplicação da web existente

1. Carregue o File Explorer do Windows pressionando o botão **Start** no menu **Start** e, então, selecionando **Programs** e **Windows Explorer** (ou **Windows NT Explorer**).

Remova as permissões dos grupos default

Não é suficiente definir um novo grupo e atribuir-lhe permissões. Você terá que remover as permissões para qualquer grupo existente que tenha acesso à pasta.

---

2. Navegue para a pasta que contém sua aplicação da web. Para este exemplo, selecione a mesma pasta da aplicação da web que você usou quando adicionou o grupo LoginWeb à lista de permissões.

3. Após selecionar a pasta da aplicação da web, clique com o botão direito do mouse para exibir o menu contexto e selecionar a opção de menu **Sharing** (veja a Figura 26.6.).

4. Selecione a guia **Security** na caixa de diálogo Properties; então pressione o botão **Permissions** para exibir a caixa de diálogo Directories Permissions (Permissões dos Diretórios).

5. Selecione o grupo **Everyone** na lista e pressione o botão **Remove** (**Remover**). Isto impedirá que todos os usuários definidos tenham acesso à aplicação da web.

6. Selecione o grupo **Administrators** e então **No Access** (**Nenhum Acesso**) na lista suspensa **Types of Access** (**Tipos de Acesso**) na parte inferior do formulário. Isto impedirá que qualquer pessoa no grupo de administradores tenha acesso à aplicação da web.

7. Selecione o usuário **Administrator** e selecione **No Access** da lista **Types of Access** na parte inferior do formulário. Isto impedirá que o administrador do servidor da web local tenha acesso à aplicação da web.

8. Selecione o usuário **IUSER_<nomemáquina>** e selecione **No Access** na lista suspensa **Types of Access** na parte inferior do formulário. Isto impedirá que qualquer usuário anônimo remoto acesse a aplicação da web.

9. Pressione **OK** para gravar as alterações de permissão e pressione **OK** para fechar a caixa de diálogo Properties.

Você agora completou o processo de aplicação dos recursos de segurança do sistema operacional em sua aplicação da web. Para testá-lo, poderá abrir o Microsoft Internet Explorer e navegar para o site da web seguro. Você deverá ver a caixa de diálogo de conexão que aparece na Figura 26.1 anteriormente neste capítulo.

Capítulo 27

Como usar a segurança baseada em programas

- Aprenda as vantagens da segurança baseada em programas
- Aprenda a desvantagem da segurança baseada em programas
- Construa um sistema de segurança baseado em programas
- Veja um projeto para criar sua própria segurança baseada em programas

Em vários casos, você poderá precisar usar a segurança baseada em programas para limitar o acesso à sua aplicação da web. No exemplo deste capítulo, aprenderá a criar uma série de documentos ASP para sua aplicação da web que podem ler um arquivo de dados e que podem manter a lista de usuários e suas senhas. Juntamente com a criação desses documentos ASP e a lista de controle, você verá que poderá adicionar algumas linhas de código ASP a todo documento que deseja assegurar na aplicação da web para verificar os usuários que tentam solicitar documentos a partir de sua aplicação. Esse código adicionado valida o usuário conectado a cada vez que alguém envia uma solicitação para um documento de sua aplicação da web.

Também é importante notar que, em nosso exemplo, todas as rotinas de verificação do usuário têm que ser executadas no servidor, antes de qualquer documento ser enviado para o cliente. Isto significa que todos os documentos assegurados têm que ser armazenados como documentos ASP no servidor. Isto é um bônus de segurança extra, pois é improvável que a maioria dos usuários não convidados solicite documentos com o sufixo .asp.

Confie e verifique

Como a maioria das aplicações web permite que os usuários solicitem diretamente qualquer documento na aplicação, você terá que adicionar o código de verificação do usuário a todo documento que deseja assegurar. Se falhar em fazer isso, os usuários anônimos conseguirão ter acesso a um ou mais documentos em sua aplicação da web.

Veja também

➤ Para saber mais sobre como criar documentos Active Server Page (ASP), veja o Capítulo 15.

As vantagens da segurança baseada em programas

Algumas vantagens reais existem na utilização da segurança baseada em programas para sua aplicação da web. você pode:

- Construir uma lista de segurança sem ter acesso ao banco de dados de usuários do servidor da web de host.
- Criar uma lista de usuários seguros sem complicar os arquivos de segurança existentes do servidor de host.
- Personalizar seu esquema de segurança para incluir vários níveis e verificações de acesso que vão além dos esquemas de segurança típicos do sistema operacional.
- Usar recursos de segurança de bancos de dados como SQL Server e documentos como os arquivos Word e Excel.

Capítulo 27 Como usar a segurança baseada em programas

Uma das maiores vantagens dos esquemas de segurança baseados em programas é que não estão ligados ao usuário do servidor de host e ao banco de dados de grupos. Como você não está usando arquivos de dados predefinidos, poderá definir os usuários sem ter os direitos do administrador para o servidor. Poderá também criar sua lista de usuários a partir de um local remoto. Isto significa que os programadores da web que montam aplicações em hosts públicos distantes (como os provedores de serviço da Internet) poderão ainda criar e gerenciar a segurança do usuário.

Mesmo para as aplicações da web que são colocadas em servidores locais privados, você poderá querer usar a segurança baseada em programas em vez de usar o banco de dados de segurança do sistema operacional predefinido. Primeiro, usar a segurança baseada em programas irá liberar o administrador do servidor da web de gerenciar listas de usuários para possivelmente numerosas aplicações da web. Segundo, quando as listas crescerem, o processo de gerenciar essas diversas aplicações da web, seus usuários e grupos poderá ficar complicado e possivelmente resultará no comprometimento da segurança do servidor.

Também é importante notar que você poderá usar a segurança baseada em programas para construir um esquema de segurança mais flexível do que pode ser construído usando o banco de dados do sistema operacional. Poderá construir suas próprias listas de usuários, grupos e níveis de acesso (imprimir, ler, adicionar, editar, apagar, criar etc.) para satisfazer as necessidades de sua aplicação da web.

Uma segurança simples para as webs públicas

Se você estiver encarregado de manter uma web pública na Internet e quiser criar uma seção dentro do site da web que possa ser acessada apenas por usuários selecionados, a segurança baseada em programas poderá ser uma excelente opção.

Finalmente, mesmo quando usar o modelo de segurança baseada em programas, você poderá ainda usar os recursos de segurança do sistema operacional como uma "primeira linha de defesa". Isto significa que poderá criar uma lista de membros válidos para a aplicação e então adicionar arquivos de controle extras para limitar as ações na própria aplicação da web.

Veja também

➤ Para saber mais sobre como usar os documentos Microsoft Word e Excel em seus projetos web, veja o Capítulo 23.

A desvantagem da segurança baseada em programas

Juntamente com as vantagens, existem algumas desvantagens nos esquemas de segurança baseados em programas. Considere com cuidado as desvantagens quando analisar suas opções de segurança da aplicação da web.

- Assegurar a lista de usuários pode ser difícil.
- Você estará limitado a usar documentos ASP quando assegurar sua aplicação da web.
- O acréscimo da segurança baseada em programas poderá entrar em conflito com as permissões existentes da segurança do sistema operacional.
- A segurança baseada em programas pode não ser tão eficiente ou adaptável quanto o modelo de segurança do sistema operacional ou pode aumentar o risco em virtude da operação ou construção imprópria.
- A segurança baseada em programas requer um suporte e manutenção extras por parte dos programadores e técnicos.

Primeiro, se um de seus objetivos for permitir que os gerenciadores da aplicação da web distantes acessem e editem a lista de usuários para a aplicação da web, poderá também ser possível que visitantes indesejados localizem e editem a lista de usuários. Os arquivos menos seguros são arquivos de texto simples armazenados em um diretório que usuários anônimos podem varrer a partir de browsers remotos. Você poderá usar nomes de arquivos incomuns e criptografar o texto para impedir a maioria dos usuários curiosos. É ainda melhor armazenar as informações do usuário nos arquivos do banco de dados no servidor, mas eles também podem ser suscetíveis aos hackers.

Segundo, como as verificações de segurança baseada em programas têm que ser executadas no servidor (antes do documento ser enviado para o usuário), você terá que contar com o script no lado servidor para executar a verificação do usuário. No caso do Microsoft Internet Information Server (Servidor de Informações da Internet Microsoft), isto significa que terá que armazenar todos os documentos seguros como documentos Active Server Pages (ASP ou Páginas Ativas do Servidor). Isto poderá complicar o gerenciamento da aplicação da web se os usuários esperarem solicitar arquivos HTML padrão. Em alguns casos, os autores que contam muito com os editores HTML como o Microsoft FrontPage poderão ter algumas dificuldades em lidar com os documentos ASP.

Considere-a pública

Embora você possa fazer muitas coisas para desencorajar que intrusos indesejados vejam seus arquivos, deverá sempre trabalhar a partir da idéia de que seja lá o que for colocado em um servidor da web público poderá ser potencialmente carregado ou exibido. Se não quiser ninguém a veja, remova-a do servidor da web.

E mais, é possível que seu esquema de segurança baseada em programas tente conceder permissões para os usuários que entram em conflito com seus direitos definidos no servidor da web. Isto ocorrerá especialmente para a intranet ou para os servidores da web mantidos de maneira privada onde todos os usuários da aplicação da web já têm um perfil de segurança definido no servidor. Em alguns casos, você poderá definir uma permissão para criar um arquivo de dados em sua aplicação da web quando o usuário conectado não tiver os direitos definidos para essa pasta. Isto poderá causar confusão e frustração para os usuários, programadores da web e administradores do servidor.

Capítulo 27 Como usar a segurança baseada em programas

Use a segurança baseada em programas como um porteiro

Em vez de tentar duplicar os recursos de segurança do sistema operacional, use a segurança baseada em programas como um porteiro adicionado na entrada de seu site da web. Isto poderá diminuir a probabilidade de hackers sem comprometer a segurança do sistema.

Outra importante consideração é a possibilidade que qualquer sistema de segurança baseado em programa poderia se tornar obsoleto se o sistema operacional mudasse. Se você baseia seu projeto de segurança nas ações de um sistema operacional existente, e essas ações mudam ou já não existem em versões futuras do sistema, seu modelo de segurança pode estar comprometido. Pior ainda, esse comprometimento da segurança pode ocorrer sem que você sequer tome conhecimento. Isso permitirá que sua aplicação, servidor web, ou possivelmente toda a sua rede se torne vulnerável à violação da segurança.

Finalmente, cada aspecto da construção, implementação, teste e suporte da segurança baseada em programas poderá ser assustador. Nas grandes organizações, a manutenção e a implementação da segurança baseada em programas poderá consumir com facilidade um ou mais membros da equipe integralmente. Você deverá analisar com cuidado suas necessidades e recursos antes de decidir implementar um esquema de segurança baseada em programas.

Veja também

➤ *Para saber mais sobre a segurança do sistema operacional, veja o Capítulo 26.*

Como construir um sistema de segurança baseada em programas

Agora que você compreende os prós e os contras da segurança baseada em programas, está pronto para ver como colocar uma em ação. Nesta seção, aprenderá a criar os documentos ASP necessários, o arquivo de controle da lista de usuários e a adicionar o código a cada documento assegurado para que possa aplicar seu modelo de segurança baseada em programas.

As ferramentas básicas do sistema de segurança baseada em programas estão listadas aqui:

- GETUSER.ASP. Um documento ASP que contém um formulário que solicita um nome de usuário e senha.
- VERIFYUSER.ASP. Um documento ASP que compara os dados fornecidos no formulário GETUSER.ASP com uma lista existente de usuários válidos.
- CHECKUSER.INC. Um arquivo SSI (inclusão no lado servidor) especial a ser adicionado a cada documento assegurado.
- USERLIST.TXT. Um arquivo de texto que contém a lista de nomes de usuário e senhas. Entre na fonte (código)

> **Entre na fonte (código)**
>
> Todo o material analisado neste capítulo está incluído em um projeto de teste chamado Loginweb. O código-fonte do projeto está disponível no site da web deste livro (veja o Apêndice B).

> **As variáveis da sessão são privadas**
>
> As variáveis da sessão existem apenas para o usuário conectado atualmente. Cada usuário tem seu próprio conjunto de variáveis da sessão. Você não poderá compartilhá-las com outro usuário ou exibir as variáveis da sessão de outro usuário.

Todos os documentos anteriores estão armazenados em uma subpasta da aplicação da web chamada login (conexão).

E mais, duas definições de variáveis em nível da sessão são adicionadas ao arquivo GLOBAL.ASA para controlar o usuário atual e o documento assegurado solicitado (veja a Listagem 27.1). Essas variáveis serão usadas na sessão, manterão o nome do usuário validado e, quando necessário, o documento assegurado inicial solicitado pelo novo usuário.

Listagem 27.1 As variáveis em nível da sessão em GLOBAL.ASA

```
1  Sub Session_OnStart
2  '
3   ' start with blanks for new user
4   Session.Contents ("User") =""
5   Session.Contents ("RequestedURL") =""
6  '
7  End Sub
```

Aqui está como você pode fornecer esses valores no arquivo GLOBAL.ASA.

Como adicionar o código ao arquivo GLOBAL.ASA

1. Clique com o botão direito do mouse no documento GLOBA.ASA na janela Project Explorer.
2. Quando o documento GLOBAL.ASA for carregado no editor, localize o método Session_OnStart. Se ele não existir, adicione-o ao arquivo digitando **Sub Session_OnStart** em uma linha e **Sub End** na próxima.
3. Adicione qualquer código que deseja executar entre essas duas linhas. Para este exemplo, adicione o código da Listagem 27.1.
4. Feche o documento GLOBAL.ASA e salve as alterações.

Capítulo 27 Como usar a segurança baseada em programas

Finalmente, um pequeno fragmento de código será acrescentado a todas as páginas asseguradas para verificar um usuário válido e, se necessário, solicitar a caixa de diálogo Log-in (Conexão) do usuário para pedir que os novos usuários forneçam seu ID e senha. A Listagem 27.2 mostra a parte do código adicionada a todos os documentos.

Listagem 27.2 O código adicionado a todo documento ASP seguro

```
1   <%@ LANGUAGE=VBScript %>
2   <%
3   Response.Buffer=True
4   %>
5   <!--#include file=login/checkuser.inc-->
6
7   <HTML>
```

Note que a Listagem 27.2 mostra que o código adicionado é inserido entre a linha <%@ LANGUAGE=VBScript %> e a linha <HTML>. Este código primeiro assegura que os buffers do servidor produzam o cliente seguido de uma única linha que chama um arquivo SSI (inclusão no lado servidor). Este é o arquivo que contém o script no lado servidor que verifica se o usuário completou uma caixa de diálogo de conexão válida.

Por exemplo, você poderá criar um documento chamado DEFAULT.ASP, adicionar o código do buffer e incluir a instrução na parte superior desse documento (veja a Listagem 27.3).

Os documentos ASP requeridos para uma segurança baseada em programas

Como as rotinas de segurança serão executadas no servidor e usarão a memória no lado servidor (variáveis da sessão), você terá que usar os documentos Active Server Pages para obter a presença do ID e senha do usuário.

Listagem 27.3 O arquivo DEFAULT.ASP de exemplo com o código de segurança adicionado

```
1   <%@ LANGUAGE=VBScript %>
2   <%
3   Response.Buffer=True
4   %>
5   <!--#include file=login/checkuser.inc-->
6
7   <HTML>
8   <HEAD>
```

continua...

Listagem 27.3 Continuação

```
9   <META NAME="GENERATOR" Content="Microsoft Visual
    âStudio 98">
10  <META HTTP-EQUIV="Content Type" content="text/html">
11  <TITLE>Document Title</TITLE>
12  </HEAD>
13  <BODY>
14  <H1>Demonstrate Program-Based Security</H1>
15  <P><A href="sample.asp">Visit Sample
16  Page</P>
17
18  </BODY>
19  </HTML>
20
```

Veja também

➤ Para saber mais sobre como usar as variáveis da sessão, veja o Capítulo 15.

Como verificar os usuários válidos

Após definir as variáveis em nível do servidor e adicionar o código de segurança na parte superior do documento, você estará pronto para completar o arquivo de inclusão no lado servidor CHECKUSER.INC. Este arquivo será armazenado na pasta LOGIN (veja a Listagem 27.4).

Listagem 27.4 O conteúdo do arquivo CHECKUSER.INC

```
1   <!-- SSI CheckUser Start -->
2   <%
3   '
4   Dim strRequest
5   '
6   ' get requested page (me!)
7   strRequest = "http://"
8   strRequest = strRequest & Request.ServerVariables(
    ➥"SERVER_NAME")
9   strRequest = strRequest & Request.ServerVariables(
    ➥"PATH_INFO")
10  '
11  If Session.Contents("User") = "" Then
```

continua...

Listagem 27.4 Continuação

```
12    Session.Contents("RequestedURL")=strRequest
13    Response.Redirect "login/getuser.asp"
14  End If
15  %>
16  <!- - SSI CheckUser End - ->
```

Os arquivos de inclusão no lado servidor são expandidos no servidor
Quando você usar os arquivos de inclusão no lado servidor (SSI), estará realmente apenas usando uma forma de taquigrafia para informar ao servidor da web que há um código adicional a incluir nesse documento antes de enviá-lo para o cliente. Terá que colocar os arquivos SSI exatamente onde normalmente digitaria o código que o arquivo SSI contém.

O arquivo CHECKUSER.INC tem duas tarefas principais. A primeira é colocar o nome do documento solicitado na variável em nível da sessão chamada RequestedURL. Isto será usado para direcionar o usuário válido para o documento solicitado originalmente.

A segunda é ver se o usuário já conectou com sucesso a aplicação da web. Se a variável em nível da sessão, User, estiver vazia, o usuário será redirecionado para o arquivo GETUSER.ASP para completar a caixa de diálogo de conexão.

Veja também

➤ *Para saber mais sobre como usar a coleção ServerVariables, veja o Capítulo 24.*

Como reunir os dados de conexão do usuário

A primeira caixa de diálogo que um novo visitante do site da web vê é o formulário no documento GETUSER.ASP (veja a Figura 27.1). A Listagem 27.5 mostra os detalhes do arquivo GETUSER.ASP que reúne os dados.

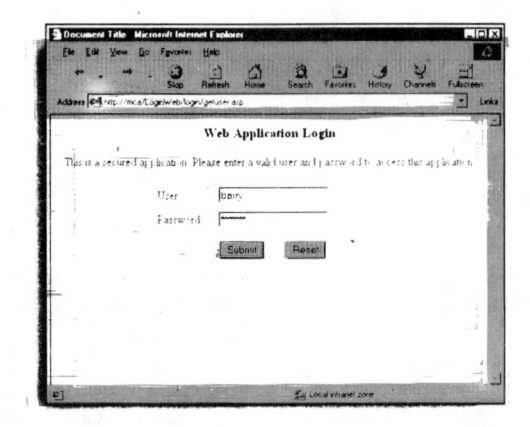

Figura 27.1 Como exibir a caixa de diálogo de conexão do novo usuário de GETUSER.ASP.

Listagem 27.5 O código-fonte para o arquivo GETUSER.ASP

```
1   <%@ LANGUAGE=VBScript %>
2   <%
3   Response.Expires=0 'prevent caching
4   %>
5   <html>
6   <head>
7   <meta name="VI98_defaultClientScript" content="VBScript">
8   <meta NAME="GENERATOR" Content="Microsoft Visual Studio 98">
9   <meta HTTP-EQUIV="Content-Type" content="text/html">
10  <title>Document Title</title>
11
12  </head>
13  <BODY>
14
15  <FORM method=post action=verifyuser.asp>
16  <H3 aling=center>Web Application Login</H3>
17  <P align=center>This is a secured application. Please
18  enter a valid user and password to access this
19  application.</P><P>
20  <TABLE align=center border=0 cellPading=1 cellSpacing=1
    ⮡height=116 width=316>
21    <TR>
22        <TD>User:
```

continua...

Capítulo 27 Como usar a segurança baseada em programas

Listagem 27.5 Continuação

```
23          <TD>
24              <INPUT id=text1 name=txtUser>
25      <TR>
26          <TD>Password:
27          <TD>
28              <INPUT id=password2 name=pswPassword
                ↪type=password>
29      <TR>
30          <TD>
31          <TD>
32              <TABLE border=0 cellPadding=1 cellSpacing=1
                Âheight=38 width=175>
33              <TR>
34              <TD><INPUT id=submit3 name=btnSubmit
                ↪type=submit value=Submit>
35              <TD><INPUT id=reset4 name=btnPassword
                ↪type=reset value=Reset</TD>
36              </TR>
37              </TABLE>
38          </TD>
39      </TR>
40  </TABLE>
41  </FORM></P>
42
43  </BODY>
44  </html>
45
```

A caixa de diálogo do formulário em GETUSER.ASP reúne duas partes de dados, txtUser e pswPassword (linhas 24 e 28), e as transmite ao arquivo ASP final chamado VERIFYUSER.ASP (linha 15). É o arquivo VERIFYUSER.ASP que realmente lê a lista de usuários armazenada e a compara com os dados fornecidos no formulário.

O controle INPUT da senha não é seguro

Mesmo que o controle **INPUT** da senha repita apenas asteriscos (*) para o usuário, o conteúdo real do controle **INPUT** é armazenado e transmitido como texto simples.

Veja também

➤ *Para saber mais sobre como criar formulários de entrada, veja o Capítulo 5.*

Como validar o usuário conectado

O documento ASP final na pasta de conexão é o VERIFYUSER.ASP. Este documento reúne os valores do formulário txtUser e pswPassword e os compara com os dados armazenados no arquivo de dados USERLIST.TXT. Se os pares coincidirem, o usuário será direcionado para o documento solicitado. Caso contrário, ele será solicitado a se conectar de novo com um par de usuário e senha válido.

O arquivo USERLIST.TXT neste exemplo é um arquivo de texto ASCII simples no seguinte formato:

```
<nomeusuário><tab><senha><cr>
```

A Listagem 27.6 mostra um arquivo de controle USERLIST.TXT de exemplo.

Listagem 27.6 Um arquivo de controle USERLIST.TXT de exemplo

```
1   chicken<tab>hawk
2   foghorn<tab>leghorn
3   barry<tab>hatchet
```

Uma vantagem desse formato de arquivo de dados simples é que é exatamente o mesmo formato usado pelo Content Linker Component (Componente de Ligação do Conteúdo) já instalado com os recursos Active Server Pages do Microsoft Internet Information Server. Isto facilita a criação de um documento ASP que pode ler o arquivo de dados USERLIST.TXT.

O texto comum é perigoso

Se você pretende implementar um esquema de segurança baseada em programas que usa uma lista armazenada de usuários e senhas, considere criptografar o arquivo para torná-lo mais difícil de ler por usuários não autorizados. Um método simples é adicionar um valor de deslocamento a cada caractere ASCII armazenado. Por exemplo, adicionar o valor 3 a cada valor ASCII irá alterar a string **ABC** (valores ASCII 64, 65 e 66) para **DEF** (valores ASCII 67, 68 e 69).

Capítulo 27 Como usar a segurança baseada em programas

O centro nervoso do arquivo VERIFYUSER.ASP está em três métodos privados que executam as seguintes tarefas:

- Reunir os dados fornecidos no formulário GETUSER.ASP.
- Comparar esses dados com a lista de usuários/senhas armazenada.
- Após obter os resultados da comparação, direcionar o usuário válido para um documento solicitado e pedir que o usuário inválido tente de novo.

A Listagem 27.7 mostra estes três métodos no arquivo VERIFYUSER.ASP.

Listagem 27.7 O arquivo VERIFYUSER.ASP que executa a validação do usuário

```
1   <%
2   '
3   ' verify user login
4   '
5
6   ' shared vars
7   Dim strUser
8   Dim strPassword
9   Dim strFile
10  Dim strURL
11
12  '
13  ' call private methods
14  GetData
15  CheckLogin
16  SendResults
17
18  '
19  ' set data values for processing
20  Sub GetData
21      '
22      ' set user file
23      strFile = "userlist.txt"
24
25      ' get items from input form
26      strUser = Ucase(Request.Form("txtUser"))
27      strPassword = Request.Form("pswPassword")
28
```

continua...

Listagem 27.7 Continuação

```
29      ' get requested URL
30      strURL = Session.Contents ("RequestedURL")
31      If Trim(strURL) = "" Then
32              strURL = "default.asp"
33      End If
34      '
35  End Sub
36
37  '
38  ' perform lookup and set session var
39  Sub CheckLogin
40      '
41      Dim objCLC
42      Dim intUserCount
43      Dim intLoop
44      Dim strRUser
45      Dim strRPassword
46      '
47      ' open content link file
48      Set objCLC = Server.CreatedObject ("MSWC.NextLink")
49      intUserCount = objCLC.GetListCount (strFile)
50
51      ' clear any old value
52      Session.Contents ("User") = ""
53
54      ' look for user/password
55      For intLoop = 1 to intUserCount
56              ' get pair from file
57              strRUser = UCase (objCLC.GetNthURL (strFile, intLoop))
58              strRPassword = objCLC.GetNthDescription (strFile,
                ↪intLoop)
59              ' check against input
60              If strRUser = strUser And strPassword =
                ↪strRPassword Then
61                      Session.Contents ("User") = strUser
62              End If
63      Next
```

continua...

Listagem 27.7 Continuação

```
64    `
65    End Sub
66
67    `
68    ` ship results downstream
69    Sub SendResults
70        `
71        If Session.Contents ("User") ="" Then
72            Response.Write "<H4>Invalid Login</H4><HR>"
73            Response.Write "Press the back button on your browser"
74        Else
75            Response.Write "<H4>Welcome " & strUser & "!
          ↪</H4><HR>"
76            Response.Write "Click here to continue...<BR>"
77            Response.Write "<A HREF="&chr(34)&strURL&chr(34)
          ↪&"<" &    strURL & "</A>"
78        End If
79        `
80    End Sub
81
82    %>
83
```

Embora a Listagem 27.7 tenha várias linhas de código, as tarefas básicas são simples. Primeiro, o método GetData (linhas 20-35) é usado para obter o nome do arquivo de controle do usuário, as duas variáveis do formulário (txtUser e pswPassword) e o nome do documento solicitado a partir da variável em nível da sessão (RequestedURL).

Em seguida, o método CheckLogin (linhas 39-65) cria um ponteiro para o objeto COM MSWC.NextLink (linha 48), obtém uma contagem dos usuários no arquivo (linha 49) e, então, lê cada par de usuário/senha até que uma coincidência com as variáveis do formulário seja encontrada (linhas 55-63). Se uma coincidência for encontrada, a variável em nível da sessão User será definida com um nome válido do usuário (linha 61). Caso contrário, esse valor será deixado em branco.

O método SendResults (linhas 69-80) determina se a variável User foi preenchida. Se não tiver sido, uma mensagem de aviso será enviada e o usuário será instruído a tentar novamente (linhas 71-73). Se a variável User tiver sido preenchida, o usuário verá uma mensagem de boas-vindas e será direcionado para o documento solicitado (linhas 75-77) (veja a Figura 27.2).

Veja também

➤ *Para saber mais sobre como usar o componente Content Linker, veja o Capítulo 22.*

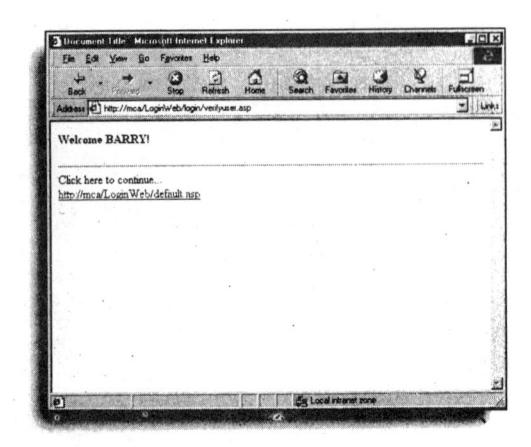

Figura 27.2 A confirmação de um usuário válido

Um projeto para criar sua própria segurança baseada em programas

Isto completa o exemplo de segurança baseada em programas. O exemplo foi mantido muito básico para se concentrar nas principais tarefas requeridas para completar um modelo de segurança baseada em programas. Você poderá usar o exemplo mostrado aqui para adicionar a segurança mais básica à sua aplicação da web. Se quiser, poderá usar essas tarefas principais como um esquema básico para construir sua própria implementação de segurança avançada.

Como uma revisão rápida, estes são os destaques do processo:

- Defina duas variáveis em nível da sessão (no arquivo GLOBAL.ASA) para a aplicação que mantém o nome do usuário validado e o URL do documento seguro solicitado.
- Crie um arquivo de controle (USERLIST.TXT) que mantém os nomes e as senhas. Neste exemplo, os dados foram armazenados no texto ASCII comum. No entanto, é mais seguro criptografar os dados para impedir que sejam lidos facilmente por usuários não convidados.
- Crie um formulário de conexão (GETUSER.ASP) que reuna o nome do usuário e a senha e envie esses dados para um script de verificação.
- Quando o formulário for submetido, chame um documento ASP (VERIFYUSER.ASP) que compare a entrada com uma lista de controles armazenados e redirecione o usuário para o devido local.
- Crie um arquivo SSI (CHECKUSER.INC) que possa ser adicionado a todos os documentos seguros junto com a instrução ASP que ativa o buffer de saída.

Capítulo 28

Como adicionar o tratamento de erros à sua aplicação da web

- Compreenda o tratamento de erros com o Visual InterDev
- Aprenda como o Visual InterDev informa os erros
- Crie um arquivo de inclusão de interceptação de erros

Como compreender o tratamento de erros com o Visual InterDev

O tratamento de erros é um aspecto importante da construção de aplicações da web com qualidade. Nenhuma aplicação da web deve entrar em produção sem um código adequado de tratamento de erros. Contudo, o tratamento de erros pode ser algo capcioso. Na verdade, o tratamento de erros para as aplicações da web é realmente um pouco mais complicado do que é para as aplicações Windows padrão. Por essa razão, é importante que você tenha uma boa compreensão de como os erros ocorrem e como são informados em suas aplicações da web em Visual InterDev.

A idéia sob o tratamento de erros é adicionar o código que verifica condições de erro esperadas e remedia o processo durante a execução. Esse tipo de tratamento de erros impede que a aplicação pare inesperadamente e pode provavelmente impedir a perda de dados vitais. Para tanto, você terá que compreender os vários tipos de condições de erro que podem ocorrer em uma aplicação da web e como você pode planejar e provavelmente impedir que os erros ocorram.

Existem basicamente três tipos de erros que podem ocorrer em uma aplicação da web:

- Erros de sintaxe — Estes erros são causados por erros do programador quando a aplicação da web é construída pela primeira vez. Os erros de sintaxe são segmentos de código irreconhecíveis pelo compilador (ou, neste caso, o browser da web ou o componente do sistema). A maioria dos erros é causada por um erro tipográfico.
- Erros relacionados à web — São erros que ocorrem em virtude de problemas entre a rede interna e a própria intranet, que podem ser em virtude de dificuldades de hardware, ligações quebradas etc.
- Erros de execução relacionados ao código — Estes erros são geralmente causados pela entrada do usuário ou alguns outros valores de dados adicionados durante a execução de sua aplicação da web.

Como limpar os erros de sintaxe

A primeira categoria de erros, os erros de sintaxe, ocorre quando as páginas de código são escritas incorretamente. Tais erros ocorrem quando os programadores digitam erros nos documentos da web. A maioria desses erros é obtida quando você tenta executar a página. A Listagem 28.1 mostra um erro de sintaxe típico que é informado pelo servidor da web ao tentar processar um documento ASP.

Listagem 28.1 O erro de sintaxe de exemplo informado a partir de uma página ASP

```
1   Microsoft VBScript compilation error '800a03ea'
2   Syntax error
3   /TrapErrors/savedata.asp, line 29
4   response.write strName & <BR>"
5   ----------------------^
```

Capítulo 28 Como adicionar o tratamento de erros à sua aplicação da web

Como pode ver na Listagem 28.1, o instrumento Visual Basic Script reconhece um erro na linha 29 do documento (linha 3 da listagem), estabelecendo a linha que precisa ser corrigida. Se essa aplicação fosse colocada em produção na Internet, as pessoas de todo o mundo veriam que você esqueceu de uma aspa na linha 29 (como se pode ver no fragmento de código na linha 4).

Embora o instrumento Visual Basic Script informe erros de sintaxe quando estes são encontrados, o instrumento HTML não é tão inteligente. Observe a Figura 28.1 e veja se você pode determinar o problema.

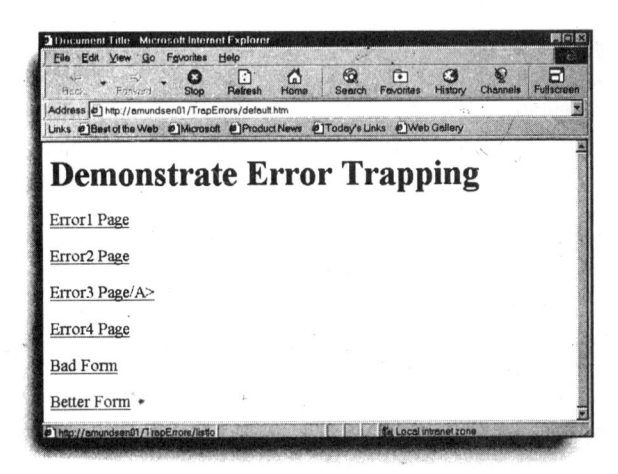

Figura 28.1 Um documento HTML com problemas.

Você pode notar que a ligação Error3 Page tem um /A> no final. Isto aconteceu porque um sinal menor que (<) foi deixado na linha HREF:

```
<A href="error3.asp">Error3 Page/A> <!-- an error -->
<A href="error3.asp">Error3 Page</A><!-- an fixed! -->
```

Portanto, embora os erros em Visual Basic Script sejam informados sempre que você tenta carregar um documento interrompido, os erros HTML são raramente informados. Ao contrário, o instrumento HTML faz o melhor para apresentar o documento para o cliente e ignora qualquer parte que não compreende. Por isso, é importante testar completamente todos os documentos em sua aplicação da web.

Os erros de sintaxe podem ser prevenidos apenas através de um teste rigoroso e revisão da aplicação antes que esta seja colocada em produção. O editor Visual InterDev fornece muita ajuda nos estágios iniciais da codificação dos vários objetos, métodos e propriedades de sua aplicação. No entanto, nada substitui um bom teste completo.

A razão dessa etapa ser tão importante é que as aplicações da web operam em um modo "interpretado". Se você geralmente constrói aplicações para o Windows com o Visual Basic, Visual J++ ou Visual C++, compile seu código antes de testá-lo. Este processo de compilação revisa toda a base do código para obter os erros de sintaxe e (geralmente) impede o término da compilação até que todos os erros de sintaxe sejam corrigidos.

Como as aplicações da web dependem do VBScript, JScript, Active Server Pages (Páginas Ativas do Servidor) e HTML, você não poderá compilar sua aplicação da web em um único pacote. Isto significa que terá que executar a etapa da revisão normalmente tratada para você através do compilador da linguagem.

Lembre-se destes pontos-chave ao testar seu código da web:

- Clique em cada botão e teste todo campo de entrada em todo formulário de cada página da aplicação da web inteira.
- Teste os formulários com campos de entrada vazios assim como com dados dinâmicos.
- Se seu código de script tiver vários desvios (IF...THEN...ELSE, SELECT...CASE etc.), teste todos os desvios possíveis de seu código.
- Teste todas as ligações da web em sua aplicação, inclusive aquelas criadas durante a execução (ou seja, HTTP:// e strURL).
- Teste seus campos de entrada com diversos tipos de dados e dados não convencionais. Geralmente os programas serão interrompidos em virtude da entrada que o programador simplesmente não esperava.

Como lidar com os erros relacionados à web

O próximo tipo de erro que você terá que considerar é o erro relacionado à web. Um erro geralmente ocorre em virtude de alguma condição imprevista na rede interna ou na intranet. Isto pode ser acontecer em conseqüência de problemas de hardware (os servidores ficam inoperantes ou respondendo muito lentamente) ou de alterações no conteúdo da própria web.

Eis alguns exemplos típicos de problemas de hardware:

- Os servidores na rede estão inoperantes no momento.
- Os servidores estão inundados de solicitações e respondendo muito lentamente.
- As linhas de comunicação entre os sites estão temporariamente inoperantes.

Eis os problemas típicos relacionados ao conteúdo:

- As ligações com servidores distantes estão interrompidas porque o autor do documento alterou o URL de destino.
- Os dados nos bancos de dados estão faltando ou o formato de armazenamento foi alterado.
- Os direitos de acesso para os documentos solicitados foram alterados ou revogados.

Capítulo 28 Como adicionar o tratamento de erros à sua aplicação da web   **773**

Infelizmente, nenhum método seguro existe para proteger sua aplicação da web dos erros relacionados à web. A natureza da rede da web impede esse tipo de proteção. Se sua aplicação da web depender de vários recursos distantes (outros servidores, bancos de dados, comunicações distantes etc.) você terá que estar preparado para as situações em que isto não operar como o planejado.

Felizmente, os usuários da web estão acostumados a esses tipos de erros. Quando apresentados a uma tela que lhes informa que o servidor não está respondendo, os usuários estão prontos para selecionar outra'ligação em sua web. Contudo, algumas vezes a falta de recursos indisponíveis causa problemas na aplicação. Nestes casos, você terá que construir suas aplicações da web para lidar com o erro com "elegância".

Por exemplo, poderá construir um formulário que aceita os dados dos usuários e, então, quando ele pressiona o botão Submit (Submeter), envia esses dados para um servidor distante para atualizar um banco de dados. Se o servidor do banco de dados estiver indisponível ou as linhas de comunicação estiverem com falhas, sua aplicação da web receberá uma informação dizendo que o servidor ou o documento está indisponível (veja a Figura 28.2).

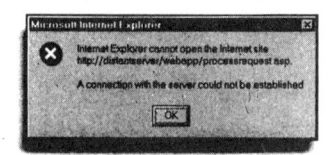

Figura 28.2 A exibição do erro relacionado à web.

Nos dados em que situações inesperadas podem ocorrer, você poderá criar seus formulários do usuário com proteção extra colocando mensagens de ajuda que pelo menos mostrarão ao usuário que você compreende os possíveis pontos problemáticos e pode ajudá-lo a tomar uma decisão sobre como lidar com a situação. A Figura 28.3 mostra tal abordagem.

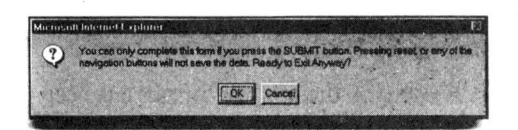

Figura 28.3 Como exibir uma mensagem de aviso quando os usuários não podem completar as transações.

Essa mensagem em particular foi gerada durante o evento onbeforeUnload da janela do browser. Adicionando algum script no lado cliente para exibir a mensagem, você poderá avisar antecipadamente aos usuários sobre o provável erro.

Como o natureza da web o impede de prever todos os possíveis erros que podem ocorrer fora de sua aplicação da web, há pouco que poderá fazer para impedi-los de ocorrer. O melhor que poderá fazer é planejar antes, tentar construir interfaces que reduzam as possibilidades dos erros relacionados à web e ajudar os usuários a se recuperarem nos casos em que eles surgem.

Como lidar com os erros de execução relacionados ao código

O último dos três tipos de erros típicos nas aplicações da web é o erro de execução relacionado ao código. Estes são os erros que ocorrem em virtude de valores de dados inesperados do usuário ou de outras fontes como os bancos de dados ou outros documentos de entrada usados no curso da execução de sua aplicação da web.

Como os erros de sintaxe, os erros relacionados ao código ocorrem nos momentos de execução da aplicação. No entanto, diferente dos erros de sintaxe, os erros de execução relacionados ao código geralmente não podem ser obtidos simplesmente examinando e testando os documentos em sua aplicação da web. Estes erros são geralmente intimamente ligados às entradas de dados que não podem ser facilmente previstas ou verificadas durante o teste.

Um exemplo típico de um erro relacionado ao código é mostrado na Figura 28.4.

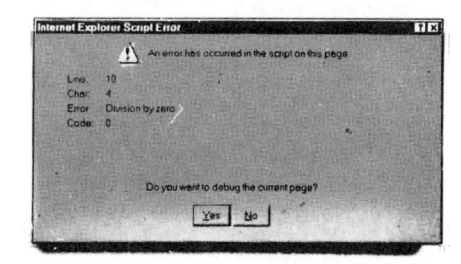

Figura 28.4 Um erro de execução típico relacionado ao código.

Neste caso, o usuário forneceu dois valores que resultam em um erro de divisão por zero. Esse erro ocorreu porque o usuário forneceu valores inesperados. Esse tipo de erro é bem comum e pode ser ainda mais óbvio também. E se o usuário forneceu valores de texto no mesmo campo e pressionou OK?

Há outra variedade de erros de execução relacionados ao código. Este tipo de erro ocorre quando um objeto COM falha em inicializar devidamente ou quando seu código tenta acessar métodos ou propriedades inválidos dos objetos COM. Como exemplo, revise o código Active Server Page (ASP) mostrado na Listagem 28.2.

Listagem 28.2 O erro de execução em conseqüência de método do objeto COM indevido

```
1   <%
2   'call bogus method
3   =Response.Junk
4   %>
```

Capítulo 28 Como adicionar o tratamento de erros à sua aplicação da web   775

Embora seja óbvio nesse exemplo que não há nenhum método Junk do objeto COM Response, outros exemplos não são tão fáceis de apontar. Este tipo de código é geralmente obtido através de teste, mas poderá nem sempre ser limpo antes de um código de aplicação entrar em produção.

Um exemplo ainda melhor seria o código válido que de algum modo falha em executar em virtude de problemas de registro com o objeto COM; por exemplo, as tentativas de usar um objeto COM personalizado que foi devidamente registrado no servidor de teste mas não foi adicionado ao servidor de produção quando a aplicação da web foi instalada. Em ambos os casos, o código da Listagem 28.2 resultará em um erro de execução, exibindo a mesma caixa de diálogo de alarme vista na Figura 28.4.

Como a maioria dos erros de execução é causada por dados inesperados ou problemas de componentes imprevistos, a possibilidade de um erro de execução ocorrer em sua aplicação da web é bem alta. Felizmente, o Visual InterDev tem um objeto COM predefinido eficiente que pode informar esses erros para você durante a execução, de maneira que possa lidar com eles antes que o usuário veja a temida caixa de diálogo do erro.

A próxima seção deste capítulo explica esse objeto COM e como você poderá usá-lo. Mas, primeiro, há mais um aspecto do tratamento de erros a considerar: a construção da aplicação.

A melhor defesa é uma boa construção

O método de tratamento de erros mais eficiente é uma boa construção da aplicação. Um formulário ou grupo de formulários bem construído poderá eliminar a probabilidade da maioria dos erros. Antes mesmo de considerar adicionar código às suas aplicações da web para lidar com os erros, revise a construção básica de sua aplicação para procurar as prováveis situações que os usuários podem criar que causem erros de aplicação.

Por exemplo, o formulário mostrado na Figura 28.5 solicita que o usuário forneça a entrada nos dois campos.

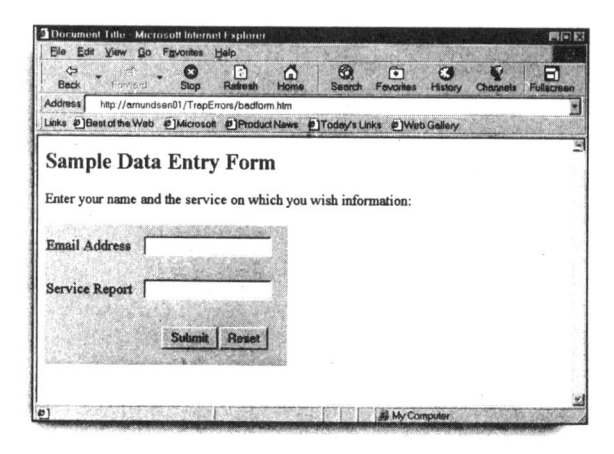

Figura 28.5 Uma construção do formulário de exemplo com probabilidade de erros.

O primeiro é o endereço de e-mail da pessoa. O segundo campo tem que ser o nome do relatório de serviço desejado. Para esse sistema, você tem apenas três relatórios de serviço válidos possíveis: WholeSale (Atacado), Commercial (Comercial) e Retail (Varejo). Exatamente agora, o usuário não tem nenhuma maneira de saber isso e uma entrada errada nesse campo causará o erro de execução confuso mostrado na Listagem 28.3.

Listagem 28.3 O erro do arquivo de execução confuso

```
1   Server object error 'ASP 0177 : 80070057'
2   Server.CreateObject Failed
3   /TrapErrors/savedata.asp, line 31
4   The operation completed successfully.
```

O que realmente aconteceu é que o nome de arquivo de dados era inválido e o método OpenTextFile de FileSystemObject falhou. Contudo, os usuários não obterão esse tipo de informação detalhada.

Você poderá achar que a primeira etapa é adicionar o código que verifica o nome de arquivo antes de tentar o método OpenTextFile. Mas há uma resposta melhor. Em vez de adicionar o código, você poderá reconstruir o formulário para permitir que os usuários selecionem apenas um dos nomes de arquivo válidos. A Figura 28.6 mostra o novo layout do formulário com uma caixa de listagem suspensa com todos os nomes do relatório válidos.

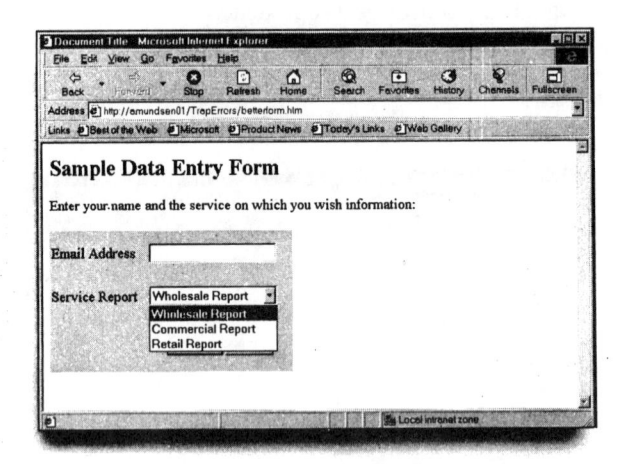

Figura 28.6 Um formulário de dados melhor reduz os prováveis erros.

Esta é uma ilustração simples de uma das regras básicas de tratamento de erros. *A maioria dos erros de execução ocorre como conseqüência de uma construção ruim – não por usuários ruins.* Sempre revise a construção de seu formulário para obter os prováveis pontos problemáticos para os usuários. A melhor aplicação da web é construída de maneira que os usuários sejam impedidos de cometer erros.

Capítulo 28 Como adicionar o tratamento de erros à sua aplicação da web

Como o Visual InterDev informa erros

Agora que você compreende os tipos de erros que podem ocorrer na aplicação da web e como pode planejá-los na construção inicial, é hora de ver os detalhes de como o Visual InterDev informa os erros de exemplo e como pode usar o Visual InterDev para respondê-los.

Há um objeto COM predefinido no Visual InterDev chamado objeto Err. Este objeto tem dois métodos:

- Clear — Limpa qualquer valor anterior nas propriedades do objeto Err.
- Raise — Gera seus próprios códigos de erro personalizados no código de script.

O objeto Err tem também cinco propriedades. As três primeiras são usadas com freqüência. As duas últimas são usadas mais raramente nas aplicações da web.

- Number — É o número de código do erro que ocorreu mais recentemente.
- Description — É a descrição do texto associada ao código do erro.
- Source — É o nome do objeto COM ou processo que informou o erro (geralmente o instrumento de execução Visual Basic Script).
- HelpFile — Mantém o nome de um arquivo de ajuda que contém informações associadas ao código de erro.
- HelpContext — Mantém o número ID (Identificação) do contexto de ajuda do tópico de ajuda que é associado ao código do erro.

Quando um erro ocorre em seu código da aplicação da web, o instrumento de execução recebe um número do erro e o coloca na propriedade Number do objeto Err. Você poderá recuperar a condição de erro atual a qualquer momento durante a vida de sua aplicação da web simplesmente examinando a propriedade Number. Se a propriedade estiver definida como 0, nenhum erro foi informado. Qualquer valor diferente de zero significa que um erro ocorreu.

A Listagem 28.4 mostra um fragmento de código ASP que executa uma operação e então verifica o status do erro.

Listagem 28.4 Como verificar o status do erro no código ASP

```
1  <%
2  `
3  `using the err object in a program
4
5  `clear any old values
6  Err.Clear
7
8  `call important routine
9  Call SaveVitalData(myDataList)
```

continua...

Listagem 28.4 Continuação

```
10
11  'check to see if an error was reported
12  If Err.Number=0 Then
13  alert "Data Saved to the Database"
14  Else
15  alert "Error Code " & Err.Number & " ocurred while
    ↪saving the data."
16  End If
17  '
18  %>
```

Sempre que um erro ocorrer, o código do erro, a descrição e as informações da fonte serão carregados no objeto Err. O objeto Err pode armazenar apenas um conjunto de dados de erro de cada vez. Quando cada erro é informado, os dados do erro anterior são removidos do objeto. Por isso, é importante verificar o conteúdo o objeto Err com freqüência para obter qualquer erro informado.

Como acessar o objeto Err predefinido

Diferente de outros objetos COM que têm que ser inicializados primeiro, o objeto Err já existe e está pronto para uso no momento em que você executar pela primeira vez uma linha do Visual Basic Script ou do script Active Server Page. Em outras palavras, você não precisará declarar uma variável e usar uma instrução Set para começar a usar o objeto COM Err predefinido. A Listagem 28.5 mostra a maneira usual e atípica de acessar o objeto COM Err.

Listagem 28.5 As maneiras padrão e atípica de acessar o objeto *Err*

```
1   <%
2   '
3   'not needed to access the built-in Err object
4   Dim MyErrObj
5   Set MyErrObj = Err
6   alert MyErrObj.Number
7
8   '
9   'the usual method for accessing the Err object
10  alert Err.Number
11
12  %>
```

Vale a pena notar que ambos os métodos funcionam igualmente bem. Há alguns casos em que você poderá querer obter uma instância do objeto Err atual e transmiti-la a outra rotina. No entanto, é muito mais comum simplesmente usar o objeto Err predefinido e acessar suas propriedades e métodos diretamente.

Ative o tratamento de erros com Resume Next

Mesmo após adicionar o código de script que verifica as condições de erro, você ainda verá caixas de diálogo de erro como as da Figura 28.7aparecerem em seu programa. Na verdade, a única maneira de poder omitir essas caixas de diálogo é adicionar primeiro a seguinte linha de código às seções de script de seus documentos:

```
On Error Resume Next
```

Esta linha de código informa ao instrumento de execução para parar de informar erros para o usuário. Agora que os relatórios foram omitidos, você poderá adicionar seu próprio código para verificar a propriedade Err.Number e reagir de acordo. É importante notar que essa linha de código tem que ser adicionada a cada método de cada documento no qual você pretende verificar os erros. Não é suficiente colocar essa linha no arquivo GLOBA.ASA ou em algum outro local.

A Listagem 28.6 mostra uma rotina de tratamento de erros no lado cliente para um método onclick de um botão.

Todos os erros são locais

Todo objeto Err existe como um objeto COM local na página que está executando o código de script. Se você quiser verificar o status do erro e reagir em seu código de script, terá que adicionar rotinas de tratamento de erros (inclusive a linha **On Error Resume Next**) a todo evento em cada página que possa produzir um erro. Se falhar em fazer isso, os erros que ocorrerem nas rotinas "desprotegidas" resultarão em caixas de diálogo de erros enviadas para o browser do cliente.

Listagem 28.6 Como adicionar o código de tratamento de erro a um evento *onclick* no lado cliente

```
1  <SCRIPT LANGUAGE=VBScript>
2  <!--
3  Sub button3_onclick
4  '
5  On Error Resume Next
6  '
7  alert Text1.value*Text2.value
8  If Err.Number<>0 Then
```

continua...

Listagem 28.6 Continuação

```
9   alert "Error Code: " & Err.Number & chr(13) &
    ↪"Description: " & Err.Description
10  End If
11  '
12  End Sub
13  -->
14  -</SCRIPT>
```

Como adicionar o tratamento de erros às Active Server Pages

As regras para o tratamento de erros são ligeiramente diferentes quando você usa o script no lado servidor com as Active Server Pages. Como os documentos ASP são processados previamente no servidor antes de serem enviados para o browser do cliente, você poderá criar o código de tratamento de erros que funcionará para todo o documento. Isto simplifica muito o tratamento de erros para sua aplicação da web.

Contudo, existem alguns acréscimos importantes para os documentos ASP que você terá que fazer antes do tratamento de erros funcionar devidamente. Primeiro, terá que adicionar as linhas de código mostradas na Listagem 28.7 à parte superior de todos os documentos ASP que lidarão com os erros.

Listagem 28.7 As entradas requeridas na parte superior dos documentos ASP que lidarão com os erros

```
1   <%@ LANGUAGE=VBScript %>
2
3   <%
4   ' added to support error trapping
5   Response.Expires=0
6   Response.Buffer=True
7   On Error Resume Next
8   %>
```

As três linhas importantes da Listagem 28.7 são as linhas 5-7. A linha 5 faz com que o documento termine imediatamente ao receber do browser (Response.Expires=0). A linha 6 faz com que o servidor processe completamente todo código ASP antes de enviar o documento (Response.Buffer=True). Já a linha 7 desativa os relatórios de erro a partir do motor de execução (On Error Resume Next). Quando essas três linhas estiverem posicionadas, você poderá acrescentar seu código de verificação de erros típico em todo o documento. A Listagem 28.8 mostra um documento ASP de exemplo que usa essa técnica.

Capítulo 28 Como adicionar o tratamento de erros à sua aplicação da web

Listagem 28.8 Como adicionar o código de tratamento de erros aos documentos ASP

```
1   <%@ LANGUAGE=VBScript %>
2
3   <%
4
5   Response.Expires=0
6   Response.Buffer=True
7   On Error Resume Next
8   %>
9
10  <HTML>
11  <HEAD>
12  <META NAME="GENERATOR" Content="Microsoft Visual Studio
    ↳ 6.0">
13  <META HTTP-EQUIV="Content-Type" content="text/html":
14  <TITLE>Document Title</TITLE>
15  </HEAD>
16  <BODY>
17
18  <!-- Insert HTML here -->
19
20  <%
21  ' force a divide by zero error
22  Response.Write 3/0
23  If Err.Number <>0 then
24  Response.Write "Err.Number=" & Err.Number & "<BR>"
25  Response.Write "Err.Description=" & Err.Description &
    ↳ "<BR>"
26  Response.Write "Err.Source=" & Err.Source
27  End If
28  %>
29
30  </BODY>
31  </HTML>
```

A Figura 28.7 mostra um exemplo de saída a partir do tratamento de erros ASP.

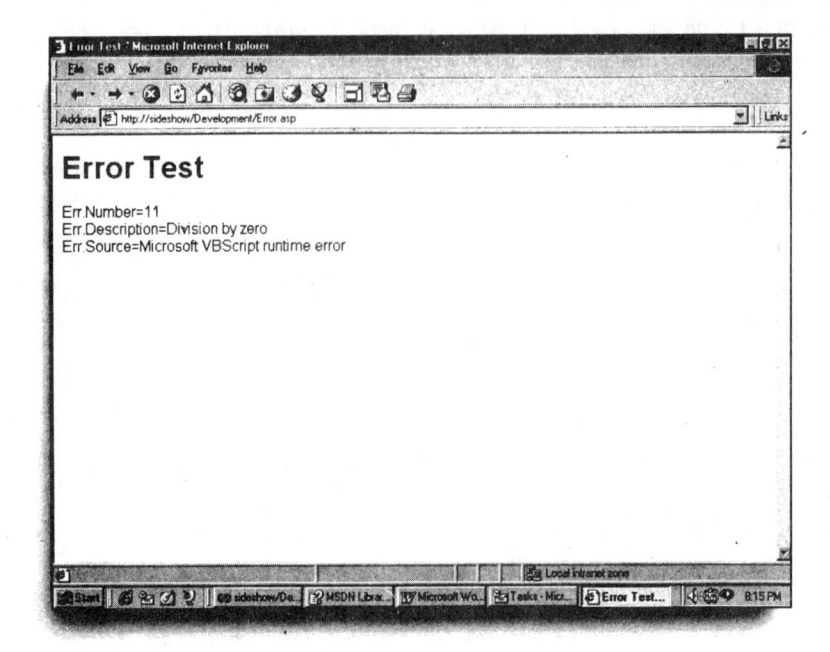

Figura 28.7 Um exemplo de saída do tratamento de erros ASP.

Como criar um arquivo de inclusão de interceptação de erros

Adicionar o código de tratamento de erros a todos os seus documentos da web poderá ficar chato e ser demorado. Felizmente, você poderá reduzir muito seus esforços criando arquivos SSI (inclusão no lado servidor) que mantêm a maioria do código de tratamento de erros importante. Adicionando esses arquivos SSI a seus documentos, você poderá agilizar o desenvolvimento da aplicação da web sem sacrificar sua segurança.

Neste exemplo, você aprenderá a construir um arquivo SSI que poderá agir como a sub-rotina de erros genérica para todos os seus documentos ASP. Ainda, poderá usar a mesma técnica básica para adicionar o código de tratamento de erros a seus documentos no lado servidor.

Quando estiver construindo uma sub-rotina de erros genérica para os documentos ASP, terá que planejar as seguintes possibilidades:

- O erro ocorrido em um documento acessado diretamente pelo cliente (digitando http://myweb/badpage.asp).
- O erro ocorrido em um documento que era o destino de uma ação de navegação no browser (o usuário pressionou um botão Submit ou alguma outra ligação em uma página).
- O erro ocorreu em um documento com referência a si mesmo (o usuário pressionou o botão Submit em uma página cujo destino da ação está definido para si mesmo).

Capítulo 28 Como adicionar o tratamento de erros à sua aplicação da web   **783**

Em cada um desses casos, você terá que lidar com o relatório de erros ligeiramente diferente. Se for possível, leve automaticamente os usuários para longe da página com probabilidade de erros, voltando para um documento anterior. Se não for possível, redirecione-os para que movam para alguma outra página manualmente.

Após o método de navegação ser compreendido pelo servidor, você poderá formatar as informações de erro em uma tabela de exibição e enviar esse documento de erro para o cliente. Este documento informará o número do erro, sua descrição e sua origem. Também instruirá o usuário sobre como voltar para uma página anterior na web. A Figura 28.8 mostra como fica uma exibição de erro completa.

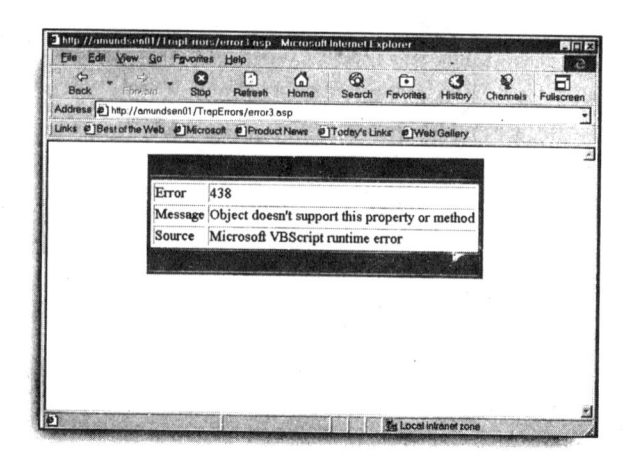

Figura 28.8 Como exibir um documento de relatório de erros a partir do arquivo SSI.

Como construir o arquivo SSI para lidar com os erros ASP

O arquivo real que pode lidar com os erros ASP é um pouco maior, mas não complicado demais quando você compreende o processo. Existem três etapas importantes:

- Determine se um erro de execução ocorreu processando o código ASP.
- Se ocorreu, determine como o usuário chegou na página (referida ou direta). Se o usuário fez uma referência a partir de outra página, componha um cabeçalho que retornará automaticamente o usuário ao documento anterior; do contrário, prepare um documento sem nenhum cabeçalho especial.
- Reuna os dados do objeto Err, formate-os em uma tabela fácil de ler e envie o documento para o browser do cliente.

Agora crie o arquivo.

Como criar o arquivo ERRORTRAP.INC

1. Clique com o botão direito do mouse no nome de seu projeto no Project Explorer. No menu contexto, escolha **Add**, **HTML Page** (**Página HTML**). Isto abrirá a caixa de diálogo Add Item.
2. Na caixa de texto **Name**, forneça o nome para esse documento: errortrap.inc.
3. Clique o botão **Open** para criar o documento. Sua página HTML básica será criada e aberta no Source Editor.
4. Apague o conteúdo da página. Como esse documento será incluído em suas páginas, você não precisará repetir os tags da página HTML comuns, como <BODY>.
5. Duplique o conteúdo da Listagem 28.9 no editor. Tenha cuidado para não cometer nenhum erro tipográfico porque esta é uma listagem longa.

Listagem 28.9 A sub-rotina de erros genérica e completa para os documentos ASP

```
1   <!- - SSI Start errortrap.inc - ->
2   <%
3   ' Generic Error Trapping Code for ASP Pages
4   '
5   ' top-level vars
6   Dim strHeaderColor
7   Dim strBodyColor
8   Dim strRefreshWait
9
10  ' top header of error display
11  strHeaderColor="bgcolor=red"
12  ' inner body of error display
13  strBodyColor="bgcolor=yellow"
14  ' refresh wait for returning to referer
15  strRefreshWait="3"
16
17  ' check for an ASP error on this page
18  ' if yes, do this work, else skip it all!
19  If Err.Number <> 0 then
20   ProcessError
21  End If
22
23    '
24    ' do error processing
25    Sub ProcessError
26    '
```

continua...

Listagem 28.9 Continuação

```
27    Dim strHeader
28    Dim strMessage
29    '
30    'dump all previously buffered output
31    Response.Clear
32    '
33    ' see if HTTP_REFERER exists
34    If VarType(Request.ServerVariables("HTTP_REFERER"))<>0
      ↪Then
35        ' if HTTP_REFERER exists, who is it?
36        If SelfRef=False Then
37            ' not myself
38            strHeader=MakeHeader
39            strMessage="...returning to referring page."
40        Else
41            ' referred by myself
42            strHeader="<HTML>"
43            strMessage="Please press the BACK button on your
              ↪browser."
44        End If
45    Else
46        ' directly navigated by the user
47        strHeader="<HTML>"
48        strMessage="Please move to another page."
49    End If
50    '
51    ' format and send results
52    ReportError strHeader, StrMessage
53    '
54    End Sub
55
56    '
57    ' build page header
58    Function MakeHeader()
59    '
60    Dim strTemp
61    '
```

continua...

Listagem 28.9 Continuação

```
62   strTemp = strTemp & "<HTML><HEAD><META HTTP-EQUIV=
     ↳REFRESH"
63   strTemp = strTemp & "CONTENT=" & chr(34) &
     ↳strRefreshWait & ";"
64   strTemp = strTemp & "URL=" & Request.ServerVariables
     ↳("HTTP_REFERER")
65   strTemp = strTemp & chr(34) & "></HEAD>"
66   '
67   MakeHeader=strTemp
68   '
69   End Function
70
71   '
72   ' check for self-referencing page
73   Function selfRef()
74   '
75   Dim strRefer
76   Dim strSelf
77   '
78   strRefer = Request.ServerVariables("HTTP_REFERER")
79   strSelf = "HTTP://" & Request.ServerVariables(
     ↳"SERVER_NAME")
80   strSelf = strSelf & Request.ServerVariables(
     ↳"PATH_INFO")
81   '
82   If UCase(strRefer) = UCase(strSelf) then
83        SelRef = True
84   Else
85        SelRef = False
86   End If
87   '
88   End Function
89
90   '
91   ' send out error display in a colorful table
92   Sub ReportError(strHeader, strMsg)
93   '
```

continua...

Capítulo 28 Como adicionar o tratamento de erros à sua aplicação da web

Listagem 28.9 Continuação

```
94   Dim strTemp
95   '
96   ' add document header first
97   strTemp=strTemp & strHeader
98   '
99   'start document body
100  strTemp=strTemp & "<BODY>"
101  ' define outer table
102  strTemp=strTemp & "<TABLE " & strHeaderColor &_
103  " align=center border=1 cellPadding=1 cellSpacing=3
     ↪width=0>"
104  ' add first cell for outer table
105  strTemp=strTemp & "<TR><TD><CENTER>ASP Processing
     ↪Error Occurred_
106       </CENTER><TR><TD>"
107  ' define inner table
108  strTemp=strTemp & "<TABLE " & strBodyColor & "
     ↪border=1 cellPadding=1_
109  cellSpacing=3 width=100" & chr(asc("%")) & ">"
110  ' add first row to inner table
111  strTemp=strTemp & "<TR><TD>Error"
112  strTemp=strTemp & "<TD>" & Err.Number & "<TR>"
113  'add second row to inner table
114  strTemp=strTemp & "<TD>Message"
115  strTemp=strTemp & "<TD>" & Err.Description & "<TR>"
116  strTemp=strTemp & "<TD>Source"
117  strTemp=strTemp & "<TD>" & Err.Source & "</TR>
     ↪</TABLE>"
118  strTemp=strTemp & "<TR>"
119  ' add last cell in outer table
120  strTemp=strTemp & "<TD><CENTER><ADDRESS>" & strMsg &_
121       '</ADDRESS></CENTER></TR></TABLE>"
122  '
123  ' close out document
124  strTemp=strTemp & "</CENTER></BODY></HTML>"
125  '
126  ' send it all downstream to client
```

continua...

Listagem 28.9 Continuação

```
127    Response.Write strTemp
128    '
129    End Sub
130    %>
131    <!-- SSI End errortrap.inc -->
```

6. Salve suas alterações escolhendo **File**, **Save errortrap.inc** (**Salvar errortrap.inc**) na barra de menus do Visual InterDev.

Alerta da listagem longa!

Há muito ocorrendo nesse único arquivo. No entanto, após completar esse documento ASP, você poderá adicionar um tratamento de erros sólido a todos os outros documentos ASP acrescentando apenas algumas linhas curtas de código.

Iremos analisar essa listagem, pois há muito acontecendo aqui. Primeiro, após declarar algumas variáveis compartilhadas e definir seus valores (linhas 5-8), o valor Err.Number é verificado na linha 19. Se não for zero, a rotina de alto nível (ProcessError) será chamada nas linhas 17-21.

O método ProcessError nas linhas 25-54 primeiro limpa o buffer do documento (linha 31) e então verifica se o usuário chegou nessa página através de um documento de referência (linhas 34-39) ou se digitou diretamente o URL no browser (linhas 40-43).

Se o usuário foi remetido à página, a referência será verificada com o nome do documento atual chamando o método SelfRef (linhas 73-88). Esse método compara diversas variáveis do servidor para ver se o documento atual e o documento de referência são iguais. Os resultados são informados de volta ao método ProcessError para uso na composição da HTML final a ser enviada para o cliente.

Se o usuário chegou à página pela referência e o documento de referência não for igual ao documento atual, você poderá retornar automaticamente o usuário para a página anterior adicionando um tag META ao cabeçalho do documento. Esse cabeçalho especial é construído no método MakeHeader (linhas 58-69).

A vantagem de usar o errortrap.inc

A principal vantagem de fornecer essa enorme listagem e usá-la em suas aplicações da web é que você precisa fazer isso apenas uma vez. Esse arquivo será usado por toda página em sua aplicação através das inclusões no lado servidor (SSI). Isto evitará que você crie esse tipo de tratamento de erros em todo documento. Quem disse que o desenvolvimento da web não tem atalhos?

Capítulo 28 Como adicionar o tratamento de erros à sua aplicação da web

Depois do cabeçalho ser determinado, ele (juntamente com uma mensagem adicionada) é enviado para o método ReportError (linhas 85-123) que compõe o corpo do documento e finalmente o envia para o cliente. Esse método parece bem complicado, mas não é. O uso de tabelas aninhadas e cores para formatar a página para facilitar a exibição tem finalidade apenas estética. As linhas importantes nessa rotina são as linhas 92-129, onde as informações Err.Number, Err.Description e Err.Source são adicionadas ao documento. A linha 121 envia o documento inteiro para o cliente.

Como usar o arquivo ERRORTRAP.INC em seus documentos ASP

Agora que você tem o arquivo ERRORTRAP.INC completo, precisará apenas adicionar algumas linhas de código a seus documentos ASP para acrescentar os serviços de tratamento de erros à sua aplicação da web. Primeiro, terá que adicionar as linhas da Listagem 28.10 à parte superior do documento ASP.

Listagem 28.10 O código do cabeçalho de tratamento de erros para todos os documentos ASP

```
1   <%@ LANGUAGE=VBScript %>
2
3   <%
4   ' added to support error trapping
5   ' include file (see end of doc)
6   Response.Expires=0
7   Response.Buffer=True
8   On Error Resume Next
9   %>
10
11  <HTML>
```

Note que o código ASP importante (linhas 3-9) é adicionado entre a linha <%@ LANGUAGE=VBScript %> e a linha <HTML>. A falha em adicionar esse código no local exato irá interromper os recursos de tratamento de erros do documento.

Torne isso parte de seu modelo

Se você usa um modelo comum para criar suas páginas, considere acrescentar o código da Listagem 28.10. Isto evitará que o adicione sempre.

Em seguida, você terá que acrescentar uma linha na parte inferior do documento, após a linha </HTML>.

```
</HTML>
<!-- #include file=errortrap.inc -->
```

A segunda linha no fragmento de código anterior faz o trabalho real. Ela chama o arquivo SSI mostrado na Listagem 28.9 e o acrescenta ao documento durante a fase de processamento prévio da página ASP. Se um erro for notado, apenas as informações relacionadas ao erro (do arquivo ERRORTRAP.INC) serão enviadas para o browser.

A Listagem 28.11 mostra um documento ASP simples que usa o código de tratamento de erros genérico descrito aqui. Note as linhas 3-9 e a linha 24.

Como melhorar ERRORTRAP.INC

Como você poderia tornar ERRORTRAP.INC melhor? Existem muitas maneiras. Uma melhoria poderá ser fornecer botões de navegação na página. Em vez de encorajar o visitante de seu site a usar o botão Back (Voltar) de seu browser, por que não conectar o objeto **History** do browser e mover a partir daí? Debata outras maneiras para melhorar essa página de erro. Este é apenas o começo!

Listagem 28.11 Como usar a sub-rotina de erros genérica para os documentos ASP

```
1   <%@ LANGUAGE=VBScript %>
2
3   <%
4   ' added to support error trapping
5   ' include file (see end of doc)
6   Response.Expires=0
7   Response.Buffer=True
8   On Error Resume Next
9   %>
10
11  <HTML>
12  <HEAD>
13  <META NAME="GENERATOR" Content="Microsoft Visual Studio
    ↪98">
14  <META HTTP-EQUIV="Content-Type" content="text/html">
15  <TITLE>Document Title</TITLE>
```

continua...

Listagem 28.11 Continuação

```
16  </HEAD>
17  <BODY>
18
19  <!-- Insert HTML here -->
20
21  <%
22  'good object & method, bad data file
23  Set objCLC=Server.CreateObject("MSWC.NextLink")
24  objCLC.GetListCount("temp.txt")
25  %>
26
27
28  </BODY>
29  </HTML>
30
31  <!-- #include file=errortrap.inc -->
```

O resultado de um erro encontrado nesta página é mostrado na Figura 28.9.

Veja também

➤ Para obter mais informações sobre o objeto History e como usar o script no lado servidor, veja o Capítulo 14.

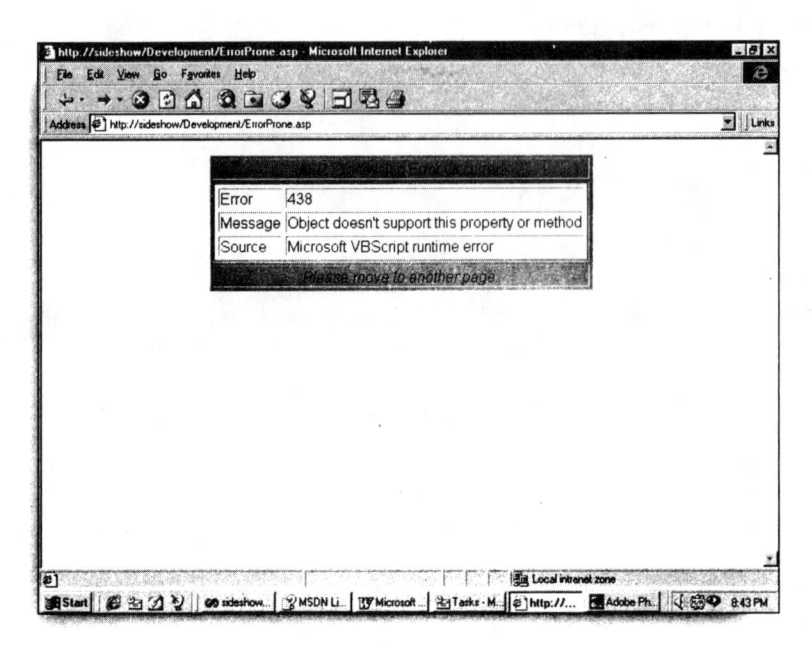

Figura 28.9 ERRORTRAP.INC em ação — mais nenhuma mensagem de erro desastrosa.

Capítulo 29

Como usar a DHTML para alterar dinamicamente o conteúdo e o posicionamento HTML

- Aprenda sobre a DHTML e como adicionar o conteúdo dinâmico ao seu site da web
- Compreenda a bolha de eventos
- Use o mouse para mover gráficos no espaço do browser
- Crie e trabalhe com interfaces do tipo arrastar-e-soltar

O que é HTML Dinâmica?

A HTML Dinâmica é realmente mais "dinâmica" do que é a HTML. A maioria dos comandos que você usa para fornecer os serviços DHTML é uma extensão da linguagem HTML padrão e não novo comando HTML. Na verdade, a própria HTML não é uma linguagem de programação. As letras HTML significam Hypertext Markup Language (Linguagem Marcada de Hipertexto). A HTML foi originalmente designada como uma ferramenta para formatar o texto na tela.

Contudo, quando a HTML se tornou mais popular e mais comum nas estações de trabalho que mantêm a interface Windows, as expectativas para a linguagem aumentaram. Agora é comum que os usuários esperem que muitos dos mesmos recursos disponíveis nos sistemas operacionais dos computadores pessoais estejam disponíveis nos browsers do cliente pequeno. Para satisfazer esse desafio, a HTML foi expandida de maneiras que ainda não foram nem mesmo pretendidas. O resultado é chamado de Dynamic HTML ou DHTML (HTML Dinâmica).

Embora existam várias maneiras da DHTML adicionar eficiência e novos recursos aos browsers HTML, há um conjunto básico de funcionalidade que fornece à DHTML seu próprio tipo distinto. A seguir estão os principais componentes da DHTML:

- Tratamento de eventos — A DHTML define um conjunto de mensagens de evento padrão (teclas pressionadas, movimentos do mouse, carregamento e descarregamento de documentos etc.) que pode ser interceptado usando o código de script. Agora você pode executar scripts quando certos eventos ocorrem.

- Modelo de objetos de documento — A DHTML define uma coleção de objetos que tem métodos, propriedades e eventos. Você poderá usar a hierarquia de objetos para ter acesso a todas as partes do documento carregado e ao browser que contém o documento.

- Nomenclatura do elemento — A DHTML apresenta o conceito do acréscimo dos atributos NAME a realmente qualquer elemento no documento (parágrafos, controles, imagens, seções de documento repletas de eventos). Isto permite que os desenvolvedores de documentos associem métodos e propriedades a qualquer parte do documento – inclusive ao próprio conteúdo real.

Para realizar as tarefas de acrescentar os recursos DHTML a seus documentos da web, você terá que ter as seguintes técnicas:

- Atender e responder as mensagens de evento
- Usar o atributo STYLE para controlar a exibição do conteúdo durante a execução
- Marcar as seções grandes do documento com os elementos HTML DIV e SPAN

O Microsoft Internet Explorer 4.x é requerido para o suporte DHTML

O tipo de DHTML tratada aqui requer o Microsoft Internet Explorer 4.x ou superior. Se você pretende usar a DHTML em seus documentos da web, certifique-se de que todos os seus usuários tenham o Microsoft Internet Explorer 4.x ou superior.

Capítulo 29 Como usar a DHTML para alterar dinamicamente... **795**

Cada um desses tópicos será tratado nas próximas seções deste capítulo. Quando você tiver uma idéia sobre essas três técnicas, passará o restante do capítulo explorando exemplos que permitem criar visualmente interfaces ricas do usuário e documentos dinâmicos.

Como atender os eventos

Um dos recursos mais importantes da DHTML é o acréscimo de mensagens de evento. As mensagens de evento são notificações do browser emitidas sempre que certas ações predefinidas ocorrem durante uma sessão do cliente. Sempre que um desses eventos predefinidos acontece, uma mensagem é enviada pelo browser. Como programador, você poderá "atender" a essas mensagens e adicionar o código de script à sua página HTML que será executado sempre que a mensagem for enviada. Este tipo de programação é a base do sistema operacional do Windows.

Existem muitas mensagens de evento. Cada elemento no modelo de objetos do documento (DOM) do browser tem seus próprios eventos associados. Por exemplo, o objeto Window tem os seguintes eventos:

- onbeforeunload ocorrer logo antes do documento ser carregado na janela.
- onblur ocorre quando a janela perde o foco.
- onerror ocorre quando um erro é informado pelo browser.
- onfocus ocorre quando a janela tem o foco.
- onhelp ocorre quando o usuário pressiona a tecla F1.
- onload ocorre quando um documento é carregado na janela.
- onresize ocorre quando o usuário redimensiona a janela.
- onscroll ocorre quando o usuário pagina o documento na janela.
- onunload ocorre quando o documento é descarregado da janela.

Os eventos estão sempre acontecendo

O sistema operacional do Windows é planejado para enviar mensagens de evento mesmo quando ninguém está atendendo. Você não terá que fazer nada em especial para que os eventos aconteçam – eles estão sempre ocorrendo. Precisará apenas adicionar o código para "atender" às mensagens que o interessam.

As mensagens de evento são associadas à janela, ao documento e até aos elementos no documento, como os controles <INPUT> e os marcadores de parágrafo (<P>). Isto significa que há uma probabilidade de que centenas de mensagens ocorram em um único documento carregado em uma janela.

Veja também

➤ *Para aprender mais sobre o tratamento de eventos, veja o Capítulo 13.*
➤ *Para aprender mais sobre os eventos no Microsoft Internet Explorer, veja o Capítulo 14.*

Como atender às mensagens

Para controlar os eventos, o DOM define um método para informar os eventos no formato de um cabeçalho de mensagem do Visual Basic Script. Este cabeçalho de mensagem tem o seguinte formato:

```
<SCRIPT Language=VBScript>
<!--
Sub <nomeelemento>_<nomeevento>

End Sub
-->
</SCRIPT>
```

Por exemplo, se o evento onclick ocorrer para um elemento do botão com o nome btnShow, o cabeçalho de script do evento real seria

```
<SCRIPT Language=VBScript>
<!--
Sub btnShow_onclick

End Sub
-->
</SCRIPT>
```

Após definir o cabeçalho de mensagem do Visual Basic Script, você poderá adicionar o código no bloco de script que executará sempre que a mensagem de evento for recebida. Por exemplo, para mostrar uma caixa de mensagem sempre que o usuário clicar o botão **Show**, você poderia adicionar o seguinte código à sua página HTML:

Os eventos com o Visual Basic Script diferem do JavaScript

O relatório das mensagens de evento para o JavaScript é ligeiramente diferente do método para o Visual Basic Script. O JavaScript não é tratado neste livro.

```
<SCRIPT Language=VBScript>
<!--
Sub btnShow_onclick
  Alert "You clicked me!"
End Sub
-->
</SCRIPT>
```

Capítulo 29 Como usar a DHTML para alterar dinamicamente...

A mágica da bolha de eventos

Outro recurso bem eficiente da DHTML é chamado de *bolha de eventos*. A bolha de eventos é o processo de transmitir mensagens de evento através da hierarquia do modelo de objetos de documento. Com a bolha de eventos, as mensagens de evento que são enviadas para um elemento na página HTML poderão ser recebidas por todos os elementos "acima" do elemento para o qual essa mensagem foi endereçada. Em outras palavras, se a mensagem onclick do botão btnShow for enviada (quando um usuário clica o botão), o evento onclick do botão ocorrerá e o evento onclick do documento que mantém o botão também ocorrerá. Para ver como isso realmente funciona, veja o código na Listagem 29.1.

Listagem 29.1 O exemplo da bolha de eventos

```
1   <SCRIPT LANGUAGE=VBScript>
2   <!--
3   Sub document_onclick               -------------------------------- (1)
4       alert "You Clicked Something!" -------------------------------- (2)
5   End Sub
6
7   Sub btnShow_onclick
8       alert "You Clicked Me!"
9   End Sub
10  -->
11  </SCRIPT>
```

Listagem 29.1

(1) Você está "atendendo" à mensagem do evento onclick.

(2) Quando a mensagem do evento onclick for atendida, esta linha do código será executada pelo browser.

Na Listagem 29.1, você pode ver dois cabeçalhos de mensagens de evento do Visual Basic Script. Quando o usuário clicar o botão denominado btnShow, a mensagem do evento onclick será enviada para btnShow (linha 7). E mais, a mensagem do evento onclick também será enviada para o objeto document (linha 3), pois o botão aparece no objeto do documento. O evento onclick "aumenta a bolha" da hierarquia de objetos. Isto é a bolha de eventos.

A bolha de eventos é exclusiva do modelo de objetos DHTML e pode ser muito útil. Por exemplo, se você quiser inicializar a mesma mensagem quando o usuário clicar em qualquer elemento no documento, terá apenas que escrever o código para o evento document_onclick. No modelo de eventos do Windows, terá que escrever o código para toda mensagem de evento dos controles individuais no formulário — muito mais código!

Reduza o código com a bolha de eventos

Se você tiver que escrever o código de tratamento de evento que converterá todas as teclas pressionadas em caracteres maiúsculos para cada caixa de entrada no formulário, poderá reduzir sua codificação apenas escrevendo o código para o evento **document_keypress** e permitindo que a bolha de eventos envie todos os eventos de tecla pressionada dos controles de entrada para o documento.

Como cancelar a bolha de eventos

Mesmo que a bolha de eventos seja eficiente, ela poderá atrapalhar algumas vezes. Na Listagem 29.1, você pode ver que clicar em um botão no documento realmente faz com que dois blocos de código Visual Basic Script sejam executados. Isto poderá não ser o que você deseja que aconteça. Por exemplo, talvez queira que o evento document_onclick inicialize apenas se o usuário realmente clicar em algum lugar na face do documento, não em um dos controles definidos. Para tanto, terá que omitir a bolha de eventos para o elemento do botão.

Cancele os eventos em sua sub-rotina

É uma boa idéia usar o método **cancelBubbling** apenas na seção de script que lida com o evento. Assim, você não estará examinando todo o documento para ver quem cancelou seu evento importante.

Para omitir a bolha de eventos, você poderá definir a propriedade CancelBubble como TRUE. A Listagem 29.2 mostra uma versão modificada da Listagem 29.1 que inclui o cancelamento da bolha de eventos.

Listagem 29.2 Como cancelar a bolha de eventos

```
1   <SCRIPT LANGUAGE=VBScript>
2   <!--
3   Sub document_onclick
4       alert "You clicked on the document"---------------------------(1)
5   End Sub
6
7   Sub btnShow_onclick
8       alert "You clicked the Show button"
9       window.event.cancelBubble=True   --------------------------(2)
10  End Sub
11  -->
12  </SCRIPT>
```

Capítulo 29 Como usar a DHTML para alterar dinamicamente... **799**

Listagem 29.2

(1) Se a propriedade **cancelBubble** estiver definida como **True**, esta linha nunca será executada.

(2) Esta linha cancela a bolha de eventos para a mensagem **onclick** deste botão.

Você usará as mensagens de evento e a bolha de eventos com freqüência quando criar documentos DHTML.

Veja também

➤ *Para saber mais sobre como usar os eventos no Visual Basic Script, veja o Capítulo 13.*

➤ *Para obter informações sobre os eventos no modelo de objetos de documento Microsoft Internet Explorer, veja o Capítulo 14.*

A capacidade do atributo STYLE

Um item principal na criação de documentos DHTML é o atributo STYLE. Este atributo permite adicionar recursos DHTML à maioria dos elementos HTML. Vários parâmetros podem ser usados com o atributo style. A Listagem 29.3 mostra uma definição típica para o atributo STYLE de um elemento de imagem (IMG).

Listagem 29.3 As definições típicas do atributo *STYLE*

```
1    <IMG
2        NAME=imgCoins
3        ID=imgCoins
4        ALT=Coins
5        SRC="images/coins.gif"
6        WIDTH=88
7        HEIGHT=101
8        STYLE="POSITION: absolute;
9            LEFT: 134px;
10           TOP: 200px;
11           HEIGHT: 64px;
12           WIDTH: 64px;
13     >
```

O atributo STYLE na Listagem 29.3 pode ser encontrado nas linhas 8 a 13. Note que todas as definições aparecem dentro de aspas duplas e que cada nome de definição e valor é separado por dois pontos (:). Na Listagem 29.3, o atributo STYLE estabelece a posição absoluta da imagem no documento.

As definições do atributo STYLE podem também ser acessadas usando o Visual Basic Script. Entretanto, o Visual Basic Script trata as definições como propriedades do objeto style de um elemento. A Listagem 29.4 mostra como definir a posição absoluta de um elemento de imagem usando o Visual Basic Script.

Listagem 29.4 Como usar o Visual Basic Script para modificar as definições *STYLE*

```
1   <SCRIPT LANGUAGE="VBScript">
2   <!--
3   Sub btnDefault_onclick
4   '
5       window.imgCoins.style.posLeft=134
6       window.imgCoins.style.posTop=200  ---------------------------- (1)
7   '
8   End Sub
9   -->
10  </SCRIPT>
```

Listagem 29.4

---

(1) É o script equivalente a usar o atributo STYLE="TOP: 200" no elemento IMG Coins.

Embora o uso mais comum do atributo STYLE seja para estabelecer o tamanho e o local dos elementos, ele também é usado para alterar a visibilidade dos elementos (window.imgCoins.style.visibility="hidden"). O atributo STYLE pode também ser usado para aplicar filtros visuais em um elemento.

Use : e não = com as definições STYLE

É um erro comum usar o sinal de igual (=) em vez de dois pontos (:) ao trabalhar com os atributos **STYLE**. Fazer isso não retornará um erro, mas fará com que o browser ignore completamente as definições.

Você aprenderá mais sobre os filtros visuais posteriormente neste capítulo. O ponto principal a lembrar é que o atributo STYLE pode ser aplicado em quase todo elemento HTML e permite controlar a posição e a aparência dos elementos no documento.

Como usar os elementos HTML DIV e SPAN

O conceito final a analisar aqui é o uso dos elementos HTML DIV e SPAN. Estes dois elementos HTML permitem marcar as seções do documento e aplicar o estilo e outros recursos DHTML na seção marcada. A única diferença entre os elementos SPAN e DIV é que o elemento SPAN é um elemento em nível de texto e o elemento DIV é um elemento em nível de bloco.

Em outras palavras, o SPAN pode ser aplicado apenas em um elemento de texto (ou seja, um parágrafo ou cabeçalho), mas o DIV pode ser aplicado em um conjunto de elementos (isto é, em vários parágrafos).

Use o DIV antes do SPAN

Como os elementos **DIV** podem ser aplicados em blocos inteiros de texto, eles são preferidos em relação ao **SPAN**. Se você tiver apenas uma ou duas palavras com as quais trabalhar, o **SPAN** será melhor. Contudo, se tiver um parágrafo ou mais que tenha que ser marcado como uma seção, use o **DIV**.

Por exemplo, você poderá usar o elemento SPAN para criar uma área definida no documento que conterá o texto. Como o elemento SPAN pode aceitar o atributo STYLE, você poderá criar uma seção de texto no documento com largura e altura fixas que mantêm uma posição absoluta no documento. A Listagem 29.5 mostra um exemplo de como isso pode ser feito usando os recursos DHTML.

Listagem 29.5 Como usar o *SPAN* para criar uma área de texto absoluta em um documento

```
1   <SPAN
2       NAME=spnMain
3       ID=spnMain
4       STYLE="POSITION: absolute;    --------------------------------(1)
5           HEIGHT: 200px;
6           LEFT: 100px;
7           TOP: 100px;
8           WIDTH: 200px" >
9   This text appears within the SPAN Element.
10  </SPAN>
```

Listagem 29.5

(1) A definição ABSOLUTE irá assegurar que outro texto não desloque mais esse SPAN para baixo na página.

A Listagem 29.5 mostra uma pequena área no documento onde o texto aparecerá. Se a linha de texto for mais longa que a área definida (o atributo de largura na linha 8), irá integrar-se automaticamente para caber no espaço. Se o texto integrado estender-se para além da parte inferior da área definida (o atributo de altura na linha 5), o texto estendido será ocultado da exibição. Em outras palavras, o elemento SPAN permite que você defina um tipo de "janela" no documento onde poderá colocar qualquer texto ou imagem. Você usará SPAN e DIV para criar áreas do documento onde os atributos DHTML STYLE podem ser aplicados.

Agora que você tem uma boa idéia de como os principais elementos da DHTML funcionam, está pronto para aplicá-los em documentos reais. Nas próximas seções, criará páginas da web que usam eventos, atributos STYLE e alguns outros recursos DHTML para criar documentos HTML dinâmicos.

Como criar o projeto da web DHTML

Todas as páginas neste capítulo serão adicionadas a um único projeto da web. Antes de continuar, inicie o Visual InterDev e crie um novo projeto da web chamado DHTML. Não aplique nenhum tema ou informação de layout no projeto ao construi-lo. Você adicionará a extravagância mais tarde.

Veja também

➤ Para aprender como criar um novo projeto da web, veja o Capítulo 1.

Como alterar o conteúdo HTML durante a execução

Você poderá usar os comandos DHTML para criar documentos com o conteúdo que muda durante a execução. Basicamente, esses documentos contêm o texto oculto que pode ser exibido usando o Visual Basic Script no lado cliente inicializado por eventos. Nesta seção, você construirá um documento que tem cabeçalhos simples e, quando o usuário mover o mouse sobre eles, exibirá o texto adicional associado aos cabeçalhos.

Para iniciar, crie um novo documento HTML chamado MOUSEOVER.HTM e, quando este aparecer no editor WYSIWYG, adicione o texto mostrado na Figura 29.1.

Capítulo 29 Como usar a DHTML para alterar dinamicamente...

Figura 29.1 Como criar o layout do documento MOUSEOVER.HTM.

Após adicionar o texto no modo WYSIWYG, alterne para o modo Source e defina as propriedades NAME e ID dos elementos <P> de cada um dos subtítulos, como mostrado na Listagem 29.6.

Listagem 29.6 Como definir os atributos *NAME* e *ID* dos elementos *<P>*

```
1   <P NAME=MyName ID=MyName>
2   My Full Name
3   </P>
4
5   <P NAME=MyHobbies ID=MyHobbíes>
6   My Hobbies
7   </P>
```

Aqui você está criando um ponteiro NAME e ID que pode ser usado com o Visual Basic Script para endereçar essa parte do documento. Então, poderá ler e definir as diversas propriedades do parágrafo usando o Visual Basic Script.

Você deseja fazer com que o texto adicional apareça no documento sempre que o usuário posicionar o ponteiro do mouse sobre o cabeçalho. Isto significa que terá que atender ao devido evento e executar o Visual Basic Script de acordo.

Como usar os atributos NAME e ID

É uma boa idéia manter os atributos **NAME** e **ID** de um elemento iguais. Alguns métodos de script usam o atributo **NAME**. A maioria das operações HTML usa o atributo **ID**. Mantê-los iguais tornará a manutenção e a depuração de seus documentos mais fácil.

Como usar o evento ONMOUSEOVER e a propriedade innerHTML

Você poderá atender à mensagem do evento onmouseover para ver quando o usuário move o mouse sobre qualquer área que tem um atributo NAME e ID. Neste caso, desejará adicionar um bloco de código Visual Basic Script para o evento onmouseover e executar o código Visual Basic Script quando ele ocorrer.

Quando a mensagem de evento for recebida, desejará adicionar o novo texto ao parágrafo selecionado. Poderá fazer isso usando a propriedade innerHTML do parágrafo. Isto permitirá alterar o texto dentro do tag HTML.

A Listagem 29.7 mostra o Visual Basic Script completo para o evento MyName_ onmouseover. Acrescente isso ao seu documento.

Listagem 29.7 Como adicionar o script do evento *MyName_onmouseover*

```
1  <SCRIPT LANGUAGE=VBScript>
2  <!--
3
4  Dim strHeader
5  Dim strDetail
6
7  Sub MyName_onmouseover
8   '
9    strHeader="<B>My Full Name</B><BR>"
10   strDetail="<I>Franklin Lee Fransworthy, III</I>"
11   '
12   window.MyName.innerHTML=strHeader & strDetail
13   window.event.cancelBubble=true ------------------------------(1)
14   '
15  End Sub
16
17  -->
18  </SCRIPT>
```

Listagem 29.7

(1)	Não deixe que o evento **onmouseover** transmita algum outro elemento neste documento.

Observe que as linhas 4 e 5 da Listagem 29.7 declaram duas variáveis em nível de documento. Embora isto não seja requerido, torna a leitura do código Visual Basic Script mais fácil. Você também usará essas mesmas variáveis posteriormente no script. Declará-las fora do escopo de qualquer sub...end sub irá assegurar que podem ser compartilhadas entre todos os métodos na página.

Note que você usa a propriedade innerHTML para alterar o conteúdo do parágrafo nomeado. Como está usando a propriedade innerHTML, poderá também incluir qualquer elemento de marca válido (ou seja, os elementos <B> e <I>)

Note que o método termina cancelando a bolha de eventos (linha 13). Novamente, isto não é requerido, mas é uma boa idéia cancelar a bolha de eventos, a menos que você saiba que irá usá-la em algum outro lugar no documento.

Como usar as propriedades de script innerHTML e innerTEXT

Se você precisar inserir apenas o texto comum em uma seção, poderá usar a propriedade **innerTEXT**. Esta propriedade deixa toda a formatação HTML no **SPAN** ou **DIV** intacta. A propriedade **innerHTML** substitui todos os elementos do formato HTML no **DIV** ou **SPAN**.

Agora acrescente o código da Listagem 29.8 ao documento. Isto irá alterar o texto do parágrafo MyHobbies.

Listagem 29.8 Como alterar o conteúdo do parágrafo *MyHobbies*

```
1   <SCRIPT LANGUAGE=VBScript>
2   <!--
3   Sub MyHobbies_onmouseover
4   '
5     strHeader="<B>My Hobbies</B><BR>"
6     strDetail="<I>Reading, Puzzles, and Knitting</I>"
7   '
8     window.MyHobbies.innerHTML=strHeader & strDetail--------------(1)
9     window.event.cancelBubble=true
10  '
11  End Sub
12  -->
13  </SCRIPT>
```

Listagem 29.8

(1) Quando o mouse se mover sobre a seção **MyHobbies**, exibirá o cabeçalho e informações detalhadas.

Não há grandes surpresas aqui. Note que as variáveis strHeader e strDetail são usadas aqui, mas não aparecem dentro do bloco SCRIPT. Como foram declaradas anteriormente (consulte a Listagem 29.7), você não precisará declará-las de novo aqui.

Finalmente, terá que adicionar o Visual Basic Script que removerá o texto adicionado quando o usuário mover o mouse para fora do cabeçalho nomeado. A Listagem 29.9 mostra o código para fazer isso.

Listagem 29.9 O Visual Basic Script para remover o texto adicionado

```
1  <SCRIPT LANGUAGE=VBScript>
2  <!--
3  Sub document_onmouseover
4     '
5     if window.event.srcElement.id<>"MyName" then
6         window.MyName.innerHTML="My Full Name"--------------------(1)
7     end if
8     '
9     if window.event.srcElement.id<>"MyHobbies" then
10        window.MyHobbies.innerHTML="MyHobbies"
11    end if
12    '
13 End Sub
14 -->
15 </SCRIPT>
```

Listagem 29.9

(1) Quando o documento receber a mensagem **mouseover** de algum elemento e este não for o elemento **MyName**, defina o conteúdo desse elemento para o texto comum do cabeçalho.

Como você pode ver na Listagem 29.9, sempre que a mensagem do evento onmouseover for recebida para o documento, o Visual Basic Script verificará se o elemento atual não é um dos dois elementos nomeados (linhas 5 e 9). Se a expressão for avaliada como TRUE (ou seja, o elemento atual não for um dos elementos nomeados), a propriedade innerHTML será retornada para o formato original. É como se pode remover o conteúdo durante a execução.

Após completar esse documento, salve-o e exiba-o na guia **Quick View**. Quando mover o mouse sobre os cabeçalhos, verá o texto adicionado (veja a Figura 29.2).

Figura 29.2 Como testar o documento ONMOUSEOVER.HTM

Como criar as interfaces visuais do tipo arrastar-e-soltar

Você poderá também usar a DHTML para criar um tipo de interface arrastar-e-soltar para os documentos HTML. Neste caso, desejará atender aos eventos do mouse não pressionado e pressionado e também controlar as coordenadas X e Y do mouse. Finalmente, desejará usar os dados X e Y para alterar as posições das imagens gráficas na página. Isto dará a aparência de que o usuário pode "selecionar" e "mover" imagens gráficas na página do browser.

Como criar o layout do documento REPOSITION.HTM

A primeira etapa é adicionar um novo documento chamado REPOSITION.HTM ao seu projeto da web. Quando ele estiver carregado no editor, você terá que adicionar um único botão à página (e algum texto de cabeçalho). A Figura 29.3 mostra como deve criar o layout na parte superior do documento.

Figura 29.3 Como criar o layout do documento REPOSITION.HTM

Define os atributos NAME e ID do botão como btnDefault e VALUE como Default. A Listagem 29.10 mostra com o código HTML ficará após você completar essas alterações.

Listagem 29.10 Como modificar os atributos do controle do botão

```
1   <H3>Use the Mouse to Move the Images</H3>
2   <HR>
3
4   <P>
5   <INPUT
6     TYPE=button
7     NAME=btnDefault
8     ID=btnDefault
9     VALUE=Default>
10  </P>
```

Nesta próxima etapa, você importará quatro imagens de algum outro lugar no disco para seu projeto da web atual. Para tanto, terá que localizar algumas imagens GIF e JPG em algum lugar em sua estação de trabalho ou rede local.

Capítulo 29 Como usar a DHTML para alterar dinamicamente... **809**

Como importar imagens para seu projeto

1. Clique na pasta Images (Imagens) na janela do projeto.
2. Clique com o botão direito do mouse para ativar o menu contexto.
3. Selecione **A̲dd** (Adicionar) no menu.
4. Selecione **Add I̲tem** (Adicionar Item) no submenu.
5. Quando a caixa de diálogo Add Item aparecer, selecione a guia **Existing** (Existente).
6. Selecione **Image Files** (Arquivos de Imagem) no menu suspenso **Files of t̲ype:** (Arquivos do tipo:) na parte inferior da caixa de diálogo.
7. Navegue para a pasta que mantém os gráficos que deseja importar para seu projeto da web (por exemplo, e:\my images).
8. Selecione um ou mais itens na pasta a importar. Você poderá selecionar diversos itens pressionando a tecla Ctrl enquanto clica em cada item com o mouse (veja a Figura 29.4).

Onde estão as imagens?

Se quiser, poderá carregar as imagens mostradas aqui a partir do site da web deste livro. Verifique o Apêndice B para obter o local exato deste site.

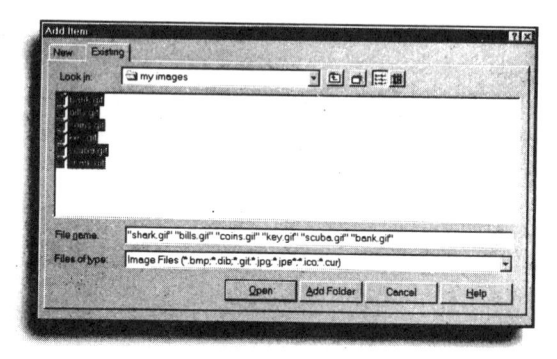

Figura 29.4 Como adicionar imagens ao seu projeto da web.

As diferenças entre web local e web mestra

Se você tiver seu projeto aberto no modo Local, uma bandeira azul aparecerá ao lado de todas as imagens adicionadas. Isto significa que as imagens estão no projeto Local apenas. Para adicioná-las à web mestra, selecione todas as imagens, clique com o botão direito do mouse para exibir o menu contexto e selecione **Add to M̲aster Web** (Adicionar à Web Mestra).

Parte VI Mais programação do servidor Active

9. Quando tiver selecionado todas as imagens, pressione o botão **Open** (Abrir) para adicioná-las ao seu projeto da web.

Após as imagens serem adicionadas ao seu projeto, você poderá acrescentá-las ao seu documento. Como deseja usar o posicionamento absoluto e controlar o movimento das imagens na página, será mais fácil codificar manualmente os elementos da imagem em vez de usar as opções de menu Visual InterDev para posicioná-las.

Para este exemplo, desejará colocar as imagens lado a lado sob o botão. Também irá querer marcá-las para o posicionamento absoluto e indicar o tamanho exato das imagens. Esta última etapa tornará muito mais fácil posicionar e manipular as imagens durante a execução. A Listagem 29.11 mostra o código HTML para acrescentar quatro imagens lado a lado no documento.

Use isso como um guia quando adicionar suas próprias imagens. Mesmo que esteja usando algumas outras imagens, use os mesmos atributos exatos, como mostrado na Listagem 29.11. Isto tornará muito mais fácil trabalhar no código Visual Basic Script posteriormente nesta seção.

Listagem 29.11 Como adicionar quatro imagens ao documento REPOSITION.HTM

```
1   <P>
2   <IMG
3   NAME=imgBank
4   ID=imgBank
5   STYLE="HEIGHT: 64px;
6          LEFT: 0px;
7          POSITION: absolute;
8          TOP: 200px;
9          WIDTH: 64px;
10         ZINDEX: -1"  ---------------------------------------(1)
11  alt=Bank
12  src="images/bank.gif"
13  WIDTH=100
14  HEIGHT=100
15  >
16  </P>
17
18  <P>
19  <IMG
20  NAME=imgBills
21  ID=imgBills
22  SYTLE="HEIGHT 64px;
23         LEFT: 66px;
```

continua...

Listagem 29.11 Continuação

```
24          POSITION: absolute;
25          TOP: 200px;
26          WIDTH: 64px;
27          ZINDEX: -2"
28     alt=Bills
29     src="images/bills.gif"
30     WIDTH=100
31     HEIGHT=100
32  >
33  </P>
34
35  <P>
36  <IMG
37     NAME=imgCoins
38     ID=imgCoins
39     STYLE="HEIGHT: 64px;
40          LEFT: 134px;
41          POSITION: absolute;
42          TOP: 200px;
43          WIDTH: 64px;
44          ZINDEX: -3"
45     alt=Coins
46     src="images/coins.gif"
47     WIDTH=88
48     HEIGHT=101>
49  </P>
50
51  <P>
52  <IMG
53     NAME=imgKey
54     ID=imgKey
55     STYLE="HEIGHT: 64px;
56          LEFT: 202px;
57          POSITION: absolute;
58          TOP: 200px;
59          WIDTH: 64px;
60          ZINDEX: -4"
```

continua...

Listagem 29.11 Continuação

```
61    alt=Key
62    src="images/key.gif"
63    WIDTH=100
64    HEIGHT=100>
65  </P>
```

Listagem 29.11

(1) Use a definição **ZINDEX** para controlar qual item deve aparecer sobre os outros quando forem arrastados sobre si.

Note que cada imagem recebeu um atributo NAME e ID. Eles serão usados no Visual Basic Script para endereçar a imagem e reposicioná-la com base no movimento do mouse.

A Figura 29.5 mostra como a página aparecerá após a adição do código HTML da Listagem 29.11.

Figura 29.5 O layout completo do documento REPOSITION.HTM.

Veja também

➤ *Para aprender mais sobre como acrescentar as imagens ao seu projeto da web, veja o Capítulo 3.*

Capítulo 29 Como usar a DHTML para alterar dinamicamente... **813**

Como usar o objeto event para ativar o recurso arrastar-e-soltar dos documentos da web

Agora é hora de escrever o Visual Basic Script que controlará os movimentos do mouse e a reposição das imagens quando solicitado. Existem três itens principais que você terá que controlar de dentro do Visual Basic Script:

- O usuário pressionou o botão do mouse?
- O usuário pressionou o botão do mouse sobre um elemento IMG?
- O usuário moveu o mouse desde que pressionou o botão do mouse?

Você poderá usar um único objeto do modelo de objetos do documento para determinar tudo isso: o objeto event. Adicione o código ao evento onmousedown do documento e, então, verifique a condição do mouse, os elementos IMG e o movimento.

A Listagem 29.12 mostra todo o código necessário para realizar este trabalho. Embora a listagem pareça longa, realmente não é complicada demais quando você compreende sua idéia. Copie este código Visual Basic Script para seu documento; os seguintes parágrafos irão revisar o código com mais detalhes.

Listagem 29.12 Como adicionar o Visual Basic Script ao evento *document_ onmousemove*

```
1   <script LANGUAGE="VBScript">
2   <!--
3   Sub document_onmousemove
4       '
5       Dim lngleft
6       Dim lngTop
7       Dim lngX
8       Dim lngY
9       Dim objElement
10      '
11      ' get current mouse position
12      lngX=window.event.x
13      lngY=window.event.y
14      '
15      ' is mouse button depressed?
16      if window.event.button=1 then
17          '
18          ' get a copy of the selected object
19          Set objElement=window.event.srcElement
20              ' is it one of the images?
```

continua...

Listagem 29.12 Continuação

```
21                  if objElement.tagname="IMG" then ------------------- (1)
22                      '
23                      ' update the x position of the image
24                      lngLeft=lngX-(objElement.style.posWidth/2)
25                      If lngLeft<0 then
26                          lngLeft=0
27                      end if
28                      objElement.style.posLeft=lngLeft ------------- (2)
29                      '
30                      ' update the y position of the image
31                      lngTop=lngY-(objElement.style.posHeight/2)
32                      if lngTop<0 then
33                          lngTop=0
34                      end if
35                      objElement.style.posTop=lngTop --------------- (3)
36                      '
37                      ' kill event messages
38                      window.event.returnValue=false
39                      window.event.cancelBubble=true
40                      '
41          end if ' tagname=IMG
42      end if 'button=1
43      '
44  End Sub
45  -->
46  </script>
```

Listagem 29.12

(1) Esta linha verifica o atributo TAG oculto para saber se está definido como IMG.

(2) Esta linha atualiza o local do lado esquerdo da imagem no documento.

(3) Esta linha atualiza o local da parte superior da imagem no documento.

Existem vários itens a revisar na Listagem 29.12. Primeiro, note que as linhas 12 e 13 obtêm a posição atual do mouse e a armazena nas variáveis locais. A linha 16 verifica se o botão esquerdo do mouse foi pressionado. A linha 19 recupera o elemento que foi clicado e o armazena em uma variável. A linha 21 verifica se o elemento selecionado é um elemento IMG (você deseja isso!).

Capítulo 29 Como usar a DHTML para alterar dinamicamente... **815**

Em seguida, as linhas 24-28 e 31-35 usam a posição do mouse (X e Y) para atualizar a posição do elemento IMG. Novamente, note que o atributo STYLE dos elementos é usado nessas linhas do código.

Finalmente, as linhas 38 e 39 cancelam qualquer valor de retorno possível ou bolha de eventos que possa ocorrer. Isto irá assegurar que o browser irá ignorar as mensagens de evento indesejadas enquanto o usuário estiver posicionando as imagens no documento.

Você terá que adicionar mais um método ao documento, o método btnDefault_onclick, que será inicializado quando o usuário clicar no botão **Default**. O Visual Basic Script na Listagem 29.13 mostra como usar o objeto style para corrigir as posições das imagens em uma página. Adicione este código ao seu documento.

Listagem 29.13 Como adicionar o Visual Basic Script para definir as posições da imagem

```
1   <script LANGUAGE="VBScript">
2   <!--
3   Sub btnDefault_onclick
4       '
5       ' reset graphics to original position
6       '
7       window.imgBank.style.posLeft=0
8       window.imgBank.style.posTop=200
9       '
10      window.imgBills.style.posLeft=66
11      window.imgBills.style.posTop=200
12      '
13      window.imgCoins.style.posLeft=134
14      window.imgCoins.style.posTop=200
15      '
16      window.imgKey.style.posLeft=202
17      window.imgKey.style.posTop=200
18      '
19  End Sub
20  -->
21  </script>
```

Como você pode ver na Listagem 29.13, tudo o que terá que fazer é definir as propriedades posLeft e posTop dos atributos de estilo para cada elemento de imagem no documento. Agora salve o documento e exiba-o no modo Quick View. Você conseguirá clicar em cada imagem na página e, com o mouse ainda pressionado, mover essa imagem e soltá-la em outro lugar na página.

Veja também

➤ *Para saber mais sobre como lidar com os eventos do mouse com o Visual Basic Script, veja o Capítulo 13.*

PARTE VII

APÊNDICES

Como usar o Microsoft FrontPage e as FrontPage Server Extensions	**A**
Recursos on-line	**B**
Glossário	**C**
Índice	

Apêndice A

Como usar o Microsoft FrontPage e as FrontPage Server Extensions

- Integre o Microsoft FrontPage e o Visual InterDev 6
- Instale devidamente as Microsoft FrontPage Server Extensions
- Solucione os problemas do FrontPage e do Visual InterDev 6

As vantagens de misturar o Microsoft FrontPage e o Visual InterDev 6

Existem várias razões para que você possa querer usar o FrontPage e o Visual InterDev 6 para editar o mesmo projeto da web. Por exemplo, o FrontPage tem uma interface do usuário muito amistosa e ferramentas muito eficientes para gerar os gabaritos comuns da página da web e gerenciar um grande site da web. O Visual InterDev 6, porém, tem excelentes recursos de tratamento do banco de dados e oferece alguns excelente controles de construção que podem ser usados para construir formulários da web sofisticados em um período muito curto de tempo.

Outra razão para você poder querer misturar o FrontPage e o Visual InterDev 6 para editar a mesma web é para permitir que as pessoas com talentos e responsabilidades variados gerenciem o mesmo site. Aqueles com a responsabilidade básica do banco de dados, o script no lado servidor e a integração do componente poderão usar o Visual InterDev 6 como uma ferramenta de edição básica para o site. As pessoas cujas diretivas básicas são manter o conteúdo das páginas estáticas, arquivos de imagem, mapas do site e outras tarefas baseadas no conteúdo poderão estar mais familiarizadas com a aparência do tipo Microsoft Office do FrontPage.

Finalmente, pode haver ocasiões em que um desenvolvedor ou administrador da web tem que acessar uma web existente para executar uma atualização ou correção simples e tem apenas o FrontPage ou apenas o Visual InterDev 6 disponível para fazer o serviço. Na maioria dos casos, qualquer uma das duas ferramentas será bem-sucedida.

Misturar os editores FrontPage e o Visual InterDev 6 no mesmo projeto é possível, mas existem alguns avisos e cuidados que você deve lembrar. Primeiro, terá que instalar devidamente o Visual InterDev 6 e o FrontPage nas máquinas do cliente e do servidor para assegurar que eles irão cooperar corretamente. Segundo, quando a instalação for bem-sucedida, haverá algumas regras gerais a seguir ao usar o FrontPage para editar os projetos Visual InterDev 6 e o Visual InterDev 6 para editar os projetos FrontPage.

Finalmente, existem alguns erros típicos e atividades de solução de problemas que você poderá observar ao misturar o FrontPage e o Visual InterDev 6.

Não misture o FrontPage e o Visual InterDev 6 a menos que seja necessário

O Microsoft FrontPage e o Visual InterDev 6 são ótimos produtos, mas são montados para públicos diferentes. O FrontPage é planejado para ser uma ótima ferramenta de *site* da web. O Visual InterDev 6 é planejado para ser uma ótima ferramenta de *aplicação* da web. Embora você possa usá-los para completar o mesmo projeto, será melhor ficar com uma ferramenta o mais consistente possível.

Após ter os detalhes eliminados e de ter dado aos desenvolvedores os devidos avisos, você poderá usar com segurança e eficiência o FrontPage e o Visual InterDev 6 para gerenciar os mesmos projetos da web.

Apêndice A Como usar o Microsoft FrontPage e as FrontPage Server Extensions   **821**

Veja também

➤ *O Capítulo 1 fornece um ponto de partida na utilização dos recursos de edição do Visual InterDev.*

As etapas recomendadas da instalação

Se você quiser integrar o uso do Microsoft FrontPage com o Visual InterDev 6, terá que instalar os dois pacotes devidamente. Embora os dois sistemas funcionem bem juntos, existem alguns pequenos problemas que você terá que superar ao instalar o FrontPage e o Visual InterDev 6 na mesma máquina.

A chave para o processo inteiro é instalar todos os componentes na devida seqüência. Se quiser integrar o FrontPage e o Visual InterDev 6 na mesma máquina, a melhor abordagem será

1. Remover o FrontPage da estação de trabalho do desenvolvedor.
2. Remover as FrontPage Server Extensions (Extensões do Servidor FrontPage) da estação de trabalho do desenvolvedor.
3. Instalar os componentes da estação de trabalho Visual InterDev 6.
4. Instalar os componentes do servidor da web NT/IIS4 Option Pack (Pacote de Opções NT/IIS4) na estação de trabalho do desenvolvedor.
5. Instalar as FrontPage Server Extensions na estação de trabalho do desenvolvedor.
6. Instalar as ferramentas do cliente FrontPage na estação de trabalho do desenvolvedor.

Sempre verifique os arquivos README

Praticamente todo produto de software Microsoft vem com um ou mais arquivos denominados README. Estes arquivos contêm detalhes sobre como fazer com que a instalação ocorra suavemente e geralmente têm correções que apareceram tarde demais para serem incluídas na documentação impressa. Sempre leia os arquivos README antes de iniciar uma instalação.

Seguindo essas etapas, você terá a mistura certa de componentes do cliente e do servidor do Visual InterDev 6 e do FrontPage.

As seguintes seções apresentam uma série de etapas de instalação recomendadas que ajudarão a assegurar que o FrontPage e o Visual InterDev 6 poderão funcionar bem na mesma máquina. Estas etapas aplicam-se às instalações no lado cliente e no lado servidor.

Remova o FrontPage do cliente

Se você já tem o Microsoft FrontPage instalado, será melhor removê-lo antes de instalar o Visual InterDev 6. O pacote FrontPage foi originalmente planejado para ser executado nas máquinas que não tinham nenhum software do servidor da web. Para tanto, o FrontPage tem várias atitudes que convencem a estação de trabalho de que um servidor da web existe. Algumas destas atitudes do FrontPage poderão confundir o Visual InterDev 6 com relação ao local do servidor de host da web.

Para evitar confusão, execute a desinstalação do FrontPage a partir do acessório Add/Remove Programs (Adicionar/Remover Programas) do painel de controle do Windows. Isto não removerá nenhuma web FrontPage existente que você já tenha criado ou apagará qualquer código-fonte FrontPage que já exista na estação de trabalho. Removerá apenas as ferramentas de edição do FrontPage e as várias DLLs que estão envolvidas em fazer com que o FrontPage se comunique com o servidor da web.

Remova as FrontPage Server Extensions — duas vezes

Se você instalou as FrontPage Server Extensions na estação de trabalho, elas deverão ser removidas também. As Server Extensions podem causar alguns problemas para o Visual InterDev 6.

Remover o FrontPage não removerá as webs

Desinstalar o Microsoft FrontPage não apagará as webs na máquina. Você ainda conseguirá paginar para as webs criadas pelo FrontPage mesmo após o FrontPage ter sido apagado. Se instalar o FrontPage novamente na mesma máquina, as antigas FrontPage webs estarão disponíveis para edição.

Use o acessório Add/Remove Programs do Control Panel (Painel de Controle) para localizar e desinstalar as Microsoft FrontPage Server Extensions. Após ter completado a instalação, verifique o acessório Control Panel novamente para ver se ele ainda existe na lista. Isto é muito importante. Geralmente você terá que desinstalar as SFP Server Extensions *duas vezes*. Poderá ver uma mensagem na segunda vez informando que a desinstalação não pôde ser completada. Tudo bem. Apenas certifique-se de que tenha marcado e remarcado os itens na lista do software instalado e assegure-se de que as Microsoft FrontPage Server Extensions não estejam mais na lista.

Duas vezes podem não ser o suficiente

Talvez você precise desinstalar as FrontPage Server Extensions diversas vezes para remover a entrada da lista de software instalado. Verifique a lista a cada vez para assegurar-se de que a entrada foi removida da lista.

Neste ponto, você poderá inicializar o CD-ROM de sua instalação Visual InterDev 6 e começar a trabalhar na instalação.

Apêndice A Como usar o Microsoft FrontPage e as FrontPage Server Extensions   **823**

Instale o Option Pack sem as FrontPage Server Extensions

Ao instalar os componentes no lado servidor do Visual InterDev 6, existem algumas etapas especiais que você terá que executar para assegurar-se deque o Visual InterDev 6 e o FrontPage funcionem bem juntos. A principal tarefa é não instalar as Microsoft FrontPage Server Extensions que estão incluídas no NT/IIS4 Option Pack. Ao contrário, você desejará instalar as Microsoft FrontPage Extensions separadamente, após o NT/IIS4 Option Pack já ter sido instalado. Isto irá assegurar que o FrontPage e o Visual InterDev 6 poderão usar as extensões FrontPage devidamente.

Quando instalar o NT/IIS4 Option Pack, selecione a opção de instalação **C**ustom (Personalizar) e desmarque a caixa que instalará as Microsoft FrontPage Server Extensions. Então, poderá fazer qualquer outro ajuste de instalação desejado e completar a instalação do NT/IIS4 Option Pack.

Quando chegar o momento de executar a instalação, não seja típico
Mesmo que não tenha planos para modificar a lista de componentes instalados, não selecione a instalação "típica" ao executar as rotinas de instalação Microsoft. Quase sempre será possível pressionar o botão **C**ustom e ver os itens típicos listados em detalhes, juntamente com a oportunidade de mudar a lista de componentes instalados. Mesmo que não mude algo nas listas, pelo menos terá uma idéia melhor de quais componentes foram adicionados à máquina de destino.

Instale as FrontPage Server Extensions separadamente

Após ter completado a instalação NT/IIS4 Option Pack, você poderá instalar com segurança as FrontPage Server Extensions. Deve haver uma opção para instalá-las na lista Server-Side Component (Componente no Lado do Servidor) do Visual InterDev 6.

Se você não as vir na lista de instalação, poderá instalá-las manualmente a partir dos CD-ROMs Visual InterDev 6. Simplesmente procure a pasta FP98EXT em um dos CD-ROMs Visual InterDev e clique duas vezes no arquivo SETUP.EXE para executar a instalação.

Instale o Microsoft FrontPage sem o Personal Web Server

Após ter instalado com sucesso o NT/IIS4 Option Pack e as FrontPage Extensions, você poderá adicionar com segurança a instalação do cliente Microsoft FrontPage. Poderá usar o Wizard (Assistente) de instalação Visual InterDev 6 para instalar o FrontPage ou localizar a pasta FRONTPAGE nos CDs de instalação Visual InterDev 6 e usá-la.

É importante que não instale o FrontPage Personal Web Server (Servidor da Web Pessoal FrontPage) quando instalar o FrontPage. Use a instalação Custom e desmarque a opção para instalar o FrontPage Personal Web Server (PWS). Instalar o FrontPage PWS poderá fazer com que o Visual InterDev 6 informe que é incapaz de localizar o servidor da web sempre que você tentar usar essa máquina como o host da web para seus projetos Visual InterDev 6.

Se, quando estiver instalando o FrontPage, você for solicitado a instalar as extensões do servidor, responda NO. As devidas extensões já estão instaladas e você não irá querer instalar o conjunto default sobre elas.

Agora você tem uma estação de trabalho que pode suportar o FrontPage e o Visual InterDev 6, inclusive os devidos componentes no lado servidor.

Você não precisa do FrontPage Personal Web Server

O FrontPage Personal Web Server está incluído para aqueles que não estão usando nenhum outro produto do servidor da web ou ferramenta de desenvolvimento da Microsoft. É útil para aqueles que desejam usar o FrontPage mas não usam nenhum software de autoria Microsoft. Contudo, o Visual InterDev 6 precisa dos recursos avançados da versão NT/IIS4 Option Pack do Microsoft PWS para suportar os novos controles de construção e outros recursos avançados.

Como compartilhar projetos entre o Microsoft FrontPage e o Visual InterDev 6

Uma das maiores vantagens de usar o FrontPage e o Visual InterDev 6 juntos é que você poderá abrir o mesmo projeto com dois editores diferentes e usar as capacidades de cada ferramenta. Por exemplo, poderá usar o editor visual do FrontPage para construir rapidamente documentos da web estáticos e usar a conexão do banco de dados eficiente e as ferramentas de script no lado servidor do Visual InterDev 6 para adicionar as partes dinâmicas de seu site da web.

Compartilhar um projeto entre o Visual InterDev 6 e o FrontPage é realmente fácil. Como o FrontPage e o Visual InterDev 6 têm exigências de controle do projeto diferentes, cada ferramenta tem seu próprio conjunto especial de arquivos que terá que existir antes que o projeto possa ser gerenciado por ambas as ferramentas. Contudo, mesmo que arquivos diferentes sejam requeridos, eles não serão incompatíveis. Você só precisará tê-los juntos no mesmo projeto da web e estará pronto.

Como conectar FrontPage webs existentes ao Visual InterDev 6

Se você quiser usar o Visual InterDev 6 para conectar um projeto FrontPage web existente, terá três tarefas importantes a lembrar:

- É necessário criar seu próprio projeto Visual InterDev 6 local para gerenciar o FrontPage web.
- Ao criar os arquivos de projeto, não crie uma nova web no servidor de host; ao contrário, selecione o FrontPage web existente.
- Quando construir pela primeira vez o projeto Visual InterDev 6, terá também que transferir um conjunto de documentos de suporte para o FrontPage web para permitir que o Visual InterDev 6 funcione devidamente.

As próximas três seções explicarão essas tarefas com mais detalhes.

Apêndice A Como usar o Microsoft FrontPage e as FrontPage Server Extensions   **825**

Como criar um novo projeto Visual InterDev 6

O processo de abrir uma página FrontPage web de dentro do Visual InterDev 6 significa que você realmente precisa de um projeto Visual InterDev 6 local a partir do qual iniciar. Portanto, terá primeiro que criar um novo projeto Visual InterDev 6, pois o Visual InterDev 6 gerencia todos os seus documentos de dentro de um projeto local.

Quando criar seu projeto Visual InterDev 6, poderá selecionar qualquer drive de disco local como o lugar do código-fonte. Poderá também dar ao projeto Visual InterDev qualquer nome desejado. O único ponto que terá que lembrar é que o projeto Visual InterDev 6 local é usado pelo Visual InterDev 6 para criar a conexão com o FrontPage web. Você não poderá usar o Visual InterDev 6 para conectar diretamente o FrontPage web; precisará de um projeto local primeiro.

Veja também

➤ *Para aprender sobre como criar um novo projeto Visual InterDev 6, veja o Capítulo 1.*

Como selecionar uma web existente

Após selecionar um local para o projeto Visual InterDev 6 e estabelecer seu nome, terá que selecionar o servidor da web que manterá o FrontPage web como o servidor da web mestre para o projeto Visual InterDev 6. Por exemplo, se o FrontPage web estivesse sendo executado em sua própria estação de trabalho (chamada MyStation), você selecionaria **MyStation** como o servidor da web para manter o projeto Visual InterDev 6.

Em seguida, quando solicitado a criar uma nova web no servidor de host da web ou a conectar uma web existente, terá que selecionar **Connect to an existing web** (Conectar a uma web existente). Quando fizer isso, verá uma lista suspensa de todas as webs publicadas no servidor selecionado. Agora, precisará localizar o FrontPage web que deseja gerenciar de dentro do Visual InterDev 6. Quando selecionar essa web, terá conectado seu projeto Visual InterDev 6 local ao FrontPage web (veja a Figura A.1).

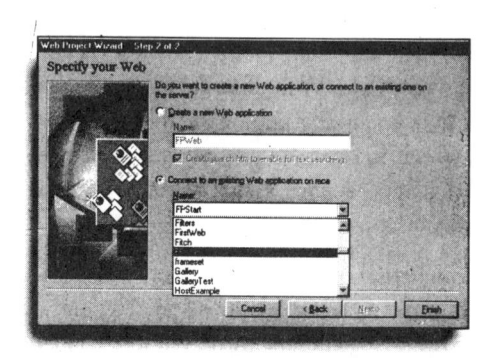

Figura A.1 Como conectar um novo projeto Visual InterDev 6 a um FrontPage web existente.

Novamente, terá que conectar o projeto Visual InterDev 6 ao servidor da web que mantém o FrontPage web e conectar seu projeto a um FrontPage web existente.

Se for grande, poderá levar algum tempo
Na primeira vez em que você conectar seu novo projeto Visual InterDev 6 a uma web existente no servidor de host, o Visual InterDev 6 carregará todos os documentos da web remota e irá colocá-los na web local em sua estação de trabalho. Se a web remota for grande e a velocidade da conexão for lenta, isso poderá levar alguns instantes. Isto ocorrerá apenas na primeira vez em que você conectar seu projeto à web remota.

Como instalar a Visual InterDev 6 Script Library

A última tarefa que você terá que completar para permitir que o Visual InterDev 6 gerencie devidamente um FrontPage web existente é adicionar a Visual InterDev 6 Script Library (Biblioteca de Scripts Visual InterDev 6) ao FrontPage web. Isto permitirá que o Visual InterDev 6 suporte devidamente qualquer controle de construção que você use ao construir as páginas Visual InterDev 6 para o FrontPage web.

Quando estiver criando o novo projeto Visual InterDev 6 e conectando ao FrontPage web pela primeira vez, verá uma caixa de diálogo aparecer sugerindo que acrescente os arquivos Script Library à web. Embora tenha a opção de responder **NO**, deverá dizer **YES** a menos que esteja absolutamente certo de que nunca usará DTCs nesse projeto da web. Como eles não ocupam muito espaço, responda **YES**.

Não edite a Script Library
Após adicionar a Script Library ao FrontPage web existente, você terá que ter cuidado para não editar esses arquivos de dentro do FrontPage. Isto poderá fazer com que seu projeto da web paralise e seja deixado permanentemente inoperante (o que é ruim!).

Veja também

➤ *Para saber mais sobre o Visual InterDev 6 e os controles de construção, veja o Capítulo 20.*

Como exibir os documentos FrontPage de dentro do Visual InterDev 6

Após ter conectado seu projeto Visual InterDev 6 a um FrontPage web existente, você poderá usar o Visual InterDev 6 para editar as páginas existentes e adicionar novas páginas à web. Existem alguns pontos a lembrar ao usar o Visual InterDev 6 para editar um FrontPage web.

O FrontPage e o Visual InterDev 6 usam ferramentas totalmente diferentes para criar os diagramas do site. Você não poderá editar um diagrama do site FrontPage de dentro do Visual InterDev 6. Se estiver usando o FrontPage para construir seus layouts e os diagramas do site, não deverá usar o Visual InterDev 6 para construir um diagrama do site. Isto irá confundir você e o servidor da web!

Apêndice A Como usar o Microsoft FrontPage e as FrontPage Server Extensions **827**

Se criar um projeto FrontPage que use barras de navegação e então abrir o projeto com o Visual InterDev 6 e adicionar uma nova página, essa nova página não conterá o tema correto do FrontPage e as metamarcas da borda. Isto ocorre porque o FrontPage adiciona essas informações quando o documento é criado pela primeira vez e não as acrescenta posteriormente. Você poderá corrigir isso facilmente através do acréscimo das duas linhas a seguir à seção <HEAD> dos documentos construídos no Visual InterDev 6 que precisam participar dos temas e bordas do FrontPage:

```
<meta name="Microsoft Theme" content="none, default">
<meta name="Microsoft Border" content="none, default">
```

Não misture os conjuntos de barras de navegação

Se você usou o FrontPage para criar suas barras de navegação para a web, não tente construir um diagrama do site usando o Visual InterDev 6, também. O FrontPage não irá compreender isso e as barras de navegações existentes nas outras páginas poderão ser interrompidas também.

Finalmente, como o FrontPage usa um método diferente para criar temas e bordas, você não verá seus temas e bordas quando exibir o documento gerado pelo FrontPage no editor Visual InterDev 6. Contudo, quando submeter a página ao servidor da web de host, os temas e as bordas aparecerão como deveriam. As Figuras A.2 e A.3 mostram como fica a página FrontPage na exibição rápida do editor Visual InterDev 6 e no browser do cliente.

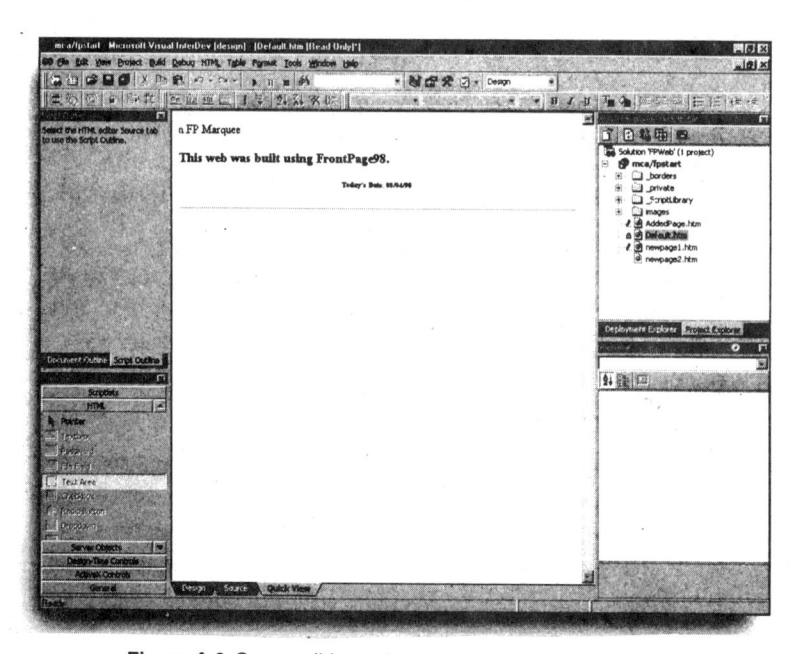

Figura A.2 Como exibir um documento gerado pelo FrontPage no QuickView do editor Visual InterDev 6.

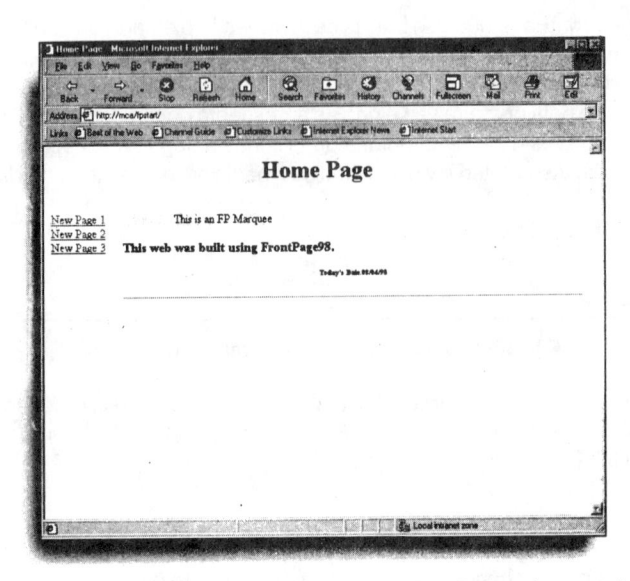

Figura A.3 Como exibir um documento gerado pelo FrontPage no browser do cliente.

Veja também

➤ *Para saber mais sobre como usar os temas e os layouts no Visual InterDev 6, veja o Capítulo 1.*

Como conectar os Visual InterDev 6 webs existentes com o FrontPage

Conectar seu editor FrontPage a um projeto Visual InterDev 6 existente e editar seus documentos é fácil: Abra a web existente no servidor da web mestre usando o FrontPage Explorer. Isto criará automaticamente um novo projeto FrontPage web que você poderá usar para acessar os documentos da web.

Após abrir o Visual InterDev 6 web no FrontPage, você poderá editar os documentos existentes ou adicionar novos quando necessário.

Como abrir o Visual InterDev 6 web com o FrontPage web

Para preparar o FrontPage para gerenciar uma web criada com o Visual InterDev 6, inicialize o FrontPage Explorer e abra o Visual InterDev 6 web existente no servidor da web de host. É importante que você não crie um novo FrontPage web. Ao contrário, use o FrontPage para abrir a web existente.

Apêndice A Como usar o Microsoft FrontPage e as FrontPage Server Extensions   **829**

Como usar o FrontPage para abrir uma web criada com o Visual InterDev 6

1. Inicie o FrontPage Explorer.
2. Selecione **Open FrontPage Web** (**Abrir FrontPage Web**) no menu **File** (**Arquivo**).
3. Quando a caixa de diálogo Getting Start aparecer, pressione o botão **More Webs** (**Mais webs**).
4. Quando a caixa de diálogo Open FrontPage Web aparecer, selecione o servidor de host da web que contém o Visual InterDev 6 web mestre e pressione o botão **List webs** (**Listar webs**).
5. Quando a caixa de listagem estiver preenchida com todas as webs compatíveis com o FrontPage disponíveis no servidor selecionado, selecione o Visual InterDev 6 web que deseja abrir no FrontPage (veja a Figura A.4). O FrontPage fechará as caixas de diálogo e carregará a web completa no FrontPage Explorer.

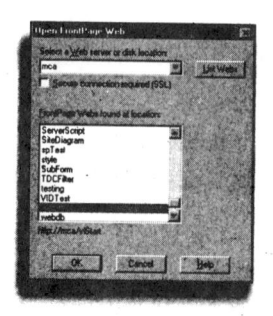

Figura A.4 Como selecionar um Visual InterDev 6 web para carregar no FrontPage.

Agora você criou um projeto FrontPage válido que se liga a um Visual InterDev 6 web existente.

Como exibir os documentos Visual InterDev 6 de dentro do FrontPage

Quando você carregar as páginas geradas pelo Visual InterDev 6 no editor FrontPage, verá diversos itens que parecem bem diferentes do editor Visual InterDev 6. Na maioria dos casos, essas diferenças são apenas aparentes. Contudo, em alguns casos, as diferenças poderão "interromper" a funcionalidade do Visual InterDev 6 se não forem gerenciadas corretamente.

Primeiro, todos os controles de construção (DTCs) do Visual InterDev 6 aparecem como texto puro, não como controles gráficos apresentados como no Visual InterDev 6. As Figuras A.5 e A.6 mostram as diferenças ao exibir o código-fonte de uma página no FrontPage e no Visual InterDev 6.

Deixe o GLOBAL.ASA sozinho

Quando você abrir um projeto Visual InterDev 6 no FrontPage, verá o arquivo GLOBAL.ASA em uma lista de arquivos FrontPage. Não tente carregar ou editar esse arquivo usando o FrontPage. O Visual InterDev 6 usa isso para gerenciar os principais aspectos de cada sessão do usuário, e as alterações nesse arquivo poderão paralisar seu projeto da web.

Um ótimo recurso é que quando você cria o projeto Visual InterDev 6 e aplica um diagrama do site Visual InterDev 6 no projeto, qualquer alteração navegacional feita no FrontPage será refletida no projeto Visual InterDev 6. Em outras palavras, o FrontPage compreende os arquivos do diagrama do site Visual InterDev 6.

Contudo, o modo como os temas e as bordas são gerados no editor FrontPage é ligeiramente diferente de como são gerados no editor Visual InterDev 6. Por exemplo, quando você usa o FrontPage para adicionar um novo documento a um projeto gerado pelo Visual InterDev 6, o material de temas e bordas do Visual InterDev 6 não será adicionado ao documento FrontPage. No entanto, isso é facilmente corrigido recarregando o documento no Visual InterDev 6 e aplicando as devidas informações sobre os temas e as bordas.

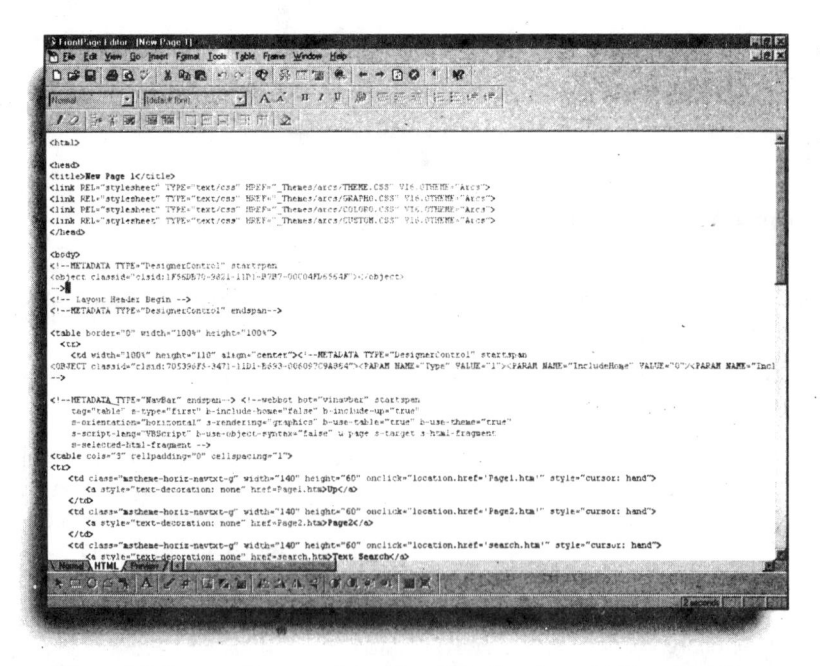

Figura A.5 Como exibir uma página Visual InterDev 6 com DTCs no FrontPage.

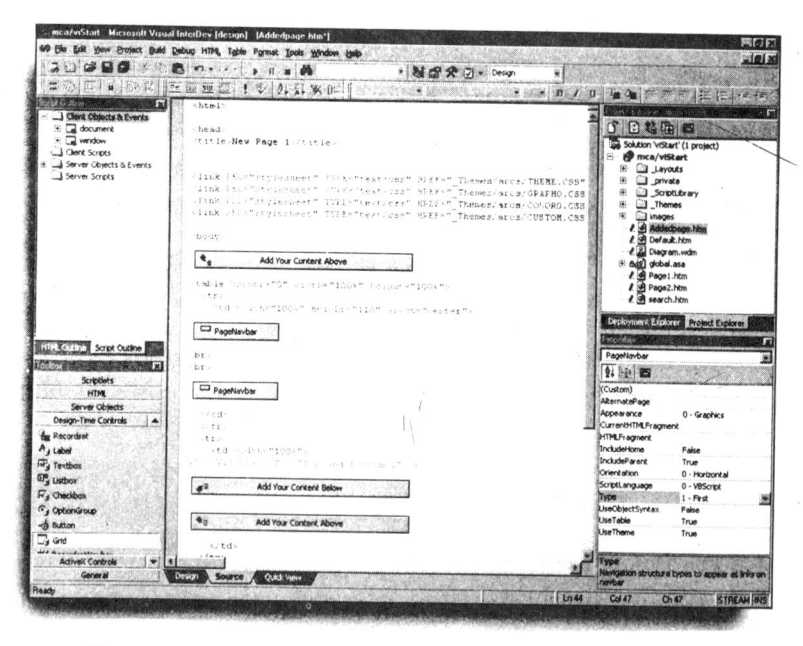

Apêndice A Como usar o Microsoft FrontPage e as FrontPage Server Extensions **831**

Figura A.6 Como exibir a mesma página no editor Visual InterDev 6.

O FrontPage não pode editar os diagramas do site Visual InterDev 6

Embora o FrontPage aceite as informações armazenadas nos diagramas do site Visual InterDev 6, não pode editar o diagrama do site Visual InterDev 6 existente. Qualquer tentativa em fazer isso tornará o diagrama do site inútil.

Veja também

➤ *Para saber mais sobre os DTCs com vínculo de dados, veja o Capítulo 17.*

Algumas outras questões a lembrar

Existem algumas outras questões que devem ser compreendidas e lembradas quando da utilização do FrontPage para editar um projeto Visual InterDev 6 existente. Contanto que você se lembre dos seguintes itens, não deverá ter problemas em mover entre os editores de projeto FrontPage e Visual InterDev.

Primeiro, não deve editar nenhuma informação do controle de construção (DTC) Visual InterDev 6 no FrontPage. O FrontPage não compreende essas informações DTC e as alterações feitas no FrontPage poderão tornar os controles DTC inúteis quando forem abertos mais tarde no Visual InterDev 6.

Em seguida, o FrontPage e o Visual InterDev 6 operam nos arquivos de projeto de maneira bem diferente. O Visual InterDev 6 permite que os desenvolvedores trabalhem em um "modo local" que protege a web mestra das atualizações, a menos que os desenvolvedores informem explicitamente ao Visual InterDev 6 para atualizar a web mestra. Contudo, o FrontPage não trabalha bem da mesma maneira. A web que você edita com o FrontPage é apenas isso: uma web. O FrontPage não compreende a diferença entre uma web local e uma web mestra. Se você pretende fazer muita mistura do FrontPage/Visual InterDev 6, terá que lembrar que os desenvolvedores FrontPage podem alterar facilmente os itens na web mestra e que os outros que trabalham no modo local Visual InterDev 6 não verão essas alterações.

Editar os controles de construção poderá interrompê-los

O editor Visual InterDev 6 espera que os detalhes dos controles de construção apareçam em uma determinada ordem na página. Se você alterar essa ordem, o Visual InterDev 6 não conseguirá apresentar as imagens gráficas no editor Visual InterDev 6. Se isso acontecer, pode ser que você não consiga usar as caixas de diálogo durante a construção e precise apagar os DTCs e começar de novo.

Finalmente, esteja você no FrontPage ou no Visual InterDev 6, os desenvolvedores deverão adotar o hábito de atualizar seus projetos a partir do servidor da web mestre com freqüência. Isto irá assegurar que qualquer alteração feita na web será colocada na versão do projeto do desenvolvedor e reduzirá a chance de sobregravar o trabalho de outra pessoa a partir de uma sessão anterior.

Veja também

➤ *Para saber mais sobre os diagramas, veja o Capítulo 1.*

Como solucionar os problemas do FrontPage e do Visual InterDev 6

Embora vários possíveis problemas possam surgir quando você mistura o FrontPage e o Visual InterDev 6 na mesma máquina, dois problemas aparecem continuamente nos newsgroups Internet, no treinamento e em workshops no Visual InterDev 6. Como aparecem com freqüência, vale a pena reservar alguns momentos para tratá-los aqui.

Não é possível localizar o servidor da web

O primeiro problema aparece quase sempre: Você instala o Visual InterDev 6, seguindo as instruções no CD-ROM e os arquivos README ao pé da letra. Aceita ainda as instalações "típicas", pulando qualquer opção personalizada que possa bagunçar sua máquina. Ainda, após horas de dor de cabeça em virtude da instalação, sempre que tenta criar um novo projeto com o Visual InterDev 6, vê uma mensagem informando que o servidor da web selecionado não existe ou que não pode conectar o servidor da web selecionado.

Apêndice A Como usar o Microsoft FrontPage e as FrontPage Server Extensions **833**

Existem várias razões para a ocorrência desse erro. Eis uma lista de soluções de problemas com a qual você poderá começar para solucionar esse problema:

- Certifique-se de que pode conectar as máquinas de destino sem usar o Visual InterDev 6. Por exemplo, se for uma máquina em sua rede local, experimente mapear um drive para a máquina ou tentar conectar uma web existente nessa máquina com seu browser. Se for uma máquina remota, veja se pode usar o Telnet, o FTP ou alguma outra maneira de conectar a máquina.

- Se souber que a máquina existe, assegure-se de que tenha direitos para acessá-la. Talvez precise entrar em contato com o administrador da rede para isso.

- Certifique-se de que o nome da máquina esteja correto. Se estiver tentando conectar um servidor da web que é uma máquina UNIX, use as devidas letras maiúsculas e minúsculas também.

- Se a máquina realmente existir, assegure-se que tenha a versão mais recente das FrontPage Server Extensions instalada. Você poderá encontrá-las no site da web do Microsoft FrontPage.

- Se a máquina for uma estação de trabalho Windows NT ou máquina Windows 95/98, certifique-se de que esteja usando a versão do Personal web Server do NT/IIS4 Option Pack. Se não estiver certo, siga as etapas descritas na primeira parte deste capítulo para remover o FrontPage e qualquer Personal Web Server e instale a versão NT/IIS4.

As máquinas com Windows 95/98 são mais propensas a causar problemas

A ferramenta do desenvolvedor Visual InterDev 6 foi construída com o Windows NT em mente. Embora sejam suportados no Windows 95 e 98, vários recursos do Visual InterDev esperam usar o sistema operacional NT. Se você estiver tendo problemas com sua instalação Win95 ou 98, poderá ver se os mesmos problemas ocorrem em uma estação de trabalho com o WinNT. Você poderá ter problemas com o Win95 e não com o Visual InterDev 6.

- Se souber que a versão NT/IIS4 do PWS foi instalada, certifique-se de que as instalações subseqüentes do FrontPage não instalem seus próprios PWS sobre a versão NT/IIS. A melhor maneira de testar isso é desinstalar o FrontPage e as FrontPage Server Extensions, como descrito anteriormente neste capítulo.

- Se estiver tentando entrar em contato com a máquina Windows NT Server, certifique-se de que esteja usando a versão NT/IIS4 do servidor da web e a última versão das FrontPage Server Extensions.

A razão mais comum para esse problema é que a máquina de destino não esteja executando a versão NT/IIS4 do software do servidor da web. Se nenhuma das sugestões anteriores ajudar, você poderá visitar os newsgroups Visual InterDev 6 e FrontPage na Internet (veja o Apêndice B) ou entrar em contato com a Microsoft para obter ajuda.

O componente VINAVBAR interrompido do Visual InterDev 6

Outro problema típico é que as barras de navegação Visual InterDev criadas com as seleções do tema e de layout e o diagrama do site falham em aparecer devidamente. Ao contrário, você vê apenas o seguinte texto no browser do cliente:

```
[Frontpage vinavar component]
```

Esse problema ocorre quando o servidor da web não pode responder devidamente às informações do tema e de layout armazenadas no Visual InterDev 6 da web. Existem duas maneiras principais de corrigir esse problema. A primeira é simplesmente usar as ferramentas do administrador FrontPage para recalcular o local e o conteúdo das subpastas usadas para criar as barras de navegação nas páginas. A segunda é corrigir um conjunto de FrontPage Server Extensions instaladas indevidamente.

Primeiro, use o FPSRVADM.EXE para corrigir as ligações internas para as informações de navegação. Este programa é executado a partir da linha de comandos e pode ser encontrado geralmente na seguinte pasta:

```
\Program Files\Microsoft FrontPage\version3.0\bin
```

Quando você executar esse programa, selecione a opção **#8** (recalcular ligações) e deixe o nome da web em branco. Isto fará com que o utilitário atualize todas as FrontPage webs nesse servidor.

Se não funcionar (cerca de 50 por cento das vezes), provavelmente você tem um conjunto ruim de FrontPage Server Extensions (FPX) instalado na máquina. Podem estar desatualizadas ou podem ser aquelas instaladas com o FrontPage em vez daquelas que devem ser instaladas com o Visual InterDev 6. Detalhes sobre como instalar devidamente os arquivos FPX estão na primeira seção deste capítulo.

Lembre-se das seguintes pequenas informações ao lidar com os conjuntos FPX:

- Se o FrontPage estiver instalado na mesma máquina, você não deverá usar o conjunto FPX que é enviado com o FrontPage. Ao contrário, use o conjunto FPX que vem nos CD-ROMs Visual InterDev 6.
- Se o FrontPage não estiver instalado na mesma máquina (por exemplo, em um NT Server), você não deverá instalar o conjunto FPX quando estiver instalando o NT/IIS4 Option Pack. Ao contrário, use o conjunto FPX que vem com os CD-ROMs Visual InterDev 6.

Apêndice A Como usar o Microsoft FrontPage e as FrontPage Server Extensions | **835**

> Os problemas VINAVBAR são geralmente causados por instalações FrontPage Extensions ruins

As razões mais comuns da ocorrência do erro **[FrontPage VINAVBAR Component]** é que o devido conjunto de FrontPage Server Extensions não foi instalado. Leia as sugestões sobre como instalar o FrontPage e o Visual InterDev 6 na mesma máquina, anteriormente neste capítulo.

Em ambos os casos, é importante instalar o conjunto FPX após ter instalado o NT/IIS4 Option Pack. Quando você instala o FrontPage (se instala), não é importante. É importante apenas que instale o FrontPage sem instalar o conjunto FPX ao mesmo tempo.

Novamente, se essas correções não ajudarem, você poderá visitar os newsgroups Visual InterDev 6 e FrontPage na web (veja o Apêndice B) ou entrar com contato com a Microsoft para obter assistência.

Apêndice B

Recursos on-line

O site da web de Dominando o Visual InterDev 6

A home page oficial da edição original deste livro fica em:

```
http://www.interdevsource.com/pvi6
```

Esse site possui muitos materiais para ajudá-lo a tirar o máximo de proveito do *Dominando o Visual InterDev 6*, incluindo:

- Versões carregáveis de todo o código-fonte no livro
- As últimas atualizações e correções para o texto
- Artigos e tutoriais adicionais
- Todas as ligações, referências de newsgroups e listas de correspondência aqui mencionadas

Junto com o site oficial da web, existem vários outros sites da web relacionados e listas de correspondências que você poderá acessar para aprender mais sobre o Visual InterDev e as questões relacionadas.

Sites da web relacionados

A Tabela B.1 lista vários sites da web que suportam a programação Visual InterDev e outras formas de autoria de web com as ferramentas Microsoft. Você encontrará a versão mais atualizada desta lista no site oficial de *Practical Visual InterDev 6*.

Tabela B.1 Os sites da web relacionados

Endereço do site da web	Comentários
www.15seconds.com	Um site da web muito popular para a tecnologia Active Server Pages
www.activeserverpages.com	Dedicado a ASP e programação afim
www.amundsen.com/vinterdev/default.htm	Um site da web geral que fala sobre o Visual InterDev 6
www.asphole.com	Inclui muitos tutoriais
www.aspalliance.com	Um site dedicado a vincular os sites ASP equivalentes em uma estrutura fácil de navegar
www.clubsbn.net	Um servidor da web que suporta todos os aspectos das tecnologias de autoria da Microsoft
www.zdjournals.com	O site de Ziff-Davis/*Cobb Journal* que suporta o Visual InterDev 6, ASP, Microsoft Internet Explorer e outras tecnologias
www.genusa.com/asp/	Um site dedicado à programação ASP
www.microsoft.com/data	O site da Microsoft que suporta várias tecnologias de conexão de dados, inclusive ADO e RDS
www.microsoft.com/frontpage	O site da Microsoft para notícias e informações sobre a ferramenta de autoria FrontPage
www.microsoft.com/ie	Visite este site para conhecer as novidades sobre a ferramenta de navegação na Internet da Microsoft
www.microsoft.com/scripting	O site da Microsoft para o script Visual Basic e suporte e informações do script Java
www.microsoft.com/vinterdev	A home page oficial da Microsoft para o Visual InterDev 6

continua...

Apêndice B Recursos on-line

Tabela B.1 Continuação

Endereço do site da web	Comentários
www.microsoft.com/vstudio	O principal site da web da Microsoft para todos os produtos Visual Studio, inclusive o Visual InterDev 6
www.microsoft.com/sitebuilder	O site da Microsoft dedicado a todos os aspectos da construção e manutenção de sites da web
www.banick.com	O site da web do autor Steven Banick, colaborador neste livro e autor de outras referências sobre Visual InterDev

Newsgroups relacionados

Existem vários newsgroups que você poderá monitorar para aprender mais sobre o Visual InterDev 6 e tópicos relacionados. A Tabela B.2 mostra uma lista de alguns dos newsgroups mais ativos. Você encontrará uma lista mais atualizada no site da web de *Practical Visual InterDev 6*.

Tabela B.2 Newsgroups relacionados

Nome do newsgroup
Microsoft.public.ado.*
Microsoft.public.ado.rds
Microsoft.public.inetserver.*
Microsoft.public.inetsdk.programming.scripting.*
Microsoft.public.vinterdev.*
Microsoft.public.inetexplorer.*

Os sites Cobb da web (www.zdjournals.com) também mantêm fóruns de debate para muitos dos mesmos tópicos. Existem vários servidores de newsgroups privados que falam sobre o material relacionado ao Visual InterDev 6, inclusive

- news.clubsbn.net para os membros de SiteBuilder selecionados
- www.devx.com para assinantes do *Visual Basic Programmer's Journal* e outras publicações relacionadas

Listas de correspondência relacionadas

Você também pode fazer assinatura para receber envios de debates em sua caixa de email. A Tabela B.3 mostra algumas das várias listas relacionadas ao Visual InterDev 6 às quais você poderá se juntar. A lista mais atualizada poderá ser encontrada do site da web de *Practical Visual InterDev 6*.

Tabela B.3 As listas de correspondência relacionadas

Título	Endereço para assinatura	Outras informações
VI6News	www.amundsen.com/vinterdev/join/default.htm	
ASP Free For All	Listserv@mailexperts.com	Escreva subscribe aspfreeforall[*Seu Nome*] na parte BODY (CORPO) da mensagem.
ASP Newbies ListServ	Majordomo@bcpub.com	Escreva subscribe aspnewbie [*seu@email*] na parte BODY (CORPO) da mensagem.

Sobre outros recursos on-line

A lista de recursos on-line disponíveis para obter informações sobre o Visual InterDev 6 está sempre sendo alterada. Se você vir itens nessas páginas que não estão mais ativos ou se perceber que um item está faltando, sinta-se à vontade para enviar suas sugestões e atualizações para:

vi6_resources@amundsen.com.

Apêndice C

Glossário

Este glossário contém termos relacionados ao Visual InterDev e à Internet. Mesmo que os acrônimos com a Internet e a Microsoft mudem diariamente, este glossário inclui o máximo possível. As referências cruzadas para os acrônimos direcionam você às entradas corretas. As referências cruzadas para os tópicos afins (mostrados em negrito) são listadas nos finais das definições.

2B+D A Basic Rate Interface (BRI) ISDN que consiste em um único circuito ISDN dividido em dois canais digitais com 64Kbps para voz ou dados e um canal com 16Kbps para os dados e sinais com baixa velocidade. O 2B+D é executado em um ou dois pares de fios. (Veja também **BRI** e **ISDN**.)

Access (Veja **Microsoft Access**.)

Acessório Um programa Java que pode ser incorporado em uma página HTML e executado em um browser ativado pelo Java.

Active Server Application (ASA) Uma Página Ativa do Servidor (ASP) contendo as definições globais da sessão e informações. Este arquivo é usado para manter comportamentos e atributos globais para uma aplicação da web. Geralmente usado para estabelecer conexões do banco de dados e manter os controles da sessão. (Veja também **Active Server Page - ASP**.)

Active Server Page (ASP) Uma página da web ou arquivo que inclui o script no lado servidor executado pelo Microsoft Internet Information Server. A extensão ASP alerta o servidor de que o arquivo deve ser processado antes de ser enviado para o browser do cliente. Depois que é processado, é entregue ao browser da mesma maneira que um arquivo HTML. (Veja também **Active Server Application**.)

ActiveMovie Uma tecnologia Microsoft para enviar em fluxo o conteúdo do vídeo na Internet.

ActiveX Control Container Um programa capaz de executar um controle ActiveX.

ActiveX Data Objects (ADO) Uma tecnologia de linguagem cruzada para acessar os dados baseados em um modelo de objetos que incorporada os objetos de conexão de dados, os objetos de comando de dados e os objetos do conjunto de registros (Veja também **Comando de dados**, **Conexão de dados**, **Ambiente de dados** e **Conjunto de registros**.)

Advanced Data Connector (ADC) Uma tecnologia de acesso de dados distribuída para a web. O Advanced Data Connector da Microsoft fornece a manipulação de dados sobre os dados recuperados, o cache no lado do cliente e a integração com os controles ActiveX com reconhecimento de dados.

Advanced Data TableGram Streaming Protocol (ADTG) Um protocolo da aplicação para enviar em fluxo os dados do banco de dados na HTTP. Define um conceito para um diagrama de tabelas, uma bolha de dados com autodescrição que suporta o transporte de qualquer tipo de dados.

Ambiente de dados Um depósito nos projetos Visual InterDev que mantém informações de acesso do banco de dados na forma de conexões de dados e comandos de dados. (Veja também **ActiveX Data Object (ADO)**, **Comando de dados**, **Conexão de dados** e **Conjunto de registros**.)

Animação A ilusão de movimento causada pela exibição rápida de uma série de imagens paradas. Quando cada imagem difere ligeiramente e elas são exibidas em velocidades acima de 10 por segundo, o olho percebe o movimento.

Aplicação da web Uma coleção de elementos (páginas da web, objetos do banco de dados etc.) que compõe um site da web completo ou parte distinta de um site da web em uma raiz virtual.

Apêndice C Glossário 843

Apresentar Criar uma nova imagem com base em uma transformação de uma existente ou cena tridimensional.

Argumento Os dados transmitidos a um procedimento.

Arquitetura cliente/servidor Um modelo de construção para as aplicações executadas em uma rede na qual parte do processamento de back-end, como a execução de uma pesquisa física de um banco de dados, ocorre em um servidor. O processamento de front-end, que envolve a comunicação com o usuário, é gerenciado por programas menores distribuídos para as estações de trabalho do cliente. Essa arquitetura é comumente usada para os sistemas do banco de dados. (Veja também **Banco de dados** e **Linguagem de Consulta Estruturada**.)

Arquivo Uma coleção de dados organizados em um tipo de meio de armazenamento como um disco rígido ou disquete.

Array Na programação, uma estrutura de dados fundamental consistindo em uma única tabela ou uma tabela com diversas dimensões que o programa trata como um item de dados. Qualquer informação no array poderá ser referida nomeando o array e o local do item no array. Cada parte de informação no array é chamada de *elemento*.

Assinatura digital Uma técnica de segurança que consiste em anexar o código a um componente de software que identifica o revendedor do componente.

Atrativo Uma pequena parte dos dados usada para armazenar informações permanentes no computador do usuário na forma de um arquivo.

Backbone Uma rede com alta velocidade para os computadores em rede.

Banco de dados Uma coleção de informações relacionadas armazenadas de uma maneira estruturada e organizada. Usando essa coleção estruturada, os métodos padrões de recuperação de dados poderão ser usados. (Veja também **Tabela**, **Registro** e **Campo**.)

Barra de menus Nas *interfaces gráficas do usuário*, uma barra que organiza grupos de comandos em *menus* na parte superior da janela de um programa. (Veja também **Menus**.)

Barra de status Uma barra de informações comum nas interfaces gráficas do usuário. As barras de status exibem informações importantes sobre o status atual do documento ou arquivo em uso.

Barra de títulos A barra superior em qualquer janela em uma interface gráfica do usuário. A barra de títulos geralmente inclui o nome do programa ou o arquivo de dados atualmente em uso. A janela ativa pode ser movida clicando e arrastando uma barra de títulos.

Bate-papo Conversar em tempo real com outros usuários da rede a partir de quaisquer e todas as partes do mundo, através de texto ou de métodos baseados em multimídia.

Binário Tem apenas dois estados, On e Off ou 0 e 1. Um interruptor poderia ser considerado um interruptor *binário* porque está ligado ou desligado e nenhuma outra definição é possível.

Bit Uma unidade *binária* de armazenamento que pode representar apenas um dos dois valores: On e Off ou 0 e 1 (BInary digiT ou dígiTo BInário).

BMP Um arquivo de BitMaP ou MaPa de Bits. Um formato de arquivo gráfico usado como um padrão para a GUI Microsoft Windows. Ele armazena imagens *gráficas de varredura*. (Veja também **Formato de arquivo** e **Gráficos de varredura**.)

Borda da seleção Uma opção usada para selecionar apenas a borda da seleção atual. (Veja também **Seleção**.)

BRI (Basic Rate Interface) A interface ISDN mais comum disponível. Usa dois canais B, cada um com 64Kbps de capacidade, e um único canal D (16Kbps) para sinalizar. (Veja também **ISDN**.)

Claridade Um componente do modelo de cores HSB (Tom, Saturação e Brilho). Para os pixels RGB, o maior valor do componente é o brilho. (Veja também **HSB** e **RGB**.)

Byte Uma unidade de armazenamento composta por oito *bits*. Pode armazenar um valor numérico de 0 a 255 (decimal) ou uma letra. (Veja também **Bit**.)

Caixa de diálogo Qualquer tipo de tela em uma interface gráfica do usuário que exibe ou solicita informações do usuário.

Campo Um espaço reservado para um certo tipo de informação armazenada em um banco de dados. Por exemplo, se o catálogo telefônico fosse um banco de dados, os campos seriam Nome, Endereço e Telefone. Um campo também é uma coluna de uma tabela de dados. (Veja também **Banco de dados**, **Tabela** e **Registro**.)

Canal alfa Uma parte adicional de informação armazenada para um pixel que representa a transparência do pixel. Uma imagem, composta por muitos *pixels*, geralmente tem um canal separado para o vermelho, o verde e o azul. (Veja também **Pixel** e **Canal**.)

Canal B Um canal de comunicação ISDN que transporta a voz, o circuito ou conversões de pacotes. O canal B é o componente fundamental das interfaces ISDN e carrega 64.000 bits por segundo em cada direção. (Veja também **ISDN**.)

Canal D Um canal de comunicação ISDN para enviar informações entre o equipamento ISDN e o painel central do escritório. (Veja também **ISDN**.)

Canal Uma parte de informação armazenada em uma imagem. As imagens com *cor verdadeira*, por exemplo, têm três *canais*: vermelho, verde e azul.

CGI Common Gateway Interface. Um padrão que descreve como os servidores da web devem acessar os programas externos que podem retornar dados no formato de uma página da web. Os programas CGI são comumente chamados de scripts.

Brilho Um componente do espaço de cor HLS. É determinado pela obtenção dos valores médios máximo e mínimo em cada canal RGB. Algumas vezes chamado de Luminância. (Veja também **HLS**, **Modelo de cores** e **Canal**.)

Classe Na programação, uma definição de formato das propriedades e métodos de um objeto. Age como o modelo a partir do qual uma instância de um objeto é criada durante a execução. (Veja também **Objeto**, **Métodos** e **Propriedades**.)

CMYK As quatro cores usadas para a impressão colorida: Ciano, Magenta, Amarelo e Preto.

Código de caracteres Um número usado para representar um caractere em um conjunto, como o conjunto de caracteres ASCII. (Veja também **Conjunto de caracteres ASCII**.)

Coleção Um tipo especial de objeto que contém um conjunto de outros objetos. (Veja também **Objeto**.)

Apêndice C Glossário

Colocar em relevo Um filtro de processamento de imagens comum que simula a aparência de uma imagem que está em relevo no papel ou metal.

Cor de processo Os quatro pigmentos de cor usados na impressão colorida. (Veja também **CMYK**.)

Comando de dados Um objeto no ambiente de dados usado para acessar um objeto do banco de dados (como uma tabela, procedimento armazenado, script ou exibição). Os comandos são usados nas páginas da web para interagirem com os bancos de dados. (Veja também **ActiveX Data Object (ADO)**, **Conexão de dados**, **Ambiente de dados** e **Conjunto de registros**.)

Comentário As informações armazenadas em um programa para documentar como o código funciona.

Compressão com perda Um método para compactar imagens descartando os dados desnecessários. O JPEG é um método para compressão com perda. (Veja também **Formato de arquivo** e **JPEG**.)

Compressão fractal Um método para compactação desenvolvido por Michael Barnsley. Reduz as imagens a uma série de fórmulas baseadas no fractal para níveis de compactação muito altos. (Veja também **Formato de arquivo**, **FIF** e **Compactação**.)

Compressão Huffman Um método para compactação de dados desenvolvido por David Huffman em 1952. Comumente usado para compactar arquivos gráficos. (Veja também **Formato de arquivo** e **Compactação**.)

Compactação Um meio pelo qual a quantidade de dados requeridos para armazenamento em um arquivo de computador é reduzida. (Veja também **Formato de arquivo**, **Compactação fractal**, **Compactação com perda**, **JPEG**, **Compactação Huffman** e **LZW**.)

Comparação de bitwise Uma comparação de duas expressões numéricas feitas examinando a posição de seus bits. (Veja também **Bit** e **Byte**.)

Composição O processo de mesclagem de duas ou mais imagens digitalmente.

Conexão de dados Uma coleção de informações usadas por um projeto Visual InterDev para se comunicar com um banco de dados. A coleção inclui um nome da fonte de dados (DSN) e informações de conexão. (Veja também **ActiveX Data Object (ADO)**, **Comando de dados**, **Ambiente de dados** e **Conjunto de registros**.)

Conjunto de caracteres ASCII O Código Padrão Americano para Troca de Informações. Um código padrão que atribui um único número binário a cada caractere no alfabeto inglês junto com outros caracteres especiais. Os 128 primeiros caracteres (de 0 a 127) no conjunto de caracteres ANSI são idênticos aos do conjunto de caracteres ASCII.

Conjunto de registros Um ActiveX Data Object usado pelo Visual InterDev para exibir informações de um comando de dados em uma página da web. (Veja também **ActiveX Data Object (ADO)**, **Comando de dados**, **Conexão de dados** e **Ambiente de dados**.)

Constante intrínseca Um parâmetro constante construído em uma aplicação (Veja também **Constante**.)

Constante Uma variável em um programa que sempre permanece igual. As constantes tornam a programação mais fácil porque um nome pode ser usado para se referir a um valor em vez do valor em si. Por exemplo,

```
Const MyForm = Window.Document.Form("DataCollection")
```

Controle OLE Pequenos componentes de software que realizam uma tarefa específica, como fornecer um botão de rádio, botão de comando ou quadro de combinação. Estes controles simplificam muito a tarefa de escrever um software para as interfaces complexas e gráficas do usuário. (Veja **Controles ActiveX** e **Objeto**.)

Controle (Veja **Controles ActiveX**, **Objeto** e **Controle OLE**.)

Controles ActiveX Pequenos componentes de software usados por aplicações maiores para realizar uma tarefa específica. Esses controles podem ser carregados e instalados de maneira independente quando necessário. Eles têm extensões do nome de arquivo .OCX. Os controles ActiveX podem ser escritos em praticamente qualquer linguagem, como Java, C++ ou Visual Basic. (Veja também **Controle OLE**.)

Cor com 1 bit O número de cores por *pixel* que um determinado arquivo gráfico pode armazenar. Ter uma cor com 1 bit significa que cada pixel é representado por um bit, que tem apenas um dos dois estados ou cores. Os pixels com 1 bit são preto ou branco. (Veja também **Profundidade da cor**.)

Cor com 24 bits Uma cor com 24 bits fornece 16.7 milhões de cores por *pixel*. Os 24 bits são divididos em 3 bytes: cada um para os componentes vermelho, verde e azul de um pixel. (Veja também **Profundidade da cor**, **Cor verdadeira** e **Canal**.)

Cor verdadeira A cor que tem uma profundidade de cor de 24 bits (16.7 milhões de cores). (Veja também **Profundidade da cor** e **24 bits**.)

Cor/tons de cinza com 8 bits Ter uma cor com 8 bits significa que cada pixel é representado por oito bits, que podem ter 256 cores ou tonalidades de cinza (como em uma imagem em *tons de cinza*). (Veja também **Profundidade da cor** e **Tons de cinza**.)

Correção de cinza/cor O processo de ajuste dos níveis de cinza ou cor de uma imagem para aperfeiçoar sua qualidade.

Correção de cores O processo de correção ou aperfeiçoamento da cor de uma imagem.

Criptografia O processo de conversão de informações em códigos que não podem ser decifrados.

Cursor Um método para fornecer valores numéricos usados nas interfaces gráficas do usuário. Se o cursor for movido para frente e para trás, os valores numéricos poderão ser ajustados.

Definição default Geralmente usada nos programas de computador para definir qualquer variável ou valores para uma definição comum ou definição que provavelmente será a usada.

Desenho digital Criar arte em um computador diretamente em oposição a usar um meio tradicional e cópia com o scanner do trabalho de arte.

Destaque As áreas mais claras de uma imagem.

Diagrama de dados Uma representação gráfica de qualquer parte de um esquema do banco de dados. (Veja também **Esquema**.)

Apêndice C Glossário

Digital Uma forma de representação na qual as informações ou objetos (dígitos) são divididos em partes separadas. Os números são exemplos de informações *digitais*. *Digital* é o oposto de informação *análoga*, como as ondas de som e de luz.

Digitalizar O processo de conversão de informações análogas em um formato digital. Registrar o som em um computador e capturar o vídeo ou imagens em um computador são considerados digitalização.

Digital-to-Analog Converter (DAC) Uma ferramenta que converte informações *digitais*, como dados numéricos, em informações análogas, como ondas de som.

Diretórios As áreas eletrônicas em um disco de computador para armazenar os arquivos de dados — parecido com armazenar cartas em uma pasta. Um diretório pode ser considerado uma pasta eletrônica. (Veja também **Arquivo**.)

Domain Name Service (DNS) Um programa executado no sistema de computador conectado à Internet (chamado de servidor DNS) e que fornece uma conversão automática entre os nomes do domínio (como netst.com) e os endereços IP (como 207.199.32.76). A finalidade desse processo de conversão, chamado de resolução, é permitir aos usuários Internet usarem nomes de domínio simples para se referirem aos computadores em oposição aos endereços IP.

DPI Pontos Por Polegada. Uma resolução para varrer e imprimir dispositivos.

Durante execução Na programação, o tempo em que um programa está sendo executado.

Enfraquecer No filme ou vídeo, a transição suave de uma seqüência em outra. Geralmente os enfraquecimentos são feitos em uma cor sólida como o preto.

Ensolarar O efeito fotográfico de reduzir o número de cores em uma imagem. Este feito é também simulado por muitos programas de edição de imagens.

EPS Um arquivo gráfico Encapsulated PostScript. Este formato pode armazenar gráficos de *varredura* e *vetoriais*. (Veja também **Formato de arquivo**, **Gráficos de varredura** e **Gráficos vetoriais**.)

Equalização Um método para aperfeiçoar uma imagem distribuindo igualmente os valores da cor ou de cinza dos pixels na imagem.

Erro de execução Um erro de programação que se manifesta apenas enquanto o programa está sendo executado.

Escopo A visibilidade de uma variável, procedimento ou objeto. O escopo é público ou privado. (Veja também **Privado**, **Público** e **Procedimento**.)

Esquema Uma descrição de um banco de dados para o sistema de gerenciamento de bancos de dados.

Evento Quando um usuário clica ou manipula os objetos em uma página da web ou controle ActiveX, um evento é gerado. O programa ou script pode então responder a esse evento. Por exemplo, quando o objeto de botão é usado, o processo de realmente clicar o botão inicializa um evento de "clique".

Expressão booleana Uma expressão que é avaliada como True ou False.

Expressão de data Qualquer tipo de valor que pode ser interpretado como uma data. Pode ser uma string ou número que representa uma data. As datas são geralmente armazenadas como parte de um número com ponto flutuante, com os valores à esquerda do decimal representando a data e o valores à direita do decimal representando a hora.

Expressão Uma linha de instruções em um programa para realizar uma determinada tarefa.

Extranet Uma área de um site da web acessível apenas para um conjunto de visitantes registrados além da rede interna. (Veja também **Intranet**.)

Faixas de dados A faixa permitida de dados que uma determinada variável pode aceitar.

FAQ (Perguntas Feitas com Freqüência) Uma lista que tenta responder às perguntas freqüentemente feitas sobre um certo tópico. Muitas FAQs são transmitidas mensalmente no Usenet e são armazenadas na Internet.

Ferramenta conta-gotas Uma ferramenta de edição de imagens usada para selecionar uma cor da imagem atual.

Ferramenta de clone Uma ferramenta popular nos programas de edição de imagens que permite a pequenos grupos de pixels serem copiados de um local para outro. (Veja também **Ferramenta de desenho**.)

Ferramenta de desenho Um comando ou função de um programa de edição de imagens que simula uma ferramenta de arte tradicional ou fotográfica. A *ferramenta Paintbrush* é um exemplo de ferramenta de desenho que simula as pinceladas do pincel.

Ferramenta de preenchimento Uma ferramenta de desenho comum usada para preencher uma área sólida com cor. (Veja também **Ferramenta de desenho**.)

Ferramenta de recorte Uma ferramenta que simula o método tradicional de recortar ou cortar fotografias. (Veja também **Ferramenta de desenho**.)

Ferramenta lápis Uma *ferramenta de desenho* que simula desenhar com um lápis apontado. (Veja também **Ferramenta de desenho**.)

Ferramenta zoom Uma ferramenta para ampliar a imagem atual que está sendo trabalhada.

FIF O formato de Imagem Fractal. Um método para armazenar *gráficos de varredura* e compactá-los com as fórmulas de *transformação fractal*. (Veja também **Formato de arquivo** e **Gráficos de varredura**.)

Filtro de esfera Um filtro de efeitos especiais que simula integrar a imagem atual em torno de uma esfera tridimensional.

Filtro de interferência Um *filtro* de imagem que adiciona uma interferência aleatória (pixels) a uma imagem para simular uma aparência granulada.

Filtro de inversão Um filtro que inverte os valores de pixel de uma imagem, criando um negativo.

Filtro de mancha Um filtro de efeitos especiais que simula uma fotografia fora de foco.

Filtro de ondulação Um filtro que cria ondas fluidas em uma imagem, simulando as ondas na água.

Filtro de retirada de mancha Um filtro especial que remove qualquer mancha da imagem. Na verdade, ele mancha toda a imagem exceto qualquer borda.

Apêndice C Glossário

Filtro personalizado Um filtro de imagem especial que pode ser definido pelo usuário. Os valores são fornecidos em uma grade matriz. Esses valores, por sua vez, determinam como o filtro afeta cada pixel em uma imagem.

Folhas de estilo em cascata Um conjunto de marcas que descrevem a aparência das marcas HTML. As folhas de estilo podem descrever a fonte, a cor, o alinhamento e outros atributos para as marcas HTML comuns como cabeçalhos, parágrafos e listas. Ainda, podem ser definidas em uma página da web, em uma marca ou em um arquivo CSS separado. As informações das folhas de estilo são usadas apenas pelos browsers que suportam o padrão.

Formato de arquivo O tipo específico de organização que um certo arquivo usa. Alguns formatos de arquivo são estritamente para documentos de processamento de texto (como os arquivos DOC), ao passo que outros são para gráficos ou imagens (como BMP, GIF, JPG etc.) A maioria dos formatos de arquivo suporta alguma forma de compactação de dados para economizar espaço de armazenamento. (Veja também **Compactação**.)

Formato PC PaintBrush (PCX) Um formato de arquivo gráfico que armazena gráficos de *varredura*. Tornou-se popular através do programa PC PaintBrush de Zsoft. (Veja também **Formato de arquivo**.)

Formato Tagged Image File (TIFF) Um formato de arquivo comum que pode armazenar informações gráficas de *varredura* e *vetoriais*. (Veja também **Formato de arquivo, Gráficos de varredura e Gráficos vetoriais**.)

Formato Targa (TGA) Um formato de arquivo originalmente planejado para armazenar imagens de vídeo. Desde então, foi aperfeiçoado para incluir imagens de alta resolução no formato de *varredura*. (Veja também **Formato de arquivo**.)

FoxPro (Veja **Microsoft Visual FoxPro**.)

Função Um grupo de instruções do programa armazenadas em um nome para que sejam executadas como uma unidade e retornem um valor. (Veja também **Procedimento**.)

Gama Uma medida de contraste que afeta os tons medianos em uma imagem.

Gerado pelo computador Criado no ou pelo computador. Qualquer imagem que não tenha sido copiada com o scanner a partir de um original existente.

GIF O formato Graphics Interchange. Um formato gráfico comum para armazenar *gráficos de varredura*. Esse formato tornou-se popular pelo serviço on-line CompuServer e é suportado por várias plataformas de *hardware*. (Veja também **Formato de arquivo e Gráficos de varredura**.)

Gigabyte Uma unidade de armazenamento de computador representando um bilhão de *bytes*. (Veja também **Byte**.)

Gráfica de varredura Os gráficos do computador nos quais as imagens são armazenadas como grupos de *pixels*, em oposição aos *gráficos vetoriais*, que são armazenados como grupos de linhas. (Veja também **Formato de arquivo e Gráfico vetorial**.)

Gráficos em 3D O processo de criação de modelos tridimensionais na memória do computador, configurando luzes e aplicando texturas. Após o computador ser informado a partir de qual ângulo exibir a cena em 3D, ele gera uma imagem que simula as condições definidas na cena. A animação tridimensional envolve as mesmas etapas mas configura a coreografia ou movimento dos objetos em 3D, luzes ou câmeras. (Veja também **Mapeamento da textura**.)

Gráficos vetoriais Os gráficos que são baseados em linhas individuais do ponto A ao ponto B. Os gráficos vetoriais apresentam bem os desenhos de linhas mas não podem apresentar fotografias. Para as fotografias, os *gráficos de varredura* são requeridos. As primeiras exibições de gráficos de computador usavam os gráficos vetoriais. (Veja também **Formato de arquivo** e **Gráficos de varredura**.)

GUID (ID Exclusivo Global) Uma seqüência de letras e números que identificam com exclusividade cada componente OLE registrado em um sistema de computador. Quando os objetos OLE são incorporados nas páginas da web, esse ID especifica quais objetos serão usados. Esses IDs são armazenados nos registros do sistema Windows 95 e Windows NT.

Hiperligação Uma referência na HTML para outro segmento de hipertexto.

Hipertexto Um sistema para escrever e exibir o texto que lhe permite ser ligado de várias maneiras. Os documentos de hipertexto podem também conter ligações com documentos relacionados, como os referidos nas notas de rodapé. A hipermídia pode também conter imagens, sons e vídeo.

HLS (Tom, Claridade e Brilho) Um modelo de cores baseado no tom, claridade e saturação de uma cor. (Veja também **Modelo de cores**, **Tom**, **Saturação** e **Claridade**)

Home page A primeira página da web de um site da web.

HSB (Tom, Saturação e Brilho) Um modelo de cores baseado no tom, saturação e brilho de uma cor. (Veja também **Modelo de cores**, **Tom**, **Saturação** e **Brilho**.)

HTML (Linguagem Marcada de Hipertexto) A linguagem usada para criar páginas da web convencionais.

HTML Dinâmica (DHTML) Uma extensão para a HTML que permite a todos os elementos em uma página da web serem tratados como objetos de script. Usando a DHTML, a aparência, o conteúdo e o comportamento de uma página da web poderá ser diretamente alterado por um script no lado cliente.

HTTP (Protocolo de Transferência de Hipertexto) O esquema de comunicações nativo da World Wide Web, inicialmente usado para transferir documentos de hipertexto.

Ícones Pequenos símbolos gráficos usados para representar programas, dados ou outras funções em uma *interface gráfica do usuário*.

Ilusão Ilumina áreas específicas de uma fotografia. Originalmente usado na câmara escura com o equipamento fotográfico tradicional, esse processo é agora simulado por todos os programas de edição de imagens. (Veja também **Queima**.)

Interface S/T Usada com o circuito ISDN com quatro fios, conecta uma linha ISDN que conecta-se ao equipamento terminal ou modem ISDN. (Veja também **ISDN**.)

Interface U Um circuito ISDN com dois fios, a interface ISDN mais comum.

Internet Um sistema mundial de redes de computador ligadas para os serviços de comunicação de dados como a conexão remota, a World Wide Web, o correio eletrônico, a transferência de arquivos e newsgroups. A Internet fornece uma maneira de conectar as redes de computador existentes que se estende muito atingindo cada sistema participante. Originalmente planejada para suportar o ataque nuclear, hoje a Internet expande-se em quase todo limite nacional da Terra. (Veja também **Intranet**.)

Apêndice C Glossário   **851**

Intranet Uma rede interna planejada em torno dos protocolos padrão da Internet existentes, como, por exemplo, o HTTP. (Veja também **Internet**.)

IP (Protocolo da Internet) No TCP/IP, o padrão que descreve como um computador conectado à Internet deve dividir os dados em pacotes para a transmissão na rede e como esses pacotes devem ser endereçados para que cheguem ao seu destino.

ISAPI (Internet Server Application Programming Interface) Um método padrão para escrever programas que se comunicam com os servidores da web através do OLE.

ISDN (Integrated Services Digital Network) Uma rede de telefone digital que carrega voz, dados e informações de vídeo no fio de telefone existente. Ele oferece até 10 vezes a velocidade da transmissão de dados análoga normal.

Java Uma linguagem de desenvolvimento que permite aos desenvolvedores da web criarem aplicações para a Internet. O Java é baseado na linguagem de desenvolvimento C++ e as aplicações resultantes podem ser executadas em qualquer plataforma de computador: Macintosh, PC ou UNIX.

JavaScript Uma linguagem criada pela Netscape que pode ser usada para expandir as capacidades de uma página da web. Como o VBScript, as instruções do JavaScript são incorporadas em um documento HTML para uma página. O JavaScript é baseado na linguagem Java, que é parecida com o C++. (Veja também **JScript**.)

JPEG Um formato de arquivo e método para compactação para armazenar imagens nomeadas segundo o comitê que o desenvolveu (Joint Photographic Experts Group). O algoritmo de compactação JPEG é uma técnica de compressão com *perda*. (Veja também **Formato de arquivo** e **Compressão com perda**.)

JScript A implementação Microsoft do JavaScript. Embora fundamentalmente igual ao JavaScript, tem algumas diferenças e problemas de compatibilidade. A maioria dos conflitos surge dos recursos JavaScript que não estão presentes no JScript. (Veja também **JavaScript**.)

Kilobyte Uma unidade de armazenamento que representa mil *bytes*. Geralmente referido como KB, como em 640KB. (Veja também **Byte**.)

Largura de banda A quantidade de dados que podem ser enviados através de uma conexão, geralmente medida em bits por segundo (bps).

Limpar Uma transição de uma cena em outra. As limpezas começam de muitas formas diferentes; a nova cena pode aparecer de cima para baixo, da esquerda para direita, do centro para fora (no caso de uma limpeza circular) e de muitas outras maneiras.

Linguagem de Consulta Estruturada (SQL) Nos sistemas de gerenciamento do banco de dados, uma linguagem de consulta desenvolvida pela IBM muito usada nos sistemas mainframe e de minicomputador. Também está tendo aceitação nas redes locais (LANs) baseadas nos PCs. A SQL é uma linguagem de consulta elegante e concisa com apenas 30 comandos. Os quatro comandos básicos (SELECT, INSERT, UPDATE e DELETE) correspondem às quatro funções básicas de manipulação de dados (recuperação de dados, inserção de dados, modificação de dados e eliminação de dados, respectivamente). As consultas SQL aproximam-se à estrutura da consulta da língua inglesa natural. Uma tabela de dados que consiste em colunas (correspondendo a campos) e linhas (correspondendo a registros) exibe os resultados de uma consulta. (Veja também **Banco de dados**, **Registro**, **SQL Server** e **Campo**.)

Linha de varredura Uma única linha de pixels exibida em um monitor de computador a ser copiada por um *scanner*. (Veja também **Scanner**.)

LPI Linhas Por Polegada. Uma medida de resolução, geralmente usada para descrever telas. (Veja também **Resolução** e **Representação na tela**).

LZW (Lempel Ziv Welch) Um algoritmo de compactação baseado no trabalho feito por Abraham Lempel, Jacob Ziv e Terry Welch. Comumente usado para compactar arquivos gráficos. (Veja também **Formato de arquivo** e **Compactação**.)

Mancha densa Um filtro de mancha que pode ser ajustado para fornecer níveis muito altos de mancha. (Veja também **Filtro de mancha**.)

Mapa de cinza/cor Um método para ajustar os níveis de cinza ou cor em uma imagem. Um gráfico de linhas em 2D representa os valores do brilho e da cor de entrada e saída.

Mapa de imagem Uma imagem gráfica incorporada em uma página da web que fornece diferentes ligações, com base no lugar onde o cursor é clicado dentro de suas bordas.

Mapeamento de textura O processo de aplicar uma imagem em 2D em um objeto em 3D definido no computador. Parecido com o ato de envolver o papel de parede em torno do objeto. Este processo permite que os artistas de computador simulem itens como madeira copiando com o scanner uma imagem de madeira e fazendo com que o computador mapeie a textura da madeira em um modelo em 3D de um painel. Foi desenvolvido por Ed Catmull em 1974. (Veja também **Gráficos em 3D**.)

Máscara Um tipo especial de imagem que pode ser usada como um estêncil ou máscara para qualquer operação de desenho que possa ser feita.

Megabyte Uma unidade de armazenamento que representa um milhão de *bytes*. Geralmente referido como "Meg". (Veja também **Byte**.)

Menus Os grupos de comandos relacionados fornecidos em uma lista que se abre a partir de uma *barra de menus*. São usados nas *interfaces gráficas do usuário*. (Veja também **Barra de menus**.)

Metaarquivo Um tipo de formato de arquivo para gráficos que armazena gráficos de *varredura* e *vetoriais*. (Veja também **Formato de arquivo**.)

Métodos As ações que podem ser tomadas em um objeto. Por exemplo, para adicionar um novo item a um objeto list box, o método additem poderá ser chamado. (Veja também **Objeto** e **Propriedade**.)

Microsoft Access O sistema de gerenciamento do banco de dados em nível de entrada da Microsoft que é enviado com o Microsoft Office Professional. (Veja também **Banco de dados**, **Microsoft Visual FoxPro** e **Microsoft SQL Server**.)

Microsoft Developer Studio O ambiente de desenvolvimento integrado da Microsoft. Usado para o Visual InterDev, Visual C++ e Visual J++. (Veja também **Microsoft Visual InterDev**, **Microsoft Visual C++** e **Microsoft Visual J++**.)

Microsoft FrontPage A ferramenta de publicação do site da web em nível de entrada da Microsoft. É compatível com os sites da web construídos com o Visual InterDev. (Veja também **Microsoft Visual InterDev**.)

Apêndice C Glossário

Microsoft SQL Server A aplicação do banco de dados cliente/servidor de ponta da Microsoft. (Veja também **Banco de dados, Arquitetura cliente/servidor, Microsoft Access** e **Microsoft Visual FoxPro**.)

Microsoft Visual C++ O ambiente de desenvolvimento da linguagem C++ da Microsoft que é executado no Developer Studio. (Veja também **Banco de dados, Java** e **Microsoft Developer Studio**.)

Microsoft Visual FoxPro O sistema de gerenciamento do banco de dados de nível médio da Microsoft. (Veja também **Banco de dados, Microsoft Access** e **Microsoft SQL Server**.)

Microsoft Visual InterDev Uma ferramenta rápida de desenvolvimento da aplicação para construir sites da web baseados em dados. (Veja também **Banco de dados**.)

Microsoft Visual J++ O ambiente de desenvolvimento da linguagem Java da Microsoft que é executado no Developer Studio (Veja também **Banco de dados, Java** e **Microsoft Developer Studio**.)

MIME (Multipurpose Internet Mail Extesion) Um método para transferir arquivos binários na Internet.

Modelo de cores Um método para descrição de cores. (Veja também **HLS, HSB** e **RGB**.)

Modo local O estado de um projeto da web que permite a um desenvolvedor modificar cópias dos arquivos na estação de trabalho local sem afetar os arquivos da web mestres. (Veja também **Modo mestre**.)

Modo mestre O estado de um projeto da web que permite a um desenvolvedor modificar diretamente os arquivos-mestres no servidor da web quando alterações são feitas. (Veja também **Modo local**.)

Módulo da classe A definição das propriedades e métodos de uma classe (Veja também **Objeto, Classe, Métodos** e **Propriedades**.)

NI1 (National ISDN 1) Uma especificação padrão comum para as linhas telefônicas ISDN. (Veja também **ISDN**.)

Nitidez Um processo que aumenta o contraste entre os pixels, com o resultado final de uma imagem com aparência mais definida. (Veja também **Suavizar**.)

Nível do script Qualquer código de script localizado fora de um procedimento.

Nome do domínio (Veja **Domain Name Service**.)

Nothing Um valor que, quando atribuído a uma variável de objeto, a remove de seu objeto. (Veja também **Objeto**.)

NT-1 (Network Termination 1) Um dispositivo requerido para conectar o equipamento do terminal ISDN a uma linha ISDN.

Null Um valor que não representa nenhum dado válido.

Número do erro Um número que representa a condição de erro atual de um programa. Uma propriedade do Objeto Error. (Veja também **Objeto Error**.)

Objeto de automação Um novo termo da Microsoft para descrever os objetos exibidos para outras aplicações ou ferramentas de programação através de interfaces Automation.

Objeto Error Um objeto de programação comum usado para interceptar os erros. (Veja também **Número do erro**.)

Objeto Um programa modular completo que pode ser incluído em projetos maiores ou combinados com outros objetos para criar uma aplicação. Os objetos têm métodos e propriedades. Os métodos permitem que o objeto execute uma ação e as propriedades armazenem dados relacionados ao objeto. (Veja também **Controles ActiveX** e **Controle OLE**.)

ODBC A Conectividade Aberta do Banco de dados. Um protocolo padrão para os servidores do banco de dados. Se um banco de dados tiver um driver ODBC, poderá ser conectado a quase qualquer ferramenta do banco de dados padrão da indústria. (Veja também **Banco de dados**.)

Opção Undo Um comando que desfaz a última operação executada.

Operador de comparação (Veja **Operador relacional**.)

Operador relacional Um símbolo usado para especificar uma relação entre duas partes de dados. O resultado da utilização de um cálculo com operadores relacionais é sempre booleano (True ou False).

Paginar Navegar a World Wide Web. Também conhecido como percorrer e surfar a web.

Paintbrush Uma *ferramenta de desenho* que simula pintar com um pincel. (Veja também **Ferramenta de desenho**.)

Palavra-chave Uma palavra reservada ou símbolo em uma linguagem de programação.

Palheta de pintura Uma versão eletrônica da palheta de um artista. Permite ao usuário selecionar várias cores ou mesmo misturar novas.

Palhetas flutuantes Grupos de ícones agrupados que executam funções. As palhetas podem ser posicionadas livremente em qualquer lugar na tela com uma *interface gráfica do usuário*. (Veja também **Ícones**.)

PCD O formato Photo CD. A Kodak usa esse formato de arquivo gráfico para armazenar as imagens nos Photo CDs. (Veja também **Formato de arquivo**, **Gráficos de varredura** e **Photo CD**.)

PCX O formato de arquivo gráfico criado pelo programa PC PaintBrush de Zsoft. Este formato de arquivo gráfico armazena *imagens gráficas de varredura*. (Veja também **Formato de arquivo** e **Gráficos de varredura**.)

Pela referência Um método para transmitir o endereço de um argumento a um procedimento em vez do valor. Essa capacidade permite ao procedimento mudar o valor real da variável. (Veja também **Argumento** e **Pelo valor**.)

Pelo Valor Um método para transmitir o valor de um argumento a um procedimento em vez do endereço. Essa capacidade permite ao procedimento acessar uma cópia da variável sem mudar seu valor real. (Veja também **Argumento** e **Pela referência**.)

Photo CD Uma nova tecnologia desenvolvida por Eastman Kodak para varrer imagens de alta resolução com 35mm ou com qualidade profissional e gravá-las em um CD-ROM. O PCD resultante (Photo CD) poderá ser exibido com aparelhos de reprodução do consumidor que se anexam às televisões. Também podem ser exibidos em computadores pessoais que têm drives de CD-ROM compatíveis com diversas sessões.

Apêndice C Glossário

Photoshop Um programa de edição de imagem disponível na Adobe Systems.

Pixel Um elemento da imagem. O menor elemento de uma imagem que foi *digitalizada* em um computador. Quanto mais pixels por polegada quadrada, mais alta a resolução da imagem.

Pixelização O efeito que ocorre quando os *pixels* que compõem uma imagem são tão grandes a ponto de serem visíveis.

Pontilhamento difuso Um método para pontilhar que distribui de maneira aleatória os pixels em vez de usar um padrão definido. (Veja também **Pontilhamento**.)

Pontilhamento Um método para simular muitas cores com apenas algumas. Se um número limitado de pontos coloridos forem colocados muito próximos, o olho irá misturá-los em uma nova cor (veja também **Pontilhamento difuso**.)

Preenchimento gradual Um aperfeiçoamento para a ferramenta de Preenchimento que preenche uma área com uma transição gradual de uma cor em outra.

Privado Um procedimento ou variável que é visível apenas em seu procedimento atual. (Veja também **Escopo**, **Público** e **Procedimento**.)

Procedimento Um grupo de instruções do programa armazenadas com um nome que pode ser executado como uma unidade. (Veja também **Função**.)

Processamento de imagens A captura e a manipulação de imagens para aperfeiçoar ou extrair informações.

Profundidade da cor A quantidade de cor armazenada em uma imagem expressa em *bits*. Uma imagem com uma profundidade de cores de 24 bits pode ter 16.7 milhões de cores. Uma imagem com a profundidade de cores com 8 bits pode ter apenas 256 cores ou tonalidades de cinza. (Veja também **1 bit**, **8 bits** e **24 bits**.)

Projeto da web Uma coleção de arquivos que compõe uma aplicação da web. Os projetos da web são armazenados no servidor e na máquina local. Um projeto da web faz parte de um container maior chamado de solução. (Veja também **Solução** e **Aplicação da web**.)

Proporção entre o eixos A proporção da altura e da largura de uma imagem. (O padrão para um quadro de televisão é 4:3.)

Propriedade Os dados associados a um objeto. Por exemplo, um objeto de etiqueta tem uma propriedade Caption, que armazena o texto exibido como o título da etiqueta. (Veja também **Objeto** e **Métodos**.)

Proteção Um procedimento de segurança que configura uma barreira entre uma LAN interna e a Internet. Comumente implementada pelo software em um servidor de rede, impede que os hackers tenham acesso a uma rede interna.

Público Um procedimento ou variável que é visível em todas as partes de um programa. As variáveis declaradas usando a instrução Public são visíveis em todos os procedimentos em todos os módulos em todas as aplicações. (Veja também **Escopo**, **Privado** e **Procedimento**.)

Quadro delimitador Uma caixa quadrada criada clicando e arrastando o mouse. Geralmente usado nas interfaces gráficas do usuário para selecionar um objeto ou grupo de objetos na tela.

Queima O ato de escurecer áreas específicas de uma fotografia. Originalmente usado na câmara escura com equipamento fotográfico tradicional, este processo é agora simulado por todos os programas de edição de imagens. (Veja também **Ilusão** e **Ferramenta de desenho**.)

Raiz virtual O diretório que parece ser uma subpasta para um servidor da web, embora possa residir fisicamente em um sistema de arquivos ou servidor diferente.

Recorte reverso O processo de estender artificialmente os limites de uma imagem para obter mais espaço. Executado pela duplicação de elementos existentes na imagem.

Recortes O efeito "recortado" geralmente visto em imagens cuja *resolução* é tão pequena que os *pixels* individuais são visíveis. (Veja também **Suavizar aparência**.)

Redimensionar Alterar a resolução ou o tamanho horizontal ou vertical de uma imagem.

Registro Uma coleção de dados relacionados em um banco de dados. Por exemplo, se o catálogo telefônico fosse um banco de dados, um registro seria todas as informações sobre uma única pessoa. (Veja também **Banco de dados**, **Tabela** e **Campo**.)

Registry Um banco de dados nos sistemas operacionais Windows 95 e Windows NT que contém informações sobre um computador e sua configuração.

Representação na tela O processo de converter uma imagem com tons de cinza nos padrões de pontos pretos e brancos que podem ser impressos comercialmente. No caso das imagens coloridas, a cor é dividida em primárias e estas, por sua vez, são apresentadas na tela individualmente. Essas telas são então impressas em suas respectivas cores primárias e a imagem colorida original reaparece.

Resolução Para as exibições de computador, sua altura e largura em pixels; para as imagens, a altura e largura em pixels; para os dispositivos de saída, os pontos por polegada que podem produzir.

Retícula A *representação na tela* de uma imagem com tons contínuos em pequenos pontos de vários tamanhos. (veja Também **Representação na tela**.)

RGB (Vermelho, Verde e Azul) Um modelo de cores que descreve a cor com base nas porcentagens de vermelho, verde e azul. Comumente usado pelos computadores e televisão para produzir ou simular a cor. (Veja também **Modelo de cores**, **HLS** e **HSB**.)

Saturação O grau no qual a cor não é diluída pela luz branca. Se uma cor for 100 por cento saturada, não conterá nenhuma luz branca. Se uma cor não tiver nenhuma saturação, será uma tonalidade de cinza.

Scanner Um dispositivo de hardware para converter a luz de uma imagem de origem ou transparência em uma representação digital.

Seleção Uma área dos dados do computador que é escolhida atualmente para executar algum tipo de operação.

Semelhança de cores Uma descrição da proximidade em que duas cores diferentes estão entre si no respectivo modelo de cores sendo usado. (Veja também **Modelo de cores**.)

Servidor do nome Um computador que fornece a conversão entre os nomes de domínio alfanuméricos da Internet e os endereços IP numéricos (Veja também **Internet**, **Nome do domínio** e **IP**.)

Apêndice C Glossário 857

Servidor HTTP O Servidor do Protocolo de Transferência de Hipertexto; um computador (servidor) que atende aos documentos HTML.

Servidor substituto Um servidor intermediário que age como uma barreira de segurança entre uma rede interna e a Internet.

Servidor Um pacote de software conectado a uma rede que fornece informações ou serviços com base nas solicitações de um programa cliente de conexão.

Sessão O curso de uma visita por um usuário a um site da web.

Shareware O software de computador que tem direitos autorais mas foi colocado disponível em uma base experimental. Se o usuário decidir manter e usar o software, espera-se que ele pague uma taxa de registro para o autor.

Shockwave Uma extensão para a web que permite aos usuários exibirem o conteúdo multimídia originalmente de autoria com ferramentas Macromedia, como o Director, Authorware e Flash.

Solução Um container Visual Studio que mantém os elementos que compõem diversos projetos. Estes projetos podem ser aplicações da web ou conexões do banco de dados. (Veja também **Aplicação da web**.)

Sombra A área mais escura de uma imagem.

SPID (Service Profile Identifier) Um número de identificação exclusivo para cada modem ISDN. (Veja também **ISDN**.)

SQL (Veja **Linguagem de Consulta Estruturada**.)

SQL Server (Veja **Microsoft SQL Server**.)

String Um tipo de dado para conter caracteres alfanuméricos.

Suavização da imagem O processo de suavização das bordas onde pixels individuais são visíveis. A suavização da imagem remove o efeito serrilhado causado por grandes pixels quadrados visíveis a olho nu.

Suavizar Um processo que tira a média dos pixels em relação a seus vizinhos, reduzindo assim o contraste e simulando uma imagem fora de foco. (Veja também **Nitidez**.)

T1 Uma linha principal de telefone com alta largura de banda que pode transferir 1.544 megabits por segundo (Mbps) de dados. (Veja também **T3**.)

T3 Uma linha principal de telefone com uma largura de banda muito alta que pode transferir 44.21 megabits por segundo (Mbps) de dados. (Veja também **T1**.)

Tabela Um grupo de informações relacionadas em um banco de dados. As tabelas são coleções de linhas de registros armazenando um determinado tipo de dados. (Veja também **Banco de dados**, **Registro** e **Campo**.)

Taxa de varredura Uma medida de quantas vezes por segundo um scanner apresenta uma imagem; e mais, uma medida para a velocidade em que o feixe de elétrons de um monitor varre da esquerda para a direita e de cima para baixo.

TCP/IP (Protocolo de Controle de Transmissão/Protocolo da Internet) O conjunto de protocolos de comunicações que a Internet usa para se comunicar.

Tema Um conjunto de gráficos combinados, fontes e elementos que criam uma construção visual consistente para um site ou página da web.

Texturas procedurais O uso de sombras ou pequenas partes do código de programação para descrever as superfícies em 3D, efeitos de luz e efeitos atmosféricos.

Tipos de dados Uma classificação para as variáveis de programação e os campos do banco de dados. Os tipos de dados comuns incluem numéricos, de string, data etc.

Tom Outro termo usado para descrever a cor. O tom geralmente representa a cor sem seu brilho ou *saturação*.

Tons de cinza Uma imagem que contém tons contínuos do branco ao preto.

Traçar contorno Um filtro que procura as bordas e então as traça enquanto torna da mesma cor todas as cores sólidas diferentes na imagem. Tem o efeito de simular um desenho.

Transação A operação do servidor que tem sucesso ou falha como um todo, mesmo que a operação envolva muitas subetapas. Este processo é geralmente controlado usando um Transaction Server (Servidor de Transações). (Veja também **Transaction Server**.)

Transaction Server Um componente do servidor que é usado para controlar e avaliar o término das transações, como a realização de pedidos ou pagamentos. Determina se a transação completa tem sucesso e como resolver as transações incompletas. (Veja também **Transação**.)

URL (Localizar de Recurso Universal) O esquema de endereçamento de sites de arquivos para a World Wide Web.

Vara mágica Uma ferramenta de desenho que seleciona qualquer faixa de cores vizinhas semelhantes. A maioria das ferramentas de vara mágica inclui uma definição de semelhança ou tolerância. (Veja também **Ferramenta de desenho**.)

Variável Um local de armazenamento de dados atribuído a um nome significativo. Permite que o programa altere e se refira aos dados independentemente do que sejam.

Vazio Um valor que indica que nenhum valor inicial foi atribuído a uma variável. As variáveis vazias são 0, em um contexto numérico, ou com comprimento zero, em um contexto de string.

Vínculo de dados Usa controles ActiveX com reconhecimento de dados para manipular diretamente os bancos de dados.

WWW (World Wide Web) Um sistema popular baseado em hipertexto para transmitir informações baseadas em texto ou em multimídia na Internet.

Índice

Símbolos

3D, relatórios gráficos. *Veja* relatórios gráficos, 602
* (asteriscos), exibir no lugar de senhas, 141-142
: (dois-pontos), sintaxe HTML, 800
= (sinal de igual), sintaxe HTML, 800
<%...%>, notação, 637

A

abrir
    janelas, 367-370
    objetos, 103-104
    projetos da web, 828-830
    projetos, 39
absoluto, endereçamento URL, 640
absoluto, posicionamento, 129, 596
Access (Microsoft)
    acesso dos bancos de dados, 436
    Data Tools Utilities, 434
    File DSNs, 441, 445-447
    QueryDefs, 567, 568
aceitar dados de usuários, 425-430
acessar
    hosts, 406-408
    objeto Err, 778
ActiveX Data Objects. *Veja* ADO
ActiveX, controles
    ActiveMovie, 219
    controles DirectAnimation, 224-225
ADO (ActiveX Data Objects), 435, 534-535, 542, 610
    arquivos de inclusão
    Biblioteca, 534
    COM, 534
    conexões, 609-611
    controles de construção, 534, 554
    Data Tools Utilities, 435
    desenvolvimento, 535
    desvantagens, 534
    erros tipográficos, 553
    objeto Command, 535, 559, 569-570
    objeto Connection, 535, 549-553, 610
    objeto Parameter, 563-571
    objeto Recordset, 535, 553-557, 610
    procedimentos armazenados SQL Server, 569-570
    propriedade CommandText, 536-537
    propriedade CommandType, 536-538
    propriedade ConnectionString, 536
    propriedade CursorLocation, 536, 538-539
    propriedade CursorType, 536, 539-540
    propriedade LockType, 536, 540-541
    propriedade Mode, 536, 541
    Vantagens, 534
ajuda on-line, 351
alinhar. *Veja também* CSS (Folhas de Estilo em Cascata)
    elementos do formulário, 129-132
    elementos, 596
    imagens
    tabelas, 65
alternar modos, 95
ambiente (Integrated Development Envi-ronment)
    barras de ferramentas, 49-53
    exibições, 53-56
    janela do editor principal, 37-42
    janelas fixáveis, 42-47
    menus, 47-49
    modificar definições, 56-60
    modos de navegação, 36
    tela, 39
âncoras, 399
animação (controles DirectAnimation), 224-225
    compatibilidade do browser, 225
    controle Path, 229-233
    controle Sprite, 227-229
    controle Structured Graphics, 233-242
    instalar, 225-226
    vantagens, 225
aninhar SSIs, 695
Anúncios (girar anúncios de banner), 642
    arquivos de controle, 646-649
    arquivos de texto, 643

contadores de batida, 644-646
páginas de exibição de banner, 643
script no lado servidor, 642-643
anúncios de banner, girar, 642
   arquivos de controle, 646-649
   arquivos de texto, 643
   contadores de batida, 644-646
   páginas de exibição de banner, 643
   script no lado servidor, 642-643
apagar
   consultas, 456, 561-564
   documentos dos diagramas do site, 24-26
   itens da lista suspensa, 159
   permissões, 751-752
   registros, 456
aplicações
   código de tratamento de erros. *Veja* tratamento de erros
   FPSRVADM.EXE, 834
   planejar, 775-776
   testar, 771-772
   VBScript
   web
aplicar
   layouts, 28-31
   temas, 27
apresentar. *Veja* testar
Arc, método, 234
arcotangentes, calcular, 286
<AREA>, tag (HTML)
   atributos, 245, 250
   exemplo, 249
áreas de texto
   exibir conteúdo de, 168-169
   quebra de texto, 167
   sintaxe da codificação HTML, 166-167
armazenamento no disco, 709-710
armazenamento, 437
arquitetura (aplicações da web), 682-683
arquivos
   arquivos JPEG, 67
   criar, 710-715
   exibir, 723-727
   gerenciar, 706, 709-716, 719-724, 727
   GIF (Formato Graphical Interchange), 227-229
arquivos de imagem, 67
arquivos de inclusão no lado servidor (SSI), 695-696, 760
   criar, 696-698
   usar, 699-701

arquivos de inclusão, 760
   arquivo ADOSTUFF.INC, 546-549
   arquivo ADOVBS.INC, 543-546
   arquivos de inclusão no lado servidor, 695-696
arquivos de informação de relatório (RIFs), 619
   arquivo TEST.RIF, 621
   criar, 621
   exemplo, 619-620
   formato do arquivo, 619-620
arquivos de informações gráficas (GIFs), 67, 227-229
arquivos de som
   formato WAV, 216
   identificar com etiqueta, 219
   inicializar, 218-219
   projetos da web, 216
   script no lado cliente, 215
   sintaxe da codificação HTML, 213-216
arquivos de texto
   adicionar a projetos da web, 639
   objeto TextStream, 729-735
   imagem, 67
   inclusão no lado servidor, 695-696
   inclusão
   ler, 732-735
   README, 821
   RIFs (arquivos de informação do relatório), 619-621
   som
   SSI (inclusão no lado servidor), 761
   texto
   vídeo, 219-224
ASP (Páginas Ativas do Servidor), 122, 682
   adicionar a
   arquivo GLOBAL.ASA, 683-684
   arquivos de inclusão no lado servidor, 695-700
   copiar, 615-616
   criar, 403-406
   documento CHARTING.ASP (relatório gráfico), 624
   documento COLUMNAR.ASP (relatório em colunas), 607
   documento REPORT.ASP (relatório tabular), 615-616
   documento TABULAR.ASP (relatório tabular), 615-616
   exibir data/hora atuais, 637
   FileSystemObject, 707-709
   grades com vínculo de dados, 474

Índice

ligar (Content Linker Component), 637
método GET, exemplo GETFORM.HTM, 127-129
método POST, exemplo POST-VALUES.ASP, 122-123
objeto TextStream, 727-735
ODBC, 397
script no lado servidor, 397
segurança baseada em programas, 757
tratamento de erros, 780-781, 789-790
usuários
variáveis do servidor, 701-704
ASPChart DLL, 623-624
assistentes, Web Project Wizard, 90-91, 94
associar
    editores de texto, 640
    URLs com mapas de imagem, 251-252
asteriscos (*), exibir no lugar de senhas, 141-142
atender a teclas pressionadas, 351
atender teclas pressionadas, 351
ativar SOM (Scripting Object Model), 465
atrativos, 422-423
atribuir permissões, 747-750
atributos (HTML). *Veja também* propriedades
    ID, 358
    LANGUAGE, 352
    ordem, 146
    script no lado cliente, 352, 355-357
    tag <AREA>, 245, 250
    tag <BGSOUND>, 214
    tag <IMG>, 247, 799-800
    tag <INPUT>
    tag <OBJECT>, 223
    tag <OPTION>, 158
    tag <SCRIPT>, 319
    tag <SELECT>, 162
    tag <TEXTAREA>, 166-167
áudio, arquivos
    adicionar a projetos da web, 216
    formato WAV, 216
    identificar com etiqueta, 219
    inicializar, 217-219
    scripts no lado cliente, 215
    sintaxe da codificação HTML, 213-216
autenticação (SQL Server), 443
Authority Access, 738-739
autoformatação (espaço de exibição HTML), 114-115

B

Back, método, 374
bancos de dados com arquivos simples, 621
bancos de dados. *Veja também* relatórios
    bancos de dados da web, 438
    bloquear, 540-541
    conectar
    conexões ADO, 609-611
    conexões de dados, 607-609
    conexões, 559-560
    conjuntos de registros, 448
    criar, 434
    editar, 451
    exibições, 568
    gerenciamento, 434
    modos, 541
    registros, 448
    reuniões, 568
    tabelas, 452-453
    vínculo de dados, 487
banners de título, 74-75
banners, 74-75
barras de ferramentas flutuantes, 50
barras de ferramentas personalizadas, 36, 51-53
barras de ferramentas, 36
    Design, 64
    exibir, 50
    fixar, 50
    flutuar, 50
    Link View, 101
    personalizadas, 36, 51-52
    Query, 455-456
    Site Diagram, 84
barras de navegação
    criar, 79-80
    diagramas do site, 83-86
    solução de problemas, 834-835
base (aplicações Web), 682-683
<BGSOUND>, tag, 213-214
bibliotecas
    biblioteca ActiveX Data Objects (ADO), 534
    bibliotecas de tipos, 692-694
bloquear bancos de dados, 540-541
bolha de eventos, 319
    cancelar, 798-799
    definida, 797
    exemplo, 797
    scriptlets, 660-661

bordas
    exibir, 64-65
    ocultar, 65
    remover bordas do mapa de imagem, 247
    tabelas, 64-65
botões
    botões de rádio, 135, 147
    controle Button, 481, 490
    formulário de entrada de dados, 496-499
    imagens, 172-174
    Microsoft Internet Explorer, 365
    Reset, 120
    Submit, 120
browsers, 64, 374
    browsers de texto, 69
    criar, 374
    diferenças de exibição, 114-115
    históricos das sessões, 374-375
    Microsoft Internet Explorer, 350
    Netscape, 350
    obter informações sobre, 375-377, 701-704
    script no lado cliente, 350
    testar layout da página da web, 64-65
    VBScript, 397

C

cabeçalhos (relatórios em colunas), 612
Caixa de ferramentas, 43
    adicionar controle ActiveMovie, 222
    compartilhar, 579
    personalizar, 578-579
caixas de diálogo
    Add Item, 809
    Add Users and Groups, 747
    caixas de diálogo modais, 117
    caixas de entrada, 310
    caixas de mensagem
    Connection Properties, 445
    Copy Project, 108
    Create a New Data Source to SQL Server, 442, 608
    Create New Data Source for SQL Server, 507
    Create URL, 69
    Customize Toolbox, 222
    Customize, 51
    Data Connection Properties, 444
    Define Window Layout, 56
    Delete Pages, 25
    Differences, 97
    Directory Permissions, 749
    Insert Image, 69
    Insert Table, 64-65, 130, 490
    Merge Differences, 90
    Microsoft Internet Explorer, 366-367
    New Folder, 682
    New Local Group, 746
    New Project, 13, 39, 135
    ODBC Microsoft Access Driver, 99, 440
    Open FrontPage Web, 828
    Options, 56-57
    Page Transitions Properties, 87
    PageNavBar Properties, 74
    Project Properties, 16
    propriedade VBScript, 259
    Select Background Image, 193
    Select Data Source, 444-445, 506-507, 608
    Special Directory Access, 750
    VBScript, 259
    Web Project Wizard, 90-91
caixas de entrada, 487-488
caixas de listagem, 161
    sintaxe da codificação HTML, 162-164
    tratamento de eventos, 165
caixas de mensagens, 259
caixas de texto, 135
    adicionar a documentos, 137
    sintaxe da codificação HTML, 136-137
    testar, 137
    tratamento de eventos (VBScript), 139-141
caixas de texto, 487-488
caixas de verificação, 135
    sintaxe da codificação HTML, 143-145
    tratamento de eventos (VBScript), 145-146
calcular logaritmos, 286
calcular
    coordenadas do mapa de imagem, 251-253
    script no lado cliente, 351
campos memos, 166-169
cancelar bolha de eventos, 798-799
carregar documentos HTML, 39-41
cdaoQueryDef, 553-555
certificados digitais, 427
certificados, 426
CGI, programas, 534
chapas para caldeiras. *Veja* modelos
chaves primárias, 512
chaves, 512
classes (CSS), 181, 186, 204-207
classes de estilo personalizadas (estilos de ID exclusivos), 183, 186-187, 207
    aplicar, 209-210
    criar, 208-209
    exemplo, 208

Índice

CLC (Content Linker Component), 632
    criar instância, 637
    criar ligações
cliente, 351
clientes pequenos, 351
Cobb Journal, site da web, 838
CodePage, propriedade, 415
    coleção ClientCertificate, 425-427
    coleção Contents, 410-414
    coleção Cookies
    coleção Drives, 715, 719
    coleção Files, 723-724, 727
    coleção Folders, 719-723
    coleção Form, 425, 430
    coleção QueryString, 426-429
    coleção ServerVariables, 426, 701-704
    coleção StaticObjects, 413
    coleções Contents, 686-688
    coleções StaticContents, 686
    coleções StaticObjects, 690
código da aplicação, 551
código da sessão, 552
código. *Veja também* scripting
    aplicação, 552
    scripts, 350
    sessão, 552
coleção ClientCertificate, 425-426
coleções de registros. *Veja* conjuntos de registros
COLUMNAR.ASP, documento (relatório em colunas), 607
    adicionar conexão de dados, 607-609
    cabeçalhos, 612
    conexões ADO, 609-611
    exibir detalhes de dados, 613-615
    loop de impressão, 612
colunas
    tabelas, 64-67
    vínculo de dados, 487
COM (Component Object Model)
    ADO, 535
    componente Ad Rotator, 642
    Content Linker Component, 633
COM, objetos (FileSystemObject), 707-709
    criar pastas e arquivos, 710-715
    depurar, 714
    examinar armazenamento de disco, 709-710
    exibir arquivos, 723-724, 727
    exibir pastas, 719-723
    ler drives do servidor, 715-716, 719

    memória, 735
    segurança, 706
comandos
    comandos SQL UPDATE, 453-455
    menu Add Item, Style Sheet, 185
    menu Add
    menu Edit
    menu File
    menu HTML
    menu Project
    menu Tools, Options, 56
    menu User, 745
    menu View, 43
    Table menu, Insert Table, 47, 64, 130, 480, 490
combinar imagens (transições), 585
    vantagens, 585
    método blendTrans, 586
    método revealTrans, 590-592
compartilhamento de dados, 685
compartilhar
    caixa de ferramentas, 579
    dados, 685
    variáveis, 416
Component Object Mode. *Veja* COM
componentes COM externos
    Ad Rotator, 642
    Content Linker, 633
Componentes escopo, 689
componentes reutilizáveis. *Veja* controles
conceder permissões, 747-748, 750
conectar bancos de dados
    ActiveX Data Objects (ADO). *Veja* ADO
    armazenamento de dados de conexão, 437
    bancos de dados Microsoft Access, 436
    bancos de dados Oracle, 436
    bancos de dados SQL Server, 436
    Data Environment Designer, 434, 437, 444-451
    ODBC (Conectividade Aberta do Banco de Dados), 435
    ODBC File DSNs, 438-444
    OLE DB, 435
    programas CGI, 534
    programas ISAPI, 535
Conectividade Aberta do Banco de Dados (ODBC), 435
    drivers, 436-438
    File DSNs, 438-444
    Páginas Ativas do Servidor, 397

conexões (bancos de dados), 559
conexões de dados
    adicionar a projetos da web, 469
    criar, 444, 607-609
    Data Environment Designer, 437
    Microsoft Access File DNSs, 445-447
conjuntos de registros, 448
    definidos, 470
    navegar
constantes, 566
construção
    conteúdo ativo, 630-631
    formulários
construir projetos da web, 8
    diagramas do site, 17
    layouts
    temas, 26-27
construir
    aplicações, 775-776
    formulários com vínculo de dados, 460
consultas
    consultas SQL, 451
    definições, 553-555
    OLE DB, 537
    QueryDef, 554-555
consultas com parâmetro
    constantes, 565
    objeto Parameter (ADO), 563-569
    QueryDefs, 567-569
consultas de atualização, 453-454, 559-561
consultas de inserção, 561-563
consultas de valores de inserção, 455-456
contadores de batida, criar, 644-646
contar cliques, 644-646
Content Linker Component (CLC), 633
    criar instância, 637
    criar ligações
Contents, coleções, 686-688
    objeto Application, 408-414
    objeto Session, 415-417
conteúdo ativo, 630
    adicionar a projetos da web, 632
    documentos, 630
    estrutura de solução, 631
    girar anúncios de banner, 642
    projeto de revista on-line (VID News Central), 633-634
    questões de construção, 630-631
conteúdo dinâmico. *Veja* conteúdo ativo
Control Panel, 439-441
controlar movimentos do mouse, 351
controlar sessões do usuário, 414-419
controle da caixa de diálogo comum, 169-171

controle da senha, 135, 141-142
controle de acesso
    Authority Access, 738-739
    Membership Access, 738-740
controle do campo de arquivo, 169-171
controles, 134-135, 156, 461-463. *Veja também* tags HTML
    ActiveX. *Veja* controles (ActiveX)
    Button, 481, 490
    Caixa de texto, 135
    compatibilidade FrontPage, 831
    Conjunto de registros, adicionar a
    controle da área de texto
    controle da caixa de listagem, 161
    controle da senha, 135, 141-142
    controle de entrada do tipo de imagem, 172-175
    controle de rádio, 135, 147
    controle do caixa de verificação, 135
    controle do campo de arquivo, 169
    controle suspenso, 157
    controles de construção, 72-73, 461
    converter em texto, 463
    criar, 461
    exibir scripts, 462
    Grid, 478-479
    LayoutDTC, 29
    Navbar, 462
    PageNavBar, 32-34
    RecordsetNavbar, 462
    script no lado cliente, 463-465
    script no lado servidor, 463-465
    SOM (Scripting Object Model), 465-466
    VBScript, 259
controles (ActiveX)
    ActiveMovie, 219
    controles DirectAnimation, 224-225
controles de construção (DTCs), 72. *Veja também* controles
    ActiveX Data Objects (ADO), 534, 553
    DTC Page Transitions, 62, 73, 86-88
    DTC PageNavBar, 73
    exigências do sistema, 79
controles de entrada. *Veja* controles
controles intrínsecos, 134, 156
    áreas de texto
    caixas de listagem, 161
    controle da caixa de texto, 135
    controle da senha, 135, 141-142
    controle de entrada do tipo de imagem, 172-174
    controle do caixa de verificação, 135
    controle do campo de arquivo, 169

Índice

controle do rádio, 135, 147
   desvantagens, 134
   listas suspensas, 157
   vantagens, 135
controles predefinidos. *Veja* controles intrínsecos
convenções de nomenclatura
   Convenção de Nomenclatura Húngara, 287
   nomes de arquivo, 246
conversões (métodos de conversão de dados), 303-307
converter DTCs (controles de construção) em texto, 463
Cookies, coleção
   objeto Request, 425-428
   objeto Response, 419, 422-424
coordenadas (mapas de imagem), 249
   definir, 251-253
   sintaxe da codificação HTML, 249-251
coordenadas do mapa (mapas de imagem), 249
   definir, 251-253
   documentos de destino, 254
   sintaxe da codificação HTML, 249-251
copiar
   ASPs, 616
   código HTML, 126-127
   código, 336-337
   modelos da página da web, 81
   modelos, 81
   sites da web, 108-110
cor
   cores de fundo (CSS), 192
corrigir ligações, 106-107
CSS (Folhas de Estilo em Cascata), 178-179
   adicionar a projetos da web, 186
   classes de estilo, 181, 186, 204-207
   estilos de fonte, 189-191
   estilos de fundo, 191-193, 196
   estilos de layout, 198-201
   estilos de lista, 201-204
   estilos de margem, 196-198
   formato de arquivo, 180-181
   IDs exclusivos, 183, 186-187, 207-210
   ligar a documentos, 181, 188
   organizar em grupos, 210
   Style Sheet Editor, 183, 187
cursores, 538-540

D

dados de conexão, 761-763
Data Environment Designer (DED), 434, 437
   comandos de dados, 437
   conexões de dados, 437
   ODBC File DSNs, 441-444
Data Tools Utilities, 434
   Access (Microsoft), 434
   ActiveX Data Objects (ADO), 435
   Data Environment Designer (DED), 434
   Data Environment Designer, 437
   Microsoft Access, 434
   OLE DB, 435-436
   Query Designer Tool (QDT), 449-453
Data Tools, 503
   Database Diagram, 508-509
   limites, 503
   Query Designer, 508
   Table Script, 508, 516-518
Data View, janela, 45
dbo (objetos do banco de dados), 470
Debug, exibição (IDE), 53
declaração de evento do atributo, 318
declaração de evento intrínseca, 317-318
declaração de eventos explícita, 319
declarar varáveis
   arquivo GLOBAL.ASA, 687
   VBScript, 263
DED (Data Environment Designer), 434, 437
   comandos de dados, 437
   conexões de dados, 437
   ODBC File DSNs, 441-444
DEFAULT.HTM. *Veja* páginas de inicialização
definições (IDE), 56-60
definir
   coordenadas do mapa de imagem, 251-253
   estilos (CSS)
   métodos, 657-658
   propriedades, 658-659
   relações de tabelas, 518-519
   seções do documento, 801-802
Deployment Manager, 44
depurar
   FileSystemObject, 715
   Oracle, 436
   procedimentos armazenados, 530
   SQL Server, 436
Description, propriedade (objeto Err), 777
desenhar objetos, 234-235, 239
desenvolvimento, 535
desinstalar FrontPage, 822
DHTML (HTML Dinâmica), 794-795
   aplicar, 799-801
   bolha de eventos, 797-799
   compatibilidade do browser, 795
   conteúdo HTML, alterar durante execução, 802-807

filtros visuais, 576
interfaces do tipo arrastar-e-soltar, 813-816
modelo de objetos do documento, 794
nomenclatura do elemento, 794
transições, 585
tratamento de eventos, 794
diagramas (banco de dados), 509. *Veja também*
diagramas do site
diagramas do banco de dados, 509
Differences, caixa de diálogo, 97
dimensionar mapas de imagem, 247
direcionar usuários a sites da web, 701
direitos autorais, 213
Distributed Internet Applications (DNA), 653
DLLs, 623-624
DNA (Distributed Internet Applications), 653
Document Object Model (DOM), 350, 360-361
   hierarquia, 361-363
   objeto Document, 380-383
   objeto Element, 391-394
   objeto Form, 391-394
   objeto Frame, 372-373
   objeto History, 374-375
   objeto Link, 389-391
   objeto Location, 377-380
   objeto Navigator, 375-377
   objeto Window, 363-365
documentação on-line, 709
documentos ligados. *Veja* scriptlets
documentos
   adicionar a diagramas do site, 20
   associar editores de texto, 640
   documentos do diagrama do site
   documentos HTML. *Veja também* formulários
   mesclar, 90
dois-pontos (:), sintaxe HTML, 800
DOM (Document Object Model), 350, 360-361
   hierarquia, 361-363
   objeto Document, 380-383
   objeto Element, 391-394
   objeto Form, 391-394
   objeto Frame, 372-373
   objeto History, 374-375
   objeto Link, 389-391
   objeto Location, 377-380
   objeto Navigator, 375-377
   objeto Window, 363-364
drivers, 436, 438
drives do servidor, 715-719
DSNs (nomes da fonte de dados), 608-609. *Veja também* File DSNs

DTCs (controles de construção), 72. *Veja também* controles
   ActiveX Data Objects (ADO), 534, 553
   DTC PageNavBar, 73
   DTC PageTransitions, 62, 72
   DTC PageTransitions, 86-88
   exigências do sistema, 79

E

editar
   arquivo GLOBAL.ASA, 446, 687-689
   bancos de dados, 451
   exibições personalizadas, 56
   janela do editor principal, 37-39
   registros, 453-455
   scripts no lado cliente com scripts no lado servidor, 401
   tabelas, 451-453
   WYSIWYG, 42
editores de texto, 639
editores. *Veja também* janela do editor principal
   associar, 640
   janela Script Outline, 354-355
   script no lado cliente, 353-355
   Style Sheet Editor, 186
   Table Script Editor, 508, 516-518
elementos (HTML), 62-67. *Veja também* controles, tags
elementos de ligação, 347-348
e-mail, 839
empilhar janelas, 46-47
encadear filtros visuais, 584
End, método, 421
endereçamento do URL relativo, 640
endif, 278
enfraquecer imagens. *Veja* transições
entrada/saída, métodos
   exemplos, 311-313
   Inputbox, 310
   Msgbox, 310-312
enviar dados. *Veja* transferência de dados
enviar em fluxo texto, 729-735
equipes de desenvolvimento, 90
   isolamento, 98-99
   modos de trabalho
   projetos compartilhados, 90-91
   projetos pessoais, 90-92
   testar áreas, 107-108
equipes, *Veja* equipes de desenvolvimento
   isolamento, 98-99
   modos de trabalho

Índice

projetos compartilhados, 90-91
projetos pessoais, 90-92
testar áreas, 107-108
erros de execução, 774-775
    definidos, 770
    exemplo, 774-775
    impedir, 775-776
erros de sintaxe
    definidos, 770
    exemplo, 770-772
    impedir, 771-772
escopo (variáveis VBScript), 265, 690
    estruturas de decisão, 270
    estruturas de loop, 270
    inicialização variável, 270
    variáveis do módulo, 269
    variáveis privadas, 265-268
    variáveis públicas, 270
escrever script no lado servidor, 398-400
espaço da tela, 46
espaço de exibição (HTML), 114-115
espaço em branco, 48-49
espaços de trabalho, 10
esquemas, 44-45
estações de trabalho. *Veja* clientes
estados (formulários), 115
estilos de layout (CSS), 198-201
estrutura (aplicações Web), 682-683
estruturas de controle (VBScript), 270
    estrutura If...Then...Else, 277, 278-279
    estrutura Select...Case...End Select, 279, 281
    loops Do...Loop, 273-277
    loops For...Next, 271, 272
estruturas de decisão (VBScript), 270
    estrutura If...Then...Else, 277-279
    estrutura Select...Case...End Select, 279-281
estruturas de loop, 270
eventos. *Veja também* inicializadores
    evento Application OnEnd, 685
    evento Application OnStart, 684
    evento OnEnd, 408-410
    evento OnStart, 408-410, 414
    evento Session OnEnd, 684
    evento Session OnStart, 684
    onbeforeunload, 795
    onblur, 795
    onclick, 261
    onerror, 795
    onfocus, 795
    onhelp, 795

    onload, 795
    onmouseover, 804-807
    onresize, 795
    onscroll, 795
    onunload, 795
eventos em bolha. *Veja* bolha de eventos
examinar armazenamento em disco, 709-710
executar procedimentos armazenados, 530-531
Exemplos. *Veja* modelos.
exibições de slides. *Veja* transições
exibições IDE personalizadas, 55-56
exibições personalizadas, 56
exibições
    bancos de dados, 568
    criar, 525-526
    exibição Link, 99-100
    Integrated Development Environment, 53
exibir
    arquivos, 723-727
    barras de ferramentas, 50
    bordas, 64-65
    caixas de diálogo de entrada, 310
    caixas de diálogo de mensagem, 310
    CSS (Folha de Estilos em Cascata), estilos, 191
    data/hora, 637
    documentos FrontPage, 826-828
    DTC (controle de construção), scripts, 462
    formulários, 114-115
    janelas, 43, 354
    ligações, 76-77
    pastas, 719-723
    projetos da web, 829
    propriedades do projeto, 15-17
    relatórios em colunas, 612-613
    relatórios gráficos, 627
    usuários, 744
exigências do sistema, 79
expandir ligações do site da web, 104
Explorer. *Veja* Microsoft Internet Explorer

F

fechar
    âncoras de tags, 399
    conexões do banco de dados, 559
ferramentas administrativas (User Manager), 744-746
ferramentas
    Data Tools, 503
    Database Diagram, 508-509
    ferramentas personalizadas, 43

ISQL/W, 504
Query Designer, 508
Table Script, 508, 516-518
User Manager, 744-746
File DSNs, 438-441
    arquivo GLOBAL.ASA, 446
    Control Panel, 439-441
    criar, 441-444
    Data Environment Designer, 441-444
    Microsoft Access, 441, 445-447
    SQL Server, 442-444
FileSystemObject
    depurar, 714
    documentação, 709
    memória, 735
filmes
    AVI (Audio Visual Interleave), formato, 222
    controle ActiveMovie, 219-224
Filter, método, 291
filtros de inversão, 576
filtros visuais, 576
    encadear, 584
    script (VBScript), 582-584
    sintaxe da codificação HTML
    suporte do browser para, 577
filtros, 576
    encadear, 584
    exibição Link, 100-102
    scripting (VBScript), 582-584
    sintaxe da codificação HTML, 577, 579-582
    suporte do browser para, 577
fixar
    barras de ferramentas, 50
    janelas, 36
Folhas de Estilo em Cascata. *Veja* CSS
folhas de estilo. *Veja* CSS (Folhas de Estilo em Cascata)
fontes (CSS), 189
    definir, 189-190
    exibir, 191
    famílias de fontes, 191
    visualizar, 191
fontes de dados. *Veja* projetos do banco de dados
formas, 234-235, 239
formulários
    ambiente sem estado, 115
    botões de rádio, 135, 147
    botões Reset, 120
    botões Submit, 120
    caixas de listagem, 161
    caixas de texto, 135
    caixas de verificação, 135

    controle de senha, 135, 141-142
    diversos modos, 493
    exibir
    gerenciar, 391-394
    listas suspensas, 157
    método GET de transferência de dados, 124-125
    método POST de transferência de dados, 117-118
    modos de operação, 116-117
    sintaxe da codificação HTML, 120-121
    tabelas, 129-132
    vínculo de dados. *Veja* formulários com vínculo de dados
FrontPage
    desinstalar, 822
    instalar, 821-824
    integrar com Visual InterDev
    projetos da web Visual InterDev, 828-830
    webs, 824-828
funções. *Veja* métodos
fundos, 191-194, 195

G

galeria clipart (site da web), 581
gerenciadores, 44
gerenciamento de erros
    objeto TextStream, 732
gerenciar
    arquivos, 707-727
    bancos de dados, 434
    formulários, 391-394
    ligações, 389-390
Girar gráficos, 240
grade de dados (QDT), 452-453
grades (vínculo de dados), 474
    adicionar documentos ASP, 474-476
    controle Button, 481-482
    controle Grid, 478-479
    controle Recordset, 477
    tabelas HTML, 480-482
gráficos de título, 74-75
gráficos do ponto de ativação. *Veja* mapas de imagem
gráficos. *Veja também* animações; imagens
    botões, 172-175
    filtros visuais, 577
    formas, 234-235, 239
    gráficos. *Veja* relatórios gráficos
    imagens de fundo, 193-196
    importar para projetos da web, 809

Índice **869**

    mapas de imagem, 245
    marcadores, 201-202
    pacote Chrome, 233
    posicionar
    transições, 585
gravar
    digramas do banco de dados, 509
    modelos da página da web, 67
grupos (Windows NT), 746-747

H

hierarquia (Microsoft Internet Explorer), 361-363
histórico (sessões do browser), 374-375
hora/data, métodos, 297
    Date, 297
    DateAdd, 297
    DateDiff, 297
    DatePart, 297
    DateSerial, 297
    DateValue, 298
    Day, 298
    exemplos, 298-302
    Hour, 298
    Minute, 298
    Month, 298
    MonthName, 298
    Now, 298
    Second, 298
    Time, 298
    TimeSerial, 298
    TimeValue, 298
    Weekday, 298
    WeekdayName, 299
    Year, 299
hosts, 406-408
HTML (Linguagem Marcada de HiperTexto), 244.
    Veja também DHMTL (HTML Dinâmica)
    arquivo GLOBAL.ASA, 685
    atributos. *Veja* atributos
    espaço da exibição, 114-115
    FRAMESET, 62
    script no lado servidor, 399-401
    tabelas, 480-481
    TABLE, 62-67
HTML Dinâmica. *Veja* DHTML
HTML, documentos
    adicionar a
    carregar na janela do editor principal, 39-41
    copiar, 126-127
    CSS (Folhas de Estilo em Cascata), 178-179

    exibição do espaço em branco, 48-49
    exibir informações sobre, 381-383
    imagens, 810-812, 814-816
    script no lado cliente, 352
    seções, 801-802
HTML, formulários
    ambiente sem estado, 115
    áreas de texto
    botões de rádio, 135, 147
    botões Reset, 120
    botões Submit, 120
    caixas de listagem, 161
    caixas de texto, 135
    caixas de verificação, 135
    controle da senha, 135, 141-142
    exibir, 114-115
    listas suspensas, 157
    método GET de transferência de dados, 124-125
    método POST de transferência de dados, 117-118
    modos de operação, 116-117
    sintaxe da codificação, 120-121
    tabelas, 129-130
HTML, tags. *Veja também* controles intrínsecos
    <AREA>, 245, 249-251
    <BGSOUND>, 213-214
    <DIV>, 801-802
    fechar âncoras, 399
    <FORM>, 120-121
    <IMG>
    <INPUT>, 135-137
    <LINK>, 181
    <MAP>, 249
    <OBJECT>, 690-691
    <OPTION>, 158
    <SCRIPT>, 319, 353, 356
    <SELECT>, 157-158, 162
    <SPAN>, 578-579, 801-802
    <TABLE>, 129, 131
    <TEXTAREA>, 166-167
HTTP (Protocolo de Transferência de Hipertexto), 397
HTTP, variáveis do servidor, 701-704
    All HTTP, 701
    All RAW, 701
    APPL MD PATH, 701
    APPL PHYSICAL PATH, 701
    AUTH PASSWORD, 701
    AUTH TYPE, 701
    AUTH USER, 702
    CERT COOKIE, 702

CERT FLAGS, 702
CERT ISSUER, 702
CERT KEYSIZE, 702
CERT SECRETKEYSIZE, 702
CERT SERIALNUMBER, 702
CERT SERVER ISSUER, 702
CERT SERVER SUBJECT, 702
CERT SUBJECT, 702
CONTENT LENGTH, 702
CONTENT TYPE, 702
GATEWAY INTERFACE, 702
HTTP ACCEPT ENCODING, 703
HTTP ACCEPT LANGUAGE, 703
HTTP ACCEPT, 703
HTTP HOST, 703
HTTP REFERER, 703
HTTP SECRETKEYSIZE, 702
HTTP USER AGENT, 703
HTTPS KEYSIZE, 702
HTTPS SERVER ISSUER, 702
HTTPS SERVER SUBJECT, 702
HTTPS, 702
INSTANCE ID, 702
INSTANCE META PATH, 702
LOCAL ADDR, 702
LOGON USER, 702
PATH INFO, 703
PATH TRANSLATED, 703
QUERY STRING, 703
REMOTE ADDR, 703
REMOTE HOST, 703
REMOTE USER, 703
REQUEST METHOD, 703
SCRIPT NAME, 703
SERVER NAME, 703
SERVER PORT SECURE, 703
SERVER PORT, 703
SERVER PROTOCOL, 703
SERVER SOFTWARE, 703
URL, 703
Húngara, convenção de nomenclatura, 287

I

IDE (Integrated Development Environment), 36
    barras de ferramentas, 49-53
    exibições, 53
    janela do editor principal, 37-39
    janelas fixáveis, 42-47
    menus, 47-49
    modificar definições, 56-60
    modos de navegação, 36
    tela, 39
IDs (CSS), 183, 186-187, 207-210
IDs exclusivos (CSS), 183, 186-187, 207-210
IIS (Internet Information Server), 704
imagens. *Veja também* animação; gráficos
    botões, 172-175
    imagens de fundo, 193-196
    importar para projetos da web, 246-809
    modelos da página da web, 67-71
    posicionar
    tempos de carregamento, 70
    texto descritivo, 69
    transições, 585
imagens clicáveis. *Veja* mapas de imagem
importar imagens, 246, 809
inicialização variável, 270
inicializadores, 512-514. *Veja também* eventos
inserir
    documentos HTML em projetos, 39-41
    registros, 455-456
    script no lado cliente em documentos HTML, 352-360
    tabelas, 130
instalar
    ASPChart DLL, 623-624
    controles DirectAnimation, 225-226
    FrontPage, 821-824
    Visual InterDev 6 Script Library, 826
integrar FrontPage/Visual InterDev
    cuidados, 831
    instalação do FrontPage, 821-824
    instalar Visual InterDev 6 Script Library, 826
    projetos da web (InterDev), 828-829
    solucionar problemas, 832
    vantagens, 820-821
    webs FrontPage
integrar texto, 801
Integrated Development Environment (IDE). *Veja* IDE
interface, 36
interfaces do tipo arrastar-e-soltar, 813-816
Internet Explorer. *Veja* Microsoft Internet Explorer
Internet Information Server (IIS), 702
Internet Information Server 4.0, 79
interrupções de grupo (relatórios tabulares), 615
intranets, 740
ISAPI, programas, 535
isolamento nas equipes de desenvolvimento, 98-99
ISQL/W, 504-506

Índice **871**

J-L

janela do editor principal, 37
    carregar documentos HTML, 39-41
    criar projetos, 39
    modo Design, 37, 40
    modo Quick View, 38, 42
    modo Source, 37-42
janelas
    abrir, 367-370
    Deployment Manager, 44
    empilhar, 46-47
    exibir, 43
    fixar, 36
    janela Data View, 45
    janela do editor principal, 37-39
    janela HTML Outline, 45
    janela Output, 45
    janela Script Outline, 45, 355
    janela Task List, 43-44
    janela Toolbox, 43
    janela Visual Component Manager, 44
    navegar, 368-370
    nomes de arquivo, 246
    Object Browser, 44
    Project Explorer, 43, 47
    Properties Window, 43
    sincronizar, 370-371
JavaScript, 350
Jet, bancos de dados, 436
Join, método, 291
JPEG (Joint Photographic Experts Group), 67
JScript, 397
larguras (tabelas), 64
layouts
    aplicar, 28-29, 31
    formulários, 129-132
    páginas da web, 62-63
    personalizar, 32-34
    posicionamento absoluto, 129
ler
    arquivos, 731-735
    drives do servidor, 715-719
lidar com erros. *Veja* tratamento de erros
ligações interrompidas, 106-107
ligações
    Content Linker Component, 632
    corrigir, 106-107
    criar, 77-78
    exibir, 76-77
    gerenciar, 389-391
    páginas da web, 99-100
    quebradas, 106-107
    URLs, 105
ligar
    CSS (Folhas de Estilo em Cascata) a documentos, 181, 188
    projetos, 90-91
limpar filtros, 582-584
Linguagem Marcada de HiperTexto. *Veja* HTML
linguagens compiladas, 258
linguagens interpretadas, 258
linguagens, 258
linhas (tabelas), 64
Link, exibição, 99-100
    barra de ferramentas, 101
    expandir ligações do site da web, 104
    filtros, 100-102
    objetos, 103-104
listagens
    ActiveX Data Objects (ADO)
    ADOSTUFF.INC arquivo de inclusão
    áreas de texto
    arquivo de inclusão ADOVBS.INC, 544-545
    arquivo GLOBAL.ASA
    arquivos de inclusão no lado servidor
    arquivos de som
    ASPs
    bancos de dados
    bolha de eventos
    botões de rádio
    caixas de listagem, tratamento de eventos, 164
    caixas de verificação
    coleções Contents, 686, 688
    componente Ad Rotator
    controle ActiveMovie
    controle da caixa de texto
    controle da senha
    controle de entrada do tipo de imagem
    controle do botão, modificar atributos, 780
    controle do campo do arquivo
    CSS (Folhas de Estilo em Cascata)
    eventos de ligação
    eventos do objeto Document, tratamento, 329-332
    eventos do objeto Element, tratamento, 344-347
    eventos do objeto Windows, tratamento
    exemplo scrInput
    File DSNs, arquivo GLOBAL.ASA, 446
    FileSystemObject
    FileSystemObject, adicionar primeiro script no lado servidor, 712

filtros
formulário de entrada de dados
GETFORM.HTM (exemplo do método GET), 127
GETVALUES.ASP (exemplo do método GET), 127-129
grade com vínculo de dados
imagens
iniciar Content Linker Component, 637
interfaces do tipo arrastar-e-soltar, 813-815
lidar com eventos do objeto Form, 337-339
listas suspensas
mapas de imagem, sintaxe da codificação HTML
método blendTrans
método revealTrans
objeto TextStream
parágrafo MyHobbies
POSTFORM.HTM (exemplo do método POST), 121-122
POSTVALUES.ASP (exemplo do método POST), 123
projeto do controle Path
projeto LoginWeb (segurança baseada em programas)
projeto VBSMethods
projetos da web, rotinas VBScript, 261
relatórios em colunas
relatórios gráficos
relatórios tabulares
script do evento MyName_onmou-seover, 804
script no lado cliente
script no lado servidor, 398-400
scriptlets
SQL Server, procedimentos armazenados, 569
Structured Graphics, projeto de controle
TABLEFORM.HTM (tabelas), 132
tag <IMG>, atributo STYLE, 799-800
tag <P>, atributos NAME e ID, 803
tag SPAN, 801
tratamento de erros
tratamento de eventos
variáveis do servidor HTTP, 704
VBScript
listas
caixas de listagem, 161
CSS (Folhas de Estilo em Cascata), 201-204
selecionar diversos itens, 165
suspensas, 157

listas de correspondência, 839
listas de seleção. *Veja* listas
listas suspensas, 157
    exemplo, 160
    itens, 159
    sintaxe da codificação HTML, 158
    tratamento de eventos (VBScript), 161
LOCAL ADDR, variável do servidor HTTP, 702
Local, modo, 93-97
Localizadores de Recursos Uniformes. *Veja* URLs
localizar ligações, 106-107
localizar usuários, 377-380
loops
    for...next, 262
    VBScript
Lynx, 70

M

macros, 695
mapas de construção. *Veja* diagramas do site
mapas de imagem, 244-245
    adicionar a páginas da web, 247-248
    arquivos de imagem, 246
    associar a URLs, 252
    coordenadas do mapa, 249-253
    definidos, 244
    dimensionar, 247
    documentos de destino, 254
    limites, 245
    nomear, 250
    remover bordas, 247
    testar, 254
    ToolTips, 245
    vantagens, 244-245
mapas, 509
marcadores, 201-202
margens (CSS), 196-198
maximizar espaço da tela, 46
Membership Access, 739-740
mensagens de erro [Frontpage vinavar component], 834-835
mensagens
    eventos do objeto Element, 340-342
    eventos do objeto Form, 332-334
    mensagens do evento (DHTML), 795
    mensagens do evento Document, 327
    mensagens do evento Window, 321
menus, 36
    menu Build, 47
    menus contextuais, 36

Índice **873**

Merge Differences, caixa de diálogo, 90
mesclar documentos, 90
metabase (IIS), 702
métodos, 284
    alert, 262
    Arc, 234
    blendTrans, 586-590
    bubbleEvent, 660
    CheckLogin, 767
    Clear, 235, 777
    DefineContextMenu, 670-672
    definir, 656-658
    FileSystemObject, 710-711
    FillSpline, 234
    FolderOnly, 628
    Form, 123
    GET, 124-125
    get, 659
    getcount, 497
    GetData, 767
    getSQLTEXT, 478
    método Abandon, 415, 418
    método AddHeader, 421
    método AppendToLog, 421
    método Back, 374
    método BinaryRead, 426
    método BinaryWrite, 421
    método Clear, 421
    método clearTimeOut, 370-372
    método Close, 728
    método CreateObject, 407-408
    método de entrada/saída do usuário, 310-313
    método End, 421
    método execCommand, 385-388
    método Flush, 421
    método FOR...EVENT, 352, 357-358
    método Forward, 374
    método Go, 374
    método HTMLEncode, 406-407
    método Lock, 408-410
    método MapPath, 407
    método Navigate, 369-370
    método Open, 367-370
    método PICS, 420
    método Read, 728
    método ReadAll, 728
    método ReadLine, 728
    método Redirect, 421
    método revealTrans, 86
    método setTimeOut, 370-371
    método Skip, 728
    método SkipLine, 728
    método UnLock, 408-410
    método URLEncode, 406
    método Write
    método WriteBlankLines, 729
    método WriteLine, 729
    método WriteLn, 383-385
    métodos de conversão de dados, 303-304, 307
    métodos de data/hora, 297-302
    métodos de formatação da saída, 307-310
    métodos de string, 290-296
    métodos matemáticos, 286-290
    moveabsolute, 497
    movefirst, 497
    nova consulta, 478
    objeto TextStream, 727
    onclick, 261
    onscriptletevent, 663
    OpenDatabase, 611
    Oval, 234
    Pie, 234
    Polygon, 234
    PolyLine, 234
    PolySpline, 234
    POST, 117
    PostMsg, 323
    PrintDatabase, 612
    PrintRecord, 613
    ProcessError, 788
    put, 658-659
    QueryString, 127-129
    Raise, 777
    raiseevent, 662
    Rect, 234
    Redirect, 644-646
    ReportError, 788
    revealTrans, 590-592
    Rotate, 235
    RotateAll, 240
    RoundRect, 234
    SaveChartImage, 627
    Scale, 235
    SelfRef, 788
    SendResults, 767
    setContextMenu, 664
    SetFillColor, 234
    SetFillStyle, 234
    SetFont, 234
    SetGradientFill, 234
    SetGradientShape, 234
    SetHatchFill, 234

SetIdentity, 235
SetInputModeTo, 495-496
SetLineColor, 234
SetLineStyle, 235
setSQLText, 478
SetTextureFill, 235
Text, 235
Transform4x4, 235
Translate, 235
Write, 123
métodos de recuperação, 478
métodos aritméticos, 286-290
métodos de conversão de dados, 303-307
métodos de string, 290-296
métodos matemáticos, 286-290
métodos predefinidos. *Veja* métodos
Microsoft Access
    Data Tools Utilities, 434
    File DSNs, 441, 445-447
    QueryDefs, 567-569
Microsoft ActiveX Data Objects. *Veja* ADO
Microsoft Developer Network, site Web, 438
Microsoft Developers Network Library, 709
Microsoft FrontPage. *Veja* FrontPage
Microsoft Internet Explorer, 350, 360-361
    hierarquia de objetos, 361-363
    objeto Document, 380-384
    objeto Element, 391-393
    objeto Form, 391-394
    objeto Frame, 372-373
    objeto History, 374-375
    objeto Link, 389-391
    objeto Location, 377-380
    objeto Navigator, 375-376
    objeto Window, 363-365
    script no lado cliente, 350
Microsoft PowerPoint, 86
Microsoft Transaction Server (MTS), 559
Microsoft, sites Web, 581, 838-839
misturar
    HTML e script no lado servidor, 399-401
    script no lado cliente e servidor, 351
Modelos (objetos)
    ActiveX Data Objects (ADO). *Veja* ADO
    Microsoft Internet Explorer, 350, 360-394
    Netscape, 350
modelos
    modelo Trigger Script, 512-514
    modelo View Script, 527-528
    páginas da web, 62-63
    Table Script, 508, 516-518
modelos de estilo, 26-27
modelos de objetos

ActiveX Data Objects. *Veja* ADO
Microsoft Internet Explorer, 350, 360-361
Netscape, 350
modificar definições IDE, 56-60
modos
    bancos de dados, 541
    formulários com diversos modos, 116
    formulários com um modo, 116-117
    modo de exibição, 116
    modos de trabalho
mover. *Veja* exportar
movimentos do mouse, controlar, 351
multimídia. *Veja também* gráficos
    arquivos de som
    controle ActiveMovie, 219-224
    controles DirectAnimation, 224-225
    desvantagens, 212
    formato AVI (Audio Visual Interleave), 222
    pacote Chrome, 233
    questões de desempenho, 213
    restrições de direitos autorais, 213
    vantagens, 212
música. *Veja* arquivos de som

N

navegação
    barras de navegação globais, 31
    conjuntos de registros, 488-490, 497
    controle Navbar, 462
    controle RecordsetNavbar, 462
    Integrated Development Environment (IDE), 36
    janelas, 368-369
    mapas de imagem, 244-245, 254
Netscape, 350
newsgroups, 839
nomear
    barras de ferramentas, 52
    exibições, 56
    mapas de imagem, 250
    páginas de inicialização, 18-19
    pastas, 9
    projetos da web, 11-15
    projetos, 39
nomes (fontes de dados), 608-609
nomes da fonte de dados (DSNs), 608-609
nomes de arquivo, 246
normalização, 518
NT. *Veja* Windows NT
NT/IIS4 Option Pack, 823
NTOP (NT/IIS4 Option Pack), 823
números aleatórios, gerar, 286

Índice **875**

O

Object Browser, 44
<OBJECT>, tag, 690
    atributo PARAM, 223
    codificação do controle ActiveMovie, 220-224
    codificação do controle Path, 230
    codificação do controle Structured Graphics, 235
objetos ovais, 238
objetos quadrados, 238
objetos. *Veja também* controles
    Ad Rotator, 642
    ADO
        comando de dados, 470
        conexão de dados, 468-469
    Content Linker, 633, 638-641
    Document, 327-332
    Element, 340-347
    Err, 777-778
    evento, 813-816
    exibição Link, 103-104
    Form, 332-340
    objeto Application
    objeto TextStream, 727-735
    objetos COM, 707-716, 719-724, 727, 735
    Request
    Response
    ScriptingContext, 396
    Server
    Session
    SOM (Scripting Object Model), 465-466
    Window
obter informações sobre
    browsers, 375-376, 701-704
    documentos em uso, 380-384
ocultar
    bordas, 65
    senhas, 141-142
ODBC (Conectividade Aberta do Banco de Dados), 435, 438
    drivers, 436-438
    File DSNs, 439-444
    Páginas Ativas do Servidor, 397
ODBC Data Source Administrator, 438-441
ODBC Microsoft Access Driver 97, caixa de diálogo, 440
OLE DB
    consultas, 537
    Data Tools Utilities, 435
    provedores, 436

on-line, ajuda, 351
online, documentação, 709
on-line, projeto de revista (VID News Central), 633-634
    arquivos de texto, 639-641
    página de conteúdo
<OPTION>, tag, 158
    seção Analyzer Options, 60
    seção Data Tools, 58-59
    seção Debugger Options, 60
    seção Environment, 57
    seção HTML Options, 60
    seção Projects Options, 59-60
    seção Security Options, 60
    seção Text Editor, 58
Oracle, bancos de dados, 436
organizar conteúdo, 83
organizar
    blocos de script no lado cliente, 358-360
    conteúdo, 83
OTHER.HTM, página (projeto VBSMethods)
    métodos de entrada/saída do usuário, 311-313
    métodos de formatação da saída, 308-310
Output, janela, 45

P

PageNavBar, DTC, 73
    banners, 74-75
    barras de navegação, 79-80
    diagramas do site, 73-74
    dicas para usar, 62
    ligações, 76-78
PageTransitions, DTC, 62, 73, 86-88
páginas (Active Server Pages), 682
    arquivo GLOBAL.ASA, 683-694
    arquivos de inclusão no lado servidor, 695-701
    criar, 403-406
    FileSystemObject, 707-727
    objeto TextStream, 727-735
    ODBC, 398
    script no lado servidor, 397
    variáveis do servidor, 701-704
Páginas Ativas do Servidor (ASP), 122, 682
    arquivo GLOBAL.ASA, 683-684
    arquivos de inclusão no lado servidor, 695-701
    Criar, 403-406
    FileSystemObject, 707-709
    objeto TextStream, 727-735

ODBC, 398
script no lado servidor, 397
variáveis do servidor, 701-704
páginas de conteúdo (projeto VIS News Central)
    elementos, 636
    layout, 634-636
    script no lado servidor, 637-639
páginas iniciais, 18-19, 632
páginas. *Veja* Web, páginas
palavras-chave
    alert, 262
    dim, 262, 264
parar bolha de eventos, 798-799
pastas
    criar, 682, 710-715
    exibir, 719-723
    MyWeb, 9-10
    nomear, 9
    ScriptLibrary, 11, 462
PerlScript, 397, 399
permissões
    conceder, 747-750
    remover, 751-752
Personal Web Server (PWS), 823-824
personalizar
    caixa de ferramentas, 578-579
    layouts, 31-34
    marcadores, 201-202
planilhas. *Veja* relatórios tabulares
planos de escape, 559
ponteiros, 685
pontos azuis, 48
pontos, 48
posicionamento relativo, 596
posicionar
    controles, 198. *Veja também* CSS
    elementos, 596
    imagens
PowerPoint, 86
procedimentos armazenados
    criar, 529-530
    definidos, 529
    depurar, 530
    executar, 530-531
    inicializadores comparados, 529
    resultados, 531
    SQL Server, 569-371
produção, servidores da web. *Veja* web, servidores
programação cliente/servidor, 116. *Veja também* transferência de dados
programar, 350. *Veja também* script
programas. *Veja* aplicações

Project Explorer, 43, 47
projeto de revista (VID News Central), 633-634
    arquivos de texto, 639-641
    página de conteúdo, 634-639
projetos
    abrir, 39
    compartilhados, 90-91
    criar, 39
    inserir documentos HTML, 40-41
    nomear, 39
    pastas, 682
    pessoais, 90-91
projetos do banco de dados, 502-503
    chaves primárias, 512
    criar bancos de dados, 504-506
    criar exibições, 525-526
    criar tabelas, 508
    criar, 506-507
    diagramas do banco de dados, 509
    fornecer registros
    inicializadores, 512-514
    normalização, 518
    procedimentos armazenados
    relações, 518-520
    valores nulos, 517
projetos pessoais, 90-91
Properties Window, 43
propriedade Charset, 420
propriedade. *Veja também* atributos
    AtEndOfColumn, 728
    AtEndOfLine, 728
    Buffer, 420
    CacheControl, 420
    Charset, 420
    CodePage, 415
    Column, 728
    controle Button, 481
    controle Grid, 479
    controle RercordsetNavbar, 488
    controles Buttom, 492
    DefaultClientScript, 353, 363
    Expires, 420
    ExpiresAbsolute, 420
    innerHTML, 805
    innerTEXT, 805
    IsClientConnected, 420
    LCID, 415
    Line, 728
    modelo ADO
    objeto Connection (ADO), 549
    objeto Drive, 715-716
    objeto Err, 777-778

Índice 877

objeto File, 723-724
objeto Folder, 719-721
propriedade ContentType, 420
propriedades do projeto, 15-17
propriedades do scriptlet, 658-659
ScriptTimeout, 406-407
SessionID, 415
Status, 421
TextStream, objeto, 727
Timeout, 415
TotalBytes, 421
VBScript, 259
Protocolo de Transferência de HiperTexto (HTTP), 397
provedores (OLE DB), 436
PWS (Personal Web Server), 823-824

Q-R

QDT (Query Designer Tool), 449-451, 508
    criar exibições, 526-527
    criar tabelas, 514-516
    fornecer registros, 520
    grade de dados, 452-453
quadros, 372-373, 655
quebra de texto, 167
quebra de texto, 801
Query Builder. *Veja* QDT (Query Designer Tool)
QUERY STRING, variável do servidor HTTP, 703
Query, barra de ferramentas, 455-456
QueryDefs, 554-555, 567-569
questões legais, 213
Raise, método, 777
raízes quadradas, calcular, 286
README, arquivo, 821
receber dados. *Veja* transferência de dados
recuperação, 732
redirecionar usuários, 644-646
Redirect, método, 421, 644-646
referir a bibliotecas de tipos, 692-694
registrar scriptlets, 674-675
registros, 448
    apagar, 456
    criar exibições, 525-526
    cursores, 538-540
    editar, 453-454
    fornecer
    gravar automaticamente, 488
    inserir, 455-456
    vínculo de dados, 487

relações
    páginas da web, 77
    tabelas, 518-520
relatórios, 602
    relatório gráficos, 605, 623
    relatórios de ligações quebradas, 107
    relatórios em colunas, 602, 607
    relatórios gráficos, 624
    relatórios tabulares, 604, 615-616
remover. *Veja* apagar
Replace, método, 292
REPORT.ASP, documento (relatório tabular), 615-616
    chamar, 617-618
    copiar, 616
    reutilizar, 617
    coleção ClientCertificate, 426
    coleção Cookies, 425-428
    coleção Form, 426, 430
    coleção QueryString, 426-429
    coleção ServerVariables, 426
    método BinaryRead, 426
    método Form, 123
    método Write, 123
    métodos, 127-129
    propriedade TotalBytes, 426
    script no lado servidor, 397, 425-429
Reset, botões, 120
responder a usuários, 418-425
Response, objeto
    coleção Cookies, 420, 422-423
    método AddHeader, 421
    método AppendToLog, 421
    método BinaryWrite, 421
    método Clear, 421
    método End, 421
    método Flush, 421
    método PICS, 420
    método Redirect, 421
    método Write, 421
    propriedade Buffer, 420
    propriedade CacheControl, 420
    propriedade Charset, 420
    propriedade ContentType, 420
    propriedade Expires, 420
    propriedade ExpiresAbsolute, 420
    propriedade IsClientConnected, 420
    propriedade Status, 421
    script no lado servidor, 397, 404, 418-425
resposta, 474
retângulos, 239

reutilização do código, 655. *Veja também* scriptlets
reutilizar código, 524-525
REVEAL.HTM, documento (transições), 594
    script (VBScript), 596-599
    sintaxe da codificação HTML, 594-596
REXX, 400
RIFS (arquivos de informação do relatório), 619
    arquivo TEST.RIF, 621
    criar, 621
    exemplo, 619-620
    formato do arquivo, 619-620
rotacionar anúncios de banner, criar, 642
    arquivos de controle, 646-649
    arquivos de texto, 643
    contadores de batida, 644-646
    páginas de exibição de banner, 643
    script no lado servidor, 642-643
rotinas (VBScript), 261-264. *Veja também* métodos

S

salvar automaticamente registros, 488
Save Database Diagram, comando (menu File), 509
scrInput, scriptlet, 667-668
    acessar, 676-677
    adicionar a projetos da web, 675-676
    menu contexto, 669-672
    método público, 669
    propriedade Caption, 668
    registrar, 674-675
    tabela, HTML, 668
    tratamento de eventos, 671-673
script
    definição, 350
    neutro do browser, 351
    no lado cliente, 350
    no lado servidor, 351, 397
    SOM (Scripting Object Model), 465-466
Script Library, 826
script neutro do browser, 351
script neutro do browser. *Veja* script no lado servidor
script no lado browser. *Veja* script no lado cliente
script no lado cliente, 350
    ajuda on-line, 351
    atender a teclas pressionadas, 351
    atributo ID, 358
    cálculos, 351
    controlar movimentos do mouse, 351
    documentos HTML, 352
    DTCs (controles de construção), 463-465, 482

    editar com script no lado servidor, 400
    elementos, 391-393
    finalidade de, 351
    formulários, 391-394
    formulários de entrada de dados, 492
    histórico de sessões do browser, 374-375
    janelas
    JavaScript, 350
    ligações, 389-391
    localizar usuários, 377-380
    Microsoft Internet Explorer, 350, 360-361
    misturar com script no lado servidor, 351
    obter informações sobre
    propriedade DefaultClientScript, 353, 363
    quadros, 372-373
    vantagens, 351
    Visual Basic Script, 350
script no lado servidor, 351, 397
    criar scripts, 401-406
    desvantagens, 474
    DTCs (controles de construção), 463-465
    editar script no lado cliente, 401
    escrever scripts, 398-400
    evolução, 397
    executar script, 400
    HTTP, 397
    JScript, 397
    misturar com HTML, 399-401
    misturar com script no lado cliente, 351
    objeto Application, 396, 408-414
    objeto Request, 396, 425-429
    objeto Response, 396, 404, 418-425
    objeto ScriptingContext, 396
    objeto Server, 396, 406-408
    objeto Session, 396, 414-419
    Páginas Ativas do Servidor, 397
    PerlScript, 397, 400
    REXX, 400
    segurança, 405
    vantagens, 397-398
    VBScript, 396-397, 403-404
Scripting Object Model (SOM), 465-466
ScriptingContext, objeto, 396
ScriptingObjectModel, propriedade (documentos), 465
scriptlets, 654
    acessar, 676-677
    adicionar a projetos da web, 675-676
    criar, 654-656
    definidos, 652
    estrutura, 656
    exemplo de scrInput, 667-668

Índice

limites, 653-654
menus contextuais, 664-667
métodos, 657-658
propriedades, 658-659
quadros comparados, 655
registrar, 674-675
segurança, 653
SSIs comparados, 655
tratamento de eventos
vantagens, 652-653
ScriptLibrary, pasta, 10, 463
scripts (VBScript), 512. *Veja também* scripts de alteração
   arquivos de som, 215, 217
   botões de rádio, 150-153
   caixas de listagem, 164-165
   caixas de texto, 139-141
   caixas de verificação, 145-146
   controle DirectAnimation Path, 232
   copiar, 336-337
   filtros, 582-584
   imagens, 814-816
   interfaces do tipo arrastar-e-soltar, 813-815
   listas suspensas, 161
   MyName_onmouseover, 804
   script no lado cliente
   script no lado servidor
   scriptlets, 654
   transições
segurança, 738
   Authority Access, 738-739
   FileSystemObject, 707
   Membership Access, 738-740
   recurso Copy Web, 108-110
   script no lado servidor, 405
   scriptlets, 653
   segurança baseada em programas
   segurança do sistema operacional, 740
selecionar
   exibições IDE, 55
   objetos, 104
   método CreateObject, 406-408
   método HTMLEncode, 406-408
   método MapPath, 407
   método URLEncode, 406
   propriedade ScriptTimeout, 406-407
   script no lado servidor, 397, 406-407
servidores
   escolher, 11
   especificar para projetos da web, 13
   Internet Information Server (IIS), 704
   Internet Information Server 4.0, 79
   Microsoft Transaction Server (MTS), 559
   PWS (Personal Web Server), 823-824
   script, 351
   sites Web, 108-110
   solucionar problemas, 832-833
servidores-mestres. *Veja* Web, servidores
setas azuis, 48
setas, 47
SGC (Structured Graphics Control), 233-239, 242
   aplicação de exemplo, 235-236
   blocos de script no lado cliente, 237-238
   desenhar objetos ovais, 238
   desenhar objetos quadrados, 238
   desenhar retângulos, 239
   girar gráficos, 240
   métodos, 234-235
   sintaxe da codificação HTML, 235
   tratamento de eventos, 240-242
sinal de igual (=), sintaxe HTML, 800
sincronizar janelas, 370-371
sistema operacional, segurança, 740
   desvantagens, 743
   grupos, 746-747
   implementar, 744-745
   intranets, 740
   permissões
   usuários, 744-746
   vantagens, 742-743
sistemas de ajuda, 245
Site Designer, 82-83
site, construção, 80-82
site, diagramas, 17
   barras de navegação, 83-86
   criar, 18, 73-74, 82-83
   documentos
   páginas de propriedade, 18-19
soluções, 10
SOM (Scripting Object Model), 465-466
sprocs. *Veja* procedimentos armazenados
SQL (Linguagem de Consulta Estrutura)
   comandos, 453-454
   consultas, 451
   modelos de script
   procedimentos armazenados, 529-531
   scripts de alteração, 512, 521-525
SQL Server, 471
SQL Server, bancos de dados. *Veja também* projetos do banco de dados
   acesso, 436
   autenticação, 443
   depurar, 436
   File DSNs, 442-444

fontes de dados, 443
procedimentos armazenados, 569-571
SQL, comando de dados da instrução, 449-451
SSI (inclusão no lado servidor), arquivos, 695-696, 760
    aninhar, 695
    arquivos de tratamento de erros, 782
    criar, 696-698
    scriptlets comparados, 655
    usar, 699-701
STRING.HTM, página (projeto VBSMethods), 292-296
strings de conexão, 536, 546-547
Structured Graphics Control. *Veja* SGC
Style Sheet Editor, 183, 187
    classes de estilo, 204-207
    CSS (Folhas de Estilo em Cascata)
    estilos de fonte, 189-191
    estilos de fundo, 191
    estilos de layout, 198-201
    estilos de lista, 201-204
    estilos de margem, 196-198
    IDs exclusivos, 207-210
submeter formulários
    botões Reset, 120
    botões Submit, 120
    método GET, 124-129
    método POST, 117

T

tabela de páginas de conteúdo (projeto VID News Central)
    elementos, 636
    layout, 634-636
    script no lado servidor, 637-639
tabelas
    adicionar a projetos da web, 490-491
    alinhamento, 65
    bordas, 64-65
    chaves primárias, 512
    colunas, 64-67
    criar exibições, 525
    criar, 508
    editar, 451-453
    fornecer registros
    HTML, 129-132
    inicializadores, 512-514
    inserir, 479-480
    largura, 64
    linhas, 64
    relações, 518-520

tabelas virtuais. *Veja* exibições
títulos, 480-481
valores nulos, 517
Table Script, 508, 516-518
Table, comandos do menu, InsertTable, 47, 64, 130, 480, 490
tag para conectar a objetos COM, 690
tags (HTML), 214, 353, 690-692
    <AREA>, 245, 249-251
    <BGSOUND>, 213-214
    <DIV>, 801-802
    <FORM>, 120-121
    <IMG>
    <INPUT>, 135-137
    <LINK>, 181
    <MAP>, 249
    <OBJECT>, 690-691
    <OPTION>, 158
    <SCRIPT>, 319, 353, 356
    <SELECT>, 157
    <SPAN>, 578-579, 801-802
    <TABLE>, 129, 131
    <TEXTAREA>, 166-167
    arquivo GLOBAL.ASA, 689-691
    fechar âncoras, 399
    script no lado cliente, 352-353
    scripts em linha, 357
tangentes, calcular, 286
Task List, 43-44
<TD>, tag, 66
tela (IDE), 39
temas, 26-27
tempo, 637
tempos de carregamento de imagens, 69
testar
    aplicações, 771-772
    controles da caixa de texto, 137
    fontes de dados, 443
    layouts da página da web em browser diferente, 64-65
    mapas de imagem, 254
    sites da web, 107-108
texto descritivo, 69
texto do comando, 537
texto
    converter DTCs (controles de construção) em, 463
    copiar, 336-337
    modelos da página da web, 71-72
tipo, bibliotecas, 692-694
tipográficos, erros, 552
títulos, 480-481

Índice

Tools, comandos do menu
    Options, 56
    View Links on WWW, 105
ToolTips, 245
TotalColumns, parâmetro (REPORT.ASP), 620
Transaction Server (Microsoft), 559
transferência de dados
    método GET, 124-125
    método POST, 117
transições, 585
    método blendTrans, 586
    método revealTrans, 590-592
    páginas da web, 86-88
    vantagens, 585
tratamento de erros, 770
    arquivos de tratamento de erros SSI, 782
    ASPs, 780-781
    erros de execução, 774-775
    erros de sintaxe
    erros relacionados à web, 770, 772-773
    instrução On Error Resume Next, 779
    objeto Err, 777-778
tratamento de eventos, 316. *Veja também* projeto VBSEvents
    bolha de eventos, 319
    botões de rádio, 150-153
    caixas de verificação, 145-147
    controles da caixa de texto, 139-141
    declaração de eventos do atributo, 318
    declaração de eventos explícita, 319
    declaração de eventos intrínseca, 317-318
    DHTML (HTML Dinâmica), 794
    eventos de ligação, 347-348
    eventos do objeto Document, 327
    eventos do objeto Element, 340
    eventos do objeto Form, 332
    eventos do objeto Window, 321
    listas suspensas, 161
    scriptlets

U

UPDATE, comando SQL, 453-454
URLs (Localizadores de Recursos Uniformes), 244, 639
    associar a mapas de imagem, 251-252
    endereçamento absoluto, 640
    endereçamento relativo, 640
    ligações, 105
    redireção, 644-646
Usenet, newsgroups, 839
User Manager, 744-746

Using Visual InterDev 6, site da web, 837
usuário, métodos de entrada/saída, 114, 310. *Veja também* formulários
    exemplos, 311-312
    InputBox, 310
    MsgBox, 310-311
Usuários. *Veja também* grupos
    aceitar dados de, 425-430
    controlar seções, 414-419
    direcionar para sites da web, 701
    redirecionar, 644-646
    responder, 418-425
    sites da web
    Windows NT, 744-746

V

validar conexões do usuário, 764-767
valores vazios (nulos), 517
variáveis
    declarar, 687
    escopo, 690
    variáveis da aplicação, 409
    variáveis da sessão
    variáveis do servidor HTTP, 701-704
    VBScript, 262
VBA, 258
VBScript, 284
    aplicações
    browsers, 397
    comparação VBA, 258
    imagens, 814-816
    método, 284
    métodos de conversão de dados, 303-306
    métodos de data/hora, 297-302
    métodos de entrada/saída do usuário, 310
    métodos de formatação da saída, 307-310
    métodos de string, 290-296
    métodos matemáticos, 286-290
    script no lado servidor, 397-398, 403-404
    scripts. *Veja* scripts
    tratamento de eventos, 316. *Veja também* VBSEvents, projeto
    visão geral, 258
VBSEvents, projeto, 320
    página DEFAULT.HTM, 320-321
    página ELEMENT.HTM, 343-345, 347
    página FORM.HTM
    página WINDOW.HTM
    páginas DOCUMENT.HTM, 328-332
VBSMethods, projeto
    página CONVERSION.HTM, 304-307

página DATETIME.HTM
página DEFAULT.HTM, 285
página MATH.HTM, 287-290
página OTHER.HTM
página STRING.HTM, 292-296
vídeo, arquivos
    AVI (Audio Visual Interleave), formato, 222
    controle ActiveMovie, 219
View Script, 527-528
View, comandos do menu, 44
    Broken Links Report, 107
    Debug, 53
    Define Window Layout, 55
    Design, 53-54
    DevStudio, 53-54
    Edit HTML, 53
    Full Screen, 53
    Other Windows, Data View, 446
    Other Windows, Script Outline, 354
    Toolbars, 49-50
    Visible Borders, 64
    Visual Basic, 53
vínculo de dados, 487
vinivar, componente, 834-835
virtuais, tabelas. *Veja* exibições
VIRTUAL, valor (atributo WRAP), 167
Visible Borders, comando (menu View), 64
Visual Basic Script, 350
Visual Basic Script, linguagem. *Veja* VBScript
Visual Basic, comando (menu View), 53
Visual Basic, exibição (IDE), 53
Visual Component Manager, 44
Visual SourceSave, 57
visualizar temas, 27

W

WAV, formato do arquivo, 216
Wave, filtro, 576
Web (World Wide Web), 115
Web Project Wizard, 90-91, 94
Web, aplicações
    arquivo GLOBAL.ASA, 683-684
    caixas de mensagem, 259
    controles, 259
    criar, 259-260, 262
    estrutura, 682-683
    propriedades, 259
    VBScript
web, bancos de dados, 437-438
web, browsers. *Veja* browsers

web, erros relacionados, 770, 772-773
web, formulários. *Veja* formulários
web, mapas. *Veja* diagramas do site
web, páginas
    evolução da construção, 63
    layout, 63
    ligações, 99-100
    mapas da imagem, 244
    modelos, 62-63
    relações, 77
    testar layout em browsers diferentes, 64-65
    transições, 86-88
web, projetos. *Veja também* conteúdo ativo; formulários; nomes de projetos específicos, 284
    abrir, 828-829
    arquivos de texto, 639
    ASPs, 122, 474, 477, 634-635
    bancos de dados. *Veja* projetos do banco de dados
    caixas de mensagem, 259
    comandos de dados, 470
    conexões de dados, 468-469
    controles, 259
    criar, 13-14, 135, 259-262, 467
    definidos, 8
    diagramas do site, 17
    documentos HTML, 118, 137, 484-485
    exibir, 829
    imagens, 246, 809
    interfaces do tipo arrastar-e-soltar, 813-816
    layouts
    locais do diretório, 8-11
    LoginWeb (segurança em nível de programa), 757
    mapas de imagem, 245
    multimídia. *Veja* multimídia
    navegação, 31
    nomear, 12-15
    páginas iniciais, 632
    planejar, 8
    propriedades
    temas, 26-27
    VBScript
web, servidores
    escolher, 11
    especificar para projetos da web, 13
    Internet Information Server 4.0, 79
    sites da web, 108-110
    solucionar problemas, 832-833
web, sites
    construção, 80-82

copiar, 108-110
expandir ligações na exibição Link, 104
Microsoft Developer Network, site da web, 438
Microsoft, 838-839
testar, 107-108
Using Visual InterDev 6, 837
Visual InterDev, recursos da programação, 838-839
webs (FrontPage)
conectar a, 824
exibir, 826-828
instalar Visual InterDev 6 Script Library, 826
selecionar, 825
WINDOW.HTM, página (projeto VBSEvents)
blocos de código, 322
cabeçalhos do método, 325
carregar, 326
código de tratamento de eventos, 325-326
controle TextArea, 321
método PostMsg, 323

Windows DNA (Distributed Internet Applications), 653
Windows NT Active Directory Services, 435
Windows NT
grupos, 746-747
permissões
segurança do sistema operacional, 740
usuários, 744-745
Workstation
grupos, 746-747
permissões
usuários, 744-745
World Wide Web, 115
WWW (World Wide Web), 115
WYSIWYG, 42

X-Z

Year, método, 299
Ziff-Davis/Cobb Journal, site da web, 838

ANOTAÇÕES

ANOTAÇÕES

ANOTAÇÕES

ANOTAÇÕES

ANOTAÇÕES

ANOTAÇÕES

ANOTAÇÕES

ANOTAÇÕES

ANOTAÇÕES

ANOTAÇÕES

Impressão e acabamento
Editora Ciência Moderna Ltda.
Rua Alice Figueiredo, 46
CEP: 20950-150, Riachuelo – Rio de Janeiro – RJ – Brasil
Tel: (021) 201-6662 /201-6492 /201-6511 /201-6998
Fax: (021) 201-6896 /281-5778
E-mail: lcm@lcm.com.br